电子采购服务： 面向供应商的新型采购业务系统，公开、透明的电子采购交易环境为采购组织、供应商、物流商、银行、制造单元提供覆盖寻源谈判、订单确认、预到货及收货、发票业务单据无纸化协同，有力支撑采购业务降本增效。

电子单据服务： 共享的单据服务中心利用数据集中的优势，实现贸易环节的提货单、合同、质保书等单据文件的电子化，并通过平台与业务系统之间的对接，实现各类业务单据的集中处理，助力企业实现绿色商务。

闲废物资竞价： 采用网上竞价方式，处置企业的生产副产品和敏感物资，高效、阳光的网上处置不仅实现公开、公正和公平销售，而且能最大限度地挖掘待处置物资的价值，为企业创造可观的经济效益。

U1075276

欲了解更多服务详情
请登录 www.bsteel.com

东方钢铁
Bsteel

东方钢铁电子商务有限公司
服务热线：800-820-0818

钢铁及相关行业电子商务专业服务提供商

中钢钢铁有限公司
SINOSTEEL IRON & STEEL COMPANY LIMITED

中钢钢铁有限公司是中国中钢股份有限公司的全资子公司，是中钢股份指定的经营钢材、钢坯国内、国际贸易及钢铁产品深加工的专业化公司。

中钢钢铁有限公司依托中钢股份整体优势，形成了覆盖东北、华北、西北、华东、西南、中南、华南等国内和欧洲、美洲、东南亚、澳洲、非洲、中东等地区的钢材、钢坯营销网络。2005年以来，通过转变经营模式，创新服务功能，公司取得了跨越式发展，年销售量超千万吨，主营业务收入逾300亿元。

中钢钢铁有限公司业务分为三大板块，即国内贸易板块、国际贸易板块和综合业务板块。国内贸易板块下设采购事业部、销售事业部、纵横事业部、中宇事业部和沈阳分公司、鞍山分公司、北京分公司、天津分公司、青岛分公司、兰州分公司、西安分公司、南京分公司、上海分公司、武汉分公司、广州分公司、西南分公司、厦门分公司等十三个分公司；国际贸易板块下设进口事业部、出口事业部和购销事业部；综合业务板块下设特钢事业部、实业开发部和钢材期货部。此外，公司通过控股方式成立中钢上海钢材加工有限公司，通过参股方式与首嘉钢结构有限公司等开展合作，推动钢材剪切配送和钢材产品增值服务。

历经市场的锤炼，中钢钢铁有限公司正致力于成为国内最具竞争力和影响力的钢铁贸易商、分销商和增值服务商，并充满信心地向着“行业领先、管理一流、结构合理、发展科学”的优秀企业迈进。展望未来，中钢钢铁有限公司将继续秉承“合作、友谊、双赢、发展”的经营理念，发扬“团结、务实、高效、奋进”的中钢精神，与海内外客户一道，坚定信心，不断突破，共创美好未来。

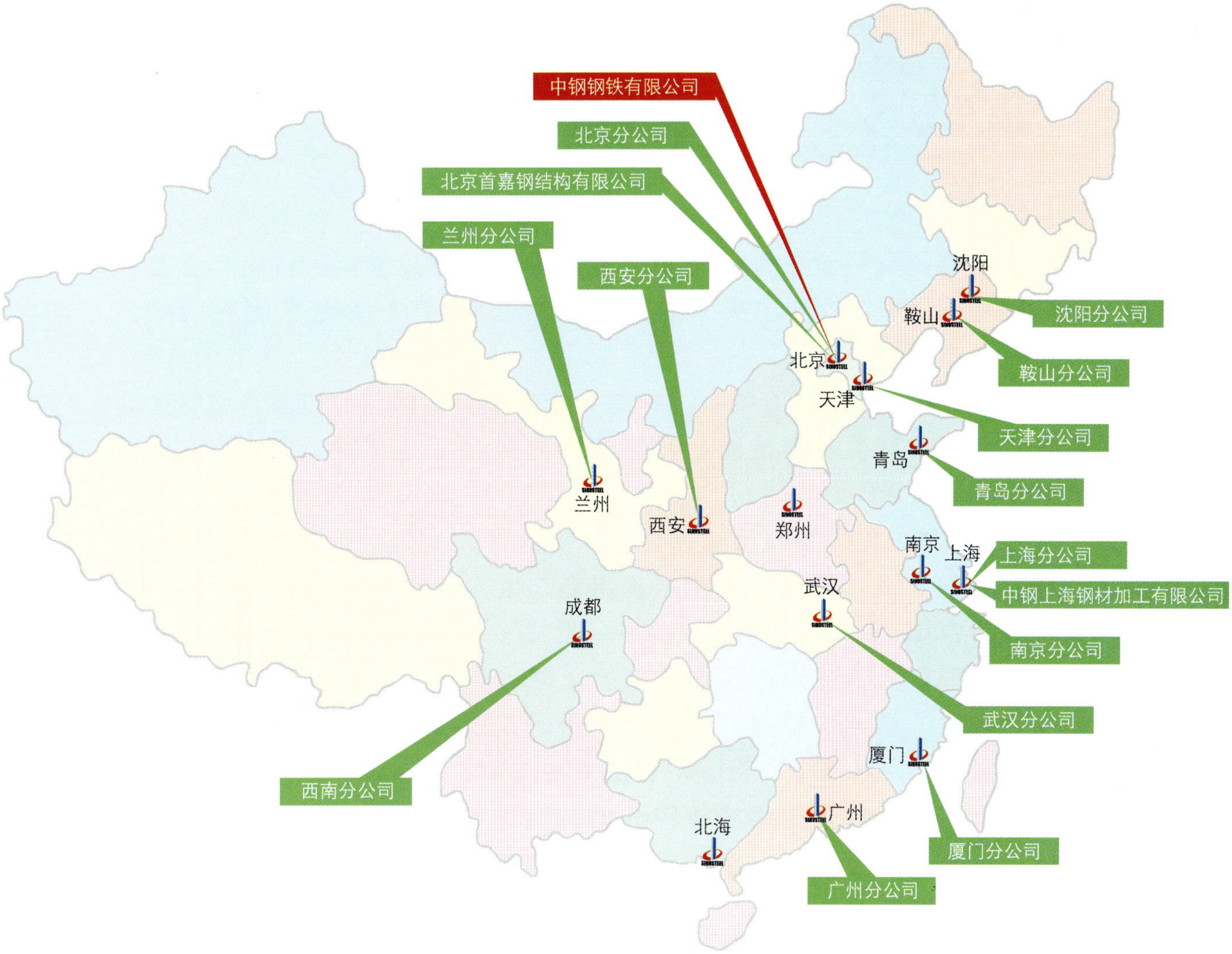

中钢钢铁有限公司
地址：北京市海淀大街8号31层
电话：010-62688688

沈阳分公司
地址：沈阳市铁西区北一西路34号西楼5层
电话：024-25545938

鞍山分公司
地址：鞍山市铁东区南胜利路21号万科大厦17层
电话：0412-2520997

北京分公司
地址：北京市朝阳区八里庄西里100号住邦2000写字楼1号楼A座23层
电话：010-85861430

天津分公司
地址：天津市北辰区顺义道储宝钢材市场B区
电话：022-26343222

青岛分公司
地址：青岛市市南区山东路2号甲华仁国际大厦30层
电话：0532-83096870

兰州分公司
地址：兰州市城关区张掖路1号保利大厦27层
电话：0931-8186138

西安分公司
地址：西安市高新区科技路48号创业广场B座18层
电话：029-88313882

南京分公司
地址：南京市建邺区奥体大街奥体名座大厦E座15层
电话：025-87763030

上海分公司
地址：上海市浦东新区银城中路8号中融碧玉蓝天大厦35层
电话：021-50105751

武汉分公司
地址：武汉市武昌区友谊大道508号万利广场B座24层
电话：027-59749840

广州分公司
地址：广州市天河区体育西路103号维多利广场A塔46层
电话：020-85270198

西南分公司
地址：成都市高新区天府大道1480号拉•德方斯大厦
电话：028-75337098

厦门分公司
地址：厦门市思明区莲岳路1号磐基中心
电话：0592-5336927

中钢上海钢材加工有限公司
地址：上海市虹口区甘河路8号明道大厦8楼A座
电话：021-60959182

北京首嘉钢结构有限公司
地址：北京市通州开发区东区26号
电话：010-61576721

鞍钢集团国际经济贸易公司

ANSTEEL INTERNATIONAL TRADE CORPORATION

作为鞍钢集团钢铁产品国内销售的主渠道，公司销售与综合服务网络覆盖全国。公司在全国各大经济区的中心市设有东北公司、华北公司、华东公司、华南公司、西部公司、现货公司等6个国内销售子公司，在沈阳、上海、山东和天津等地设有4个钢材加工配送有限公司。在鞍山、大连、鲅鱼圈及锦州设有国际货运及货代公司，与中远合资建有船队，与营口港合资建有矿石与钢材码头。为实现公司多角化、国际化经营的发展战略，公司先后组建了香港公司、澳大利亚公司、欧洲公司、美国公司、韩国公司、日本公司、印度公司、中东公司等10个海外公司，并与英国斯坦科公司在西班牙合资建有鞍钢伊比利亚有限公司，与意大利硅钢加工线Vigano公司签约，成功收购其60%的股权。基本形成了营销网络的全球化布局，客户遍布40多个国家和地区，实现出口区域多元化和客户稳定化。

鞍钢国际经济贸易公司分支机构

海外公司：

公司名称	地址	国外办公室电话
西班牙 Ansteel Spain,S.L.	Ansteel Spain, S.L.Av. Cortes Valencianas, 58,Of.302 46015 Valencia Spain	0034-96-3495285
日本 Angang group Japan Co., Limited	ANGANGJAPANCO,LTD RM405,HIGOBASHIIPBUILDING 1-18-35EDOBORI,NISHI-KU,OSAKA,JAPAN	0081-6-64463076
欧洲 Ansteel Europe GmbH	Ansteel Europe GmbH Graf-Adolf-Plaza 15, 40213 Duesseldorf,Germany	0049-211-38548711
韩国 Angang Group Korea Co., Limited	Angang Group Korea Co., Ltd. RM606,608 SeungJi Haizh No.1,702-12, Yeoksam-Dong, Kangnam-Gu,Seoul,Korea	0082-2--20528696
美国 Ansteel America,Inc.	Ansteel America,Inc. 2 Tower Center Blvd., 8 FL East Brunswick, NJ 08816 USA	001-732-247-1666
意大利 Ansteel Vigano S.R.L.	Ansteel Vigano S.R.L. Via Stazione , 23893 Cassago Brianza , (LC) , Italy	0039-039-955383
中东 Ansteel Middle East FZE	Unit 1107, Street 3, The links East Tower, The Greens, Dubai,UAE P.O. Box: 1198888	00971-50-3595298
香港 Angang Group Hong Kong Co., Limited	香港湾仔港湾道1号，会展广场办公大楼，34楼10-13室 鞍钢集团香港有限公司	00852-28028318
印度 （正在办理注册）	Room 241，Level 2, Elegance Mathura Road, Jasola New Delhi-110025 India	0091-11-40601192
澳洲 Ansteel Australia Pty Ltd	11th Floor,BGC CENTER, 28 ,THE ESPLANADE, PERTH,6000WA	0061-8-94851188

内贸公司：

驻在地点	办公电话	传真	地址
沈阳	024-22504022	024-22504022	和平区总站路世纪情缘C座131号
长春	0431-5676133	0431-5678133	长春经济技术开发区东南小区701室
哈尔滨	0451-84531074	0451-84543024	道里通达街347号17楼D座
大连	0411-83651004	0411-83651004	大连市西岗区风光街33号
北京	010-64986778	010-64985518	朝阳区北苑路180号加利大厦5-703室
天津	022-24210067	022-24210050	河东区八纬路积善里3-4-305
青岛	0532-85713344	0532-85713344	青岛市南区澳门路金海广场15#楼1单元901室
上海	021-61624131 021-61624132 021-61624081 021-61624085	021-61624130 021-61624083	东方路1998号华南大厦703室
广州	020-82804767	020-82804737	广州市增城凤凰城凤鸣苑3街1号
西安	029-82494769	029-82494769	西安市兴庆北路88号 新兴之家4-061号
郑州	0371-65956054	0371-65956054	金水区经一路10号
成都	028-87570817	028-87570817	蜀汉路424号新天地公寓B栋6层

公司总部：辽宁省鞍山市铁东区团结街42号　（邮编：114002）
公司电话：0412-6323135　　公司网址：www.angangintl.com

中国钢铁贸易年鉴
2010

冶金工业经济发展研究中心
上海钢联电子商务股份有限公司

北京
冶金工业出版社
2010

图书在版编目（CIP）
中国钢铁贸易年鉴．2010／冶金工业经济发展研究
中心编．--北京：冶金工业出版社，2010.5
ISBN 978-7-5024-5299-5

Ⅰ.①中…　Ⅱ.①冶…　Ⅲ.①钢铁工业－工业产品－
贸易－中国－2010－年鉴　Ⅳ. F724.742-54

中国版本图书馆CIP数据核字（2010）第087745号

出 版 人　曹胜利（北京沙滩嵩祝院北巷39号，邮编100009）
责任编辑　刘　源
美术编辑　李慧中　　版式设计　孔凡震　　责任校对　袁伟刚　　责任印刷　郑玉春
ISBN 978-7-5024-5299-5
北京科信印刷厂印刷；冶金工业出版社发行；各地新华书店经销
2010年6月第一版，2010年6月第一次印刷
889mm×1194mm 1/16；21.31印张；550千字；427页
定价：268.00元

《中国钢铁贸易年鉴》编委会

编辑出版说明

继2008年首次出版《中国钢铁贸易年鉴》后，冶金工业经济发展研究中心和上海钢联电子商务股份有限公司每年联合编辑出版《中国钢铁贸易年鉴》。

《中国钢铁贸易年鉴2010》全面系统记录和反映了2009年世界及中国钢铁贸易状况，是业内人士必备的一本资料翔实、内容丰富、涉及面广、有参考价值的工具书。也是目前国内唯一一部详尽刊载、客观评价我国钢铁行业经济贸易年度运行状况，详尽记录各品种钢材市场进出口贸易状况、价格行情、各地区市场消费概况的大型工具书和资料性年刊。

《中国钢铁贸易年鉴2010》融政策性、实用性、指导性和资料性于一体，汇集年度钢铁行业贸易政策法规，分析各品种的市场贸易情况，突出地区钢材市场特色，记录年度钢铁贸易大事，并力求数据翔实，内容丰富，对于全面系统地了解和掌握我国钢铁行业贸易发展轨迹、指导下一年度的钢铁贸易，具有较大的参考价值。

《中国钢铁贸易年鉴2010》全面记述了2009年中国钢铁贸易情况，包括全国及各地区市场钢材生产和消费、钢材进出口贸易及库存情况。

我们在内容上力求做到材料翔实和全面，数据准确，图文并茂。恳请读者就内容等诸方面多提宝贵意见和建议，以便帮助我们不断改进和提高水平，使这本年鉴日臻完善，更富有生命力。

在年鉴的编纂出版过程中，得到中国钢铁工业协会等诸多单位、领导的大力支持，在此一并致谢。

《中国钢铁贸易年鉴》编辑部

2010年5月

目 录

第一篇　世界钢铁工业发展及贸易概述

第二篇　国内各地钢材市场分析

第三篇　国内主要钢材品种市场分析

第四篇　国内钢铁、贸易相关政策法规

第五篇　国内钢铁产品生产统计

第六篇　国内钢材进出口统计

附录

第一篇

世界钢铁工业发展及贸易概述

2009年世界钢铁工业发展概况

2009年是世界经济逐步摆脱衰退，走出低谷的一年。然而，世界金融危机的影响也在这一年让人们切实感觉到了其影响力。据国际货币基金组织（IMF）的资料，尽管2008年世界爆发了金融危机，但由于当年上半年世界经济仍处于快速增长的时期，金融危机只是对下半年，特别是四季度的经济产生的影响较大，但当年世界经济仍然增长了3%。然而，进入2009年，金融危机的影响不断扩大，人们对经济发展的信心受到严重打击，消费需求急剧下降，进而影响到了实体经济的发展。IMF认为2009年经济实际下降了0.8%，而世界贸易组织（WTO）认为下降了2.2%。

世界经济的不景气，也对全球钢铁生产与消费产生了巨大影响。

一、2009年世界钢铁生产

1.粗钢

2009年，受世界经济危机的影响，世界对钢材的需求，特别是发达国家对钢材的需求下降。据世界钢铁协会发布的统计数据，2009年世界粗钢产量为12.2亿吨，同比上年下降8.0%，但是如果不包括中国，世界粗钢产量下降21.1%。2009年中国粗钢产量达到5.678亿吨，同比增长13.5%。这是2009年单一主要粗钢生产国粗钢产量创纪录的增长率。2009年中国粗钢产量占全球总产量的比例继续增加，达到了47%，同比2008年增加了9个百分点。

从地区来看，欧美下降最多，其中欧盟地区下降接近30%，而北美地区下降接近34%。

在世界主要钢铁生产国中，除中国和印度外，其余国家的产量皆为下降，其中，美国钢产量下降的幅度最大，达到36.4%，其次是德国和日本，分别下降28.7%和26.3%。

2009年亚洲生产粗钢7.954亿吨，同比增长3.5%。亚洲粗钢总产量占全球的份额增加到了65%，同比上年的58%增加了7个百分点。日本生

表1 2009年世界粗钢生产情况

单位：百万吨

地区	2003	2004	2005	2006	2007	2008	2009	2009/2008（%）
欧洲	320.3	339.8	333.8	355.1	364.5	344.1	265.8	-22.8
其中：欧盟27国	192.5	202.5	195.6	207.0	209.7	198.0	139.1	-29.7
欧盟15国	161.0	169.1	165.1	173.2	175.2	167.7	117.7	-29.8
独联体	106.5	113.4	113.2	119.9	124.2	114.3	97.5	-14.7
北美	126.2	134.0	127.6	131.8	132.6	124.5	82.3	-33.9
其中：美国	93.7	99.7	94.9	98.6	98.1	91.4	58.1	-36.4
南美	43.0	45.9	45.3	45.3	48.2	47.4	37.8	-20.1
非洲	16.3	16.7	18.0	18.8	18.8	17.1	15.2	-11.0
中东	13.4	14.3	15.3	15.4	16.5	16.6	17.2	3.3
亚洲	442.3	512.5	595.5	672.3	756.5	768.3	795.4	3.5
其中：中国	222.3	282.9	353.2	419.1	489.3	500.3	567.8	13.5
日本	110.5	112.7	112.5	116.2	120.2	118.7	87.5	-26.3
澳大利亚及新西兰	8.4	8.3	8.6	8.7	8.8	8.4	6.0	-28.6
世界	969.9	1071.5	1144.1	1247.3	1345.8	1326.5	1219.7	-8.0
世界除中国	747.6	788.6	790.9	828.2	856.5	826.2	651.9	-21.1

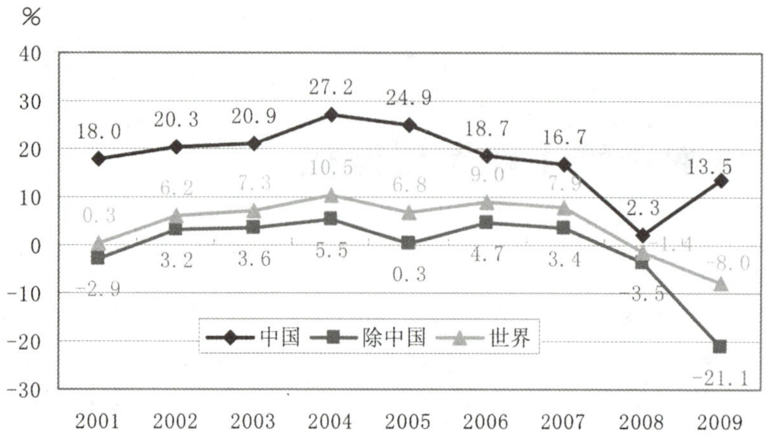

图1　世界粗钢产量增长率变化情况

产粗钢8750万吨，同比下降了26.3%；印度生产粗钢5660万吨，同比增长2.8%；韩国生产粗钢4860万吨，同比下降9.4%。

欧盟27国，包括该地区的主要生产国：德国、意大利和法国的粗钢产量均大幅下降，该地区粗钢产量同比下降29.7%，降至1.391亿吨。

北美生产粗钢8230万吨，同比下降33.9%。美国生产粗钢5810万吨，同比下降36.4%。

独联体地区粗钢产量同比下降14.7%。其中俄罗斯生产粗钢5990万吨，同比下降12.5%；而乌克兰粗钢产量同比下降20.2%，仅生产了2980万吨。

2009年，从国家粗钢产量排名变化情况来看，由于美国产量下降了36.4%，从而将世界第三的位置让给了俄罗斯。同时，由于意大利的钢产量同比下降了35.5%，从而使得土耳其首次进入前10位。

在2009年世界前20大钢厂排名中，有9家中国钢厂入围，比上年增加了2家。中国首钢集团、湖南华菱钢铁集团、印度钢铁管理局取代了意大利里瓦钢铁公司、日本住友金属工业公司和德国蒂森克虏伯钢铁公司，成为2009年前20大钢厂的新入围者。从公司排名情况来看，河北钢铁集团由上年第4跃升至第2位，宝钢集团仍居第3，武汉钢铁集团、鞍本钢铁集团和沙钢集团分列第5、6、7位；浦项钢铁公司从第5升至第4位；新日铁因产量下滑31%，排名从第2位滑落至第8，JFE从第6位滑至第9；美国钢铁集团从第10滑至第15位；塔塔钢铁公司由第8位下降至第10位。

从世界主要钢铁生产公司的情况来看，2009年全球10大粗钢生产国中除了中国粗钢产量占世界份额大幅增长外，只有印度也出现了增长，而世界其他主要钢铁公司在2009年都减少了产量，以应对需求下降。其中世界最大的安赛乐米塔尔公司的减产幅度接近30%，其减产量超过了3000万吨，几乎相当于我国武钢集团一年的产量。

从2009年各月钢产量情况来看，总体呈现前低后高的趋势，随着世界经济的逐渐恢复，世界钢产量也在逐渐恢复，粗钢产能的利用率在不断回升。2008年12月，世界粗钢产能的利用率达到了最低点，只有58.1%，也就是说世界上有超过40%的设备被暂时关闭了。从2009年全球粗钢产能利用率看，从年初到年底的整体走势是逐渐回升，全年最高点是在2009年10月份，为76.9%。11月开始全球粗钢产能利用率又开始回落，为74.7%，到2009年底产能利用率为71.5%，比上年同期提高了13.4个百分点。

2.高炉生铁生产概况

据世界钢铁协会统计，2009年全球42个国家或地区总计生产生铁8.98亿吨，同比上年的9.24亿吨下滑2.9%，降幅低于粗钢产量的降幅。按地区分，除了亚洲以外其他地区2009年高炉生铁产量均呈下滑态势。按国家或地区分，主要高炉生铁生产国中除了中国、印度、伊朗外，其他国家或地区高炉生铁均呈大幅下滑。且除俄罗斯外，产量下降的幅度都达到了两位数，美国产量的下降幅度更是高达44%，德国的下降幅度也超过了30%。

2009年全球最大的高炉生铁生产国是中国，

表2　2009年世界主要产钢国或地区粗钢产量排名

单位：百万吨

位次	国家或地区	2009年	2008年	2007年	2006年	2005年	2009/2008(%)
1	中国大陆	567.8	500.3	489.3	419.1	353.2	13.5
2	日本	87.5	118.7	120.2	116.2	112.5	−26.3
3	俄罗斯	59.9	68.5	72.4	70.8	66.1	−12.5
4	美国	58.1	91.4	98.1	98.6	94.9	−36.4
5	印度	56.6	55.1	53.1	49.5	45.8	2.7
6	韩国	48.6	53.6	51.5	48.5	47.8	−9.4
7	德国	32.7	45.8	48.6	47.2	44.5	−28.7
8	乌克兰	29.8	37.3	42.8	40.9	38.6	−20.2
9	巴西	26.5	33.7	33.8	30.9	31.6	−21.4
10	土耳其	25.3	26.8	25.8	23.3	21.0	−5.6
11	意大利	19.7	30.6	31.6	31.6	29.3	−35.5
12	中国台湾	15.7	19.9	20.9	20.0	18.9	−20.8
13	西班牙	14.3	18.6	19.0	18.4	17.8	−23.3
14	墨西哥	14.2	17.2	17.6	16.4	16.2	−17.7
15	法国	12.8	17.9	19.2	19.9	19.5	−28.2
16	伊朗	10.9	10.0	10.1	9.8	9.4	9.1
17	英国	10.1	13.5	14.3	13.9	13.2	−25.4
18	加拿大	9.0	14.8	15.6	15.5	15.3	−39.6
19	南非	7.5	8.3	9.1	9.7	9.5	−9.5
20	波兰	7.2	9.7	10.6	10.0	8.3	−25.9
21	马来西亚	6.0	6.4	6.9	5.8	5.3	−6.6
22	奥地利	5.7	7.6	7.6	7.1	7.0	−25.4
23	比利时	5.6	10.7	10.7	11.6	10.4	−47.2
24	埃及	5.5	6.2	6.2	6.0	5.6	−11.1
25	澳大利亚	5.2	7.6	7.9	7.9	7.8	−31.2
26	荷兰	5.2	6.9	7.4	6.4	6.9	−24.2
27	泰国	5.0	5.2	5.6	4.9	5.2	−4.1
28	沙特阿拉伯	4.7	4.7	4.6	4.0	4.2	0.5
29	捷克	4.6	6.4	7.1	6.9	6.2	−28.1
30	哈萨克斯坦	4.1	4.3	4.8	4.3	4.5	−2.4
31	阿根廷	4.0	5.5	5.4	5.5	5.4	−27.6
32	委内瑞拉	3.8	4.2	5.0	4.9	4.9	−9.5
33	斯洛伐克	3.7	4.5	5.1	5.1	4.5	−16.5
34	印度尼西亚	3.5	3.9	4.2	3.8	3.7	−10.6
35	芬兰	3.1	4.4	4.4	5.1	4.7	−30.3
36	瑞典	2.8	5.2	5.7	5.5	5.7	−46.0
37	罗马尼亚	2.7	5.0	6.3	6.3	6.3	−46.4
38	白俄罗斯	2.4	2.6	2.4	2.3	2.0	−6.6
39	卢森堡	2.2	2.6	2.9	2.8	2.2	−14.2
40	希腊	2.1	2.5	2.6	2.4	2.3	−15.9
	其他国家	23.3	28.3	29.8	28.6	25.8	−17.5
	世界总计	1219.7	1345.8	1326.5	1247.3	1144.1	-8.0

表3　2008年和2009年主要产钢国粗钢产量占全球份额

单位：%

年度	中国	日本	美国	欧盟	韩国	俄罗斯	印度	巴西	乌克兰	世界其他
2009年	46.6	7.2	4.8	11.4	4.0	4.9	4.6	2.2	2.4	11.9
2008年	37.7	9.0	6.9	14.9	4.0	5.2	4.2	2.5	2.8	12.8

表4　2008年和2009年全球粗钢产能利用率

单位：%

月度	1月	2月	3月	4月	5月	6月	7月	8月	9月	10月	11月	12月
2008年	86.7	87.2	90.4	90.6	90.1	90.8	85.7	82.2	80.7	71.5	64.6	58.1
2009年	61.2	66.3	64.9	64.0	65.8	71.7	71.4	73.7	76.6	76.9	74.7	71.5

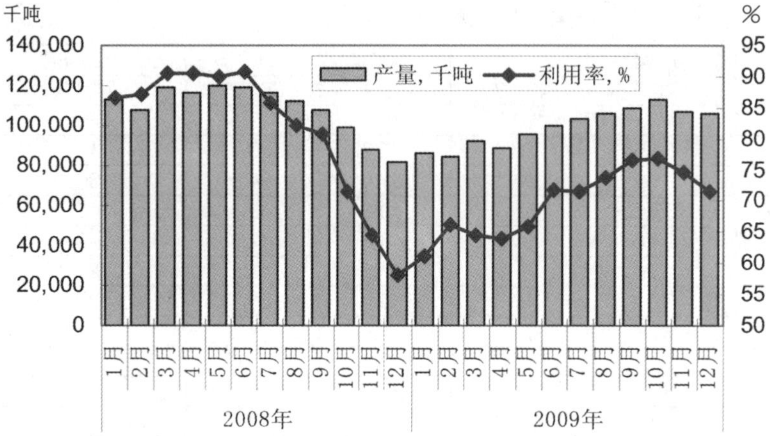

图2 世界粗钢产量及产能利用率变化情况

总计生产了54374.8万吨，同比增长15.9%；日本位居第二，生产6694.3万吨，同比下降22.3%；第三位是俄罗斯，生产4394.5万吨，同比下降9%；第四位是韩国，生产2727.8万吨高炉生铁，同比下降12.1%；第五位是印度，生产2694.6万吨高炉生铁，同比下降2.5%。

3.直接还原铁生产概况

据米德雷克斯技术公司统计，2009年全球直接还原铁产量（包括球团、块状和热压块形式）达到6200万吨，同比上年创纪录的6800万吨下降9%。

2009年初许多直接还原铁生产设备处于闲置或是仅以最小产能运转，但进入下半年生产开始回升，特别是第4季度。

虽然2009年全球直接还原铁产量同比下降，但印度和伊朗直接还原铁产量却上升，原因是伊朗一些新竖炉产量增加和印度新回转窑产量攀升。印度的直接还原铁产量再次位居全球第一位，总计生产2200万吨；其后是伊朗，生产了800万吨；第三是委内瑞拉，生产了600万吨。

表5 2009年世界主要高炉生铁生产国产量情况

单位：千吨

国家	2009年	2008年	变化（%）
中国	543748	469285	15.9
日本	66943	86171	-22.3
俄罗斯	43945	48295	-9.0
印度	29646	28911	2.5
韩国	27278	31043	-12.1
乌克兰	25676	30981	-17.1
巴西	25267	34910	-27.6
德国	20154	29111	-30.8
美国	18936	33729	-43.9
世界24国合计	898261	924755	-2.9

二、2009年世界钢材价格走势

受需求低迷的影响，世界钢材市场价格在2008年达到创纪录的历史最高水平之后，2009年跌到了2006年以来的最低水平，并且在5-7月三个月里与上年同期相比价格跌去了一半以上。这之后，随着世界经济逐渐走出低谷，对钢材的需求也在缓慢恢复，市场价格在三季度开始有所回升。然而，由于世界经济是“大病初愈”，回升势头脆弱，世界钢材市场价格在四季度又有所回落。然而，与上年同期相比，市场价格下跌的幅度已明显收缩。

从不同地区的市场价格水平来看，亚洲地区的价格要明显高于北美和欧洲地区，而北美地区也略高于欧洲地区。

进入2009年，全球钢材价格继续上年下半年的走势一路下滑，同时CRU全球钢材价格指数相应地不断下滑，并在5月份降至全年的最低点129.9点。其后，受中国及主要经济体经济回升的影响，钢材需求增加，用户开始补充库存，因而使得钢材价格开始上涨。从6月份开始，CRU全球钢材价格指数又开始缓慢回升，并在9月份达到全年的最高点——159.8点。进入4季度，CRU全球钢材价格指数再次缓慢回落。

从CRU全球长材价格指数看，最高点为年初1月份的192.8点，最低点为4月份的152.2点，最高点与最低点相差40.6点。最低点仅是最高点的78.9%，跌幅为21%。

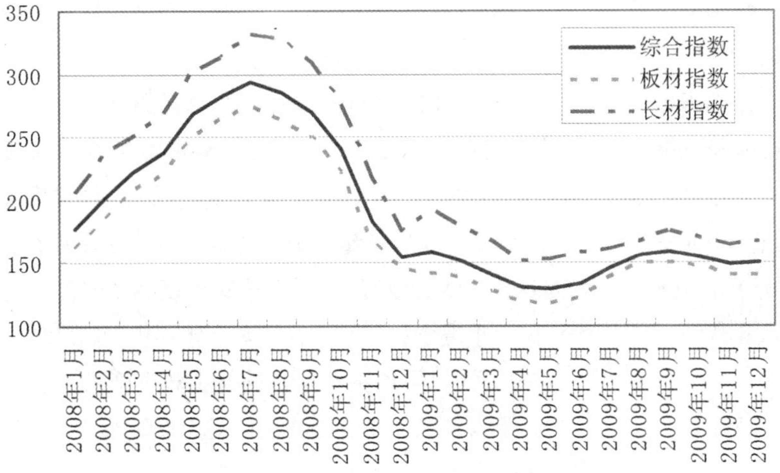

图3 2008年–2009年CRU价格指数变化

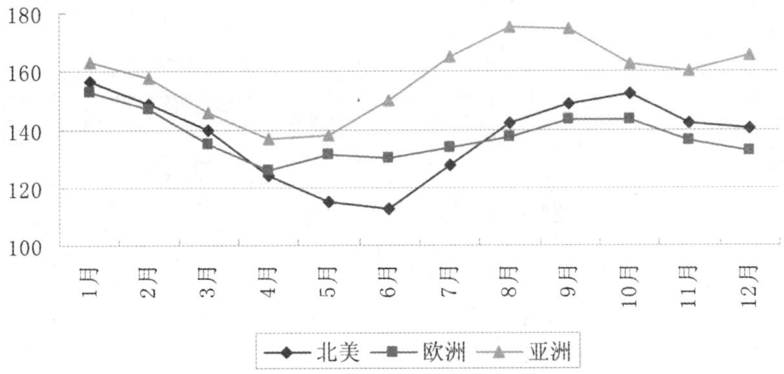

图4 2009年地区CRU钢材价格指数

从CRU全球扁平材价格指数看，2009年最高点出现在9月份，为151.8点；最低点则出现在5月份，为117.9点，最高点与最低点相差33.9点，最低点是最高点的77.7%。同时，相比1月份下跌了16.9%。

从CRU北美地区、欧洲地区和亚洲地区的钢材价格指数走势看，均呈现2009年年初继续承接2008年下半年开始的下滑走势，但从2季度开始回升，其后在4季度又再次下滑。但是，上述三个地区的CRU钢材价格指数达到2009年最高和最低点的时间存在差异，指数的跌幅也不同。

北美地区CRU钢材价格指数达到全年最高点的时间是1月份的156.7点，最低点是6月份的112.5点，最高点和最低点相差44.2点，跌幅为28.2%。

欧洲地区CRU钢材价格指数达到全年最高点的时间也是1月份，为152.9点，最低点是4月份的125.7点，最高点与最低点相差27.2点。跌幅为17.8%。

亚洲地区CRU钢材价格指数达到全年最高点的时间是8月份，为174.9点，最低点的时间是4月份，为136.4点，最高点与最低点相差38.5点。

通过比较上述三个地区的CRU钢材价格指数可以看出，虽然均是在年初继续承接上年的下滑走势，但北美和欧洲地区的CRU钢材价格指数最高点均是在2009年1月出现的，而亚洲地区是在8月份出现的，且北美和欧洲地区钢材价格虽有回升，但全

表6 2009年CRU全球长材、扁平材和钢材价格指数

品种	1月	2月	3月	4月	5月	6月	7月	8月	9月	10月	11月	12月
长材	192.8	179.2	167.1	152.2	154	159.5	160.9	167.6	175.8	170.5	164.9	167.1
扁平材	141.8	139.3	128.4	119.3	117.9	121.9	139.7	151.1	151.8	147.7	140.9	141.4
钢材	158.7	152.6	141.2	130.2	129.9	134.4	147	156.6	159.8	155.3	148.9	149.9

表7 北美、欧洲和亚洲地区CRU钢材价格指数

地区	1月	2月	3月	4月	5月	6月	7月	8月	9月	10月	11月	12月
北美	156.7	148.6	139.5	124.1	114.8	112.5	127.7	141.9	148.7	152.1	141.9	140.3
欧洲	152.9	146.8	134.8	125.7	131.2	130	133.9	137.3	143.6	143.6	135.8	132.3
亚洲	163.1	158	145.8	136.4	138	149.7	164.8	174.9	174.3	162.6	160.2	165.3

年钢材价格也没有回升到1月的水平，相比之下亚洲地区的CRU钢材价格指数在8月份达到全年最高水平，表明亚洲钢材价格自全球经济衰退以来出现较好的回升势头。同时，欧洲和亚洲地区CRU钢材价格指数的最低点均出现在4月份，先于北美地区开始回升，表明欧洲和亚洲地区的经济早于北美摆脱困境，而其中亚洲地区CRU钢材价格指数在8月份达到全年最高点也说明了亚洲的经济复苏情况要好于欧洲。

三、2009年钢铁产业效益概况

受钢材需求和价格大幅下跌的影响，2009年全球主要钢铁企业纷纷减产降低发货量以及下调钢材价格，因此使得许多企业出现亏损或利润大幅下降。

受全球经济衰退带来的销售量下滑和钢材平均销售价格下跌的影响，截至2009年12月31日，安赛乐米塔尔公司2009年全年销售额为651亿美元，同比上年的1249亿美元下降了48%。尤其是2009年上半年，销售额同比大幅下滑，为303亿美元，同比下降55%，下半年销售为348亿美元，同比下降39%。

该公司2009年的销售量为7110万吨，比上年下降了大约3060万吨，同比上年的1.017亿吨下降30%。其中，上半年发货量为3290万吨，同比下降44%，下半年发货量为3810万吨，同比下降11%。而且，大约2000万吨是在第四季度销出去的，环比第三季度增长了10%，占其全年销售量的28%。2009年钢材平均销售价格同比上年下降27%，其中，上半年钢材平均销售价格同比下降23%，下半年平均销售价格同比下降32%。

2009年安赛乐米塔尔公司EBITDA（未计利息、税项、折旧及摊销前盈利，下同）为58亿美

表8 2009年安赛乐米塔尔经营业绩

部门	营业收益(百万美元)		利润率(%)	
	2008年	2009年	2008年	2009年
北美碳钢扁平材分部	2638	−757	10	−6
欧洲碳钢扁平材分部	2773	−540	7	−3
北美和欧洲碳钢长材分部	4154	−29	13	–
亚非独联体分部	3145	265	24	3
不锈钢分部	383	−172	5	−4
解决方案和服务分部	181	−286	1	−2

表9 2009年安赛乐米塔尔公司销售金额、发货量和钢材销售价格

部门	销售额（百万美元）		发货量（百万吨）		增长率（%）		
	2008年	2009年	2008年	2009年	销售额	发货量	销售价格
北美碳钢扁平材分部	27931	13340	25810	16121	−51	−38	−24
欧洲碳钢扁平材分部	38300	19981	33512	21797	−48	−35	−22
北美和欧洲碳钢长材分部	32268	16767	27115	19937	−48	−26	−30
亚非独联体分部	13133	7627	13296	11769	−42	−11	−37
不锈钢分部	8341	4234	1958	1447	−49	−26	−31
解决方案和服务分部	23126	13524	19143	16794	−42	−12	−34
总计	124936	65110	101691	71071	−48	−30	−27

表10 安赛乐米塔尔公司2009年经营情况

单位：百万美元

	2009年四季度	2009年三季度	2008年四季度	2009年	2008年
销售收入	18642	16170	22089	65110	124936
EBITDA	2131	1589	2808	5824	24478
营业收入	684	305	−3466	−1678	12236
净收入	1070	903	−2632	118	9399
铁矿石产量(百万吨)	15.6	13.1	15.5	52.7	64.7
粗钢产量(百万吨)	22.5	19.6	14.9	73.2	103.3
销售量(百万吨)	20.0	18.2	17.1	71.1	101.7
每股盈利(美元)	0.71	0.60	−1.93	0.08	6.80

元，其中有21亿美元是在第四季度取得的，比第三季度增长了34%。

受经济危机冲击，该公司生产订单大幅下滑，只得采取大规模节约措施应对，产量急剧压缩。其全球员工人数从3.4万裁至2.82万，过去一年生产成本降低了27亿美元。

2009年第四季度安赛乐米塔尔公司的产能利用率恢复到了70%。公司总裁拉克希米•米塔尔对公司前景充满信心。他宣布，将扩大投资以满足需求增长，公司已筹资40亿美元，投资额高出上年43%。

2009年安赛乐米塔尔出现了17亿美元的营业亏损，而2008年获得123亿美元收益。其中，2009年上半年该公司大幅亏损了27亿美元，受下半年需求和价格回升进而盈利9.89亿美元的弥补，全年亏损降至17亿美元。

2009年美国纽柯钢铁公司出现了2.936亿美元的净亏损，而2008年该公司获得了18.3亿美元的净收益；2009年纽柯钢铁公司销售额同比下降53%，降至111.9亿美元，而2008年为236.6亿美元；2009年该公司产品平均售价同比下降32%，发货量同比下降30%，废钢和废钢替代品的平均成本为303美元/吨，同比2008年的438美元/吨下降31%。2009年4季度公司的产能利用率为58%，低于3季度，但高于2008年同期的48%。从2009年全年看，产能利用率为54%，低于上年的80%。2009年与上年相比，吨钢能源成本增加了近1美元。2009年第四季度净收益为5890万美元，扭转了前三季度亏损的局面。相比之下，2008年第四季度该公司的净收入为1.059亿美元。

2009年美国钢铁公司4季度出现了2.67亿美元的净亏损，环比3季度的净亏损3.03亿美元亏损额减少了3600万美元，而2008年4季度是净盈利2.90亿美元。2009年出现了14.01亿美元的净亏损，相比之下，2008年公司净盈利21.12亿美元。公司称，2009年4季度来自生产方面的亏损为3.29亿美元，好于3季度的亏损4.12亿美元，但2008年4季度其生产方面盈利5.22亿美元。2009年公司生产方面的亏损额达到了16.84亿美元，相比之下2008年公司生产方面盈利30.69亿美元。第四季度销售量环比增长了18%，达到320万短吨（290万吨），平均销售价格也上涨了5%，达到633美元/短吨（698美元/吨）。为了应对订单的增长，到年底时，该公司除了位于加里钢厂和伊利湖钢厂的两座高炉外，已开启了所有高炉设备，并且重新开启了铁矿石的生产。到四季度时，其粗钢产能的利用率已达到64%，而第三季度为58%。

新日铁预计本财年其亏损150亿日元，而早先的预测是基本上不亏不盈。在本财年3季度（2009年4季度），新日铁的利润同比下降了50%，降至259亿日元，而一年前的利润为504亿日元。新日铁公司指出，由于用于建筑业的钢材价格大幅下跌和废钢成本增加，因而公司在最近7个财年中首次出现亏损。本财年3季度出现盈利主要得益于对中国和亚洲其他国家钢材出口的增加，以及在日本政府对高燃料效率汽车给予补贴之后其钢材对汽车产业的销售增加。4季度销售额达到了9119亿日元，而前一季度的销售额为8282亿日元，且出现295.9亿日元的亏损。与一年前12300亿日元的销售额相比，2009年4季度销售额下降了25%。

浦项钢铁表示，由于全球经济低迷，2009年的粗钢产量同比下降10.8%至2953万吨，销售额下降12%至269540亿韩元。同时钢材价格也走软，2009年营业利润减少。2008年浦项的粗钢产量和销售额分别是3310万吨和306420亿韩元。2009年浦项采取紧急经营体制，降低13595亿韩元的成本，并且加强市场开发，很快摆脱危机。浦项钢铁表示，今年粗钢产量目标为3400万吨，销售额为295000亿韩元，分别同比增加16.6%和9.3%。

四、钢铁产业集中度概况

受全球经济衰退的影响，2009年世界大部分国家和地区粗钢产量出现大幅下滑，但在政府刺激经济计划和政策，包括积极的财政政策和宽松的货币政策作用下，中国粗钢产量继续保持强劲增长。因此，中国钢铁企业在世界前20排名中占据统治地位，与上年相比明显增加。

尽管2009年钢产量同比下降29%，但安赛乐米塔尔仍然是全球最大的钢铁企业。2009年共有9家中国钢铁企业进入前20，5家进入10，而2008年有7家进入前20名。造成中国钢铁企业进入全球粗钢产量前20大钢铁企业排名增加的重要原因，除了中国钢需求较高而使得企业产能利用率较高外，一个重要原因是中国钢铁企业的大规模联合重组。

由于国外其他大型钢铁企业粗钢产量大幅下降，因此虽然全球粗钢产量大幅下滑，但2009年全球钢铁产业集中度同比上年还是有所下滑。

2009年全球粗钢产量排名前5位的企业合计生产粗钢21370万吨，全球钢铁产业CR5为17.80%，同比2008年的18.46%下降0.66个百分点。产量排名前10位的钢铁企业合计产粗钢33910万吨，

表11 2009年世界粗钢产量前20大钢铁企业排名

单位：百万吨

公司	2008年		2009年		同比
	排名	产量	排名	产量	(%)
安赛乐米塔尔	1	103.3	1	73.2	−29.1
河北钢铁	4	33.3	2	40.2	+20.7
宝钢	3	35.4	3	38.9	+9.9
浦项	5	33.1	4	31.1	−6.0
武钢	7	27.7	5	30.3	+9.4
鞍本	9	23.4	6	29.3	+25.2
沙钢	10	23.3	7	26.4	+13.3
新日铁	2	35.6	8	24.3	−31.7
JFE	6	33.0	9	23.5	−28.8
塔塔	8	24.4	10	21.9	−13.5
山东钢铁	12	21.8	11	21.3	−2.3
首钢	22	12.2	12	17.3	+41.8
谢维尔	15	19.2	13	16.7	−13.0
耶弗拉兹	16	17.7	14	15.3	−13.5
美国钢铁公司	10	23.3	15	15.2	−34.8
马钢	19	15.0	16	14.8	−1.3
纽柯	13	20.4	17	13.9	−32.0
印度钢铁管理局	21	13.7	18	13.6	−0.1
盖尔道	14	19.6	19	13.5	−31.1
湖南华菱	25	11.3	20	11.8	+4.4

CR10为28.28%，低于2008年的28.56%。产量排名前20位的企业合计产粗钢49250万吨，CR20为41.07%，比2008年的42.53%下降1.46个百分点。

五、2009年钢铁产业并购重组

世界钢铁工业的发展历史显示，行业低迷往往是大规模并购重组的最好时机。上世纪发生在美国、日本及欧洲的三轮钢铁并购整合潮，钢铁行业低迷、景气度下降就是最直接的驱动力。而全球钢铁行业市场需求低迷、企业经营压力增加，这一状态在2009年已得到充分展现。但是，由于企业并购需要得到金融机构的大力支持，而此次全球钢铁产业的低迷是缘于全球金融危机的爆发，有别于以前的产业不景气，因此对钢铁产业而言，虽然2009年是并购重组的好时机，但受信贷限制，全球钢铁产业并没有出现大规模和重大并购案。不过，市场优胜劣汰，总会出现重组案例，而且会与各国的钢铁行业受金融危机影响的具体情况分不开。

据普华永道公司提前出版的最新报告称，信贷市场萧条和经济环境恶化对2009年上半年的金属产业，包括钢铁产业的并购活动造成了很大影响。上半年宣布的、与金属有关的企业并购数量非常少，许多企业目前是致力于保有和获得现金流。2009年上半年全球金属产业已经宣布的并购总计有367个，而2008年全年总计有974个。但是，虽然上半年金属产业的并购交易数量下降，但其平均交易价格高于2008年完成的交易的平均交易价格。

收购少数股权的交易约占2009年上半年宣布的交易数量一半，而出售公司非核心资产的交易也在整个上半年的交易中起到很大作用。新兴市场的企业，包括金砖四国的企业对上半年的交易做出了很大贡献。

虽然2009年全球钢铁业并购明显放缓，大型钢铁企业兼并重组案例没有发生，但仍有部分钢铁企业乘企业价值缩水之机，采取低成本收购战略，不

断扩充自身实力，抢占市场，因而小型兼并重组案例仍时有发生，主要案例包括：

1.新日铁增持USIMINAS公司股份

2009年初，新日铁收购巴西淡水河谷公司持有的米纳斯吉拉斯钢铁公司5.9%的股权。至此，新日铁共持有USIMINAS公司29.2%的股权。通过此次股权交易，新日铁加强了与USIMINAS公司的合作，以满足南美地区（尤其是巴西）对扁平材日益增长的需求。

2.委内瑞拉政府将SIDOR公司收归国有

2009年5月，经过近一年多的谈判，委内瑞拉政府与阿根廷TERNIUM公司就SIDOR钢铁公司国有化问题达成协议，收购总金额为19.7亿美元，其中4亿美元已当即支付，其余15.7亿美元将在2010年11月前分两次支付。收购完成后，委政府将在SIDOR公司占股80%。

3.安赛乐米塔尔收购Noble欧洲公司

2009年7月，欧盟委员会批准安赛乐米塔尔集团全资收购美国NOBLE国际公司的欧洲子公司，这一钢铁巨头的规模扩张仍在继续。

4.浦项钢铁公司收购越南亚洲不锈钢公司

2009年9月，浦项钢铁公司耗资约5000万美元收购越南不锈钢冷轧企业——亚洲不锈钢公司90%的股份。并将投资改造其现有生产设备，使其不锈钢年产能由3万吨提升至10万吨。

5.新日铁收购印尼LATINUS公司35%股份

2009年11月，新日铁联合三井公司、新日铁贸易公司和美达王公司3家日本企业，联合收购印度尼西亚唯一的镀锡板生产企业——LATINUS公司55%的股份，收购金额6000万美元。其中，新日铁收购LATINUS公司35%的股份，成为该公司最大股东。三井公司、新日铁贸易公司和美达王公司3家企业分别收购LATINUS公司10%、5%和5%的股份。

6.宝钢20亿元重组宁波钢铁公司

2009年3月初宝钢集团和杭钢集团在宁波南苑饭店签约，宝钢出资20亿元，从杭钢手中收购宁波钢铁有限公司56.15%股权，成为宁钢“新东家”。这是中国钢铁产业调整振兴规划出台后国内钢铁企业首次跨区域联合重组。宁钢注册资本36亿元，宝钢绝对控股宁钢后，宁钢剩余43.85%股权依然由杭钢持有。但是在下一步增资扩股后，宁钢将由宝钢、杭钢和宁波市三方持股，宝钢控股地位不变。宁钢总投资约170亿元，拥有400万吨钢的年产能。2007年5月，宁钢第一阶段工程建成并投入试生产，是一家包括炼铁、炼钢、连铸等在内的工序齐全、装备一流的大型现代化钢铁联合企业。

7.山东钢铁集团有限公司重组日照钢铁控股集团有限公司

2009年9月6日，山东钢铁集团有限公司与日照钢铁控股集团有限公司资产重组与合作协议签约仪式在山东日照举行。山东钢铁集团与日照钢铁集团的资产重组与合作是根据国家钢铁产业调整和振兴规划做出的重大举措。根据协议的相关约定，双方共同向山东钢铁集团日照有限公司以增资的方式进行资产重组。而山钢以现金出资占67%的股权，日照方面则以其经过评估的净资产入股，占33%的股权。内家钢铁企业资产重组与合作协议的签署也标志着山东钢铁企业由内陆向沿海转移战略迈出了重要一步。

六、2009年钢铁业应对危机概况

受经济衰退的影响，全球钢需求大幅下滑，进而引发钢材价格下跌。为了应对需求和价格下滑带来的效益下降，全球许多钢铁企业纷纷采取关闭产能和降低产能利用率以及裁员来应对。从2009年全年全球粗钢产能利用率看，从年初开始产能利用率呈现出逐步回升态势，并在2009年10月达到全年最高点，为76.9%。

从国家层面看，许多国家的粗钢产能利用率同比大幅下降，如截至到2009年11月21日，美国生产了5015.7万吨粗钢，产能利用率为49.9%。与2008年同期的9450万吨相比，降幅为41%，2008年同期美国粗钢的产能利用率为84.7%。

从企业层面看，全球主要钢铁企业在2009年纷纷减产和裁员。例如，在2009年1季度和2季度，安赛乐米塔尔公司的高炉生产受到危机很大影响，当时该公司的25座高炉中仅有11座运转，产能利用率不到50%。自此之后，随着需求的好转，3季度和4季度公司铁水生产开始增加，运转高炉的座数增加到16座，产能利用率也提高到75%。作为应对危机的措施，日本新日铁公司自从2008年底以来将其9座高炉中的两座关闭，而JFE钢铁公司关闭了仓敷钢厂的2座高炉。此外，作为应对危机的措施，蒂森•克虏伯集团在Schulz领导下通过降低产能、裁员和裁减管理费用，迅速对市场低迷进行了回应。该公司改组了其业务部门以确保公司仍有充足的现金，目前该集团的业务部门只剩下两个，即技术部门和原料部门，而此前集团有5个部门，而且集团还将非核心业务、资产出售。采取这些措施后就可使蒂森•克虏伯集团在截至于9月份的2009财年亏损24亿欧元之后的2010财年重新盈利。另外，蒂森•克虏伯集团宣布出售工业服务部门、北美Safway集团。预计该集团将进一步处置其工业生产部门，特别是与汽车和建筑业有关的业务。

在钢铁企业纷纷采取减产、裁员措施的同时，许多企业还采取了修订公司发展战略以及开拓新市场等措施应对危机。如巴西主要钢铁企业之一的盖尔道公司决定其未来发展战略应该致力于巴西国内市场。采取主攻国内市场的战略标志着该公司的发展战略与该公司首席执行官Andre Gerdau Johannpeter最近几年来一直实施的海外市场扩张战略完全相反，但新战略确实是合乎逻辑的一步。随着国内需求增加，弥补了公司国际需求的下降。作为巴西主要的长材生产企业，2009年3季度盖尔道公司的经营状况要比预期的好，其所有业务均取得不俗成绩。在2季度出现3.29亿巴西雷亚尔亏损之后，3季度盖尔道公司一举扭转了亏损，实现6.55亿巴西雷亚尔的净收入。3季度该公司净营业收入环比前一季度增长6.4%，达到68亿巴西雷亚尔，其中对国内市场的销售额环比增长20%，而在北美市场销售的增长几乎停滞、在拉美其他市场的销售下降了2.5%。由于盖尔道公司国内业务部门有非常高的Ebitda率，因此该公司决定将未来发展放在国内市场就不会让人感到吃惊。2009年3季度该公司向巴西国内市场出售了100万吨钢材，环比2季度增长26%。盖尔道公司董事长Gerdau Johannpeter透露说，该公司计划今后5年投资95亿巴西雷亚尔，其中80%将投向巴西国内。他说，在美国经济完全复苏之前该公司没有在美国进一步投资的计划，但很有可能考虑在亚洲新兴经济体投资。虽然其不排除中国可能是该公司未来的投资地，但是也是在寻找到合适合作伙伴之后才会考虑在中国投资。目前，盖尔道公司与其印度合作伙伴共同拥有印度SJK钢铁公司，并且打算投资建

表12 欧洲钢铁企业高炉闲置概况

高炉	闲置开始时间	产能
安•米公司Fos-sur-Mer钢厂6号高炉	2008年11月	7000吨/天
安•米公司Florange厂6号高炉	2009年5月	140万吨/年
安•米公司Gijon厂 B号高炉	2009年5月	230万吨/年
安•米公司根特钢厂A号高炉	2009年4月	6000 吨/天
安•米公司不来梅厂3号高炉	2008年末	113万吨/年
里瓦集团塔兰托钢厂2号高炉	2008年末	15,000吨/天
Duferco公司Carsid厂高炉	2008年末	190万吨/年
瑞典钢铁公司Oxelosund厂高炉	2009年5月	800,000吨/年
奥钢联林茨钢厂	2009年5月	2000吨/天
克鲁斯集团艾默伊登钢厂6号高炉	2008年末	250万吨/年
美钢联塞尔维亚厂2号高炉	2009年4月	110万吨/年
美钢联科西策钢厂1号高炉	2009年1季度	125万吨/年
罗德洛基公司1号高炉	2008年12月	130万吨/年

设产能为30万吨/年的钢筋厂。这将是盖尔道公司建在亚洲的第一家钢厂，但绝对不是最后一家。

在日本国内市场需求已经达到饱和的情况下，如果日本钢铁企业要想继续在全球钢铁业中发挥作用，除了在海外寻求市场外别无选择。而金融危机的爆发使得日本钢铁企业加速了积极开拓新的市场。如受印度将在未来几年成为全球第二大或是第三大钢铁生产国利好的吸引，日本钢铁企业将继续加紧向印度进军。最新发展情况是日本JFE钢铁公司与印度的JSW公司签署了一项合作协议，计划合作生产汽车用钢，并且关注双方相互持股的可能性。此外，两家公司也考虑合作建设和运转一家位于西孟加拉邦、产能达到1000万吨/年的钢铁厂一事。双方其他方面的合作包括分享生产技术以及提供热轧带卷、冷轧带卷和镀锌带卷，合作范围还包括其他服务活动，如应用工程技术和为汽车厂开发新产品。此外，双方还会合作生产除汽车板以外的其他钢材，将关注环境友好和降低能源消耗项目以及改进产品质量、提高生产率。与印度JSW公司的合作，将给予JFE钢铁公司在目前唯一一个可以与中国钢铁市场媲美的、快速发展的印度钢铁市场占有立足点，从而将使得JFE钢铁公司从需求预计迅速扩张的印度钢材市场中获得很大效益。

七、2010年展望

据IMF的预计，2010年世界经济将增长3.9%，与2009年10月份发布的《世界经济展望》相比，IMF的最新预测将2010年的世界经济增幅上调了约0.8个百分点。

从国际贸易来看，IMF认为在2009年世界贸易量下降超过12%之后，2010年将会有5.8%的增长。

世界银行1月21日公布的世界经济预测显示，从2010年开始世界经济将回归正增长，国内生产总值（GDP）将比上年增长2.7%（原来预测为2.0%），2011年将增长3.2%，世行认为“世界经济恢复平缓”。世行分析，今后各国财政的刺激效果不再明显，增长率不可能太快。受金融危机后遗症影响，今后10年金融和经济增长状况与过去相比将有较大变化。预计发达国家整体增长率2010年为1.8%，2011年为2.3%。美国和欧元区国家今年将分别增长2.5%和1.0%，日本增长1.3%。预计发展中国家整体增长率2010年为5.2%，2011年为5.8%，中国今明两年将保持9.0%的增长，今后对世界经济仍起到拉动作用。然而，世行也警告，全球经济虽以惊人速度复苏，但若民间需求无法取代政府振兴措施，仍有二度衰退风险。世界贸易量2009年比上年度减少14.4%，预计2010年将转为增长4.3%，2011年增长6.2%。

从目前的情况来看，世界金融危机的影响并未像最初人们估计的那样严重。2009下半年，特别是第四季度，世界主要经济区都恢复增长，这种恢复速度已经超过人们原来的预计，而这种趋势必将延续到2010年。

由于全球经济复苏，特别是工业生产的不断恢复，国际钢铁协会已经将原来对全球钢需求增幅从9%左右提高到10%，后又再次提高到11%。其中老牌工业国的恢复将可达到两位数，比如欧洲的钢需求将回升20%左右。而金砖四国将占到今年全球钢铁需求的60%左右，2009和2008年分别为58%和50%，中国的需求将增长10%左右。□

2009年世界钢铁贸易概述

一、国际经济环境

受美国次贷危机引发的全球金融危机的影响，2009年全球经济出现了自第二次世界大战以来最大的下滑，包括以美国、欧盟和日本为主的发达经济体，其经济发展受到重挫；以中国等金砖四国为代表的新兴经济体的经济增长，在2009年出现了不同程度的大幅下滑或是增速放缓。

金融危机爆发后，2009年全球各个国家的工业生产下滑、大宗商品价格大幅下跌、股市一片低迷、期货市场萧条、全球贸易急剧萎缩。

虽然面临着全球经济大幅下滑的境况，但各国政府表现出了空前的一致，无论是美国、欧盟和日本等发达经济体，还是中国、印度、俄罗斯和巴西等新兴经济体等，均出台了拯救经济的措施或是刺激经济发展的措施，如美国于2009年年初推出了7870亿美元经济刺激计划、汽车业重组、继续实施金融救援、购车购房税收优惠等一系列措施，成功阻止了经济下滑。欧盟通过降息及“定量宽松”货币政策刺激经济，并实施了总额2000亿欧元的经济刺激计划。日本政府和央行也采取了一系列刺激政策。共同应对全球性的经济衰退。此外，中国也出台了4万亿人民币的刺激措施，货币政策和财政政策双管齐下，取得了良好效果。由此，各国经济开始触底反弹，经济状况逐步改善，如股票市场率先适度复苏，大宗商品价格触底适度反弹，国际油价稳中有升，欧美房地产市场开始探底企稳等。第三季度美国、欧洲、日本等主要经济体基本上都实现了GDP环比正增长，全球资本市场也开始趋向活跃。不过，在拯救经济的同时，许多国家也纷纷出台了各种贸易保护措施，抑制了全球经济的快速回升，使得目前全球经济复苏的基础不稳定，未来发展具有很大的不确定性。

1.世界经济增长概况

受全球金融危机的影响，2009年全球GDP

表1 2009年世界经济增长变化

单位：%

国家或地区	2008年	2009年	国家或地区	2008年	2009年
世界	3.0	-0.8	非洲	5.2	1.9
发达经济体	0.5	-3.2	撒哈拉以南地区	5.6	1.6
美国	0.4	-2.5	中欧和东欧	3.1	-4.3
欧元区	0.6	-3.9	独联体	5.5	-7.5
德国	1.2	-4.8	俄罗斯	5.6	-9.0
法国	0.3	-2.3	俄罗斯外独联体国家	5.3	-3.9
意大利	-1.0	-4.8	发展中亚洲国家	7.9	6.5
西班牙	0.9	-3.6	中国	9.6	8.7
英国	0.5	-4.8	印度	7.3	5.6
日本	-1.2	-5.3	东盟5国	4.7	1.3
加拿大	0.4	-2.6	中东	5.3	2.2
其他发达经济体	1.7	-1.3	西半球	4.2	-2.3
亚洲新兴经济体	1.7	-1.2	巴西	5.1	-0.4
新兴和发展中经济体	6.1	2.1	墨西哥	1.3	-6.8

注：数据来源IMF。

出现了大幅下滑。据世界银行在2010年1月底发布的经济展望报告说，2009年全球GDP同比下降2.2%，而IMF在其2010年1月发布的世界经济展望中指出2009年全球GDP同比下降了0.8%。

根据IMF数据，2009年发达经济体经济均出现不同程度下滑，其中意大利和日本是在上一年度下跌的基础上继续下滑。新兴经济体包括金砖四国的经济增速也出现下滑，其中2009年中国和印度的经济仍是正增长，而俄罗斯和巴西均出现了负增长。

2.世界贸易下降，贸易保护抬头

受世界经济衰退的影响，各国消费力疲软、需求下降，进而影响到全球贸易。此次全球危机虽然出现在金融领域，但贸易已经成为一个重要受害者。在国际金融危机的阴霾下，发达国家进口需求大幅下降，发展中国家出口受阻，加上贸易融资的限制，全球总需求急剧减少，导致世界贸易和生产大幅萎缩。因此，2009年是世界贸易自第二次世界大战以来所面临的最困难的一年。据世界贸易组织（WTO）说，这是自1982年以来世界贸易的首次下滑，是二战以来的最大降幅。贸易的收缩不仅成为全球经济危机蔓延的载体、扩散的渠道，而且还是一个加速器，加速了世界产出的收缩。

据世界贸易组织(WTO)总干事拉米(Pascal Lamy)2010年2月24日表示，2009年世界贸易额同比下降了12%。而国际货币基金组织（IMF）称，2009年全球贸易下降11.9%，发达经济体进口和出口分别降低13.7%和13.6%，发展中经济体相应的数字为9.5%和7.2%。国际贸易将出现30年来最大滑坡。

此外，此次经济衰退在世界范围内导致了贸易保护主义急剧升温。当前全球贸易保护主义的突出特点是，在符合WTO规则前提下提高贸易壁垒，比如越来越多地发起反倾销调查、提供出口补贴、在约束关税范围内提高适用关税水平、有意滥用贸易技术壁垒等，使得对贸易保护的认定变得愈加困难。WTO允许的贸易救济措施以及“例外条款”，本意在于维护公平合理的正常贸易秩序，但也为实施“低度的”贸易保护提供了空间和灵活性。以在法定限制范围内提高关税为例，如果所有WTO成员都将它们的关税水平提高到WTO的最高约束上限，那么全球关税水平将是现在的两倍。虽然各国实施的有些贸易限制并不违反WTO协议，但如果处置不当或遭到滥用，也会严重助长贸易保护主义，其连锁反应带来的后果仍然会使世界贸易下滑，延缓全球经济复苏。

据世界银行统计，自国际金融危机爆发以来，20国集团中17国推出或拟推出的保护主义措施大约有78项，其中47项已付诸实施。这些贸易保护措施主要包括提高关税、实施贸易禁令、出口补贴、滥用贸易救济措施以及多种形式的非关税贸易壁垒。发达国家的贸易保护措施基本上都采取补贴等较隐蔽的方式，而发展中国家则更多采取提高关税、贸易禁令等传统做法。一些国家在应对危机中还不断推出新的贸易保护措施，如在财政刺激计划中加入了歧视性采购条款，并向运转不良的国内企业提供补贴等。

此外，贸易保护措施如今出现新特点，日趋多样化。除对一国某类产品征收惩罚性关税等“传统”贸易保护手段外，写入一些国家经济刺激计划

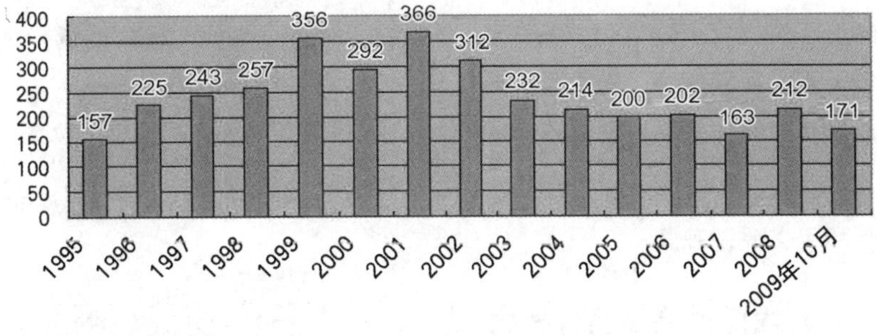

注：2009年数据截止到2009年10月28日。
资料来源：WTO，2009年11月。

图1 1995–2009年10月WTO成员发起反倾销调查案件的数量

表2 2009年以来世界主要贸易国的货物贸易额变化的情况

国别或地区	统计时间	出口同比变化（%）	进口同比变化（%）
美国	1-9月	-23.0（+17.6）	-31.2（+13.3）
欧盟27国	1-7月	-29.6（+24.9）	-34.8（+28.8）
德国	1-8月	-31.7（+21.0）	-28.6（+23.1）
法国	1-9月	-28.4（+19.1）	-29.3（+22.7）
英国	1-9月	-33.5（+14.5）	-30.7（+13.3）
日本	1-9月	-32.9（+16.9）	-31.7（+28.7）
韩国	1-9月	-20.7（+22.8）	-33.1（+34.4）
俄罗斯	1-8月	-47.1（+49.3）	-45.4（+47.9）
巴西	1-7月	-24.3（+27.2）	-30.3（+52.1）
南非	1-8月	-31.2（+24.5）	-36.0（+22.5）
中国	1-10月	-20.4（+22.0）	-19.0（+27.3）

注：括号内数据为2008年同期的变化情况。资料来源：各国海关统计。

表3 2008年10月-2009年10月受新出台贸易措施影响的贸易额

	HS编码	受影响贸易额（百万美元）	占受影响进口额的比重（%）	占世界进口总额的比重（%）
农产品	01-24	57199	35.5	0.36
矿产品	25-27	7308	4.5	0.05
纺织、服装及鞋类	50-67	11267	7.0	0.07
基础金属及产品	72-83	47165	29.2	0.29
钢铁产品	72-73	45514	28.2	0.28
其他基础金属	74-83	1651	1.0	0.01
机电产品	84-85	14975	9.3	0.09

资料来源：WTO估计，2009年11月。

的购买本国货条款也在“行贸易保护之实”。例如，美国2009年2月通过总额7870亿美元的经济刺激计划，其中“购买美国货”条款就要求各地接受经济刺激计划拨款的公共项目必须使用美国国产钢铁及制成品，从而招致多国批评。

WTO第七届部长级会议与会代表及常驻日内瓦的贸易官员一致认为，2009年世界贸易量滑坡的主要原因有四点。一是实体经济增长缺乏后劲；二是大宗商品价格日趋走低，美元疲软加剧恶化了国际贸易结算环境；三是资本市场萎缩制约了贸易额的增长；四是贸易保护主义急剧升温。

3.国际大宗商品价格大幅波动，全球制成品贸易深受打击

世界经济衰退引发国际商品市场形势波澜起伏，价格走势波动剧烈。2008年国际大宗商品价格暴涨暴跌，至年底时已跌至2005年以来的最低位。2009年第1季度国际市场初级产品价格逐渐回稳，特别是自2009年3月以来，国际能源、有色金属期货价格经历了明显反弹。至2009年10月，IMF编制的以美元计价的初级商品价格指数比2008年12月上升35.3%，其中食品饮料类上涨12.6%，工业用农业原材料上涨15.9%，金属上涨33.8%，能源上涨46.6%，但价格水平仍低于危机前的高位。少数产品的价格接近甚至恢复到危机前水平，其中黄金价格已突破每盎司1200美元，创历史新高。近几个月的初级产品价格反弹与同期美元贬值有着密切关系。

二、2009年世界钢铁贸易大幅下降

在全球经济衰退和金融危机的影响下，2009年全球各类商品消费下降，进而导致国际贸易均呈大

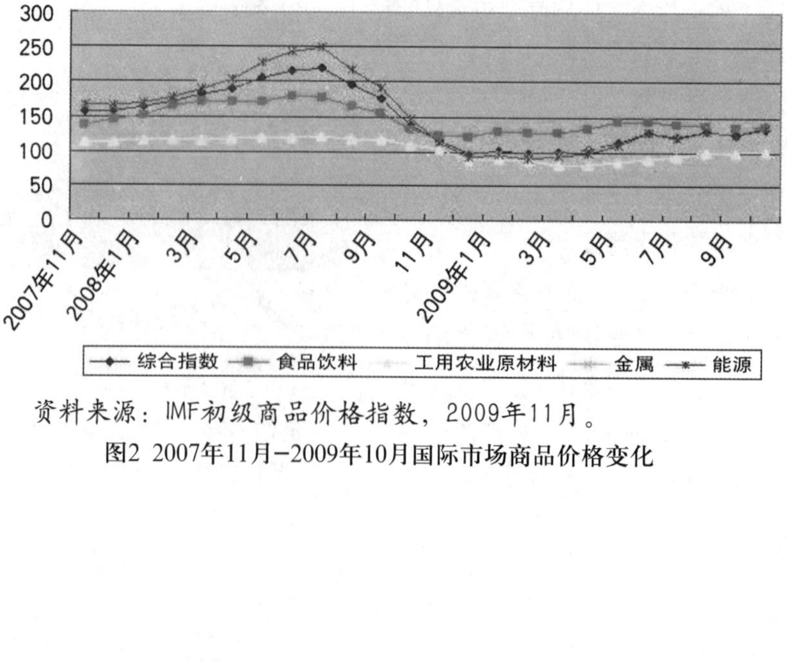

资料来源：IMF初级商品价格指数，2009年11月。

图2 2007年11月-2009年10月国际市场商品价格变化

幅下滑态势，钢铁贸易也深受影响，贸易数量和贸易金额一改前几年大幅增长走势，均大幅下降。特别是一些国家为保护本国钢铁产业和工人就业，为钢铁贸易设置新的壁垒。贸易保护主义的再度兴起和贸易摩擦频繁发生也在一定程度上制约钢铁贸易的健康发展。

2009年世界各国钢材需求复苏速度不同，改变钢材贸易流向，尤其是中国和其他新兴经济体国家钢材进口均出现显著增长。2009年中国钢材在净出口量大幅下降的同时，欧盟基本实现钢材进出口贸易平衡，北美钢材净进口量也明显下降，但美国仍是全球最大的钢材净进口国。2009年下半年，日本、韩国和俄罗斯钢材出口快速增长，但全球钢材贸易量明显低于危机之前的达到的高点。

根据世界钢铁协会的统计（截至2010年4月19日发布的2009年统计），2009年全球钢材和半成品出口量为32002.8万吨，同比2008年的43084.1万吨减少11081.3万吨，降幅为25.72%；2009年全球钢材和半成品进口量为23842.7万吨，同比2008年的34464.1万吨减少10621.4万吨，降幅为30.82%。

1．2009年欧盟地区钢材贸易概况

A．2009年欧盟地区粗钢生产

受经济衰退的影响，欧盟地区各种产品需求下降，进而影响到钢铁生产，由此2009年欧盟地区粗钢产量同比大幅下降。2009年欧盟27国粗钢产量仅有1.391亿吨，同比上年的1.98亿吨下降29.7%。其中，德国2009年粗钢产量为3270万吨，同比下降28.7%；意大利粗钢产量为1970万吨，同比下降35.5%；西班牙粗钢产量1430万吨，同比下降23.3%。

B．2009年欧盟27国表观消费量

2009年欧盟经济衰退，导致粗钢表观消费量下降35.2%。欧盟国家中，西班牙和意大利国内建筑业严重萎缩，粗钢表观消费量降幅最大。2010年在重建库存和实际需求温和复苏的带动下，欧盟粗钢表观消费量将增长13.7%。2011年欧盟钢材实际需求继续回升，粗钢表观消费量增幅为7.9%，将达到1.452亿吨，恢复到1997年的水平。

C．2009年欧盟钢材贸易量

作为全球主要的钢材生产和消费地区，2009年欧盟27国的粗钢、钢材的生产同比大幅下降，同时，其钢材的进出口也同比大幅下滑。

2009年全球钢材和半成品最大的出口地区是欧盟地区，2009年欧盟（27国）出口（含欧盟成员国之间的贸易）坯材11225.5万吨，占全球总计坯材出口量的35.08%，与上年相比，出口减少了4665.3万吨，下降29.36%；其中，德国坯材出口2077.8万吨，同比下降27.45%。欧盟（27国）坯材进口（含欧盟成员国之间的贸易）坯材10000.4万吨，占全球总计坯材进口量的41.94%，同比减少5957.8万吨，下降37.33%；德国坯材进口1765.6万吨，同比下降35.77%。欧盟（27国）净出口坯材1225.1万吨，而上年净进口67.4万吨；德国净出口坯材312.2万吨，与上年净出口115.1万吨，增长197.1万吨。

在经济低迷的影响下，2009年欧盟钢锭和半成品的出口相应地出现下降。2009年欧盟（27国）钢锭和半成品出口906万吨，占全球总计钢锭和半成品出口量的16.80%，同比减少602.3万吨，下降39.93%。2009年欧盟（27国）钢锭和半成品进口1072.7万吨，占全球总计钢锭和半成品进口量的27.55%，同比减少973万吨，下降17.56%。

全球经济衰退对欧盟长材出口市场产生了很大影响，造成长材需求下降，特别是建筑业需求大幅下滑对长材消费量有非常大的负面影响。2009年欧盟（27国）长材出口3262.8万吨，占全球总计长材出口量的41.75%，同比减少1305万吨，下降28.57%。同样，欧盟本身的建筑业产业也受到经济衰退的影响，造成长材需求下滑，因而2009年欧盟（27国）长材进口2466.1万吨，占全球总计长材进口量的51.80%，同比减少1525.4万吨，下降

38.22%。

欧盟是全球板材重要的出口地区，由于经济衰退，使得其出口市场需求下降，因而，2009年欧盟（27国）板材出口5815.2万吨，占全球总计板材出口量的37.99%，同比减少2283.9万吨，下降28.20%。同时，欧盟也是全球主要的板材消费地区，在经济衰退的影响下，欧盟主要工业生产均呈下滑态势，进而影响到板材消费，欧盟（27国）板材进口5473.9万吨，占全球总计板材进口量的43.29%，同比减少3041.2万吨，下降35.72%。

作为全球重要的钢管生产和消费地区，全球经济衰退对欧盟钢管的进出口产生了重大影响。2009年欧盟（27国）钢管出口1120.6万吨，占全球总计钢管出口量的34.43%，同比减少409.9万吨，下

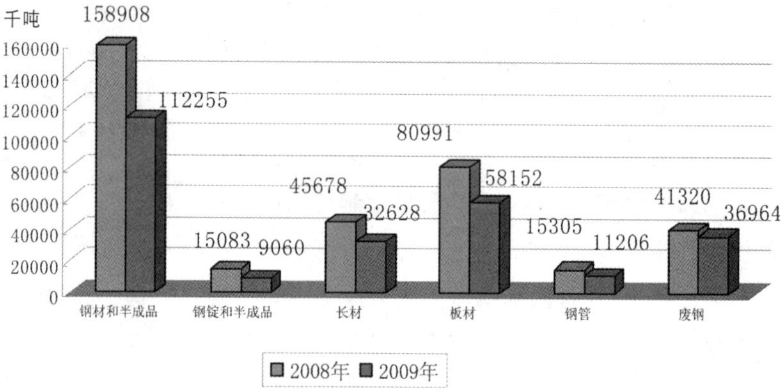

图3 欧盟钢材出口

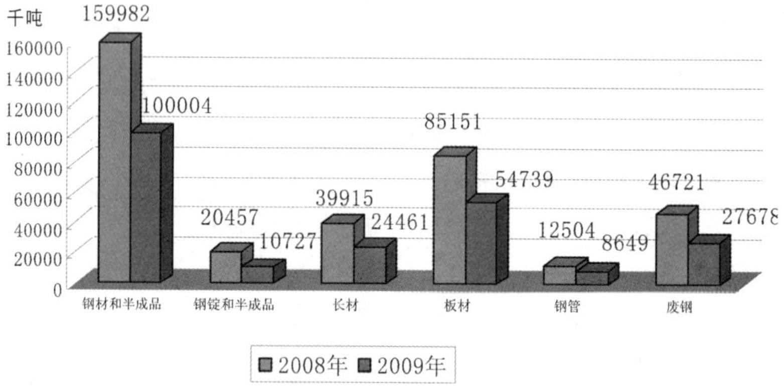

图4 欧盟钢材进口量

表4 2009年欧盟27国钢材贸易统计

国家地区	出口量			进口量			净出口量	
	2009年	2008年	同比	2009年	2008年	同比	2009年	2008年
	千吨	千吨	%	千吨	千吨	%	千吨	千吨
钢材和半成品								
德国	20778	28639	-27.45	17656	27488	-35.77	3122	1151
欧盟(27)	112255	158908	-29.36	100004	159582	-37.33	12251	-674
钢锭和半成品								
德国	1655	2047	-19.15	1172	2970	-60.54	483	-923
欧盟(27)	9060	15083	-39.93	10727	20457	-47.56	-1667	-5374
长材								
德国	5657	8074	-29.94	5015	7633	-34.30	642	441
欧盟(27)	32628	45678	-28.57	24661	39915	-38.22	7967	5763
板材								
德国	10522	14714	-28.49	9671	14242	-32.10	851	472
欧盟(27)	58152	80991	-28.20	54739	85151	-35.72	3413	-4160
钢管								
德国	2769	3544	-21.87	1595	2351	-32.16	1174	1193
欧盟(27)	11206	15305	-26.78	8649	12504	-30.83	2557	2801
废钢								
德国	7275	8269	-12.02	3865	5920	-34.71	3410	2349
欧盟(27)	36964	41320	-10.54	27678	46721	-40.76	9286	-5401

降26.78%。欧盟（27国）钢管进口864.9万吨，占全球总计进口量的37.16%，同比减少385.5万吨，下降30.83%。

作为废钢重要的出口地区，欧盟的废钢出口受到出口市场需求下滑的严重影响。2009年欧盟（27国）废钢出口3696.4万吨，占全球总计废钢出口量的44.08%，同比减少435.6万吨，下降10.54%。同时，电炉炼钢比例很大的欧盟因钢需求下降带来了生产下滑，由此减少了废钢进口。2009年欧盟（27国）废钢进口2767.8万吨，占全球总计进口量的32.50%，同比减少1904.3万吨，下降40.76%。

2．北美地区钢材贸易概况

A．2009年北美地区粗钢生产

受钢需求下降的影响，2009年北美自由贸易区的粗钢产量仅有8230万吨，同比上年的1.245亿吨下降33.9%。其中，2009年美国粗钢产量仅有5810万吨，同比大幅下降36.4%；2009年墨西哥的粗钢产量为1420万吨，同比下降17.7%。

B．2009年北美粗钢表观消费量

2009年北美地区粗钢表观消费量大幅萎缩41.6%，降至5740万吨。随着美国经济复苏，钢铁市场重建库存，2010年粗钢表观消费量将增长26.5%，2011年增长7.5%，升至7810万吨，与1991年的消费水平持平。对于北美自由贸易区国家而言，2011年粗钢表观消费量将进一步恢复至1993年的水平。

C．2009年北美钢材贸易量

在全球经济衰退的影响下，北美自由贸易区钢材和半成品的需求大幅下滑，同时，该地区的钢材和半成品出口也受到抑制，大幅下降。

受主要出口目的地国需求下降以及本身产品价格竞争力较弱的影响，2009年北美地区（美国、加拿大和墨西哥）出口（含北美自由贸易区内贸易）坯材1771.7万吨，占全球总计坯材出口量的5.54%，与上年相比，出口减少了924.2万吨，下降34.28%。2009年该地区进口钢材和半成品总计2629.6万吨，同比上年减少1893.0万吨，降幅为41.86%。

经济衰退造成北美钢锭和半成品进出口市场需求下降。2009年北美钢锭和半成品出口247.7万吨，占全球总计钢锭和半成品出口量的4.59%，同比减少225.1万吨，下降47.61%。2009年北美钢锭和半成品进口247万吨，占全球总计钢锭和半成品进口量的6.34%，同比下降61.36%。

2009年北美出口市场的工业生产和建筑业的生产低迷带来长材需求的下降，进而影响到北美长材出口，使得2009年北美地区长材出口仅有386.3万吨，占全球总计长材出口量的6.34%，同比减少265.5万吨，下降40.73%。同时，北美建筑业的生产非常低迷，国内生产足以满足需求，因而长材进口大幅下滑。2009年北美长材进口579.1万吨，占全球总计长材进口量的12.16%，同比减少372万吨，下降39.11%。

经济衰退不仅对北美板材出口产生很大影响，同时对其板材进口也产生很大影响，也就是说对板材需求下降影响到板材的进出口，特别是汽车业因需求下降减少了汽车生产，进而影响到板材需求。2009年北美板材出口844.2万吨，占全球总计板材出口量的5.51%，同比减少268.7万吨，下降24.14%；美国板材出口499.8万吨，同比下降27.07%。北美板材进口1166.8万吨，占全球总计板材进口量的9.23%，同比减少548.5万吨，下降31.98%；美国进口板材566.1万吨，同比下降37.58%。北美净进口板材322.6万吨，而上年净进口板材602.4万吨；美国板材净进口66.3万吨，上年净进口221.6万吨。

全球经济衰退带来了能源需求的下降，进而影响到钢管的消费，因此，2009年北美钢管出口271.7万吨，占全球总计钢管出口量的8.35%，同比减少147.8万吨，下降35.23%。同时，北美经济衰退也减少了钢管需求，因此，2009年北美钢管进口599.2万吨，占全球总计进口量的25.75%，同比减少551.6万吨，下降47.93%。

经济衰退造成北美钢需求下降，进而影响到其粗钢生产，使得短流程炼钢比例较大的北美出现废钢供应充足，为此，北美加大了废钢的出口。2009年北美出口废钢2793.2万吨，占全球总计废钢出口量的33.31%，同比增加106万吨，增长3.94%。由于北美本身废钢供应比较充足，因而北美废钢进口下滑。2009年北美废钢进口524.4万吨，占全球总计进口量的6.16%，同比减少1074.6万吨，下降67.2%。

3. 亚洲地区钢材贸易概况

A. 2009年亚洲粗钢生产

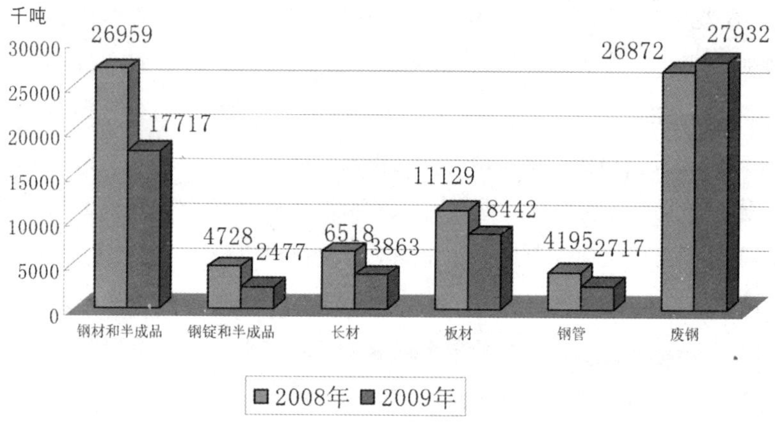

图5 北美钢材出口量

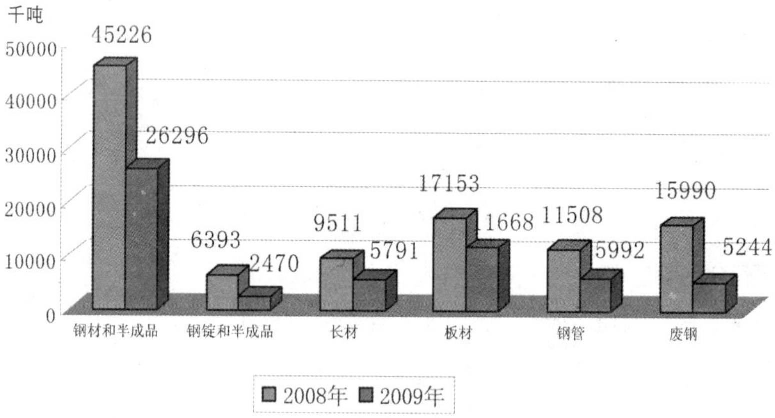

图6 北美钢材进口量

表5 2009北美钢材贸易统计

国家或地区	出口量			进口量			净出口量	
	2009年	2008年	同比	2009年	2008年	同比	2009年	2008年
	千吨	千吨	%	千吨	千吨	%	千吨	千吨
钢材和半成品								
美国	9238	13362	-30.86	15342	30157	-49.13	-6104	-16795
北美	17717	26959	-34.28	26296	45226	-41.86	-8579	-18267
钢锭和半成品								
美国	591	520	13.65	1822	5404	-66.28	-1231	-4884
北美	2477	4728	-47.61	2470	6393	-61.36	7	-1665
长材								
美国	2082	3565	-41.60	3190	5832	-45.30	-1108	-2267
北美	3863	6518	-40.73	5791	9511	-39.11	-1928	-2993
板材								
美国	4998	6853	-27.07	5661	9069	-37.58	-663	-2216
北美	8442	11129	-24.14	11668	17153	-31.98	-3226	-6024
钢管								
美国	1398	2109	-33.71	4367	9269	-52.89	-2969	-7160
北美	2717	4195	-35.23	5992	11508	-47.93	-3275	-7313
废钢								
美国	22439	21712	3.35	2986	11862	-74.83	19453	9850
北美	27932	26872	3.94	5244	15990	-67.20	22688	10882

虽然全球经济衰退对钢铁生产造成很大影响，使许多国家的粗钢产量下降，但在有关国家经济刺激措施的激励下，2009年亚洲地区的粗钢产量同比小幅增长。2009年亚洲地区粗钢产量达到7.954亿吨，同比2008年的7.683亿吨增长3.5%。其中，2009年中国的粗钢产量继续以较大幅度增长，2009年中国粗钢产量为5.678亿吨，同比上年增长13.5%；2009年印度粗钢产量为5660万吨，同比增长2.7%；2009年日本粗钢产量为8750万吨，同比下降26.3%；2009年韩国粗钢产量为4860万吨，同比下降9.4%。

B. 2009年亚洲和大洋洲粗钢表观消费量

在经济刺激政策的作用下，2009年亚洲主要粗钢生产和消费国中中国和印度的粗钢表观消费量均有所增长，但日本的粗钢表观消费量却有所下降。其中，2009年日本粗钢表观消费量下降31.7%。金融危机肆虐之时，印度粗钢表观消费量仍能稳步增长，2009年增长7.7%，预计2010-2011年将分别再增长13.9%、13.7%。到2011年，印度粗钢表观消费量有望达到7160万吨。

C. 2009年亚洲钢材贸易量

作为重要的坯材进出口地区，亚洲的坯材进出口也受到全球经济衰退的重大影响。2009年亚洲出口坯材9897.9万吨，占全球总计坯材出口量的30.93%，与上年相比，出口减少了4575.3万吨，下降31.61%。2009年亚洲进口坯材8079.0万吨，占全球总计坯材进口量的33.88%，同比减少1512.2万吨，下降15.77%。

全球经济低迷给亚洲的钢锭出口带来负面影响，同时由于本地区经济的发展要好于其他地区，因而2009年亚洲地区钢锭和半成品进口量增加。2009年亚洲钢锭和半成品出口830.1万吨，占全球总计钢锭和半成品出口量的15.39%，同比减少104.4万吨，下降11.17%。2009年亚洲钢锭和半成品进口2106.5万吨，占全球总计钢锭和半成品进口量的54.09%，同比增加235.2万吨，增长12.57%。

亚洲是长材重要的出口地区，在全球经济低迷的影响下，其主要长材出口市场需求低迷，进而影响到亚洲长材出口。2009年亚洲长材出口1648.5万吨，占全球总计长材出口量的21.09%，同比减少1448.1万吨，下降46.76%。同时，经济低迷也对亚洲本身的长材需求产生重大影响。2009年亚

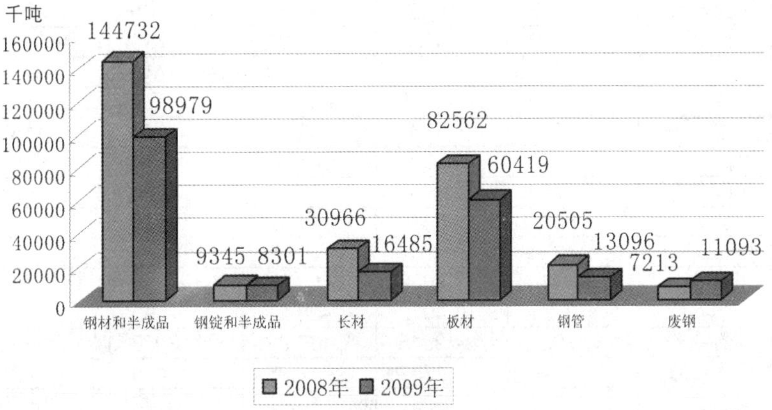

图7　亚洲钢材出口量

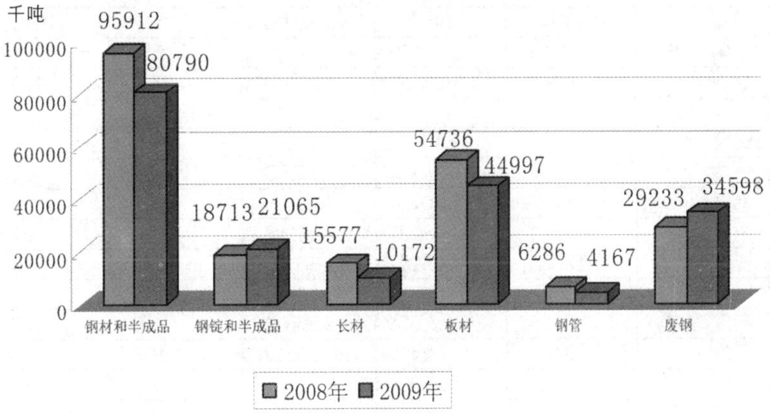

图8　亚洲钢材进口量

洲进口长材1017.2万吨，占全球总计长材进口量的21.37%，同比减少540.5万吨，下降34.70%。

亚洲也是全球板材重要的出口地区，但在出口市场需求低迷的影响下，2009年亚洲板材出口6041.9万吨，占全球总计板材出口量的39.47%，同比减少2214.3万吨，下降26.82%。同时，亚洲也是板材重要的进口市场，其本身的经济发展低迷也造成了板材需求下滑，2009年亚洲进口板材4499.7万吨，占全球总计板材进口量的35.59%，同比减少973.9万吨，下降17.79%。

亚洲是全球最大的钢管出口地区，经济衰退对其钢管的出口影响也非常大。2009年亚洲钢管出口1309.6万吨，占全球总计钢管出口量的40.24%，同比减少740.9万吨，下降36.13%。同时，亚洲也是钢管进口的主要市场，但经济低迷也使得亚洲对钢管的需求减弱，因而2009年亚洲钢管进口416.7万吨，占全球总计钢管进口量的17.90%，同比减少211.9万吨，下降33.71%。

表6　2009亚洲钢材贸易统计

国家或地区	出口量			进口量			净出口量	
	2009年	2008年	同比	2009年	2008年	同比	2009年	2008年
	千吨	千吨	%	千吨	千吨	%	千吨	千吨
钢材和半成品								
印度	4211	7485	-43.74	6018	6973	-13.70	-1807	512
日本	33306	37528	-11.25	3040	4485	-32.22	30266	33043
韩国	20237	20570	-1.62	20340	28800	-29.38	-103	-8230
中国台湾	9953	10038	-0.85	6535	9250	-29.35	3418	788
亚洲	98979	144732	-31.61	80790	95912	-15.77	18189	48820
钢锭和半成品								
印度	480	1126	-57.37	598	504	18.65	-118	622
日本	5843	4760	22.75	48	140	-65.71	5795	4620
韩国	353	620	-43.06	5413	6140	-11.84	-5060	-5520
中国台湾	769	558	37.81	4253	5197	-18.16	-3484	-4639
亚洲	8301	9345	-11.17	21065	18713	12.57	-12764	-9368
长材								
印度	339	628	-46.02	493	745	-33.83	-154	-117
日本	3531	4919	-28.22	590	647	-8.81	2941	4272
韩国	3620	2945	22.92	2955	5492	-46.19	665	-2547
中国台湾	1448	1752	-17.35	419	1256	-66.64	1029	496
亚洲	16485	30966	-46.76	10172	15577	-34.70	6313	15389
板材								
印度	1976	3430	-42.39	4548	5128	-11.31	-2572	-1698
日本	21804	24327	-10.37	2180	3425	-36.35	19624	20902
韩国	14945	14800	0.98	11317	16108	-29.74	3628	-1308
中国台湾	7414	7222	2.66	1714	2544	-32.63	5700	4678
亚洲	60419	82562	-26.82	44997	54736	-17.79	15422	27826
钢管								
印度	1242	1839	-32.46	359	574	-37.46	883	1265
日本	2061	3418	-39.70	181	197	-8.12	1880	3221
韩国	1220	2076	-41.23	522	792	-34.09	698	1284
中国台湾	321	503	-36.18	119	245	-51.43	202	258
亚洲	13096	20505	-36.13	4167	6286	-33.71	8929	14219
废钢								
印度	23	53	-56.60	4259	4580	-7.01	-4236	-4527
日本	9408	5344	76.05	194	776	-75.00	9214	4568
韩国	485	369	31.44	7800	7335	6.34	-7315	-6966
中国台湾	154	145	6.21	3912	5551	-29.53	-3758	-5406
亚洲	11093	7213	53.79	34598	29233	18.35	-23505	-22020

全球经济衰退不仅对亚洲废钢出口市场的需求产生很大影响，同时也对亚洲本身的废钢需求产生很大影响，因而使得该地区废钢的进出口均出现增长。2009年亚洲废钢出口1109.3万吨，占全球总计废钢出口量的13.23%，同比增长388万吨，增长53.79%。2009年亚洲进口废钢3459.8万吨，占全球总计废钢进口量的40.63%，同比增长536.5万吨，增长18.35%。

三、各国出台保护措施

表7–表10列出了各国关税政策变化、非关税政策变化和鼓励购买本国货措施等保护措施。由于经济衰退，为了确保本国钢铁产业可以维持生产和确保一定的产能利用率、利润，许多国家纷纷出台保护本国钢铁产业的措施。2009年国际钢铁贸易保护主义的特征主要表现在以下几个方面：（1）传统的关税限制和进口管制等仍是惯用的贸易保护手

表7　2009年各国钢材关税政策变化一览

国家	时间	内容
孟加拉	2009年5月	进口低碳棒线材征收15%的增值税
巴西	2009年6月	恢复2005年取消的部分钢材关税，征收进口关税范围包括：热轧板卷、冷轧板卷、中厚板、合金钢棒材和钢筋
埃及	2009年2月	对进口冷轧板卷、镀锌板和有机涂层板征收5%的进口关税之后，在征收10%的保护税，或称本地销售税
印度	2009年7月	对部分钢材进口征收10%关税，取消5月份开始对半成品钢材和长材征收的15%出口税
印尼	2009年2月	提高部分钢材产品进口关税
巴基斯坦	2009年7月	不锈钢焊管进口关税从5%提升至15%
俄罗斯	2009年6月	将中国出口的大口径钢管列入须征收8%特别关税的名录
俄罗斯	2009年12月	扩大钢材产品进口关税的征收范围，征收时间从2009年12月28日起，为期9个月
土耳其	2009年1月	从2009年1月起将涂覆板和基板进口关税提升至8%，从9月18日起将热轧卷和冷轧卷进口关税下调至4%
阿联酋	2009年2月	从2月15日起，恢复钢筋5%的进口关税
越南	2008年12月–2009年4月	从4月1日起，对小方坯和冷轧卷征收8%的进口关税，涂覆板征收13%的进口关税，长材征收15%，含硼建筑用长材征收10%

表8　2009年各国钢材非关税政策变化一览

国家	时间	内容
印度	2009年2月	17个进口钢材品种需得到印度标准局的新的强制性标准认证，但之后推后一年执行
印尼	2009年1月	实施钢材进口标准
印尼	2009年6月	进口202个钢材品种的进口商须得到国家认证，进口商在进口之前须向指定检验机构提交申请，内容包括进口量和进口用途
印尼	2009年12月	进口钢材须使用印尼语标签
以色列	2009年6月	对进口钢筋征收133美元/吨的保证金，实施期200天
马来西亚	2009年10月	恢复钢铁产品法定标准
菲律宾	2010年4月	进口冷轧板卷延期执行法定标准
泰国	2009年3月	实施新的钢材产品标准

表9　2009年各国实施购买本国货措施一览

国家	时间	内容
印尼	2009年2月	印尼政府通过购买印尼货规定，即政府资金支持的项目仅采购国产的钢材，保护本国钢铁企业，推动本国钢铁工业发展，私人投资的项目也必须有选择地购买国产钢材。
伊朗	2009年3月	伊朗所有国营机构和企业投资的项目必须购买本国钢铁企业生产的钢材
美国	2009年2月	美国政府通过经济刺激计划中的第1640条款，该条款规定在不违背美国对国际协定承诺的前提下，经济刺激计划支持的工程项目必须使用国产钢铁和其他制成品，除非联邦政府认定购买美国钢铁产品或其他制成品成本过高，会损害公众利益。附加条款中对购买“非美国产品”作了下述限定：美国钢铁产品或其他制成品数量不够；购买美国钢铁产品或其他制成品成本高出外国钢铁产品25%

表10 2009年各国炼钢原料出口限制一览

关税壁垒		
产品	国家	关税税率
铁矿石	印度	10%（块矿）、5%（粉矿）
	越南	20%
	阿根廷	10%
焦炭	俄罗斯	6.5%
炼焦煤	越南	10%
	印尼	5%
废钢	阿根廷	20%
	埃及	500- 1500埃镑/吨
	印度	15%
	伊朗	30%
	哈萨克斯坦	15%, 最低20欧元/吨
	马来西亚	10%
	俄罗斯	15%,最低15欧元/吨
	乌克兰	16.4 欧元/吨
	越南	25%
	阿联酋	250阿联酋迪纳尔/吨
非关税壁垒		
铁矿石	印度	国有贸易公司经营
	马来西亚	申请出口许可
焦炭	马来西亚	禁止出口
炼焦煤	南非	申请出口许可
	印度	按国内产量分配出口量
废钢	阿根廷	临时性禁止出口
	南非	申请出口许可
	阿塞拜疆	禁止出口
	印尼	禁止出口
	肯尼亚	禁止出口
	乌拉圭	禁止出口
	马来西亚	申请出口许可
	哈萨克斯坦	出口配额管理

段，如提高进口钢材关税、购买本国货等；（2）直接（加大出口退税力度，现金补贴等）或间接地补助和支持本国出口，进攻性贸易保护主义上升；（3）滥用贸易救济措施、产品标准和货币政策，如强制认证；（4）以绿色保护、投资保护和金融保护等隐形手段，推动贸易保护。由此对钢材贸易产生很大影响，限制了钢材的进口和钢铁生产原料的出口。

发展中国家的群体性崛起，促使发展中国家对国际市场的争夺更加激烈；发达国家将有可能实现“再工业化”，重新重视生产、制造和出口，国际竞争更加激烈，全球贸易与投资保护主义势头增强，贸易摩擦的领域、范围、对象更加广泛。金融危机以来，世界各主要国家国内经济刺激计划中，除了技术壁垒、安全壁垒、环境壁垒、公平贸易措施等传统贸易保护措施以外，在大量新出台的购买国货条款中，有很多新的贸易保护主义手段。

一方面欧美等工业化国家钢铁行业早已成为“夕阳产业”，一旦本地钢材需求大幅下降，相关钢铁企业往往把行业所面临的困难归咎到进口产品，寻求政府庇护，利用反倾销措施，维护在本国市场的地位。而政府为了选票或基于其他政治因素，也很容易顺应钢铁行业之意。另一方面，正在大力发展钢铁工业的发展中国家，如印度、巴西、印尼和泰国等国，为推动本国钢铁行业的发展，也开始严格控制钢铁产品的进口，特别是针对技术含量和附加值不高的建筑用钢。

在2008年下半年爆发全球性的金融危机之后，全球经济增长将进入相对较长的低迷期，全球消费和国际贸易市场的空间相对有限，抵制贸易保护的呼声并没有抑制全球贸易摩擦案件的迅速上升。□

2009年中国钢铁工业发展概况

2009年是新世纪以来中国经济发展最为困难的一年。为了应对国际金融危机所带来了的不利局面，国家坚持实行积极的财政政策和适度宽松的货币政策，全面实施并不断完善应对国际金融危机的一揽子计划，扭转了经济增速明显下滑的局面，实现了国民经济总体回升向好。全年国内生产总值实现了8.7%的增长，完成了“保八”的任务，而其中固定资产投资的快速增长是实现这一目标的重要保障。

全年全社会固定资产投资224846亿元，比上年增长30.1%，增速比上年加快4.6个百分点。其中，城镇固定资产投资194139亿元，增长30.5%，加快4.4个百分点。全年基础设施（扣除电力）投资41913亿元，增长44.3%。其中，铁路运输业增长67.5%，道路运输业增长40.1%，城市公共交通业增长59.7%。

2009年1-12月，全国新开工项目344769个，比2008年同期增加87694个；施工项目461544个，比2008年同期增加102331个。新开工项目计划总投资151941.73亿元，同比增长67.2%；施工项目计划总投资420140.71亿元，同比增长32.3%。

正是这些基础设施的投资，特别是新开工项目的飞速增长，拉动了包括钢铁行业在内的工业快速增长，特别对建筑钢材需求增长拉动非常明显。

此外，在我国刺激汽车消费政策的带动下，全年汽车产销分别达到1379万辆和1364万辆，同比增长48.3%和46.2%，超过日本和美国，成为世界最大的汽车生产国和消费国，是我国2009年的一大消费热点，成为拉动板材消费的重要支撑行业。

一、2009年中国钢铁生产与消费情况

1．产量恢复大幅增长

尽管2009年世界经济受到金融危机的影响，世界粗钢产量下降，但中国经济在政府加大投资的带动下，依然保持了8.7%的增长。这些主要用于基础设施建设的投资极大地拉动了对钢铁产品的需求，2009年中国的钢铁产量在2008年基本停滞不前的情况下恢复大幅增长。据中国国家统计局公布的数字，2009年中国粗钢产量为56784.24万吨，比上年增长13.5%；钢材产量为69243.72万吨（含冷轧及加工材），比上年增长15.9%；生铁产量54374.82万吨，比上年增长15.9%。

2009年产量增长主要来自于下半年。上半年累计粗钢产量为26658.29万吨，同比仅增长1.2%。7月份以后，产量增长率都超过了10%，这一方面是由于产量绝对数的增加，另一方面也与2008年下半年产量下降有关。其中，8月份的产量达到5233万吨，创下历史最高纪录。但日产水平的最高点则是在9月份，为169.04万吨，相当于年产6.17亿吨水平。

2009年1-4季度粗钢产量分别为12744万吨、13914万吨、15382万吨和14744万吨，同比增幅分别为1.4%、1.1%、20.5%和34.9%。

2009年产钢1亿吨以上的省是河北省，产钢13536.27万吨，占全国产钢总量的23.84%，同比提高0.68个百分点。2009年产钢1000万吨以上的有18个省（市、区），比2008年增加了3个，即云南、浙江和广西三省，这18个省、市、自治区合计产钢51595.12万吨，占全国产钢总量的90.86%。

2009年粗钢产量超过4000万吨、少于1亿吨的有江苏省、山东省和辽宁省，产量分别为5489.88万吨、4857.3万吨和4782.98万吨，分别占全国产量的9.67%、8.55%和8.42%。2009年四大省份，河北省、江苏省、山东省和辽宁省的合计产量占全国总产量的50.48%。

2009年全国新增钢产量6753万吨，主要来自于河北省，占新增产量的29.82%，其次是辽宁省和江苏省，分别占10.76%和9.31%。

2009年全国年产钢同比减少的只有3个省市，即北京市、重庆市和贵州省，比2008年减少9个。其中北京市的钢产量已连续3年减少，这主要是由于首钢即将搬出北京。

2009年中国钢铁工业协会会员单位（大中型钢铁企业）共生产粗钢46453.13万吨，比上年增加4704.87万吨，增长11.27%；地方中小企业生产粗钢10331.11万吨，比上年增加2048.22万吨，增长24.73%。地方中小钢铁企业的产量增长明显快于大中型钢铁企业。

2. 粗钢表观消费量创历史新纪录

2009年，受国内大规模投资的拉动、世界经济危机的影响以及出口下降的作用下，国内粗钢表观消费量达56499万吨，同比增加11233万吨，增长24.8%。一年增加超过1亿吨的表观需求量，这在中国历史上是从来没有的。分季度看，1-4季度表观消费量分别为12632万吨、14162 万吨、15383万吨和14322万吨，同比增幅分别为7.1%、12.9%、42.3%和41.6%，下半年政策效应明显增强。

3. 长材比重上升，板材比重下降

2009年钢材（含冷轧及加工材）中板管带比为50.8%，同比下降2.0个百分点。板带材（不含窄带）产量为24628.5万吨，同比增长11.7%，所占比重为35.6%，同比下降2.2个百分点；钢筋产量12151万吨，同比增长27.1%；线材产量9586万吨，同比增长20.9%。

2009年产量增长超过1000万吨的钢材品种都是长材，其中，钢筋产量增长2591万吨，线材产量增长1655万吨，中小型型钢产量增长1026万吨。另外热轧窄钢带和中厚宽钢带产量增长超过了900万吨，分别增长了991万吨和976万吨。棒材、热轧薄宽钢带和焊接钢管产量增长超过了500万吨，分别增长了795万吨、592万吨和562万吨。厚钢板和中板产量下降，分别下降了61.72万吨和96.36万吨。

2009年造船板累计生产1406.53万吨，同比减少620.2万吨，下降30.6%；锅炉和压力容器板累计生产221.98万吨，同比减少4.8万吨，下降2.1%；桥梁板累计生产118.52万吨，同比增产11.0万吨，增长10.3%；集装箱板累计生产31.95万吨，同比减少193.2万吨，下降85.8%；管线钢板累计生产441.49万吨，同比减少119.7万吨，下降21.3%；汽车板累计生产177.17万吨，同比增加125.5万吨，上升242.7%。

据中国不锈钢协会预计，2009年中国不锈钢产量和表观消费量分别可以达到860万吨和810万吨以上，同比增长分别为25%和30%。

表1 2009年中国钢材产品结构

单位：万吨

品种		2009	2008	增加量	增长率（%）
钢材		69244	58434	10810	18.5
铁道用材	产量	586	474	112	23.5
	比重（%）	0.8	0.8	0.0	
长材	产量	32368	26241	6127	23.3
	比重（%）	46.7	44.9	1.8	
板材和管材	产量	35159	30841	4318	14.0
	比重（%）	50.8	52.8	-2.0	
其中：板材（不包括窄带）	产量	24629	22041	2588	11.7
	比重（%）	35.6	37.7	-2.2	
窄带	产量	5249	4144	1105	26.7
	比重（%）	7.6	7.1	0.5	
管材	产量	5282	4657	625	13.4
	比重（%）	7.6	8.0	-0.3	

4. 钢材库存增加

截至12月末，全国26个主要钢材市场的5种钢材社会库存量合计为1232万吨，同比上年末增长

了111.47%。其中：螺纹钢和热轧卷库存增长最为明显，同比分别上升了163.93%和189.90%；线材、冷板和中板分别上升了67.18%、33.01%和14.86%。

二、企业联合重组取得进展，行业集中度提高

2009年3月1日，宝钢集团与杭钢集团正式签署重组宁波钢铁协议，宝钢以20.214亿元取得宁波钢铁56.15%的控股权。宁波钢铁年产粗钢能力400万吨，毗邻宁波北仑港，拥有天然的深水岸线优势。宝钢在当年的选址和后来发展规划中，曾两次将宁波北仑纳入其中，但由于种种原因未能实现。此次宝钢借钢铁业调整振兴规划重组宁波钢铁，可谓是圆了宝钢的“宁波梦”。据悉，宝钢集团将把宁波钢铁纳入其整体发展规划，最终达到年产能1000万吨的目标。

2009年8月8日，首钢总公司与山西长治钢铁有限公司在太原举行联合重组签约仪式。从这一天起，首钢正式入主长治钢铁。根据协议，首钢将向长治市国资委支付5亿元，获得长钢90%的股权。完成重组后，长治钢铁正式更名为“首钢长治钢铁（集团）有限公司”。首钢目前正在逐渐将钢铁生产搬离北京，按规划在秦皇岛、迁安、曹妃甸和北京顺义地区建立了四大板材基地，而原先最擅长的长材将全部淘汰。这样首钢长期以来积累的长材生产技术和品牌将会丧失。此次首钢重组长治钢铁的目的就是保留长材生产，并将长材生产基地转移到山西，同时将投资190多亿元使长治钢铁从现在的300多万吨产能扩至600万吨。按计划，北京地区400万吨产能将于2010年全部停产。

2009年河北钢铁集团、宝钢集团、武钢集团、鞍本集团、沙钢集团5家产粗钢最多的企业，共计生产粗钢16501.82万吨，占当年粗钢总量的29.1%，同比提高了0.5个百分点。

2009年受投资拉动的需求增长使得一些钢铁企业的产能得以释放，产量增长，从而使粗钢产量超过500万吨的企业达到了28家，比上年增加了5家。

三、中国钢铁产品进出口情况

1．上半年净进口，下半年净出口

2009年由于国际市场需求萎缩，全行业出口钢材2459.65万吨，钢坯4.32万吨，折合粗钢出口2620.96万吨，比上年减少3803.69万吨，下降59.2%；另一方面，受汇率变化和国际、国内市场钢材价差的影响，2009年进口钢材1763.2万吨，钢坯458.5万吨，折合粗钢进口2334.25万吨，比上年

表2　我国粗钢产量超过500万吨的企业　　单位：万吨

排名	公　　司	2009年	2008年	变化（%）
1	河北钢铁集团	4024	3458	16.4
2	宝钢集团有限公司	3887	3807	2.1
3	武汉钢铁(集团)公司	3034	2773	9.4
4	鞍本钢铁集团	2918	2344	24.5
5	江苏沙钢集团	2639	2467	6.9
6	山东钢铁集团有限公司	2131	2184	–2.4
7	首钢集团	1729	1787	–3.3
8	河北新武安钢铁集团	1671	1307	27.9
9	马钢(集团)控股有限公司	1483	1504	–1.4
10	湖南华菱钢铁集团有限责任公司	1181	1126	4.9
11	包头钢铁(集团)有限责任公司	1007	984	2.3
12	日照钢铁控股集团有限公司	991	747	32.6
13	太原钢铁(集团)有限公司	946	920	2.8
14	安阳钢铁集团有限责任公司	850	904	–5.9
15	北京建龙重工集团有限公司	838	654	28.1
16	攀枝花钢铁(集团)公司	818	751	8.9
17	酒泉钢铁(集团)有限责任公司	759	700	8.4
18	唐山国丰钢铁有限公司	758	613	23.6
19	北台钢铁公司	688	636	8.2
20	河北津西钢铁股份有限公司	683	438	56.1
21	中信泰富特钢集团	674	648	4.0
22	新余钢铁有限责任公司	671	532	26.2
23	南京钢铁集团有限公司	650	574	13.3
24	萍乡钢铁有限责任公司	636	430	48.0
25	天津天铁冶金集团有限公司	555	445	24.7
26	福建三钢(集团)有限责任公司	543	507	7.2
27	通化钢铁集团有限责任公司	519	544	–4.6
28	常州中天钢铁有限公司	511	303	68.6

增加672.76万吨，上升40.49%。

2009年1-7月钢材、钢坯折合粗钢累计净进口185.37万吨，8-12月连续5个月实现粗钢净出口472.08万吨，抵消前7个月影响后，全年粗钢净出口286.71万吨。

2. 出口管材比重上升，进口板材增加

2009年，我国钢材出口仍以板管带材为主，出口长材的比重进一步下降。2009年累计出口长材365万吨，同比少出口1253万吨，减幅为77.44%，占同期我国钢材出口量的14.85%，比上年下降13.42个百分点；出口板材1184万吨，同比减少1695万吨，减幅为58.87%，占同期我国钢材出口量的48.15%，同比下降0.5个百分点；出口管材626万吨，同比减少438万吨，减幅为41.15%，占同期出口总量的25.45%，同比提高7.48个百分点。

2009年我国进口钢材仍以板材为主，共进口1527万吨，同比增长19.97%，占钢材总进口量比重为86.63%，比上年提高3.88个百分点；进口长材124万吨，比上年下降2.09%，占钢材总进口量比重为7.05%，比上年下降1.69个百分点。

表3 2009年我国钢材进出口情况 单位：万吨

产品	进口			出口		
	2009年	2008年	变化(%)	2009年	2008年	变化(%)
合计	1763.2	1538.7	14.59	2459.6	5918.3	-58.44
棒线材	86.4	96.1	-10.06	246.8	1262.2	-80.45
角型材	37.9	30.9	22.67	118.4	356.1	-66.76
板材	1527.4	1273.2	19.97	1184.3	2879.3	-58.87
管材	62.8	106.3	-40.92	626	1063.7	-41.15
铁道用材	23.4	7.4	216.06	53.1	54.5	-2.55
其他钢材	25.2	24.8	1.59	231.1	302.4	-23.58

表4 2009我国钢材出口对象地区变化情况 单位：万吨

地区	2009年	2008年	变化(%)	2009年比重(%)	2008年比重(%)
韩国	556.13	1395.41	-60.15	22.61	23.58
欧盟25国	160.5	756.38	-78.78	6.53	12.78
越南	147.79	276.28	-46.51	6.01	4.67
印度	118.26	195.26	-39.44	4.81	3.30
美国	104.97	502.28	-79.1	4.27	8.49
其他	1372	2792.7	-50.87	55.78	47.19

表5 2009我国钢材进口来源地区变化情况 单位：万吨

地区	2009年	2008年	变化(%)	2009年比重(%)	2008年比重(%)
日本	611.31	701.8	-12.89	34.67	45.61
韩国	457.38	353.48	29.39	25.94	22.97
中国台湾省	250.26	247.97	0.92	14.19	16.12
俄罗斯	151.28	15.75	860.59	8.58	1.02
其他	292.97	219.71	33.34	16.62	14.28

3. 对韩国和欧盟出口量最多

2009年我国出口钢材的主要国家和地区是韩国、欧盟25国、越南、印度和美国等。向韩国、欧盟地区和美国等地区的出口比重下降，但向越南、印度等国，特别是亚洲国家的出口比重提高。

2009年我国从韩国、俄罗斯、乌克兰、哈萨克斯坦等国的进口钢材增加，其主要原因是这些国家受到世界金融危机的影响，需求下降，而这些国家的货币贬值也使得对中国的出口有利可图；与此同时，中国国内需求受投资拉动需求高涨，从而使得进口增加。

四、钢材市场变化情况

2009年1-4月钢材市场价格持续走低；国家扩内需、保增长的一揽子计划促进了我国经济企稳回升，固定资产投资快速增长，市场需求好转，5-8月国内钢价震荡攀升；8月上旬后国内市场出现波动，钢材价格持续下跌；10月中旬后钢材价格呈快速上涨态势，12月下旬钢价呈现小幅下跌。

全年钢材价格波动幅度同比减小，综合价格指数最高为7月末110.15点，最低为4月末95.56点，波动幅度14.59点，比上年减少44.58点。12月末，国内钢材综合价格指数跌至106.40点，同比上升3.0%，其中长材指数108.05点，下跌0.45%；板材指数108.55点，同比上升6.75%。

2009年国内钢材价格平均综合指数103.12点，比上年下降24.54%。板材平均指数103.05点，比

表6 2009年我国钢材价格指数变动情况

	1月	2月	3月	4月	5月	6月	7月	8月	9月	10月	11月	12月
综合指数	107.69	103.69	97.59	95.56	98.14	101.98	110.15	108.19	102.65	101.02	104.38	106.40
长材指数	111.96	107.65	99.47	99.56	103.66	107.09	116.68	113.82	106.02	104.23	107.09	108.05
板材指数	106.50	102.69	97.01	94.57	97.09	101.31	109.47	108.35	103.63	101.63	105.83	108.55

表7 2009年主要钢材品种价格变化情况

单位：元/吨

品种及规格	2009年平均价格	2008年平均价格	价差	变化，%
普线Φ6.5mm	3608	4772	-1164	-24.39
螺纹钢Φ12-25 mm	3748	4797	-1049	-21.87
中厚板6 mm	4189	6026	-1837	-30.48
热轧薄板1 mm	4167	5531	-1364	-24.66
热卷板2.75 mm	3808	5115	-1307	-25.55
冷轧薄板0.5 mm	5011	6323	-1312	-20.75
镀锌板0.5 mm	5037	6486	-1449	-22.34
无缝管159*6 mm	4760	6444	-1684	-26.13

上年下降24.56%；长材价格平均指数107.11点，比上年同期下降23.42%。

2009年主要钢材品种平均价格水平均低于上年同期。中厚板跌幅最大；冷轧薄板跌幅最小。

五、推出钢材期货，市场功能初步显现

2009年3月钢材期货在上海期货交易市场挂牌上市以来，市场运行平稳，交易活跃，持仓稳步增长，市场风险可控，参与者日趋广泛，市场功能初步显现。2009年全年，螺纹钢期货成交量为3.23亿手（合32.3亿吨），成交金额为13.3万亿元；线材期货成交量为218.4万手（合2184万吨），成交金额825.7亿元，开市9个月的钢材期货成为国内成交量最大的产品。

六、淘汰落后工作取得进展

据中国工业和信息化部资料，2009年中国淘汰落后的炼钢、炼铁产能分别达到1691万吨和2113万吨。与7月国务院下发的《2009年节能减排工作安排》规定的“淘汰落后炼钢600万吨、炼铁产能1000万吨”相比，2009年全年实际淘汰的钢铁落后产能要多出1倍多。

为推进淘汰落后进程，从2007年到2009年，中央财政安排了155亿元资金，通过转移支付的方式支持经济欠发达的地区淘汰落后产能。

工信部的资料显示，我国现有高炉1000余座，其中500立方米以下的高炉有295座，涉及炼铁能力1.3亿吨；现有转炉458座，其中50吨及以下的转炉195座、电炉79座，涉及炼钢能力1.6亿吨。

七、中国冶金大中型企业财务状况

2009年，68家重点大中型钢铁企业实现工业总产值20684.66亿元，同比下降12.75%；实现销售收入22478.58亿元，同比下降10.10%；实现利润553.88亿元，同比下降31.43%（含投资收益和资产减值调整）。

12月末，68家大中型钢铁生产企业中有8家亏损，比上年减少5家，亏损面为11.76%，同比下降7.35个百分点；亏损额为62.84亿元，同比下降35.11%。

2009年经济效益的特点是：以生产板带材为主的大中型企业利润较大幅度下降；以生产长材为主的中小企业效益普遍较好。

企业产品结构以及原燃材料采购价格和钢材出厂价格波动是影响利润的重要因素。

2009年大中型钢铁生产企业1-4月处于亏损状态，5月扭亏为盈，6月实现累计上半年盈利，下半年利润呈上升态势，8月后各月利润超过上年同期。全年平均销售利润率为2.46%，同比下降0.77个百分点，低于全国工业平均销售利润水平。

八、固定资产投资下降

2009年黑色冶炼及压延加工业完成投资3206.12亿元，同比下降1.3%，而全国城镇固定资产投资的增长速度达到30.5%。黑色金属矿山采选行业投资841.39亿元，同比增长23.9%，比上年同期下降35.1个百分点，合计投资4047.51亿元，同比增长3.2%。

2009年，重庆、山东、河南、江苏、湖南投资同比大幅增长，增幅在40%以上；上海、辽宁、山西、河北出现了下降，降幅分别为43.1%、36.2%、19.9%和10.5%。

九、海外投资取得实质性进展

2009年3月31日，湖南华菱钢铁集团公司入股澳第三大铁矿石供应商FMG集团获得澳大利亚外商投资审核委员会（FIRB）和澳大利亚财长韦恩•斯旺（WayneSwan）的同意，华菱将成为FMG的第二大股东，并在董事会中获得一个席位。华菱以每股2.48澳元认购FMG新发行2.6亿股股票，总价为6.448亿澳元，加上之前声称的从FMG现有的股东美国Harbinger公司手中购买的2.75亿股股票，华菱在FMG持有的股份达到17.4%，但仍低于双方最初认购协议中规定的最高17.55%股份。FMG每年将保证华菱1000万吨的铁矿石供应。

2009年11月，宝钢集团有限公司与澳大利亚上市公司Aquila资源有限公司在北京举行股权交接仪式，这是宝钢第一次在海外投资上市公司。根据协议，宝钢集团以现金2.86亿澳元（相当于17.94亿元）收购Aquila公司15%股权，成为其第二大股东。同时，双方签署了关于战略合作备忘录，双方将在资源项目层面开展进一步合作。

武钢集团11月4日宣布，澳大利亚外商投资审查委员会(FIRB)正式批准武钢和澳大利亚南澳洲CXM公司合作铁矿项目。此项目2009年9月3日已获我国国家发改委批准。本次合作包括CXM公司按每股0.25澳元向武钢增发15%的股份，总价1010万澳元。收购完成后，武钢将成为CXM公司第二大股东，拥有CXM公司一名董事席位。同时，武钢支付2.16亿澳元获得CXM公司5个租约地60%的权益，合计资源量20亿吨。武钢将按照10亿吨资源量分两年支付1.08亿澳元，其余款项按勘探所增加的资源量分期支付。

此外，武钢集团与委内瑞拉矿业集团公司成功达成五方协议。委内瑞拉矿业集团公司是委内瑞拉唯一的铁矿生产企业，该铁矿较巴西矿品位高、杂质少，2009年铁矿生产能力为2300万吨。在协议中武钢集团争取到其矿山产能扩张后增量部分的优先采购和拒绝权，并明确以中国价执行合同。

鞍钢和澳大利亚金达必金属公司合资经营的卡拉拉铁矿11月28日正式破土开工。卡拉拉铁矿由鞍钢和澳大利亚金达必金属公司各出资50%合资经营，已探得可开采储量14亿吨、预计总储量20亿吨以上，预计在2011年投入生产，完全投产后，将形成年产铁矿石1000万吨的能力，其中包括800万吨磁铁矿和200万吨赤铁矿。

十、中国钢铁工业的能源环保状况

中钢协发布的统计数据表明，2009年中国钢铁工业协会会员钢铁企业吨钢综合能耗619.43千克标煤，比上年同期下降1.74%；吨钢耗新水4.43立方米，比上年同期下降12.75%。外排废水中化学耗氧量比上年下降19.66%，废气中的SO_2外排总量比上年下降4.9%，工业烟尘外排总量比上年下降7.87%。□

2009年钢铁产品贸易摩擦回顾及企业应对策略探讨

2009年是世界经济由低谷走向复苏的一年，也是中国经济保持稳定、健康发展，而西方发达国家进入衰退的一年。世界经济发展的不平衡，特别是发达国家受经济危机的影响，开工率不足，失业率大幅上升，需求下降等，导致世界贸易出现了自二战以来最大的衰退。由于中国经济率先回升向好，使得我国在2009年再次成为贸易保护主义的重灾区。

据有关机构统计，过去的2009年，国外对华共启动116起贸易救济案件，比2008年增加8起。其中，反倾销73起，同比减少7起；反补贴13起，同比增加2起；涉华保障措施23起，同比增加9起；特别保障措施7起，同比增加4起。

在这116起贸易救济中，涉及钢铁、石化、纺织、轻工、汽车、有色金属的案件数为85起，比2008年同期增加17起，占比达73.3%，比2008年同期占比（63.0%）上升了10.3个百分比。

2009年，涉及钢铁产品的贸易救济案件数为22起，同比增加1起，与石化产品并列首位。其中，反倾销13起，反补贴7起，涉华保障措施2起。在涉及钢铁产品的22起贸易救济调查中，双反案（反倾销、反补贴）为7起，占2009年国外对华双反案总数（12起）的58.3%，位居各行业之首，其中美国就启动了6起。

此外，中国钢铁产品的贸易争端涉案金额达数亿美元。2009年，美国对华钢铁产品启动的7起反倾销调查中，除钢格板外，其余6起反倾销调查的涉案金额均超1亿美元。2009年5月，美国对华石油管材进行反倾销和反补贴调查，涉案约27亿美元，成为迄今为止美对华贸易制裁最大的“双反”案件。

一、2009年主要案件回顾

（一）美国

1. 美国对华不锈钢焊接压力管双反案

（1）立案

2008年2月20日，美国商务部对原产于中国的不锈钢焊接压力管进行反倾销立案调查。涉案产品海关编码为73064050.05、73064050.40、73064050.62、73064050.64、73064050.85、73064010.10、73064010.15、73064050.42、73064050.4、73064050.80和73064050.90。

表1 2005-2007年美国自中国进口不锈钢焊接压力管情况统计

年份	2005年	2006年	2007年
进口量（吨）	12694	21063	27521
进口额（千美元）	43768	73840	147898

（2）产业损害初裁

2009年2月19日，美国国际贸易委员会发布通知，对原产于或出口自中国的不锈钢焊接压力管作出肯定性反补贴产业损害裁决。根据美国国际贸易委员会的肯定性损害裁决，美国海关将按照商务部最终裁定的补贴率对原产于中国的涉案产品征收反补贴税。

（3）终裁

反倾销终裁：

2009年1月22日，美国商务部发布通知，对原产于中国的不锈钢焊接压力管作出反倾销终裁。广州永胜机械实业有限公司及广州永胜不锈钢有限公司倾销幅度为55.21%；浙江久立特材科技股份有限公司倾销幅度为10.53%；其他企业为55.21%。

反补贴终裁：

2009年1月22日，美国商务部发布通知，对原产于中国的不锈钢焊接压力管做出反补贴终裁。彰源企业股份有限公司反补贴税率为299.16%；广州永大不锈钢有限公司反补贴税率为1.10%；其他企业为1.10%。

2．美国对华可锻铸铁管附件进行反倾销快速日落复审

2002年11月25日，美国商务部对原产于中国的可锻铸铁管附件进行反倾销调查，涉案产品海关编码为73071990.30、73071990.60和73071990.80。2003年10月21日，美国商务部对该案作出终裁，裁定中国涉案企业的倾销幅度为7.35%～111.36%。2008年11月3日，美国商务部对该案进行反倾销日落复审立案调查。

2009年2月6日，美国国际贸易委员会发布通告称，将对进口自中国的可锻铸铁管附件进行反倾销快速日落复审。

2009年3月24日，美国国际贸易委员会发布公告，对原产于中国的可锻铸铁管附件作出反倾销日落复审终裁。6位委员经投票表决认定，如果取消对原产于中国的可锻铸铁管附件的反倾销措施，将可能导致在可预见的期间内，对美国国内产业的实质性损害继续或再度发生，因此决定继续实施反倾销措施。

3．美国对华钢制螺杆反倾销案

（1）立案

2008年3月26日，美国商务部对进口自中国的钢制螺杆进行反倾销调查，涉案产品海关编码为73181550.60。

表2 2006-2008年美国自中国进口钢制螺杆情况

年份	2006年	2007年	2008年
进口量（吨）	67935	74566	60526
进口额（千美元）	62602	72277	85367

（2）产业损害初裁

2009年3月26日，美国国际贸易委员会发布公告，对进口自中国的钢制螺杆作出肯定性反倾销产业损害裁决。美国国际贸易委员会的6位委员经投票一致认定，进口自中国的钢制螺杆的倾销行为给美国国内产业造成了实质性损害或实质性损害威胁。根据美国国际贸易委员会的肯定性损害裁决，美国海关将按照商务部最终裁定的倾销幅度对原产于中国的涉案产品征收反倾销税。

（3）终裁

2009年2月23日，美国商务部发布公告，对进口自中国的钢制螺杆作出反倾销终裁，裁定中国涉案企业的倾销幅度为55.16%～206.00%。

2009年4月6日，美国国际贸易委员会中国涉案产品作出肯定性产业损害裁决。

2009年4月14日，美国商务部发布公告，决定对进口自中国的钢制螺杆实施反倾销税令，税令自发布之日起生效。

4．美国对华环形碳素管线管反倾销案终裁

2008年4月24日，美国商务部对原产于中国的环形碳素管线管进行反倾销调查，涉案产品海关编码为73061910.10、73061910.50、73061951.10和73061951.50。

表3 2006-2008年美国进口中国环形碳素管线管情况

年 份	2006年	2007年	2008年
进口量（吨）	204528	256073	115677
进口额（千美元）	124697	165464	91200

2008年11月6日，美国商务部作出初裁，裁定中国涉案企业的倾销幅度为67.83%～81.52%。

2009年3月24日，美国商务部发布公告，对原产于中国的环形碳素管线管作出反倾销终裁。

2009年4月23日，美国国际贸易委员会发布公告称，6名国际贸易委员会委员一致投票认为：自中国进口的涉案产品对美国国内产业造成了实质性损害或损害威胁。

2009年5月13日，美国商务部发布公告，决定对进口自中国的环形碳素管线管实施反倾销税令，税令自发布之日起生效。对葫芦岛市钢管工业有限公司、攀钢集团北海钢管有限公司、江苏玉龙钢管股份有限公司、天津行宇达进出口贸易有限公司及天津利丰源达钢管集团有限公司征收73.87%的反倾销税，对中国其他企业征收101.10%的反倾销税。

5. 美国对华石油管材产品双反案

（1）立案

2009年4月8日，美国钢管企业和有关协会正式向美国商务部和国际贸易委员会提出立案申请。

2009年4月15日，美国国际贸易委员会（ITC）宣布对进口自中国的油井管产品进行反补贴与反倾销损害调查。根据美国法律规定，ITC作出启动损害调查的决定不会对美国商务部（DOC）最终立案的决定产生实质影响。ITC损害调查目的在于确定是否有合理的迹象表明，美国内油井管产业受到被指控获得政府补贴并以倾销价格对美销售的中国油井管产品的实质损害或实质损害威胁，或美国内产业建立受到实质阻碍。如果DOC不延长立案时限，ITC将于5月26日前作出本案损害调查的初步裁定。

2009年4月29日，美国商务部发布公告，对原产于中国的石油管材产品进行反倾销和反补贴调查，涉案产品海关编码为73042910.10、73042910.20、73042910.30、73042910.40、73042910.50、73042910.60、73042910.80、73042920.10、73042920.20、7304.292030、73042920.40、73042920.50、73042920.60、73042920.80、73042931.10、73042931.20、73042931 30、73042931.40、73042931.50、73042931.60、73042931.80、73042941.10、73042941.20、73042941.30、73042941.40、73042941.50、 73042941.60、73042941.80、73042950.15、73042950.30、7304295045、73042950.60、73042950.75、73042961.15、73042961.30、73042961.45、73042961.60、73042961.75、73052020.00、73052040.00、73052060.00、73052080.00、73062910.30、73062910.90、73062920.00, 73062931.00、73062941.00、73062960.10、73062960.50、73062981.10、73062981.50、73043900.24、73043900.28、73043900.32、73043900.36、73043900.40、73043900.44、7304.390048、73043900.52、73043900.56、73043900.62、73043900.68、73043900.72、73043900.76、73043900.80、73045960.00、73045980.15、73045980.20、73045980.25、73045980.30、73045980.35、73045980.40、73045980.45、73045980.50、73045980.55、73045980.60、73045980.65、73045980.70和73045980.80。

这是我国石油管材产品在遭遇欧盟、加拿大反倾销和反补贴调查后，第3次遭遇进口国双反调查。该案也是美国对我国发起的第14起反倾销反补贴合并调查。

据统计，2006～2008年，美国自中国进口的石油管材总量增长了203%，2008年进口总额约为26亿美元。

表4 2006-2008年美国进口中国石油管材情况

年份	2006年	2007年	2008年
进口量（吨）	657740	780831	1993609
进口额（千美元）	632217	749632	2629070

（2）产业损害初裁

2009年5月22日，美国国际贸易委员会发布公告，对进口自中国的石油管材产品作出产业损害初裁，6位委员一致投票裁定，进口自中国的石油管材产品的补贴和倾销行为给美国国内产业造成了实质性损害。

根据该肯定性裁决，美国商务部将对进口自中国的石油管材产品继续进行反倾销和反补贴调查。根据相关程序，美国商务部将于2009年7月2日对该案作出反补贴初裁，2009年9月15日对该案作出反倾销初裁。

反补贴初裁：

2009年9月9日，美国商务部发布公告，对原产于中国的石油管材作出反补贴初裁。

根据相关法律程序，美国商务部将于2009年11月对该案作出反补贴终裁。

2009年9月15日，美国商务部发布公告，对原产于中国的石油管材作出反补贴紧急情况初裁，由于涉案产品在“相对较短的期间内”不存在“大量进口”情况，因此裁定紧急情况不存在。

表5 美国对华石油管材作出的反补贴初裁结果

生产商/出口商	补贴率（%）
江苏常宝钢管股份有限公司	24.33
天津钢管集团有限公司	10.90
无锡西姆莱斯石油专用管制造有限公司	24.92
浙江健力股份有限公司	30.69
中国普遍	21.33

背景资料：

美国的反倾销和反补贴法案中都有“紧急情况”条款，法案许可在一定条件下征收有限的追溯性关税。申诉人可在申诉书中提出处于紧急情况，也可在距商务部作出最后决定前20日内对申诉书进行修改中提出。在征收这种追溯性关税前，美国商务部和国际贸易委员会必须分别独立作出处于紧急情况的肯定性裁决。一旦对紧急情况作出肯定性裁决，就将对未完税通关的进口商品追溯90天征税，即对在正常起征日前90日内进口的或从海关仓库中出库的商品征税。

法律规定“紧急情况”的裁决应考虑以下3个因素：

——被调查商品的进口数量；

——此商品的进口对国内相同或类似产品在美国市场上的价格造成的影响；

——在美国国内生产经营环境中考察此类商品的进口对国内相同或类似产品的国内生产商的冲击。

反倾销初裁：

2009年11月5日，美国商务部发布公告，对原产于中国的石油管材作出反倾销初裁，同时根据江苏常宝钢管股份有限公司和天津钢管国际经济贸易有限公司的申请，决定延期终裁，但不会超过自初裁公告发布之日起的135天。

反倾销初裁结果为：江苏常宝钢管股份有限公司及江苏常宝普莱森钢管有限公司倾销幅度为零，其余应诉企业倾销幅度为36.53%。中国其他企业倾销幅度为99.14%，但其中胜利油田孚瑞特进出口贸易有限公司适用中国普遍税率，即99.14%。

2009年11月5日，美国商务部发布公告，对原产于中国的石油管材作出反倾销紧急情况初裁，通过分析提交的调查问卷答复，可以获知强制应诉企业（江苏常宝钢管股份有限公司和天津钢管国际经济贸易有限公司）和单独税率申请企业（共37家）在“相对较短的期间内”不存在“大量进口”情况，因此裁定其紧急情况不存在，但是由于其他中国涉案企业未提供调查问卷答复，美国商务部无法获得这些企业在调查期内对美出口数据，因此，裁定这些企业存在紧急情况。

2009年12月30日，美国商务部发布公告，由于计算错误，决定修改对原产于中国的石油管材作出的反倾销初裁结果。

除江苏常宝钢管股份有限公司及江苏常宝普莱森钢管有限公司倾销幅度仍为零外，其余应诉企业倾销幅度由36.53%，提高到96.51%。中国其他企业倾销幅度仍为99.14%（包括胜利油田孚瑞特进出口贸易有限公司）。

（3）终裁

反补贴终裁：

2009年11月24日，美国商务部发布公告，对原产于中国的石油管材作出反补贴终裁。

2009年12月7日，美国商务部发布公告，对原产于中国的石油管材作出反补贴紧急情况终裁，由于未收到任何利害关系方提交的对初裁结果的异议，因此维持初裁结果，裁定涉案产品不存在紧急情况。同日，美国商务部在《联邦纪事》上发布公告，正式对外界发布油井管案终裁公告，裁定中国涉案企业10.36%至15.78%不等的补贴幅度。根据公告，美国海关与边境保护局（CBP）将会根据仲裁税率向进口商征收临时保证金。如美国国际贸易委员会（ITC）做出肯定性裁决，DOC将于之后一周发布反补贴税令。

2009年12月30日，美国国际贸易委员会发布公告，对原产于中国的石油管材作出反补贴产业损害终裁，裁定涉案产品的补贴行为对美国国内产业造成了实质性损害或实质性损害威胁。根据该肯定性裁决，美国商务部将对原产于中国的石油管材发布反补贴税令。

2010年1月15日，美国商务部在《联邦纪事》公布石油管材双反案反补贴税令，中国涉案企业反补贴税率为10.49%～15.78%，美国海关将从税令发布之日起开始对我输美石油管材产品征税。

2010年1月20日，美国商务部发布公告，由于计算错误，决定修改对原产于中国的石油管材的反补贴终裁结果，并发布了反补贴税令。

截至本文完稿时，美国尚未公布反倾销终裁结果。

表6 美国修改对华石油管材作出的反补贴终裁结果

生产商/出口商	修改前补贴率（%）	修改后补贴率（%）
江苏常宝钢管股份有限公司	11.98	12.46
天津钢管集团有限公司	10.36	10.49
无锡西姆莱斯石油专用管制造有限公司	14.61	14.95
浙江健力股份有限公司	15.78	15.78
中国普遍	13.20	13.41

6．美国对华预应力混凝土结构用钢绞线双反案

（1）立案

2009年6月17日，美国商务部发布立案公告，根据美国弹簧钢丝公司、Insteel 金属制品公司和Sumiden金属制品公司的申请，决定对原产于中国的预应力混凝土结构用钢绞线进行反倾销和反补贴调查，涉案产品海关编码为73121030.10和73121030.12。

根据美商务部公布的立案公告，此次调查共涉及我国中央和地方政府部门向预应力混凝土用钢绞线产业提供优惠贷款、低价提供原材料、所得税优惠、增值税和关税等间接税优惠、政府赠款和外商投资企业税收优惠等6大类30个项目。申诉方指控的包括人民币汇率、出口援助赠款等7个项目没有列入调查范围。

这是美国对中国发起的第15起双反调查，也是2009年继油井管案之后美国内产业对中国产品提起的第2起双反调查。据统计，2007～2008年，美国自中国进口的预应力混凝土结构用钢绞线总量增长了7.83%，2008年的进口额约为1.78亿美元。

（2）产业损害裁决

2009年7月10日，美国国际贸易委员会发布公告，对原产于中国的预应力混凝土结构用钢绞线作出产业损害裁决。美国国际贸易委员会的6位委员投票一致认定，中国政府对涉案产品的补贴行为以及涉案产品在美国的倾销行为对美国国内产业造成了实质性损害威胁。

根据该肯定性裁决，美国商务部将继续对原产于中国的预应力混凝土结构用钢绞线进行反倾销和反补贴调查。

（3）初裁

反补贴初裁：

2009年8月12日，美国商务部发布公告，由于涉案产品需调查的补贴项目比较复杂，原计划于2009年8月20日对华预应力混凝土结构用钢绞线反补贴案初裁无法完成，因此决定延期初裁，但时间不晚于2009年10月24日。

2009年10月27日，美国商务部发布公告，对原产于中国的预应力混凝土结构用钢绞线作出反补

贴初裁。

反倾销初裁：

2009年12月18日，美国商务部对原产于中国的预应力混凝土用钢绞线作出反倾销初裁。无锡金羊金属制品有限公司倾销幅度为37.72%；江西新华金属制品有限公司、江阴法尔胜钢铁制品有限公司、江阴华新钢缆有限公司、江阴Hongyu金属制品有限公司、法尔胜集团进出口有限公司（出口商）倾销幅度为151.44%。中国其他企业为193.55%。

表7 美国对华预应力混凝土结构用钢绞线作出的反补贴初裁结果

生产商/出口商	补贴率（%）
法尔胜集团进出口有限公司	7.53
江西新华金属制品有限责任公司	12.06
中国普遍	9.80

7．美国对华钢格板双反案

（1）立案

2009年6月19日，美国商务部发布立案公告，根据Alabama Metal Industries公司和Fisher&Ludlow公司的申请，决定对原产于中国的钢格板（steel grating）进行反倾销和反补贴调查，涉案产品海关编码为73089070.00。

据统计，2006～2008年，美国进口自中国的钢格板总量增长了538.44%，2008年的进口额约为9070万美元。

表8 2006-2008年美国进口中国钢格板的情况

年份	2006年	2007年	2008年
进口量（吨）	9338	14450	59617
进口额（千美元）	8820	13700	90671

（2）产业损害裁决

2009年7月10日，美国国际贸易委员会发布公告，对原产于中国的钢格板作出产业损害裁决。美国国际贸易委员会的6位委员一致投票认定，中国政府对涉案产品的补贴行为及涉案产品在美国的倾销行为给美国国内产业造成了实质性损害威胁。

根据该肯定性裁决，美国商务部将继续对原产于中国的钢格板进行反倾销和反补贴调查。

（3）初裁

反补贴初裁：

2009年8月10日，美国商务部发布公告，由于申诉方提出延期裁决的申请，原计划于2009年8月24日对华钢格板反补贴案的初裁无法完成，因此决定延期初裁，但时间不晚于2009年10月26日。

2009年10月27日，美国商务部发布公告，对原产于中国的钢格板作出反补贴初裁。包括宁波九龙机械制造有限公司在内的中国企业补贴率都为7.44%。

反倾销初裁：

2009年12月29日，美国商务部发布公告，对原产于中国的钢格板作出反倾销初裁。宁波九龙机械制造有限公司、中钢集团烟台钢格板有限公司、宁波海田国际贸易有限公司、宁波力宏钢格板有限公司、烟台新科钢结构有限公司倾销幅度为14.36%，中国其他企业（包括上海大和格栅板实业有限公司）为145.18%。

8．美国对华钢丝层板双反案

（1）立案

2009年6月26日，美国商务部发布立案公告，根据AWP Industries, Inc.、ITC Manufacturing, Inc.、J&L Wire Cloth, Inc.、Nashville Wire Products Mfg. Co., Inc.和Wireway Husky Corporation的申请，决定对进口自中国的钢丝层板进行反倾销和反补贴调查，涉案产品在美国海关税则号中通常列于94039080.40项下，也可能通过94032000.20、721710、721720及732690等税号申报入关。

据统计，自2006～2008年，美国进口自中国的钢丝层板总额增长了49%，2008年的进口额约为3.17亿美元。

（2）产业损害初裁

2009年7月20日，美国国际贸易委员会发布公告，对原产于中国的钢丝层板作出产业损害初裁。美国国际贸易委员会的6位委员投票一致认定，中国政府对涉案产品的补贴行为以及涉案产品在美国的倾销行为对美国国内产业造成了实质性损害。

根据该肯定性裁决，美国商务部将继续对原产于中国的钢丝层板进行反倾销和反补贴调查。

（3）初裁

反补贴初裁：

2009年8月13日，美国商务部发布公告，由于涉案产品需调查的补贴项目比较复杂，原计划于2009年8月31日对华钢丝层板反补贴案的初裁无法完成，因此决定延期初裁，但时间不晚于2009年11月2日。

2009年11月3日，美国商务部发布公告，对原产于中国的钢丝层板作出反补贴初裁。

反倾销初裁：

2010年1月5日，美国商务部发布公告，对原产于中国的钢丝层板作出反倾销初裁。大连华美龙金属制品有限公司倾销幅度为50.95%，大连益丰金属制品有限公司及其分公司大连宜丰仓储用品有限公司倾销幅度为42.61%，丹东日牵物流装备有限公司、大连保税区宇洋贸易有限公司、宁波新光货架有限公司倾销幅度为46.78%，中国其他企业为289.00%。

表9　美国对华钢丝层板作出的反补贴初裁结果

生产商/出口商	补贴率（%）
大连华美龙金属制品有限公司	2.02
大连益丰金属制品有限公司	3.13
适用根据“可获得的不利事实作出的惩罚性税率”的企业*	437.73
中国普遍	2.58

*适用根据可获得的不利事实的惩罚性税率的企业名单将在随后的美国《联邦公报》中披露。

9．美国对华定尺碳素钢板反规避案

（1）立案

1996年12月3日，美国商务部对原产于中国的定尺碳素钢板进行反倾销调查，涉案产品海关编码为72084030.30、72084030.60、72085100.30、72085100.45、72085100.60、72085200.00、72085300.00、72089000.00、72107030.00、72109090.00、72111300.00、72111400.30、72111400.45、72119000.00、72124010.00、72124050.00和72125000.00。

1997年11月20日，美国商务部对该案作出反倾销终裁，裁定中国涉案企业的倾销幅度为17.33%～128.59%。

2008年10月20日，美国商务部对该案进行反规避调查。

（2）反规避初裁

2009年7月14日，美国商务部发布公告，对进口自中国的定尺碳素钢板作出反规避初裁，裁决如下：

A. 进口自中国的、由中国天津钢铁有限公司生产、硼含量不低于0.0008%的定尺碳素钢板，无论其出口商或进口商是否为反倾销税令中的涉案企业，无论是否符合反倾销税令中涉案产品的特征，均在反倾销税令的征税范围内；

B. 进口自中国、由丰田通商株式会社出口、硼含量不低于0.0008%的定尺碳素钢板，无论其生产商或出口商是否为反倾销税令中的涉案企业，无论是否符合反倾销税令中涉案产品的特征，均在反倾销税令的征税范围内。

因此，该案涉案产品海关编码的范围扩展为72084030.30、72084030.60、72085100.30、72085100.45、72085100.60、72085200.00、72085300.00、72089000.00、72107030.00、72109090.00、72111300.00、72111400.30、72111400.45、72119000.00、72124010.00、72124050.00、72125000.00，72254030.50、72259900.90、72269150.00和72269901.80。

（3）反规避终裁

2009年8月10日，美国商务部发布公告，对原产于中国的定尺碳素钢板作出第3次反倾销行政复审初裁，裁定湖南华菱湘潭钢铁有限公司的倾

销幅度为0.00%，该公司的涉案商品在美国市场上不存在低价倾销行为。同时，美国商务部还取消了鞍山钢铁集团公司（包括Anshan Iron and Steel Complex、鞍钢集团国际经济贸易公司和 Sincerely Asia Ltd）、宝山钢铁公司（包括上海宝钢国际经济贸易有限公司、宝钢金属贸易有限公司、Shanghai Baosteel Group Corporation 和宝山钢铁股份有限公司、上海浦东钢铁公司）和宝钢集团的此次行政复审。

2009年8月12日，美国商务部发布公告，对进口自中国的定尺碳素钢板作出反规避终裁，裁定对中国天津钢铁有限公司生产和/或丰田通商株式会社出口的定尺碳素钢板征收反倾销税。

（4）日落复审产业损害终裁

2009年10月13日，美国国际贸易委员会发布公告，对原产于中国、俄罗斯和乌克兰的定尺碳素钢板作出反倾销日落复审产业损害终裁，6位委员经投票表决一致认定，如果取消反倾销措施，将可能导致在合理的、可预见的期间内，涉案产品对美国国内产业的实质性损害继续或再度发生，因此决定对涉案产品继续实施反倾销措施。

根据该肯定性裁决，现行的对原产于中国的定尺碳素钢板的反倾销措施、对原产于俄罗斯和乌克兰的定尺碳素钢板的中止协议将继续有效。

（5）行政复审终裁

2010年2月24日，美国商务部发布公告，对原产于中国的定尺碳素钢板作出反倾销行政复审终裁，裁定湖南华菱湘潭钢铁有限公司的倾销幅度为0.00%，该公司的涉案商品在美国市场上不存在低价倾销行为。

10．美国对华热轧碳钢产品反倾销行政复审案

2009年8月11日，美国商务部发布公告，对原产于中国的热轧碳钢产品走出反倾销行政复审终裁，由于中国宝钢集团提供的材料证明其在调查期内未向美国出口涉案产品，因此裁定取消对宝钢集团的此次行政复审。宝钢集团由下列5家公司组成：宝钢集团公司、上海宝钢国际经济贸易有限公司、Shanghai Baosteel Group Corporation、Baosteel Group International Trade Corp.和宝山钢铁股份有限公司。

2000年12月12日，美国商务部对原产于中国的热轧碳钢产品进行反倾销调查，涉案产品海关编码为72081015.00、72081030.00、72081060.00、72082530.00、72082560.00、72082600.30、72082600.60、72082700.30、72082700.60、72083600.30、72083600.60、72083700.30、72083700.60、72083800.15、72083800.30、72083800.90、72083900.15、72083900.30、72083900.90、72084060.30、72084060.60、72085300.00、72085400.00、72089000.00、72111400.90、72111915.00、72111920.00、72111930.00、72111945.00、72111960.00、72111975.30、72111975.60、72111975.90、72251100.00、72251900.00、72253030.50、72253070.00、72254070.00、72259900.90、72261110.00、72261190.30、72261190.60、72261910.00、72261990.00、72269150.00、72269170.00、72269180.00、72269900.00、72107030.00、72109090.00、72111400.30、72124010.00、72124050.00和72125000.00。

2001年9月28日，美国商务部对该案作出反倾销终裁，裁定中国涉案企业的倾销幅度为64.20%～90.83%。2008年12月24日，美国商务部对该案进行第4次反倾销行政复审。2009年6月29日，美国商务部作出行政复审初裁，由于申请方撤诉，决定撤销对鞍钢集团的行政复审，并裁决取消对宝钢集团的此次行政复审。

11．美国对中国部分无缝钢管双反案

（1）立案

2009年9月16日，United States Steel Corp.、V&M Star LP、TMK IPSCO和美国钢铁工人联合会

(USW)，向美国商务部和美国国际贸易委员会(ITC)提出"双反"调查申请。他们称，中国向美国低价倾销钢管，并认为中国政府疑似提供补贴。

2009年10月7日，就在欧盟决定对中国输欧无缝钢管征收反倾销税后仅一天，美国商务部发布立案公告，对原产于中国的无缝碳钢和合金钢标准管、管线管和压力管进行反倾销和反补贴调查，涉案产品海关编码为73041910.20、73041910.30、73041910.45、73041910.60、73041950.20、73041950.50、73043160.50、73043900.16、73043900.20、73043900.24、73043900.28、73043900.32、73043900.36、73043900.40、73043900.44、73043900.48、73043900.52、73043900.56、73043900.62、73043900.68、73043900.72、73045150.05、73045150.60、7304596.00、73045980.10、73045980.15、73045980.20、73045980.25、73045980.30、73045980.35、73045980.40、73045980.45、73045980.50、73045980.55、73045980.60、73045980.65、73045980.70。

此次调查涉及的产品包括无缝碳钢和合金钢标准管、管线管和压力管，主要用于工业输送系统，输送水、蒸汽、油品、天然气及其他液体与气体。

美国商务部称，2006年至2008年，中国输美无缝钢管增长132%，2008年达到3.82亿美元。

中国商务部进出口公平贸易局发布的信息显示，这是2007年以来，美国产业对中国钢管产品发起的第六起"双反"调查。此前，美国曾对标准管、管线管，以及压力管中的焊接管、薄壁矩形钢管和油井管发起"双反"调查。

根据美国国内程序，ITC将于11月初做出初步损害裁定。如果ITC裁定中国输美钢管对美国产业造成或可能造成实质性损害，美国商务部将于2009年12月和2010年2月分别作出反补贴和反倾销初裁。

表10　2006-2008年美国自中国进口无缝钢管情况

年 份	2006年	2007年	2008年
进口量（净吨）	158128	172321	366091
进口额（千美元）	119624	129956	381882

（2）产业损害初裁

2009年10月30日，美国国际贸易委员会发布公告，对原产于中国的无缝碳钢和合金钢标准管、管线管和压力管作出反倾销和反补贴产业损害初裁，6位委员投票一致认定，原产于中国的无缝碳钢和合金钢标准管、管线管和压力管的倾销行为和补贴行为对美国国内产业造成了实质性损害。

根据该肯定性裁决，美国商务部将继续对涉案产品进行反倾销和反补贴调查。

（3）初裁

反补贴初裁：

2010年2月24日，美国商务部发布公告，对原产于中国的无缝碳钢和合金钢标准管、管线管和压力管作出反补贴初裁。衡阳钢管集团国际贸易有限公司、衡阳华菱钢管有限公司、衡阳华菱连轧管有限公司、无锡西姆莱斯钢管公司、无锡西姆莱斯石油专用管制造有限公司、Wuxi Resources Steel Making Co., Ltd.、江苏锡钢集团有限公司补贴率为12.97%；天津钢管集团股份有限公司、Tianjin Pipe Iron Manufacturing Co., Ltd.、Tianguan Yuantong Pipe Product Co., Ltd.、天津钢管国际经济贸易有限公司、TPCO Charging Development Co., Ltd.补贴率为11.06%。中国其他企业补贴率为12.02%。

12．美国对华标准钢紧固件双反案

（1）立案

2009年9月23日，美国纽科紧固件公司（Nucor Fastener）向美国国际贸易委员会提交申请，要求对原产于中国大陆和台湾地区的标准钢紧固件进行反倾销和反补贴立案调查，并对进口自中国大陆的标准钢紧固件征收66.87%～205.97%的反倾销税。

2009年10月14日，美国商务部发布立案公告，对原产于中国大陆和台湾地区的标准钢紧固

件进行反倾销和反补贴立案调查，涉案产品海关编码为73181520.30、73181520.55、73181520.65、73181580.65、73181580.85和73181600.85。

据统计，2006～2008年，美国自中国大陆进口的标准钢紧固件总量增长了4.48%，2008年进口额约为2.91亿美元；自台湾地区进口的标准钢紧固件总量增长了19.09%，2008年进口额约为3.95亿美元。

表11 2006-2008年美国自中国大陆和台湾地区进口标准钢紧固件情况

年份		2006年	2007年	2008年
中国大陆	进口量（吨）	166205	156278	173656
	进口额（千美元）	191049	200711	291210
台湾地区	进口量（吨）	235171	199487	190276
	进口额（千美元）	367342	361954	395238

（2）产业损害裁决

2009年11月6日，美国国际贸易委员会发布公告，对原产于中国大陆和台湾地区的标准钢紧固件作出反倾销和反补贴产业损害裁决，6位委员投票一致决定，涉案产品的销售未对美国国内产业造成实质性损害或实质性损害威胁。

根据该否定性裁决，美国商务部将终止对原产于中国大陆和台湾地区的标准钢紧固件的反倾销和反补贴调查。

13．美国对华环状焊接碳素钢管行政复审案

（1）案由

2007年7月5日，美国商务部对原产于中国的环状焊接碳素钢管进行反倾销和反补贴调查，涉案产品海关编码为73063010.00、73063050.25、73063050.32、73063050.40、73063050.55、73063050.85和73063050.90。

2008年5月30日，美国商务部对该案作出反倾销和反补贴终裁，裁定中国涉案企业的倾销幅度为69.20%～85.55%，补贴率为29.57%～615.92%。

2009年8月25日，美国商务部对该案进行反倾销和反补贴行政复审调查。

2009年10月28日，应申诉方的撤诉请求，美国商务部决定取消对原产于中国的环状焊接碳素钢管的反补贴行政复审。

（2）反补贴行政复审

2009年10月28日，美国商务部发布公告，由于申诉者提出撤诉请求，因此决定取消对原产于中国的环状焊接碳素钢管的反补贴行政复审。

（3）反倾销行政复审

2009年11月4日，美国商务部发布公告，应申诉方的撤诉请求，决定取消对13家中国环状焊接碳素钢管企业的反倾销行政复审，至此，美国对华环状焊接碳素钢管发起的反倾销行政复审全部取消。

这13家企业为：宝山钢铁股份有限公司、江苏玉龙钢管股份有限公司、辽宁北方钢管有限公司、湖南衡阳钢管（集团）有限公司、中海石油金洲管道有限公司、江苏常宝钢管股份有限公司、无锡法斯特管业有限公司、潍坊东方钢管有限公司、天津双街钢管有限公司、浙江金洲管道工业有限公司、香港史蒂福斯远东有限公司、天津市宝来国际贸易有限公司和上海中油天宝钢管有限公司。

14．美国对华不可锻铸铁管附件反倾销行政复审

2009年11月19日，美国商务部发布公告，应申诉方撤诉请求，决定取消2家不可锻铸铁管附件企业的反倾销复审，这两家企业分别为美国诺卡公司和诺卡（天津）机械有限公司。因无其他企业提出复审请求，因此取消此次行政复审。

2002年3月20日，美国商务部对原产于中国的不可锻铸铁管附件进行反倾销调查，涉案产品海关编码为73071100.30、73071100.60、73071930.60和73071930.85。2003年2月18日，美国商务部对该案作出反倾销终裁，裁定中国涉案企业的倾销幅度为6.34%～75.50%。2009年5月29日，美国商务部对该案进行第4次反倾销行政复审。

（二）加拿大

1．加拿大对华碳钢和不锈钢紧固件反补贴案

（1）案由

2004年4月28日，加拿大边境服务署对原产于或出口自中国的碳钢和不锈钢紧固件进行反倾销和反补贴调查。涉案产品海关编码为73181100、73181200、73181400、73181500和73181600。

2004年9月24日，加拿大边境服务署对该案作出初裁，裁定涉案产品的倾销幅度为13%～126%，补贴率为32%。2004年12月9日，加拿大边境服务署对该案作出终裁，裁定涉案产品的倾销幅度为6.29%～170%，补贴率为31.53%。

2004年12月，加拿大对此案作出终裁，裁定中国的不锈钢紧固件无损害，并对原产于中国的碳钢紧固件以及中国台湾的碳钢和不锈钢紧固件征收反倾销税。

2008年9月15日，加拿大边境服务署对原产于或出口自中国的碳钢和不锈钢紧固件进行期中复审。

（2）期中复审终裁

2009年2月23日，加拿大边境服务署发布公告，对原产于或出口自中国大陆的碳钢和不锈钢紧固件的正常价值、出口价格和补贴率作出期中复审终裁，对原产于或出口自中国台湾的碳钢和不锈钢紧固件的正常价值和出口价格作出期中复审终裁。涉案产品海关编码为73181100.00、73181200.00、73181400.00、73181590.11、73181590.12、73181590.21、73181590.29、73181590.31、73181590.32、73181590.39、73181590.44。

在对中国涉案企业和有关政府部门发出反补贴调查问卷后，加拿大边境服务署仅收到4家中国企业和相关政府部门提交的充足信息，因此，对这4家合作企业作出单独补贴率裁定。

对于合作企业，上述裁定的补贴率自2009年2月23日起生效。2009年2月23日前清关的涉案产品仍适用先前的补贴率。

表12　加拿大边境服务署对4家合作企业作出单独补贴率裁定

进口商/制造商	补贴率（元/千克）
晋亿集团实业股份有限公司	0.25
嘉兴丰建五金制品有限公司	0.00
特普金属制品（上海）有限公司	0.17
烟台Xincheng标准紧固件有限公司	0.00
其他企业	1.25

（3）日落复审终裁

反补贴日落复审终裁：

2009年8月20日，加拿大边境服务署发布公告，对原产于中国的碳钢紧固件作出反补贴日落复审终裁，裁定若终止对上述涉案产品的反补贴措施，将导致补贴行为继续发生，因此，将继续对涉案产品实施反补贴措施。

按照法律程序，加拿大国际贸易法庭将对该案进行产业损害调查，以确定涉案产品在终止反补贴措施后对加拿大国内产业造成的实质性损害是否继续存在，并将于2010年1月6日作出裁决。

反倾销日落复审终裁：

2009年8月20日，加拿大边境服务署发布公告，对原产于中国大陆和台湾地区的碳钢紧固件作出反倾销日落复审终裁，对原产于台湾地区的不锈钢紧固件作出反倾销日落复审终裁，裁定若终止对上述涉案产品的反倾销措施，将导致倾销行为继续发生，因此，将继续对涉案产品实施反倾销措施。

按照法律程序，加拿大国际贸易法庭将对该案进行产业损害调查，以确定涉案产品在终止反倾销措施后对加拿大国内产业造成的实质性损害是否继续存在，并将于2010年1月6日作出裁决。

（4）期中复审

2009年9月24日，加拿大边境服务署发布公告称，对原产于中国的碳钢紧固件以及中国台湾的

碳钢和不锈钢紧固件进行反倾销期中复审。此次审查的内容是对涉案产品的正常价值和出口价格进行审查。涉案产品海关编码为7318.11.00.00、7318.15.90.12、7318.15.90.32、7318.12.00.00、7318.15.90.21、7318.15.90.39、7318.14.00.00、7318.15.90.29、7318.15.90.44、7318.15.90.11、7318.15.90.31。

（5）产业损害终裁

2010年1月6日，加拿大国际贸易法庭发布公告，对原产于中国大陆和台湾地区的碳钢和不锈钢紧固件作出反倾销和反补贴产业损害终裁，裁定原产于中国大陆和台湾地区的碳钢紧固件的倾销和补贴行为对加拿大国内产业造成了实质性损害，因此对碳钢紧固件继续征收反倾销税和反补贴税；原产于台湾地区的不锈钢紧固件未对加拿大国内产业造成实质性损害，因此终止对不锈钢紧固件征收反倾销税。

（6）期中复审终裁

2010年3月24日，加拿大边境服务署发布公告，对原产于中国大陆和台湾地区的碳钢紧固件作出反倾销期中复审终裁，对于合作的出口企业，其涉案产品的正常价值按照其提供的信息确定；对于不合作的出口企业，其涉案产品的正常价值按照出口价格乘以170%确定。由于未进行反补贴期中复审，因此涉案产品依然按照现行反补贴率征税。

合作的中国大陆企业为：晋亿实业股份有限公司和烟台Xincheng 标准紧固件股份有限公司。

合作的台湾地区企业为：Bamal Fastener, LLC (USA) Boss Precision Works Co., Ltd.、Chan Liang Enterprise Co., Ltd.、CPC Fasteners International Co., Ltd.、De Hui Screw Industry Co., Ltd.、DoRo Tools Inc. (Phillips Midwest/Phillips Fasteners LLC) (USA)、Dragon Iron Factory Co., Ltd.、Easylink Industrial Co., Ltd.、Faithful Engineering Products Co., Ltd.、Hilti, Inc. (USA)、Honor Best Co., Ltd.、Jau Yeou Industry Co., Ltd.、Ji Li Deng Fasteners Co. Ltd.、Katsuhana Fasteners Corp.、Kind-Auspice Industrial Co., Ltd.、Kreg Tool Company (USA)、Kwantex Research Inc.、Newfast Co., Ltd.、Sheh Fung Screws Co. Ltd.、Starborn Industries Inc. (USA)、Taiwan Shan Yin International Co., Ltd.、Wictory Co., Ltd.和Zyh Yin Enterprise Co., Ltd.。

2．加拿大对华石油管材产品双反案

（1）立案

2009年8月24日，加拿大边境服务署发布立案公告，应Tenaris Canada、Evraz Inc. NA Canada和Lakeside Steel Corporation的申请，决定对原产于中国的石油管材产品进行反倾销和反补贴调查，涉案产品海关编码为73042900.31、73042900.39、73042900.51、73042900.59、73042900.61、73042900.69、73042900.71、73042900.79、73043910.00、73045910.00、73062910.11、73062910.19、73062910.21、73062910.29、73062910.31、73062910.39、73062910.41、73062910.49、73062990.11、73062990.19、73062990.21、73062990.29、73062990.31、73062990.39、73062990.41、73062990.49。调查期为2008年7月1日～2009年6月30日。

2009年8月25日，加拿大国际贸易法庭已向利害关系方发放调查问卷，并将于2009年10月23日对涉案产品是否对加拿大国内产业造成实质性损害或实质性损害威胁作出初裁。若为肯定性裁决，加拿大边境服务署将继续对涉案产品进行调查，并将于2009年11月23日作出反倾销和反补贴初裁。

该案是加拿大对中国产品发起的第9起双反案件，也是加拿大对中国钢铁产品发起的第3起双反案件。

（2）产业损害初裁

2009年10月23日，加拿大国际贸易法庭发布公告，对原产于中国的石油管材作出反倾销和反补

贴产业损害初裁，裁定涉案产品的倾销和补贴行为给加拿大国内产业造成了实质性损害。

（3）反倾销和反补贴初裁

2009年11月23日，加拿大边境服务署发布公告，对原产于中国的石油管材作出反倾销和反补贴初裁。

（4）反倾销和反补贴终裁

2010年2月22日，加拿大边境服务署发布公告，对原产于中国的石油管材作出反倾销和反补贴终裁。

（5）产业损害终裁

2010年3月23日，加拿大国际贸易法庭发布公告，对原产于中国的石油管材作出反倾销和反补贴产业损害终裁，裁决如下：

A. 石油套管接箍的倾销和补贴行为没有给加拿大国内产业造成实质性损害或实质性损害威胁；

B. 油管和套管的倾销和补贴行为给加拿大国内产业造成了实质性损害。

根据该裁决结果，加拿大边境服务署将终止对石油套管接箍征收反倾销和反补贴税，而继续对油管和套管继续征税。

（三）欧盟

1. 欧盟对华钢铁制紧固件反倾销案

表13　加拿大对华石油管材作出的反倾销和反补贴初裁结果

企业名称	倾销幅度（%）*	补贴率（%）*	全部税率（%）*
胜利油田孚瑞特石油装备有限责任公司淄博热采装备分公司	84.43	0.50	84.93
华锐石油钢管有限公司	95.4	0.50	95.90
胜利油田孚瑞特石油装备有限责任公司	99.59	0.50	100.09
胜利油田孚瑞特石油钢管有限公司	52.78	0.50	53.28
葫芦岛市钢管工业有限公司	82.04	0.33	82.37
江苏常宝钢管股份有限公司	71.28	1.05	72.33
江苏诚德钢管股份有限公司	83.13	0.45	83.58
山东墨龙石油机械股份有限公司	110.69	2.16	112.85
天津钢管集团股份有限公司	33.94	0.49	34.43
胜利油田胜机石油装备有限公司	92.39	2.47	94.86
天津天钢石油专用管制造有限公司	107.51	0.37	107.88
其他企业	167	15	182

* 出口价格的百分比。孚瑞特集团所有企业的补贴率统一为0.50%。

表14　加拿大对华石油管材作出的反倾销和反补贴终裁结果

企业名称	倾销幅度（%）	补贴率（元/公吨）
孚瑞特集团（Freet Group）		
胜利油田孚瑞特石油装备有限责任公司淄博热采装备分公司	86.81	157.95
华锐石油钢管有限公司	106.43	1108.31
胜利油田孚瑞特石油装备有限责任公司	86.28	157.95
胜利油田孚瑞特石油钢管有限公司	49.75	84.15
湖南衡阳钢管（集团）有限公司	48.15	91.50
葫芦岛市钢管工业有限公司	83.16	91.26
江苏常宝钢管股份有限公司	86.33	167.18
江苏诚德钢管股份有限公司	75.54	179.82
山东墨龙石油机械股份有限公司	90.69	187.17
天津钢管集团股份有限公司	39.00	613.10
胜利油田胜机石油装备有限公司	81.91	4070.00
天津天钢石油专用管制造有限公司	76.46	228.02
SB International（USA）	13.85	N/A
其他企业	166.9	4070.00

N/A：该美国出口商未确定补贴率，但要对其征收反补贴税，税率以为其供货的中国供货商的补贴率为依据

2009年1月31日，欧盟委员会发布公告，对原产于中国的钢铁制紧固件作出反倾销终裁。涉案产品海关编码为73181290、73181491、73181499、73181559、73181569、73181581、73181589、73181590、73182100、73182200。在本案中，欧盟选择印度作为计算中国涉案产品正常价值的替代国。在本案中，有123家中国企业应诉，但其中没有1家获得市场经济待遇。

2．欧盟对华盘条反倾销案

（1）立案

2008年5月8日，欧盟对原产于中国和摩尔多瓦的盘条进行反倾销立案调查。涉案产品海关编码为72131000、72132000、72139110、72139120、72139141、72139149、72139170、72139190、72139910、72139990、72271000、72272000、72279010、72279050、72279095。

表15 欧盟对华钢铁制紧固件做出的反倾销终裁结果

企业名称	反倾销税率（%）
上海标五高强度紧固件有限公司	69.9
西螺（苏州）精密紧固件有限公司	0.0
常熟市标准件厂和常熟（上海）国际紧固件有限公司	63.1
金马（东莞）金属制品厂有限公司	26.5
江苏昆山市诚和标准件有限公司	79.5
宁波金鼎紧固件有限公司	64.4
宁波永宏紧固件有限公司	78.3
烟台安国特紧固件有限公司	0.0
附录1中的公司	77.5
普遍	85.0

附录1：（1）上海上海光岳机械制造有限公司；（2）奥达科金属制品(上海)有限公司；（3）常熟阜鑫紧固件制造有限公司；（4）常熟市越胜紧固件制造有限公司；（5）常州欧锐德连接件有限公司；（6）春雨（东莞）五金制品有限公司；（7）慈溪市振成机械有限公司；（8）东莞Danny & Kuen Metal有限公司；（9）佛山南海Gubang金属制品有限公司；（10）晋亿实业股份有限公司；（11）广州天河区中固五金螺母厂；（12）浙江海宁Xinxin五金标准工具有限公司；（13）浙江海盐飞马五金有限公司；（14）海盐海塘标准件厂；（15）海盐五金标准件有限公司；（16）海盐连翔五金制品有限公司；（17）海盐猛士螺钉有限责任公司；（18）海盐自攻螺丝有限公司；（19）海盐孙氏建新有限公司；（20）海盐新安标准件有限公司；（21）海盐兴隆紧固件有限公司；（22）杭州光大金属制品有限公司；（23）杭州弹簧垫圈有限公司；（24）常熟Hott金属部件及紧固件有限公司；（25）浙江嘉兴俊良贸易有限公司；（26）江苏Jiangyu金属厂；（27）浙江嘉善永大螺丝有限公司；（28）Jiaxiang Triumph Hardware Co., Ltd Haining；（29）浙江嘉兴维特紧固件有限公司；（30）济南实达紧固件有限公司；（31）浙江晋吉汽车配件有限公司；（32）海宁海德五金有限公司；（33）宁波阿赛傅紧固件有限公司；（34）宁波欧圣机电工业有限公司；（35）宁波达峰机械有限公司；（36）宁波经济技术开发区甬港紧固件有限公司；（37）宁波标准件厂；（38）宁波海信紧固件有限公司；（39）宁波海信铁路材料有限公司；（40）宁波锦辉紧固件有限公司；（41）宁波金鹏高强度紧固件有限公司；（42）宁波锦泰紧固件有限公司；（43）宁波锦伟标准件有限公司；（44）宁波九龙紧固件制造有限公司；（45）宁波隆德五金制造有限公司；（46）宁波Minda机电有限公司；（47）宁波宁力高强度紧固件有限公司；（48）宁波群力紧固件制造有限公司；（49）宁波丰标特种紧固件制造公司；（50）宁波新兴紧固件制造有限公司；（51）宁波甬港紧固件有限公司；（52）宁波兴怡螺丝制造有限公司；（53）宁波中斌紧固件制造有限公司；（54）宁波中江高强螺栓有限公司；（55）罗百盛紧固件（嘉兴）有限公司；（56）上海Boxed螺钉制造有限公司；（57）上海凤冈精密有限公司；（58）上海外贸Xiasha No.2 Woodscrew Factory有限公司；（59）上海Great Diamond紧固件有限公司；（60）上海Hang Hong金属制品有限公司；（61）上海航头标准件有限公司；（62）上海Huaming五金产品有限公司；（63）上海美固澄梵紧固件有限公司；（64）上海莫尔森标准件有限公司；（65）上海Qingpu Ben Yuan金属制品有限公司；（66）上海仁盛标准件制造有限公司；（67）上海书院木螺钉厂；（68）上海上标汽车紧固件有限公司；（69）上海特普金属制品有限公司；（70）上海Yifan高强度紧固件有限公司；（71）山西交城县至成铸造有限公司；（72）深圳大友钢铁有限公司；（73）桑德兰紧固件（浙江）有限公司；（74）浙江嘉兴Sunfast实业有限公司；（75）苏州Escort五金制造有限公司；（76）江苏太仓Rongtong金属制品有限公司；（77）唐山汇丰标准件制造有限公司；（78）唐山新丰标准件有限公司；（79）特普金属制品（上海）有限公司；（80）天津市九日工贸有限公司；（81）温州市天开五金器械包装有限公司；（82）温州君浩实业有限公司；（83）温州天祥金属制品有限公司；（84）温州亿力机械发展有限公司；（85）温州永固标准件有限公司；（86）无锡华诚紧固件有限公司；（87）无锡市前锋螺丝厂；（88）邢台市宁波紧固件有限公司；（89）乐清市精华紧固件有限公司；（90）浙江精艺标准件有限公司；（91）浙江省新东方紧固件有限公司；（92）浙江七丰五金标准件有限公司；（93）浙江日星标准件有限公司；（94）浙江永华紧固件有限公司；（95）浙江中通汽车零部件有限公司；（96）中山金中标准件有限公司。

在本案中，欧盟选择土耳其作为计算中国和摩尔多瓦涉案产品正常价值的替代国。

（2）初裁

2009年2月7日，欧盟对原产于中国、土耳其和摩尔多瓦的盘条作出反倾销初裁。但由于自土耳其进口的涉案产品未对欧盟成员国内产业造成实质性损害，因此未对其采取临时反倾销措施。有2家中国企业应诉：湖南华菱湘潭钢铁有限公司和湖南香港Huaguang盘条有限公司。其中华菱集团初裁结果为临时反倾销税为8.6%，中国其他企业临时反倾销税为24.6%。摩尔多瓦公司的临时反倾销税3.7%。

（3）终裁

2009年7月27日，欧盟委员会发布公告，对原产于中国的盘条作出反倾销终裁。同时，裁定自摩尔多瓦和土耳其进口的涉案产品未对欧盟国内产业造成实质性损害，因此终止对上述两国涉案产品的反倾销调查。终裁结果为华菱集团反倾销税为7.9%，中国其他企业为24.0%。

3．欧盟对华热浸镀锌板反倾销调查案

2007年12月14日，欧盟对原产于中国的热浸镀锌板进行反倾销立案调查。

2009年2月7日，欧盟委员会发布公告称，由于申诉方撤销对原产于中国的热浸镀锌板的反倾销调查，因此决定终止对此案的调查。涉案产品海关编码为72104100、72104900、72106100、72106900、72123000、72125061、72125069、72259200、ex72259900、72269930和ex72269970。

在本案中，应诉的中国企业包括：（1）常熟星岛新兴建材有限公司；（2）本钢板材股份有限公司；（3）本钢浦项冷轧板公司；（4）鞍钢集团国际经济贸易公司及其关联公司鞍钢集团香港有限公司；（5）大连蒂森克虏伯镀锌钢板有限公司；（6）武钢集团国际经济贸易总公司及其关联公司武钢贸易有限公司。

4．欧盟对华冷轧不锈钢板反倾销案

欧洲钢铁工业联盟于2007年底对从中国进口的冷轧不锈钢板提起反倾销申诉。

2008年2月1日，欧盟委员会决定展开反倾销调查。据我海关统计，2007年，我国对欧出口涉案产品金额约6.81亿美元。

2009年3月4日，欧洲钢铁工业联盟发表声明说，鉴于当前经济形势，决定撤销对华冷轧不锈钢板发起的反倾销申诉。欧洲钢铁工业联盟表示，在当前的经济和市场形势下，对中国冷轧不锈钢板采取措施已经显得不合时宜，可能征收的反倾销税也将过低，因此决定撤回申诉。但欧洲钢铁工业联盟同时称，如果进口再度大幅激增，其会在合适的时机再度发起申诉。该组织声称，欧盟委员会已经承诺，将建立一套监控机制，对相关产品进口展开实时监控，并会在接到新申诉后尽快作出反倾销决定。

2009年3月6日，欧盟委员会就对华不锈钢冷轧薄板反倾销案发布终裁披露，拟无措施终止该案调查，同时表示对中国该产品进口进行实时数据监控。

2009年4月17日，欧盟委员会发布公告称，由于申诉方于2009年3月4日提交了撤销此次反倾销调查的申请，因此决定取消对原产于中国、韩国和中国台湾的冷轧不锈钢板的反倾销调查。涉案产品海关编码为72193100、72193210、72193290、72193310、72193390、72193410、72193490、72193510、72193590、72202021、72202029、72202041、72202049、72202081和72202089。

在本案中，有分属4家集团的25家中国企业应诉。这4家集团公司包括联众（广州）不锈钢有限公司、宁波奇亿金属有限公司、浦项（中国）制铁集团（包括8家企业，分别位于张家港、青岛和香港）、太原钢铁（集团）有限公司（山西太钢不锈钢股份有限公司和14家关联公司，分别位于太原、天津、无锡、佛山、香港和德国威力希），欧盟委

员会对上述企业进行了实地核查。

5. 欧盟对华无缝钢管反倾销案

（1）立案

2008年7月，欧盟对原产于中国的无缝钢管进行反倾销立案调查。涉案产品在欧盟合并名目编码ex73041100、ex73041910、ex73041930、ex73042200、ex73042300、ex73042400、ex73042910、ex73042930、ex73043180、ex73043958、ex73043992、ex73043993、ex73045189、ex73045992和ex73045993下。在本案中，没有中国企业获得市场经济待遇，欧盟以美国作为计算中国涉案产品正常价值的替代国。

（2）初裁

2009年4月8日，欧盟委员会对原产于中国的无缝钢管作出反倾销初裁。湖北新冶钢有限公司临时反倾销税为15.6%，山东鲁星钢管有限公司临时反倾销税为15.1%，其他合作企业临时反倾销税为22.3%，中国其他企业临时反倾销税为24.2%。

其他合作企业包括：衡阳华菱连轧管有限公司、衡阳华菱钢管有限公司、邯郸市精密无缝钢管有限公司、江苏华程工业集团有限公司、江阴金属软管制造厂、江阴市无缝钢管总厂、攀钢集团成都钢铁有限责任公司、沈阳信达有限公司、苏州无缝钢管厂、天津钢管集团有限公司、无锡德新钢管有限公司、无锡市东吴管业有限公司、无锡西姆莱斯钢管有限公司、张家港市逸洋制管有限公司和张家港逸臣钢管有限公司。

（3）终裁

2009年9月24日，欧盟委员会决定对原产于中国的无缝钢管和铝箔征收为期5年的正式反倾销税，税率分别高达39.2%和30%。

正式反倾销税适用于圆截面和外部直径不超过406.4毫米的无缝钢管。正式反倾销税是在为期6个月的临时关税到期后实施的，上述决定将从欧盟官方刊物上公布之日起开始生效，相关裁决将于10月8日之前发表。

早在欧盟2009年4月8日发布公告对中国产无缝钢管征收临时反倾销税之后，中国商务部官员4月9日表示，欧盟仅以损害威胁为由对中国产无缝钢管征收临时反倾销税，是向业界发出了一个错误的信号，希望欧盟尽快终止对中国产无缝钢管的反倾销调查。世界贸易组织反倾销协议对损害威胁的规定十分严格，要基于事实，而不是仅依据指控、推测和极小的可能性，造成的损害也必须是能够明显预见和迫近的。中国反对欧盟随意使用损害威胁标准进行贸易救济调查。

2009年10月6日，欧盟委员会对原产于中国的无缝钢管作出反倾销终裁。

在损害裁决中，欧盟委员会维持了初裁中的结论，即尽管在调查期内，自中国进口的涉案产品未对欧盟成员国内产业造成明显的实质性损害，但对欧盟成员国的脆弱产业造成了损害威胁。

欧盟对华无缝钢管作出的反倾销终裁结果：山东鲁星钢管有限公司，反倾销税率17.7%；其他合作企业（共16家），反倾销税率为27.2%；普遍为39.2%。

16家合作企业为：邯郸市精密无缝钢管有限公司、衡阳华菱连轧管有限公司、衡阳华菱钢管有限公司、湖北新冶钢有限公司、江苏华程工业集团有限公司、江阴市无缝钢管总厂、江阴金属软管制造厂、攀钢集团成都钢铁有限责任公司、沈阳信达有限公司、苏州无缝钢管厂、天津钢管集团有限公司、无锡德新钢管有限公司、无锡市东吴管业有限公司、无锡西姆莱斯石油专用管制造有限公司、张家港市逸洋制管有限公司和张家港逸臣钢管有限公司。

6. 欧盟对华铸铁井盖反倾销案

（1）立案

2004年4月，欧盟对原产于中国的铸铁井盖进行反倾销立案调查；2005年7月，欧盟对此案作出肯定性终裁；2006年2月17日，欧盟委员会发布公告称，接受20家中国企业的价格承诺。

（2）期中复审调查

2009年6月10日，应河北献县郭庄精密铸造有限公司和潍坊万宝铸造有限公司的申请，欧盟对原产于中国的铸铁井盖进行反倾销期中复审立案调查。涉案产品海关编码为73251050、73251092、ex73251099。目前，河北献县郭庄精密铸造有限公司和潍坊万宝铸造有限公司的反倾销税率均为28.6%。

欧盟委员会在立案公告中指出，申诉方要求成为欧盟委员会于2006年2月17日与部分中国企业达成的价格承诺中的一部分。欧盟委员会还表示，任何符合新出口商标准的企业如果希望被纳入2006年2月17日的价格承诺，欧盟委员会都将对其进行审查。

（3）欧盟修改对华铸铁井盖反倾销案的征税范围

2009年6月16日，欧盟委员会发布公告称，在对华铸铁井盖反倾销案中，将原先征收反倾销税的涉案产品范围由73251050、73251092、73251099扩大为73251050、73251092、ex73251099和ex73259910。

7．欧盟对华钢丝绳和钢缆进行反规避立案调查

1998年5月，欧盟对原产于中国的钢丝绳和钢缆进行反倾销立案调查；1999年8月，欧盟对此案作出肯定性终裁；2004年8月，欧盟对原产于中国的钢丝绳和钢缆进行反倾销日落复审立案调查；2005年11月，欧盟对此案作出肯定性终裁。

2009年8月12日，应欧洲钢缆工业联合会（Liaison Committee of European Union Wire Rope Industries (EWRIS)）的申请，欧盟委员会对原产于中国、且自韩国和马来西亚转口（无论是否原产于韩国和马来西亚）的钢丝绳和钢缆进行反规避立案调查。涉案产品在欧盟合并关税编码ex73121081、ex73121083、ex73121085、ex73121089和ex73121098下。

8．欧盟对原产于中国的钢铁管配件作出反倾销期中复审终裁

2009年9月4日，欧盟对原产于中国和泰国的钢铁管配件作出反倾销期中复审终裁：继续对原产于中国，自中国台湾、印尼、斯里兰卡和菲律宾转口的钢铁管配件征收58.6%的反倾销税，但不包括从以下中国台湾公司进口的涉案产品：Rigid Industries Co. Ltd, Kaohsiung、Chup Hsin Enterprise Co. Ltd, Kaohsiung和Nian Hong Pipe Fittings Co. Ltd, Kaohsiung。涉案产品在欧盟合并关税编码ex73079311、ex73079319、ex73079930和ex73079990下。

1994年2月，欧盟对原产于中国和泰国的钢铁管配件进行反倾销立案调查；1996年4月，欧盟对此案作出肯定性终裁；2001年4月，欧盟对原产于中国和泰国的钢铁管配件进行第一次反倾销日落复审立案调查；2003年6月，欧盟对此案作出终裁：决定对原产于中国和泰国的钢铁管配件继续征收反倾销税。

1999年7月，欧盟对原产于中国，自中国台湾转口的钢铁管配件进行反规避立案调查；2000年4月，欧盟对此案作出肯定性终裁；2004年3月，欧盟对原产于中国，自印尼和斯里兰卡转口的钢铁管配件进行反规避立案调查；2004年12月，欧盟对此案作出肯定性终裁；2005年8月，欧盟对原产于中国，自菲律宾转口的钢铁管配件进行反规避立案调查；2006年4月，欧盟对此案作出肯定性终裁。2008年6月5日，欧盟对原产于中国的钢铁管配件进行反倾销期中复审立案调查，此次复审是针对原产于中国、自台湾进口的反规避案件。

（四）印度

1．印度对华不锈钢冷轧板反倾销案

（1）立案

2008年11月，印度对原产于中国、日本、韩国、欧盟、南非、中国台湾、泰国和美国的不锈钢冷轧板进行反倾销立案调查。涉案产品海关编码为72193100、72193200、72193300、72193400、72193500和72199000。

（2）初裁

2009年3月27日，印度商工部对原产于中国、日本、韩国、欧盟、南非、中国台湾、泰国和美国的不锈钢冷轧平板作出反倾销初裁。

在本案中，联众（广州）不锈钢有限公司、山西太钢不锈钢股份有限公司、太钢进出口（香港）有限公司和天津太钢天管不锈钢有限公司参与应诉。但没有中国企业获得市场经济待遇。

（3）终裁

2009年11月24日，印度商工部对原产于中国、日本、韩国、欧盟、南非、中国台湾、泰国和美国的不锈钢冷轧板作出反倾销终裁。

2010年2月20日，印度海关决定对原产于中国、日本、韩国、欧盟、南非、中国台湾、泰国和美国的不锈钢冷轧平板（Cold Rolled Flat Products of Stainless Steel）征收从量反倾销税，征税期为5年（至2014年4月21日止）。

其中，应诉企业联众（广州）不锈钢有限公司200mm产品税率为64.03美元/吨；山西太钢不锈钢有限公司300mm和400mm产品税率分别为348.28美元/吨和110.00美元/吨，其余企业该三类产品的税率分别为889.53美元/吨、1916.59美元/吨和1477.44美元/吨。

2．印度对热轧钢卷/板/带发起保障措施调查

（1）立案

2009年4月9日，印度财政部保障措施局对热轧钢卷、钢板和钢带（Hot Rolled Steel Coils/sheets/strips）发起保障措施调查，并要求各利害关系方于30日内提交评论意见。涉案产品海关根编码为7208。这是印度2009年启动的第7起保障措施调查。

本案的申诉方为Ispat工业公司和Essar钢铁公司，并得到印度钢铁公司（SAIL）和JSW钢铁公司的支持。涉案产品为厚20毫米以下、宽2000毫米以下的热轧钢卷/板/带。目前，印度主要从澳大利亚、比利时、加拿大、中国、法国、德国、日本、哈萨克斯坦、韩国、马来西亚、荷兰、罗马尼亚、俄罗斯、南非、沙特阿拉伯、瑞典、中国台湾、泰国、土耳其、阿联酋、英国、美国、乌克兰和越南进口涉案产品。

申诉方称，自2008年10月以来，涉案产品的进口量大幅增加，给国内产业造成产量急剧缩减、产能利用率显著下降以及严重亏损等严重损害。虽然印度反倾销局已于2008年11月就涉案产品发起反倾销调查，但由于反倾销税率不得超过反倾销调查期内的倾销幅度和损害幅度，不足以弥补国内产业当前由于进口增加而遭受的严重损害。申诉方要求对进口钢卷/带征收为期2年的保障措施税，并要求立案之后立即征收临时保障措施税。

（2）初裁

2009年4月23日，印度对热轧板卷材作出保障措施初裁：对涉案产品加征最高20%的临时保障措施税。

在本案中，印度财政部向如下中国企业发放了调查问卷：武汉钢铁股份有限公司、鞍山钢铁集团、包头钢铁（集团）有限责任公司、唐山市宏忠钢铁有限公司和北京首钢股份有限公司。

（3）终裁

2009年12月8日，印度财政部保障措施局发布了进口热轧钢卷/板/带一般保障措施调查终裁公告，认定涉案产品没有对印度国内产业造成损害或损害威胁，建议不对涉案产品征税。

公告表示，申请方没有出席听证会，而且对涉案产品的分类也存在问题，因此其之前提供的进口数据无法认定进口增加。

同时，在综合考量各种因素后，保障措施局认为申请方无法构成“有代表性的国内产业”，而且其也未提供任何相关证据。因此，基于现有信息，无法认定进口产品造成严重损害或损害威胁。

（五）俄罗斯

1．俄罗斯对外径不超过426毫米的不锈钢管作出保障措施终裁

2007年12月10日，俄罗斯对外径不超过426毫米的不锈钢管进行保障措施立案调查。涉案产品海关编码为73041110.01、73041110.02、73041110.09、73061111.00、73061119.00、73041130.01、73041130.02、73041130.09、73061190.00、73041190.01、73041190.02、73041190.09、73064020.01、73064020.09、73064080.09、73044100.01、73044100.09、73044910.00、73044992.00、73044999.00。

2009年2月4日，俄罗斯对外径不超过426毫米的不锈钢管作出保障措施终裁：对进口的涉案产品加征28.1%的保障措施税，但该措施不针对白俄罗斯以及俄罗斯普惠制的受惠国（但包括中国和巴西）。

2009年9月4日，俄罗斯政府发布公告，将对输俄外径不超过426毫米的不锈钢管进行保障措施期中复审。涉案产品海关编码为73041190，73041990，730431，730439，730459，73051100，73051200，73051900，73053100，73053900，73059000。

2009年12月21日，俄罗斯对外径不超过426毫米的不锈钢管作出保障措施期中复审终裁：将对涉案产品保障措施延至2012年12月21日，加征的保障措施税为8%（从价税）。涉案产品海关编码为7304.11.900.2、7304.11.900.9、7304.19.900.2、7304.19.900.9、7304.31.800.0、7304.39.990.0、7304.59.990.0、7305.11.000.1、7305.11.000.2、7305.11.000.3、7305.11.000.8、7305.12.000.1、7305.12.000.9、7305.19.000.0、7305.31.000.0、7305.39.000.0和7305.90.000.0。此案主要涉及中国、巴西等国。

2．俄罗斯对华含镍不锈钢板进行反倾销调查

2009年3月27日，俄罗斯对从中国（包括台湾地区）、巴西、韩国和南非进口的含镍不锈钢板进行反倾销立案调查。涉案产品俄罗斯海关编码为7219110000，7219211009，7219221009，7219230009，7219240009，7219310000，7219321009，7219331009，7219341009，7219351000，7219902000，7219908009，7220110009，7220120000，7220202100，7220204100，7220208100，7220902000，7220908000（2007年1月版海关编码）。

3．俄罗斯对进口自中国大口径钢管加征关税

2009年5月14日，《俄罗斯商业咨询日报》报道，俄罗斯政府决定对中国生产的508毫米以上大口径钢管征收8%的特别关税。此决定于5月8日通过，有效期为2009年6月13日～12月21日。俄政府此举意味着将中国与发达国家等同视之。俄罗斯从2006年12月起，对来自发达国家的大口径钢管征收8%的特别关税，有效期为3年，中国等发展中国家当时不在受限制之列。

中国对俄钢管出口近年来大幅增长，俄罗斯钢管工业发展基金会一直要求对中国产的大口径钢管加征特别税。该基金会主席杰伊涅科说：“中国不是不发达国家，其工业发展与俄罗斯、巴西、印度处在同一水平，俄罗斯此前为什么要给中国优惠？”他表示基金会可能会争取延长特别税期限。

俄罗斯乌拉尔西伯利亚投资公司分析师斯莫林指出，8%的关税算不上是禁制关税，对中国钢管出口商不会构成大的障碍。但他同时也认为，中国钢管供应商在产品价格和供货时间上无法与俄罗斯供应商展开竞争。俄罗斯企业向国内供应商订货后一

个半月至两个月就能拿到产品，而中国产钢管通常要在四五个月后才能到货。

4．俄罗斯对进口紧固件发起保障措施调查

2009年5月14日，俄罗斯工业与贸易部正式发布通知，对进口的紧固件发起保障措施调查。涉案产品海关编码为7318158100、7318158900、7318159009、7318169109、7318169900、7318210009（2007年1月1日税则编录）和7318158100，7318158900、7318159000、7318169100、7318169900、7318210000（2002－2006年税则编录）。

5．俄罗斯对华冷轧涂层钢板反倾销案作出无损害裁决

2009年10月16日，俄罗斯工业贸易部正式发函，称鉴于国内产业并未遭受损害，无措施终止对华冷轧涂层钢板反倾销调查。

2008年3月21日，俄对中国冷轧涂层钢板发起反倾销调查。本案涉及鞍钢等大型钢铁企业，涉案金额2.47亿美元，这是截至目前俄对中国发起的最大贸易救济案件。经我国政府大力交涉和业界积极应诉，并展开行业损害抗辩，该案最终胜诉。

（六）澳大利亚

1．澳大利亚对华空心结构钢材反倾销案

2008年12月18日，澳大利亚对原产于中国和马来西亚的空心结构钢材进行反倾销立案调查。涉案产品海关编码为73063000、73066100、73066900。2009年5月，澳大利亚海关发布公告称，由于在调查期内，马来西亚出口商Alpine Pipe Manufacturing Sdn Bhd的倾销幅度小于2%，因此终止对该公司的反倾销调查，同时取消对马来西亚空心结构钢材进行反倾销调查。

2009年6月5日，澳大利亚海关发布公告称，由于原产于中国的空心结构钢材未对国内产业造成损害，因此终止对原产于中国的空心结构钢材的反倾销和反补贴调查。

2009年6月19日，澳大利亚一钢钢管有限公司（OneSteel Australian Tube Mills Pty Ltd.）和奥尔坎钢管公司（Orrcon Operations Pty Ltd.）向澳大利亚司法部贸易措施复议办公室递交申请，要求对澳大利亚海关和边境保护局作出的终止对马来西亚出口商Alpine Pipe Manufacturing Sdn Bhd以及终止对马来西亚进口的空心结构钢材进行反倾销调查的裁决进行复审；2009年6月19日，澳大利亚一钢钢管有限公司（OneSteel Australian Tube Mills Pty Ltd.）和奥尔坎钢管公司（Orrcon Operations Pty Ltd.）再次向澳大利亚司法部贸易措施复议办公室递交申请，要求对澳大利亚海关和边境保护局作出的终止对原产于中国的空心结构钢材进行反倾销调查的裁决进行复审。

2009年8月14日，澳大利亚司法部贸易措施复议办公室取消了澳大利亚海关和边境保护局作出的终止对马来西亚出口商Alpine Pipe Manufacturing Sdn Bhd和马来西亚空心结构钢材进行反倾销调查的裁决；2009年8月21日，澳大利亚司法部贸易措施复议办公室取消了澳大利亚海关和边境保护局作出的终止对原产于中国的空心结构钢材进行反倾销调查的裁决。

2009年8月31日，澳大利亚司法部贸易措施复议办公室在《澳大利亚人报》上发布公告，决定撤销澳海关于2009年6月5日做出的终止对华空心结构钢材反倾销和反补贴调查的决定，要求海关尽快公布一份关于本案的《基本事实陈述》报告，随后恢复调查。

2009年9月9日，澳大利亚海关发布公告，决定重新启动对原产于中国和马来西亚的空心结构钢材的反倾销调查。

2．澳大利亚对华焊缝管进行反倾销期中复审调查

2006年6月，澳大利亚对原产于中国的焊缝管进行反倾销立案调查。涉案产品海关编码为73063000、73066100和73066900。本案的倾销调查期为2008年1月1日～2008年12月31日。

2007年5月，澳大利亚作出肯定性终裁。

2008年12月18日，澳大利亚对原产于中国的焊缝管进行反倾销期中复审。

2009年10月8日，澳大利亚海关对原产于中国的焊缝管作出反倾销期中复审终裁，决定继续维持对华焊缝管的反倾销税和部分公司的价格承诺。

（七）阿根廷

1．阿根廷对华低碳钢焊接链条采取反倾销措施

2009年2月12日，阿根廷生产部贸易管理及政策副国务秘书处发布第42号决议，宣布结束对原产于中国的低碳钢焊接链（南方共同市场税号73158200）的反倾销调查并发布终裁，裁定对中国涉案产品采取1.83美元/千克的FOB最低限价措施。上述措施自2009年2月13日开始实施，有效期5年。

2．阿根廷对原产于中国的钢轮毂反倾销案

（1）立案

2009年3月2日，阿根廷生产部贸易管理及政策副国务秘书处发布通告，根据工贸及中小企业国务秘第46号决议，决定对原产于中国的钢轮毂产品开展反倾销调查。涉案产品南共市税号为87087090和87169090。

（2）初裁

2009年11月13日，阿根廷工业及旅游部长签署第30号决议，对原产于中国的钢轮毂（直径在444.5～622.3毫米、宽度大于152.4毫米、用于客车、卡车和拖车的钢制轮圈）采取FOB离岸价格3.14美元/千克的临时最低限价措施。该措施将于2009年11月20日生效，有效期4个月。

3．阿根廷对原产于中国的管道附件反倾销案

（1）立案

2008年10月23日，阿根廷生产部对原产于中国对管道附件进行反倾销调查，涉案产品海关编码为73071920和73079300。

（2）初裁

2009年4月29日，阿根廷生产部发布第154号决议，对原产于中国的管道附件（南方共同市场税号73071920和73079300）采取FOB离岸价格每公斤3.94美元的临时最低限价措施。该措施从5月7日生效，有效期4个月。

（3）终裁

2009年10月22日，阿根廷生产部发布第11/2009号决议，对原产于中国的管道附件作出反倾销终裁，裁定对涉案产品采取FOB离岸价格3.94美元/千克的最低限价措施。该措施自公告之日起生效，有效期5年。

4．阿根廷对进口自中国和巴西的可锻性铸铁管进行反倾销调查

2009年5月13日，阿根廷生产部作出第143/2009号决议，决定对进口自中国和巴西的可锻性铸铁管进行反倾销调查，涉案产品南方市场共同税号为73071910 和73071990。

5．阿根廷对中国产钢管进行反倾销调查

2009年11月3日，阿根廷生产部发布第29/2009号决议，对原产于中国的钢管（主要用于石油或天然气开采）进行反倾销调查，涉案产品南方市场共同税号为73042910、73042931、73042939、73042990和73062900。在本案中，阿方初步选定美国作为替代国。这是2009年阿根廷对华发起的第17起反倾销调查。

（八）墨西哥

1．墨西哥对原产于中国的碳钢管接头进

行反倾销日落复审

2003年4月14日，墨西哥经济部对原产于中国的碳钢管接头进行反倾销调查，涉案产品海关编码为73079301。

2004年8月4日，墨西哥经济部对该案作出终裁，裁定对中国涉案企业征收81.04%的反倾销税。2005年8月12日，应墨西哥EMPRESAS RIGA S.A.DE C.V.公司的申请，墨西哥经济部对该案进行反倾销行政复审。

2006年11月7日，墨西哥经济部作出行政复审终裁，裁定对涉案产品征收2.07美元/千克的反倾销税。

2009年7月1日，墨西哥TURBOS DE ACERO DE MEXICO S.A.DE C.V.公司向墨西哥经济部申请对原产于中国的碳钢管接头进行反倾销日落复审。

2009年8月5日，墨西哥经济部在《官方日报》上发布公告，宣布对原产中国的碳钢管接头进行反倾销日落复审，调查期为2008年4月1日～2009年3月31日。

2．墨西哥对原产于中国的无缝钢管进行反倾销调查

2009年9月4日，墨西哥经济部在《官方日报》上发布公告，应TAMSA公司的申请，决定对原产于中国的无缝钢管进行反倾销立案调查，涉案产品税号为73041902、73041999、73043906和73043999，调查期为2008年4月1日～2009年3月31日。

（九）哥伦比亚

1．哥伦比亚对华螺丝螺母作出反倾销终裁

2009年3月10日报道称，哥伦比亚贸易、工业和旅游部外贸司贸易实践副司函告中国驻哥伦比亚使馆李长华大使，通告其对原产于中国的螺丝螺母作出反倾销终裁，具体内容为：

（1）哥伦比亚对税则号为73181590.00的碳钢或合金钢螺钉（直径为0.125～1英寸，或3～25毫米），以及带螺纹的螺钉（直径最长为4英寸），如报关FOB价低于1.31美元/千克，则反倾销税为1.31美元/千克与报关FOB价之间的差额。

（2）哥伦比亚对税则号为73181600.00的碳钢螺母（直径为0.25～1英寸，或6～20毫米），以及六角形螺母不征收最终反倾销税。

2．哥伦比亚对原产于中国的石油管件发起反倾销调查

哥伦比亚贸易、工业和旅游部（以下简称贸工部）外贸司函告中国驻哥伦比亚使馆，称根据哥伦比亚贸工部0358号决议，决定对原产于中国的石油管件发起反倾销调查。涉案税号为：73042900.00和73062900.00。

2009年12月30日，哥伦比亚贸易、工业和旅游部外贸司函告中国驻哥使馆，称哥方根据2009年12月24日第0568号决议，对原产于中国的石油管件作出反倾销初裁，决定对原产自中国的石油管件不征收临时反倾销税，但将继续进行调查。

（十）秘鲁

秘鲁终止对中国产不锈钢产品征收反倾销税

2009年12月6日，秘鲁竞争和知识产权保护署公布第2009/193号决议，决定终止对原产于中国的不锈钢锅、茶壶、平底锅和浅底锅征收反倾销税。

上述征收反倾销税的裁决是秘鲁竞争和知识产权保护署于2004年12月5日作出的，2009年2月9日，秘鲁有关责任部门向原提起反倾销诉讼企业（Manufactura de Metales y Aluminios Record S.A.）发出“日落”通知，秘有关企业未提出异议，故秘鲁竞争和知识产权保护署依据世贸组织反倾销协定和秘鲁政府相关法律之规定做出上述决定。

（十一）土耳其

1．土耳其对华法兰以及对焊接肘管和弯管等进行反倾销调查

2009年4月18日，应土耳其国内制造商的申请，土耳其对原产于中国的法兰以及对焊接肘管和弯管等（外径不超过609.6毫米）进行反倾销立案调查。涉案产品海关编码为73079100.00.00（法兰）和73079311.00.11、73079311.00.12和73079319.00.00。

2．土耳其对华钢丝绳和钢缆进行反倾销日落复审调查

2009年11月19日，土耳其对原产于中国和俄罗斯的钢丝绳和钢缆进行反倾销日落复审立案调查。涉案产品海关编码为7312.10.81.00.00、7312.10.83.00.00、7312.10.85.00.00、7312.10.89.00.00、7312.10.98.00.00。

2004年6月，土耳其对原产于中国和俄罗斯的钢丝绳和钢缆进行反倾销立案调查；2004年12月，土耳其对此案作出肯定性终裁。

（十二）印度尼西亚

印尼对华热轧钢板反倾销案以无损害结案

印度尼西亚政府正式公告，宣布对华热轧钢板反倾销案以无损害结果正式终结。至此，宝钢在印尼热轧板反倾销案取得胜利。

2008年11月，印尼政府就中国出口的热轧钢板进行反倾销立案调查，案件涉及国内多家钢铁企业。如果不积极应诉，国内出口印尼热轧板将被征以高额反倾销税，影响产品在印尼市场的竞争能力。为维护自身产品在国际市场的合法权益以及我国钢铁行业的利益，宝钢成为中国大陆惟一的应诉方。

宝钢法务部牵头，宝新公司、财务服务中心、财务部、宝信软件、中厚板分公司财务部、厚板品种管理部、营销管理部门等积极配合，通力合作，在配合印尼方面完成倾销问卷和现场核查的基础上，还通过各种信息渠道独立提交了涉及整个行业的损害问卷，并接受了严格的核查。

应诉期间，宝钢产品在海外用户群中的良好声誉为胜诉提供了有利的旁证。同时，作为海外公司，宝新公司努力通过各种渠道发动客户进行游说和抗辩。最终，在翔实的材料和有力的数据面前，印尼方面宣布从中国进口的热轧板对印尼国内产业不构成任何损害。宝钢印尼热轧板反倾销案的胜利避免了中国出口印尼热轧板被征收高额反倾销税，惠及国内多家钢铁企业。

（十三）南非

南非对华钢铁绞股线、绳、缆作出反倾销日落复审终裁

2000年9月，南非对原产于中国、德国、韩国和英国的钢铁绞股线、绳、缆进行反倾销立案调查；2002年8月，南非对此案作出肯定性终裁；2007年8月，南非对原产于中国、德国、韩国和英国的钢铁绞股线、绳、缆进行反倾销日落复审立案调查。

2009年1月15日，南非国际贸易管理委员会对原产于中国、德国、韩国和英国的钢铁绞股线、绳、缆作出反倾销日落复审终裁。在本案中，江苏狼山钢绳股份有限公司返回了调查问卷，但由于超过了最后期限，因此南非国际贸易管理委员会在终裁中未采纳其提供的相关信息。

二、我国采取的反倾销措施

2009年我国对原产于美国和俄罗斯的进口取向电工钢进行反倾销立案调查，对原产于美国的进口取向电工钢进行反补贴立案调查。

1．我国对原产于美国和俄罗斯的进口取向电工钢进行反倾销立案调查

中华人民共和国商务部于2009年4月29日正式收到武汉钢铁（集团）公司和宝钢集团有限公司代表国内取向电工钢产业提交的反倾销反补贴调查申

请，申请人请求对原产于美国和俄罗斯的进口取向电工钢进行反倾销调查。

商务部对原产于美国和俄罗斯的进口取向电工钢进行反倾销调查，本次调查确定的倾销调查期为2008年3月1日至2009年2月28日，产业损害调查期为2006年1月1日至2009年3月31日。调查范围为原产于美国和俄罗斯的进口取向电工钢。该产品归在《中华人民共和国进出口税则》：72251100和72261100。

本次调查自2009年6月1日起开始，通常应在2010年6月1日前结束调查，特殊情况下可延长至2010年12月 1日。

2．我国对原产于美国的进口取向电工钢进行反补贴立案调查

中华人民共和国商务部于2009年4月29日正式收到武汉钢铁（集团）公司和宝钢集团有限公司代表国内取向电工钢产业提交的反倾销反补贴调查申请，申请人请求对原产于美国的进口取向电工钢进行反补贴调查。

根据《中华人民共和国反补贴条例》第十六条规定，2009年5月15日，商务部就有关反补贴调查事项向美国政府发出进行磋商的邀请，并于5月27日与美方进行了磋商。商务部决定自2009年6月1日起对原产于美国的进口取向电工钢进行反补贴调查。本次调查确定的补贴调查期为2008年3月1日至2009年2月28日，产业损害调查期为2006年1月1日至2009年3月31日。调查范围为原产于美国的进口取向电工钢。该产品归在《中华人民共和国进出口税则》：72251100和72261100。

本次调查中包括如下申请人指控的补贴项目：

中央（联邦）政府项目：（1）持续性倾销及补贴补偿法案项下的补贴；（2）美国进出口银行出口信贷项目项下的补贴；（3）《机场和航空促进法案》项下的补贴；（4）1984年清洁煤炭技术计划项下的补贴；（5）钢铁及金属行动计划项下的补贴；（6）“未来工业—钢铁”计划项下的补贴；（7）医疗保险处方药、改良和现代化法案项下的补贴；（8）对钢铁行业的特别担保贷款项下的补贴；（9）钢铁行业紧急贷款担保法案项下的补贴；（10）养老保险担保项下的补贴；（11）1981年经济复苏税务法案项下的补贴；（12）1986年税务改革法案项下的补贴；（13）1982年地面运输援助法案和1991年联合运输效能法案项下的补贴；（14）1984年钢铁进口限制法案项下的补贴；（15）购买美国货法案项下的补贴；（16）对美国国内钢铁行业的特别环保豁免项下的补贴。

地方政府项目：（17）俄亥俄州“钢铁发展行动”：直接贷款（或贷款担保）、企业债券基金的

表16 南非对原产于中国、德国、韩国和英国的钢铁绞股线、绳、缆作出的反倾销日落复审终裁

涉案产品	涉案国	企业名称	反倾销税率（%）
钢铁绞股绳、缆（海关编码为7312.10.25、7312.10.40、7312.10.90）	德国	Bridon International	0
		Pfeifer Drako	0
		普遍	93
	英国	Bridon UK	42.1
		普遍	76.17
	韩国	普遍	79.76
	中国	普遍	133.65
钢铁绞股线（海关编码为7312.10.15、7312.10.20）	德国	Bridon International	0
		Pfeifer Drako	0
		普遍	243.54
	英国	Bridon UK	42.1
		普遍	141.11
	韩国	普遍	50.33
	中国	普遍	113.25

补贴；（18）俄亥俄州“钢铁发展行动”：基础设施赠款；（19）俄亥俄州“钢铁发展行动”：目标产业培训拨款计划；（20）印第安那州向AK钢铁公司提供一揽子激励措施；（21）肯塔基州向AK钢铁公司提供一揽子税收激励措施；（22）印第安那州政府提供钢铁工业咨询服务。

以下申请人指控的补贴项目不予调查：（1）美国科学基地研究中心的补贴；（2）战略能源技术基金资助；（3）提高钢铁质量的资助补贴；（4）废气氧化物循环利用工程计划项下的补贴；（5）高级过程控制研究计划项下的补贴。

本次调查自2009年6月1日起开始，通常应在2010年6月1日前结束调查，特殊情况下可延长至2010年12月1日。

3. 我国对原产于美国和俄罗斯的进口取向电工钢反倾销调查及原产于美国的进口取向电工钢反补贴调查作出初步裁定

2009年12月10日，商务部发表公告（2009年第99号）称，商务部初步裁定，在本案调查期内，原产于美国和俄罗斯的进口取向电工钢存在倾销，原产于美国的进口取向电工钢存在补贴，中国国内取向电工钢产业受到了实质损害，而且倾销、补贴与实质损害之间存在因果关系。

根据《中华人民共和国反倾销条例》第二十八条、第二十九条的规定，商务部决定采用保证金的形式实施临时反倾销措施。自本公告发布次日起，进口经营者在进口原产于美国和俄罗斯的取向电工钢时，应依据本初裁决定所确定的各公司的倾销幅度向中华人民共和国海关提供相应的保证金。保证金以海关审定的完税价格从价计征，计算公式为：保证金金额=（海关完税价格×保证金征收比率）×(1+进口环节增值税税率)。

对各公司征收的保证金比率如下：

美国公司：（1）AK钢铁有限公司，10.7%；（2）阿勒格尼技术公司，19.9%；（3）其他美国公司，25%。

俄罗斯公司：（1）新利佩茨克钢铁股份无限公司，4.6%；（2）维兹钢铁有限责任公司，4.6%；3. 其他俄罗斯公司，25%。

根据《中华人民共和国反补贴条例》第二十九条、第三十条的规定，商务部向国务院关税税则委员会提出对原产于美国的进口取向电工钢采取临时反补贴措施的建议。国务院关税税则委员会根据商务部的建议作出决定，自本公告发布次日起，采用临时反补贴税保证金的形式对原产于美国的进口取向电工钢实施临时反补贴措施。进口经营者在进口原产于美国的取向电工钢时，应依据本初裁确定的各公司的从价补贴率向中华人民共和国海关提供相应的临时反补贴税保证金。临时反补贴税保证金以海关审定的完税价格从价计征，计征公式为：临时反补贴税保证金金额=海关完税价格×临时反补贴税保证金比率；进口环节增值税保证金以海关审定的完税价格乘以临时反补贴税保证金比率作为计税价格从价计征，计征公式为：进口环节增值税保证金=海关完税价格×临时反补贴税保证金比率×进口环节增值税税率。进口经营者进口上述产品时可按下列公式一并缴纳保证金：保证金金额=（海关完税价格×临时反补贴税保证金比率）×(1+进口环节增值税税率)。

对各公司征收的临时反补贴税保证金比率如下：

美国公司：（1）AK钢铁有限公司，11.7%；（2）阿勒格尼技术公司，12.0%；（3）其他美国公司，12.0%。

三、对我国应对贸易摩擦的思考

近年来，随着我国经济的崛起，以及对外出口的不断增长，与国外之间的贸易摩擦不断加剧，我国已连续多年成为世界贸易摩擦最大的受害国。而且贸易摩擦形式日趋多样化、综合化和隐蔽化，除反倾销、反补贴、保障措施、特保外，国外针对我国的技术标准、检验检疫和环境、劳工保护等方面的壁垒也不断增加。

从2009年的贸易摩擦情况来看，世界各国对我国的出口采取了越来越严历贸易保护措施。其中最为突出的是美国不断采用双反措施对我国的出口产品设限。而过去反补贴措施只适用于市场经济国家，而美国一方面不承认我国是市场经济国家，另一方面却不断采用反补贴措施对我国出口产品征收更高的关税。更有甚者，欧盟居然以损害威胁为由对中国产无缝钢管征收临时反倾销税。可以说，国外对中国产品的进口限制已到了无所不用其极的地步。

历史证明，往往在经济衰退一两年后，是贸易保护主义爆发的高峰期。

我们不要忘记世界贸易史上最黑暗的记忆，是1929年美国大萧条发生之后，1930年，美国国会通过了《斯穆特-霍利法案》（即《1930年关税法案》），对进口商品征收高得异乎寻常的税率，平均关税率由38%跃升为52%。尽管当时有1028名经济学家联名上书反对，胡佛总统还是签署了这一法案。随后，世界各国竞相报复，两年内，全球贸易量萎缩了2/3。1929-1934年，美国的进出口分别从13.3亿、23.4亿美元下降到3.9亿、7.8亿美元。

面对不断加剧的贸易摩擦，我们除了要积极应对之外，实际上我们也应当对国内的情况进行一些反思。

反观这些年我们所遭受指控的产品往往是我们产能过剩的产品，以近年来遭受最多贸易指控的钢管行业来看。前些年，由于市场需求高涨，特别是石油价格大幅上涨之后，在国内外引起新一轮的投资热潮，对钢管，特别是石油用无缝管的需求大涨。再加上我国钢管业的发展，使得国内企业在生产技术和产品质量方面得到了很大提升，不仅在国内市场占有率不断提高，而且还有相当数量的出口，这使得那一时期钢管企业，特别是无缝管企业的效益非常好。在这种情况下，国内投资建钢管厂的热情高涨。据有关资料显示，若在建项目全部达产之后，2010年我国钢管行业的总产能将突破6000万吨，超出实际需求1500万吨以上。而且同质化倾向突出，结构性过剩非常严重。

以无缝钢管产品中的油井管为例，目前我国的油井管产能已达到850万吨，约占全球总产能的三分之二。2008年实际产量667万吨，其中国内的中石油、中石化、中海油以及延长等四大石油公司共消耗国产油井管278万吨，还有高达399万吨依赖出口，油井管总体产能过剩近200万吨。2009年，受金融危机影响国际油价大幅下挫，国内外油井管的需求大幅下降，使得产能过剩量将达到400万吨，约占总产能的一半。

我国另外一个出口较多的产品——热轧板材，也面临同样问题。

因此，为应对贸易摩擦，我们应当做好以下几个方面的工作。

从国家层面来讲，国家应调整经济发展的节奏，协调各行业之间，以及国内外之间的各种利益关系，使经济能够健康、稳定、持续地发展。改变各级政府追求GDP的发展模式，同时严格执行国家的相关法律、法规等，特别是与环保和劳动有关的法律，为各类型企业的公平竞争创造条件。各级政府要严格执行准入制度，以及淘汰落后的相关规定。既要严格控制进入，同时也要为退出者提供方便之门。为了避免出口企业之间的过度竞争，国家应当适时提高出口企业的门槛。

从行业层面来讲，应积极倡导和协调企业间的联合重组，努力提高行业的集中度。积极与国外相关机构沟通，做好解释和说明的工作，努力为行业的发展创造一个良好的外部环境。努力做好行业预警工作，及时为企业提供相关的信息。

从企业层面来讲，应当加强内部管理，特别是对各种生产数据的记录应当真实、可靠。企业间要加强协调和沟通，避免打价格战。此外，我们的企业应当苦练内功，在努力提高产品质量的同时，要加强技术创新工作，特别是对新品种的研发，以满足国内外市场对产品日益提高的要求。企业应当加强与下游行业的合作，改变过去那种单纯出口钢材的局面，而是进行产品的深加工，从而绕开贸易壁垒，规避贸易摩擦。

面对贸易摩擦，我们应当积极应对。据有关统计，全球反倾销案的成立率大约是53%，而在美国，一般只有27%的反倾销案被裁定倾销成立，35%的案件被裁定倾销不成立，其余38%的案件由控告方中途放弃。2009年就有多起针对我国钢材产品的贸易摩擦案件由于我国相关企业的积极应对而被撤诉，或不予立案等。因此，我们的企业要积极配合调查，认真准确地填写调查问卷，并且要重视调查的时限性，在规定的时间范围内参加应诉，积极答辩，争取最大限度的抗辩机会。

随着世界经济发展的国际化趋势不断加深，我国的钢铁企业应当更加重视国际化发展问题。当今世界的钢铁工业已经是国际化水平相当高的行业，比如，世界最大的钢铁生产商阿塞洛米塔尔公司目前在27个国家和地区拥有61家钢铁厂，年产钢超过1亿吨。

目前，钢铁企业走向国际化的路线主要有三条：一是类似阿塞洛米塔尔那样跨国收购钢铁企业，二是跨国兴建钢铁企业，三是跨国兴建加工中心。目前我国钢铁企业出国收购国外钢铁企业的时机还不成熟，在国外兴建钢铁企业尽管有了一些尝试，但仍处于起步探索阶段。而兴建加工中心，应当成为当前企业认真考虑的路线。在这方面，我们可以向韩国的浦项公司学习。2007年浦项确立了“全球4444战略”，即计划到2010年在海外40个国家成立40个加工中心，并实现40亿美元的销售额和400万吨销售量。截至2009年12月，浦项钢铁在海外已经建立了41家加工中心，其中中国12家，东南亚9家，日本6家，印度4家，墨西哥3家，东欧4家。这41家加工中心的加工能力达434万吨。

总之，随着经济全球化发展的不断深入，以及各国间发展的不平衡，贸易摩擦还会不断出现，中国的钢铁企业在这场斗争中已表现得越来越成熟。然而，面对摩擦我们应当以更高的视野来看待，中国的钢铁企业是要坚持以满足国内需求为主，但是，中国的钢铁企业也只有更多地参与国际竞争才能提高自己的竞争力，才能真正从钢铁大国变为钢铁强国。□

第二篇

国内各地钢材市场分析

东北地区钢材市场

一、2009年东北地区宏观经济形势

2009年，东北地区完成生产总值30556.78亿元，占全国GDP的9.11%。其中，辽宁省生产总值为15065.6亿元，同比增长13.1%，高于全国平均4.4个百分点;吉林省生产总值为7203.18亿元，同比增长13.3%，高于全国平均4.6个百分点；黑龙江省生产总值为8288.0亿元，同比增长11.1%，高于全国平均2.4个百分点。

2009年，东北地区完成第二产业增加值15233.99亿元，占全国第二产业增加值的9.71%。其中，辽宁省第二产业增加值和全部工业增加值分别为7821.7亿元、6841亿元，分别同比增长15.6%、14.4%；规模以上工业增加值同比增长16.8%，实现利润934.6亿元，增长92.9%。吉林省完成第二产业增加值和规模以上工业增加值分别为3491.96亿元、2926.65亿元，分别同比增长16.7%、16.8%；规模以上工业企业实现利润475.12亿元，增长34.7%。黑龙江省完成第二产业增加值和规模以上工业增加值分别为3920.4亿元、2905.5亿元，分别同比增长13%、12.1%；规模以上工业企业实现利润860.1亿元，下降40%。

2009年，东北地区社会固定资产投资25363.5亿元，占全国固定资产投资的11.28%。分省市看，辽宁省完成13074.9亿元，吉林省7259.5亿元，黑龙江省5029.1亿元，分别比上年增长30.5%、29.5%和37.6%。

2009年，东北三省全年社会消费品零售总额12171.73亿元，占全国社会消费品零售总额的9.71%。各省市的社会消费品零售总额分别为：辽宁省5812.6亿元，吉林省2957.33亿元，黑龙江省3401.8亿元，分别比上年增长18.2%、19%和19.2%。

2009年，东北地区进出口贸易总额完成908.87亿美元，占全国总量的4.12%；其中出口额为466.52亿美元，占全国出口总额的3.89%，进口额为442.36亿美元，占全国进口总额的4.4%。分省市看，辽宁外贸进出口总额629.2亿美元，同比下降13.1%；出口额334.4亿美元，同比下降20.5%；进口额294.8亿美元，同比下降3%。吉林外贸进出口总额117.47亿美元，同比下降11.9%；出口额31.32亿美元，同比下降34.4%；进口总额86.16亿美元，增长0.6%。黑龙江省进出口总额完成162.2亿美元，同比下降29.9%；出口额100.8亿美元，同比下降40%；进口额61.4亿美元，同比下降2.8%。

表1　2009年东北地区宏观经济运行指标

指标	数额或增幅	全国	辽宁	吉林	黑龙江
2008年GDP	数额（亿元）	300670.0	13461.6	6,424.1	8310.0
	同比增幅（%）	9.0	13.1	16.0	11.8
2009年GDP	数额（亿元）	335353.0	15065.6	7203.2	8288.0
	同比增幅（%）	8.7	13.1	13.3	11.1
规模以上工业增加值	增幅（%）	11.0	16.8	16.8	12.1
社会消费零售总额	数额（亿元）	125343.0	5812.6	2957.3	3401.8
	增幅（%）	15.5	18.2	19.0	19.2
出口总值	数额（亿美元）	12017.0	334.4	31.3	100.8
	增幅（%）	−16.0	−20.5	−34.4	−40.0
进口总值	数额（亿美元）	10056.0	294.8	86.2	61.4
	增幅（%）	−11.2	−3.0	0.6	−2.8

二、2009年东北地区钢铁产品产量、地区流向及进出口分析

2009年全年东北地区粗钢产量6,141.49万吨，较2008年的5,173.32万吨增加968.17万吨，同比增长18.7%；生铁产量6,204.16万吨，较2008年的5,072.47万吨增加1,131.69万吨，同比增长22.3%；钢材产量6,291.69万吨，较2008年的5,275.93万吨增加1,015.76万吨，同比增长19.3%。2009年东北地区粗钢、生铁和钢材产量分别占全国的10.8%、11.4%和9.1%。

1．2009年东北地区冶金产品产量分析

2009年度东北地区粗钢产量呈波动上扬态势，2月份产量比1月份有小幅下降，为全年最低点428.69万吨，随后逐步上升至7月份的555.87万吨，8月份维持高位，9-12月份保持波动，12月份达到全年最大值560.9万吨。2009年1-10月份，东北地区粗钢产量相对于2008年增幅不断上升，从年初-1%增加至10月份的50.2%，11月和12月有小幅回落，但仍高于40%。从2009年东北地区各省粗钢产量占比上来看，辽宁占78%，吉林占13%，黑龙江占9%。

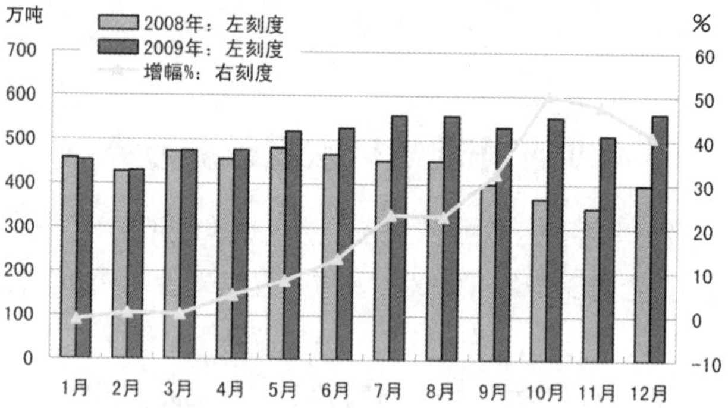

图2 2008-2009年东北地区粗钢月度产量

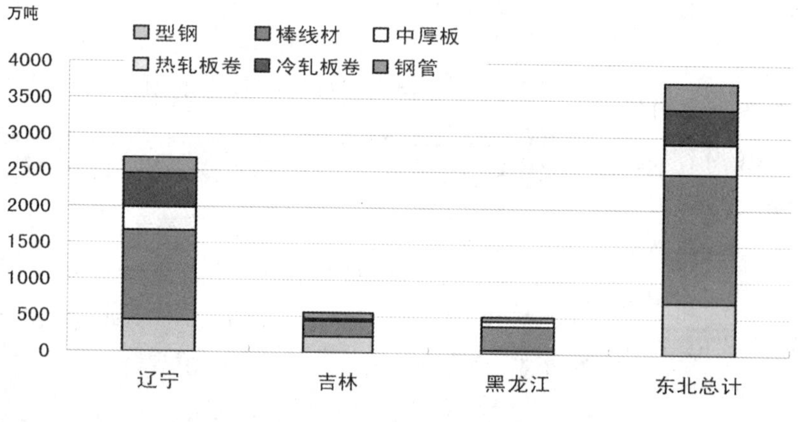

图1 2009年东北地区各省市钢材产品产量结构

2009年东北地区生铁产量在上半年呈波动上升态势，其中2月份和4月份产量略有减少，2月份产量为全年最低430.07万吨，6月份产量560.21万吨为全年最高点。下半年保持高位波动，月产量均在520万吨以上。产量同比增幅均为正数，且呈先涨后跌态势，从1月份的4%上涨到10月份的50.2%，随后大

表2 2009年东北地区冶金产品产量

单位：万吨

品种	辽宁	吉林	黑龙江	东北地区合计
粗钢	4,782.98	792.56	565.95	6,141.49
生铁	5,061.29	648.31	494.56	6,204.16
钢材	4,937.32	855.97	498.40	6,291.69
焦炭	1,876.50	423.78	967.78	3,268.06
铁矿石	13,080.02	1,006.85	82.58	14,169.45
铁合金	77.03	53.10	0.00	130.13
型钢	456.27	228.88	50.63	735.78
棒线材	1,227.56	211.57	325.07	1,764.20
中厚板	404.25	0.00	0.19	404.44
热轧板	398.37	47.24	0.00	445.61
冷轧板	459.44	7.69	0.17	467.30
钢管	222.03	82.73	61.28	366.04

注：热轧板产量为热轧薄板和热轧薄宽带产量之和；冷轧板产量为冷轧薄板和冷轧薄宽带产量之和；钢管产量为无缝钢管和焊接钢管产量之和。

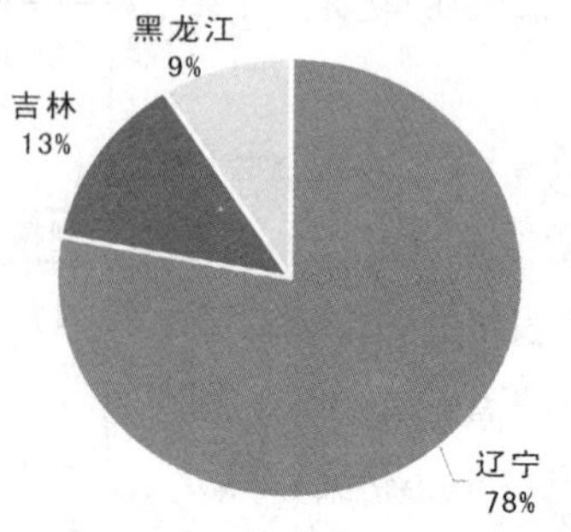

图3 2009年东北地区粗钢产量省份分布

幅回落至12月份的33%。2009年全年东北地区生铁产量辽宁占81%，吉林占11%，黑龙江占8%。

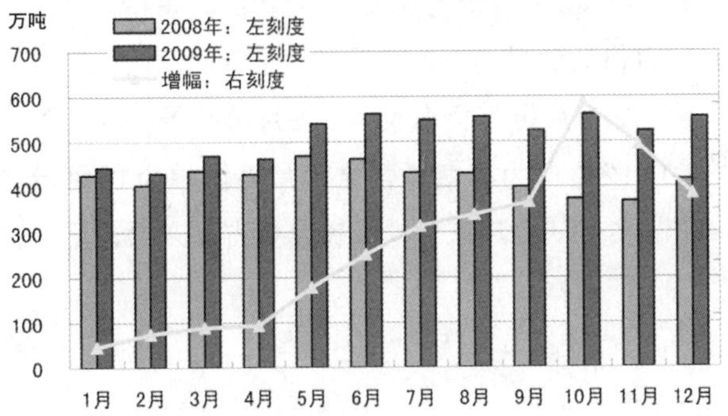

图4 2008-2009年东北地区生铁月度产量

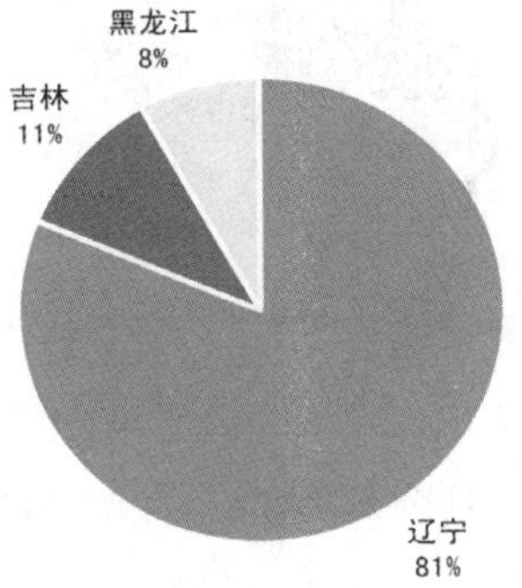

图5 2009年东北地区生铁产量省份分布

2009年东北地区钢材产量在1-8月份呈上升趋势，最高点为8月份的600万吨，8月份产量增量137.48吨为全年次高，第四季度产量有所回落，12月份小幅上扬。钢材产量同比增幅呈先涨后跌态势，1-5月份均低于10%，随后快速增长至11月份的全年最大值46.8%，12月份小幅回落。从2008年全年东北地区钢材产量上看，辽宁占78%，吉林占14%，黑龙江占8%。

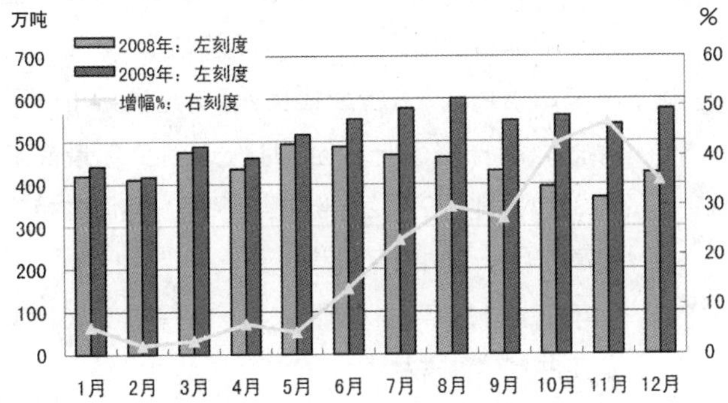

图6 2008-2009年东北地区钢材月度产量

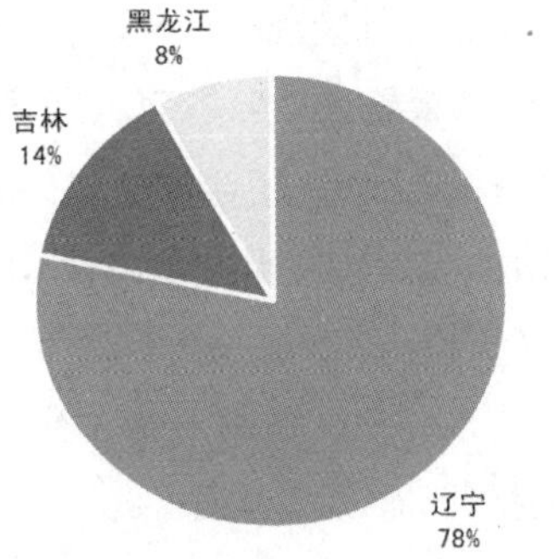

图7 2009年东北地区钢材产量省份分布

2009年东北地区焦炭产量在1-7月份为上涨态势，7月份产量337.2万吨为全年最大值，2月份的231.93万吨为全年最低点，7月份之后有所回落，但维持波动。焦炭产量1-5月份相对于2008年基本持平，后期呈双峰形式，最高点为11月份的56.4%，12月份回落至34.7%。从2009年全年东北地区焦炭产量来看，辽宁占57%，黑龙江占30%，吉林占13%。

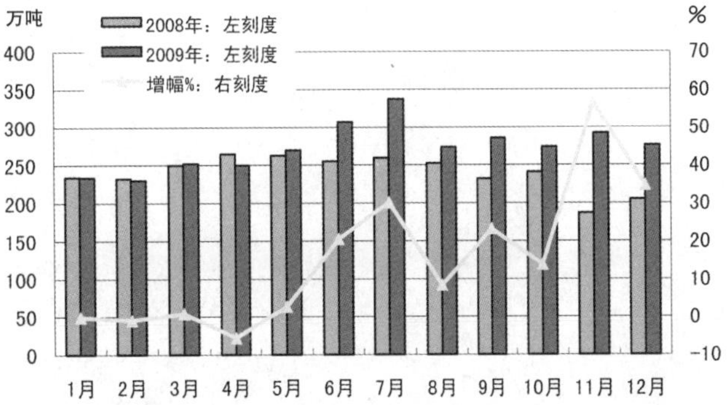

图8 2008-2009年东北地焦炭月度产量

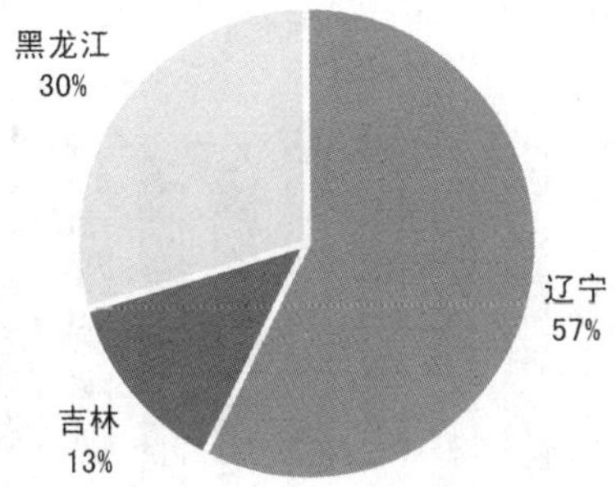

图9 2009年东北地区焦炭产量省份分布

2009年东北地区铁矿石产量上半年一路上涨，从年初的全年最低点822.27万吨涨至6月份的全年最高点1416.25万吨，下半年呈现先涨后跌态势，9月份开始上涨，10月份达到高峰1324.61万吨。相比于2008年同期产量，全年最大增幅为11月的56.7%。从东北地区各省产量占比来看，辽宁占92%，吉林占7%，黑龙江占1%。

2009年东北地区铁合金产量总体呈现为先涨后跌态势，10月份涨至全年最高点13.93万吨。1-6月份为波动上涨阶段，波动频繁且波动幅度较大，最小幅度为4月份的34%。7月份起开始持续上扬，10月份达到最高点，随后直线下降。从同比增幅上看，1-4月份为负增长，5-9月份平稳小幅增长，10-12月份为高增长，全年最高增幅为12月份的75.4%。从全年东北地区铁合金占比来看，辽宁占60%，吉林占40%。

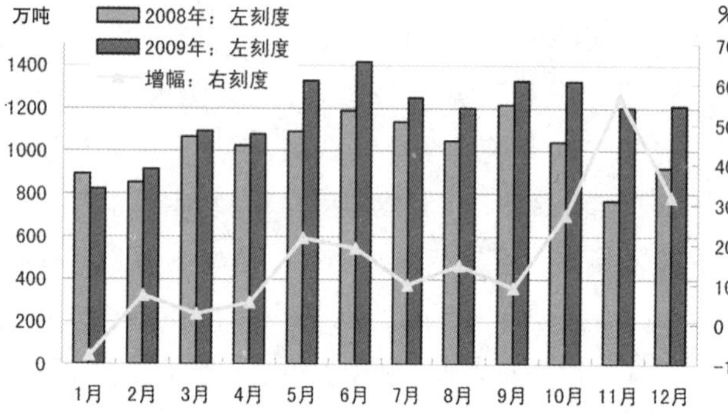

图10 2008-2009年东北地区铁矿石月度产量

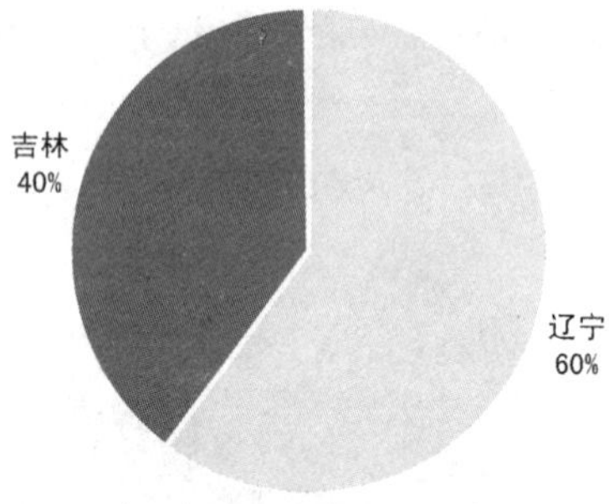

图13 2009年东北地区铁合金产量省份分布

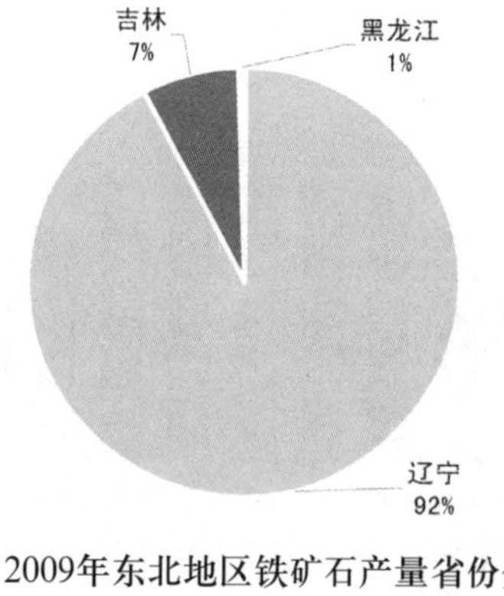

图11 2009年东北地区铁矿石产量省份分布

2009年东北地区型钢产量呈现明显的先增后减趋势，最高点在7月份，为75.66万吨，同时7月份产量增量和同比增幅也为全年最大，分别为29.54万吨和71.5%。7月份之前除5月份有小幅回落之外，产量一路上行，8月份再次回落，9月份小幅反弹，随后一路下滑。同比增幅表现出类似的走势，分别在4月份和11月份出现次高峰。从地区2009年全年型钢产量占比来看，辽宁占61%，吉林占32%，黑龙江占7%。

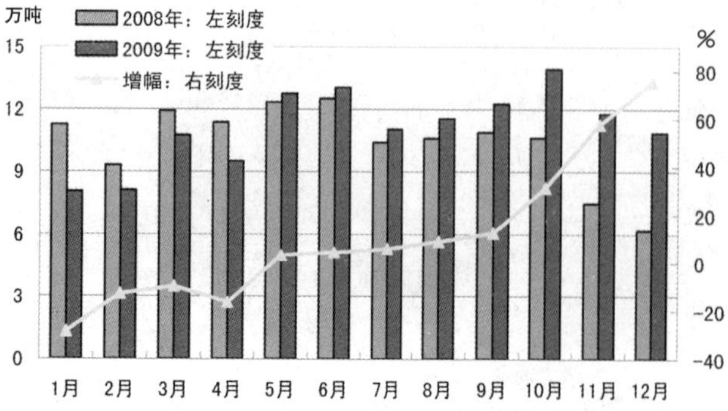

图12 2008-2009年东北地区铁合金月度产量

2009年东北地区棒线材产量表现为较明显的先增加后回落态势，上半年波动增加，2月份小幅回落后，3月份大幅反弹，4月份再小幅下滑，之后一路攀升，至8月份达到全年最高点173.74万吨，9-12月份连续下滑，但仍维持在较高水平。其中9月份增速最高，为42.5%。从全年东北地区棒线材产量来看，辽宁占69%，黑龙江占19%，吉林占12%。

2009年东北地区中厚板产量上半年走势

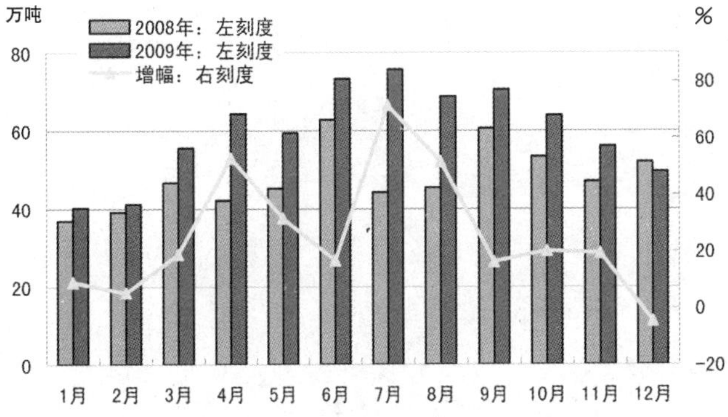

图14 2008–2009年东北地区型钢月度产量

平缓，小幅波动增加，从1月份的全年最低点26.23万吨增升至7月份的全年次高点44.45万吨，下半年变化明显，经过先降后增，于12月底达到全年最高点56.88万吨。2009年东北地区中厚板同比增幅呈现为一路上涨态势，从1月份的-31.%上涨至12月的最高点167.5%，涨势明显。从全年产量占比来看，辽宁占77%，黑龙江占17%，吉林占6%。

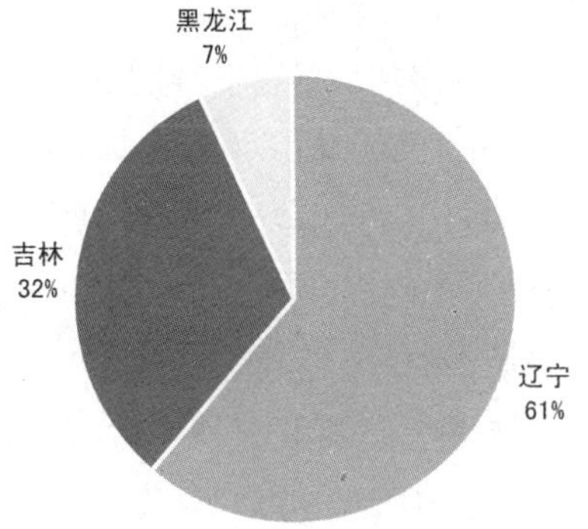

图15　2009年东北地区型钢产量省份分布

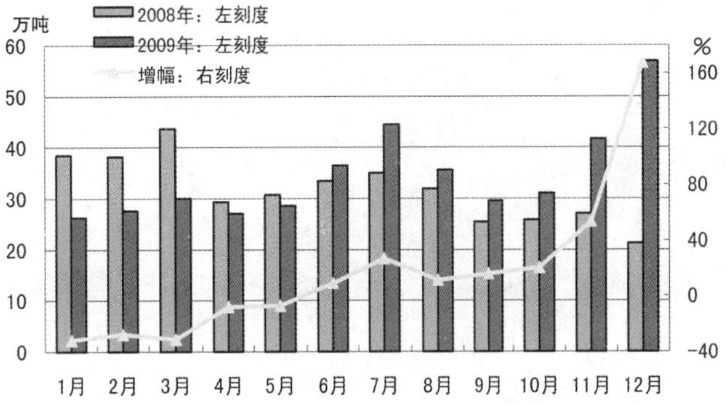

图18 2009年东北地区中厚板月度产量

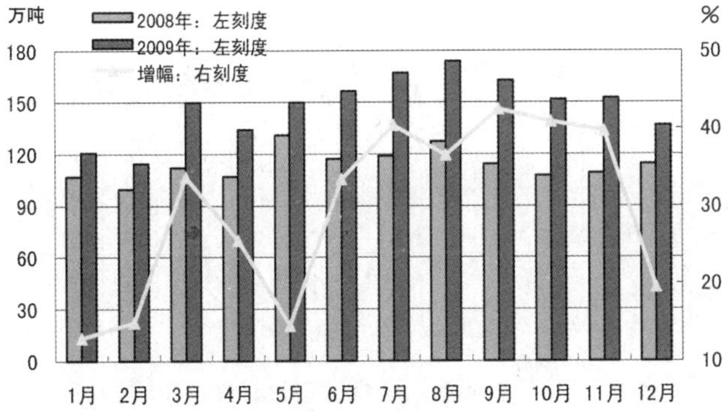

图16 2009年东北地区棒线材月度产量

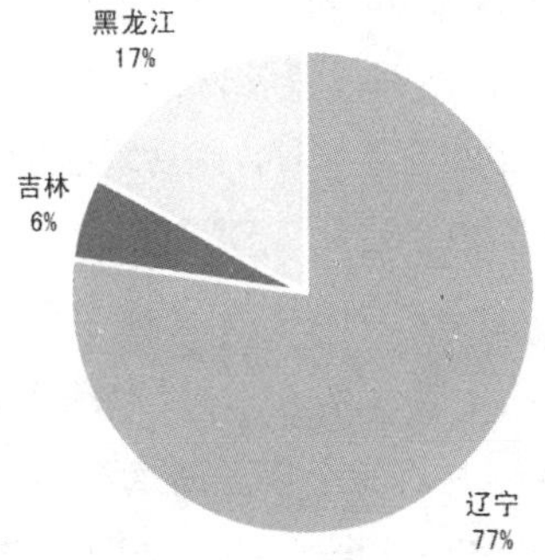

图19 2009年东北地区中厚板产量省份分布

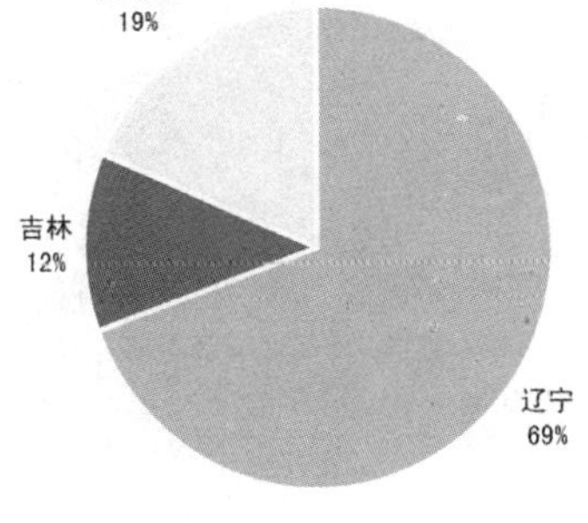

图17 2009年东北地区棒线材产量省份分布

2009年东北地区热轧月度产量大幅波动，总体表现出先增后降的趋势。1–4月份产量连续下滑，4月份滑落至全年最低点24.89万吨，随后持续增加，7月份小幅回落后，8月份大幅反弹，达到全年最高点49.73万吨，随后连续下滑，11月份降至低点，12月份有较大幅度回升。全年同比增幅呈现为曲折上涨态势，上半年增幅普遍较小，下半年曲折上升，年底达到全年最大值146.8%。从2009年全年产量占比来看，辽宁占89%，吉林占11%。

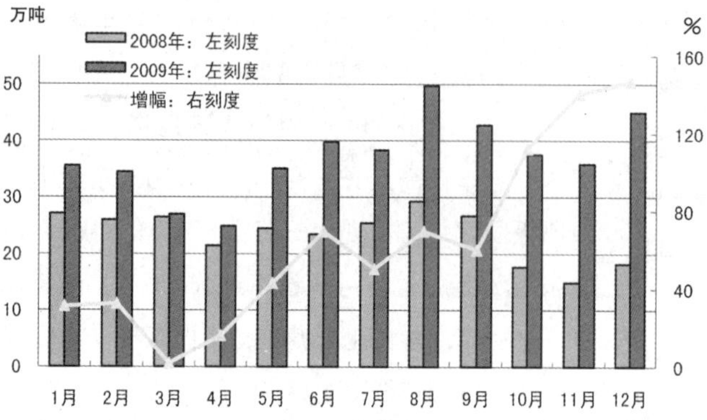

图20 2009年东北地区热轧月度产量

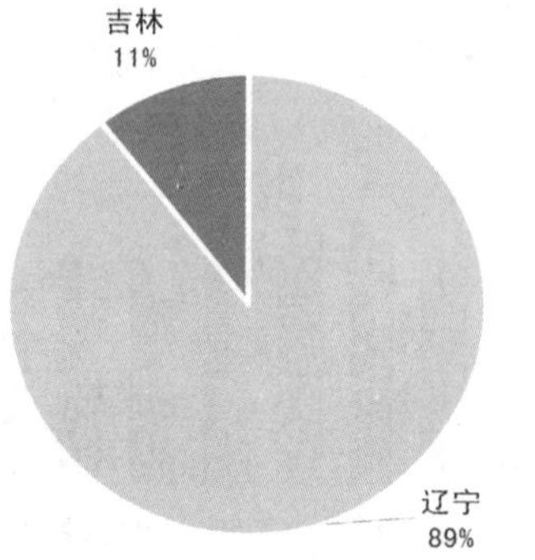

图21 2009年东北地区热轧产量省份分布

2009年东北地区冷轧产量表现为震荡上行态势，2月份产量32.2万吨，为全年最低，3月份达到高点之后迅速下滑，随后缓慢增加，至8月份达到次高点，后期波动增加，于12月份达到全年最高点45.65万吨。东北地区冷轧产量同比增幅呈一路上扬态势，从1月份最低点-24.7%持续上涨至11月份的全年最高点71%，随后小幅下跌。从全年东北地区冷轧产量占比来看，辽宁占98%，吉林占2%。

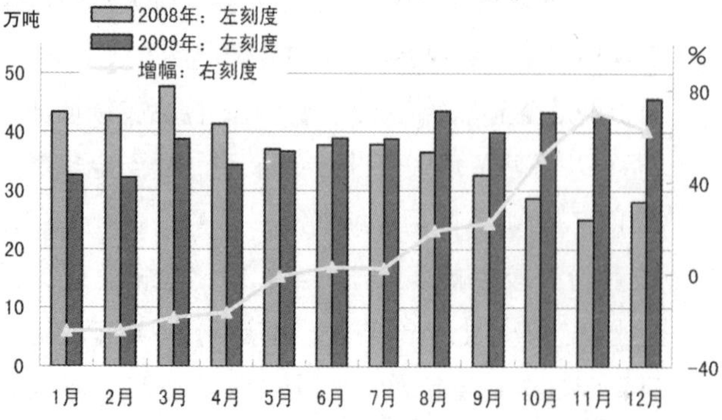

图22 2009年东北地区冷轧月度产量

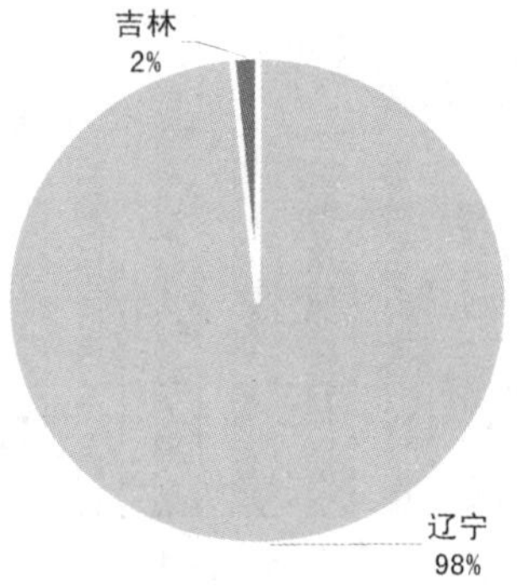

图23 2009年东北地区冷轧产量省份分布

2009年东北地区管材产量呈波动增加态势，上半年经过两次增加，分别于3月份和6月份达到高点，6-10月份先降后增，并于10月份达到全年最高点40.48万吨，11月份大幅回落，12月份反弹，达到与1月份基本相当的产量。10月份同时也是全年产量增幅最大的月份，增幅为60.5%。从东北地区管材全年产量占比来看，辽宁占60%，吉林占23%，黑龙江占17%。

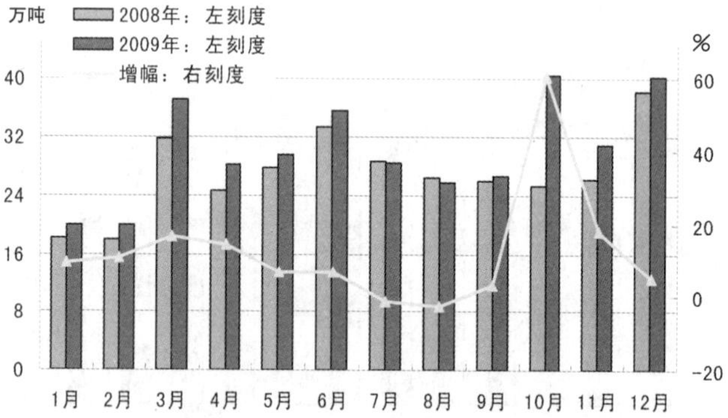

图24 2009年东北地区管材月度产量

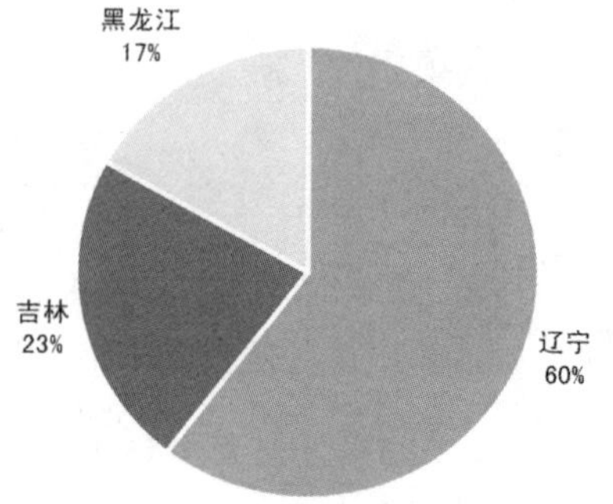

图25 2009年东北地区管材产量省份分布

2．2009年东北地区内主要钢铁厂产量

东北地区年产量在千万吨以上的钢铁企业只有鞍山钢铁集团公司，年产量在500万吨以上的有本溪钢铁（集团）有限责任公司、北台钢铁公司、通化钢铁集团有限责任公司,可以看出辽宁省占有绝对的优势。

3．2009年钢铁产品东北地区流向统计

2009年全年流向东北地区的钢坯为125.68万吨，钢材产品为2174.96万吨，分别占比4.9%，5.7%。其中，流入的钢材主要为中厚宽钢带、钢筋、线材，均超过200万吨，分别为469.21万吨、330.15万吨、252.41万吨；中小型型钢、棒材、厚板、中板、冷轧薄宽带均超过100万吨。

4．2009年东北地区钢材进出口分析

2009年东北地区进口钢材93.8万吨，出口305.8万吨，分别占全国钢材进口总量、出口总量的5.3%、12.4%，出口比例稍高于进口比例，实现净出口量212万吨；进口额和出口额分别为16.2亿美元、20.9亿美元，贸易顺差4.7亿美元。从进口看，辽宁占比较大，为71%，而黑龙江和吉林占比相差不大，分别为15%、14%；从出口看，辽宁占绝大部分，为94%，黑龙江和吉林分别占比4%、2%。

东北地区钢材进出口中，板材均占很大比例；进口钢材中，板材占比最大，为78%，其他几种占比均小于10%，依次为管材（8%）、铁道用材（5%）、棒线材（4%）,角型材（3%）、其他钢

表4　2009年钢铁产品东北地区流向统计

品种	东北	
	数量（吨）	占统计（%）
钢坯	1256828	4.9
其中：方坯	208721	1.2
板坯	909968	14.3
钢材合计	21749582	5.7
铁道用材	572898	12.9
大型型钢	557840	7.1
中小型型钢	1336966	21.4
棒材	1307993	4.1
钢筋	3301511	4.3
其中：光圆	653006	27.6
带肋	2377590	3.6
盘条（线材）	2524107	4.5
其中：硬线材	311525	3.4
特厚板	241558	5.6
厚板	1153644	6.6
中板	1528531	5.7
其中：热轧中板	1459932	6.1
冷轧中板	11381	6.8
热轧薄板	1051	0
冷轧薄板	282006	9.2
中厚宽钢带	4692140	7.2
热轧薄宽钢带	811068	5.5
冷轧薄宽带	1546001	7.4
热轧窄钢带	481224	2.5
冷轧窄钢带	13190	5
镀层板（带）	331586	3.7
其中：镀锌板（带）	316846	4.1
镀锡板（带）	1	0
涂层板（带）	28743	2.6
电工钢板带	102905	2.5
其中：热轧电工钢板	8266	1
冷轧电工钢板（带）	94639	2.8
无缝钢管	834261	10.2
其中：热轧无缝钢管	762831	10.6
焊接钢管	62706	6
其他钢材	37655	8.2

表3　2009年东北地区主要钢铁厂产量

单位：万吨

省份	企业名称	粗钢	生铁	钢材
辽宁	抚顺新钢铁有限责任公司	303.15	288.92	289.98
	鞍本钢铁集团	2918.27	2967.99	2784.88
	其中：鞍山钢铁集团公司	2012.66	2050.95	1899.79
	本溪钢铁（集团）有限责任公司	905.61	917.04	885.09
	北台钢铁公司	688.10	713.38	553.91
	东北特殊钢集团有限责任公司	160.15		138.06
	营口中板厂	187.95	192.59	77.54
	凌源钢铁集团有限责任公司	307.28	290.58	301.16
吉林	通化钢铁集团有限责任公司	518.92	516.16	517.65
黑龙江	西林钢铁集团有限公司	256.48	211.12	238.44

材（1%）；出口钢材中，占比最大的依然是板材（64%），其次为棒线材（14%）、管材（13%），随后依次为铁道用材、其他钢材、角型材。

表5 2009年东北地区分省份钢材进出口情况

单位：吨，美元

省份	进口		出口	
	数量	金额	数量	金额
辽宁	669264.7	1072042457	2885320	1958963168
吉林	127618.14	237355278	46157.99	27641309
黑龙江	140889.85	309261981	126116.3	107741117
累计	937772.68	1618659716	3057595	2094345594
占全国比例%	5.3	8.2	12.4	9.4

表6 2009年东北地区分品种钢材进出口情况

单位：吨，美元

品种	进口		出口		净出口	
	数量	金额	数量	金额	数量	金额
钢材	937772.7	1618659716	3057595.0	2094345594	2119821.9	475685878
棒线材	36882.0	56885678	419535.7	262165752	382653.7	205280074
角型材	28163.6	34526389	41172.9	29423299	13009.3	-5103090
板材	733395.4	955773160	1945919.0	1102492887	1212523.5	146719727
管材	79534.7	372788555	394053.6	358910776	314518.9	-13877779
铁道用材	47644.2	111511345	131124.4	123580534	83480.1	12069189
其他钢材	12152.7	87174589	125789.0	217772346	113636.3	130597757
特钢	156669.1	392325791	589334.5	367498923	432665.3	-24826868
铁道用材	47644.2	111511345	131124.4	123580534	83480.1	12069189
大型型钢	23598.7	29209077	31320.1	19212797	7721.3	-9996280
中小型型钢	4564.8	5317312	9852.8	10210502	5288.0	4893190
棒材	23284.0	43748936	122883.8	107793334	99599.9	64044398
钢筋	118.9	119052	8057.9	4959135	7939.0	4840083
线材	13479.2	13017690	288594.0	149413283	275114.8	136395593
特厚板	14961.1	36044072	8097.4	4656569	-6863.7	-31387503
厚钢板	165793.8	156487736	72508.9	46130041	-93284.9	-110357695
中板	265064.8	352266321	124917.6	89105598	-140147.2	-263160723
热轧薄板	427.3	600995	4032.0	3727720	3604.7	3126725
冷轧薄板	6113.5	12937351	6787.1	5351146	673.6	-7586205
中厚宽钢带	17625.6	15534359	1059495.0	522060337	1041869.1	506525978
热轧薄宽钢带	25281.1	21025891	264305.8	132325522	239024.7	111299631
冷轧薄宽带	74403.1	55471494	127219.9	78651006	52816.8	23179512
热轧窄钢带	5196.8	20876501	3190.0	4177263	-2006.8	-16699238
冷轧窄钢带	4761.3	18358022	406.6	554918	-4354.7	-17803104
镀层板（带）	99791.4	102948431	157505.0	115318209	57713.5	12369778
彩涂板（带）	3457.2	4697654	110336.3	92294100	106879.2	87596446
电工钢板（带）	50518.6	158524333	7117.9	8140458	-43400.7	-150383875
无缝管	61702.6	334995887	59720.0	83624808	-1982.6	-251371079
焊管	17382.7	36527836	309997.1	255592864	292614.4	219065028
铸铁管	449.5	1264832	24336.5	19693104	23887.1	18428272

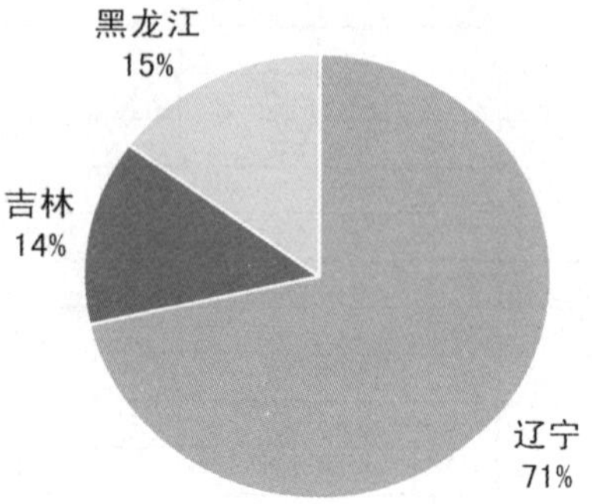

图26 进口钢材各省市比例

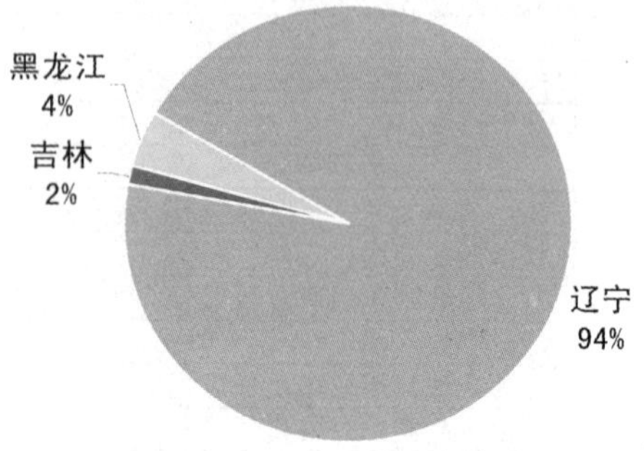

图27 出口钢材各省市比例

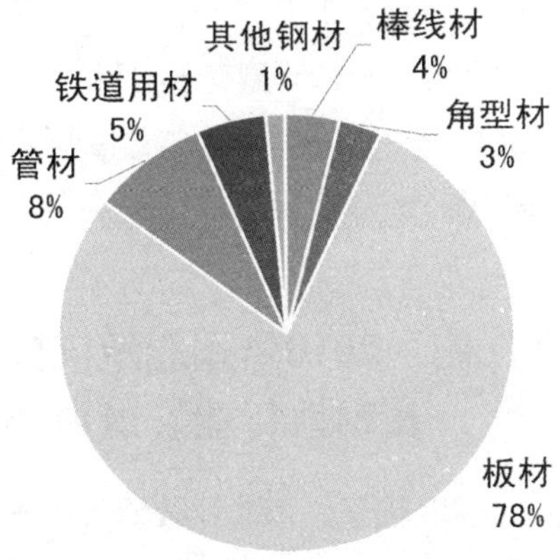

图28 进口钢材品种比例

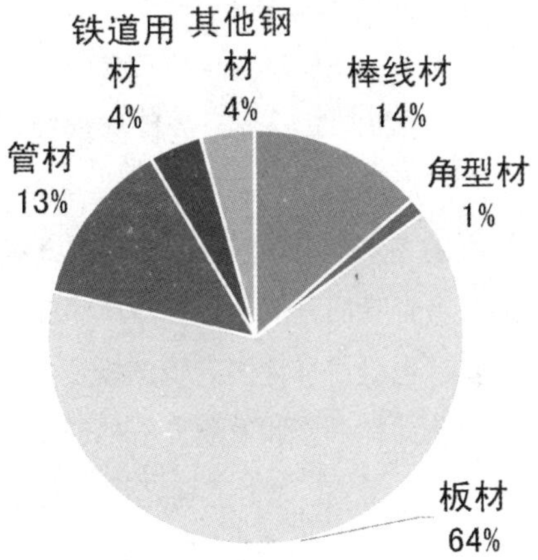

图29 出口钢材品种比例

三、2009年东北地区钢材市场主要钢铁品种价格分析

2009年东北地区MyspiC指数总体走势与综合指数非常相似，东北地区MyspiC指数整体上普遍低于综合指数6-14个基点，全年最大值为8月份的155.3，比综合指数的全年最大值低10个基点。波谷为4月份的110.7，低于综合指数11个基点。

2009年东北地区钢材各品种价格走势大体与综合指数走势类似，但总体走势较为平缓，波动幅度较小。

就工字钢来讲，1月份基本保持平稳，维持在4000左右，2月份之后发生第一次下跌时跌幅很小，波谷为3550，只下跌150个基点。且在8月份全年最高点时也只上升到4300，在第二次下跌时再次跌至3550，后期上涨趋势也较平缓。

就线材来讲，波动幅度较大，全年最低点3100，全年最高点4580，两者相差1480，远高于工字钢的750，线材指数上半年普遍低于工字钢指数，4月份相差最大，约500个基点，下半年起初上涨迅速，超过工字钢价格，随后又大幅下跌至低于工字钢价格，后期维持0-50个基点的差距。

就无缝管来讲，波动较为频繁，波动幅度一般，曲折变化趋势明显。另外，其最低点较为靠后，发生在5月份，最高点仍维持在8月份，为5450。

就热轧来看，走势与综合指数相似，另外，在波谷维持的时间较短，表现为迅速下降后迅速上升，其全年最低点为4月份的3100，最高点为8月份的4470。

螺纹钢走势类似。螺纹钢在1月份和9-12月份的两个时间段内与热轧价格相差较大，约500个基点，在其余时间段两者接近。

就冷轧来看，其价格总体呈现上扬态势，尽

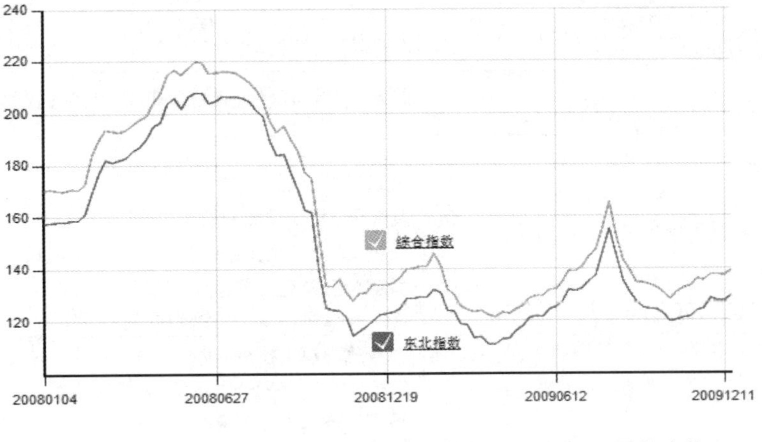

图30 2008年1月—2009年12月东北地区钢材市场MyspiC指数走势

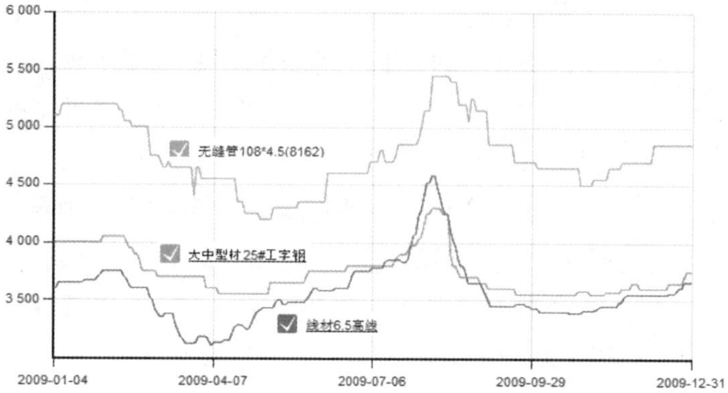

图31 2009年沈阳地区钢材市场主要钢铁品种价格走势（1）

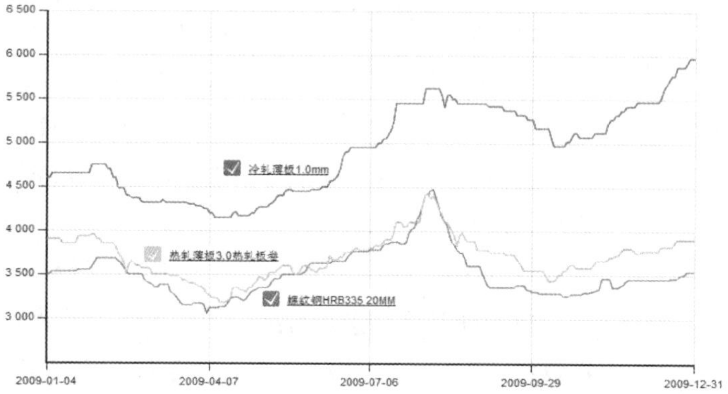

图32 2009年沈阳地区钢材市场主要钢铁品种价格走势（2）

管在4月份和10月份也跌至谷底，但是10月份的价格明显高于4月份价格，且后期上涨态势明显，全年最高点为年底的5670。

四、2010年东北地区经济及钢铁行业发展展望

2010年，东北地区三省在政府工作报告中列出的经济发展目标见表7。另外，该地区的主要钢铁生产企业在产能建设上的项目见表8，与钢铁有关的基础建设和重大建设项目内容见表9。

2009年，金融危机给钢铁行业带来了严峻的挑战。随着国家应对金融危机采取的各种刺激经济政策效果继续显现，经济企稳回升势头逐步增强，东北地区各省市也纷纷加大固定资产投资力度、加快产业结构调整和发展方式的转变，加强民生工程建设以促进经济增长。各钢铁企业新建产能的增加和原有设备的技术改造以及各地区钢铁相关项目的建设，对钢铁行业的发展将会起到很好的促进作用。

表7 东北地区各省份2010年经济发展目标

指标	辽宁	吉林	黑龙江
GDP增长	11%	13%左右	11%以上
固定资产投资增长	20%	30%以上	35%
财政收入增长	15%	15%	11%以上
城镇居民人均可支配收入增长	10%	10%	8%
农村居民人均纯收入增长	8%	8%	6%以上
社会消费品零售总额增长		17%	15%
居民消费价格指数涨幅		3%左右	4%左右
城镇登记失业率		4.6%以内	4.6%以内
数据来源：各省份2010年政府工作报告			

表8 东北地区主要钢铁生产企业产能动向

企业名称	新增、改造或淘汰产能	备注
鞍山钢铁集团公司	鲅鱼圈3号焦炉投产	2009年4月投产
	鲅鱼圈2号高炉顺利投产	2009年4月投产
	鞍钢5.5米宽厚板粗轧机热负荷试车成功，实现主生产线全线贯通	2009年7月
	鞍钢股份38亿元福建莆田设厂	2010年
通化钢铁集团有限责任公司	冷轧硅钢机组首个硅钢涂层卷顺利下线	2009年7月
本溪钢铁（集团）有限责任公司	九号焦炉竣工投产	2009年3月
	三连铸双流铸机一次热负荷试车成功	2009年3月
	丹东不锈钢冷轧项目开工建设	2009年7月
西林钢铁集团有限公司	五机五流方坯连铸机工程热试成功	2009年1月

表9 2010年东北地区钢铁相关基础及重大建设项目

省份	钢铁相关基础及重大建设项目
辽宁	19条铁路要全面开工建设，哈大铁路客运专线辽宁段要基本完工。全面启动港口建设项目。推进沈阳、大连、丹东、朝阳机场扩建和大连、营口、锦州新机场建设。继续抓好高速公路建设和普通公路建设。辽河特大桥建成通车。红沿河核电二期、徐大堡核电一期力争年内开工。
吉林	开工丰满大坝移址重建、双辽电厂二期、敦化抽水蓄能电站，实施好四平、延吉等500千伏主干电网以及通榆变电站等项目。 争取开工吉林至珲春客专等4条铁路和靖宇至通化等6条高速公路，力争长吉城际铁路年内竣工，图们至珲春、松原经白城至石头井子等高速公路建成通车，长春龙嘉机场扩建工程年末前投入使用。搞好长春地铁一号线前期工作，争取尽早开工。加快推进引嫩入白、哈达山水利枢纽、中部城市引松供水等重点水利工程，全部完成188座病险水库除险加固任务。推进城市、煤矿、林业、国有工矿垦区棚户区和农村泥草房(危旧房)改造以及城市廉租房建设“六路安居”工程，计划建设面积2905万平方米，改善44万户居民住房条件。
黑龙江	在现代交通网络建设上，确保完成公路建设“三年决战”攻坚目标，建设重点公路工程35项、4659公里，确保讷河至嫩江等3项高速公路、加格达奇至白桦等7项一、二级公路交工和主体交工745公里，续建和新开工23项、3735公里，争取开工2项、179公里。完成农村公路1.1万公里，乡镇通畅率达到96%，行政村通畅率达到96.7%。加快哈大和哈齐客运专线、牡丹江至绥芬河铁路扩能改造等大中型在建铁路项目建设，力争开工哈牡、哈佳客运专线等项目。推进抚远、五大连池、加格达奇三个机场和哈尔滨机场扩建工程开工建设。力争开工建设黑河港、抚远港扩建工程等重点航运项目和松花江依兰航电枢纽工程。在现代水利体系建设上，加快建设千亿斤粮食产能水利工程、防洪工程、水利枢纽工程、民生水利工程和生态水利工程，重点建设三江平原等灌区工程，加快推进西部旱区节水灌溉工程，完成列入国家专项规划内的病险水库除险加固任务。开工建设抚远三角洲国土防护工程。

华北地区钢材市场

一、2009年华北地区宏观经济形势

2009年，华北地区完成生产总值53484.78亿元，占全国GDP的15.95%。其中，北京市生产总值完成11865.9亿元，同比增长10.1%，高于全国1.4个百分点；天津市生产总值完成7500.8亿元，同比增长16.5%，高于全国7.8个百分点；河北省生产总值完成17026.6亿元，同比增长10%，高于全国1.3个百分点；山西省生产总值完成7365.7亿元，同比增长5.5%，低于全国3.2个百分点；内蒙古生产总值完成9725.78亿元，同比增长16.9%，高于全国8.2个百分点。

2009年，华北地区完成工业增加值21898.12亿元，占全国工业增加值的16.27%。分省市看，北京市全年完成工业增加值2191亿元，比上年增长8.8%；规模以上工业企业增加值增长9.1%，实现利润697.7亿元，增长25.3%。天津市全年实现工业增加值3749.81亿元，比上年增长18.5%；规模以上工业企业增加值增长9.1%。河北省全年实现工业增加值7902.1亿元，比上年增长9.6%；规模以上工业增加值6310.2亿元，增长13.4%，实现利润1256.2亿元，增长0.1%。山西省全年实现工业增加值3551.9亿元，比上年下降0.2%；规模以上工业增加值3379.2亿元，增长2.5%，实现利润428.4亿元，下降25.9%。内蒙古全年实现工业增加值4503.31亿元，比上年增长21.2%；规模以上工业企业完成增加值4400.45亿元，增长24.2%，实现利润812.03亿元，增长12.9%。

2009年，华北地区社会固定资产投资34673.44亿元，占全国固定资产投资的15.42%。分省市看，北京市完成4858.4亿元，天津市5006.32亿元，河北省12310.5亿元，山西省5033.5亿元，内蒙古7464.72亿元，分别比上年增长26.2%、47.1%、38.4%、38.5%和33.2%。

2009年，华北地区全年社会消费品零售总额19169.11亿元，占全国消费品零售总额的15.29%。各省市的社会消费品零售总额分别为：北京市5309.9亿元，天津市2430.83亿元，河北省5764.9亿元，山西省2809亿元，内蒙古2855.31亿元，分别比上年增长15.7%、21.5%、18.1%、19.2%和19.2%。

2009年，华北地区进出口贸易总额完成3236.28亿美元，占全国总额的14.66%；其中出

表1 2009年华北地区宏观经济运行指标

指标	数额或增幅	全国	北京	天津	河北	山西	内蒙古
2008年GDP	数额（亿元）	300670.0	10488.0	6354.4	16188.6	6938.7	7761.8
	同比增幅（%）	9.0	9.0	16.5	10.1	8.3	17.2
2009年GDP	数额（亿元）	335353.0	11865.9	7500.8	17026.6	7365.7	9725.8
	同比增幅（%）	8.7	10.1	16.5	10.0	5.5	16.9
规模以上工业增加值	增幅（%）	11.0	9.1	9.1	13.4	2.5	24.2
社会消费零售总额	数额（亿元）	125343.0	5309.9	2430.8	5764.9	2809.0	2855.3
	增幅（%）	15.5	15.7	21.5	18.1	19.2	19.2
出口总值	数额（亿美元）	12017.0	483.6	299.9	156.9	28.4	23.2
	增幅（%）	−16.0	−15.9	−29.0	−34.6	−69.3	−35.3
进口总值	数额（亿美元）	10056.0	1664.0	339.6	139.2	57.1	44.5
	增幅（%）	−11.2	−22.2	−11.4	−3.4	11.1	−16.6

口额为991.91亿美元，占全国出口总额的8.25%；进口额为2244.37亿美元，占全国进口总额的22.32%。分省市看，北京市全年进出口总额2147.6亿美元，比上年下降20.9%；其中出口额483.6亿美元，下降15.9%；进口额1664亿美元，下降22.2%。天津市外贸进出口总额639.44亿美元，比上年下降20.6%；其中出口额299.85亿美元，下降29%；进口额339.59亿美元，下降11.4%。河北省进出口总额296.1亿美元，比上年下降22.9%；其中出口额156.9亿美元，下降34.6%；进口额139.2亿美元，下降3.4%。山西省进出口总额85.5亿美元，比上年下降40.6%；其中出口额28.4亿美元，下降69.3%；进口额57.1亿美元，增长11.1%。内蒙古进出口总额67.64亿美元，比上年下降24.1%；其中出口额23.16亿美元，下降35.3%；进口额44.48亿美元，下降16.6%。

二、2009年华北地区钢铁产品产量、地区流向及进出口分析

2009年全年华北地区粗钢产量20,035.75万吨，较2008年的17,267.00万吨增加2,768.75 万吨，同比增长16%；生铁产量19,799.67万吨，较2008年的17,101.74万吨增加2,697.93 万吨，同比增长15.8%；钢材产量23,566.86万吨，较2008年的18,681.91万吨增加4,884.95 万吨，同比增长27.1%。华北地区粗钢、生铁和钢材产量分别占去全国的35.3%、36.4%和34.0%。

1. 2009年华北地区冶金产品产量分析

2009年华北地区粗钢产量呈现出先增后降的趋势，8月份达到最高点1,959,54万吨，2月份达到最低点1,87.94万吨。2009年各月粗钢产量相对于2008年普遍有所增加，其中上半年增幅较小，低于10%，下半年增幅普遍较

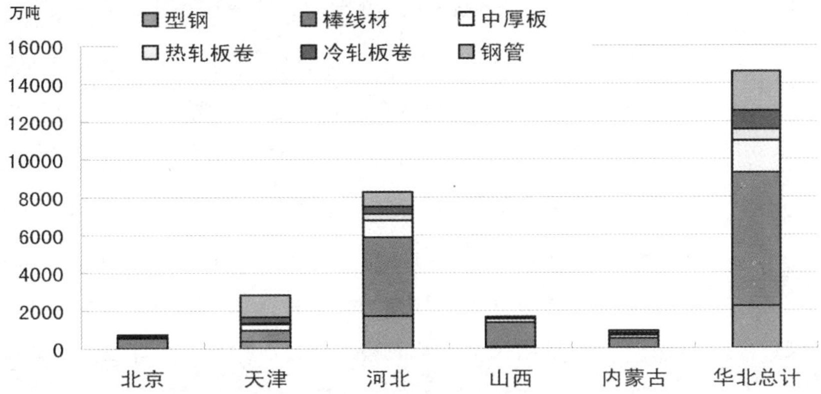

图1 2009年华北地区各省市钢材产品产量结构

表2 2009年华北地区冶金产品产量

单位：万吨

品种	北京	天津	河北	山西	内蒙古	华北地区合计
粗钢	464.85	2124.20	13536.27	2648.49	1261.94	20035.75
生铁	442.67	1763.40	13084.86	3127.45	1381.29	19799.67
钢材	769.60	4079.52	15134.47	2288.40	1294.87	23566.86
焦炭	166.14	314.57	4800.33	7649.35	1834.39	14764.78
铁矿石	1955.22	0.00	35789.47	3289.93	7347.41	48382.03
铁合金	1.11	0.81	7.92	93.25	332.44	435.53
型钢	8.09	403.75	1723.38	97.14	20.78	2253.14
棒线材	536.33	573.22	4044.47	1274.31	499.68	6928.01
中厚板	62.01	232.17	1009.29	190.56	134.41	1628.44
热轧板	0.00	191.46	1381.39	175.25	6.86	1754.96
冷轧板	102.35	322.99	364.69	84.48	107.37	981.88
钢管	1.55	1216.96	799.62	24.22	120.59	2162.94

注：热轧板产量为热轧薄板和热轧薄宽带产量之和；冷轧板产量为冷轧薄板和冷轧薄宽带产量之和；钢管产量为无缝钢管和焊接钢管产量之和。

大，10月份出现最大增幅44.71%。就2009年全年华北地区粗钢产量看，河北占68%，山西占13%，天津占11%，内蒙古占6%，北京占2%。

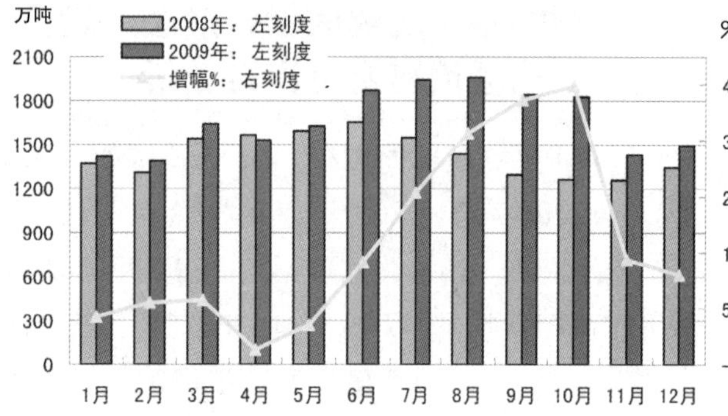

图2 2008–2009年华北地区粗钢月度产量

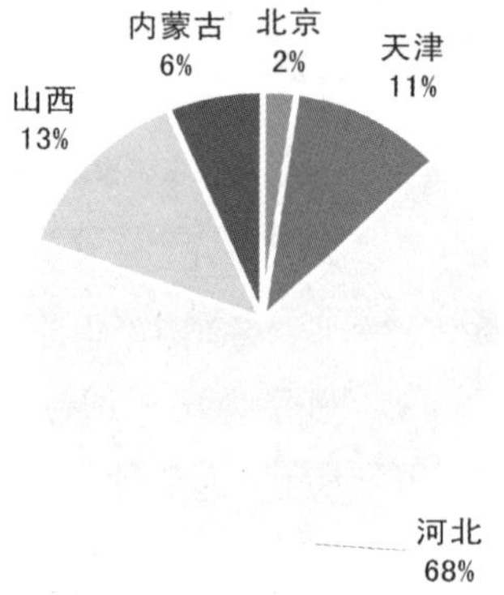

图3 2009年华北地区粗钢产量省市区分布

2009年华北地区生铁产量同样表现出先增后降的态势，1–8月份连续上涨，从全年最低点1月份的1,355.35万吨增至全年最高点8月份的1,958.38万吨，涨幅为44.5%，8月份之后快速下降至12月份的1,356.53，基本与最低点持平。从增幅上看，6–10

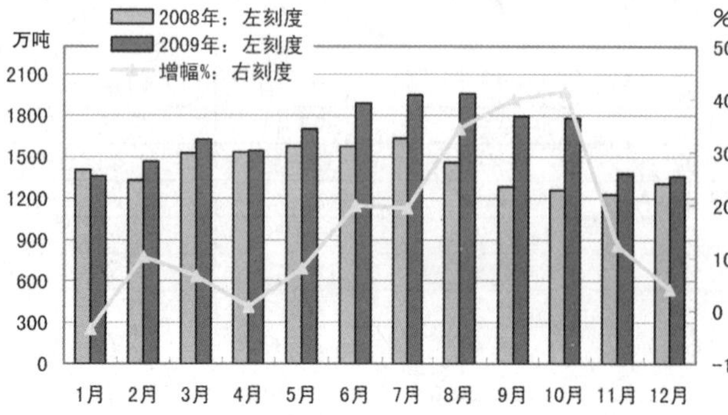

图4 2008–2009年华北地区生铁月度产量

月份维持在高位，其中10月份40%为全年最高值，其余月份均低于10%。从华北地区全年产量占比上看，河北占66%，山西占16%，天津占9%，内蒙古占7%，北京占2%。

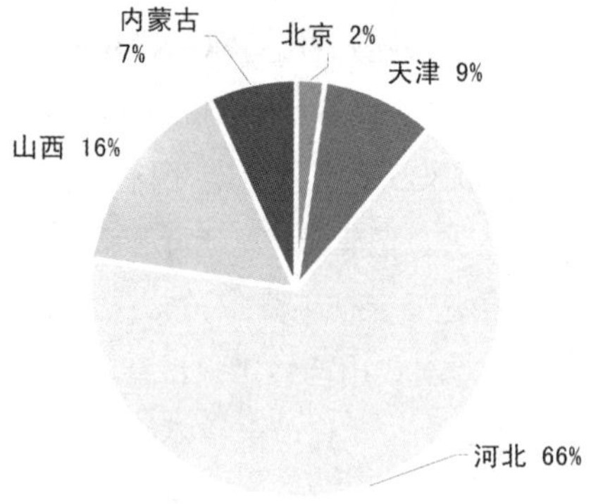

图5 2009年华北地区生铁产量市区分布

2009年华北地区钢材产量呈震荡增加态势。上半年增长较快，从1月份的最低点1,386.38万吨一路增加到6月份的2,206.24万吨，随后缓慢减少至11月份的2,072.21万吨，12月份有较大幅度上升，达到全年最大值2,259.44万吨。相对于2008年，2009年钢材产量增幅1月份最小，为2.7%，1月份之后持续上升，至10月份达到最大值49.3%。从全年华北地区钢材产量上看，河北占64%，天津占17%，山西占10%，内蒙古占6%，北京占3%。

华北地区焦炭产量在2009年第一季度表现平稳，维持在月产1000万吨左右，其中1月份947.48万吨为全年最小值，4–6月份呈阶梯式增加态势，迅速达到全年最高点1,434.22万吨，6–8月份维持高位，随后持续小幅减少，12月份有较大幅度回升，达到1,405.53万吨。从增长幅度上看，1–5月份华北地区焦炭产量低于2008年同期水平，减少20%左右，6月份之后由于基数较低且产量增加，增幅大幅上升，至11月份达到最大值77.1%，12月份有小幅回落。从华北地区全年焦炭产量占比上看，山西占53%，河北占32%，内蒙古占12%，天津占2%，北京占1%。

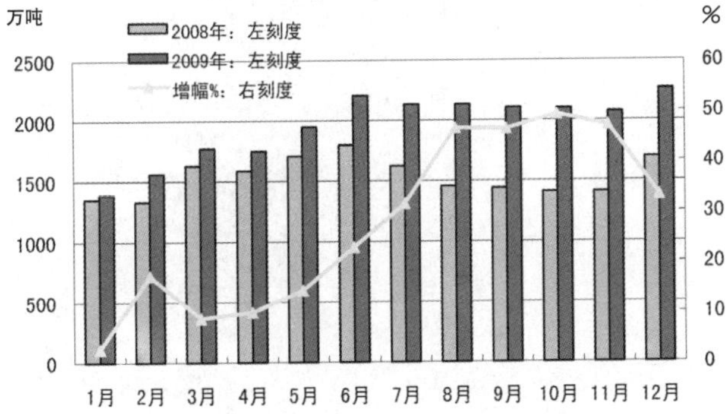

图6 2008-2009年华北地区钢材月度产量

2009年华北地区铁矿石产量走势呈波动增加态势，1月份产量2,527.64万吨，为全年最低，2月份起开始曲折上升，其中2、4、6月份涨幅较大，至11月份涨至年度最高点4,938.49万吨。华北地区2009年上半年同比基本为负增长，降幅最大为5月份的33%，7月份开始正增长，最大增幅42.3%出现在年底。从全年铁矿石产量来看，华北地区各省市占比为：河北占74%，内蒙古占15%，山西占7%，北京占4%。

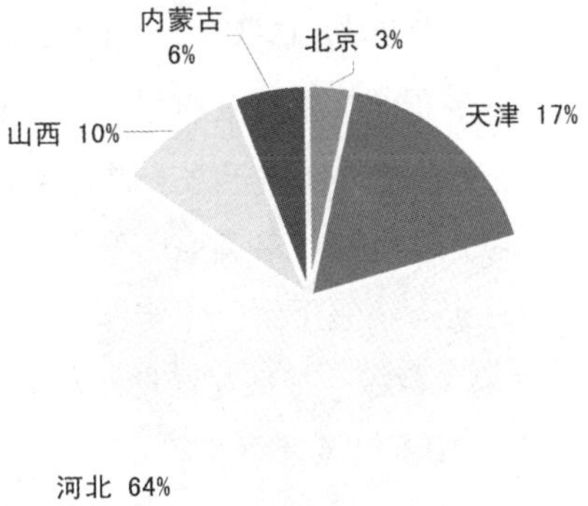

图7 2009年华北地区钢材产量省市区分布

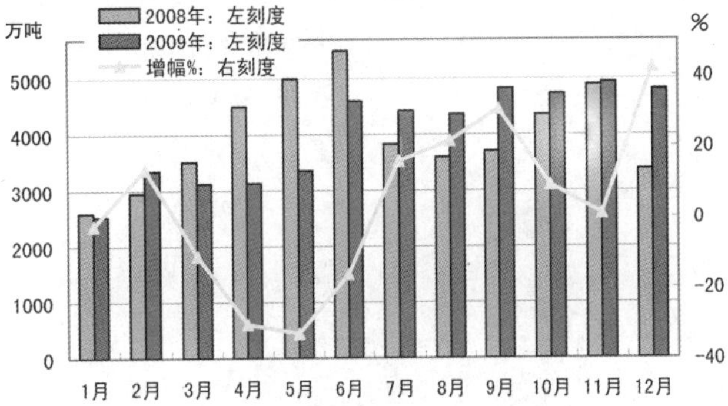

图10 2008-2009年华北地区铁矿石月度产量

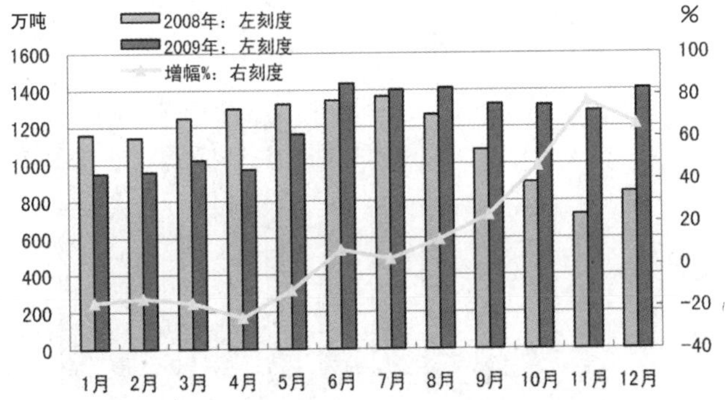

图8 2008-2009年华北地区焦炭月度产量

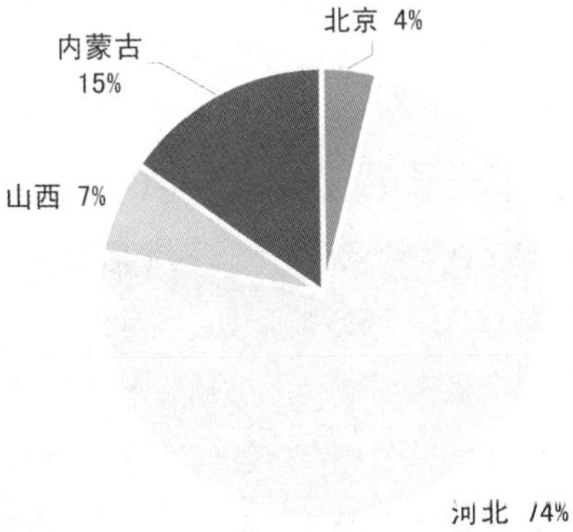

图11 2009年华北地区铁矿石产量省市区分布

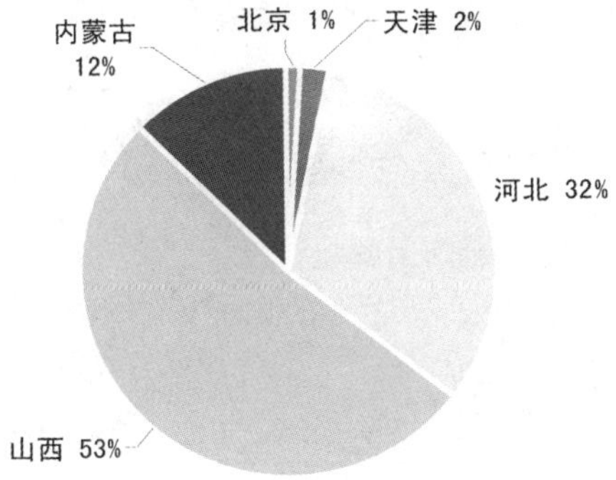

图9 2009年华北地区焦炭产量省市区分布

2009年华北地区铁合金产量在上半年和下半年实现两次增长，1月份产量为全年最低21.76万吨，随后持续增加，至6月份达到全年最大产量57.64万吨，6月份也是上半年唯一的一次正增长，且增量较大，为16.8万吨。7月份发生骤降，降至37.07万吨，衰减幅度达35.7%，8-12月份又开始持续上扬，年末达到全年次高点46.46万吨。同比来看，9月份开始实现连续正增长，11月份同比增幅最大，为161.3%，12月份有小幅回落。从全年地区产量占比来看，内蒙古占77%，山西占21%，河北占2%。

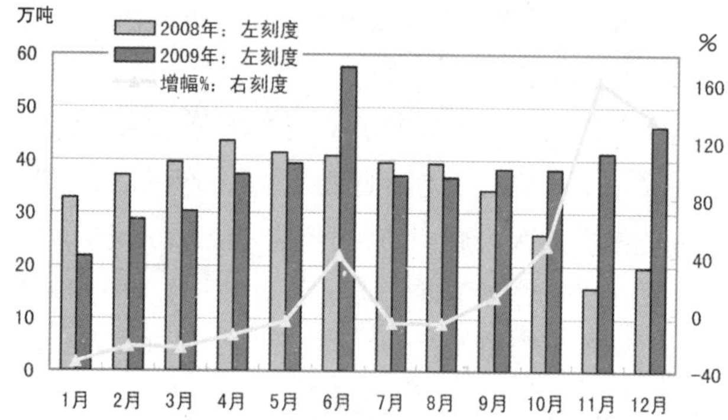

图12 2008-2009年华北地区铁合金月度产量

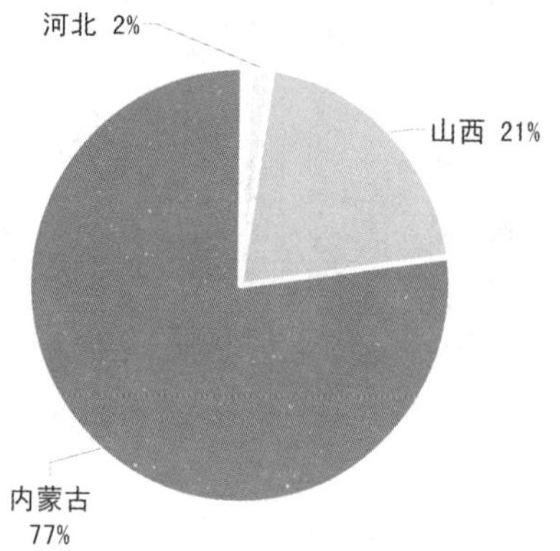

图13 2009年华北地区铁合金产量省市区分布

2009年华北地区型钢产量先增后降，上半年从1月份的全年最低点77.36万吨增加至6月份的全年最高点233.75万吨，其中4月份有小幅回落，下半年产量有所减少并波动，但同比增幅维持高位，全年增幅最高点96.5%出现在11月份。从该地区全年型钢产量占比来看，河北占78%，

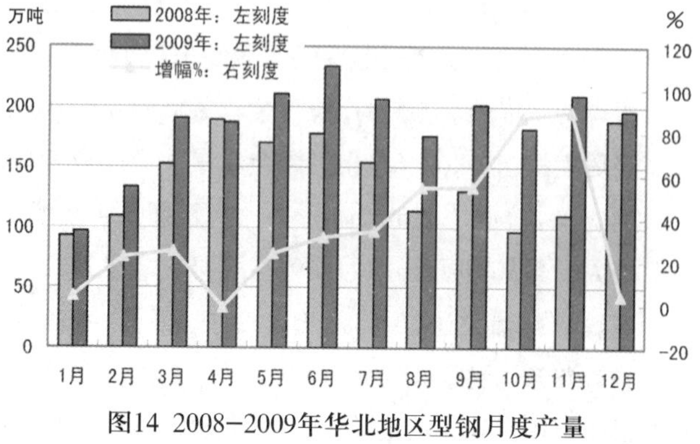

图14 2008-2009年华北地区型钢月度产量

天津占17%，山西占4%，内蒙古占1%。

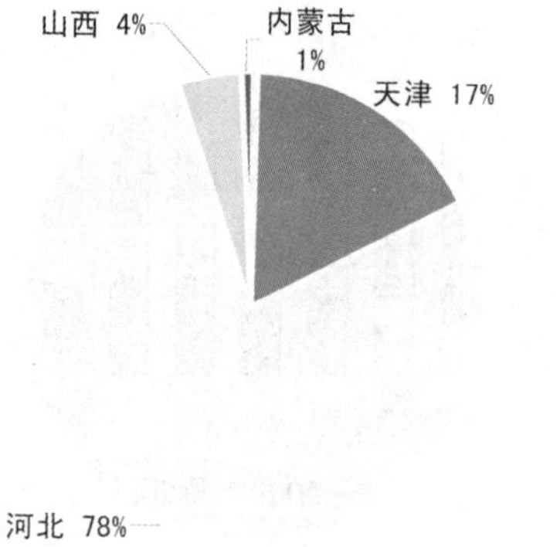

图15 2009年华北地区型钢产量省市区分布

2009年华北地区棒线材产量呈现为先增后降的趋势，经过两次阶梯式上涨，从年初的最低点442.84万吨上涨到全年最高点6月份的675.32万吨，其间4月份有小幅下滑。下半年从最高点小幅下降后维持高位盘整。棒线材产量同比增幅也呈先增后跌态势，10月份增幅为全年最高点71.7%。从华北地区全年棒线材产量来看，河北占59%，山西占18%，天津占8%，天津8%，内蒙古7%。

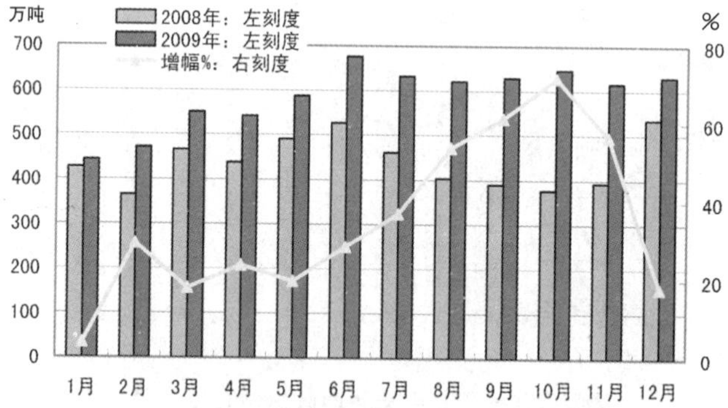

图16 2008-2009年华北地区棒线材月度产量

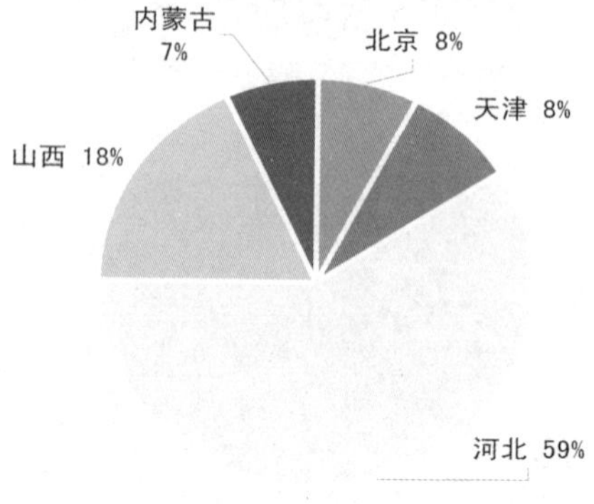

图17 2009年华北地区棒线材产量省市区分布

2009年华北地区中厚板产量呈现高位波动态势，全年产量基本都在120万吨–160万吨范围内波动，其中9月份产量150.91万吨，为全年最高点，4月份产量129.46万吨，为全年最低点，两者相差16.6%。1–10月与上年产量相比均呈下降，其中9月产量持平，11–12月产量超出上年水平。从全年华北地区中厚板产量占比来看，河北占53%，天津占19%，山西占12%，内蒙古占10%，北京占6%。

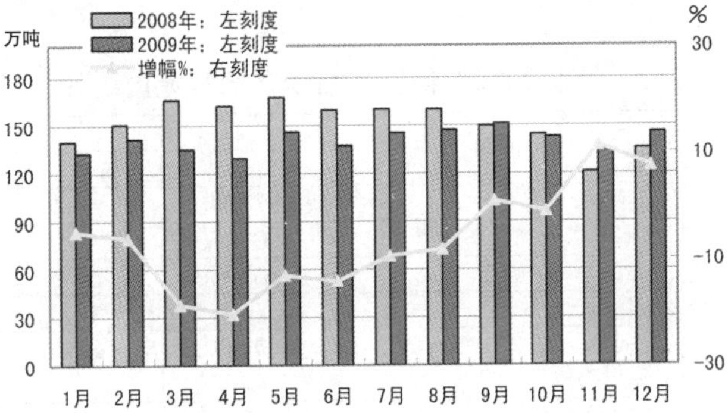

图18 2008–2009年华北地区中厚板月度产量

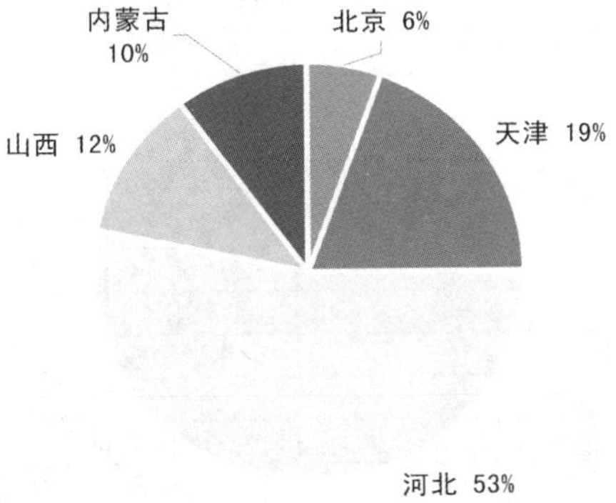

图19 2009年华北地区中厚板产量省市区分布

2009年华北地区热轧产量表现为波动增加态势，一季度缓慢增加，二季度在经历小幅下降后大幅增至高点169.39万吨。下半年维持高位波动，在三、四季度分别经历先将后增的变化，并于年底达到全年最高点179.39万吨。与2008年产量相比，下半年增幅普遍高于上半年，全年呈现曲折上涨态势，并于12月份达到最高点127.8%。从2009年全年热轧产量来看，河北占78%，山西占11%，天津占11%。

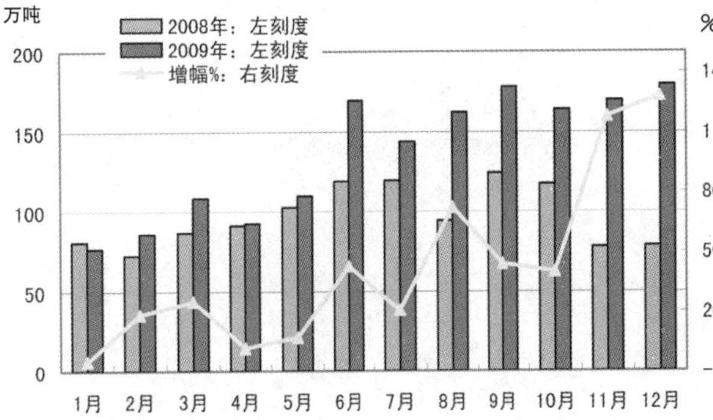

图20 2008–2009年华北地区热轧月度产量

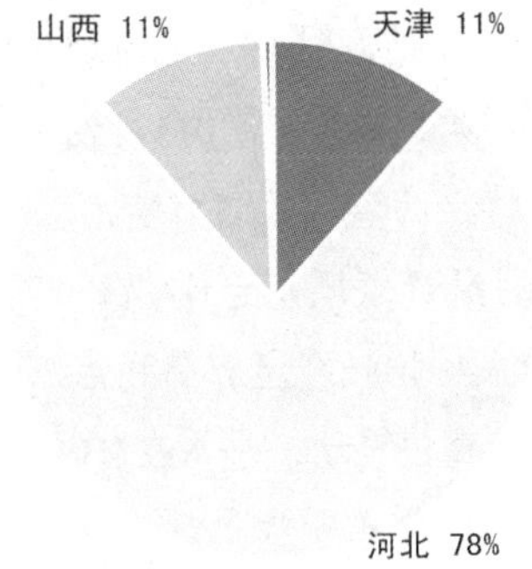

图21 2009年华北地区热轧产量省市区分布

2009年华北地区冷轧产量呈现为波动增加态势，2月份增幅明显，达52.7%。3月份发生大幅下降，随后缓慢上升，至8月份达到高点89.86万吨，9月份起呈U型变化，先降后增，12月份达到全年最高点103.58万吨。2月份同时也是全年同比增幅最大的一个月，高达90.7%。从华北地区全年冷轧产量占比来看，河北占40%，天津占31%，内蒙古占11%，北京占10%，山西占8%。

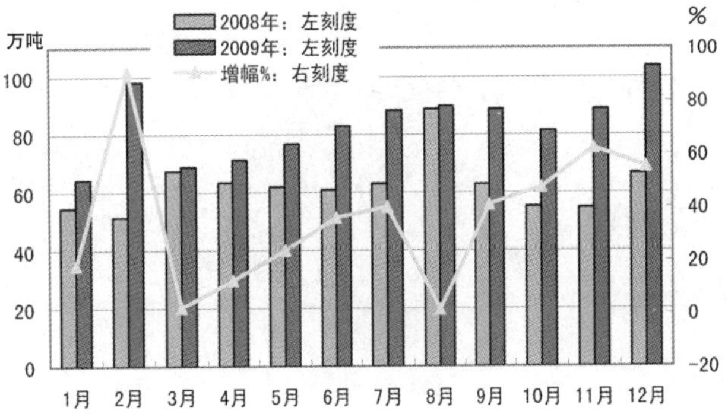

图22 2008–2009年华北地区冷轧月度产量

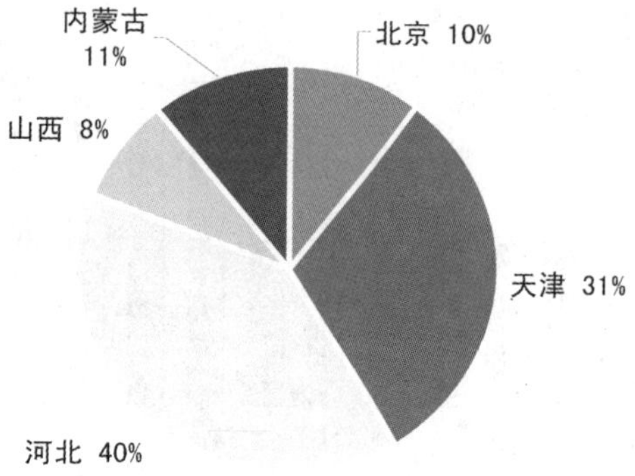

图23 2009年华北地区冷轧产量省市区分布

2009年华北地区管材产量表现为波动增加趋势，一季度连续大幅上涨，由1月份的年度最低点107.9万吨猛增至高点179.51万吨，涨幅66%。4月份回落，随后又连续增加至6月份，7月份又小幅回落，8月份大幅增长至全年最高点203.15万吨。9-12月份保持高位波动，基本在180万吨之上。从2009年华北地区全年管材产量占比上看，天津占56%，河北占37%，内蒙古占6%，山西占1%。

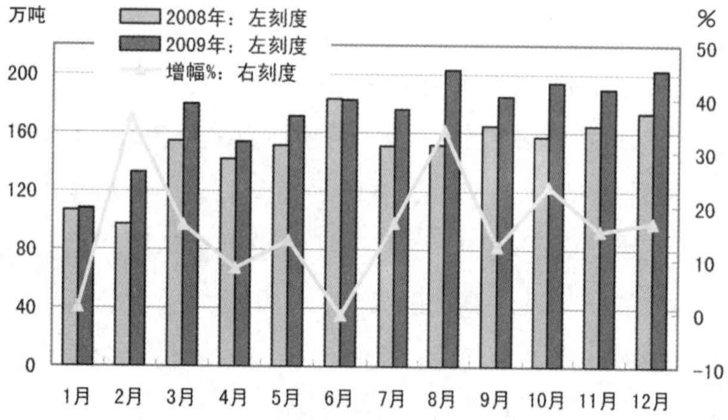

图24 2008-2009年华北地区管材月度产量

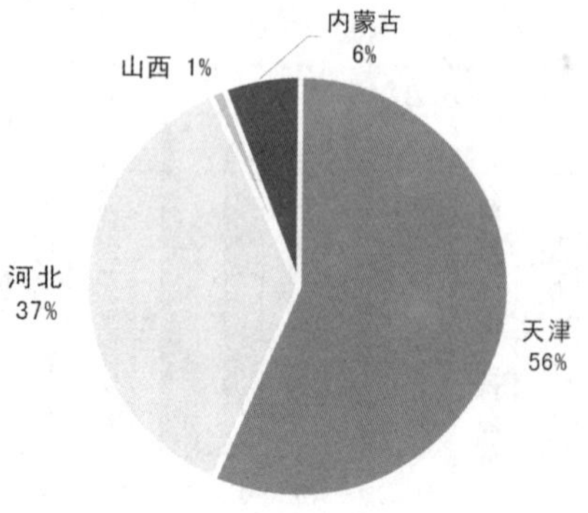

图25 2009年华北地区管材产量省市区分布

2．2009年华北地区内主要钢铁厂产量

华北地区粗钢年产量千万吨的钢铁企业有河北钢铁集团公司、首钢总公司、唐山钢铁集团和包头钢铁公司，年产量在500万吨以上的有天津天铁冶金集团有限公司、邯钢、宣钢、承钢、津西钢铁、唐山国丰钢铁、太原钢铁。分省份看，钢铁产量中，河北省占有很大比重。

3．2009年钢铁产品华北地区流向统计

2009年全年流向华北地区的钢坯为1217.75

表4 2009年钢铁产品华北地区流向统计

品种	华北	
	数量（吨）	占统计（%）
钢坯	12177462	48.0
其中：方坯	8614552	49.9
板坯	3369534	52.9
钢材合计	73740617	19.3
铁道用材	994180	22.4
大型型钢	1407684	17.9
中小型型钢	1296295	20.7
棒材	4233075	13.2
钢筋	13780112	18.1
其中：光圆	86951	3.7
带肋	10553708	15.9
盘条（线材）	10308801	18.3
其中：硬线材	174503	1.9
特厚板	624283	14.5
厚板	2955594	16.8
中板	5161989	19.2
其中：热轧中板	4421813	18.3
冷轧中板	15732	9.4
热轧薄板	18284	0.5
冷轧薄板	227568	7.4
中厚宽钢带	14691110	22.6
热轧薄宽钢带	4039018	27.6
冷轧薄宽带	2349063	11.2
热轧窄钢带	8333311	44.0
冷轧窄钢带	39549	15.1
镀层板（带）	801517	8.9
其中：镀锌板（带）	540822	7.0
镀锡板（带）	42010	6.5
涂层板（带）	164385	15.0
电工钢板带	205319	4.9
其中：热轧电工钢板	78829	9.8
冷轧电工钢板（带）	126490	3.8
无缝钢管	1954151	23.9
其中：热轧无缝钢管	1835423	25.4
焊接钢管	60209	5.8
其他钢材	95122	20.8

表3 2009年华北地区内主要钢铁厂产量

单位：万吨

省市区	企业名称	粗钢	生铁	钢材
北京	首钢总公司	1187.98	1178.10	1134.57
天津	天津钢管集团有限公司	218.00	31.61	273.25
	天津天钢集团有限公司	429.93	430.15	416.83
	天津天铁冶金集团有限公司	554.56	583.11	550.57
	天津荣程联合钢铁集团有限公司	302.37	316.49	220.51
河北	河北钢铁集团	4023.94	3806.01	3564.27
	其中：唐钢	1703.91	1747.30	1327.94
	邯钢	956.38	907.06	950.71
	宣钢	560.14	590.02	538.65
	承钢	557.03	561.63	535.45
	舞阳	246.49		211.52
	新兴铸管股份有限公司	329.82	445.95	289.94
	石家庄钢铁有限责任公司	184.07	190.40	
	邢台钢铁有限责任公司	267.84	273.02	258.99
	北京建龙重工集团有限公司	838.21	847.66	764.96
	河北津西钢铁股份有限公司	683.31	708.49	567.16
	唐山国丰钢铁有限公司	758.03	771.14	645.04
	德龙钢铁有限公司	259.66	279.09	252.12
	河北敬业企业集团	444.26	459.06	374.01
	河北纵横钢铁集团有限公司	493.50	451.02	482.90
	河北新武安钢铁集团	1671.07	1633.60	1182.63
	其中：河北东山冶金工业有限公司	78.03	83.06	
	河北文丰钢铁有限公司	304.12	298.81	296.53
	河北新金钢铁有限公司	263.12	253.71	201.43
	武安市文安钢铁有限公司	148.87	160.82	101.87
	唐山港陆钢铁有限公司	210.82	219.37	231.42
	河北前进钢铁集团有限公司	213.10	182.10	210.24
山西	太原钢铁（集团）有限公司	945.61	817.69	906.19
	其中：新临钢钢铁有限公司	120.37	109.92	114.45
	首钢长治钢铁（集团）有限公司	207.19	216.53	185.43
	山西海鑫钢铁有限公司	243.44	262.64	196.37
	山西中阳钢铁有限公司	173.65	179.90	168.70
	山西中宇钢铁有限公司	88.73	90.02	86.17
	山西介休新泰钢有限公司	129.74	138.93	
内蒙古	包头钢铁（集团）有限责任公司	1006.77	965.16	952.14

万吨，钢材产品为7374.06万吨，分别占比48%，19.3%。其中，流入的钢材主要为中厚宽钢带、钢筋、线材，均超过千万吨，分别为1469.11万吨、1378.01万吨和1030.88万吨；大型型钢、中小型型钢、棒材、厚板、中板、热轧薄宽钢带、冷轧薄宽带、热轧窄钢带、无缝钢管均达到百万吨。

4．2009年华北地区钢材进出口分析

2009年华北地区进口钢材194.5万吨，出口

表5 2009年华北地区分省市钢材进出口情况

单位：吨，美元

省市区	进口		出口	
	数量	金额	数量	金额
北京	979132.247	1399672090	1104410.056	1567591395
天津	613745.628	1024368977	1780413.507	1705427971
河北	240185.772	366956088	3684704.638	2736636525
山西	23865.028	86646127	645461.440	780608527
内蒙古	88489.117	33015573	599139.695	387038347
累计	1945417.792	2910658855	7814129.336	7177302765
占全国比例（%）	11.0	14.8	31.8	32.2

表6 2009年华北地区分品种钢材进出口情况

单位：吨，美元

品种	进口		出口		净出口（出口—进口）	
	数量	金额	数量	金额	数量	金额
钢材	1945418.0	2910658855	7814129.0	7177302765	5868711.54	4266643910
棒线材	31225.1	54799260	713011.1	428770174	681786.02	373970914
角型材	29536.0	19564003	758188.2	434871194	728652.29	415307191
板材	1523620.0	1689245009	2623405.0	1906978867	1099784.90	217733858
管材	158266.2	836861049	2422735.0	2952070413	2264468.98	2115209364
铁道用材	180043.7	120155371	126990.5	180652070	−53053.21	60496699
其他钢材	22726.9	190034163	1169799.0	1273960047	1147072.57	1083925884
特钢	356383.4	892822090	1374537.0	1027822525	1018153.26	135000435
铁道用材	180043.7	120155371	126990.5	180652070	−53053.20	60496699
大型型钢	23929.9	16069684	696147.7	396120462	672217.77	380050778
中小型型钢	5606.1	3494319	62040.6	38750732	56434.52	35256413
棒材	20210.1	36734434	358081.2	224510759	337871.08	187776325
钢筋	1850.6	1608797	120390.0	76102518	118539.46	74493721
线材	9164.4	16456029	234539.9	128156897	225375.49	111700868
特厚板	5602.1	15206018	26024.3	14334845	20422.26	−871173
厚钢板	6168.3	2583421	227216.4	152932955	221048.03	150349534
中板	38828.5	68039853	825485.3	544575025	786656.88	476535172
热轧薄板	1873.4	1390697	98429.4	79686961	96556.00	78296264
冷轧薄板	24515.5	44630563	63391.4	122561662	38875.96	77931099
中厚宽钢带	169399.4	265322877	532377.5	383442252	362978.10	118119375
热轧薄宽钢带	345006.3	158773197	84756.8	49719586	−260249.52	−109053611
冷轧薄宽带	525948.1	366473929	119313.5	74051948	−406634.60	−292421981
热轧窄钢带	3489.9	11626844	61210.3	34953786	57720.36	23326942
冷轧窄钢带	12319.4	53033790	61454.5	42526102	49135.05	−10507688
镀层板（带）	249706.7	255324836	410475.8	300606793	160769.19	45281957
彩涂板（带）	5521.5	7389136	112037.4	106199493	106515.90	98810357
电工钢板（带）	135241.0	439449848	1232.3	1387459	−134008.70	−438062389
无缝管	122707.6	726791635	952875.2	1244836133	830167.62	518044498
焊管	35544.1	109903153	1144815.0	1424911821	1109271.34	1315008668
铸铁管	14.5	166261	325044.5	282322459	325030.02	282156198

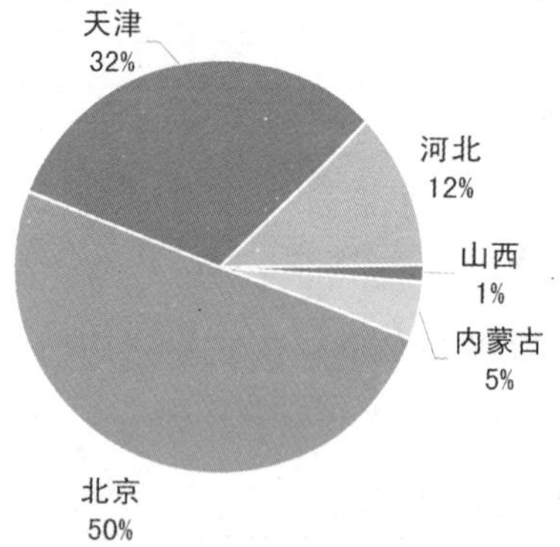

图26 进口钢材各省市比例

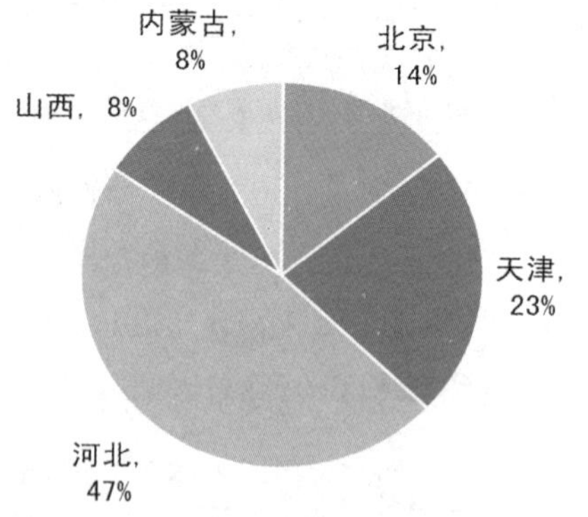

图27 出口钢材各省市比例

781.4万吨，分别占全国钢材进口总量、出口总量的11%、31.8%，出口比例高于进口比例，实现净出口量586.9万吨；进口额和出口额分别为29.1亿美元、71.8亿美元，贸易顺差42.7亿美元。从进口看，北京占比较大，为50%，其次为天津，占比32%，随后依次为河北（12%）、内蒙古（5%）、山西（1%）；从出口看，河北占比最大，为47%，其次为天津（23%）、北京（14%）、山西

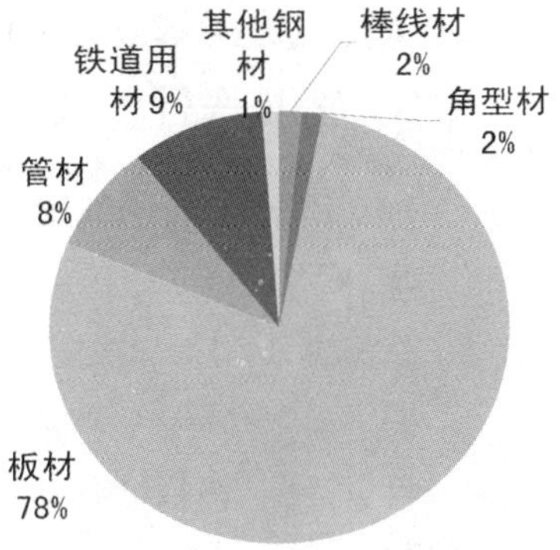

图28 进口钢材品种比例

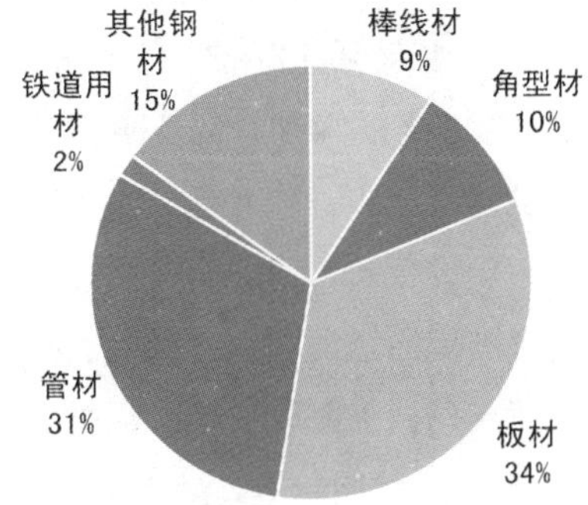

图29 出口钢材品种比例

（8%）、内蒙古（8%）。

华北地区进口钢材中，板材比例最大，为78%，其次为铁道用材（9%）、管材（8%），随后依次为棒线材、角型材、其他钢材；出口钢材中，板材比例最大，占34%，远低于进口比例，其次为管材（31%），高于其进口比例，随后依次为其他钢材（15%）、角型材（10%）、棒线材（9%）、铁道用材（2%）。

三、2009年华北地区钢材市场主要钢铁品种价格分析

2009年华北地区MyspiC指数先小幅上涨，后经历两轮先降后增的变化过程，其走势与全国综合指数基本相同，且普遍低于综合指数，最大相差约7个基点。2009年华北地区MyspiC指数在1月份小幅上涨，2月份起开始下跌，于4月份跌至谷底，随后止跌为升，8月份达到全年最高点167.9，随后再次下跌，并于10月份反弹。

2009年北京地区钢材各品种价格总体表现出与综合价格相似的走势，先经过年初的小幅上涨，再表现出下降——增加——再下降——再增加的趋势。小幅增加发生在1月份，进入2月份之后开始下跌，8月份达到全年最高。

就线材而言，波动幅度较大，波峰和波底相差较大，年度最低值为1月份的3150，最高值为4800，两者相差52.3%。

无缝管和工字钢的走势接近，两者波动较线材平稳，波峰与波底相差不到800个基点，另外无缝管普遍较工字钢高约900个基点。

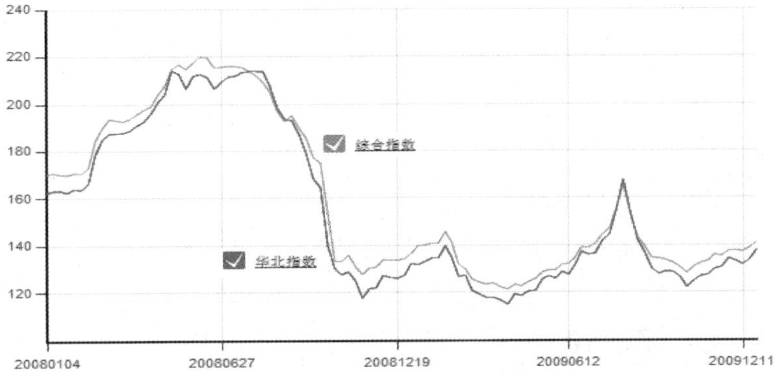

图30 2008年1月–2009年12月华北地区钢材市场MyspiC指数走势

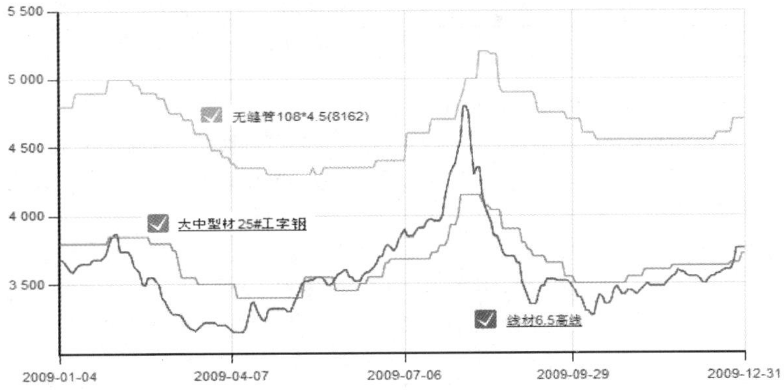

图31 2009年北京地区钢材市场主要钢铁品种价格走势（1）

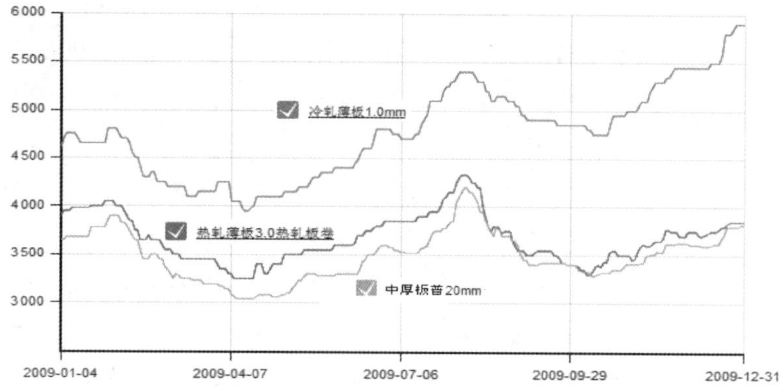

图32 2009年北京地区钢材市场主要钢铁品种价格走势（2）

冷轧自4月份跌至全年最低值3950之后，表现出波动上涨态势，8月份达到高点5400，随后发生小幅下跌，10月份开始大幅反弹，至12月份上涨至全年最高点5900。

热轧和中厚板价格低于冷轧，于8月份分别达到4330和4200的年度最高点，后期上涨趋势较冷轧平缓。

四、2010年华北地区经济及钢铁行业发展展望

2010年，华北地区各省市在政府工作报告中列出了经济发展目标（见表7）。另外，该地区的主要钢铁生产企业在产能建设上的项目见表8，与钢铁有关的基础建设和重大建设项目内容见表9。

2009年11月25日，工业和信息化部发布关于分解落实2009年淘汰落后产能任务的通知，以及随着2010年淘汰任务文件下发到省一级，华北地区内各钢铁厂逐步淘汰一部分高炉设备及普通线材生产线等落后产能。同时，新建产能的增加和原有设备的技术改造对改变钢铁产品结构，进而改变地区钢材市场及进出口贸易结构将产生影响；各地区钢铁相关项目的建设，对钢铁行业的发展将会起到很好的促进作用。

表7 华北地区各省市区2009年经济发展目标

指标	北京	天津	河北	山西	内蒙古
GDP增长	9%	13%	9%以上	8%	13%以上
固定资产投资增长		20%	20%左右	20%	
财政收入增长	9%	12%	9%	7%	17%
城镇居民人均可支配收入增长	6%以上	10%以上	10%	9%	11%
农村居民人均纯收入增长	6%以上	10%	6%以上	9%	10%
社会消费品零售总额增长		16%	17%	16%	
居民消费价格指数涨幅	3%以内	3%左右	3%左右	3%左右	3%左右
城镇登记失业率	2.3%以内	3.8%以内	4.6%以内		4.3%以内
数据来源：各省市2010年政府工作报告					

表8 华北地区主要钢铁生产企业产能动向

企业名称	新增、改造或淘汰产能	备注
首钢总公司	曹妃甸新钢厂投产	2009年3月
	京唐二冷轧工程正式开工	2009年3月
	首钢京唐公司二冷轧热镀锌工程隆重开工	2009年3月
	京唐公司球团项目破土动工	2009年3月
	京唐7.63mD焦炉工程开工	2009年4月
	7.63mB焦炉正式装煤投产	2009年5月
	京唐1号300吨脱磷转炉顺利投产	2009年5月
	首秦龙汇矿业有限公司综合项目竣工投产	2009年6月
	190亿元投资、300万吨钢项目落户山西长治	2009年9月
	京唐第一冷轧工程全线投产	2009年9月
	京唐第一冷轧厂2号连续热镀锌机组投产	2009年11月

续表8 华北地区主要钢铁生产企业产能动向

企业名称	新增、改造或淘汰产能	备注
天津钢管集团有限公司	高线项目一号生产线热试成功 天钢(宁河)升级改造工程基础试桩开工	2009年2月 2009年11月
天津天铁冶金集团有限公司	3#连铸机工程破土动工 400m2烧结机及料场工程竣工投产 2800m2高炉顺利投产 高炉建成投产铁前系统三大主体项目建成 方圆坯连铸机工程1-4流过钢成功	2009年2月 2009年5月 2009年6月 2009年6月 2009年7月
宣化钢铁	150吨转炉炼钢主厂建安工程中标 新2#高炉工程开工	2009年9月20日至2010年8月31日 2009年9月
邢台钢铁有限责任公司	启动12亿元不锈钢项目	2009年11月
河北敬业企业集团	200万吨棒线材项目建成投产	2010年3月
承德钢铁	新增提钒工程1号转炉热试成功 新3号高炉投产	2009年6月 2009年8月
邯郸钢铁集团有限责任公司	电镀锌生产线投产 第二条200万吨球团生产线投产 新区冷轧项目投产 与西门子签订线材轧机协议	2009年4月底5月初投产 2009年6月 预计2010年6月投产 2010年末投产

表9 2010年华北地区钢铁相关基础及重大建设项目

省市区	钢铁相关基础及重大建设项目
北京	启动山区500公里主线、400公里支线道路建设，完成5000名山区农民搬迁任务。着力构建以轨道交通为骨干、地面公交为主体、多种交通方式协调运转的绿色出行系统，力争公交出行比例达到40%。积极推进12条轨道交通建设，力争亦庄线、大兴线以及房山线、昌平线、顺义线一期建成通车，运营总里程超过300公里，提高既有线路运力和安全服务水平。
天津	建成新一代运载火箭、直升机总成基地、西飞机翼组装等项目，推进造修船基地、太原重工等项目建设。加快千万亿次高性能计算机、高端通用芯片、新型动力电池等自主创新重大项目进度，推动官港生态游乐园、117大厦等现代服务业项目建设。完成和平路滨江道中心商业街、泰达时尚广场、河东万达商业广场、华北工业原料城、水游城等10个大型商业设施的建设改造工程。完成天津站轨道换乘中心、团泊快速路等工程，地铁2、3、9号线铺轨贯通。加快西站综合交通枢纽、京沪高速铁路天津段、天津站地下直径线等项目建设，启动地铁5、6号线工程。新建改造梅江西路、真理道等一批城市道路。推进南水北调干线及配套工程，启动独流减河治理工程。
河北	推进石武、津秦等客运专线及大广、保阜等高速公路建设，新增铁路通车里程280公里、总里程达到5400公里，新增高速公路通车里程768公里、总里程突破4000公里；加快推进南水北调中线河北段工程，抓好省内配套建设。开工一批，力争天威特高压输变电设备、曹妃甸码头二期工程、邯黄铁路等577个项目开工建设。
山西	山铁路建设，确保太中银铁路建成通车、太原铁路客运南站工程竣工，加快大西客运专线、山西中南部铁路通道等项目建设，开工建设运城至三门峡等项目。公路建设，继续抓好2000公里高速公路在建项目，再新开工1000公里高速公路，同时确保今年年底建成1000公里高速公路；完成国省干线公路改造1000公里；新（改）建农村公路1万公里。机场建设，完成太原、大同、运城机场改扩建工程，加快推进吕梁、五台山机场建设。省城十大建筑，确保中国(太原)煤炭交易中心、山西体育中心、省图书馆、省科技馆竣工。
内蒙古	铁路方面，在抓好续建项目的同时，力争新开工呼和浩特至张家口快速客运等12个重点铁路项目，做好通辽和赤峰至北京快速客运通道开工准备工作。公路方面，突出抓好与周边省区市连通的高速公路、呼包鄂通畅工程和农村牧区公路建设，建设总规模1.7万公里，其中高速公路1790公里、一级公路1740公里。机场方面，开工建设霍林河机场、阿拉善通勤机场，建成巴彦淖尔机场和阿尔山机场。

华东地区钢材市场

一、2009年华东地区宏观经济形势

2009年，华东地区完成生产总值135191.06亿元，占全国GDP的40.31%。其中，上海市生产总值14900.93亿元，同比增长8.2%，低于全国0.5个百分点；江苏省生产总值34061.2亿元，同比增长12.4%，高于全国3.7个百分点；浙江省生产总值22832亿元，同比增长8.9%，高于全国0.2个百分点；安徽省生产总值10052.9亿元，同比增长12.9%，高于全国4.2个百分点；福建省生产总值11949.53亿元，同比增长12%，高于全国3.3个百分点；江西省生产总值7589.2亿元，同比增长13.1%，高于全国4.4个百分点；山东省生产总值33805.3亿元，同比增长11.9%，高于全国3.2个百分点。

2009年，华东地区规模以上工业完成增加值60142.85亿元，实现利润13498.46亿元。分省市看，上海市规模以上工业增加值5152.02亿元，增长3%，实现利润总额1405.74亿元，增长43.8%。江苏省规模以上工业企业完成增加值16727.1亿元，增长14.6%，实现利润3865.4亿元，增长24.3%。浙江省规模以上工业增加值8232亿元，增长6.2%，实现利润2041亿元，增长34.4%。安徽省规模以上工业增加值3987.9亿元，增长22.6%，实现利润514.9亿元，增长50.1%。福建省规模以上工业增加值4585.23亿元，增长13%，实现利润784.27亿元，增长35.6%。江西省规模以上工业增加值2610.8亿元，增长20.1%，实现利润496.75亿元，增长49.5%。山东省规模以上工业企业实现增加值18847.8亿元，增长14.9%，实现利润4390.4亿元，增长14.4%。

2009年，华东地区社会固定资产投资76065.56亿元，占全国固定资产投资的33.83%。分省市看，上海市完成5273.33亿元，江苏省18751.6亿元，浙江省10742亿元，安徽省9263.2亿元，福建省6362.03亿元，江西省6642.4亿元，山东省19031亿元，分别比上年增长9.2%、24.5%、15.2%、36.2%、20%、40%和23.3%。

2009年，华东地区全年社会消费品零售总额48135.17亿元，占全国消费品零售总额的38.4%。各省市的社会消费品零售总额分别为：上海市

表1 2009年华东地区宏观经济运行指标

指标	数额或增幅	全国	上海	江苏	浙江	安徽	福建	江西	山东
2008年GDP	数额（亿元）	300670.0	13698.2	30312.6	21486.9	8874.2	10823.1	6480.3	31072.1
	同比增幅（%）	9.0	9.7	12.3	10.1	12.7	12.9	12.6	12.1
2009年GDP	数额（亿元）	335353.0	14900.9	34061.2	22832.0	10052.9	11949.5	7589.2	33805.3
	同比增幅（%）	8.7	8.2	12.4	8.9	12.9	12	13.1	11.9
规模以上工业增加值	增幅（%）	11.0	3.0	14.6	6.2	22.6	13.0	20.1	14.9
社会消费零售总额	数额（亿元）	125343.0	5172.8	11484.1	8622.0	3527.8	4481.0	2484.4	12363.0
	增幅（%）	15.5	14	18.9	15.9	19	16.5	19.3	19.1
出口总值	数额（亿美元）	12017.0	1419.1	1992.4	1330.0	88.9	533.3	73.6	795.6
	增幅（%）	−16.0	−16.2	−16.3	−13.8	−21.8	−6.4	−4.7	−14.6
进口总值	数额（亿美元）	10056.0	1358.2	1395.9	547.0	67.5	263.3	53.0	590.4
	增幅（%）	−11.2	−11.1	−9.5	−3.7	−23.5	−5.4	−10.2	−9.1

5172.88亿元，江苏省11484.1亿元，浙江省8622亿元，安徽省3527.8亿元，福建省4480.99亿元，江西省2484.4亿元，山东省12363亿元，分别比上年增长14%、18.9%、15.9%、19%、16.5%、19.3%和19.1%。

2009年，华东地区进出口贸易总额完成10508.29亿美元，占全国总额的47.61%。其中，出口额为6232.97亿美元，占全国出口总额的51.87%；进口额为4275.32亿美元，占全国进口总额的42.52%。分省市看，上海市全年进出口总额2777.31亿美元，比上年下降13.8%；其中出口额1419.14亿美元，下降16.2%；进口额1358.17亿美元，下降11.1%。江苏省进出口总额3388.3亿美元，比上年下降13.6%；其中出口额1992.4亿美元，下降16.3%；进口额1395.9亿美元，下降9.5%。浙江省进出口总额为1877亿美元，比上年下降11.1%；其中出口额1330亿美元，下降13.8%；进口额547亿美元，下降3.7%。安徽省进出口总额156.4亿美元，比上年下降22.5%；其中出口额88.9亿美元，下降21.8 %；进口额67.5亿美元，下降23.5%。福建省进出口总额796.63亿美元，比上年下降6.1%；其中出口额 533.29亿美元，下降6.4%；进口额263.34亿美元，下降5.4%。江西省进出口总额126.65亿美元，比上年下降7%；其中出口额73.64亿美元，下降4.7%；进口额53.01亿美元，下降10.2%。山东省进出口总额1386亿美元，比上年下降12.4%；其中出口额795.6亿美元，下降14.6%；进口额590.4亿美元，下降9.1%。

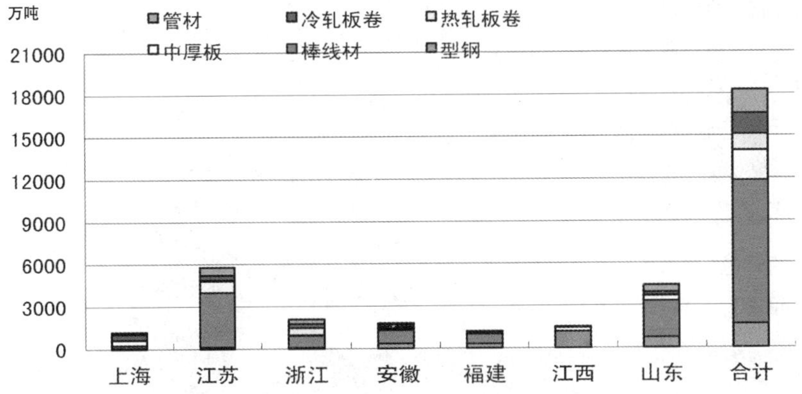

图1 2009年华东地区各省市钢材产品产量结构

二、2009年华东地区钢铁产品产量、地区流向及进出口分析

2009年全年华北地区粗钢产量17,570.67万吨，较2008年的15,853.60万吨增加1,717.07万吨，同比增长10.8%；生铁产量15,848.31万吨，较2008年的13,829.46万吨增加2,018.85

表2 2009年华东地区冶金产品产量

单位：万吨

品种	上海	江苏	浙江	安徽	福建	江西	山东	华东地区合计
粗钢	2032.24	5489.88	1045.64	1759.69	765.04	1620.88	4857.30	17570.67
生铁	1787.48	4590.16	535.96	1661.63	552.90	1446.96	5273.22	15848.31
钢材	2181.37	7859.69	2359.40	2111.95	1341.89	1647.40	5854.31	23356.01
焦炭	660.79	1212.57	229.69	772.94	117.93	626.06	3184.60	6804.58
铁矿石	0.00	542.36	129.03	2594.97	1662.88	680.50	1907.54	7517.28
铁合金	0.00	73.99	34.86	0.17	18.54	5.21	60.63	193.40
型钢	83.17	121.36	82.71	347.93	317.97	3.50	724.68	1681.32
棒线材	164.03	3858.60	826.71	927.28	674.19	1142.72	2576.64	10170.17
中厚板	285.02	973.98	6.49	115.79	89.05	246.57	339.30	2056.20
热轧板	153.07	284.01	291.53	80.66	1.06	34.54	44.72	889.59
冷轧板	389.72	364.66	279.24	163.36	41.80	0.00	256.30	1495.08
钢管	156.57	567.80	334.94	65.60	45.31	49.00	481.08	1700.30

注：热轧板产量为热轧薄板和热轧薄宽带产量之和；冷轧板产量为冷轧薄板和冷轧薄宽带产量之和；钢管产量为无缝钢管和焊接钢管产量之和。

万吨，同比增长14.6%；钢材产量23,356.01万吨，较2008年的20,619.13万吨增加2,736.88万吨，同比增长13.3%。华东地区粗钢、生铁和钢材产量分别占全国的30.9%、29.1%和33.7%。

1. 2009年华东地区冶金产品产量分析

2009年华东地区粗钢产量上半年初期呈现波动上升态势，5-7月份基本稳定，上半年产量同比均有小幅下滑。下半年走势与2008年刚好相反，呈阶梯式上升态势，年末小幅下滑。11月份产量1,636.81万吨为全年最高值，同时该月同比增速57.8%也为全年最高，11月份之前逐渐上升，12月份小幅回落，但仍高达33.8%。

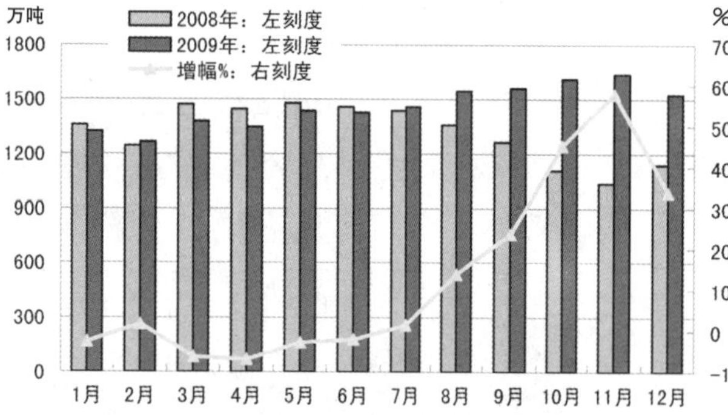

图2 2008-2009年华东地区粗钢月度产量

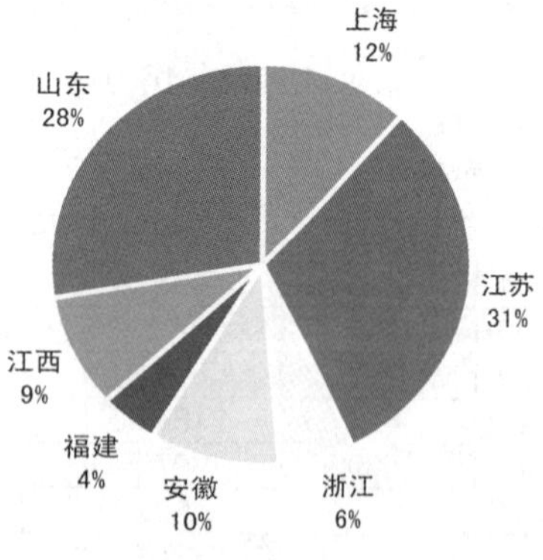

图3 2009年华东地区粗钢产量省份分布

2009年华东地区生铁产量整体表现为增加态势，上半年增幅较慢，其中5月份略有下降，下半年上升较快。相比于2008年，上半年产量基本持

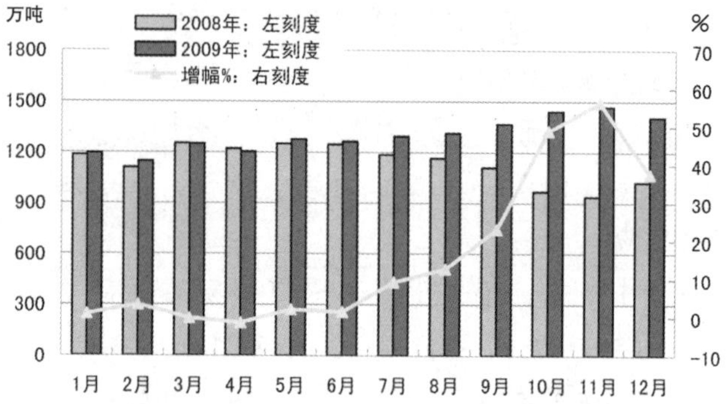

图4 2008-2009年华东地区生铁月度产量

平，下半年则持续增加，同时由于2008年同期产量快速递减，故增幅普遍较高，且呈递增趋势，至11月份达到最高点56.4%，同时11月份产量1,468.11万吨也是全年最高值，12月份产量和增速均有所回落。从华东地区2009年全年生铁产量占比来看，山东占34%，江苏占29%，上海占11%，安徽占10%，江西占9%，福建占4%，浙江占3%。

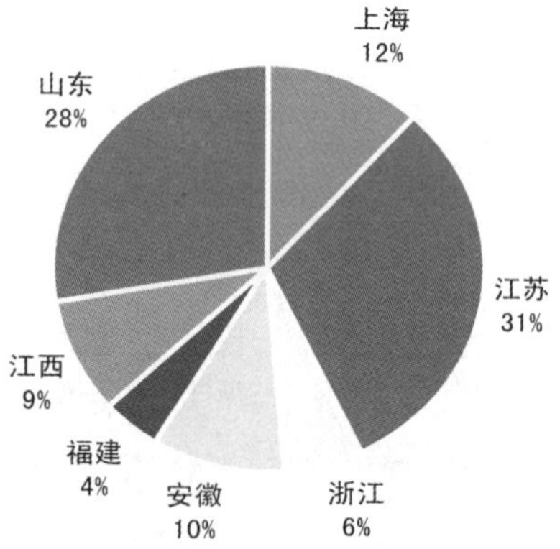

图5 2009年华东地区生铁产量省份分布

2009年华东地区钢材产量全年呈现缓慢增加态势，其中2月份和12月份有小幅回落，11月份达到最高点2,177.24万吨。钢材产量同比增幅也呈缓慢上涨态势，年初增速为-7%，2月份出现峰值3%，11月份达到全年最大值44.9%，年末大幅回落至26%。华东地区2009年钢材产量占比上看，江苏占34%，山东占25%，浙江占10%，上海占9%，江西占7%，安徽占9%，福建占6%。

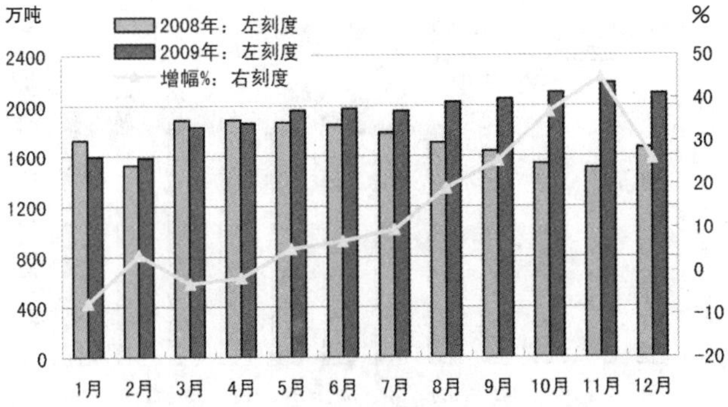

图6 2008-2009年华东地区钢材月度产量

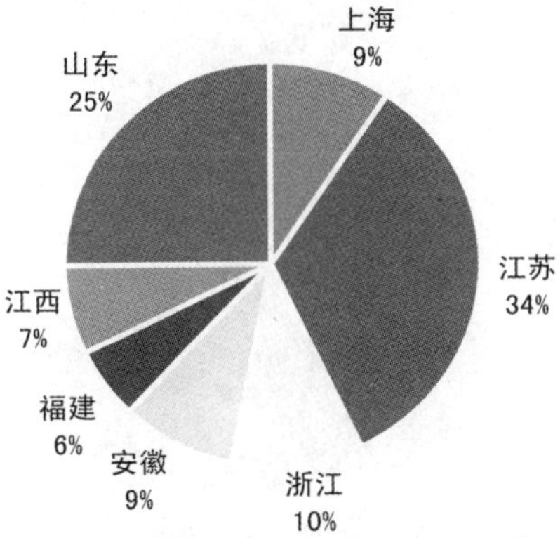

图7 2009年华东地区钢材产量省份分布

2009年，华东地区焦炭产量9月之后迅速增长，10月份达到全年最高点304.34万吨，随后迅速下降，12月份产量203.55万吨，仅为最高点的66.9%。同比增幅呈现为波动上升趋势，由年初的负增长率逐步上升，8月份起从18%急剧上升至10月份的全年最大增幅134%，11月和12月回降至55%左右。从2009年全年华东地区焦炭产量来看，山东占47%，江苏占18%，安徽占11%，上海占10%，江西占9%，浙江占3%，福建占2%。

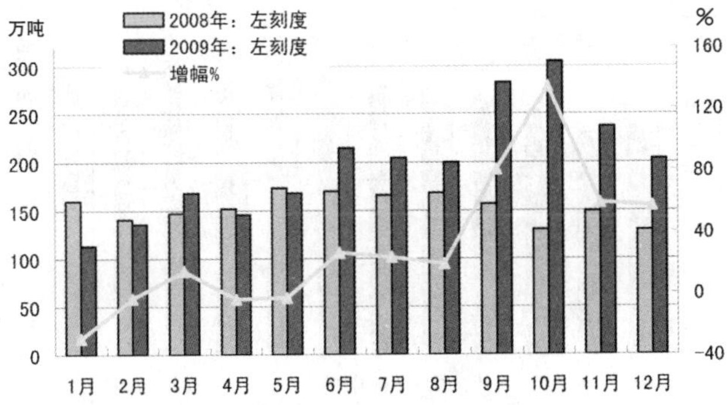

图8 2008-2009年华东地区焦炭月度产量

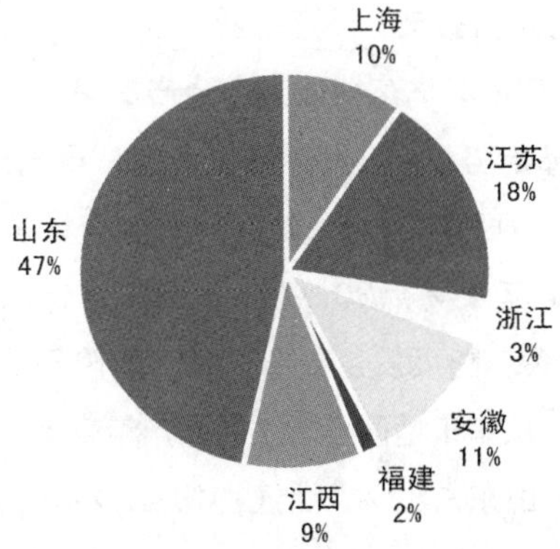

图9 2009年华东地区焦炭产量省份分布

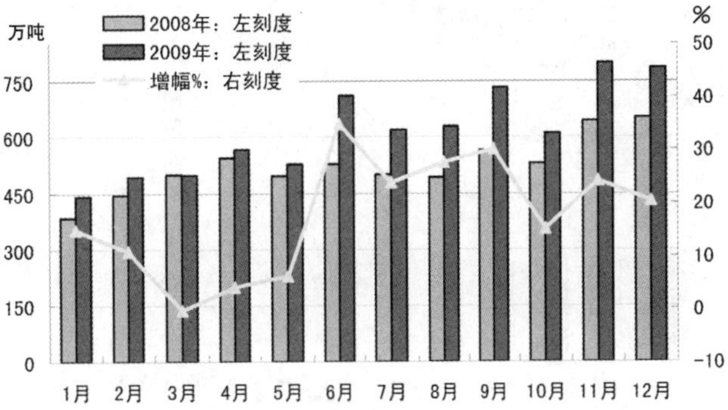

图10 2008-2009年华东地区铁矿石月度产量

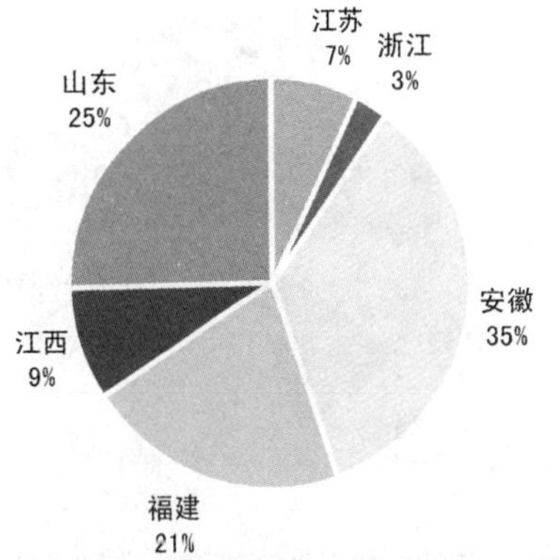

图11 2009年华东地区铁矿石产量省份分布

2009年华东地区铁矿石产量呈大幅波动增加趋势，1-4月份阶梯式缓慢上涨，从全年最低点442.17万吨增至4月份的566.55万吨。5月份起发生三次U型先降后增变化，分别于6、9、11月份达到高峰，其中11月产量799.09万吨，为全年最高点。同比增幅6月最高，为34.8%，6月之前也为U型变化，之后发生两次高位波动，增幅维持在25%左右。从全年产量占比来看，安徽占35%，山东占25%，福建占21%，江西占

9%，江苏占7%，浙江占3%。

2009年华东地区铁合金产量呈现明显的先增后降走势，1-7月份低位盘整，最高点为3月份的14.09万吨，8月份起开始急速增长至10月份的全年最高点30.97万吨，10月份增速高达287.1%。随后发生暴降，12月份降至最高点的43%。从华东地区全年铁合金产量来看，江苏占37%，山东占32%，浙江占18%，福建占10%，江西占3%。

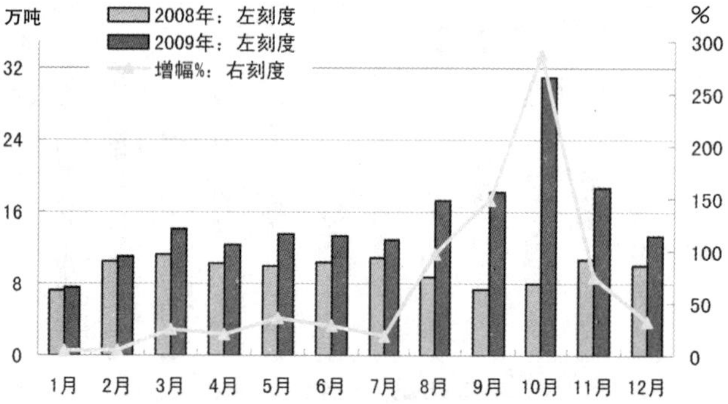

图12 2008-2009年华东地区铁合金月度产量

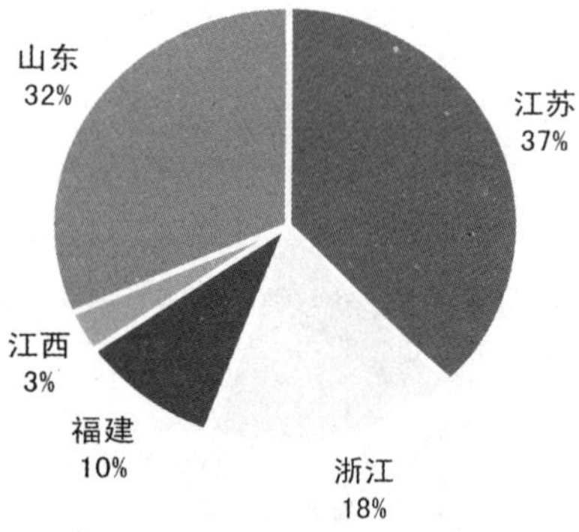

图13 2009年华东地区铁合金产量省份分布

2009年华东地区型钢产量也呈现出先增后降态势，起初缓慢上涨，至4月份维持平稳，8月份小幅回落，随后阶梯式上涨，至10月份达到全年最高点161.13万吨，同时产量同比增幅也达到全年最高点94.3%，11、12月份产量和增幅都直线下滑，达到基本相当于7月份的水平。全年产量占比上，山东占43%，安徽占21%，福建占19%，江苏占7%，上海占5%，浙江占5%。

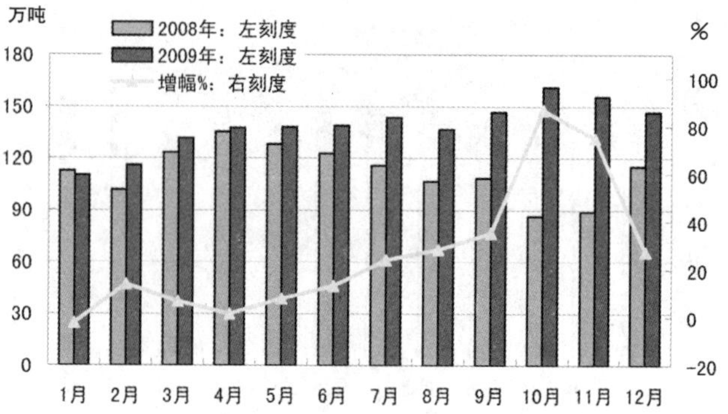

图14 2008-2009年华东地区型钢月度产量

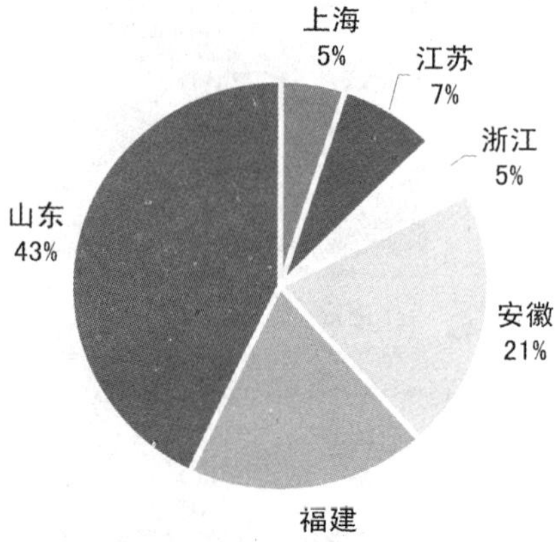

图15 2009年华东地区型钢产量省份分布

2009年华东地区棒线材产量表现为先增后降态势，10月份是高峰，产量944.42万吨为全年最高。10月份之前震荡上行，2月份产量为全年最低715.51万吨。11月份之后缓慢下降，但仍维持在高位。8-12月份同比增幅普遍较高，维持在25%以上，其余时间增幅较小，均小于15%。2009年全年华东地区棒线材产量占比上看，江苏占38%，山东占25%，江西占11%，安徽占9%，浙江占8%，福建占7%，上海占2%。

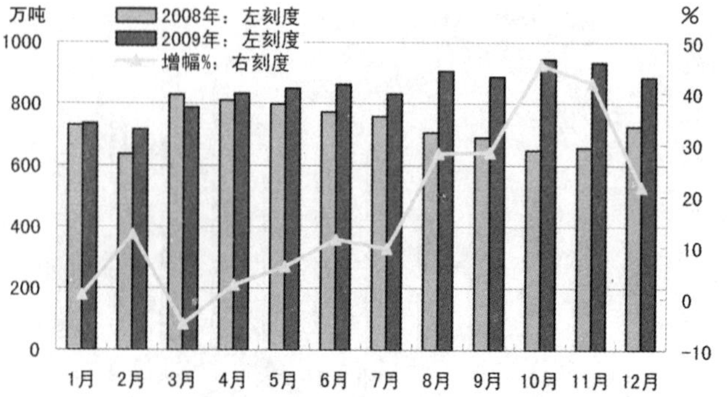

图16 2008-2009年华东地区棒线材月度产量

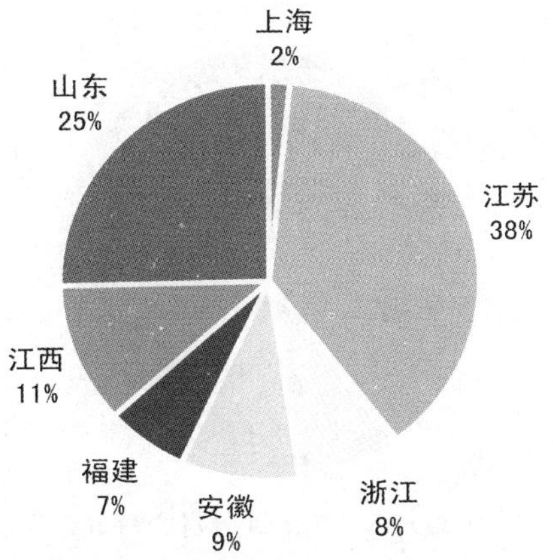

图17 2009年华东地区棒线材产量省份分布

2009年华东地区中厚板产量总体表现为先增后降态势。1-3月份连续增加，4月份小幅回落后5月份大幅反弹，升至年度最高点198.06万吨。5月份之后小幅波动向前，上下浮动不超过30万吨。2009年华东地区中厚板产量相较于2008年有所减少，其中1-8月份明显较低，9月份之后所增加。从全年产量占比来看，江苏占39%，上海占18%，山东占18%，江西占13%，安徽占6%，福建占5%，浙江占1%。

2009年华东地区热轧产量整体表现为震荡增加态势，波动频繁但幅度一般。一季度先降后增，二季度小幅下跌后连续增加，7月份涨至高点，后期经历小幅的先增后降，年底反弹至12月份的全年最高点95.64%。从同比增幅上看，除9月份波动幅度较大外，全年持续波动上涨。从华东地区全年热轧产量占比来看，浙江占34%，江苏占31%，上海占17%，安徽占9%，山东占5%，江西占4%。

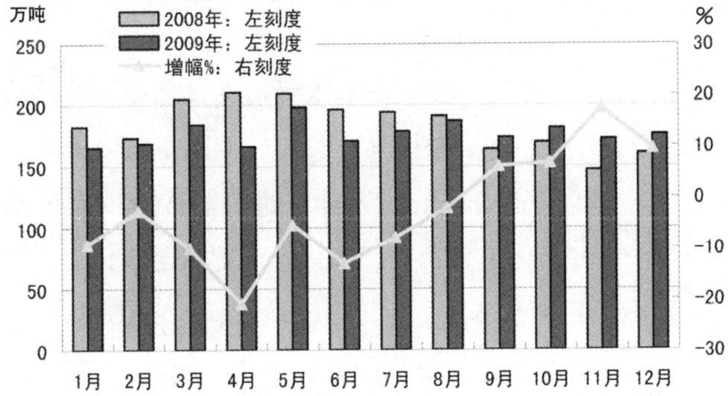

图18 2008-2009年华东地区中厚板月度产量

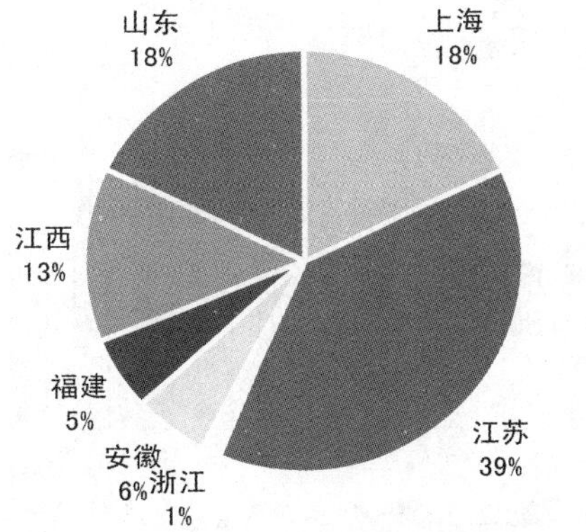

图19 2009年华东地区中厚板产量省份分布

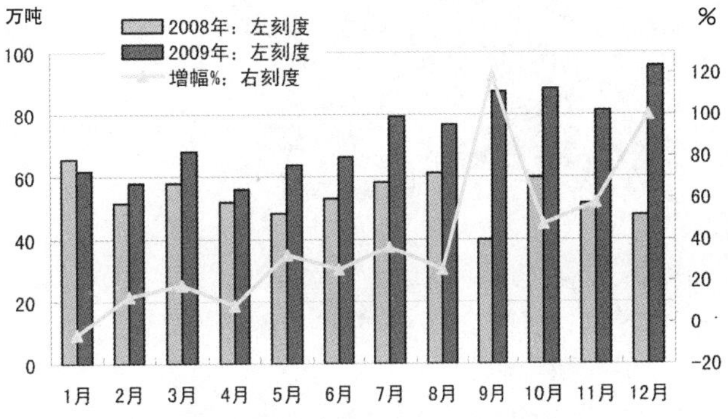

图20 2008-2009年华东地区热轧月度产量

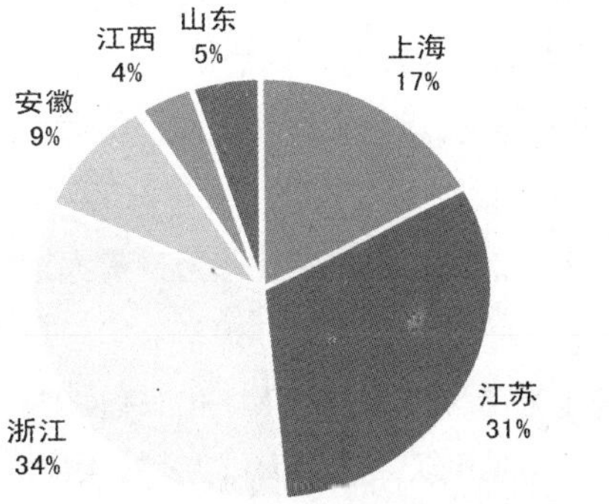

图21 2009年华东地区热轧产量省份分布

2009年华东地区冷轧产量呈稳步上扬态势，全年只有9月份有小幅下跌，跌幅不到0.5%。1月份产量为全年最低91.02万吨，12月份为全年最高150.33万吨。相比于2008年，2009年产量1-4月有所下降，随后增幅一路上涨，至11月份达到最高点63.2%。从华东地区全年产量占比来看，上海占26%，江苏占24%，浙江占19%，安徽占11%，福建占3%。

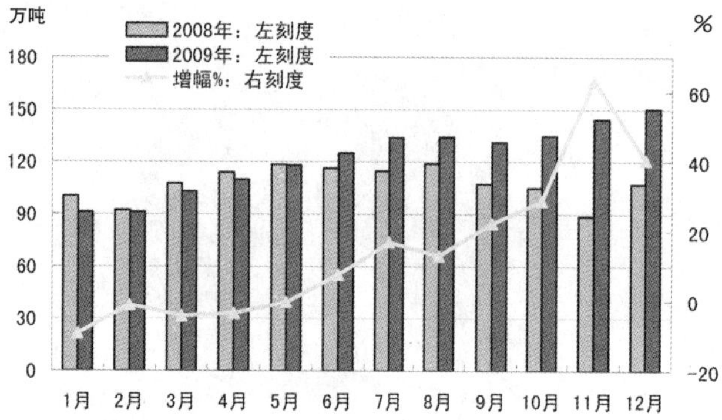

图22 2008-2009年华东地区冷轧月度产量

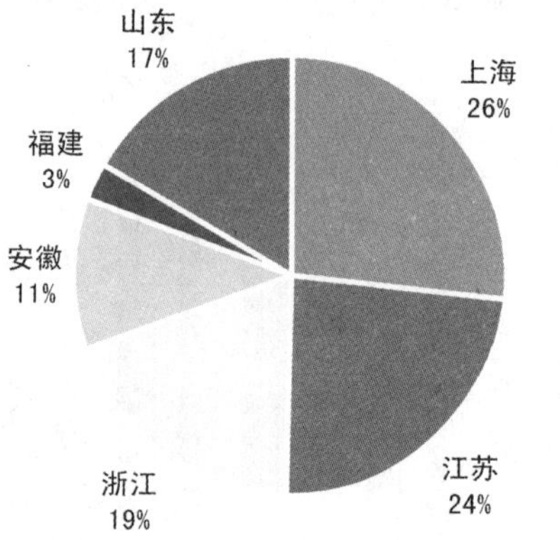

图23 2009年华东地区冷轧产量省份分布

2009年华东地区管材产量总体表现为增长趋势，1-4月份持续增长，至全年最高点167.5万吨，5月份小幅回落，6月份微量上涨，随后一路小幅增长，12月份达到全年次高点161.85万吨。同比增幅表现出与产量类似的变化趋势，最大增幅也发生在4月份，为25.4%。从2009年全年华东地区管材产量占比来看，江苏占32%，山东占29%，浙江占20%，上海占9%，安徽占4%，福建占3%，江西占3%。

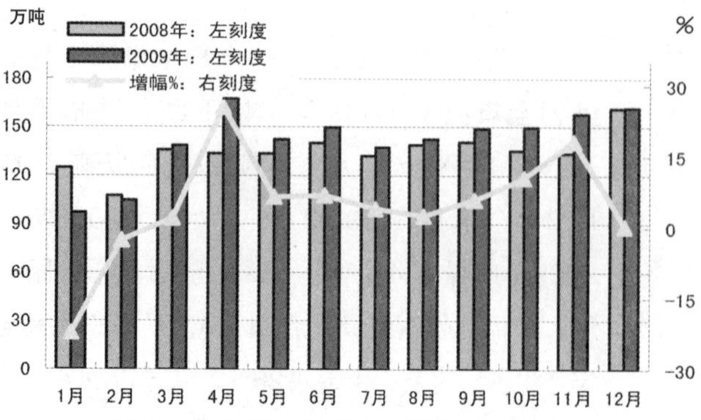

图24 2008-2009年华东地区管材月度产量

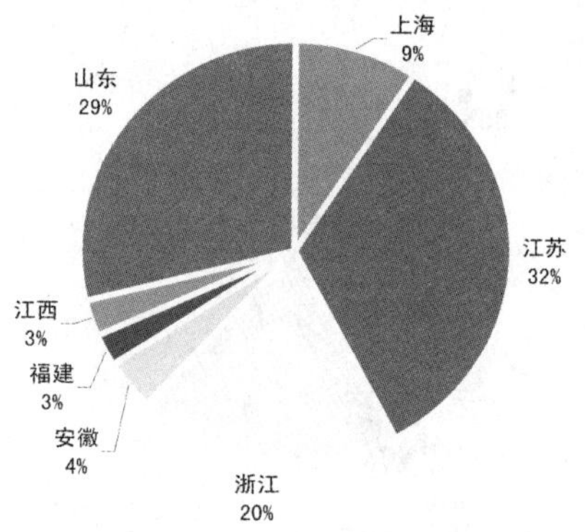

图25 2009年华东地区管材产量省份分布

2. 2009年华东地区内主要钢铁厂产量

华东地区年产粗钢超过两千万吨的钢铁企业只有宝钢集团，年产粗钢千万吨的钢铁企业有江苏沙钢集团、马钢集团、济南钢铁和莱芜钢铁，年产粗钢在500万吨以上的有南京钢铁、新余钢铁、萍乡钢铁和日照钢铁。

3. 2009年钢铁产品华东地区流向统计

2009年全年流向华东地区的钢坯为919.22万吨，钢材产品为15754.21万吨，分别占比36.2%，41.2%。其中，流入的钢材主要为钢筋、中厚宽钢带、线材，棒材、中板、冷轧薄宽带均超过千万吨，分别为2606万吨、2520.9万吨、2488万吨、1727.8万吨、1243.8万吨、1013.9万吨；大型型钢、中小型型钢、特厚板、厚板、热轧薄板、冷轧薄板、热轧薄宽钢带、热轧窄钢带、镀层板（带）、电工钢板带、无缝钢管均达到百万吨。

4. 2009年华东地区钢材进出口分析

2009年华东地区进口钢材774.6万吨，出口725.7万吨，分别占全国钢材进口总量、出口总量的43.9%、29.5%，进口比例高于出口比例，实现净进口量48.9万吨；进口额和出口额分别为82.4亿美元、71.5亿美元，贸易逆差10.9亿美元。从进口看，江苏占比较大，为37.62%，其次为浙江、上海、山东，占比分别为20.57%、17.5%、14.65%；从出口看，江苏占比最大，

表3 2009年华东地区内主要钢铁厂产量

单位：万吨

省市区	企业名称	粗钢	生铁	钢材
上海	宝钢集团有限公司	3886.54	3485.33	3717.42
江苏	南京钢铁集团有限公司	650.22	603.18	601.00
	江苏沙钢集团有限公司	1571.38	1231.54	1548.10
	江苏沙钢集团淮钢特钢有限公司	379.89	370.64	267.01
	江苏永钢集团有限公司	442.98	411.96	435.81
	江苏永钢集团鑫瑞特钢有限公司	103.53	86.28	54.72
	江苏沙钢集团锡兴特钢有限公司	140.80	113.88	22.35
	江苏苏钢集团有限公司	56.49	57.23	58.85
	常州中天钢铁有限公司	510.70	376.51	501.08
	江阴兴澄特种钢铁有限公司	299.10	237.43	223.18
	江苏锡钢集团有限公司	44.03		46.36
浙江	杭州钢铁（集团）公司	345.73	261.28	338.65
	宁波钢铁有限公司	287.40	281.13	266.09
安徽	马钢（集团）控股有限公司	1482.63	1412.65	1421.85
	其中：马钢股份有限公司	1482.61	1412.65	1411.97
福建	福建三钢（集团）有限责任公司	543.23	463.19	501.13
江西	新余钢铁有限责任公司	671.29	628.39	614.26
	方大特钢科技股份有限公司	252.25	229.02	247.67
	萍乡钢铁有限责任公司	636.08	573.36	615.23
山东	济钢集团有限公司	1050.09	971.54	1013.59
	莱芜钢铁集团有限公司	1038.26	1073.04	1032.11
	张店钢铁总厂	42.69	87.27	54.35
	青岛钢铁控股集团有限责任公司	307.89	315.56	300.07
	山东泰山钢铁集团有限责任公司	246.82	236.23	267.70
	济南庚辰钢铁有限公司		78.79	
	山东潍坊钢铁集团公司	217.97	222.88	212.67
	日照钢铁控股集团有限公司	991.00	1063.89	959.06
	山东临沂江鑫钢铁有限公司	123.70	131.43	108.40

为52%，其次为山东（23%）、浙江（10%）、占比最小的为上海（1%）。

华东地区进口钢材中，板材比例最大，为85%，其他几种占比均小于8%，依次为棒线材

表4 2009年钢铁产品华东地区流向统计

品种	华东	
	数量（吨）	占统计%
钢坯	9192230	36.2
其中：方坯	6151321	35.6
板坯	1790746	28.1
钢材合计	157542137	41.2
铁道用材	652481	14.7
大型型钢	3947668	50.1
中小型型钢	1812203	29
棒材	17278111	53.9
钢筋	26060083	34.3
其中：光圆	653415	27.6
带肋	22172493	33.3
盘条（线材）	24880393	44.2
其中：硬线材	5069715	55.7
特厚板	1547202	36
厚板	7436946	42.3
中板	12438234	46.3
其中：热轧中板	10727536	44.5
冷轧中板	63032	37.6
热轧薄板	2764560	74
冷轧薄板	1526045	49.6
中厚宽钢带	25209461	38.7
热轧薄宽钢带	5613176	38.3
冷轧薄宽带	10138972	48.4
热轧窄钢带	7025510	37.1
冷轧窄钢带	52041	19.8
镀层板（带）	3916291	43.2
其中：镀锌板（带）	3253635	42.2
镀锡板（带）	283727	43.9
涂层板（带）	502695	45.9
电工钢板带	2410399	57.9
其中：热轧电工钢板	551681	68.6
冷轧电工钢板（带）	1858718	55.4
无缝钢管	1692836	20.7
其中：热轧无缝钢管	1374144	19
焊接钢管	475056	45.8
其他钢材	161773	35.4

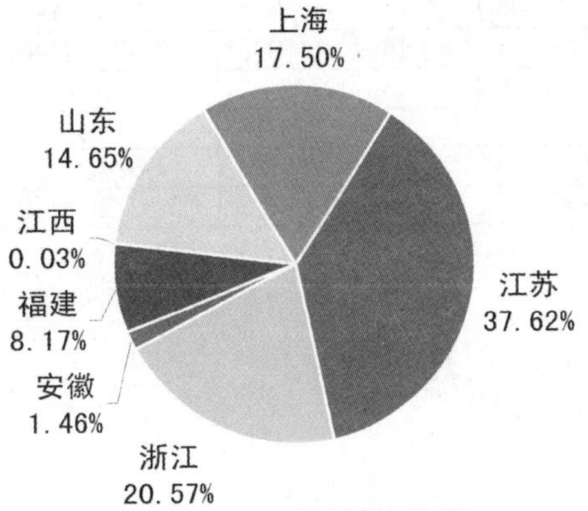

图26 进口钢材各省市比例

表5 2009年华东地区分省市钢材进出口情况

单位：吨，美元

省市区	进口		出口	
	数量	金额	数量	金额
上海	1355719.4	1847669356	56257.91	41554701
江苏	2914040.7	3074464450	3767771	3655534124
浙江	1593056.6	1370400426	705660.5	1074900459
安徽	112807.29	94089003	398152.2	336569268
福建	632614.46	497436643	249358.6	209251771
江西	2385.433	7365054	391283.7	270358018
山东	1135003	1350144160	1688331	1558179430
累计	7745626.9	8241569092	7256815	7146347771
占全国比例%	43.9	42	29.5	32

表6 2009年华东地区分品种钢材进出口情况

单位：吨，美元

品种	进口		出口		净出口（出口—进口）	
	数量	金额	数量	金额	数量	金额
钢材	7745627	8241569092	9337816	9092149070	1592189.45	850579978
棒线材	522899.8	630625471	898169.3	650614547	375269.442	19989076
角型材	202361.4	171130334	352256.7	237550053	149895.269	66419719
板材	6600071	5785329703	5039117	3847275061	-1560954.5	-1938054642
管材	268326.6	1002472955	2206989	2907471234	1938662.13	1904998279
铁道用材	46210.08	129468468	52369.06	79289123	6158.979	-50179345
其他钢材	105757.9	522542161	788916.1	1369949052	683158.141	847406891
特钢	1396069	2532011577	1397088	1363006291	1018.973	-1169005286
大型型钢	46210.08	129468468	52369.06	79289123	6158.979	-50179345
中小型型钢	189352.5	148043367	293578.2	174539189	104225.636	26495822
棒材	13008.91	23086967	58678.54	63010864	45669.633	39923897
钢筋	141287.9	248834520	456815.7	387441904	315527.785	138607384
线材	5376.928	4754842	118742.1	76127436	113365.209	71372594
特厚板	376235	377036109	322611.4	187045207	-53623.552	-189990902
厚钢板	18881.32	42166579	66275.43	42078371	47394.111	-88208
中板	112332.1	107509045	324803	217839027	212470.873	110329982
热轧薄板	383713.1	534695762	908274	673716492	524560.895	139020730
冷轧薄板	250685.8	206906041	12803.43	8239755	-237882.34	-198666286
中厚宽钢带	184860.4	295604607	83114.54	156896980	-101745.88	-138707627
热轧薄宽钢带	694114.8	627461321	732616.1	445693214	38501.252	-181768107
冷轧薄宽带	1572373	753235481	286835.7	164878043	-1285537.7	-588357438
热轧窄钢带	1604635	990174106	409910.3	258504718	-1194724.5	-731669388
冷轧窄钢带	48847.52	142838295	56081.42	67601226	7233.902	-75237069
镀层板（带）	120471.1	291403198	72545.14	97715673	-47925.917	-193687525
彩涂板（带）	1031846	897750746	1145043	912771997	113196.562	15021251
电工钢板（带）	307398.5	351030801	851414.7	732530149	544016.217	381499348
无缝管	269912.2	544553721	89400.15	68809416	-180512.05	-475744305
焊管	103478.7	662486978	1416075	2135498980	1312596.74	1473012002
铸铁管	163040.3	337202980	628042.5	632598424	465002.19	295395444

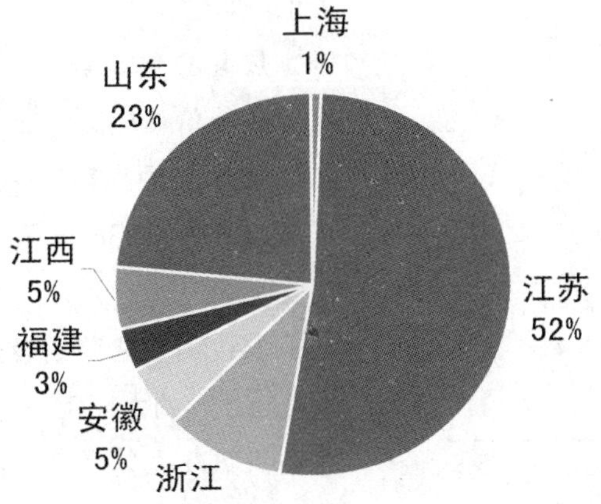

图27 出口钢材各省市比例

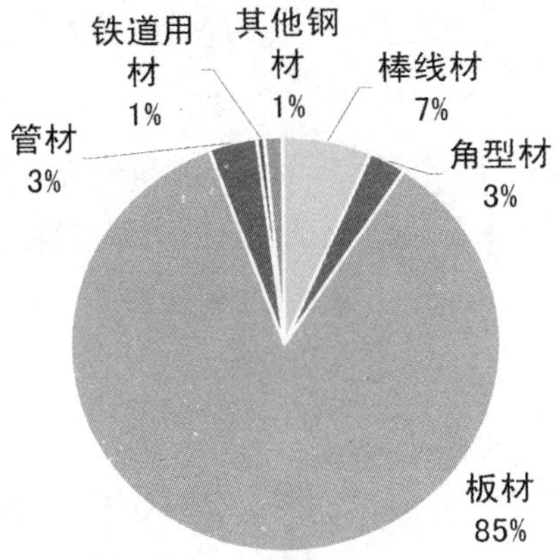

图28 进口钢材品种比例

（7%）、管材（3%），角型材（3%）、其他钢材（1%）、铁道用材（1%）；出口钢材中，也是板材比例最大，占54%，低于进口比例，其次为管材（24%），高于其进口比例，随后依次为棒线材（10%）、其他钢材（8%）、角型材（4%）、铁道用材（1%）。

三、2009年华东地区钢材市场主要钢铁品种价格分析

2009年华东地区MyspiC走势与全国综合指数非常一致，都是在1月份小幅

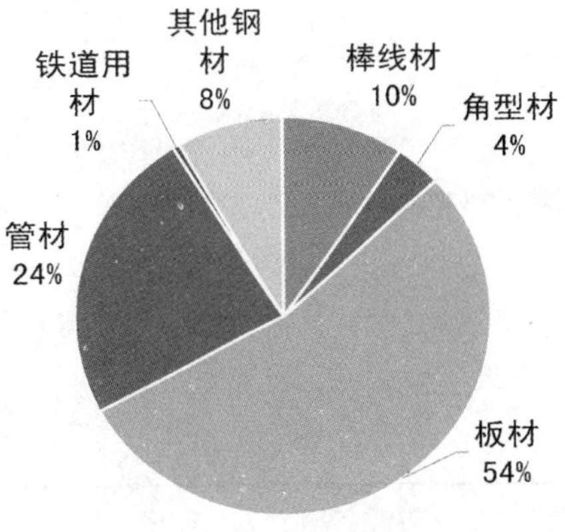

图29 出口钢材品种比例

上涨后，发生下跌——上涨——再下跌——再上涨的变化，不仅趋势接近，其最高点和最低点均非常接近，只在少数时间点略低于全国指数，相差不超过2个基点。

2009年华东地区钢材各品种价格总体走势与综合指数类似，两次波峰均发生在2月份和8月份，波谷均发生在4月份和10月份。

就工字钢而言，波动幅度较为平缓，2月份达到高点3910之后，持续下跌至4月份，达到低点3350，随后上涨至8月份，达到全年最高点4100，后期走势也较为平缓，从波谷3500至年底3680，只上涨了180个基点。

就中厚板而言，其1月份价格上涨较为明显，且在4月份的第一次波谷时价格较高，为3500，相比于1月份的高点3910只下降了410个基点，但在8

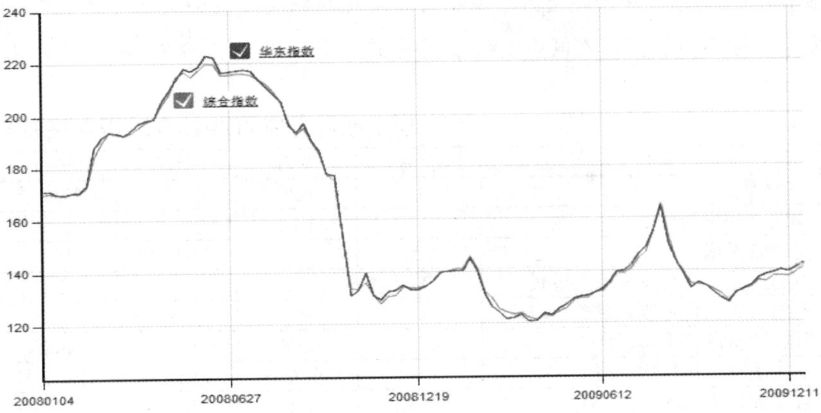

图30 2008年1月–2009年12月华东地区钢材市场MyspiC指数走势

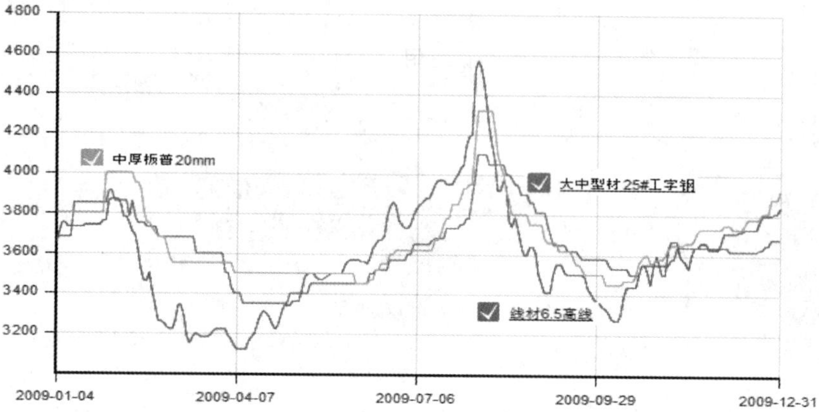

图31 2009年上海地区钢材市场主要钢铁品种价格走势（1）

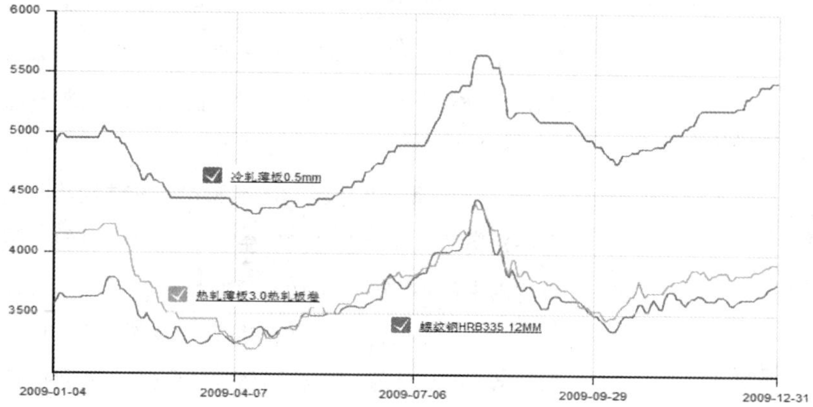

图32 2009年上海地区钢材市场主要钢铁品种价格走势（2）

月份达到高峰时上涨明显，迅速上涨至高点4320，维持了一段时间后下跌。10月份跌速和跌幅均较大，跌幅近900个基点，后期上涨较为迅速。

线材波动最为明显，4月份下跌至3120的低点，随后持续上涨，至8月份达到4570的高点，上涨1450个基点，上涨幅度高达46.5%，在10月份又发生大幅下跌，跌至次低点3280，后期波动上涨趋势也较明显。

热轧总体走势类似，1月份热轧价格较高，维持在4100以上，后期第二次上涨至高点时达到4380，两波峰相差较小。

螺纹钢价格前期较热轧相差较大，约为450个基点，后期与热轧大体保持一致，在8月份最高峰时甚至超过热轧，达到全年最高点4450，进入12月份差距有增大趋势。

冷轧波动形势清晰，且呈现一定的上涨态势。8月份波谷较2月份要高，后期上涨态势明显。

四、2010年华东地区经济及钢铁行业发展展望

2010年，华东地区各省市在政府工作报告中列出了经济发展目标（见表7）。另外，该地区的主要钢铁生产企业在产能建设上的项目见表8，与钢铁有关的基础建设和重大建设项目内容见表9。

2009年华东地区仍保持高速发展，华东地区内各主要钢铁厂在进一步淘汰落后产能的同时，也

表7 华东地区各省市2010年经济发展目标

指标	上海	江苏	浙江	安徽	福建	江西	山东
GDP增长	8%以上	10%	9%左右	10%以上	10.5%左右	11%	10%左右
国定资产投资增长		18%		20%	16%	30%	18%左右
财政收入增长	8%	10%	6%以上	12%	11%	12%	11%左右
城镇居民人均可支配收入增长		10%	7%	8%	8%	8%	7%以上
农村居民人均纯收入增长		9%	7%	7%	5%	8%	7%以上
社会消费品零售总额增长		17%		17%	15%	16%	16%左右
居民消费价格指数涨幅		3%左右	4%以内	3%左右	3%左右	3%左右	3%左右
城镇登记失业率	4.5%左右	4%以内	4%以内	4.5%以内	4.3%以内		4%以内

数据来源：各省市2010年政府工作报告

在加紧新增产能的建设和原有设备的技术改造。另外，宝钢集团入主宁波钢铁公司，山东钢铁集团与日照钢铁签订重组协议，首钢成功重组长治钢铁公司，对钢铁贸易结构的改变和生产成本的控制力度有很大影响。2010年各省市的基础建设项目，如公路、铁路、机场、水利航运工程等的建设，以及下游产业，如造船、汽车等行业的发展需求，将对钢铁产业的发展起到拉动作用。

表8 华东地区主要钢铁生产企业产能动向

企业名称	新增、改造或淘汰产能	备注
宝钢集团有限公司	分公司连退/镀锌中试机组提前完成设备调试	2009年1月
	炉卷热轧项目板材生产线热负荷试车圆满成功	2009年7月
	黄石20万吨1450mm单机架6辊可逆轧机热试车成功	2009年7月
	湛江球团项目投产	2009年9月
	首条自主集成连退机组投产，年产量86万吨	2009年12月
	自主集成具有世界一流水平的冷轧生产线投产	2009年12月
	不锈钢事业部冷轧不锈钢产线建成投产，年产不锈钢卷66万吨	2010年2月
	汽车板公司第3条溶融镀锌钢板生产线	2010年2月启动
南京钢铁集团有限公司	宿迁南钢金鑫轧钢项目 投资7.2亿元，年产40万吨船用球扁钢、电力角钢	2009年6月建成投产
	中冶赛迪国内自主设计的最大开坯机投产	2009年7月
江苏沙钢集团有限公司	焦化四期正式投产 年产焦炭200万t，发电量达3.2亿kWh	2009年7月
	2号5000mm宽厚板热负荷试车成功	2009年9月
	两烧结机工程正式投入运营	2009年10月
	节能减排高炉技改项目投产，3500mm中厚板项目开工	2009年10月
	5800立方米高炉投产，炼铁能力新增500万吨/年	2009年10月
	8号焦炉顺利投产	2009年10月
济钢集团有限公司	9号焦炉顺利点火烘炉	2009年7月
	400平方米烧结工程热负荷试车一次成功	2009年8月
	210吨转炉顺利投产	2009年12月
莱芜钢铁集团有限公司	4300mm厚板粗轧机热试成功，年产宽厚板180万吨	2009年1月
	磁悬浮列车轨排项目	2009年3月开工建设
	480平方米烧结区域完成联动试车	2009年12月
	400平方米烧结机	2010年3月建成投产
山东泰山钢铁集团有限责任公司	2号1700冷轧机组工程试车成功	2010年1月
宁波钢铁有限公司	五丰塘1号焦炉项目	2009年9月点火烘炉
	3号转炉工程	2009年11月竣工投产
新余钢铁有限责任公司	新转炉顺利投产	2009年2月
	300万吨薄板工程Ⅰ系列正式投产	2009年3月
	360m^{2}烧结机工程（7号机）顺利投产	2009年4月
	300万吨薄板工程	2009年6月完成重点招标
	中冶南方（新余）冷轧电工钢项目	2009年8月开工建设
	阳春新钢铁198平方米烧结机	2009年12月建成投产
	10号高炉竣工投产	2009年11月
	拟建全球最厚直弧形特厚板坯连铸机	2009年11月
萍乡钢铁有限责任公司	九钢技改一期工程投产	2009年1月
	九江钢厂炼钢1号转炉顺利投产	2009年1月
	1080立方米高炉工程	2009年11月开工

表9 2010年华东地区钢铁相关基础及重大建设项目

省市	钢铁相关基础及重大建设项目
上海	基本建成虹桥综合交通枢纽及其配套快速路，确保虹桥国际机场扩建工程按期投入运营。继续加快轨道交通网建设，全面开工建设轨道交通11号线北段二期和南段、12号线、13号线一期，建成并投入运营轨道交通2号线延伸段、10号线，轨道交通运营线路总长达到430公里左右。建成龙耀路隧道、闵浦二桥，推进军工路、长江西路、虹梅南路—金海路等越江工程建设。建成沪宁城际铁路、沪杭客运专线上海段，加快建设京沪高速铁路上海段、铁路金山支线，启动建设沪通铁路上海段。加快G40上海段等一批骨干道路建设。完成外滩地区综合交通改造和一批公共交通枢纽工程，用两年时间全部打通区与区之间的对接道路。
江苏	抓好200个重点项目建设，积极规划并组织实施连云港港、太仓港和禄口国际机场、苏南机场以及长江深水航道建设，按期建成沪宁城际铁路、江都至海安等高速公路，加快推进京沪高速铁路江苏段、宁杭城际铁路、南京四桥等过江通道和盐河三级航道建设，尽快开工建设连盐和沪通铁路、临海高等级公路、通榆河南段航道，积极推进南水北调东线一期、新一轮淮河治理、沿海重点供水工程等重大基础设施项目建设。
浙江	加快以“七线两枢纽”为重点的铁路项目和一批公路、航道、机场项目建设，构建便捷、高效、安全的综合交通运输网络。
安徽	大力推进京沪高速铁路安徽段、宁安城际铁路、阜阳至新蔡高速公路、芜申运河安徽段航道整治、马鞍山长江公路大桥、安庆长江铁路大桥、新桥国际机场等重大基础设施项目建设。毫不松懈地抓好项目争取和开工，积极推进新一轮治淮建设，力争开工建设淮化集团煤化工、商丘至合肥至杭州铁路、合肥至庐江至铜陵铁路、望东长江公路大桥、沙颍河航道整治、水阳江治理、滁河治理、淮北虎山电厂、淮南朱集煤矿等重大项目。
福建	构建“三纵六横九环”海峡铁路网，开工浦建龙梅、南三龙等线路，续建14个项目，深化衢宁、长泉等项目前期工作。建设“三纵八横”海西高速公路网，开工10个、续建25个项目，新增通车里程391公里。加快现有机场更新改造和新建、迁建机场的前期工作。
江西	重点抓好27个调整公路建设项目。开工建设赣州至崇 义、奉新至铜鼓等12条高速公路，续建德兴至南昌、九江新长江大桥等7条高速公路，建成鹰潭至瑞金、石城至吉安等高速公路；加快推进萍乡至莲花、寻乌至全南等高速公路前期工作。全年新增高速公路通车里程655公里。重点抓好18个铁路建设项目。力争开工建设昌吉赣客专、九景衢铁路、皖赣铁路新建双线、武九客专等8个项目，续建向莆铁路、衡茶吉铁路、杭南长客专、合福客专等6个项目，建成昌九城际、南昌西外环等4个项目；加快推进鹰潭至梅州、井冈山至赣州、吉安至武夷山等项目前期工作。全年新增铁路营运里程192.6公里。民航方面，力争完成南昌昌北国际机场、景德镇罗家机场扩建工程，续建宜春明月山机场，加快推进三清山机场新建和井冈山机场扩建前期工作。
山东	抓紧开展胶东半岛大型国际机场建设前期工作，开工建设青烟威荣城际铁路等一批铁路和高速公路重点项目，加强环海防潮体系建设。启动济南与周边各市城际轨道交通规划建设，促进区域交通通信一体化。

中南地区钢材市场

一、2009年中南地区宏观经济形势

2009年，中南地区完成生产总值93558.04亿元，占全国GDP的27.9%。其中，河南省生产总值完成19367.28亿元，同比增长10.7%，高于全国2.0个百分点；湖北省生产总值12831.52亿元，同比增长13.2%，高于全国4.5个百分点；湖南省生产总值12930.69亿元，同比增长13.6%，高于全国4.9个百分点；广东省生产总值39081.59亿元，同比增长9.5%，高于全国0.8个百分点；广西生产总值7700.36亿元，同比增长13.9%，高于全国5.2个百分点；海南省生产总值1646.6亿元，同比增长11.7%，高于全国3.0个百分点。

2009年，中南地区全年实现第二产业增加值45651.87亿元，占全国第二产业增加值的29.09%。分省区看，河南省第二产业增加值和全部工业增加值分别为 10968.63亿元、9858.4亿元，分别比上年增长12.2%、11.4%；规模以上工业企业增加值增长14.6%，实现利润2376.99亿元，增长10.7%。湖北省第二产业增加值为5909.42亿元，比上年增长16%；规模以上工业增加值4742.23亿元，增长20.1%；全年全省工业企业实现利润754.22亿元，增长25.2%，1-11月规模以上工业实现利润675.8亿元，增长10.4%。湖南省全省第二产业增加值为5682.19亿元，比上年增长18.9%；规模以上工业增加值4250.06亿元，增长0.5%，实现利润571.9亿元，增长46.1%。广东省第二产业增加值为19270.48亿元，比上年增长8.7%；规模以上工业增加值16148.58亿元，增长8.9%，1-11月实现利润总额2643.08亿元，增长27.7%。广西第二产业增加值为3377.72亿元，比上年增长17.6%；规模以上工业增加值2265.06亿元，增长18.2%，实现利润260.48亿元，增长45.7%。海南省第二产业增加值和全部工业增加值分别为443.43亿元、300.63亿元，分别比上年增长12.6%、7.4%；规模以上工业企业实现增加值277.17亿元，增长7.5%，实现利润85.34亿元，增长1.9倍。

2009年中南地区社会固定资产投资49674.25亿元，占全国固定资产投资的22.09%。分省区看，河南省13704.65亿元，湖北省8211.85亿元，湖南省7695.4亿元，广东省13353.15亿元，广西5706.7亿元，海南省1002.5亿元，分别比上年增长30.6%、41.6%、36.2%、19.5%、50.8%和

表1　2009年中南地区宏观经济运行指标

指标	数额或增幅	全国	河南	湖北	湖南	广东	广西	海南
2008年GDP	数额（亿元）	300670.00	18407.80	11330.40	11156.60	35696.50	7171.60	1459.20
	同比增幅（%）	9.0	12.1	13.4	12.8	10.1	12.8	9.8
2009年GDP	数额（亿元）	335353.0	19367.3	12831.5	12930.7	39081.6	7700.4	1646.6
	同比增幅（%）	8.7	10.7	13.2	13.6	9.5	13.9	11.7
规模以上工业增加值	增幅（%）	11.0	14.6	20.1	0.5	8.9	18.2	7.5
社会消费零售总额	数额（亿元）	125343.0	6746.4	5928.4	4913.7	14891.8	2790.7	534.5
	增幅（%）	15.5	19.1	19.0	19.3	16.3	19.3	19.2
出口总值	数额（亿美元）	12017.0	73.5	99.8	54.9	3589.6	88.7	19.0
	增幅（%）	−16.0	−31.5	−14.8	−34.7	−11.5	13.9	2.0
进口总值	数额（亿美元）	10056.0	60.9	46.6	101.5	2521.6	58.4	70.6
	增幅（%）	−11.2	−9.9	12.7	−19.1	−9.7	−0.9	−18.5

41.4%。

2009年，中南地区全年社会消费品零售总额35805.46亿元，占全国消费品零售总额的28.57%。各省区的社会消费品零售总额分别为：河南省6746.38亿元，湖北省5928.41亿元，湖南省4913.7亿元，广东省14891.76亿元，广西2790.7亿元，海南省534.51亿元，分别比上年增长19.1%、19%、19.3%、16.3%、19.3%和19.2%。

2009年，中南地区进出口贸易总额完成6751.01亿美元，占全国总额的30.58%；其中出口总额为3920.45亿美元，占全国出口总额的32.62%；进口总额为2830.55亿美元，占全国进口总额的28.15%。分省区看，河南省全年进出口总额134.38亿美元，比上年下降23.1%；其中出口额73.46亿美元，下降31.5%；进口额60.92亿美元，下降9.9%。湖北省全年进出口总额172.29亿美元，比上年下降16.8%；其中出口额99.78亿美元，下降14.8%；进口额72.5亿美元，下降19.4%。湖南省全年进出口总额101.5亿美元，比上年下降19.1%；其中出口额54.9亿美元，下降34.7%；进口额46.6亿美元，增长12.7%。广东省全年进出口总额6111.2亿美元，比上年下降10.8%；其中出口额3589.6亿美元，下降11.5%；进口额2521.6亿美元，下降9.7%。广西全年进出口总额 142.06亿美元，增长7.3%；其中出口额88.71亿美元，增长13.9%；进口58.35亿美元，下降0.9%。海南省全年进出口总额89.58亿美元，比上年下降14.9%；其中出口额19亿美元，增长2%；进口额70.58亿美元，下降18.5%。

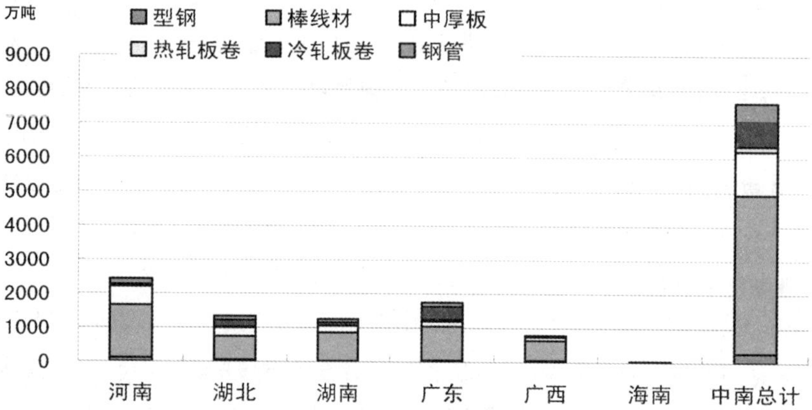

图1 2009年中南地区各省份钢材产品产量结构

二、2009年中南地区钢铁产品产量、地区流向及进出口分析

2009年全年中南地区粗钢产量7,900.66万吨，较2008年的7,293.08万吨增加607.58万吨，同比增长8.3%；生铁产量7,007.52万吨，较2008年的

表2 2009年中南地区冶金产品产量

单位：万吨

品种	河南	湖北	湖南	广东	广西	海南	中南地区合计
粗钢	2,328.99	1,985.30	1,436.55	1,126.57	1,000.01	23.24	7,900.66
生铁	1,944.63	1,956.70	1,380.49	755.86	967.72	2.12	7,007.52
钢材	2,882.47	2,172.33	1,503.55	2,285.51	1,174.86	10.68	10,029.40
焦炭	2,163.06	838.10	542.57	190.93	360.17	0.00	4,094.83
铁矿石	828.38	1,288.54	441.79	1,444.37	134.89	487.32	4,625.29
铁合金	136.79	21.70	228.61	1.88	271.91	0.00	660.89
型钢	101.70	51.85	18.04	45.56	52.16	0.00	269.31
棒线材	1,548.36	686.74	836.90	989.15	603.37	5.79	4,670.31
中厚板	650.69	222.70	222.31	144.20	147.58	0.00	1,387.48
热轧板	43.67	130.63	65.24	122.64	0.00	0.00	362.18
冷轧板	33.98	195.41	93.14	386.88	23.03	4.88	737.32
钢管	164.46	119.87	103.03	125.36	23.20	0.00	535.92

注：热轧板产量为热轧薄板和热轧薄宽带产量之和；冷轧板产量为冷轧薄板和冷轧薄宽带产量之和；钢管产量为无缝钢管和焊接钢管产量之和。

6,245.17万吨增加762.35万吨，同比增长10.7%；钢材产量10,029.40万吨，较2008年的8,858.93万吨增加1,170.47万吨，同比增长13.2%。中南地区粗钢、生铁和钢材产量分别占全国的13.9%、12.9%和14.5%。

1. 2009年中南地区冶金产品产量分析

2009年中南地区粗钢产量整体呈缓慢波动增长趋势。一季度平稳增长之后在4月份出现小幅下降，后期继续增长并于9月份和11月份分别再次下降，12月份增至年度最高点749.3万吨。2009年上半年中南地区粗钢产量相对于2008年同比普遍有小幅下降，下半年开始增加。由于产量增加及2008年同期产量较低，同比增长增幅较大，四季度增长均在30%以上。从2009年全年中南地区粗钢产量来看，河南占比最多，达30%，其次湖北占25%，湖南占比18%，广东占14%，广西占13%。

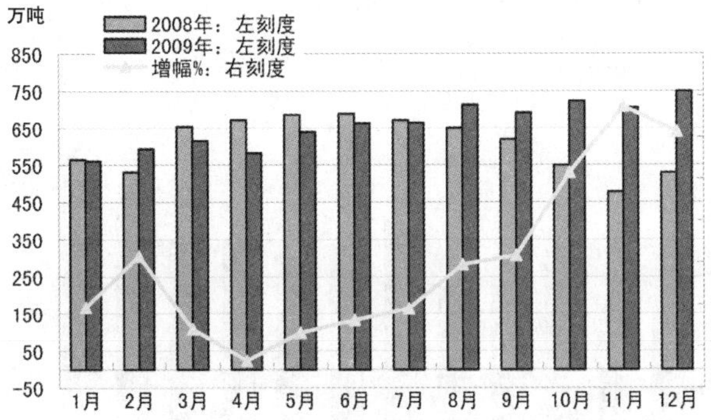

图2 2008–2009年中南地区粗钢月度产量

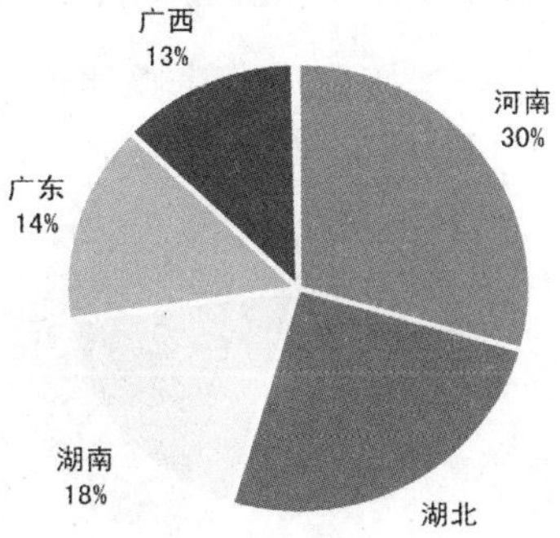

图3 2009年中南地区粗钢产量省份分布

2009年中南地区生铁产量表现出小幅波动上升态势，且增速平缓，最高点为年底的678.1万吨，相对于最低点1月份的494.54万吨只增加了37%。相对于2008年来说，2009年产量一季度有小幅上涨，二季度普遍呈现负增长，三季度恢复小幅增长，四季度则大幅增长，同比增长幅度在前三季度均维持在10%以下，9月份开始迅速攀升，至12月份达到48.8%的高点。2008年全年中南地区生铁产量，湖北占28%，河南占27%，湖南占20%，广西占14%，广东占11%。

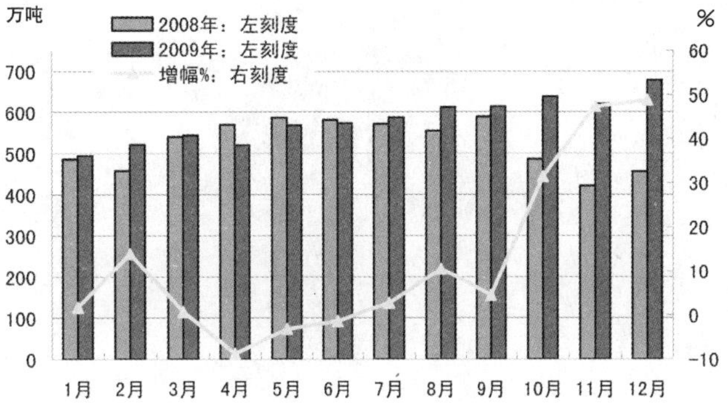

图4 2008–2009年中南地区生铁月度产量

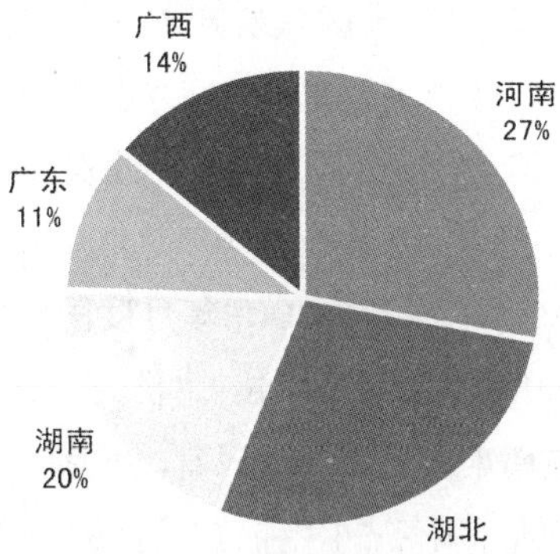

图5 2009年中南地区生铁产量省份分布

2009年中南地区钢材产量整体呈上升趋势，1–6月份呈阶梯式增长，6–9月份小幅先增后降，后期逐月上扬，至年底达到最高水平996.42万吨。月度同比增幅呈双峰形式，低峰为2月份的5.7%，高峰为11月份的47%，11月份同时也是增长幅度最大的月份，达到307.28万吨，12月份增速有所回落，但仍维持在高位38.4%。全年各省市在地区的钢材产量占比分别为：河南占28%，广东占23%，湖北占22%，湖南15%，广西占12%。

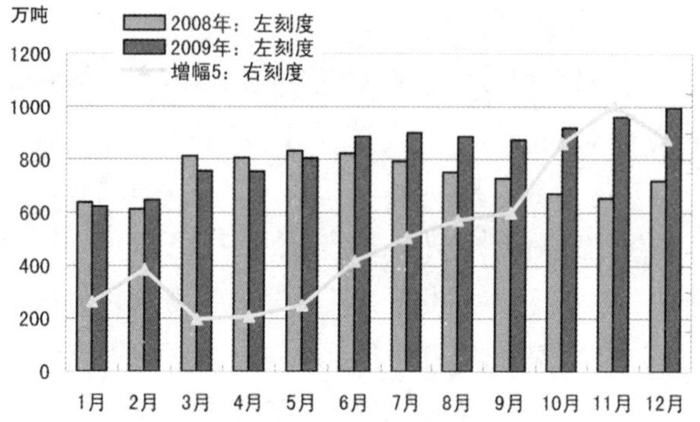

图6 2008–2009年中南地区钢材月度产量

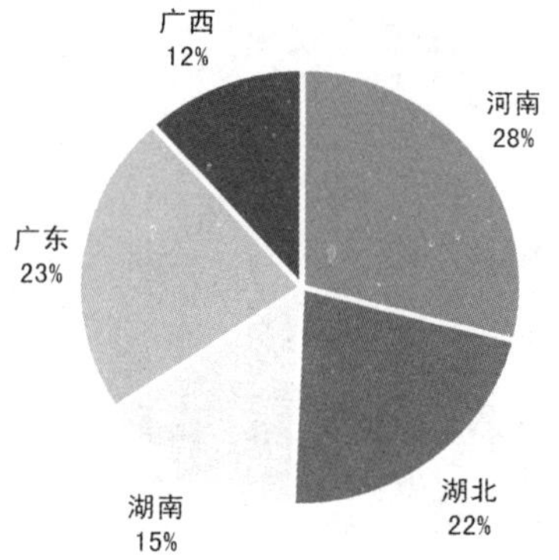

图7 2009年中南地区钢材产量省份分布

2009年中南地区焦炭产量呈现出上升趋势，上半年缓慢波动增长，1月份为全年最低297.68万吨，下半年高位波动，最高点为12月份的377.9万吨，相对于下半年最低点362.99增长不到1%。焦炭产量2009年月度同比增幅也呈现为双峰形式，最低点位4月份的-1.8%。从2009年中南地区焦炭产量来看，河南占53%，湖北占20%，湖南占13%，广西占9%，广东占5%。

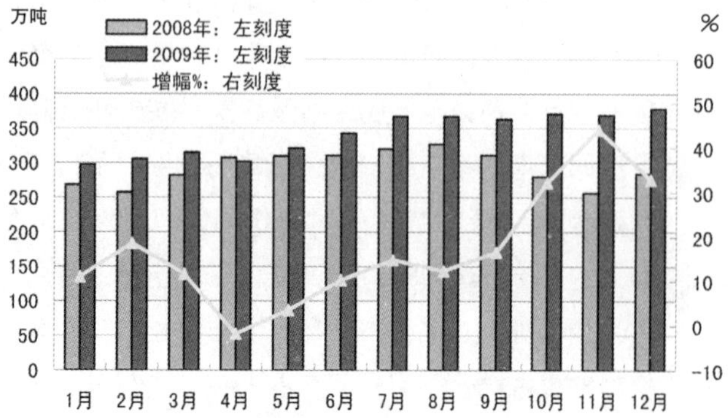

图8 2008–2009年中南地区焦炭月度产量

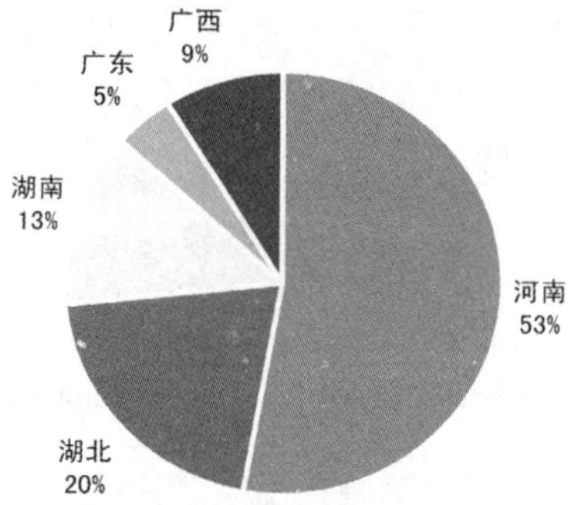

图9 2009年中南地区钢材焦炭省份分布

2009年中南地区铁矿石产量呈现为震荡增加态势。1月份产量250.34万吨，为年度最低。随后波动增长，在3、6、12月份分别达到高峰，三次涨幅都较大，其中12月份产量645.92万吨，为全年最高，涨幅达158%。与2008年同期产量相比，2009年铁矿石产量增幅呈现为先增——后降——再增的趋势，2、3月份同比增幅为次高点，12月达到全年最高点69.8%。从中南地区全年产量占比来看，广东占31%，湖北占28%，河南占18%，海南占11%，湖南占9%，广西占3%。

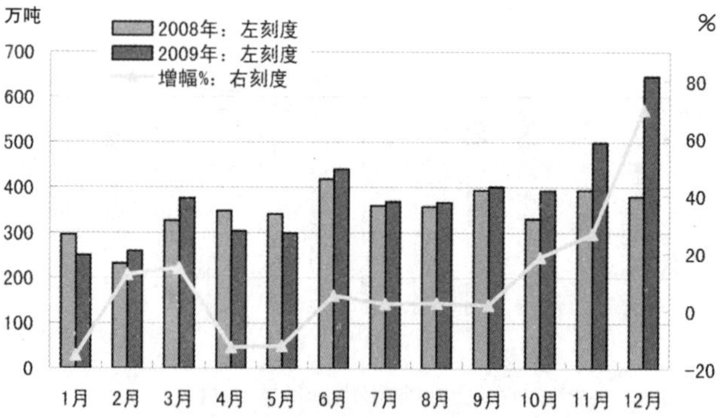

图10 2008–2009年中南地区铁矿石月度产量

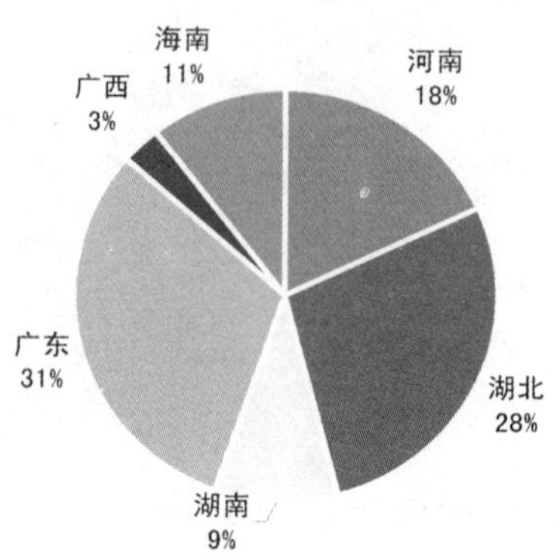

图11 2009年中南地区铁矿石省份分布

2009年中南地区铁合金产量基本保持增长态势，除了4月份和7月份发生小幅回落外，全年基本保持持续增长，上半年增速较小，下半年增速较大，12月份达到全年最高产量79.5万吨。相对于2008年，同比增幅下半年也普遍较大，保持在20%以上，其中最高增幅发生在11月份，为62.2%。从全年中南地区铁合金产量占比来看，广西占41%，湖南占35%，河南占21%，湖北占3%。

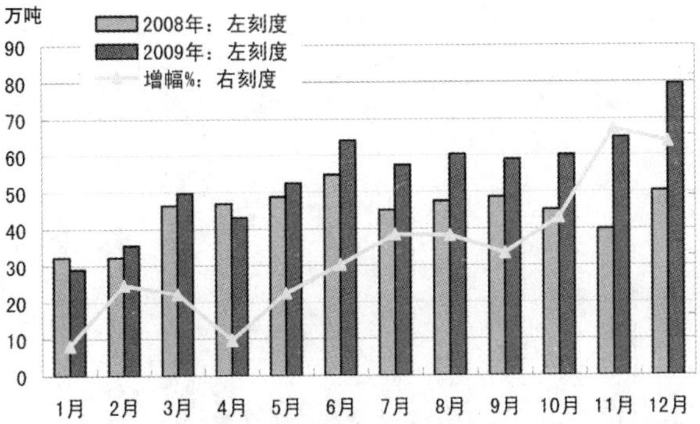

图12 2008–2009年中南地区铁合金月度产量

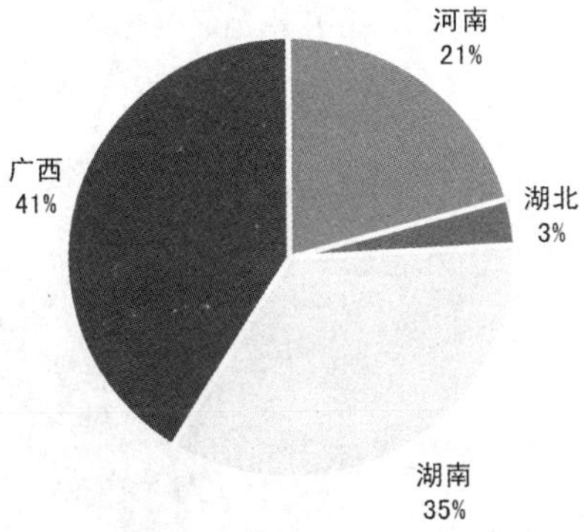

图13 2009年中南地区铁合金省份分布

2009年中南地区型钢产量保持小幅震荡，除3月份波动75%外，其他月份波动均低于20%，全年最大产量为7月份的23.4万吨，最低产量为2月份的9.34万吨，两者相差14.06万吨。相较于2008年，2009年产量同比增幅呈曲折增加态势，由1季度的负增长逐步攀升至10月份的全国最高点110.2%，之后有小幅回落。从全年型钢产量占比来看，河南占38%，广西占19%，湖北占19%，广东占17%，湖南占7%。

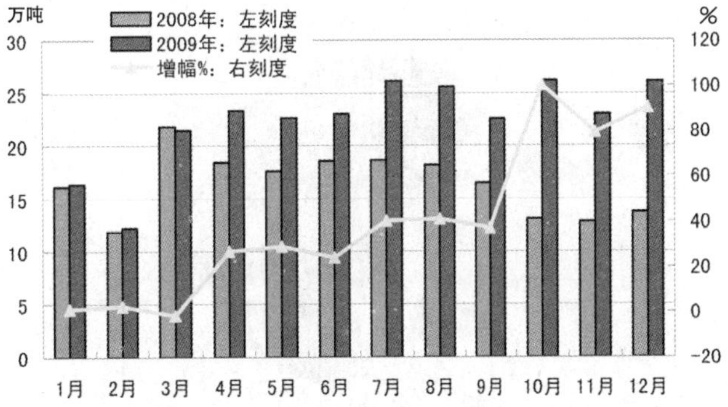

图14 2008–2009年中南地区型钢月度产量

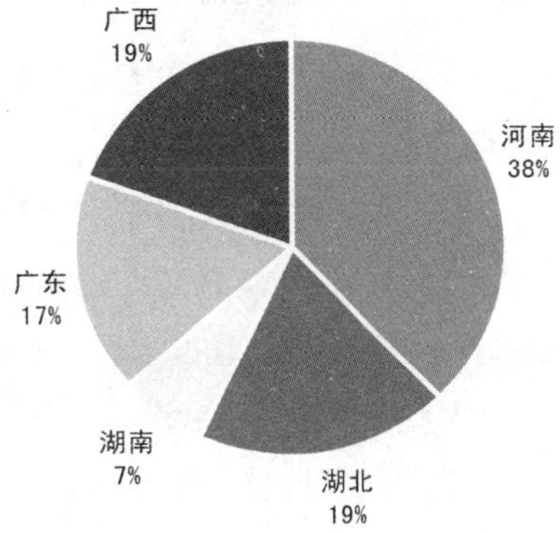

图15 2009年中南地区型钢省份分布

2009年中南地区棒线材产量呈现为曲折增长态势，其中一季度稳步上升，4月份小幅回落之后再上升， 三季度缓慢下降，四季度大幅攀升，12月份达到全年最高点466.5万吨。从同比增幅上看，下半年普遍高于上半年，保持在30%以上，上半年增幅经历先增后降再增的变化攀升至高位，全年最低增幅为4月份的1.2%。从中南地区全年棒线材产量占比来看，河南占33%，广东占21%，湖南占18%，湖北占15%。

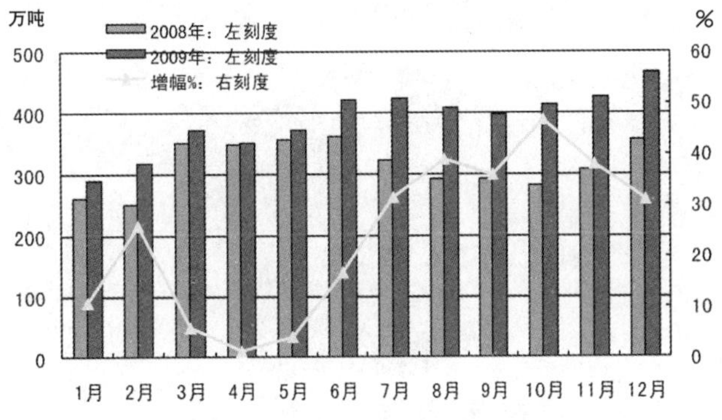

图16 2008–2009年中南地区棒线材月度产量

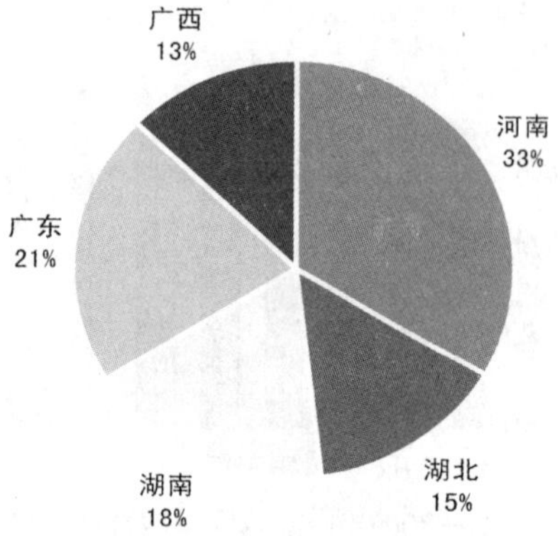

图17 2009年中南地区棒线材省份分布

2009年中南地区中厚板产量波动较频繁，且波动幅度较大。上半年先降后增，于6月份达到高点，7月份继续维持，8月份小幅回落，之后一路增至11月份的全年最高点138.51万吨，12月发生小幅回落。同比增幅上看，5月份之前为负增长，且增长幅度先降后增，下半年增幅较大，其中11月份增幅为全年最高42.4%。从全年产量占比上看，河南占43%，湖北占20%，湖南

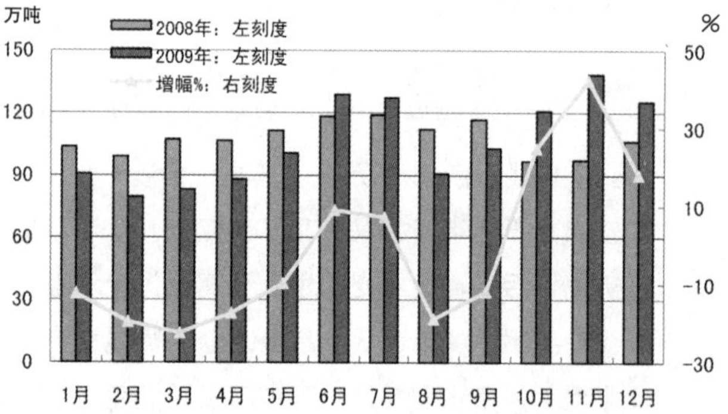

图18 2008−2009年中南地区中厚板月度产量

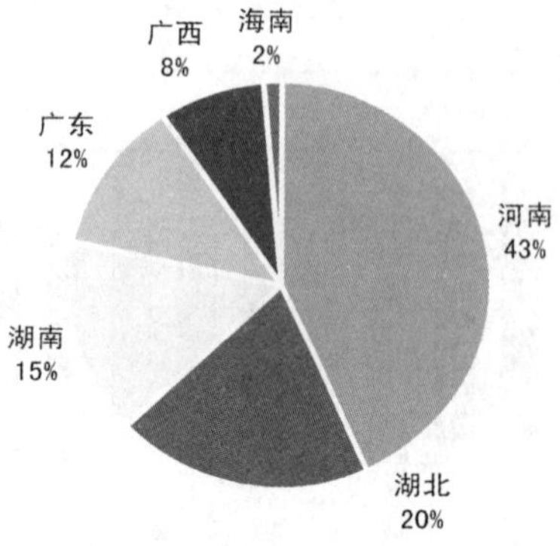

图19 2009年中南地区中厚板省份分布

占15%，广东占12%，广西占85%，海南占2%。

2009年中南地区热轧产量总体表现为先增后降态势，9月份为全年产量高峰37.38万吨，9月份之前波动上涨，10月份大幅下跌，随后又连续增至12月份的次高点。上半年经历两次先增后降，6月份收至全年最低点23.12万吨。相比于2008年，一、四季度产量涨幅明显，二、三季度均为负增长，全年最高同比增幅为2月份的77.5%。从中南地区全年热轧产量占比来看，湖北占35%，广东占35%，湖南占18%，河南占12%。

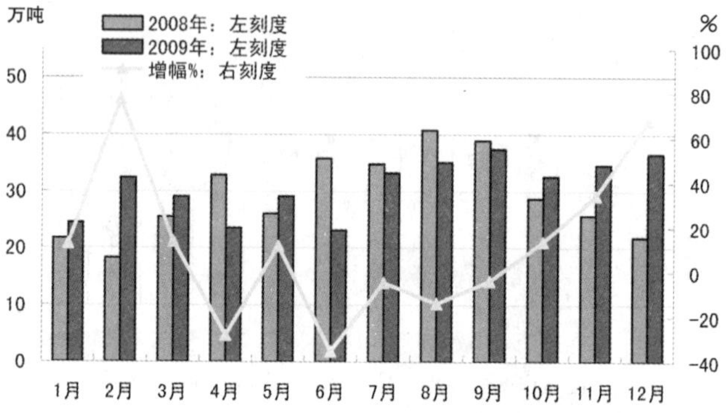

图20 2008−2009年中南地区热轧月度产量

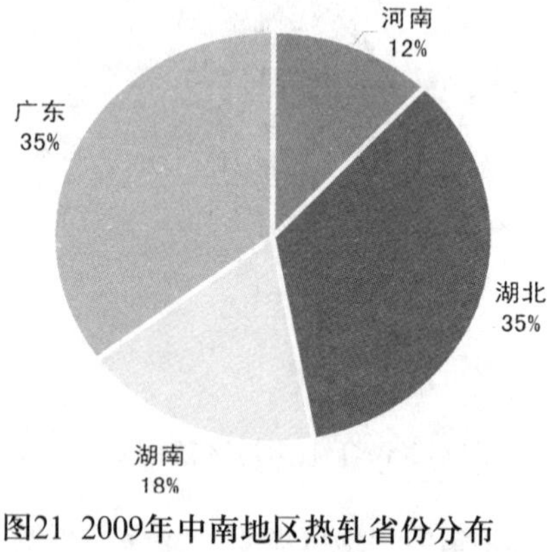

图21 2009年中南地区热轧省份分布

2009年中南地区冷轧产量总体呈现出波动增长态势，全年经过3次U型曲线变化于11月份达到最高点75.62万吨，3次增长分别在4、7、11月份达到高点，其中7月份为全年次高点74.42万吨，只比最高点低0.2%。2009年冷轧同比增幅也呈波动上涨态势，在12月份达到全年最高。从全年中南地区产量占比来看，广东占51%，湖北占27%，湖南占13%，河南占5%，广西占3%，海南占1%。

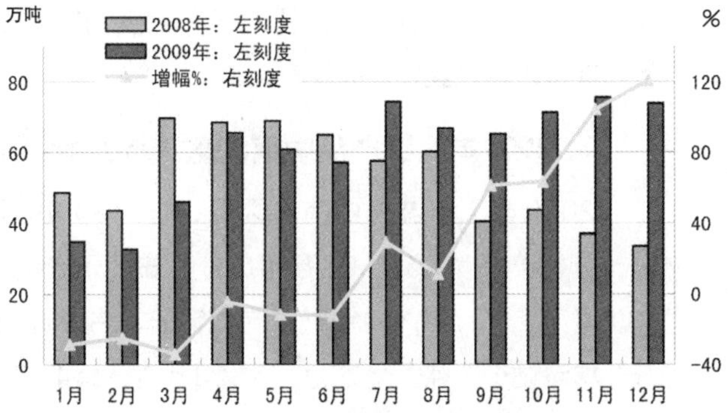

图22 2008–2009年中南地区冷轧月度产量

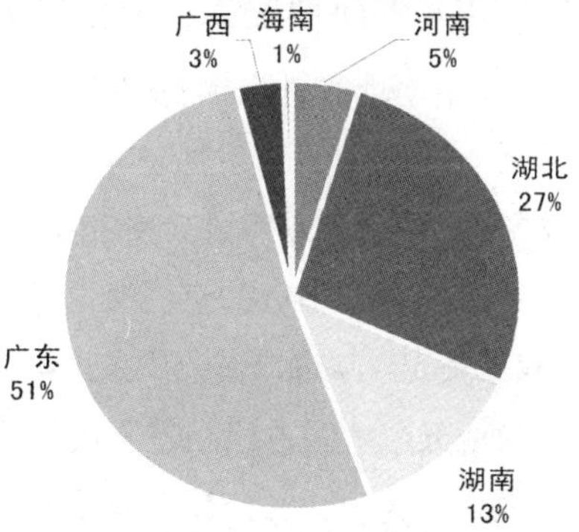

图23 2009年中南地区冷轧省份分布

2009年中南地区管材产量总体表现为波动增长态势，一季度持续上涨，4月份小幅回落后再次增长，至6月份达到高点，三季度连续小幅下跌，四季度又连续增长，涨幅较大，至12月份达到全年最高点58.55万吨。2009年中南地区管材同比增幅也表现出类似趋势，从年初的负增长一路上涨至年底的最大增幅50.5%。从全年管材产量占比来看，河南占30%，湖北占23%，广东占23%，湖南占19%，广西占5%。

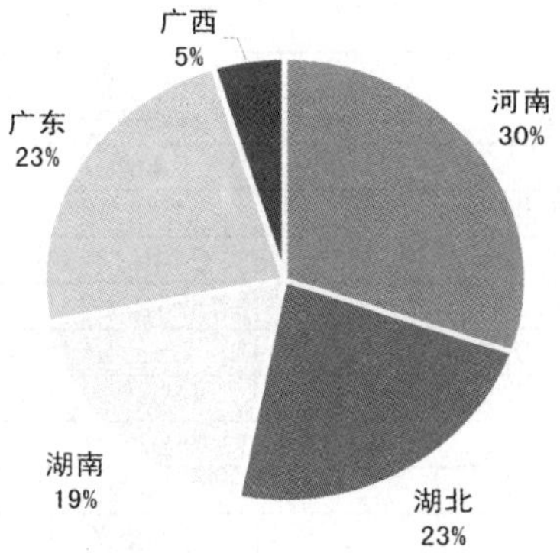

图24 2009年中南地区管材省份分布

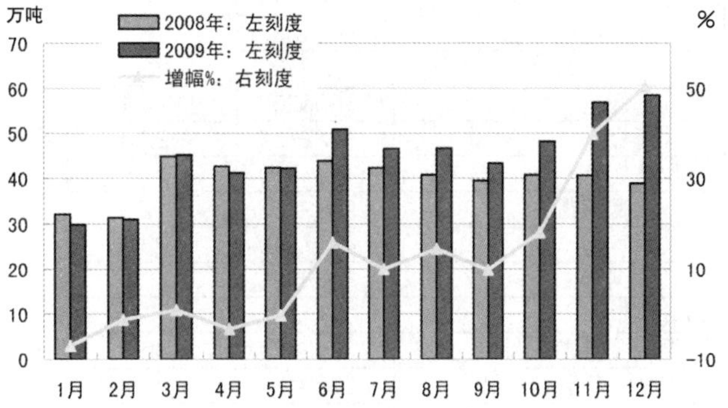

图25 2008–2009年中南地区管材月度产量

2. 2009年中南地区内主要钢铁厂产量

中南地区年产量在千万吨以上的钢铁企业有武汉钢铁集团和湖南华菱钢铁集团，年产量在500万

表3 2009年中南地区主要钢铁厂产量

单位：万吨

省份	企业名称	粗钢	生铁	钢材
河南	安阳钢铁集团有限责任公司	850.31	858.41	807.03
	河南济源钢铁（集团）有限公司	258.91	240.00	254.09
	河南南阳汉冶特钢有限公司	190.55	192.47	180.06
湖北	武汉钢铁（集团）公司（含昆钢）	3034.49	2951.19	2921.76
	其中：武钢股份有限公司	1369.43	1342.88	1253.83
	武钢鄂城钢铁有限责任公司	256.80	249.80	273.73
	湖北新冶钢有限公司	190.86	148.0	171.75
湖南	湖南华菱钢铁集团有限责任公司	1181.07	1064.00	1115.28
	其中：湘潭钢铁集团有限公司	580.76	567.15	550.25
	涟源钢铁集团有限公司	447.03	447.17	425.20
	湖南衡阳钢管（集团）有限公司	109.25	49.68	93.47
	冷水江钢铁有限责任公司	279.10	273.20	281.93
广东	广东钢铁韶钢集团	422.68	418.54	405.57
	广东钢铁广钢集团	250.41	113.12	284.51
广西	广西钢铁集团公司柳钢公司	818.40	788.51	792.03

表4 2009年钢铁产品中南地区流向统计

品种	中南	
	数量（吨）	占统计（%）
钢坯	904874	3.6
其中：方坯	752366	4.4
板坯	38515	0.6
钢材合计	70700588	18.5
铁道用材	1446223	32.6
大型型钢	941487	11.9
中小型型钢	1150045	18.4
棒材	5445224	17
钢筋	15512180	20.4
其中：光圆	358754	15.2
带肋	14794927	22.2
盘条（线材）	9197208	16.3
其中：硬线材	2951985	32.4
特厚板	1368570	31.9
厚板	3753413	21.4
中板	4246814	15.8
其中：热轧中板	4034336	16.7
冷轧中板	72199	43.1
热轧薄板	900208	24.1
冷轧薄板	722707	23.5
中厚宽钢带	11473790	17.6
热轧薄宽钢带	2629726	17.9
冷轧薄宽带	4937240	23.6
热轧窄钢带	1969746	10.4
冷轧窄钢带	141597	53.9
镀层板（带）	2742024	30.3
其中：镀锌板（带）	2525138	32.8
镀锡板（带）	136860	21.2
涂层板（带）	125297	11.4
电工钢板带	1167644	28.1
其中：热轧电工钢板	99078	12.3
冷轧电工钢板（带）	1068566	31.8
无缝钢管	650279	7.9
其中：热轧无缝钢管	468689	6.5
焊接钢管	66627	6.4
其他钢材	112540	24.6

吨以上的有安阳钢铁和广西柳州钢铁,武汉钢铁集团和湖南华菱钢铁集团占有绝对优势。

3．2009年钢铁产品中南地区流向统计

2009年全年流向中南地区的钢坯为90.49万吨，钢材产品为7070.06万吨，分别占比3.6%，18.5%。其中，流入的钢材主要为钢筋、中厚宽钢带，均超过千万吨，分别为1551.22万吨、1147.38万吨；其他种类很大一部分超过百万吨。

4．2009年中南地区钢材进出口分析

2009年中南地区进口钢材637.42万吨，出口348.72万吨，分别占全国钢材进口总量、出口总量的36.1%、14.2%，实现净进口量288.7万吨；进口额和出口额分别为58.9亿美元、30.2亿美元，贸易逆差28.67亿美元。从进口看，广东占绝大部分，为95.3%，其他五个地区占比相差不大；从出口看，广东占比最大，为34.8%，其次为湖南（31%）、湖北（19.7%）、河南（8.2%）、广西（6%），海南占比最小，为0.3%。

中南地区钢材进出口中，板材均占极大比例；进口钢材中，板材占比最大，为91.39%，其次为棒线材（4.22%）,角型材、管材、铁道用材、其他钢材占比均不超过2%；出口钢材中，占比最大的依然是板材（59%），其次为管材（26%）、棒线材（11%），随后依次为其他钢材、铁道用材、角型材。

表5 2009年中南地区分省份钢材进出口情况

单位：吨，美元

省份	进口		出口	
	数量	金额	数量	金额
河南	20980.2	63348857	284407.2	242526105
湖北	115048.9	139648833	688410.8	498469696
湖南	19793.6	64622853	1081603.0	880865406
广东	6074773.7	5491165810	1214868.0	1258930664
广西	5266.7	21013280	209025.7	133076747
海南	138289.1	112400430	8866.9	9205343
累计	6374152.2	5892200063	3487182.0	3023073961
占全国比例（%）	36.1	30.0	14.2	13.5

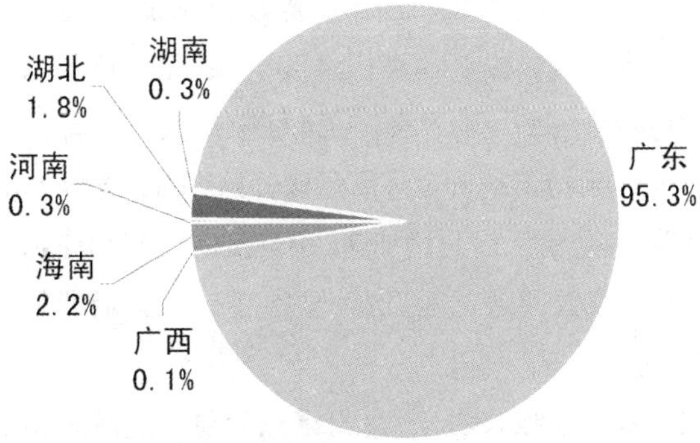

图26 进口钢材各省区比例

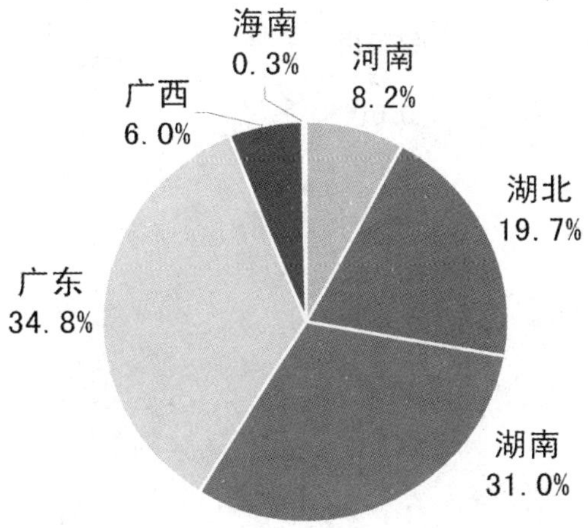

图27 出口钢材各省区比例

表6 2009年中南地区分品种钢材进出口情况

单位：吨，美元

品种	进口		出口		净出口（出口—进口）	
	数量	金额	数量	金额	数量	金额
钢材	6374152.0	5892200063	3487182.0	3023073961	−2886970.6	−2869126102
棒线材	268775.4	349452588	393082.2	242021450	124306.7	−107431138
角型材	119231.2	72323727	22958.9	19268981	−96272.4	−53054746
板材	5825461.0	4962472160	2048349.0	1594874477	−3777112.0	−3367597683
管材	93377.44	292776209	912528.2	1011510678	819150.8	718734469
铁道用材	940.0	8987483	29412.2	39715898	28472.2	30728415
其他钢材	66366.6	206187896	80850.8	115682477	14484.1	−90505419
特钢	1124782.0	1843926515	692212.9	623061766	−432568.8	−1220864749
铁道用材	940.0	8987483	29412.2	39715898	28472.2	30728415
大型型钢	111509.8	63007659	18707.4	13807045	−92802.4	−49200614
中小型型钢	7721.5	9316068	4251.5	5461936	−3470.0	−3854132
棒材	110230.5	214103241	134831.6	105837969	24601.0	−108265272
钢筋	48896.6	29552156	33694.2	21628949	−15202.4	−7923207
线材	109648.3	105797191	224556.4	114554532	114908.1	8757341
特厚板	10673.7	12057496	117369.6	96532445	106695.8	84474949
厚钢板	25789.1	15637179	168860.5	115536304	143071.5	99899125
中板	104324.3	172028704	372674.7	254427327	268350.4	82398623
热轧薄板	11984.8	11639342	4499.1	3408591	−7485.6	−8230751
冷轧薄板	299955.0	513911799	64593.8	122043411	−235361.2	−391868388
中厚宽钢带	240844.8	242264625	411718.4	292774582	170873.7	50509957
热轧薄宽钢带	867370.3	427212683	215342.9	116214497	−652027.4	−310998186
冷轧薄宽带	1817973.0	1147523125	66836.7	41210153	−1751136.0	−1106312972
热轧窄钢带	35010.5	102181151	14117.6	17740133	−20892.9	−84441018
冷轧窄钢带	148397.0	354406623	32691.6	51896375	−115705.4	−302510248
镀层板（带）	1883531.0	1537081163	352961.7	281740357	−1530569.6	−1255340806
彩涂板（带）	36960.8	54403042	234899.6	198536011	197938.8	144132969
电工钢板（带）	342647.2	372125228	10993.0	14572229	−331654.2	−357552999
无缝管	36981.0	188345618	487776.9	515405742	450795.9	327060124
焊管	55319.5	103762439	381525.0	463482726	326205.5	359720287
铸铁管	1076.9	668152	43226.3	32622210	42149.4	31954058

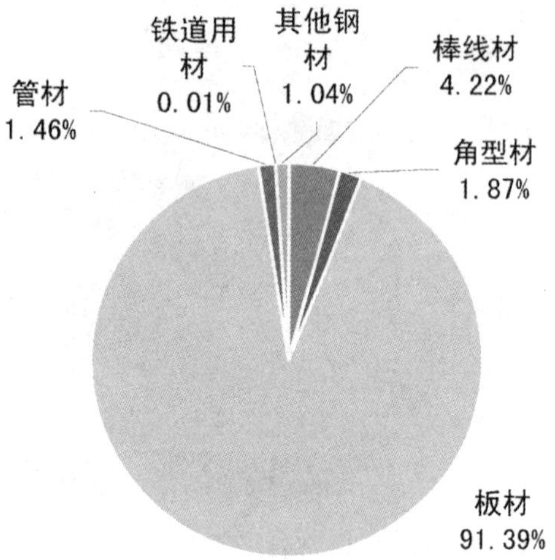

图28 进口钢材品种比例

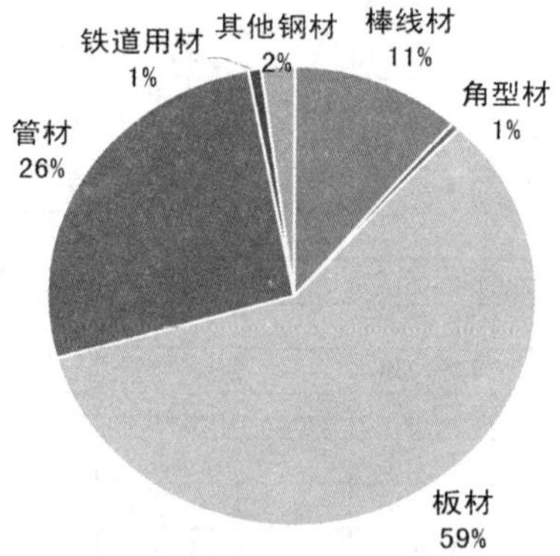

图29 出口钢材品种比例

三、2009年中南地区钢材市场主要钢铁品种价格分析

2009年中南地区MyspiC指数走势与全国综合指数走势基本相似，但总体上高于全国综合指数。在6-8月份两者相差无几，在其他时段中南地区指数明显偏高，但差距有限，不超过5个基点。另外，中南地区指数全年最高点为467.2，高于综合指数最高点约2个基点。

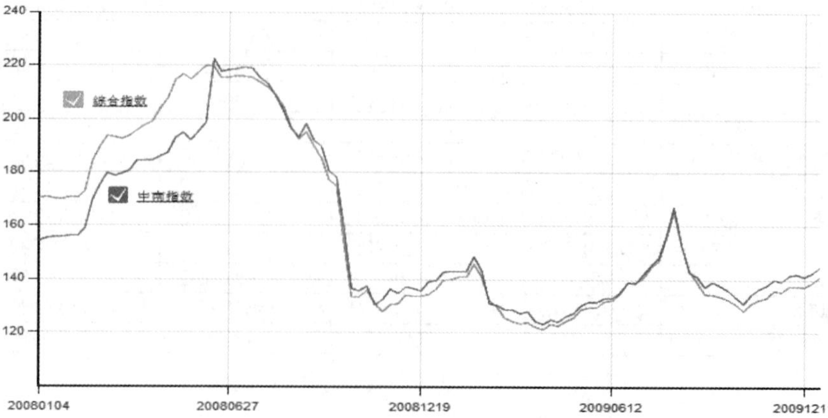

图30 2008年1月–2009年12月中南地区钢材市场MyspiC指数走势

2009年各品种走势在1月份普遍保持平稳，后期走势大体上与综合指数类似。

从工字钢来看，全年走势较为平缓，1月份发生小幅下跌，由4250跌至4200，随后保持平稳，2月份起一路小幅下跌，至4月中旬跌至全年谷底3600，维持不到一个月后迅速开始上涨，起初涨势缓慢，7月份之后开始加速，8月份达到高点4220，随后阶梯式回落，9月份跌至谷底3650，后期平稳波动。

就中厚板来看，1月份上涨明显，随后阶梯式下跌，5月初跌至谷底3300，随后立刻上涨至全年最高点4270。第二次下跌在10月份达到次低点，10月份之后上涨速度较快，幅度也较大，12月底价格4060，只比最高点差110个基点。

就无缝管来看，总体走势类似于工字钢，但是曲线较为平缓，波动速度较慢。1月份维持5500的高点不变，2月份连续下跌至低点4700后维持相当长一段时间，随后阶梯式上涨至高点，但低于第一次上涨的高点。第二次下跌也呈阶梯式，之后低位维持一个月再小幅上涨，升至5000。

2009年热轧走势类似，但波底位置较高，4月份跌至3380，10月份跌至3680，而全年最高点为4450，因此高低相差不大。

线材波动较热轧明显，第一次下跌在3月份达到低点3270，8月份上升至高点4600，两者相差1330，9月份第二次到达低点，位于3480，相比高

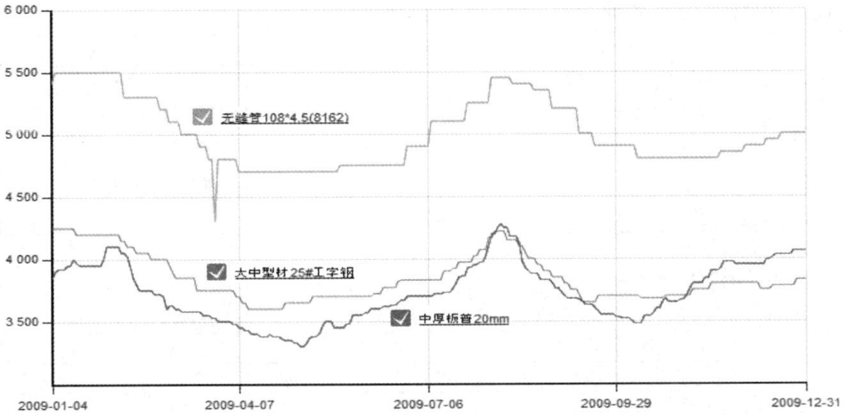

图31 2009年广州地区钢材市场主要钢铁品种价格走势（1）

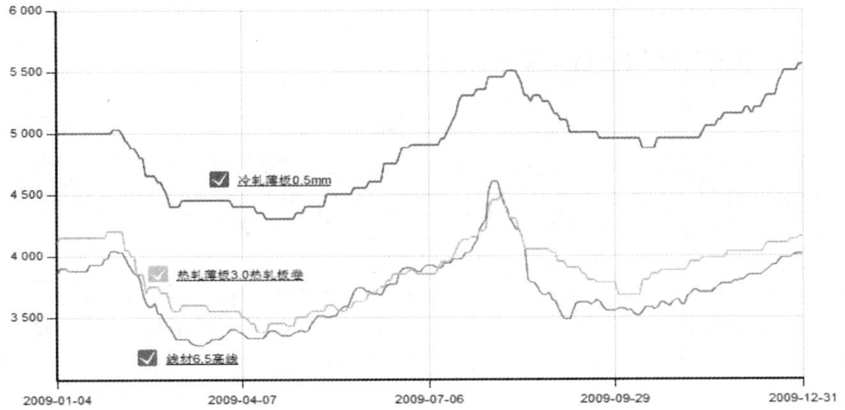

图32 2009年广州地区钢材市场主要钢铁品种价格走势（2）

点低1120。

冷轧走势大体上呈现为波动上涨态势，其中3-5月份维持低位，持续时间较长，此时指数低于4500。8月份达到高点5500，9-11月份第二次维持低位，后期上涨态势明显且涨幅较大，年底上涨至全年最高点5550。

四、2010年中南地区经济及钢铁行业发展展望

2010年，中南地区各省政府工作报告中列出了经济发展目标（见表7）。另外，该地区的主要钢铁生产企业在产能建设上的项目见表8，与钢铁有关的基础建设和重大建设项目内容见表9。

2009年中南地区仍保持高速发展，中南地区内各主要钢铁厂在进一步淘汰落后产能的同时，也在加紧新增产能的建设和原有设备的技术改造。2010年各省市的基础建设项目，如公路、铁路、机场、水利航运工程等的建设，以及下游产业，如造船、汽车等行业的发展需求，将对钢铁产业的发展起到拉动作用。

表7 中南地区各省区2010年经济发展目标

指标	河南	湖北	湖南	广东	广西	海南
GDP增长	10%	10%	10%以上	9%左右	12%	10%以上
固定资产投资增长	20%	20%以上	25%以上	16%左右	30%	25%
财政收入增长	10%	10%	12%以上	9%	13%	14%以上
城镇居民人均可支配收入增长	7%	6%	8%	9%	6%	8%
农村居民人均纯收入增长	6%	6%	7%	7%	6%	7.50%
社会消费品零售总额增长	16%	17%	15%以上	15%	16%	18%
居民消费价格指数涨幅	3%左右	3%左右	3%左右	3%左右	5%左右	3%左右
城镇登记失业率	4.5%以内	4.6%以内	4.5%以内	4%以内	4.5%以内	4%以内

数据来源：各省市2010年政府工作报告

表8 中南地区主要钢铁生产企业产能动向

企业名称	新增、改造或淘汰产能	备注
武钢股份有限公司	首台近终形连铸机成功投产	2009年2月
	三硅钢工程全线投产	2009年5月
	二冷轧电镀锌工程	2009年6月开工
	3800立方米高炉	2009年7月竣工
	8号高炉点火投产　年产生铁337.25万吨	2009年8月
武钢鄂城钢铁有限责任公司	烧结技改工程	2009年11月投产
	新焦炉顺利出焦投产	2009年11月
	2200立方米新一号高炉开炉，年产量220万吨	2010年1月
河南济源钢铁（集团）有限公司	直条棒材线　35万吨/年	2009年3月热试成功
涟源钢铁集团有限公司	2250热连轧全线过钢投产，年产量441万吨板材生产线	2009年9月
湘潭钢铁集团有限公司	二烧易地大修改造工程	2009年12月投产
广东韶关钢铁集团有限公司	8号高炉竣工投产，年产量275万吨	2009年10月
广西柳州钢铁(集团)公司	棒线厂第二高速线材工程，年产量60万吨	2009年10月试车成功

表9 2010年中南地区钢铁相关基础及重大建设项目

省区	钢铁相关基础及重大建设项目
河南	抓好石武客专河南段等干线铁路、郑州至焦作等城际铁路建设，开工建设郑徐客专河南段干线铁路、郑州机场至许昌等城际铁路项目，加大郑渝铁路河南段前期工作力度并争取早日开工建设。加快南阳机场扩建，开工建设郑州航空港二期扩建和商丘、明港军民合用机场改建工程。完善高速公路网络，抓好2665公里在建高速公路建设。
湖北	强力推动武汉新港、天河机场三期、临空经济区、城际铁路、汉口北国际商品交易中心等重大项目建设。加快建设汉宜和荆岳铁路、宜巴和杭瑞高速、鄂东和荆岳大桥、引江济汉通航工程，打造江汉航运圈。
湖南	重点加快38条续建高速公路建设，确保长株、衡邵、潭衡西等建成通车，新开工益娄衡等高速公路；加快衡茶吉、湘桂复线、杭长客运、石长复线等铁路项目建设，新开工长昆客运、黔张常、怀邵衡、荆岳等铁路；加快国省干线改造；抓紧包茂高速龙山至吉首段项目前期工作。加快“七纵七横”城际主干道、“3+5”城市群城际轨道以及长沙地铁、港口站场建设，加快黄花机场的提升改造，加快航道疏浚，推进长沙湘江综合枢纽等“五港一枢纽”建设。
广东	加快推进厦深铁路广东段等省部合作项目，穗莞深、佛肇等珠三角城际轨道项目，广深沿江高速、江肇高速等公路项目，台山核电、阳江核电、珠海LNG接收站、省天然气管网一期工程等能源项目，以及中委炼油等重化项目。推进珠三角城际轨道、公路、水电油气管网等一体化建设，
广西	铁路方面，新建和续建铁路项目25个，区内建设总里程4000公里。开工南宁至凭祥、黄桶至百色、金城江至南宁等8个项目，续建南广铁路、贵广铁路、云桂铁路等17个项目。新建南宁火车站东站。积极推动南宁至河内铁路改造。公路方面，新建和续建28条高速公路，建设总里程超过3000公里。开工来宾至马山、防城至东兴、桂林至三江、贵港至合浦、崇左至靖西等11条高速公路；续建贵港至梧州、阳朔至鹿寨、六寨至河池、桂平至来宾、麦岭至贺州等高速公路；建成隆林至百色等高速公路，力争年内实现所有地级市通高速公路。民航方面，建设南宁吴圩机场新航站区、河池民用机场，扩建桂林两江机场航站楼；做好柳州、百色、梧州机场改扩建前期工作。
海南	加快东环铁路站场、出口路等配套设施建设，确保东环铁路年底建成运营。快推进海南航天发射场、大广坝二期、三亚绕城高速公路、海口至屯昌高速公路、海南电网改造、东方电厂二期、中海油精细化工、海棠湾等一批重点旅游房地产项目和30万大箱卷烟搬迁扩建工程。力争西环铁路、红岭水库年内开工。创造条件，争取昌江核电、博鳌机场、60万吨PX、200万吨PTA等项目尽早开工建设。加快推进琼州海峡跨海通道工程的前期工作。

西南地区钢材市场

一、2009年西南地区宏观经济形势

2009年，西南地区完成生产总值约为31178.76亿元，约占全国GDP的9.3%。其中，重庆市生产总值完成6528.72亿元，同比增长14.9%，高于全国6.2个百分点；四川省生产总值完成14151.3亿元，同比增长14.5%，高于全国5.8个百分点；贵州省生产总值完成3893.51亿元，同比增长11.2%，高于全国2.5个百分点；云南省生产总值完成6168.23亿元，同比增长12.1%，高于全国3.4个百分点；西藏生产总值预计达到437亿元，同比增长12.1%，高于全国3.4个百分点。

2009年，西南地区全年完成工业增加值约为11969.67亿元，约占全国工业增加值的8.89%。分省市看，重庆市全年工业增加值2917.4亿元，比上年增长17.2%；规模以上工业增加值2189.39亿元，增长18.5%，实现利润323.14亿元，增长16.4%。四川省全年工业增加值5678.3亿元，增长19%；规模以上工业企业增加值增长21.2%，实现利润908.8亿元，增长33.7%。贵州省全年工业增加值1252.67亿元，比上年增长10.2%；规模以上工业增加值1170.29亿元，增长10.6%，实现利润178.8亿元，下降0.3%。云南省全年工业增加值2088.3亿元，比上年增长11.2%；其中规模以上工业增加值1904.38亿元，增长11.2%，实现利润307.66亿元。西藏全年工业增加值预计达到33亿元，前三季度规模以上工业企业实现增加值20亿元，增长10.1%。

2009年，西南地区社会固定资产投资约为24681.82亿元，约占全国固定资产投资的10.98%。分省市看，重庆市完成5317.92亿元，四川省12020.70亿元，贵州省2438.18亿元，云南省4527.02亿元，西藏预计完成378亿元，分别比上年增长31.5%、58.1%、30.8%、31.7%和22%。

2009年，西南地区全年社会消费品零售总额11692.7亿元，占全国消费品零售总额的9.33%。各省市的社会消费品零售总额分别为：重庆市2479.01亿元，四川省5758.7亿元，贵州省1247.25亿元，云南省2051.1亿元，西藏156.6亿元，分别比上年增长18.6%、20%、19.1%、19.3%和21.3%。

2009年，西南地区进出口贸易总额完成426.7亿美元，占全国总量的1.93%；其中出口总额为

表1　2009年西南地区宏观经济运行指标

指标	数额或增幅	全国	重庆	四川	贵州	云南	西藏
2008年GDP	数额（亿元）	300670.0	5096.7	12506.3	3333.4	5700.1	395.9
	同比增幅（%）	9.0	14.3	9.5	10.2	11	10.1
2009年GDP	数额（亿元）	335353.0	6528.7	14151.3	3893.5	6168.2	437.0
	同比增幅（%）	8.7	14.9	14.5	11.2	12.1	12.1
规模以上工业增加值	增幅（%）	11.0	18.5	21.2	10.6	11.2	
社会消费零售总额	数额（亿元）	125343.0	2479.0	5758.7	1247.3	2051.1	156.6
	增幅（%）	15.5	18.6	20.0	19.1	19.3	21.3
出口总值	数额（亿美元）	12017.0	42.8	141.5	13.6	45.1	3.8
	增幅（%）	−16.0	−25.2	7.8	−28.5	−9.7	−46.9
进口总值	数额（亿美元）	10056.0	34.3	100.8	9.5	35.1	0.3
	增幅（%）	−11.2	−9.8	12.3	−35.4	−23.8	−53.7

246.7亿美元，占全国出口总额的2.05%；进口总额为180亿美元，占全国进口总额的1.79%。分省市看，重庆市进出口总额77.09亿美元，比上年下降19%；其中出口额42.8亿美元，下降25.2%；进口额34.29亿美元，下降9.8%。四川省进出口总额242.3亿美元，增长9.6%；其中出口额141.5亿美元，增长7.8%；进口额100.8亿美元，增长12.3%。贵州省进出口总额23.07亿美元，比上年下降31.5%；其中出口额13.58亿美元，下降28.5%；进口额9.49亿美元，下降35.4%。云南省进出口总额80.2亿美元，比上年下降16.5%；其中出口45.1亿美元，下降9.7%；进口额35.1亿美元，下降23.8%。西藏进出口总额4.02亿美元，比上年下降47.5%；其中出口额3.75亿美元，下降46.9%；进口额0.27亿美元，下降53.65%。

二、2009年西南地区钢铁产品产量、地区流向及进出口分析

2009年全年西南地区粗钢产量3,235.08万吨，较上年的2,974.04万吨增加261.04万吨，同比增长8.8%；生铁产量3,513.18万吨，较上年的3,195.57万吨增加317.61万吨，同比增长9.9 %；钢材产量3,617.47万吨，较上年的3,205.12万吨增加412.35万吨，同比增长12.9%。西南地区粗钢、生铁和钢材产量分别占全国的5.7%、6.5%和5.2%。

1. 2009年西南地区冶金产品产量分析

2009年西南地区粗钢产量呈现低位小幅震荡上行态势，年初产量较低，1月份为全年最低点246.42万吨，随后小幅震荡上行至10月份的全年最高点292.39万吨，其后小幅回升。全年产量同比增幅最大值为11月份的31.4%，上半年增幅波动上扬，下半年稳步攀升，12月有小幅回落。从西南地区全年粗钢产量来看，四川占47%，

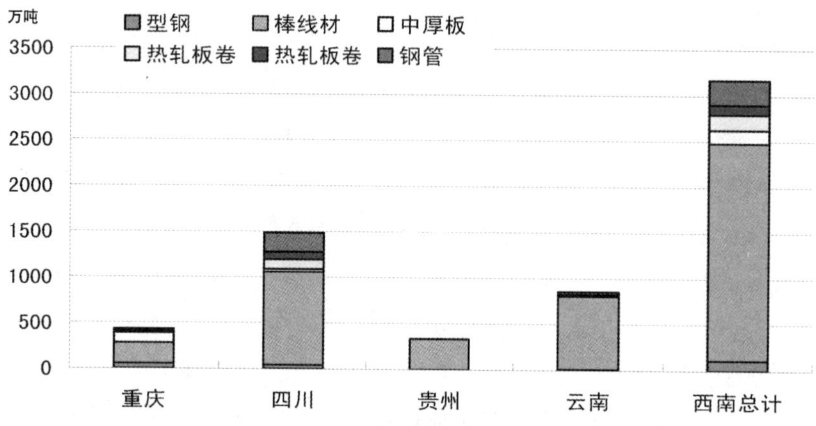

图1 2009年西南地区各省市钢材产品产量结构

表2 2009年西南地区冶金产品产量

单位：万吨

品种	重庆	四川	贵州	云南	西南地区合计
粗钢	333.79	1,509.14	343.10	1,049.05	3,235.08
生铁	324.88	1,532.62	374.82	1,280.86	3,513.18
钢材	477.44	1,830.62	337.62	971.79	3,617.47
焦炭	294.21	1,162.00	781.21	1,371.98	3,609.40
铁矿石	43.28	8,343.85	80.19	1,805.59	10,272.91
铁合金	38.86	177.36	220.87	64.97	502.06
型钢	55.24	45.59	0.00	12.42	113.25
棒线材	225.20	1,006.84	334.73	794.70	2,361.47
中厚板	126.93	31.22	0.00	11.21	169.36
热轧板	0.04	81.56	0.00	36.98	118.58
冷轧板	19.65	81.62	0.00	10.04	111.31
钢管	26.31	208.84	1.72	28.94	265.81

注：热轧板产量为热轧薄板和热轧薄宽带产量之和；冷轧板产量为冷轧薄板和冷轧薄宽带产量之和；钢管产量为无缝钢管和焊接钢管产量之和。

云南占32%，贵州占11%，重庆占10%。

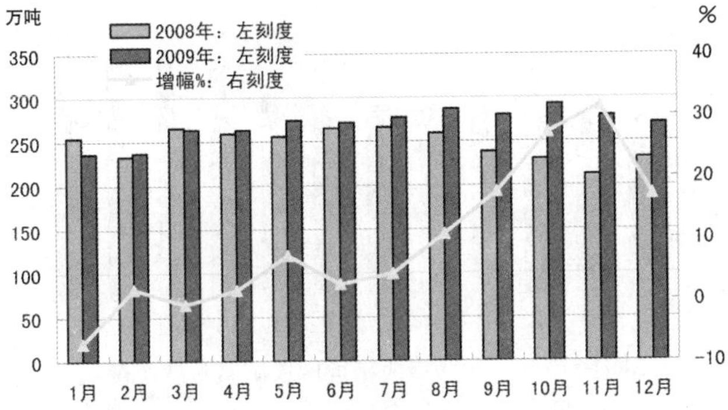

图2 2008—2009年西南地区粗钢月度产量

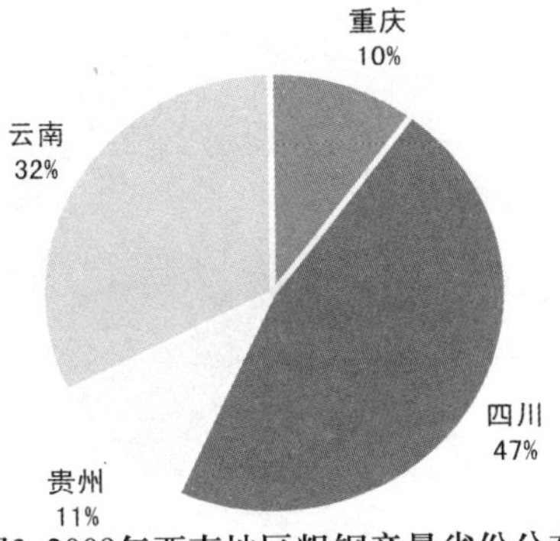

图3 2009年西南地区粗钢产量省份分布

2009年西南地区生铁产量整体呈现先增后降趋势，10月份之前缓慢小幅攀升，10月份之后直线下降。10月份产量319.91万吨为全年最高点，相对于1月份的全年最低点247.98只增长了29%。全年同比增幅也呈现先增后降态势，最高点为11月份32.1%。从西南地区全年产量占比来看，四川占44%，云南占36%，贵州占11%，重庆占9%。

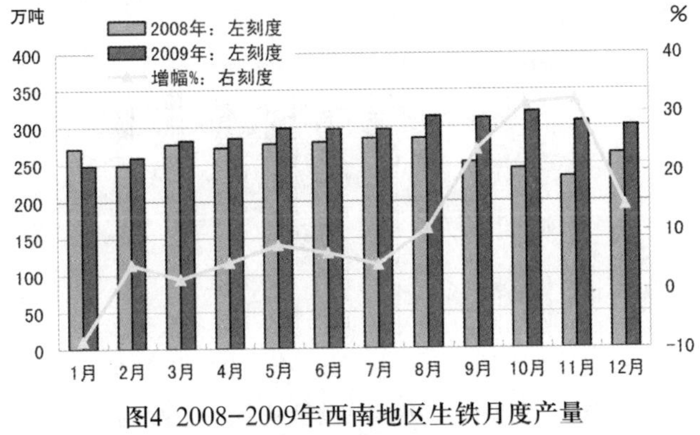

图4 2008—2009年西南地区生铁月度产量

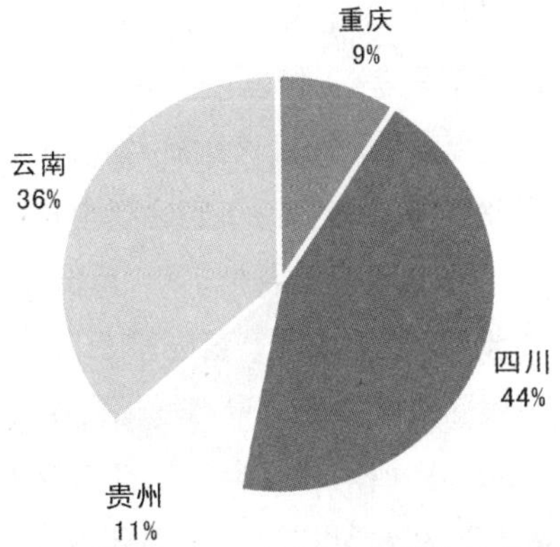

图5 2009年西南地区生铁产量省份分布

2009年度西南地区钢材产量表现为逐月递增态势，从年初的全年最低值234.38万吨一路小幅攀升，至10月份达到全年最高点333.15万吨，其中4月份和9月份有小幅下滑，但衰减幅度不到1%，12月份小幅反弹。与产量变化趋势相似，各月产量同比增幅也一路上涨，10月份后有所下跌，全年最高增幅为10月份的33.6%。从西南地区全年钢材产量占比来看，四川占58%，云南占31%，贵州占11%。

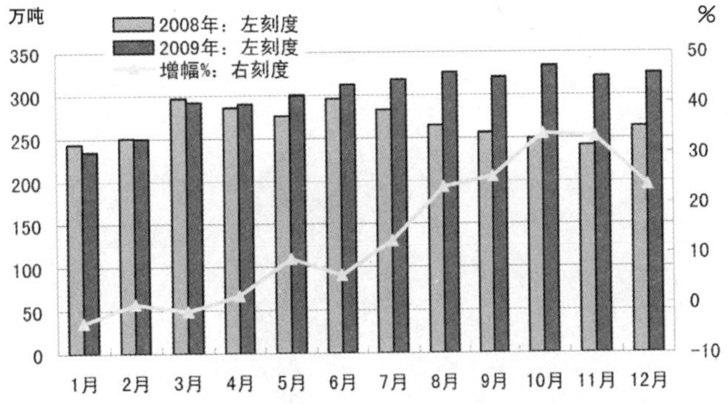

图6 2008—2009年西南地区钢材月度产量

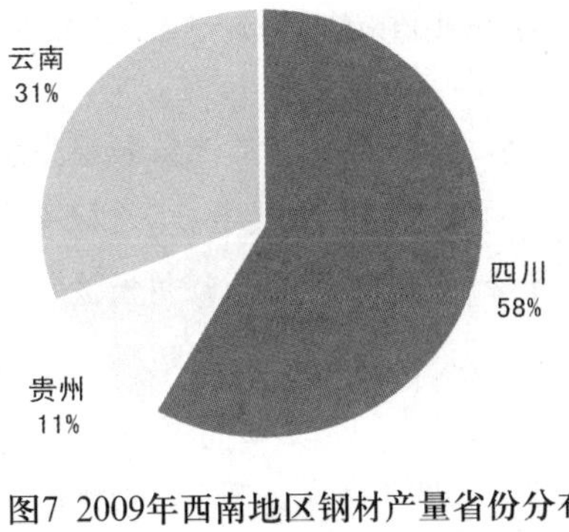

图7 2009年西南地区钢材产量省份分布

西南地区2009年焦炭产量也表现出持续增长趋势，全年只有4月份发生小幅下降。1-3月份呈阶梯式增长，5-8月份维持平稳，9月份之后重新开始阶梯式增长，年底达到全年最高点386.62万吨，全年最低点为年初1月份的223.3万吨。由于2008年焦炭产量先增后降，2009年同比增幅随月份攀升，最高增幅发生在11月份，为49.3%。西南地区全年焦炭产量占比上看，云南占37%，四川占32%，贵州占23%，重庆占8%。

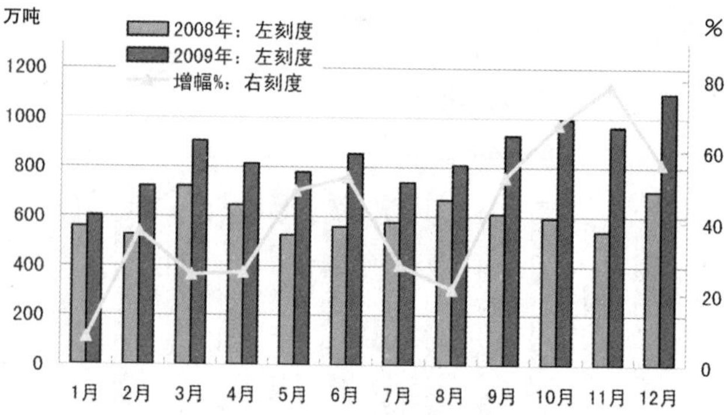

图10 2008-2009年西南地区铁矿石月度产量

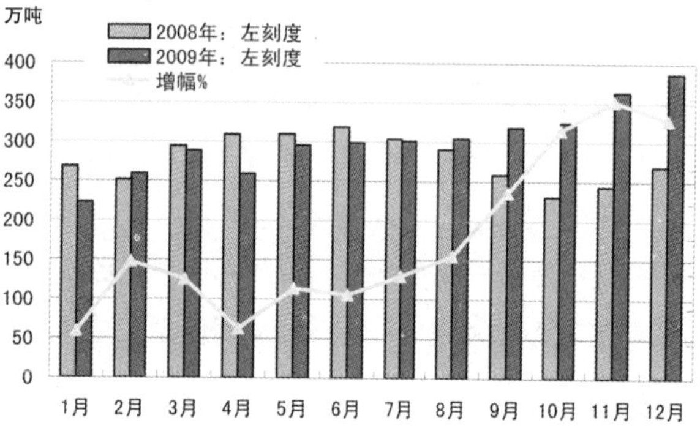

图8 2008-2009年西南地区焦炭月度产量

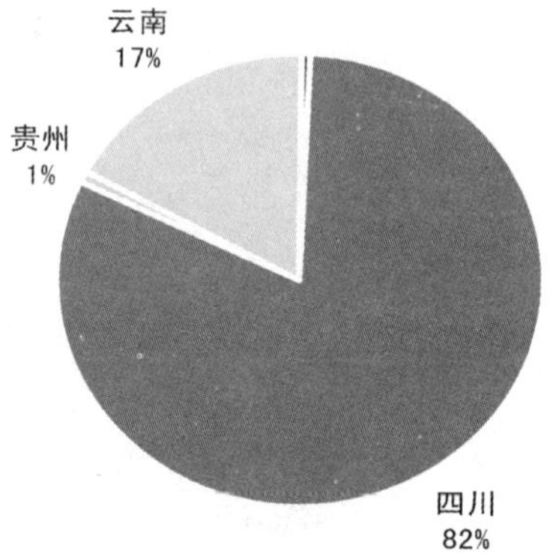

图11 2009年西南地区铁矿石产量省份分布

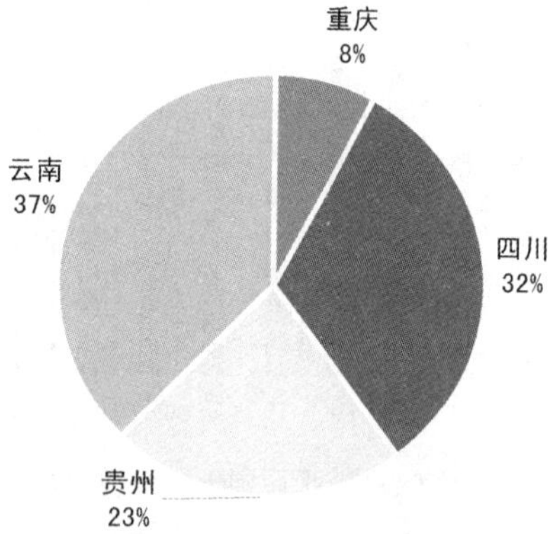

图9 2009年西南地区焦炭产量省份分布

2009年西南地区铁矿石产量表现为震荡上行态势，一季度发生阶梯式增长，2-4季度分别发生U型先降后增的变化，于12月份达到全年最高点1099.38万吨。四季度产量较高，且同比增幅较大，最高点为11月份的78%。从全年占比来看，四川占82%，云南占17%，贵州占1%。

2009年西南地区铁合金产量呈现为先增后降的态势，转折点在11月份，11月份同时是产量和增幅的全年最高点，分别为50.55万吨和89.9%。1-10月份产量呈现波动上升态势，而同比增幅则在2月份达到次高峰，随后缓慢增长。从西南地区全年铁合金产量来看，贵州占43%，四川占36%，云南占13%，重庆占8%。

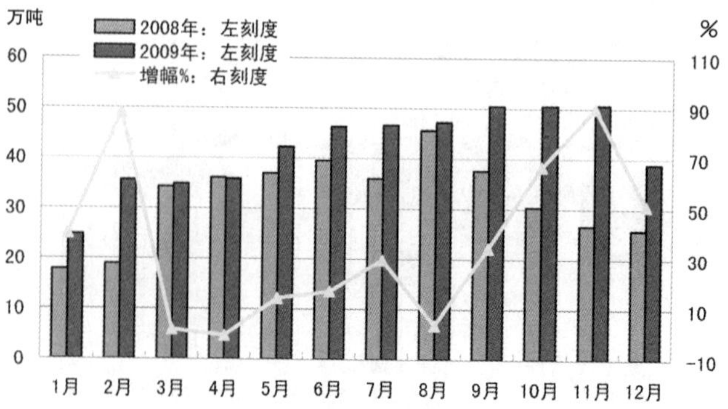

图12 2008-2009年西南地区铁合金月度产量

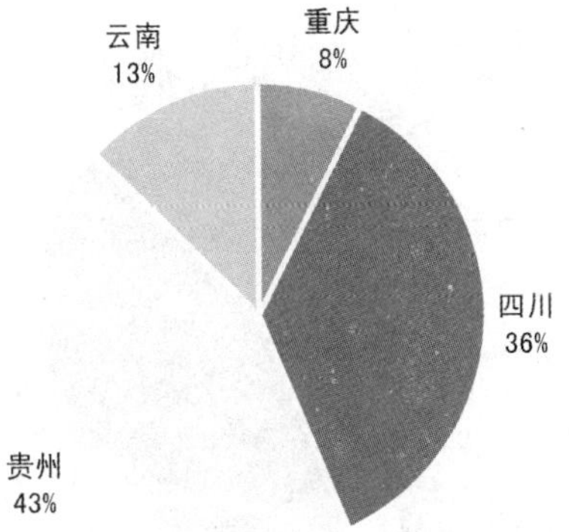

图13 2009年西南地区铁合金产量省份分布

2009年西南地区型钢产量表现为先增后降的抛物线形式，1月份产量5.43万吨，为全年最低，随后连续增到3月份的次高点10.73万吨，随后连续发生两次U型波动，于4月份和9月份发生小幅回落后立即增长，分别在6、10月达到高点，其中6月份为全年最高，产量为10.92万吨。从西南地区全年型钢产量占比来看，重庆占49%，四川占40%，云南占11%。

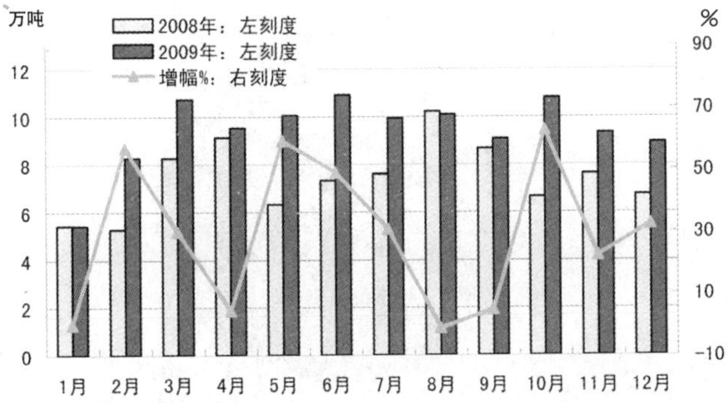

图14 2008–2009年西南地区型钢月度产量

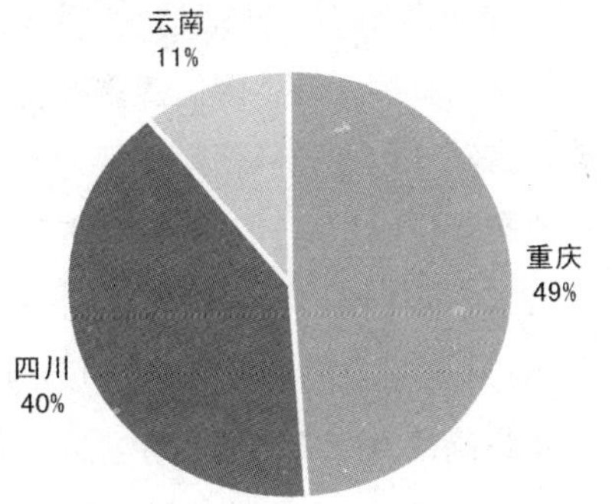

图15 2009年西南地区型钢产量省份分布

2009年全年，西南地区棒线材产量除5月份和11月份有小幅回落外，基本呈逐月增长态势。增幅和降幅都很小，全年最低产量为年初的148.32万吨，最高产量为年终的220.76万吨，增幅不到50%。从西南地区全年棒线材产量占比来看，四川占42%，云南占34%，贵州占14%，重庆占10%。

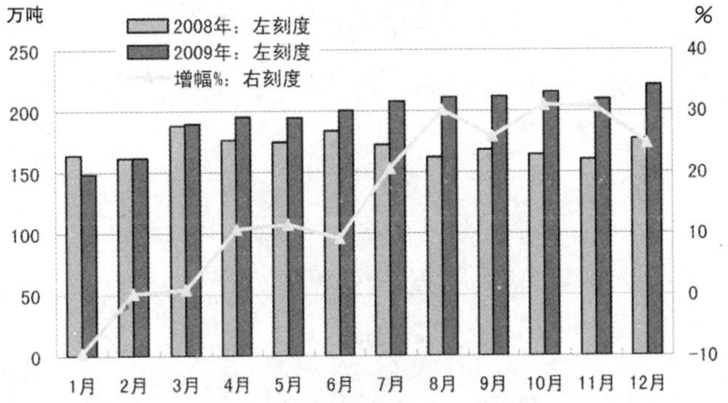

图16 2008–2009年西南地区棒线材月度产量

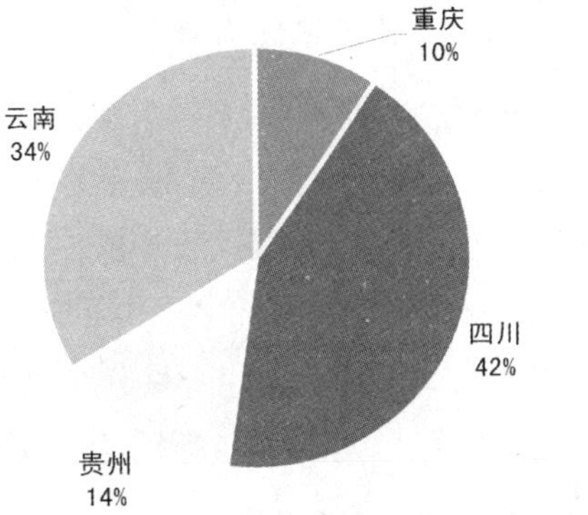

图17 2009年西南地区棒线材产量省份分布

2009年西南地区中厚板产量呈先增后降态势，高点在6、7月份，其中6月份产量16.41万吨，为全年最高。1–6月份呈S型增长，7–11月份呈U型变化，11月份为次高点，12月份发生较大幅度的回落。中厚板同比增幅全年呈曲折攀升之势，在11月份达到最高点，为29.5%。从全年西南地区产量占比来看，重庆占73%，四川占20%，云南占7%。

2009年西南地区热轧产量经历三次较为明显的先降后增波动，一季度大幅下降，从高点11.47万吨

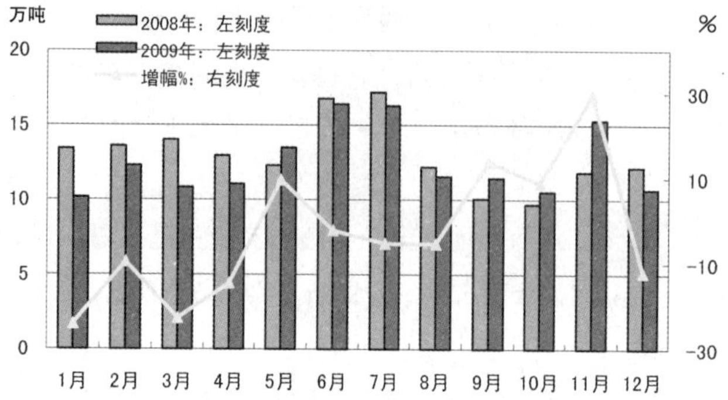

图18 2008-2009年西南地区中厚板月度产量

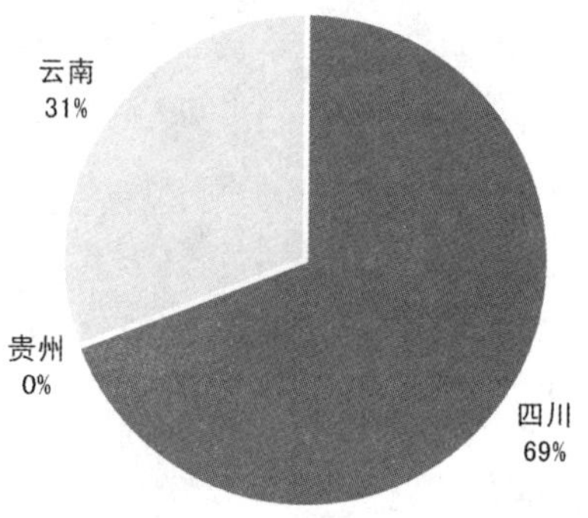

图21 2009年西南地区热轧产量省份分布

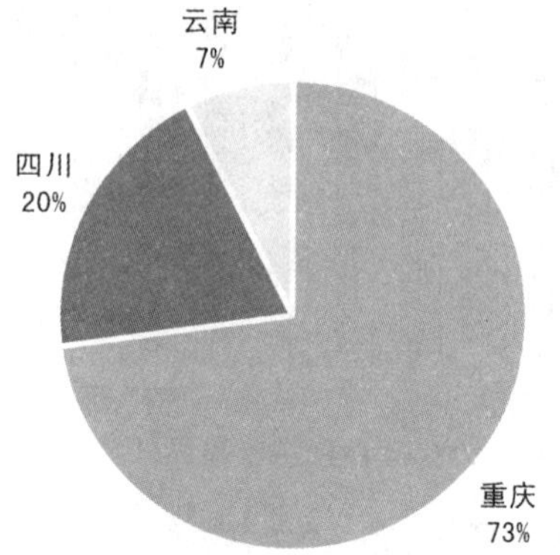

图19 2009年西南地区中厚板产量省份分布

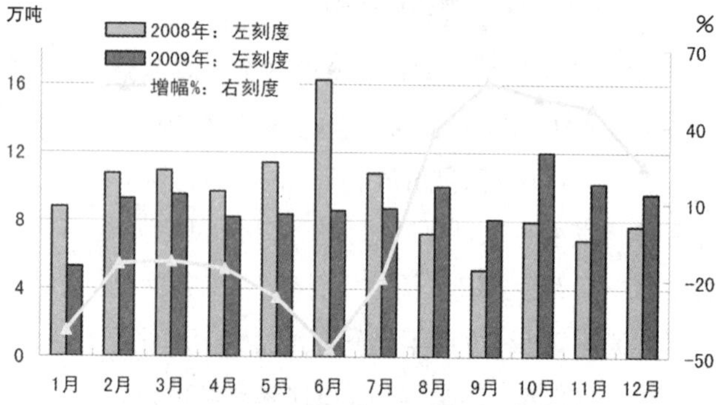

图22 2008-2009年西南地区冷轧月度产量

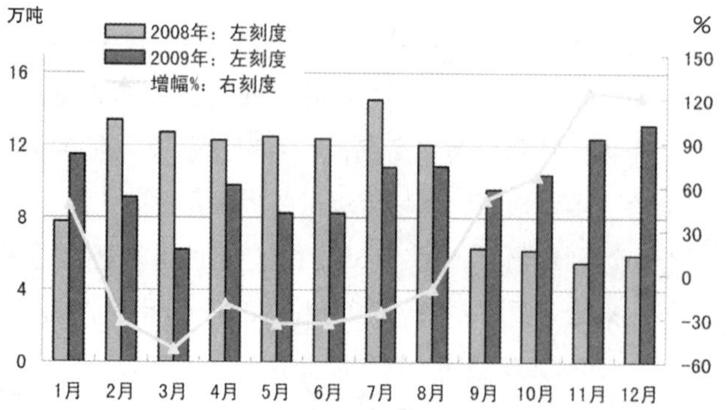

图20 2008-2009年西南地区热轧月度产量

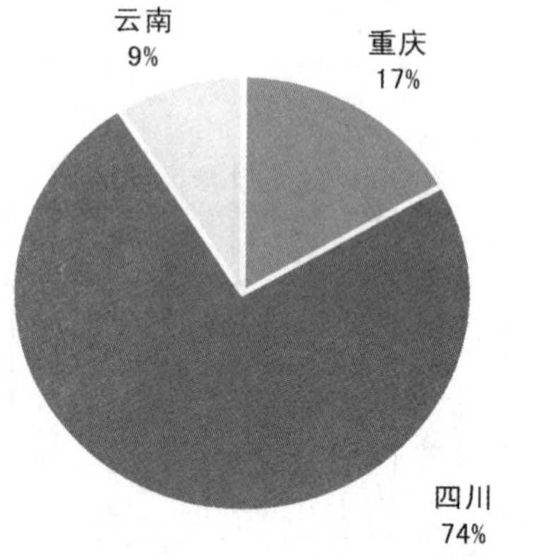

图23 2009年西南地区冷轧产量省份分布

下降至3月份的全年最低点6.24万吨，4月份增加后再次下降，至7月份维持平稳。随后在9月份小幅下降后持续增至12月份，12月份产量13.13万吨，为全年最高。相较于2008年，2009年西南地区热轧产量在2-8月份为负增长，其中3月份减少幅度最大，9-12月份普遍大幅增长，11月份增幅为全年最高124.9%。

2009年西南地区冷轧产量较少，全年维持在低位波动。全年最高点为10月份的12.01万吨，最低点为1月份的5.3万吨。一季度大幅增长，二季度维持平稳，四季度大幅下降。四季度同比增幅普遍较高，在20%以上。从西南地区全年冷轧产品产量占比来看，四川占74%，重庆占17%，云南占9%。2009年西南地区管材产量在一季度持续增长，由1月份的全年最低点14.29万吨增至3月份的全年最高点26.07万吨，增幅达82.4%。随后发生大幅下降，至6月份起开始增长，简单盘整之后从10月份开始一路下降至年底。从西南地区全年管材产量占比来看，四川占79%，云南占11%，重庆占9%，贵州占1%。

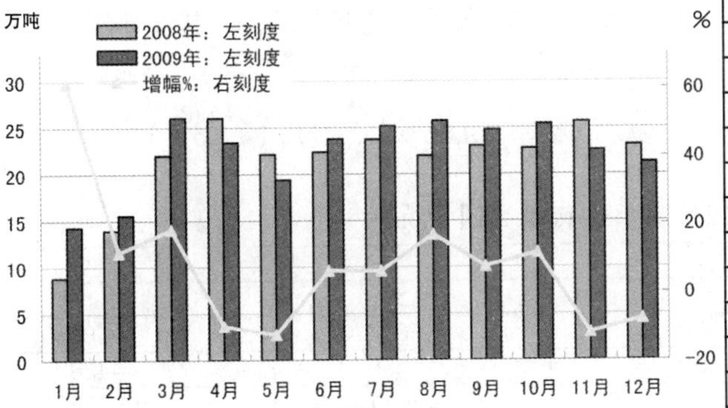

图24 2008-2009年西南地区管材月度产量

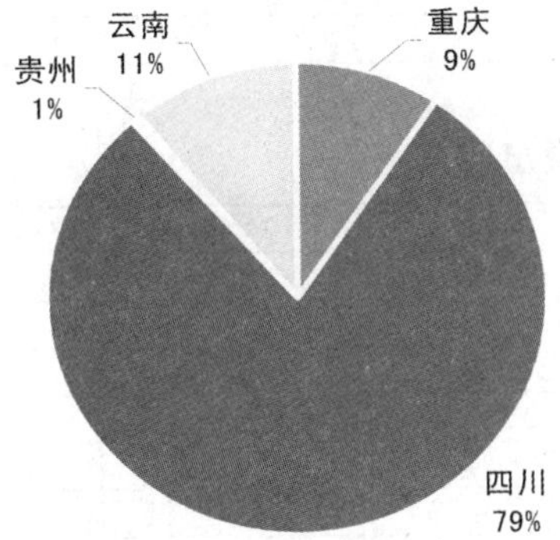

图25 2009年西南地区管材产量省份分布

2. 2009年西南地区内主要钢铁厂产量

西南地区年产在500万吨以上的钢铁企业有攀枝花钢铁集团和武钢昆明钢铁公司。四川省钢铁产量占明显优势。

3. 2009年钢铁产品西南地区流向统计

2009年全年流向西南地区的钢坯为33.25万吨，钢材产品为2816.94万吨，分别占比1.3%，7.4%。其中，流入量最大的钢材为钢筋，为100.4

表4 2009年钢铁产品西南地区流向统计

品种	西南	
	数量（吨）	占统计%
钢坯	332531	1.3
其中：方坯	239115	1.4
板坯	25743	0.4
钢材合计	28169357	7.4
铁道用材	238291	5.4
大型型钢	563409	7.1
中小型型钢	405640	6.5
棒材	2255501	7
钢筋	10004041	13.2
其中：光圆	219544	9.3
带肋	9780545	14.7
盘条（线材）	4464475	7.9
其中：硬线材	385288	4.2
特厚板	200967	4.7
厚板	824258	4.7
中板	1221287	4.5
其中：热轧中板	1212599	5
冷轧中板	1821	1.1
热轧薄板	31527	0.8
冷轧薄板	237686	7.7
中厚宽钢带	4000545	6.1
热轧薄宽钢带	512643	3.5
冷轧薄宽带	1136541	5.4
热轧窄钢带	670049	3.5
冷轧窄钢带	12155	4.6
镀层板（带）	336357	3.7
其中：镀锌板（带）	313381	4.1
镀锡板（带）	17452	2.7
涂层板（带）	75448	6.9
电工钢板带	69300	1.7
其中：热轧电工钢板	36370	4.5
冷轧电工钢板（带）	32930	1
无缝钢管	590199	7.2
其中：热轧无缝钢管	442380	6.1
焊接钢管	288684	27.8
其他钢材	30352	6.6

表3 2009年西南地区内主要钢铁厂产量

单位：万吨

省市区	企业名称	粗钢	生铁	钢材
重庆	重庆钢铁（集团）有限责任公司	328.18	322.83	301.36
四川	攀枝花钢铁（集团）公司	817.98	834.95	751.73
	其中：攀钢集团有限责任公司	532.56	591.27	451.69
	攀钢集团成都钢铁有限责任公司	177.35	153.44	198.97
	攀钢集团四川长城特殊钢有限责任公司	15.00		50.70
	四川川威钢铁集团有限公司	271.17	279.81	266.91
	四川达州钢铁集团有限责任公司	216.95	188.34	210.40
贵州	首钢水城钢铁（集团）有限责任公司	319.03	326.31	303.25
	首钢贵阳特殊钢有限责任公司	14.71		12.22
云南	武钢昆明钢铁股份有限公司	573.35	569.99	609.84

万吨；棒材、线材、中板、中厚宽钢带、冷轧薄宽带的流入量也较高。

4．2009年西南地区钢材进出口分析

2009年西南地区进口钢材15.7万吨，出口60.8万吨，分别占全国钢材进口总量、出口总量的0.9%、2.5%，实现净出口量45.1万吨；进口额和出口额分别为5.0亿美元、6.3亿美元，贸易顺差1.3亿美元。从进口看，重庆、四川占极大比例，共占99.62%；从出口看，四川占比最大，为88.22%，其次为云南（9.25%）、贵州（1.66%）。

表5 2009年西南地区分省市钢材进出口情况

单位：吨，美元

省市区	进口		出口	
	数量	金额	数量	金额
重庆	92884.373	88401728	5070.493	7868409
四川	63772.846	400795372	536599.3	574442807
贵州	315.748	2868861	10116.01	9672807
云南	279.908	7627594	56257.91	41554701
西藏			236.005	325080
累计	157252.88	499693555	608279.8	633863804
占全国比例%	0.9	2.5	2.5	2.8

表6 2009年西南地区分品种钢材进出口情况

单位：吨，美元

品种	进口		出口		净出口（出口—进口）	
	数量	金额	数量	金额	数量	金额
钢材	157252.9	499693555	608279.8	633863804	451026.879	134170249
棒线材	2010.276	19329559	28622.12	24066985	26611.844	4737426
角型材	125.627	1222632	6300.691	5615091	6175.064	4392459
板材	135027.9	187306238	44562.47	34604969	−90465.434	−152701269
管材	18161.4	270627766	261072.2	309490284	242910.788	38862518
铁道用材	10.174	2925815	235287.2	214351955	235277.032	211426140
其他钢材	1917.495	18281545	32435.08	45734520	30517.585	27452975
特钢	26028.44	110342326	13182.97	20004300	−12845.467	−90338026
铁道用材	10.174	2925815	235287.2	214351955	235277.032	211426140
大型型钢	40.081	14990	1664515	1955515.113	1664475.32	1940525.113
中小型型钢	85.546	1207642	1877.174	1999484	1791.628	791842
棒材	1847.524	19085021	6301.62	8520771	4454.096	−10564250
钢筋	51.851	123804	17915.06	12479938	17863.204	12356134
线材	110.901	120734	4405.445	3066276	4294.544	2945542
特厚板	7094.548	22567667	4.07	2900	−7090.478	−22564767
厚钢板	2.656	26024	322.24	249696	319.584	223672
中板	16905.64	59214453	12179.84	9167020	−4725.794	−50047433
热轧薄板	846.149	1502080	246.982	242216	−599.167	−1259864
冷轧薄板	934.889	1436691	857.115	827640	−77.774	−609051
中厚宽钢带	1363.64	769669	8761.724	5439888	7398.084	4670219
热轧薄宽钢带	1433.06	927628	12022.62	6271420	10589.559	5343792
冷轧薄宽带	87084.63	57475057	578.682	460979	−86505.948	−57014078
热轧窄钢带	949.274	14651762	1997.647	4376739	1048.373	−10275023
冷轧窄钢带	1797.033	4537532	601.763	699580	−1195.27	−3837952
镀层板（带）	13350.95	18198569	5564.509	5421570	−7786.438	−12776999
彩涂板（带）	194.87	731889	1425.276	1445321	1230.406	713432
电工钢板（带）	3070.571	5267217			−3070.571	−5267217
无缝管	16950.43	264601172	245888.4	296349188	228937.966	31748016
焊管	1210.514	6018240	14860.87	12915523	13650.357	6897283
铸铁管	0.453	8354	322.918	225573	322.465	217219

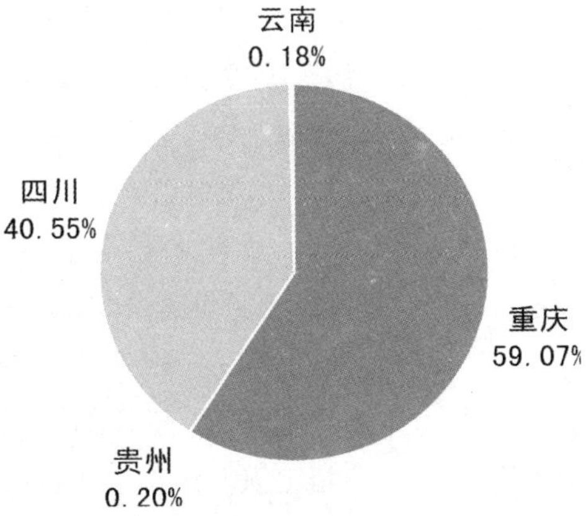

图26 进口钢材各省市比例

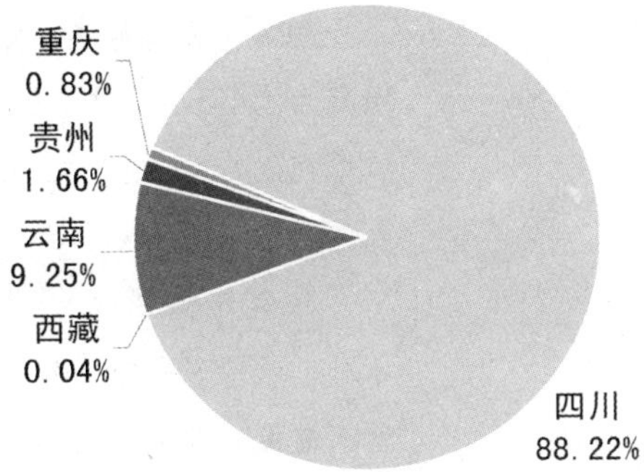

图27 出口钢材各省市比例

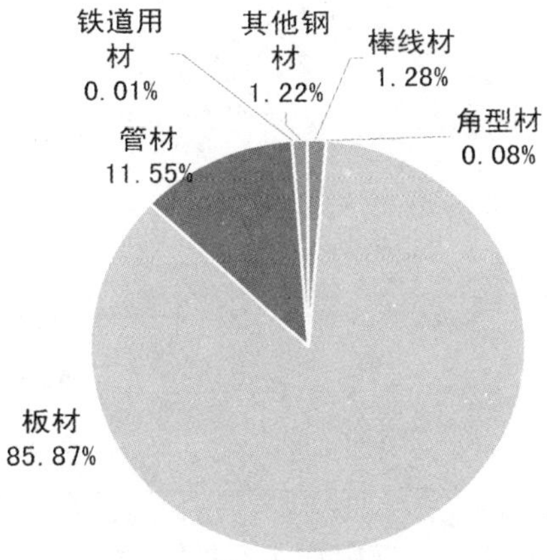

图28 进口钢材品种比例

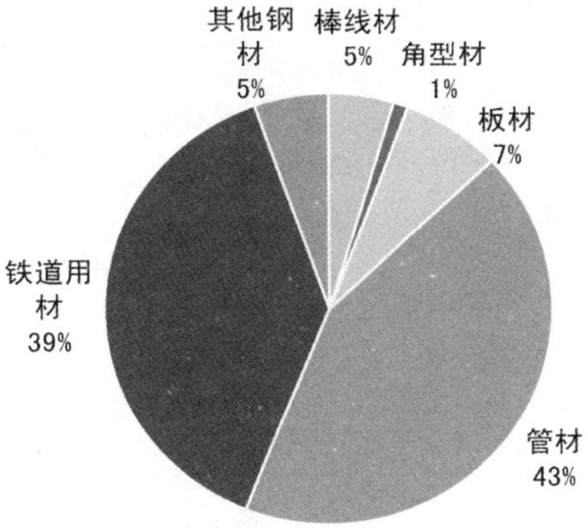

图29 出口钢材品种比例

西南地区进口钢材中，板材比例最大，为85.87%，其次为管材11.55%，棒线材、其他钢材、角型材、铁道用材占比均小于2%；出口钢材中，管材比例最大，为43%，远高于进口比例，其次铁道用材39%，板材7%、其他钢材5%、棒线材5%、角型材1%。

三、2009年西南地区钢材市场主要钢材品种价格分析

2009年西南地区MyspiC指数走势大体与全国指数类似，但普遍高于全国指数，且相差较大。相比而言，6-8月份差距较小，为1-3个基点，其他时间两者相差较大，最大达到12个基点。西南地区全年最高点为8月份的166.5。

就品种来看，相较于综合指数，西南地区各品种价格指数波动较为平缓。

工字钢价格波动最平缓，1月份基本维持4400

图30 2008年1月-2009年12月西南地区钢材市场MyspiC指数走势

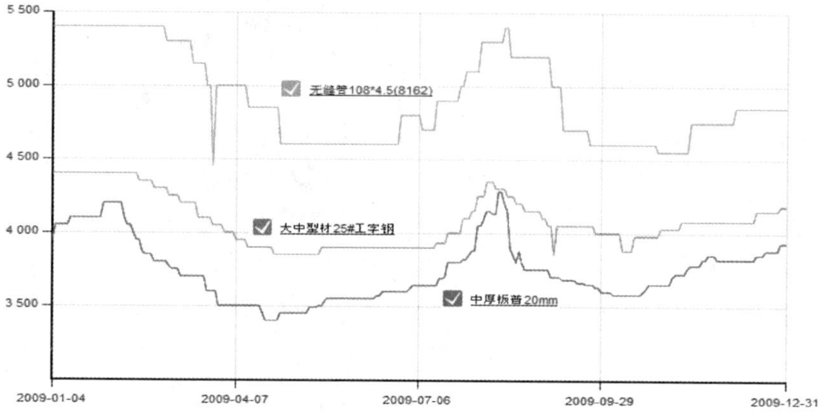

图31 2009年重庆地区钢材市场主要钢铁品种价格走势（1）

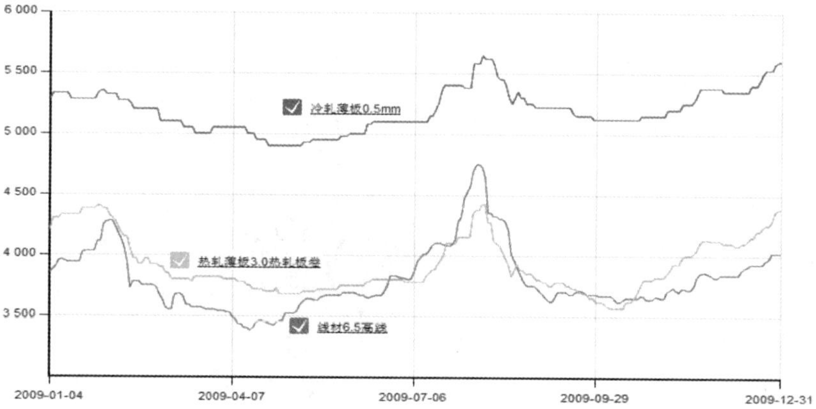

图32 2009年重庆地区钢材市场主要钢铁品种价格走势（2）

不变，随后持续下跌，4月底跌至谷底3900，之后在该价位维持相当一段时间，至7月份开始上涨，涨幅较小，高点低于4400，随后的下跌幅度也较小，后期上涨幅度仍不大。

无缝管走势与工字钢类似，但是波动幅度较大，从1月份的高点到5月份的低点下降了约900个基点，后期涨幅也达到约900个基点。

中厚板1月份有小幅上涨，波谷持续时间较短，降幅一般，总体上呈现出较明显的曲折波动趋势。

热轧的价格走势较平缓，1月份高点4400，与4月份低点3680相差720个基点，涨幅19%，随后在8月份有小幅上涨，涨至全年最高点为4420，后期上涨幅度较大，年底上涨至4380的高点。

线材波动幅度较大，8月份高点为4750，相较于4月份的低点3380上涨了1370个基点，增幅达40.5%。

冷轧走势最为平稳，全年基本维持在高位小幅波动，全年最低点为4月份的4900，最高点为8月份的5650，涨幅仅为15%。

四、2010年西南地区经济及钢铁行业发展展望

2010年，西南地区三省在政府工作报告中列出了经济发展目标（见表7）。另外，该地区的主要钢铁生产企业在产能建设上的项目见表8，与钢铁有关的基础建设和重大建设项目内容见表9。

表7 西南地区各省市区2010年经济发展目标

指标	重庆	四川	贵州	云南	西藏
GDP增长	13%	10%	8%	9%以上	12%以上
固定资产投资增长	18%		18%以上	20%以上	18%以上
财政收入增长	13%	11%	10%	10%以上	20%以上
城镇居民人均可支配收入增长	11%	10%	7%	8%左右	
农村居民人均纯收入增长	12%	9%	6%	8%以上	13%以上
社会消费品零售总额增长	18%		13%	16%以上	18%以上
居民消费价格指数涨幅	3%左右	4%左右		3%左右	3.5%以内
城镇登记失业率	4.5%以内	4.5%以内	4.6%以内	4.6%以内	4.3%以内

数据来源：各省市区2010年政府工作报告

2009年西南地区内各主要钢铁厂在进一步淘汰落后产能的同时，也在加紧新增产能的建设和原有设备的技术改造。2010年各省市的基础建设项目，如公路、铁路、机场、水利航运工程等的建设，以及下游产业，如造船、汽车等行业的发展需求，将对钢铁产业的发展起到拉动作用。

表8 西南地区主要钢铁生产企业产能动向

企业名称	新增、改造或淘汰产能	备注
重庆钢铁(集团)有限责任公司	新区宽厚板生产线投产 年产180万吨	2009年9月
	长寿新区二号烧结机投产	2009年12月
	新区炼钢1号、2号转炉顺利投产	2009年12月
	2号焦炉点火烘炉	2010年1月投产倒计时
攀枝花钢铁(集团)公司	新4号焦炉全面投入使用	2009年6月
	钒提钒炼钢厂方圆坯连铸机 释放轨梁950线产能	2009年10月投产
	钒烧结系统技改二期工程	2010年2月开工
	西昌二基地高炉工程	2010年3月开工
四川达州钢铁集团有限责任公司	长达中板厂第二条2800中厚板生产线投产	2009年4月
	长达钢铁先进棒材连轧生产线试产成功	2009年12月

表9 2010年西南地区钢铁相关基础及重大建设项目

省市区	钢铁相关基础及重大建设项目
重庆	建成“二环八射”国家高速公路网，推进“一环两射一联”地方高速公路项目，开工渝黔铁路新线、渝万城际铁路、成渝城际铁路等项目，完成江北国际机场三期扩建和黔江机场建设。推进寸滩三期、涪陵龙头山等港口建设，实施嘉陵江、乌江等重要航道治理和船舶标准化改造。提速建设轨道交通一、三、六号线及二、三、六号线延伸段。加快建设双碑等五座大桥、慈母山等两座隧道、两路等五座换乘枢纽和一批公共停车场，开工解放碑地下环道，渠化道路交叉口，消除一批堵点。
四川	累计完成463个公路项目重建，映秀至卧龙、川主寺至汶川、汶川至马尔康公路基本形成通车能力。加快建设成兰、成贵、成西、兰渝、成渝客专、成昆新线等铁路，力争开工成都至康定、隆黄铁路叙永至织金段、昭通至攀枝花至丽江等铁路。加快建设广元至川陕界、雅安至西昌、巴南、成自泸赤等高速公路，推进国省干线公路改造升级和农村断头路建设。加快双流机场新航站楼建设、南充机场扩建，争取阿坝红原机场开工建设。
贵州	加快省会贵阳通往全国七小时快铁交通圈建设，大力推进贵广快速铁路建设，力争开工建设贵阳至昆明、长沙、重庆、成都快速铁路。积极开展毕节经水城至兴义、铜仁至玉屏、织金经水城至攀枝花等城际铁路前期工作。继续强力推进县县通高速公路体系建设，建成贵阳至广州高速公路贵州段，高速公路通车里程达到1478公里，新开工建设高速公路925公里。实施国省干线公路改造704公里，实现96%的乡镇通油路或水泥路、95%的建制村通公路。开工建设贵阳机场新航站楼，加快支线机场和内河航运建设。
云南	推进11个铁路在建工程，争取新开工沪昆客运专线等铁路项目。加快推进大理至丽江、保山至腾冲等9条高速公路建设；着力推进52条二级干线公路建设，力争明年上半年全面完成建设任务。加快昆明新机场建设，争取开工泸沽湖、红河机场。
西藏	积极推进综合交通运输体系建设，加快国防公路、口岸公路和通县油路建设。充分发挥青藏铁路的经济社会效益，力争青藏铁路延伸线拉萨至日喀则段开工建设。抓紧那曲机场项目选址工作，完成阿里昆莎机场建设和日喀则和平机场改造任务，争取拉萨贡嘎机场飞行区改造和配套工程开工建设。

西北地区钢材市场

一、2009年西北地区宏观经济形势

2009年，西北地区完成生产总值18258.41亿元，占全国GDP的5.44%。其中，陕西省生产总值完成8186.65亿元，同比增长13.6%，高于全国4.9个百分点；甘肃省生产总值完成3382.35亿元，同比增长10.0%，高于全国1.3个百分点；青海省生产总值完成1081.27亿元，同比增长10.1%，高于全国1.4个百分点；宁夏生产总值完成1334.56亿元，同比增长11.6%，高于全国2.9个百分点；新疆生产总值完成4273.58亿元，同比增长8.1%，低于全国0.6个百分点。

2009年，西北地区全年实现第二产业增加值9031.50亿元，占全国第二产业增加值的6%。分省区看，陕西省第二产业增加值和全部工业增加值分别为4312.11亿元、3578.98亿元，分别比上年增长14.7%、12.7%；规模以上工业增加值为3288.24亿元，增长14.8%，实现利润802.5亿元，下降11.5%。甘肃省第二产业增加值1510.98亿元，比上年增长10.4%。青海省第二产业增加值和全部工业增加值分别为576.34亿元、471.34亿元，分别比上年增长11.3%、10.2%；规模以上工业增加值为440.1亿元，增长11%，实现利润90.1亿元，下降51.2%。宁夏第二产业增加值为680.20亿元，增长14.4%；规模以上工业增加值为523.15亿元，增长14.3%。新疆第二产业增加值1951.87亿元，比上年增长9.0%；1-11月，规模以上工业完成增加值1183.49亿元，同比增长6.3%。

2009年，西北地区城镇固定资产投资12038.64亿元，占全国城镇固定资产投资的6.20%。分省区看，陕西省完成社会固定资产投资6553.39亿元，城镇固定资产投资5890.47亿元，分别比上年增长35.1%、37.4%。甘肃省完成城镇固定资产投资2076.38亿元，比上年增长37.4%。青海省完成社会固定资产投资800.51亿元，城镇固定资产投资689.12亿元，分别比上年增长37.5%、34.1%。宁夏完成社会固定资产投资1119.14亿元，城镇固定资产投资964.16亿元，分别比上年增长30.31%、31.1%。新疆完成城镇固定资产投资2418.51亿元，比上年增长19.4%。

2009年，西北地区全年社会消费品零售总额5699.97亿元，占全国消费品零售总额的4.55%。各省区的社会消费品零售总额分别为：陕西省

表1 2009年西北地区宏观经济运行指标

指标	数额或增幅	全国	陕西	甘肃	青海	宁夏	新疆
2008年GDP	数额（亿元）	300670.00	6851.30	3176.10	961.5	1098.50	4203.40
	同比增幅（%）	9	15.6	10.1	12.7	12.2	11
2009年GDP	数额（亿元）	335353	8186.65	3382.35	1081.27	1334.56	4273.58
	同比增幅（%）	8.7	13.6	10	10.1	11.6	8.1
规模以上工业增加值	增幅（%）	11	14.8		11	14.3	6.3
社会消费零售总额	数额（亿元）	125343	2699.7	1183	300.47	339.3	1177.5
	增幅（%）	15.5	19.7	18.9	18.8	19	14.8
出口总值	数额（亿美元）	12017	39.85	7.35	2.51	7.43	108.23
	增幅（%）	-16	-25.9	-54.1	-40.1	-41	-43.9
进口总值	数额（亿美元）	10056	44.16	30.9	3.35	4.59	30.05
	增幅（%）	-11.2	49.14	-31.1	24.2	-26.42	3

2699.7亿元，甘肃省1183.0亿元，青海省300.47亿元，宁夏339.3亿元，新疆1177.5亿元，分别比上年增长19.7%、18.9%、18.8%、19.0%和14.8%。

2009年，西北地区进出口贸易总额完成278.42亿美元，占全国贸易总额的1.26%；其中出口额为165.37亿美元，占全国出口总额的1%；进口额为113.05亿美元，占全国出口总额的1%。分省区看，陕西省全年进出口总额为84.01亿美元，比上年增长0.9%；其中出口额为39.85亿美元，下降25.9%；进口额为44.16亿美元，增长49.14%。甘肃省全年进出口总额为38.25亿美元，比上年下降37.3%；其中出口额为7.35亿美元，下降54.1%；进口额为30.90亿美元，下降31.1%。青海省全年进出口总额5.86亿美元，比上年下降14.9%；其中出口额为2.51亿美元，下降40.1%；进口额为3.35亿美元，增长24.2%。宁夏全年进出口总额为12.02亿美元，比上年下降36.17%；其中出口额为7.43亿美元，下降41.0%；进口额为4.59亿美元，下降26.42%。新疆全年进出口总额为138.28亿美元，比上年下降37.8%；其中出口额为108.23亿美元，下降43.9%，进口额为30.05亿美元，增长3%。

二、2009年西北地区钢铁产品产量、地区流向及进出口分析

2009年全年西北地区粗钢产量1,900.59万吨，较上年的1,470.11万吨增加430.48万吨，同比增长29.3%；生铁产量2,001.98万吨，较上年的1,484.13万吨增加517.85万吨，同比增长34.9%；钢材产量2,382.29万吨，较上年的1,792.99万吨增加589.30万吨，同比增长32.9%。西北地区粗钢、生铁和钢材产量分别占全国上年的3.3%、3.7%和3.4%。

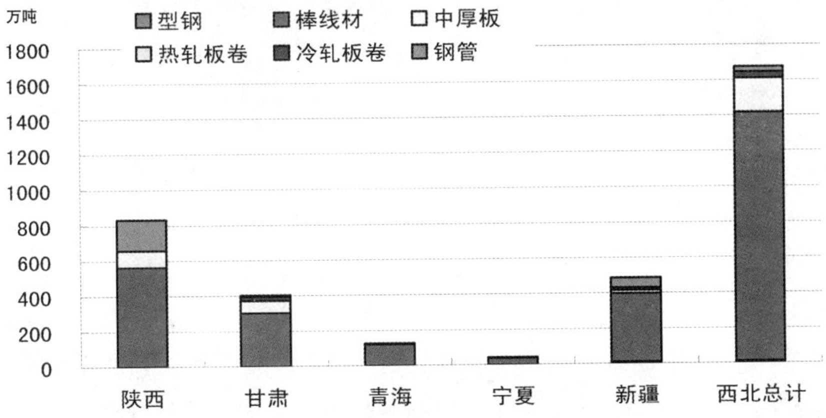

图1 2009年西北地区各省份钢材产品产量结构

1．2009年西北地区冶金产品产量分析

表2 2009年西北地区冶金产品产量

单位：万吨

品种	陕西	甘肃	青海	宁夏	新疆	西北地区合计
粗钢	522.50	626.36	126.72	0.00	625.01	1,900.59
生铁	512.48	612.14	109.54	36.18	731.64	2,001.98
钢材	887.34	644.54	125.06	38.01	687.34	2,382.29
焦炭	526.00	244.69	141.42	273.87	774.06	1,960.04
铁矿石	368.20	950.32	34.89	0.00	1,668.43	3,021.84
铁合金	22.82	93.66	79.62	83.59	7.66	287.35
型钢	0.90	0.12	0.00	0.00	12.13	13.15
棒线材	560.76	302.35	119.21	38.01	387.20	1,407.53
中厚板	66.36	100.05	0.00	0.00	24.67	191.08
热轧板	2.53	14.64	0.00	0.00	22.40	39.57
冷轧板	0.28	21.30	0.00	0.00	13.71	35.29
钢管	175.00	8.53	5.73	0.00	61.32	250.58

注：热轧板产量为热轧薄板和热轧薄宽带产量之和；冷轧板产量为冷轧薄板和冷轧薄宽带产量之和；钢管产量为无缝钢管和焊接钢管产量之和。

2009年西北地区粗钢产量表现为明显的先增后降态势，上半年一路增加，从1月份的年度最低点128.55万吨上增至年度最高点182.5万吨，随后发生连续小幅震荡回落。相比与2008年同期粗钢产量，西北地区1-5月份产量增幅较小，基本低于20%，下半年增幅普遍较高，维持在30%以上，西北地区全年产量增幅具有类似的变化特点。从西北地区全年粗钢产量来看，新疆占33%，甘肃占32%，陕西占28%，青海占7%。

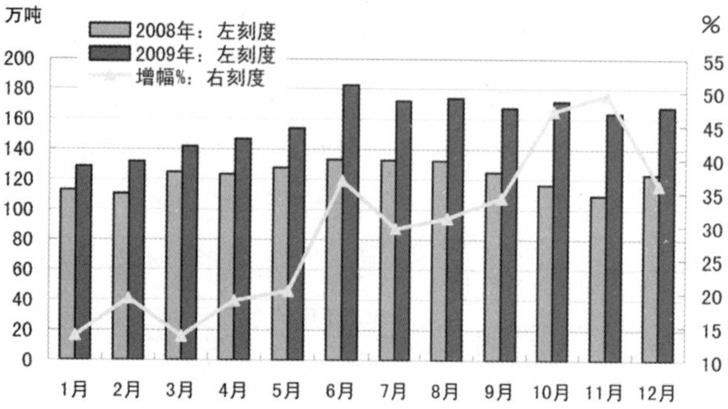

图2 2008-2009年西北地区粗钢月度产量

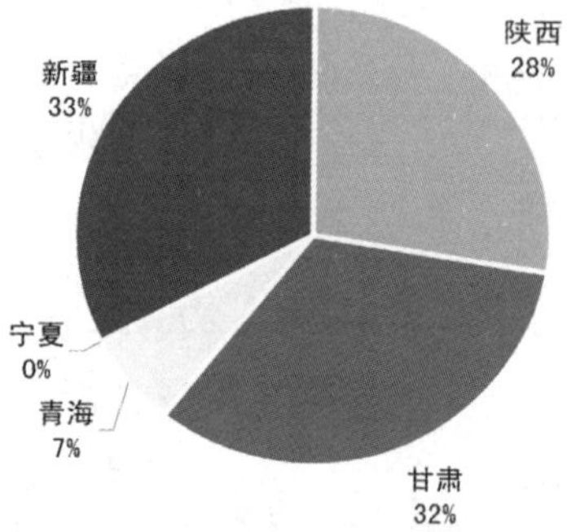

图3 2009年西北地区粗钢产量省份分布

2009年西北地区生铁产量呈现为先涨后跌态势，分界点为10月份，跌势一般，涨势明显。1-10月份生铁产量一路小幅攀升，从年初的年度最低点133.54万吨逐月上涨至10月份的全年最高点187.91万吨，随后发生连续小幅下跌，跌幅不超过5%。各月份生铁产量同比增幅也表现为同样的变化趋势，最高增幅发生在11月份，为73.2%，最低为1月份的13.34%。从全年产量占比上看，新疆占36%，甘肃占31%，陕西占25%，青海占6%，宁夏占2%。

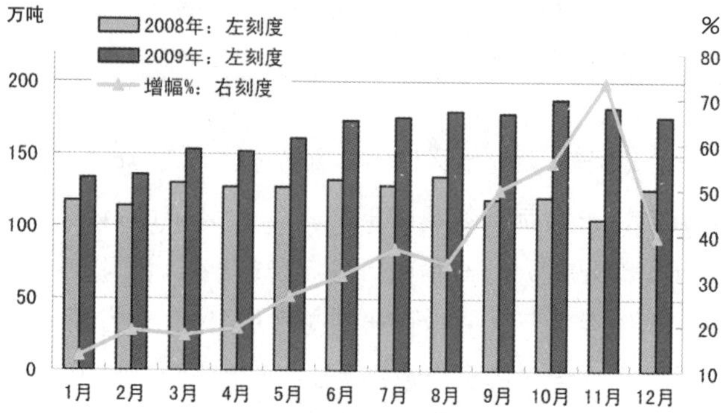

图4 2008-2009年西北地区生铁月度产量

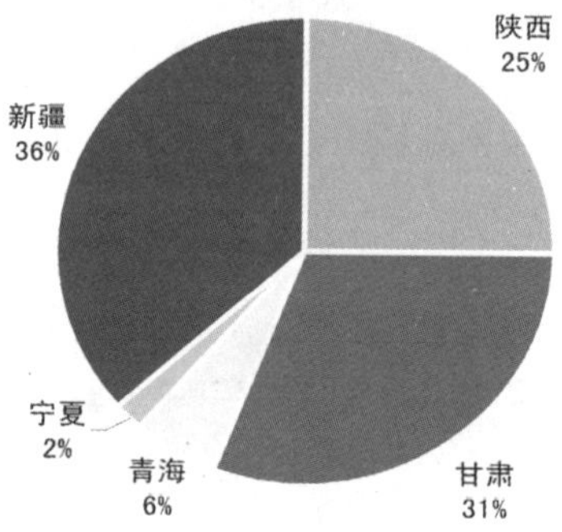

图5 2009年西北地区生铁产量省份分布

2009年西北地区钢材产量呈增加趋势，全年除了4、9、11月份有小幅下滑外，一路小幅增加，从1月份的全年最低点143.6万吨上涨至10月份的最高点227.78万吨。2009年产量同比增幅也呈一路上扬态势，从年初的负增长上涨到10月份的79.7%，11、12月份产量和增幅均小幅下滑。从西北地区全年钢材产量占比来看，陕西占37%，新疆占29%，甘肃占27%，青海占5%，宁夏占2%。

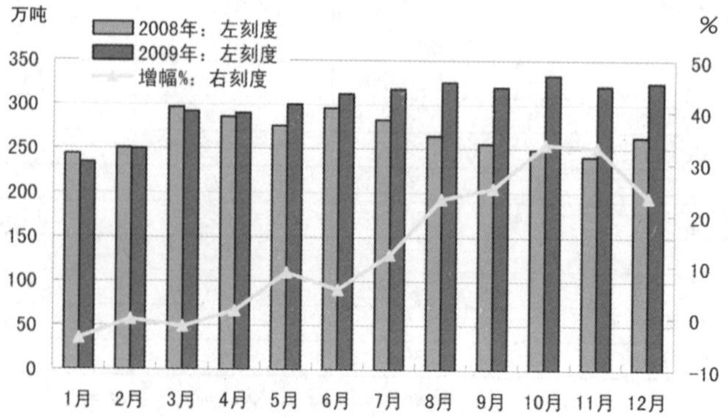

图6 2008-2009年西北地区钢材月度产量

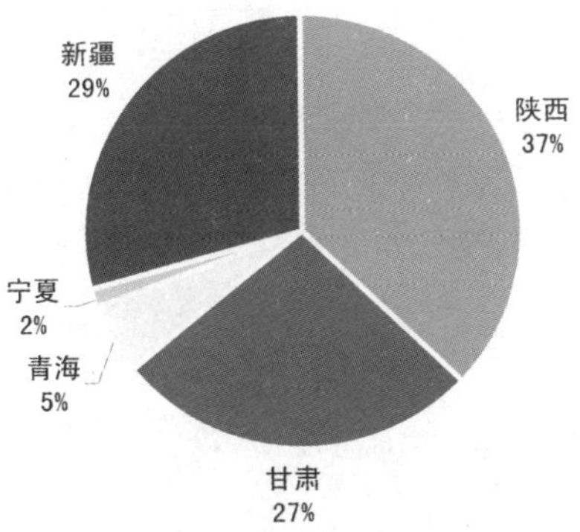

图7 2009年西北地区钢材产量省份分布

2009年西北地区焦炭产量呈现为先增后降趋势，1-10月份波动上涨，10月份之后阶梯式递减。10月份产量214.74万吨，为全年最高点，同时也是全年同比增幅最高的月份，最高增幅为133.9%。全年增幅表现出与产量类似的变化趋势，波动增加之后连续下降。从地区产量占比来看，陕西占41%，新疆占32%，甘肃占10%，宁夏占11%，青海占6%。

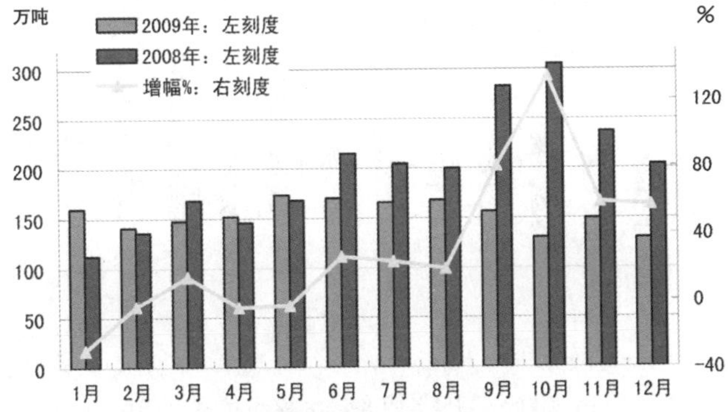

图8 2008-2009年西北地区焦炭月度产量

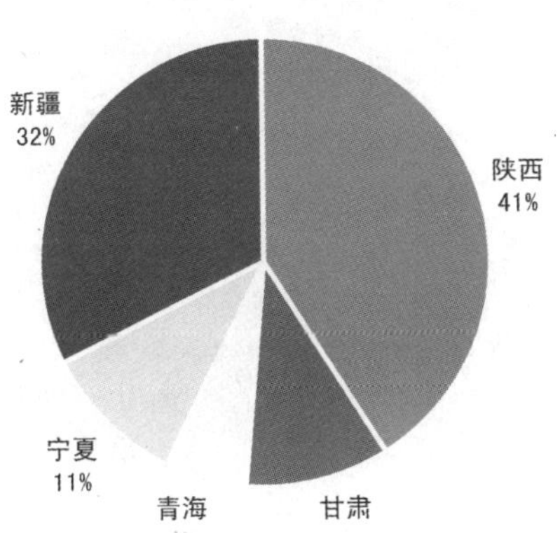

图9 2009年西北地区焦炭产量省份分布

2009年，西北地区铁矿石产量在上半年持续大幅增加，从年初的全年最低点80.37万吨猛增至6月份的307.4万吨，增长幅度高达282%。7月份产量大幅下跌，之后先增后将，呈抛物线形式变化。全年最高点在10月份，为331.29万吨。2009年全年同比增幅波动明显，最高点为3月份的54%，11月份出现次高点。从西北地区产量占比来看，新疆站51%，甘肃占33%，陕西占12%，青海占4%。

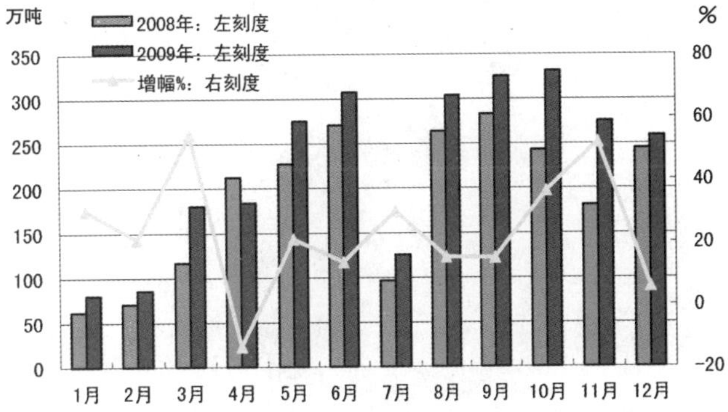

图10 2008-2009年西北地区铁矿石月度产量

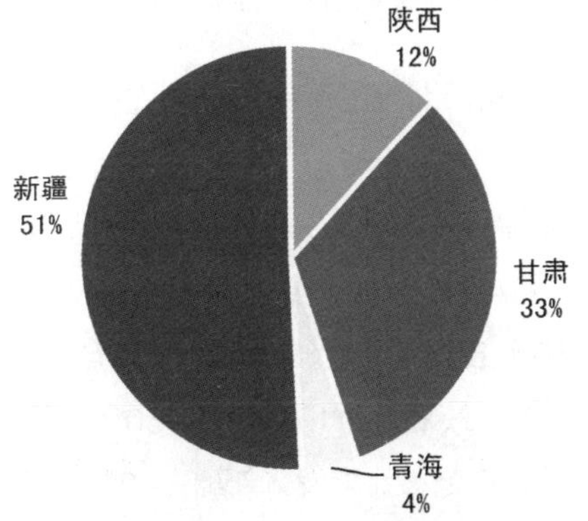

图11 2009年西北地区铁矿石产量省份分布

2009年西北地区铁合金产量呈一路增加态势，由年初的9.63万吨连续数大幅增至11月的全年最高点37.91万吨，涨速明显，12月份有小幅下滑，但仍维持在高位。产量同比增幅表现类似，从1月份的最低点一路增至12月份的最高点211.8%，增速上半年平缓，下半年较高，其中10-12月份最为明显。从西北地区全年铁合金产量占比甘肃占30%，宁夏占29%，青海占29%，陕西占7%，新疆占5%。

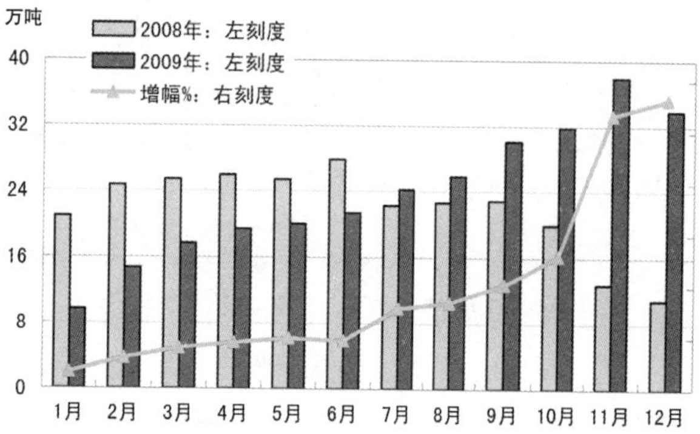

图12 2008-2009年西北地区铁合金月度产量

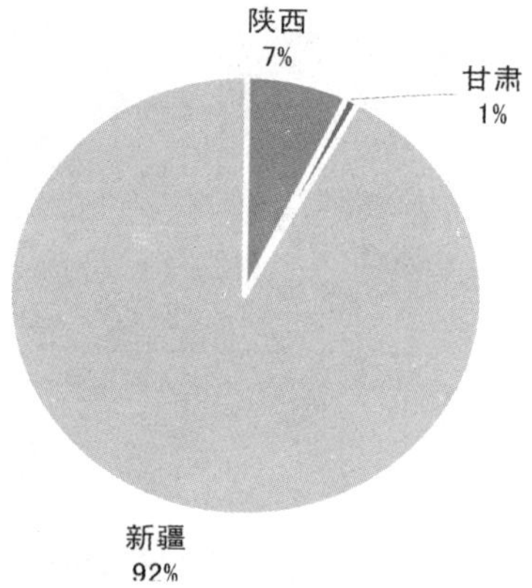

图15 2009年西北地区型钢产量省份分布

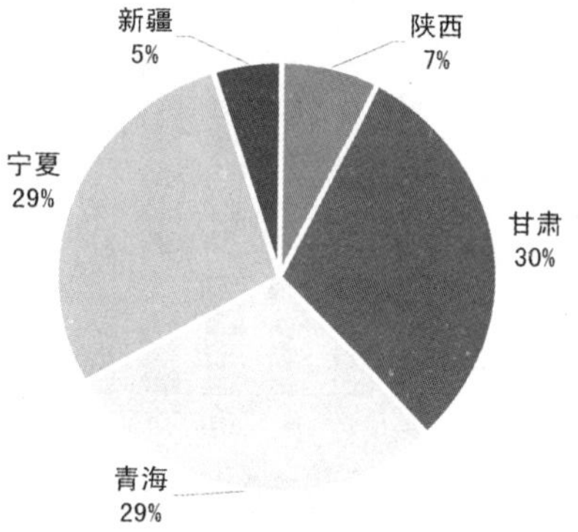

图13 2009年西北地区铁合金产量省份分布

2009年西北地区棒线材产量表现为先增后降态势，上半年经过3月份和6月份两次攀升达到全年最高点140.31万吨。下半年保持波动状态，7月份发生较大幅度下跌，维持在120万吨左右。6月份同时也是全年同比增幅最大的月份，增幅为75%。从西北地区全年棒线材产量占比来看，山西占40%，新疆占27%，甘肃占22%，青海占8%，宁夏占3%。

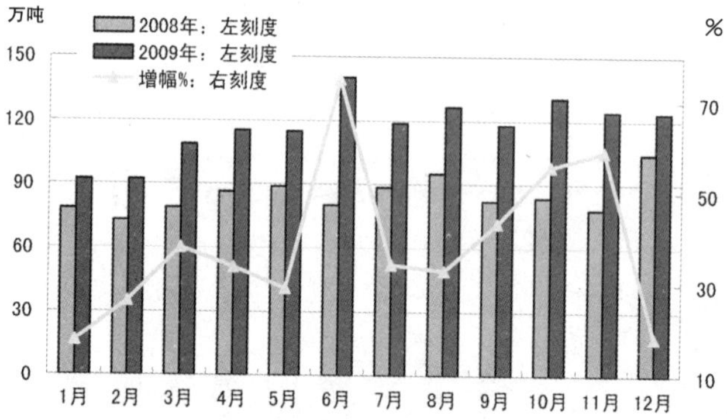

图16 2008-2009年西北地区棒线材月度产量

2009年西北地区型钢产量处在较低水平，最高月产量为6月份的1.6万吨。总体上讲，全年产量呈先增后降态势，上半年稳步攀升，下半年震荡下行，全年最低点位10月份的0.58万吨。同比增幅一直处在明显波动中，最高点为7月份的155.4%，最低点为10月份的-50%。西北地区全年型钢产量占比上看，新疆占92%，陕西占7%，甘肃占1%。

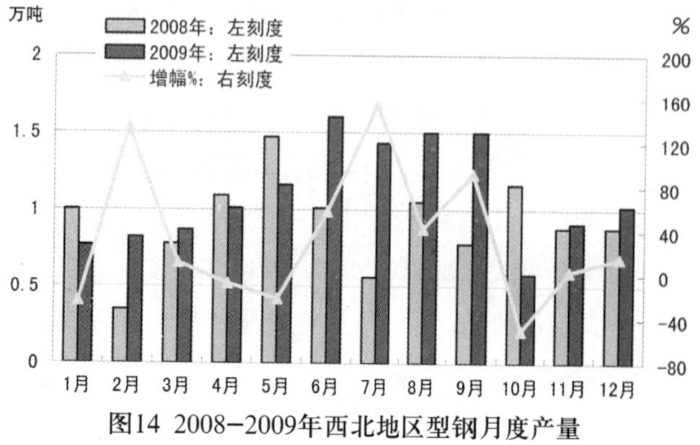

图14 2008-2009年西北地区型钢月度产量

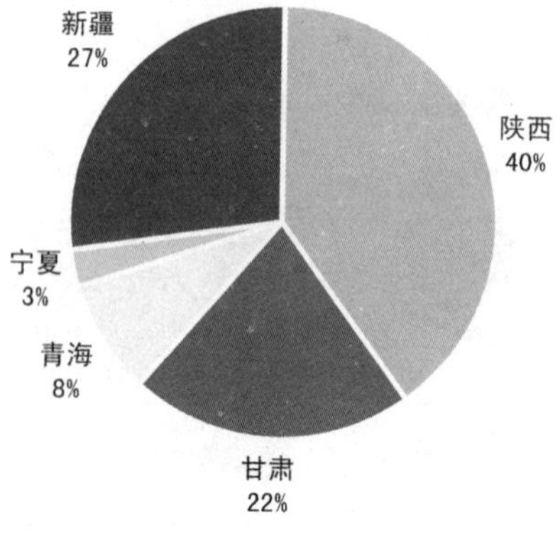

图17 2009年西北地区棒线材产量省份分布

2009年西北地区中厚板产量基本在低位盘整，总体产量水平较低且变化幅度较小，全年最高点为9月份的12.08万吨，最低点为6月份的9.03万吨。2009年西北地区中厚板产量明显低于2008年同期产量，且降幅较大，全年只有3月份有小幅增长，尤其是5月份之后，降幅维持在30%以上。从地区全年产量占比来看，陕西占51%，甘肃占36%，新疆占10%，宁夏占3%。

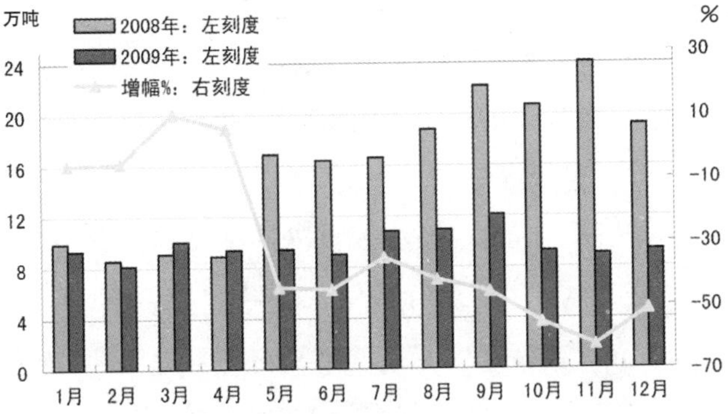

图18 2008-2009年西北地区中厚板月度产量

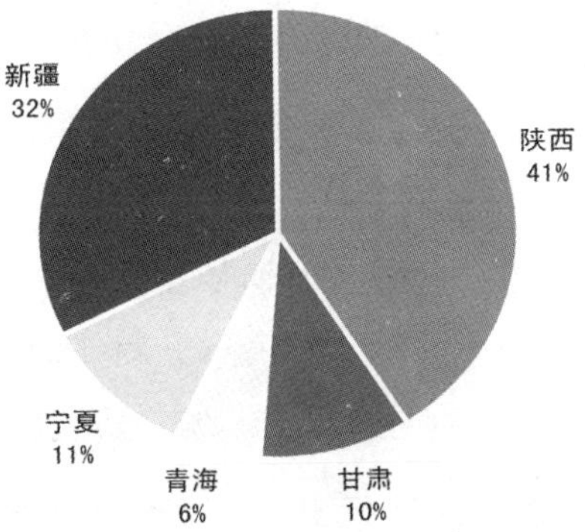

图19 2009年西北地区中厚板产量省份分布

2009年西北地区热轧产量总体表现为先增后降态势。1-5月份为增长阶段，其中除4月份有小幅下跌外均有所上涨，至5月份涨至全年最高点6.16万吨，同时5月份涨幅最大，环比上涨120.8%。此后则发生长期的连续下降，至9月份跌至最低点1.47万吨，相比于最高点下跌76.1%。后期在大幅增长后又再次下滑。全年同比增幅呈先增后降再增的趋势，12月份同比增幅最大，为223.1%。从西北地区全年热轧产量占比来看，新疆占54%，甘肃占39%，陕西占7%。

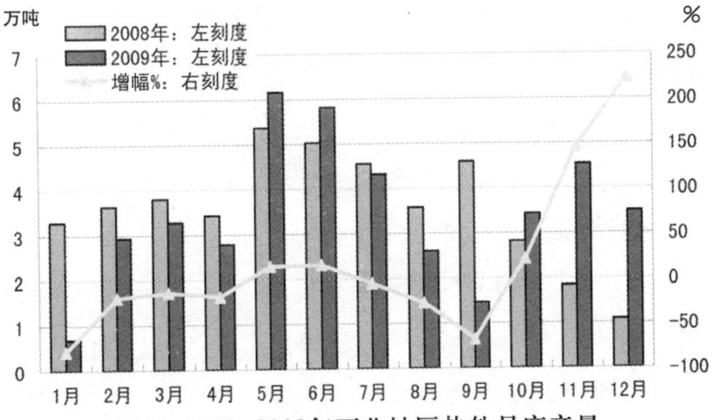

图20 2008-2009年西北地区热轧月度产量

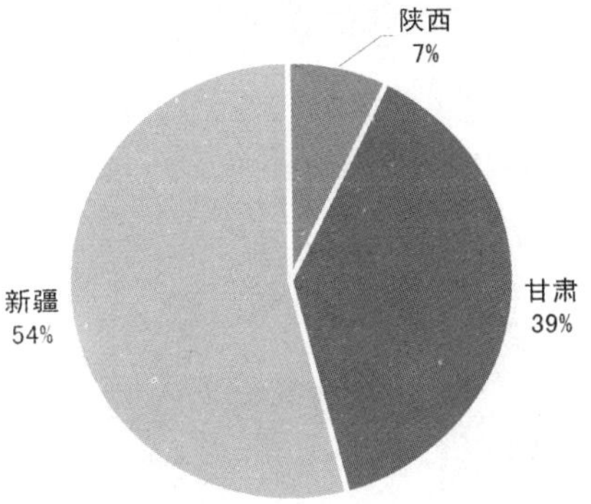

图21 2009年西北地区热轧产量省份分布

2009年西北地区冷轧产量总体水平较低，且呈大幅增长态势。上半年先增后降，3月份之前缓慢增长，随后连续下滑，至5月份产量达到全年最低0.8万吨。6月份发生大幅反弹，随后开始迅猛增长，7-12月份之间增加了233.1%，至12月份达到全年最高产量7.33万吨。同比增幅上，下半年普遍高于上半年，基本维持在100%之上。从西北地区全年冷轧产量占比来看，甘肃占60%，新疆占39%，陕西占1%。

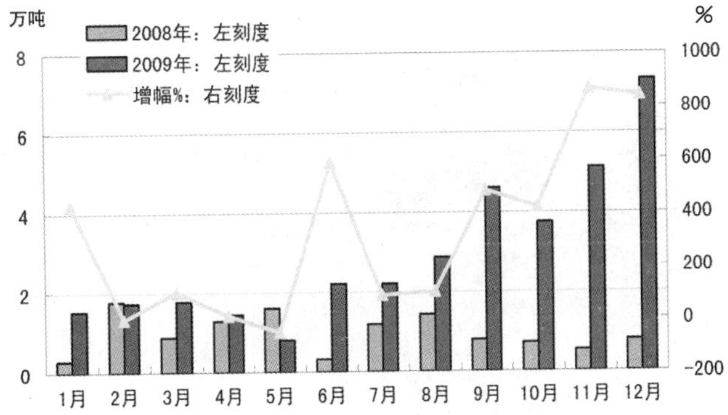

图22 2008-2009年西北地区冷轧月度产量

2009年西北地区管材产量呈现为较明显的逐月增长态势，全年只有7月份发生下跌，跌幅为14.5%，一季度增幅较大，二季度先保持平稳随后大幅增长，三季度增幅较大，四季度维持平稳增长，全年最高产量为12月份的25.09万吨。从全年管材产量占比来看，陕西占71%，新疆占23%，甘肃占4%，青海占2%。

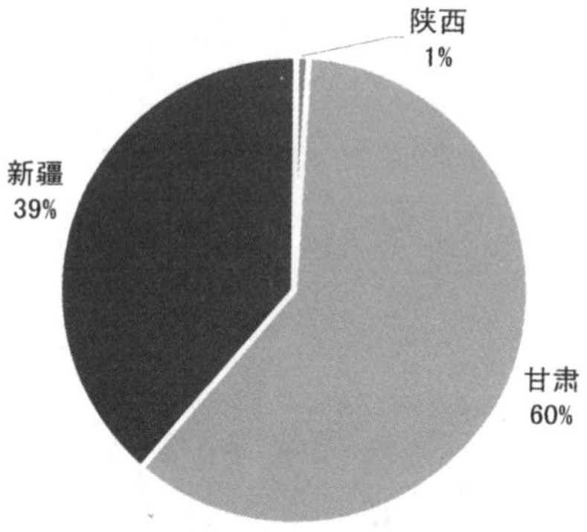

图23 2009年西北地区冷轧产量省份分布

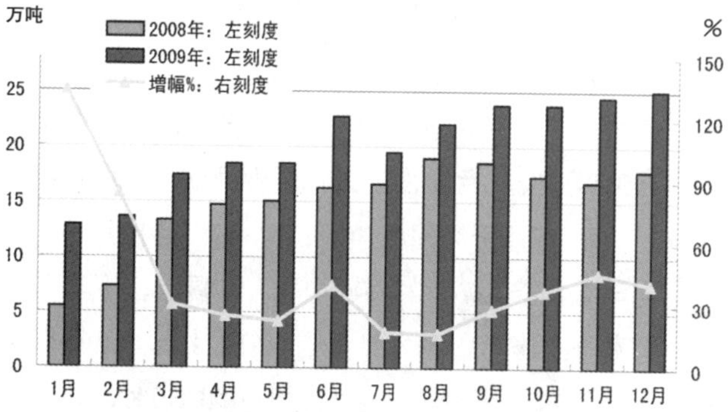

图24 2008–2009年西北地区管材月度产量

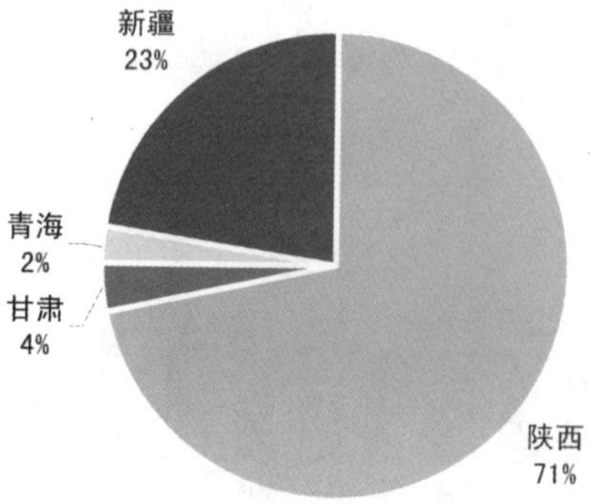

图25 2009年西北地区管材产量省份分布

2. 2009年西北地区内主要钢铁厂产量

西北地区年产量在500万吨以上的钢铁企业有酒泉钢铁和宝钢集团八一钢铁，其中酒泉钢铁的粗钢、钢材产量均超过750万吨，生铁产量超过600万吨；宝钢集团八一钢铁的粗钢、生铁、钢材产量在500–550万吨之间。

表3 2009年西北地区内主要钢铁厂产量

单位：万吨

省市区	企业名称	粗钢	生铁	钢材
陕西	陕西略阳钢铁有限责任公司	64.71	62.08	62.27
	陕西龙门钢铁（集团）有限责任公司	370.92	359.36	350.85
甘肃	酒泉钢铁（集团）有限责任公司	758.81	632.68	777.06
青海	西宁特殊钢集团有限责任公司	126.66	109.66	113.85
新疆	宝钢集团新疆八一钢铁有限公司	540.43	525.32	508.50

3. 2009年钢铁产品西北地区流向统计

2009年全年流向西北地区的钢坯为153.12万吨，钢材产品为1845.92万吨，分别占比6%，4.8%。其中，流入的钢材主要为钢筋、线材、中厚宽钢带和无缝钢管，均超过百万吨，分别为713.37万吨、374.7万吨、215.12万吨、118.53万吨。

4、2009年西北地区钢材进出口分析

2009年西北地区进口钢材46.87万吨，出口26.39万吨，分别占全国钢材进口总量、出口总量的2.7%、1.1%，进口比例高于出口比例，实现净进口量20.48万吨；进口额和出口额分别为4.4亿美元、2.9亿美元，贸易逆差1.5亿美元。从进口看，新疆占绝大部分，为89.26%，其他四个地区占比相差不是太大，陕西（5.81%）、甘肃（3.21%）、宁夏（1.56%）、青海（0.16%）；从出口看，依然是新疆占比最大，为63.24%，其次为陕西（19.52%）、甘肃（16.98%）、青海和宁夏占比都很小，均不到1%。

西北地区钢材进出口中，板材均占极大比例；进口钢材中，板材占绝大部分，占比96%，管材、铁道用材、其他钢材、棒线材、角型材占比均很小；出口钢材中，占比最大的依然是

表4 2009年钢铁产品西北地区流向统计

品种	西北	
	数量（吨）	占统计%
钢坯	1531225	6
其中：方坯	1298567	7.5
板坯	232365	3.6
钢材合计	18459192	4.8
铁道用材	304752	6.9
大型型钢	179002	2.3
中小型型钢	122397	2
棒材	899004	2.8
钢筋	7133667	9.4
其中：光圆	391939	16.6
带肋	6741728	10.1
盘条（线材）	3747003	6.7
其中：硬线材	38254	0.4
特厚板	68396	1.6
厚板	497195	2.8
中板	650066	2.4
其中：热轧中板	638317	2.6
冷轧中板	1343	0.8
热轧薄板	8011	0.2
冷轧薄板	60627	2
中厚宽钢带	2151208	3.3
热轧薄宽钢带	414723	2.8
冷轧薄宽带	347530	1.7
热轧窄钢带	435058	2.3
冷轧窄钢带	722	0.3
镀层板（带）	98756	1.1
其中：镀锌板（带）	96655	1.3
镀锡板（带）	905	0.1
涂层板（带）	59611	5.4
电工钢板带	57092	1.4
其中：热轧电工钢板	29742	3.7
冷轧电工钢板（带）	27350	0.8
无缝钢管	1185336	14.5
其中：热轧无缝钢管	1124199	15.6
焊接钢管	34837	3.4
其他钢材	4203	0.9

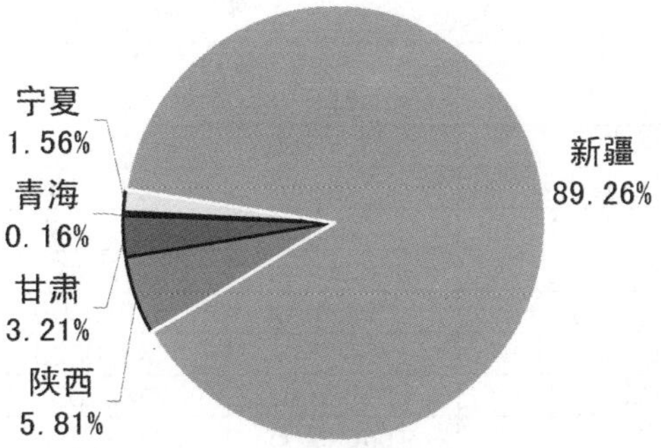

图26 进口钢材各省区比例

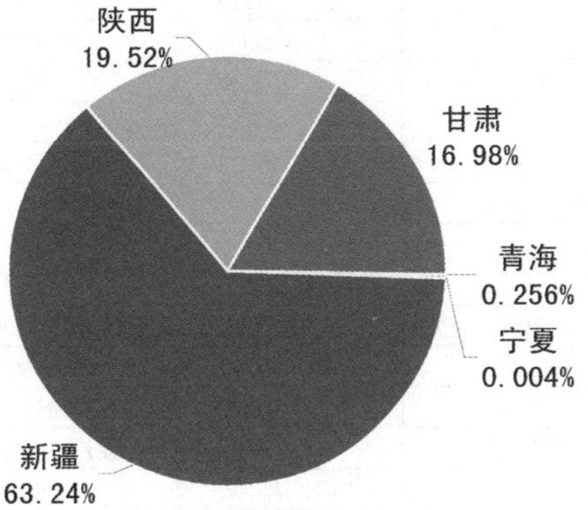

图27 出口钢材各省区比例

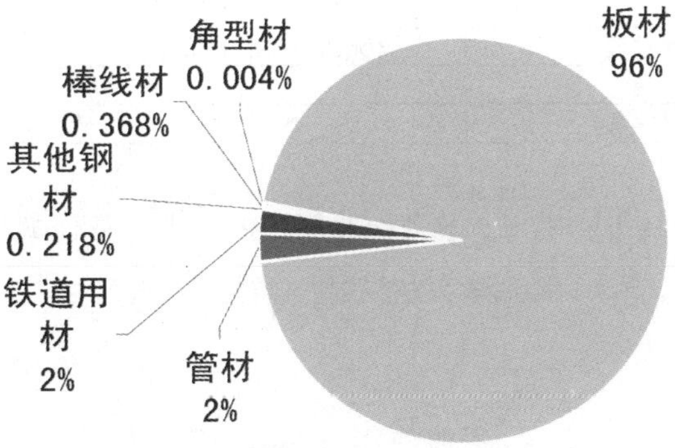

图28 进口钢材品种比例

表5 2009年西北地区分省区钢材进出口情况

单位：吨，美元

省市区	进口		出口	
	数量	金额	数量	金额
陕西	27237.183	120869977	51511.83	101462925
甘肃	15043.281	18207684	44827.84	24875912
青海	746.887	1765836	674.876	518384
宁夏	7305.665	33924817	10.1	8772
新疆	418322.62	267015719	166922.9	164586047
累计	468655.63	441784033	263947.6	291452040
占全国比例%	2.7	2.3	1.1	1.3

表6 2009年西北地区分品种钢材进出口情况

单位：吨，美元

品种	进口		出口		净出口（出口-进口）	
	数量	金额	数量	金额	数量	金额
钢材	468655.60	441784033	263947.60	291452040	-204708.05	-150331993
棒线材	1725.36	6412034	15611.03	11277519	13885.68	4865485
角型材	17.09	120382	2904.27	2481920	2887.18	2361538
板材	446244.20	357258426	136086.70	116016746	-310157.48	-241241680
管材	9927.42	52210896	60600.70	98103488	50673.28	45892592
铁道用材	9717.95	4300338	1429.44	3580129	-8288.51	-720209
其他钢材	1023.63	21481957	47315.44	59992238	46291.81	38510281
特钢	54625.05	219925700	6694.50	4852215	-47930.55	-215073485
铁道用材	9717.95	4300338	1429.44	3580129	-8288.51	-720209
大型型钢	15.94	110906	2355.06	2042132	2339.12	1931226
中小型型钢	1.14	9476	549.21	439788	548.06	430312
棒材	1635.08	6368158	1880.06	1725667	244.98	-4642491
钢筋	90.28	43876	6295.74	5213527	6205.46	5169651
线材			7435.23	4338325	7435.23	4338325
特厚板	106.01	380713	41.26	38398	-64.75	-342315
厚钢板			2175.16	1187814	2175.16	1187814
中板	9086.28	24890161	8367.60	6437388	-718.68	-18452773
热轧薄板	5380.20	1829893	362.36	307989	-5017.84	-1521904
冷轧薄板	23573.20	13520700	898.02	883220	-22675.18	-12637480
中厚宽钢带	48738.21	17951722	33251.98	18651828	-15486.23	700106
热轧薄宽钢带	140145.60	53183634	595.00	703000	-139550.59	-52480634
冷轧薄宽带	178583.90	80138080	167.51	180631	-178416.41	-79957449
热轧窄钢带	90.60	1127379	6170.65	3842806	6080.05	2715427
冷轧窄钢带	16.20	306001	446.13	267717	429.93	-38284
镀层板（带）	6472.07	5500621	78908.81	77225931	72436.73	71725310
彩涂板（带）	0.10	845	4702.24	6290024	4702.14	6289179
电工钢板（带）	34051.81	158428677			-34051.81	-158428677
无缝管	7562.11	37901417	10833.02	21752428	3270.91	-16148989
焊管	2365.31	14309479	49449.69	75850951	47084.39	61541472
铸铁管			317.98	500109	317.98	500109

板材（51%），其次为管材（23%）、其他钢材（18%），随后依次为棒线材、角型材、铁道用材。

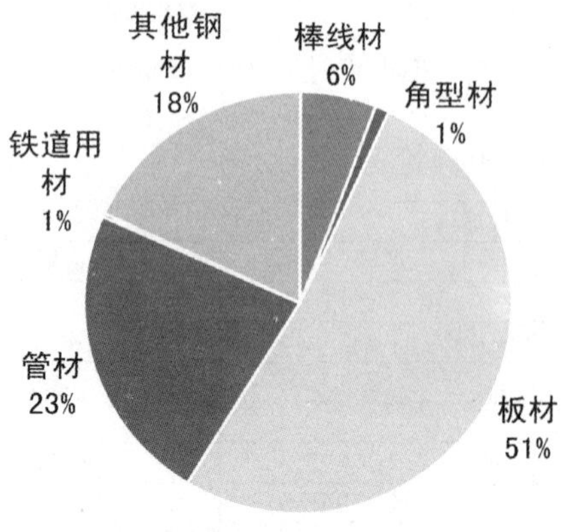

图29 出口钢材品种比例

三、2009年西北地区钢材市场主要钢铁品种价格分析

2009年西北地区MyspiC指数走势大体上与全国综合指数走势类似，经过1月份上涨之后，在2月份开始持续下跌，4月底止跌为升，并于8月初达到全年最高点，此后发生第二次先跌后涨，开始上涨时间为10月中旬。另外，西北地区指数普遍较综合指数要高，除了年底走低，低于综合指数外，全年普遍低于全国指数0-10个基点，其中5-7月份相差较小，不到4个基点。

2009年西北地区线材走势大体与全国走势类似，呈现倒双峰形式。1月份较快上涨，随后连续下跌，6月份跌至低点，随后大幅上涨至8月份，达

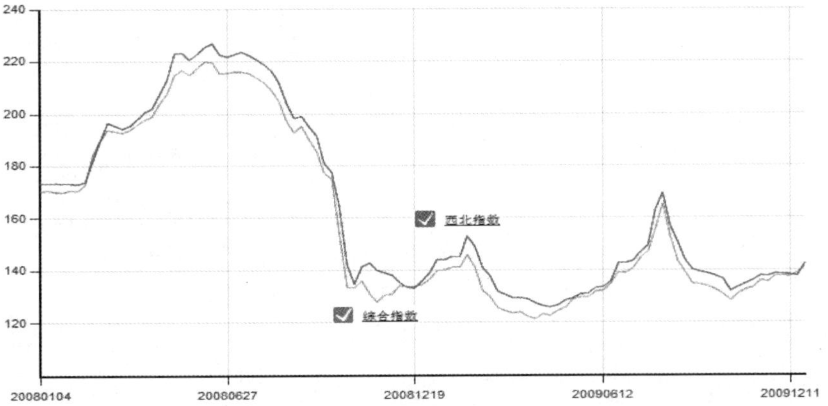

图30 2008年1月–2009年12月西北地区钢材市场MyspiC指数走势

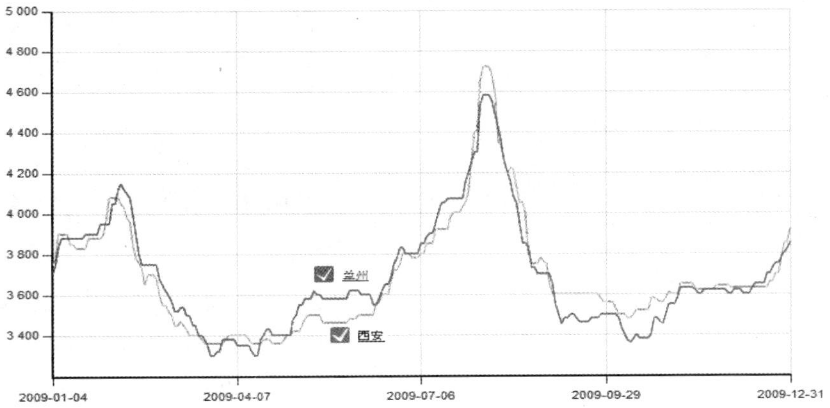

图31 2009年西北地区钢材市场线材6.5高线走势

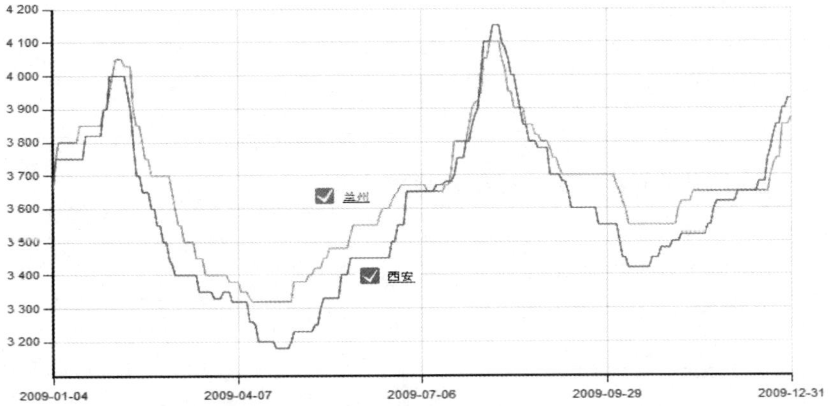

图32 2009年西北地区钢材市场中厚板20mm走势

到全年最高点，随后立即下跌，经过一次短暂的停留并继续跌至10月份的全年最低点。总体上讲，1-7月份兰州线材价格稍高于西安线材价格，其中5月上旬至6月上旬高出近100点，下半年则稍低。另外，8月份的全年最高点，西安高出兰州约140个基点。

中厚板走势仍然成倒双峰形式，但是起初价格较高，同时1月份上涨幅度较大，从而在2月份上涨至较高水平4000左右，该点是全年的次高点。2-4月份发生连续大幅下跌，西安市场下跌幅度达20.5%，而兰州市场也下跌18%。之后大幅上涨，在7月份短暂盘整之后继续上涨，至8月初达到全年最高点4150左右。总体来看，西安市场中厚板价格要低于兰州市场，尤其是在波谷位置，即2-7月和9-11月这两个时间段，最大相差达到1200点。

热轧年初价格更高，基本与8月份的高点持平，兰州市场上甚至超过了8月份高点。从波谷来看，4月份波谷均低于3400点，其中兰州市场在低谷盘整时间较长，10月份波谷则呈相反情景，兰州市场价格在下跌后迅速上升，而西安市场则有所停留。全年来看，兰州市场价格普遍要高于西安市场价格，3、8、9月份高出幅度较大，其中3月份一度超过550个基点，增幅达16%。

冷轧走势与综合指数走势较为相似，1月份兰州市场小幅上涨，而西安市场涨幅较为明显，从4600迅速上涨至5000，涨幅近9%，在8月份高点上西安市场价格明显高于兰州市场价格，高出幅度达300点，后期均先跌后涨，西

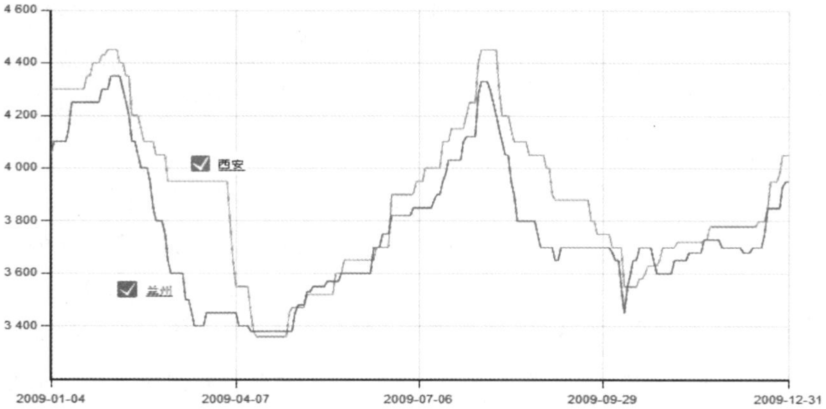

图33 2009年西北地区钢材市场热轧薄板3.0热轧板卷走势

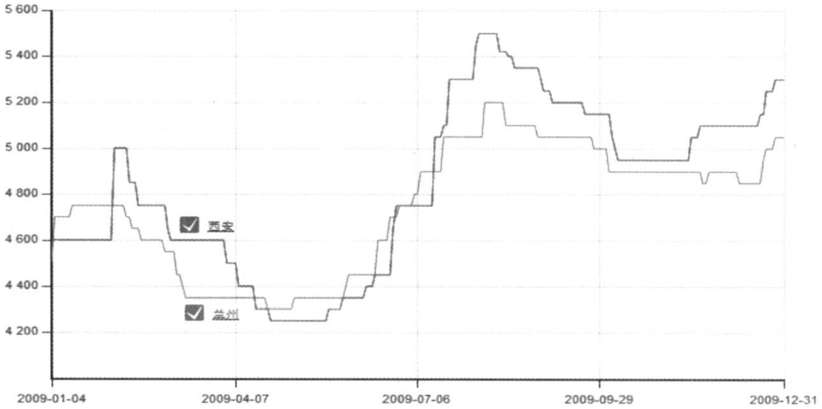

图34 2009年西北地区钢材市场冷轧薄板0.5mm走势

安市场上涨较快。总体上看，西安市场冷轧价格高于兰州市场，特别是在7月下旬到10月上旬，西安市场价格要普遍高出约250个基点，后期两者价格相差也较大，基本维持在200个基点左右。

四、2010年西北地区经济及钢铁行业发展展望

2010年，西北地区在政府工作报告中列出了经济发展目标（见表7）。另外，该地区的主要钢铁生产企业在产能建设上的项目见表8，与钢铁有关的基础建设和重大建设项目内容见表9。

2009年西北地区仍保持高速发展，西北地区内各主要钢铁厂在进一步淘汰落后产能的同时，也在加紧新增产能的建设和原有设备的技术改造。2010年各省市的基础建设项目，如公路、铁路、机场、水利航运工程等的建设，以及下游产业，如造船、汽车等行业的发展需求，将对钢铁产业的发展起到拉动作用。

表7 西北地区各省区2010年经济发展目标

指标	陕西	甘肃	青海	宁夏	新疆
GDP增长	13%左右	10%以上	10%以上	10%	9%
财政收入增长		30%	19%	25%	25%
固定资产投资增长	15%	12%	12%	11%	12%
城镇居民人均可支配收入增长	12%以上	8%	8%	8%	10%
农村居民人均纯收入增长	12%以上	10%以上	9%	7%	400元
社会消费品零售总额增长		16%	14%	15%	16%
居民消费价格指数涨幅	3%左右	3.5%左右	4%左右	3%左右	3%以内
城镇登记失业率	4.6%以内	4%以内	4.3%以内	4.6%以内	4%以内
数据来源：各省区2010年政府工作报告					

表8 西北地区主要钢铁生产企业产能动向

企业名称	新增、改造或淘汰产能	备注
陕西龙门钢铁（集团）有限责任公司	3号高炉及4号高炉热风炉	2009年11月开工
酒泉钢铁(集团)有限责任公司	200万吨球团项目一期工程 焦化厂5、6号捣固焦炉建设工程 宏兴8.8亿元建焦炉项目 一号镀锌线单机	2009年9月竣工投产 2009年10月开工 2009年12月 2010年1月试车完成
宝钢集团新疆八一钢铁有限公司	4号焦炉投产出焦 第二座2500立方米高炉投产，年产铁水175万吨 新高线和中厚板工程，产能分别为60万吨、65万吨 新区C高炉工程	2009年3月 2009年3月 2009年7月 2010年3月开工

表9 2010年西北地区钢铁相关基础及重大建设项目

省区	钢铁相关基础及重大建设项目
陕西	投资380亿元，建设十天高速陕西段、黄陵至延安等22条高速公路，新增通车里程400公里以上，通车里程突破3000公里。加快建设西宝、西汉蓉客运专线、西安北客站等15个铁路项目，郑西客运专线正式营运，建成太中银铁路等项目，完成建设里程近1000公里。基本完成西安咸阳国际机场二期扩建主体工程框架，加快建设延安、汉中机场，争取完成安康机场选址及立项等前期工作。
甘肃	建成天水至定西、康家崖至临夏、永昌至金昌高速公路。全面开工建设营盘水至武威、成县至武都高速公路。抓好武都至罐子沟、西峰至长庆桥至凤翔路口、徐家磨至古浪、瓜州至星星峡等高速公路建设。新开工敦煌至当金山二级公路及临夏至大河家、岷县至合作等10条942公里国省道改造项目。确保兰渝、西平、天平、兰州铁路枢纽、兰新铁路第二双线等重点铁路项目按计划完成投资，全面开工建设宝鸡至兰州客运专线，争取开工建设天平铁路北延线及包兰铁路兰州至银川扩能改造工程。完成嘉峪关机场航站区扩建工程，加快金昌机场建设进度，争取开工建设兰州中川、庆阳、夏河机场及张掖军民合用机场改扩建项目。
青海	新开格敦铁路，实施兰新铁路二线青海境内工程、西宁客运站综合改造工程、倒淌河至共和高速公路、西宁机场二期扩建、“三五八”地质勘探等重点项目。建设农村公路8000公里，乡村便民桥梁260座。
宁夏	争取银川河东机场三期开工建设，太中银铁路、固原六盘山机场建成投运；加快孟营、石银、同沿高速和吴忠黄河大桥等建设；开工建设包兰铁路复线银川至中卫段、王洼至原州区铁路、银巴高速、农村公路以及石嘴山和兵沟黄河大桥等项目；做好银川至环县铁路、宝中铁路复线、银川至宁东轻轨、盐池至西吉和银川西线南段高速等项目前期工作；重点支持一批城镇道路、供排水、集中供热、污水和垃圾处理等项目。
新疆	面完成塔里木河流域近期综合治理工程。加快重点河流水利枢纽、山区控制性水利工程、灌区配套建设。继续抓好铁路、公路、民航综合交通体系和煤炭、煤电、煤化工、有色金属等领域重大项目建设。

第三篇

国内主要钢材品种市场分析

2009年建筑钢材产品市场概况及分析

概述：2009年初，由于商家抄底现象，国内钢材价格出现一定的上涨，但实体经济受金融危机影响，无法长时间支撑价格高企，价格再度出现回落，市场进一步奠定底部价格。随着国内、国际经济的转好，价格再度缓慢上涨，进入8月下旬，市场价格创造年度最高价格，由于缺乏需求的支撑，市场出现暴跌，再度接近年度最低点。由于期货的影响，市场价格再度兴起，价格逐步走高。从现在的市场来看，产能步步释放，屡创历史新高，原材料价格也出现了一定的上涨，虽然市场在通胀预期的带动下，出现一定的上涨，但是需求依然难以配合，价格上涨难度再度加大，后期市场价格将进入高成本、低收益、多波动的时期。

一、2009年建筑钢材产量情况

2009年，是钢材市场不平凡的一年，随着国家积极财政政策以及4万亿投资核心经济刺激政策的出台，建筑、房地产、汽车、家电等行业产生了火爆的发展，很大程度上刺激了国内的钢材需求量。2009年全年，钢筋和线材累计产量分别为12150.6万吨和9585.74万吨，较2008年分别增长2590.51万吨和1655.49万吨，同比增幅分别为27.1%和20.9%；螺纹钢增速较2008年提高了31.0个百分点，线材提高了25.9个百分点。

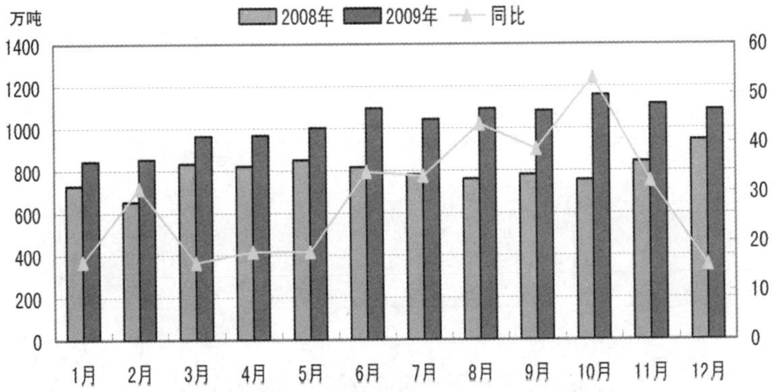

图1 2008～2009年国内钢筋月度产量

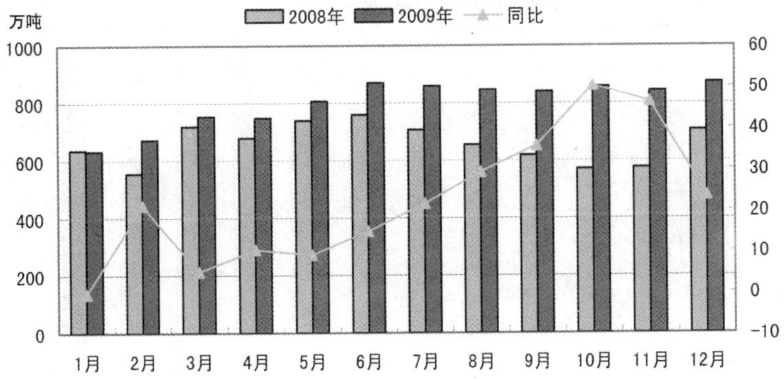

图2 2008～2009年国内线材月度产量

二、2009年建筑钢材进出口分析

1.2009年建筑钢材出口情况

受2008年全球金融危机的严重影响，再加上部分国家频繁采用贸易保护政策，2009年上半年的出口状况相当惨淡，后几个月才渐渐好转，远远少于2008年的总量。2009年全年，钢筋累计出口量为30.51万吨，较上年减少86.31万吨，同比减少73.88%；线材出口量108.19万吨，较上年减少

397.57万吨，同比减少78.61%。

2．2009年建筑钢材进口情况

随着国内钢材产量的快速增加，国内进口数量继续在低位呈下降趋势发展。2009年全年钢筋进口量为2.51万吨，比上年减少3.12万吨，同比下降55.38%。线材进口量50.91万吨，较上年减少1.20万吨，同比下降2.35%。

3．2009年建筑钢材净出口情况

2009年国内建筑钢材净出口数量大幅减少，全年钢筋累计净出口量为24.88万吨，较上年减少89.43万吨，同比减少78.23 %；线材净出口量为57.28万吨，比上年减少396.37万吨，同比减少87.37%。

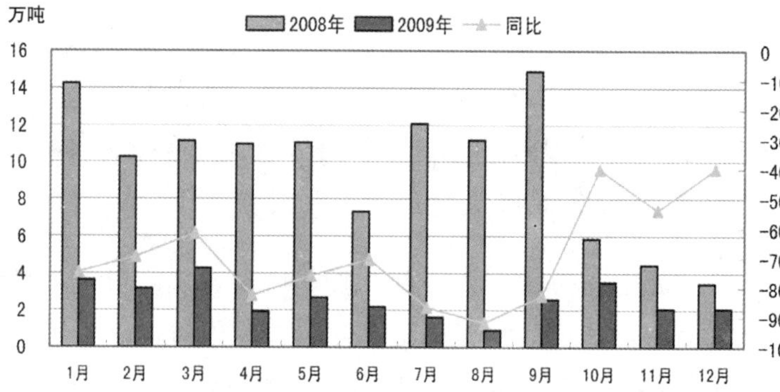

图3 2008～2009年螺纹钢月度出口量

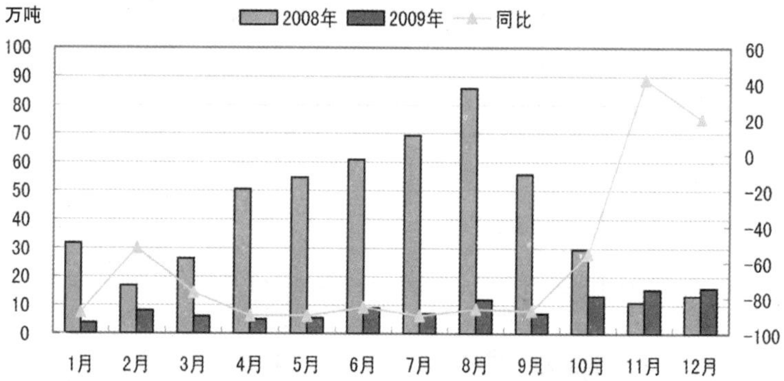

图4 2008～2009年线材月度出口量

三、2009年国内建筑钢材表观消费情况

2009年国内螺纹钢表观消费量为12281.28万吨，较上年增长29.83%；线材全年表观消费量为9539.19万吨，较上年增长27.82%。

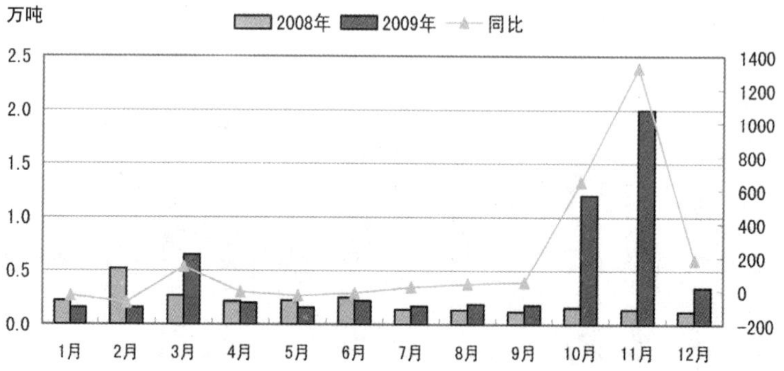

图5 2008～2009年螺纹钢月度进口量

四、2009年建筑钢材价格分析

1．国际市场价格变化

受金融危机影响，2009年上半年国际市场的钢铁需求和产量都明显下降，前4月钢材价格继续延续2009年下半年的下跌趋势。随着全球经济触底回升，从5月份开始，全球钢铁产量和价格开始震荡回升，尽管9、10月份价格出现一定调整，但景气回升趋势不变。

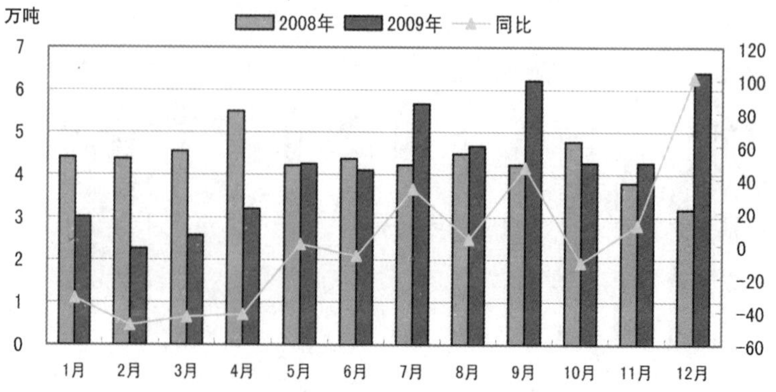

图6 2008～2009年线材月度进口量

截止到11月中旬，CRU国际钢价综合指数下跌了9.4%，扁平材指数下跌了11.2%，长材指数下跌了6.2%。

2. 国内市场价格变化

2009年以来，在国家继续实施积极的财政政策和适度宽松的货币政策，保增长、扩内需一揽子计划的进一步落实和完善，以及扩大内需和改善民生的政策效应继续发挥的带动下，国内建筑钢材的需求仍保持一定的增长，但由于钢铁产能增长过快，出口大幅下降、进口持续增加，国内市场供大于求的矛盾突出，致使钢材价格呈低位波动运行态势。截至2009年末，MyspiC国内钢材价格综合指数141.1点，相对上月上涨2.5%，比2009年同期上涨5.0%；长材指数为153.0点，相对上月上涨1.9%，比2009年同期上涨3.6%，其中：螺纹钢指数为150.1点，相对上月上涨0.8%，相对2009年同期上涨2.5%；线材指数为156.5点，相对上月上涨3.3%，比2009年同期上涨5.2%，如图10所示。

就2009年全年建筑钢材具体走势看，大致可分为五个阶段：

第一阶段（1-3月上旬）：国家投入40000亿刺激经济的举措，2008年底矿石价格的触底反弹带动废钢、焦炭和钢坯等原材料价格的上涨以及年前受惯例“冬储”的影响，钢厂出厂价格和市场价格都呈现出上涨走势。

第二阶段（3月中旬-5月上旬），“春节”长假以后，尤其是节后的第一周，国内各地的建筑钢材库存出现大幅的攀升，各地的库存突然间增长到历史

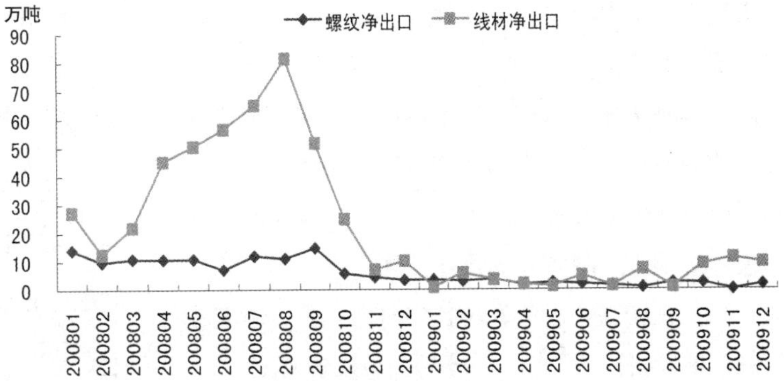

图7　2008～2009年螺纹钢、线材月度净出口变化

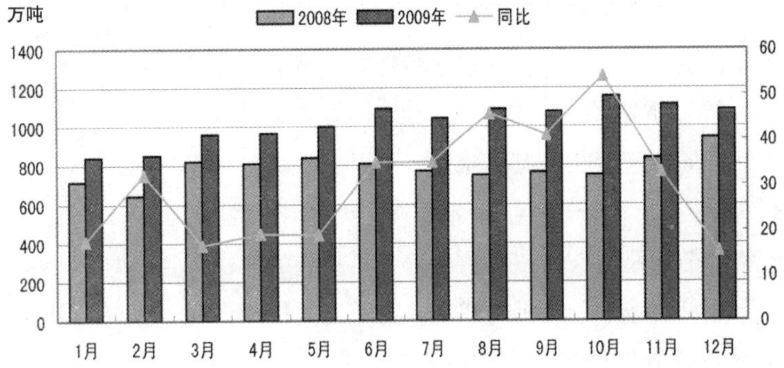

图8　2008、2009年国内螺纹钢分月表观消费量

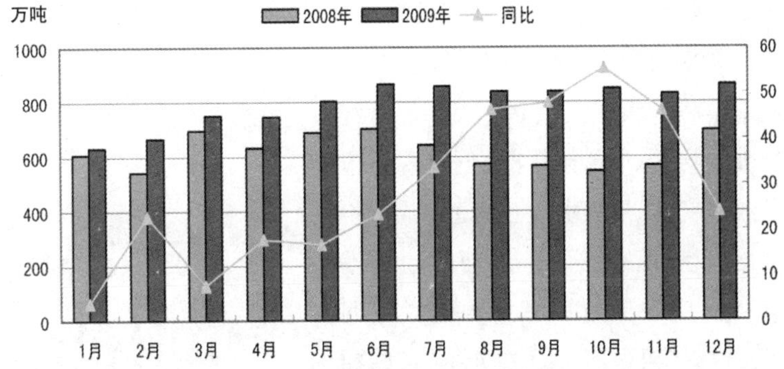

图9　2008、2009年国内线材分月表观消费量

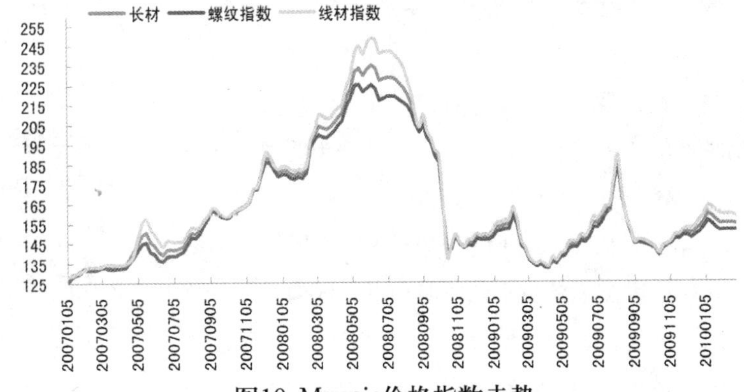

图10　Myspic价格指数走势

的最高点，尤其是广州、上海、北京等地的库存相对甚高，然而政府的40000万亿投资启动较慢，整个国内的需求相对甚少，加上春节过后，南方地区连续的阴雨天气，北方的大雪冰冻，下游工地开工相对比较缓慢。在库存压力不断加大以及需求恢复缓慢的影响下，供需矛盾逐渐凸现，钢厂出厂价格的走高，使得在市场成本倒挂的压力之下，建筑钢材的市场价格快速下挫，并于4月初连创新低。

第三阶段（5月中旬-8月中旬），自5月中旬以来天气逐步好转，温度提升，下游开工数量逐步增多，房地产和汽车行业也逐步转好，市场需求有所好转，市场库存、钢厂库存都出现了明显的减少，市场的压力相对有所减缓，同时原材料价格有所企稳，煤、焦价格甚至出现小幅上涨，钢厂出厂价格的节节推高，给市场价格营造了拉涨的氛围，加上期货市场的价格相对较高，在一定的程度上也影响到目前的市场，商家心态较为乐观，受之影响，建筑钢材市场价格稳步攀升，于8月中旬达到当年最高点。

第四阶段（8月下旬-10月上旬）随着价格的大幅上涨后，然而现货终端难以接受，市场需求瞬时减弱，市场成交变差，一时间全国建筑钢材价格出现大幅的回落，进而带动了期货、钢厂、原材料等价格的大幅回落，进入9月份后，国内钢材库存短期聚高、下游需求持续不振、加上欧盟征收反倾销税以及股市跳水等多种因素聚集，国内建筑钢材价格继续回落，尽管价格持续的下跌，但是钢厂产能释放力度仍然较大，看不到减产的迹象，市场库存压力仍然较为明显，受此影响，整个市场价格进一步探底。

第五阶段（10月中旬-年底）由于国际形势转好，在国家宽松的货币政策带动下，国内期货价格上涨，市场价格紧随期货价格持续波动。然随着现在天气逐步变冷，需求受阻，北方资源的南下以及钢厂产能的继续释放，供求矛盾仍然较突出，整个市场价格呈现盘整态势。以上海市场为例，2009年度最高价格为4540元/吨，比年度最低价格3100元/吨高出1440元/吨，全年平均价格为3517元/吨，比上年平均价格4751元/吨低1234元/吨，如图11所示。

表1 中国彩涂和镀锌产品出口情况 单位：元/吨

年份	年度均价	年度最高价格	年度最低价格	振幅
2000年	2265	2850	1940	910
2001年	2246	2470	1990	480
2002年	2195	2470	1990	480
2003年	2940	3920	2360	1560
2004年	3467	4060	2550	1510
2005年	3198	3800	2840	960
2006年	2936	3310	2780	530
2007年	3568	4630	2980	1650
2008年	4751	5460	3150	2310
2009年	3517	4540	3100	1440

五、2010年建筑钢材市场展望

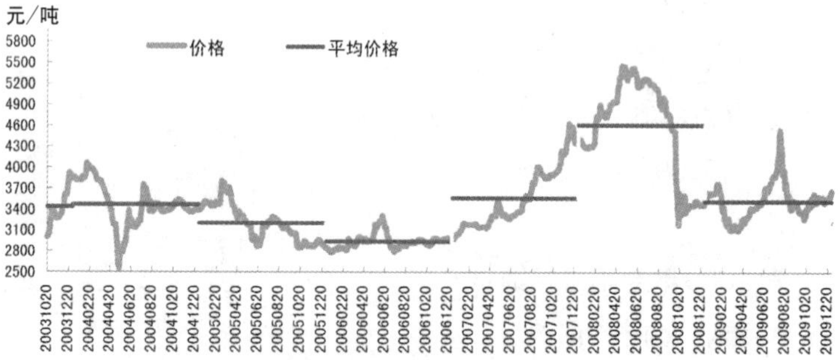

图11 上海钢材市场螺纹钢历年价格趋势

2008年受国际金融风暴的影响，国际上所有的价格都出现了回落，国内价格也出现大幅的回落，进入2009年初，由于商家抄底现象，国内钢材价格出现一定的上涨，然金融危机存在，价格再度出现回落，市场进一步奠定底部价格，随着国内、国际经济的转好，价格再度缓慢上涨，进入8月下旬，市场价格在金融工具的推动下，市场价格升至年度最高价格，然而由于需求不支持，市场难以接受，市场出现暴跌，价格再度接近年度最低点，然由于期货的兴起，行业抄底心态相对比较严重，市场价格再度兴起，价格逐步走高，进入12月份价格依然存在走高的趋势。从现在的市场来看，产能步步释放，屡屡创造历史新高，原材料价格也出现了一定的上涨，虽然市场在通胀预期的带动下，出现一定的上涨，但是需求依然难以配合，价格上涨难度再度加大。预计2010年的建筑钢材价格进入缓慢的上涨阶段，市场价格即将进入高成本、低收益、多波动的时期。

从上述种种分析可以看出：从2000年以来建筑钢材经历了“低成本、低价格、低收益”到“低成本、高价格、高收益”又到了“高成本、高价格、高收益”的阶段，后期是否再度进入“高成本、低收益、多波动”阶段还是很难判断。然而最终决定2010年建筑钢材市场总体走势的主要是供需基本面，而国内、国际宏观环境、原材料等因素则依然是影响建筑钢材市场走势的主要因素：

1．我国固定资产投资仍然“后劲”十足

2009年,随着中央扩大内需、增加投资一揽子计划的逐步实施,全国固定资产投资实现快速增长,投资项目大量增加,投资资金供应充足,投资地区结构和产业结构得到改善。固定资产投资在克服国际金融危机影响,确保国民经济较快增长中发挥了重要作用。

根据我国政府2008年11月份公布的应对金融危机的一揽子计划，投资的安排是4万亿元，新增贷款的安排是5万亿元。但在中央4万亿元投资计划之外，各地又新上了很多项目，投资增速是改革开放以来的次高峰。在新开工投资项目及信贷投放依然保持较快增长的背景下，预计2010年投资高烧依然难退，大部分2009年开工的投资项目将进入建设高峰。基础设施投资项目要有四五年的建设周期，第二年、第三年往往是施工高峰，2010年和2011年我国的固定资产投资规模仍然非常大。但是无论从短期经济形势要求看,还是从中长期投资需求看,无论从资金来源看,还是从新的投资增长点来看，我国固定资产投资仍然“后劲”十足 。

2．2010年全球经济复苏前景渐趋明朗 宽松货币政策退出暗流涌动

2009年以来，受美国金融危机影响，全球金融市场动荡，世界经济增速已明显放缓。经过各国政府和央行联合携手行动，虽然信任和信贷危机并未就此结束，但发达经济体从三季度开始，相继走出衰退的泥潭，未来世界经济增长可能将进入一个调整期。世界经济需要在深层次上进行结构调整的同时，找到新的增长点。世界经济全面复苏将是一个漫长而曲折的过程。国际货币基金组织（IMF）1月26日发布最新的《世界经济展望》报告称，全球经济正在复苏，力度比预期更为强劲，但各地区复苏速度不尽相同，预计2010年和2011年世界经济分别增长3.9%和4.3%。报告认为大多数发达经济体的复苏仍将可能乏力，2010年其经济增长幅度约为2%。其中，美国2010年经济增幅预计为2.7%，2011年为2.4%；欧元区经济增幅分别为1.0%和1.6%。对于许多新兴经济体和发展中经济体，主要在强劲内需的带动下，预计经济活动将较活跃，2010年和2011年的经济增幅分别为6.0%和6.3%。其中，中国2010年和2011年的经济增速分别为10%和9.7%；印度增幅分别为7.7%和7.8%。

3．原材料价格的持续走高必将带动成品价格攀向高位

从2004年起，国际市场铁矿石的价格持续攀升，在2005年上涨71.5%、2006年上涨19%的基础上，2007年上涨9.5%，2008年再次上涨65%。2009年中国的长协矿没有谈定，最终钢厂无奈之余选择了暂定价，然而从市场来看，铁矿石价格快速上涨，在铁矿石价格超预期上涨之下，必将带动成品价格进一步上涨。

4. 流动性收紧信号增强

9.59万亿——这是2009年全年的新增信贷量，1.45万亿——这是2010年1月前20天的新增信贷量。面对这样两个数据，流动性收紧的担忧已经充满市场每个角落。

——1月7日，三个月央票上升了4个基点，至1.3684%，为逾四个月来首次；91天期正回购则升至1.36%，上涨3个基点，打破自2009年9月以来的稳势。

——1月12日，一年期央票利率大幅攀升8.29个基点，再次超出市场预期。

——1月12日，中国人民银行决定，从2010年1月18日起，上调存款类金融机构人民币存款准备金率0.5个百分点。

——1月19日，央行在公开市场操作中发行的1年期央票利率再度上行8.3个基点至1.9264%。

央行连续出台了一系列带有紧缩意味的货币政策，市场对于货币政策取向是否已发生实质性转向以及是否会提前加息的猜测开始不断升温。然而，市场的恐慌性杀跌显然不是管理层希望看到的景象，正因如此，1月26日，1年期央票“量价齐升”之势被打破，不仅一年期央票收益率维持于1.9264%不变，而且当日一年期央票的发行量骤然缩减到100亿元，且28天正回购被连续第二周暂停。类似迹象也可以理解为央行在向市场释放舒压信号，弱化加息预期。从央行当前有收有放、时紧时松的操作可以看出，其政策试探性的意味要多于实质意味。流动性收紧的趋势已定，只是节奏和幅度问题依然存在不确定性。而中国的政策市特征格外鲜明，政策预期往往引导着资金的流向和市场的走向。当加息预期尚未落地，市场紧绷的神经就始终无法真正舒缓。

5. CPI增速放缓，通胀压力依然存在

国家统计局公布的数据显示，1月份居民消费价格指数（CPI）同比增长1.5%，同比增速较2009年12月份回落0.4个百分点。1月份CPI涨幅低于市场预期，主要是因为恶劣天气影响有所缓解，农产品价格出现一定回落。加上2009年春节在1月份，基数较高，2010年1月CPI同比涨幅会较小。1月份比2009年12月环比上涨0.6%，也比2009年12月的环比数据有所下降。尽管如此，CPI自2009年11月转正以来，已连续3个月正增长，通胀压力正逐渐加大。细分数据显示，其中，城市上涨1.4%，农村上涨1.8%;食品价格上涨3.7%，非食品价格上涨0.5%;消费品价格上涨2.0%，服务项目价格上涨0.2%。从月环比看，居民消费价格总水平比2009年12月份上涨0.6%;食品价格上涨1.8%。1月份，工业品出厂价格同比上涨4.3%，原材料、燃料、动力购进价格上涨8.0%。在工业品出厂价格中，生产资料出厂价格同比上涨5.5%。其中，采掘工业上涨31.4%，原料工业上涨8.6%，加工工业上涨0.8%。生活资料出厂价格同比上涨0.6%。其中，食品类价格上涨2.2%，衣着类价格上涨1.0%，一般日用品类价格持平，耐用消费品类价格下降1.8%。市场认为本次CPI指数的涨幅低于普遍预期，其温和上扬或将减轻市场对通胀及加息的预期，为我国宏观调控留下余地。□

2009年热轧薄板产品市场概况及分析

概述：2009年对于钢铁行业可以说是艰难的一年，也是值得期待的一年。在2008年全球金融海啸的余波影响下，2009年热卷价格整体呈现大幅震荡的格局。在钢材产品的金融属性在不断加强，并且终端需求并未实质性恢复的情况下，远期市场的强势对市场心态产生了积极的影响，充裕的社会资本流动性给了流通市场极强的炒作氛围。在2009年11月份，国内主要热轧板卷市场主体呈现上涨趋势，但主要市场成交并没有出现明显放量，月底价格有所趋弱。商家对市场的基本面已经产生相对清醒的认识，市场较大的库存和终端需求的回暖速度还存在一定的差距，市场还是以贸易商之间频繁交易倒手为主。但是在远期盘面的影响下，多头人气依然还在聚集。

一、国际薄板市场行情

1. 国际钢铁价格指数分析

2009年年初，CRU国际钢价综合指数、扁平材指数、长材指数、北美指数、欧洲指数、亚洲指数分别为150.8、140.8、171.1、152、155.8、147.5。12月末，CRU国际钢价综合指数为149.9，较年初下跌0.6%，比去年同期下跌3.4%；扁平材指数为141.4，较年初上涨0.43%，比去年同期下跌2.9%；长材指数为167.1，较年初下跌2.34%，比去年同期下跌4.4%；亚洲指数为165.3，较年初上涨12.07%，比去年同期上涨9.7%；北美指数为140.3，较年初下跌7.7%，比去年同期下跌11.2%；欧洲指数为132.3，较年初下跌15.08%，比去年同期下跌17.5%，如图1所示。

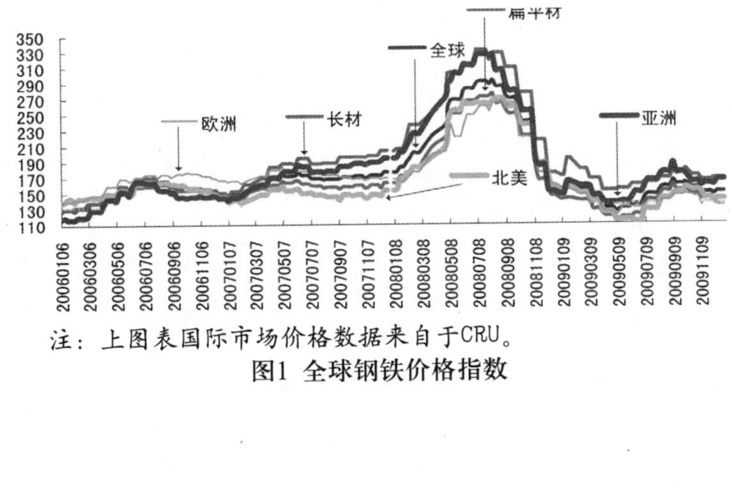

注：上图表国际市场价格数据来自于CRU。

图1　全球钢铁价格指数

2. 国际市场价格震荡调整

2009年亚洲地区平均价格指数为157.8点，比上年下降97.9点，降幅38.3%。从主要品种钢材价格变化情况看，中厚板、热轧带卷降幅最大，平均价格分别比上年下降43.2%和39.4%；其次是线材、钢筋价格分别下降38.5%和39.2%；小型材和型钢分别下降36.3%和38.2%；冷轧带卷、热镀锌降幅最小，分别下降34.7%和33.8%。

2009年欧洲地区平均价格指数为137.3点，比上年下降75.3点，降幅35.4%，分别比亚洲和北美地区降幅低2.9和2.7个百分点。从以德国为代表的欧洲地区主要品种钢材价格变化情况看，钢筋、小型材、线材和型钢价格分别下降了48.2%、42.4%、45.1%和39.0%；中厚板价格下降了46.7%，热轧带卷、冷轧带卷和热镀锌价格分别下降了38.6%、37.0%和34.4%。

2009年北美地区平均价格指数为136.7点，比上年下降84.0点，降幅38.1%。从主要品种价格变化情况看，板材价格降幅较大，长材降幅相对较小。其中：中厚板、热轧带卷降幅最大，平均价格分别比上年下降46.9%和43.9%；冷轧带卷、热镀锌分别下降39.3%和38.2%；线材、钢筋价格分别下降35.1%和32.1%；小型材和型钢分别下降20.8%和22.2%。

二、国内热轧生产及库存状况

1. 国内普薄板生产情况

2009年1－12月份国内热轧产量为11894.4万吨，较2008年上涨19.7%。分品种来看，全年国内热轧普薄板产量为678.09万吨，较2008年下降0.56%；中厚宽钢带产量为8422.93万吨，较2008年上涨14.21%；薄宽钢带产量为2793.38万吨，较2008年上涨48.89%。2009年各月的日均产量呈震荡上扬状态，如图3、4所示。

2. 国内库存变化情况

2009年年初上海市场热轧库存为46.869万吨，截至12月底该库存量已经达到140.991万吨。12月份国内热轧市场处在全年的需求淡季，但较11月底上涨3.8%，主要是由于充裕流通性带来市场强烈的上涨预期，使得钢厂的产能在年底继续释放。虽然在11月份有部分生产企业都安排了不同程度的检修计划，对资源释放减轻了些许压力，但总量还是出现一定的增长，同时，市场贸易商的囤货意愿使得流通市场资源的倒手次数较多，成交量的释放并不能对库存有实质性的降低，如图5所示。

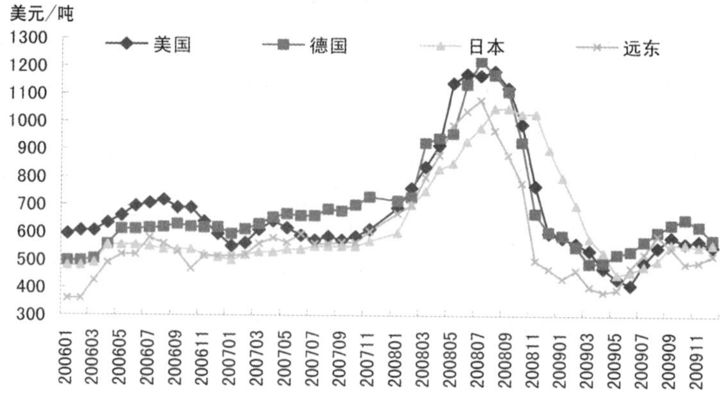

注：1.上表国际市场价格数据来自于CRU。
2.美国为钢厂出厂价，日本及远东均为出口价，德国为国内交易价，中国为上海交易价。

图2 中国热轧价格与国际市场对比

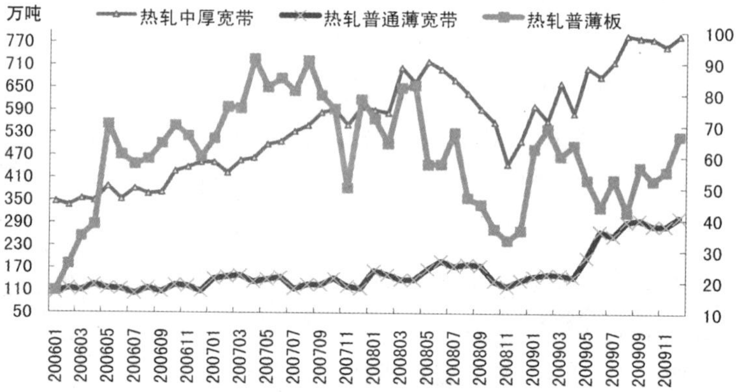

图3 热轧产量变化曲线

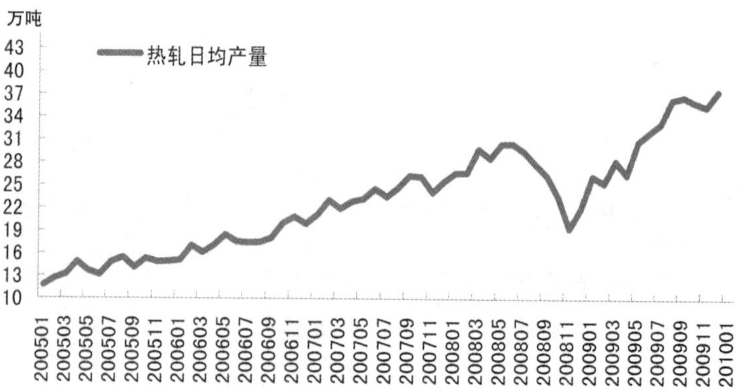

图4 全国热轧日均产量变化曲线

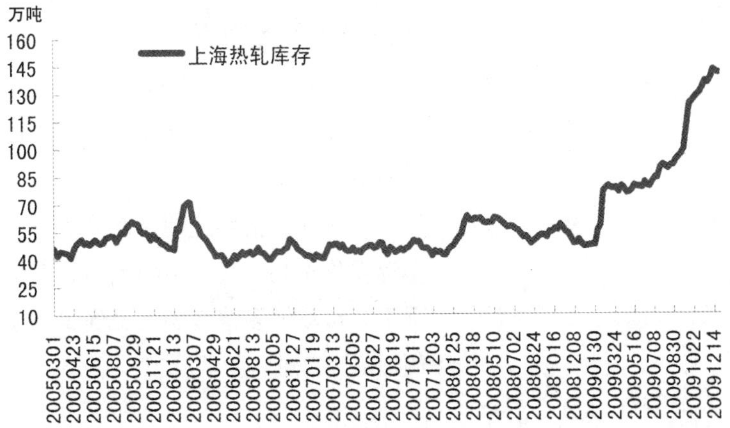

注：2009年2月20日以后，统计仓库变更为72个，统计口径不变。

图5 上海市场热轧库存曲线

三、进出口情况分析

1. 热轧进出口情况

2009年全年我国热轧薄板进口量为430.4万吨，为2008年进口量的2.5倍左右；出口量为383.7万吨，同比下降63.4%，如图6所示。

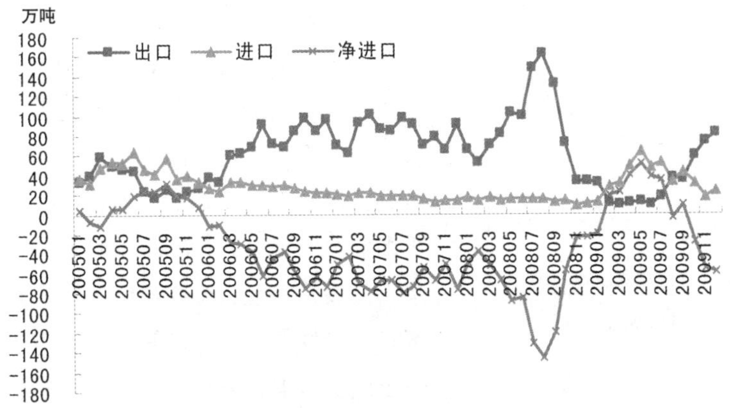

图6 热轧进出口曲线

2. 热轧出口价格小涨震荡

2009年热轧出口价格在490-580美元/吨之间波动，年初出口价格最高，随后较快下跌，继而回升，小幅震荡。在世界各国大力的经济刺激政策下，世界范围内的钢材需求和钢材价格的到明显的恢复，尤以亚洲市场的恢复速度为最快。浦项提高2010年2月份发货的热卷出口报价30美元/吨至580美元/吨（FOB），汽车用酸洗热轧板报成交很好，报价在615-620美元/吨（FOB），如图7所示。

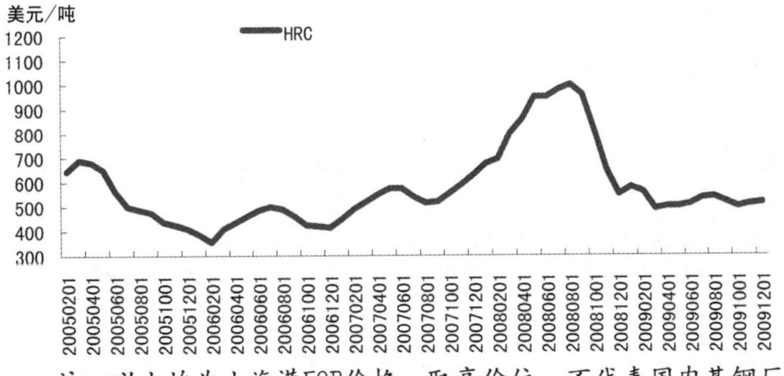

注：以上均为上海港FOB价格，取高价位；不代表国内某钢厂出口价格。

图7 热轧出口价格

四、国内市场价格震荡上行

1. MyspiC钢铁价格指数分析

2009年12月末，MyspiC综合价格指数至141.1点，与上年同期相比上涨5.0%；扁平材价格指数为129.7点，与上年同期相比上涨3.6%；热轧卷价格指数至139.4点，与上年同期相比上涨4.2%，如图8所示。

2. 国内市场价格震荡上行

2009年12月底，全国23个主要城市3.0mm热卷平均价格为4040元/吨；4.75mm热卷平均价格为3928元/吨，比年初分别增长1.6%、3%。2009年国内热轧板卷价格呈现震荡状态，在8月初达到本年高点，随后继续表现为震荡状态。12月份国内主要热轧板卷市场呈现震荡上行走势，但是流通市场依然表现迷茫。远期市场短期的强势虽然对市场心态产生了积极的影响，但是其上下起伏的走势也在一定程度上表明多空两方处在激烈的博弈过程之中。国内热轧平均价格走势如图9所示：

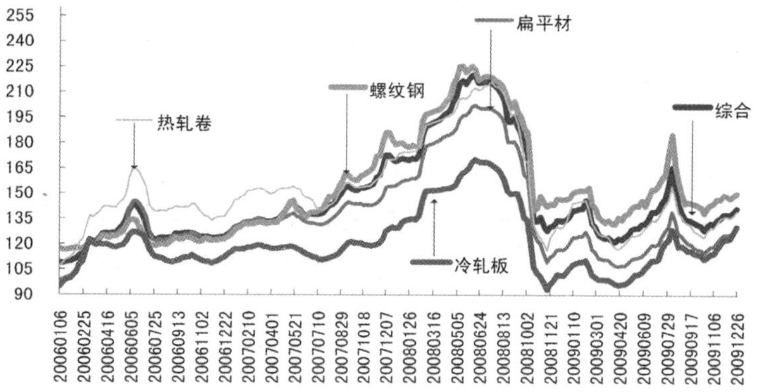

图8 MyspiC钢铁价格指数

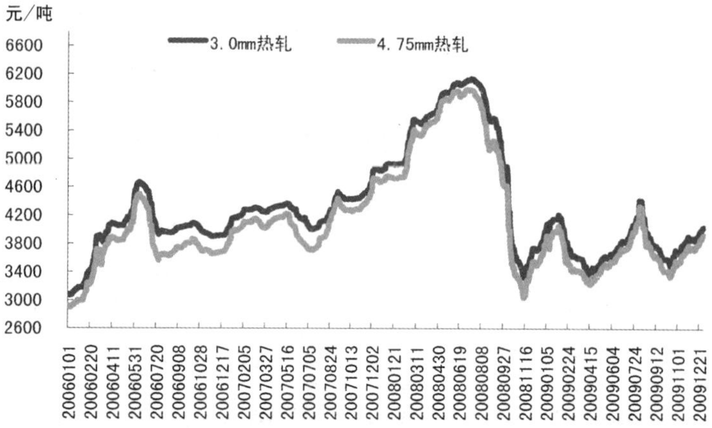

注：以上价格来自Mysteel全国23个主要城市平均价格。

图9 热轧国内平均价格走势

3．国内钢厂定价政策分析

随着市场价格的上涨，钢厂价格的上调预期也随之加大。在产能不断增大的背后，是对铁矿石需求量的进一步加大。随着铁矿石和焦煤价格的不断上涨，国内钢厂的整体盈利水平相对较低，对于价格的上涨有着相当迫切的要求。但同时钢厂也不得不考虑产能释放后，市场库存不断上升说带来的压力，所以价格的调整幅度相对有限，如图10所示:

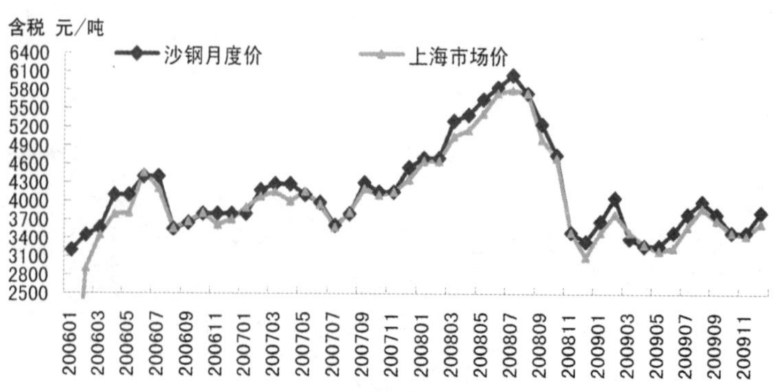

图10 钢厂与市场热卷价格对比

五、远期市场分析

2009年远期市场呈震荡状态，远期合约价格走势和现货市场类似。12月份在需求偏弱、产能释放依然偏高，流通市场左右不定的形势下，市场注定要由远期盘面来主导。但远期价格和现货价格的大幅背离情况下，市场做多情绪还是受到了明显的抑制。如图11所示：

六、2010年国内热卷市场展望

2009年的热卷市场走势可以用上下大幅波动来形容。在刚刚从全球金融风暴走出的大环境下，在内、外部需求都没有得到实质性恢复的情况下，政府的大力投资是支撑整个市场的主要因素。但正是投资力度的一再加大，使得社会资本年流通性空前之大，加上钢材本生金融属性的增强，市场出现一轮又一轮的“疯狂”。对于即将到来的2010年，大家都在思考。热卷价格是否会在持续的投资热度和逐步恢复的内外部需求中获得进一步的发展呢，还是在目前越来越被市场所关注的通胀预期与市场高库存的压力下转而走弱呢？对此，市场应该从以下几方面来看待：

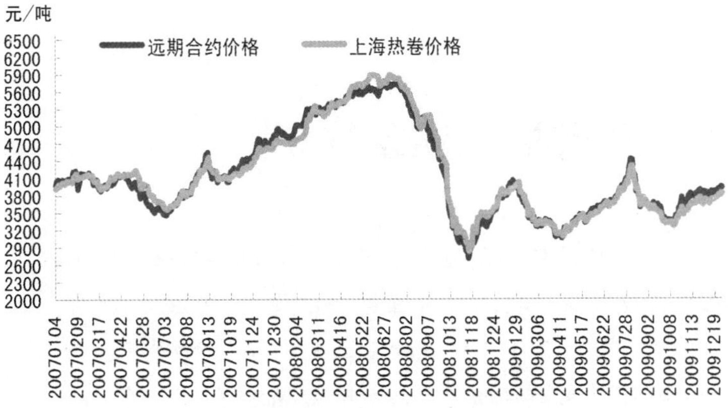

图11 远期与现货市场价格对比

1. 资金方面

从国务院对外发布的信息中，继续实行积极财政政策，拉动钢材需求的动力在2010年的1－2季度不会明显减弱。随着经济进入上行轨道，财政收入会持续快增。据统计显示，2009年1－10月，新增贷款接近9万亿元，预计2009年新增信贷有可能超过10万亿元，比上年增长了一倍，货币总供应量(M2)也被推高到一个历史高位。同时对于2009年新开工项目情况来看，基本上都是国家重点工程，包括铁路、公路。所以2010年1－2季度的投资仍将保持较高的水平。对钢材市场需求强度仍具有较大的支撑效应。但是不排除在2季度以后由于市场通胀预期的不断加大，从而导致信贷市场政策的变化给市场带来的诸多不确定因素的影响。

2. 成本方面

前面提到市场通货膨胀预期在加大，可能导致信贷的紧缩。权且不去关注当前的通胀预期的好坏，但是应该注意到通胀带来的另一方面将是大宗原材料以及能源价格的大幅上涨。2010财年铁矿石价格预期大幅上涨、煤炭供应相对紧张。同时，非居民用电价格上调，成品油价格进行多次调整，且以上调为主。此外，油价上升带动运费的上涨，对汽车业、钢铁业的连锁反应将会更大，后期逐渐显现，这在很大程度上决定钢厂的出厂价格不可能明显回落，对支撑现货市场价格的走稳将产生积极的作用。

3. 产能和库存方面

据中国钢铁工业协会数据显示，2009年11月上旬全国粗钢日产量为162.2万吨，较国家统计局公布的10月粗钢日产量回落2.9%。国家统计局数据称，10月粗钢产量环比至5175万吨，相当于日产量167万吨，较8月和9月创下的169万吨的纪录高位下降1.2%。产量回落主要是大钢厂大多选择在四季度进行检修的缘故所致。不过，2009年钢产量仍然创新高。“高产量、高库存”的局面也不会有根本性的改变，将遏制钢价的上涨。2009年市场充裕的资金流通性支撑了当前市场的高库存现状，我们也必须以发展的眼光看待市场高库存的一些合理性，但是更须看到风险。

4. 需求方面

2009年1–8月，全国规模以上船舶工业企业，实现主营业务收入2835亿元，同比增长36.6%，其中船舶制造业2118亿元，同比增长45.6%，船舶配套337亿元，同比增长42.6%，船舶修理及拆船业376亿元，同比下降0.8%。2009年1–8月，机械行业的产销增速比上年同期回落18.39%和19.18%。船舶制造业和机械制造业作为国家工业中的重要的环节，可以从一个侧面反映出目前板材需求量依然无法出现明显的改观。另一方面，在国家政策鼓励家电、汽车下乡的过程中，我国汽车连续实现产销较好水平。

综合上述情况，可以认为2010年市场依然面临着“高产能、高库存”所带来的双重压力。但全球经济已经进入恢复进程中，这对中国出口走向复苏有着重要的意义。但毕竟出口订单的交付会有一定的滞后性，短期效果不明显。同时国家继续实行积极财政政策，拉动钢材需求的动力，市场流动性将继续保持。所以在诸多因素的相互影响下，2010年热卷市场在1－2季度预计能保持上行态势，但道路将不会太平坦。□

2009年冷轧板卷市场概述及分析

概述：2009年初，市场依然笼罩在金融危机的阴霾下，在2月份CPI、PPI经济数据双双告负后，春节前反弹的行情很快出现夭折，实体经济面进一步恶化。不过，随着国家4万亿振兴计划全面实施，在汽车、家电下乡等利好政策的配合下，相关下游需求开始逐步回暖，价格则缓慢回升。同时国家钢材期货市场的开放增加了钢市的金融属性，积极的财政政策和适度宽松的货币政策营造了一个“不差钱”的钢市，也使2009年市场呈现“淡季不淡、旺季不旺”的特征，本年度高点迅速在8月初显现。然而在钢厂政策剧烈的波动、产量屡创新高的背景下，虚高的市场再度面临调整，“金九银十”成为又一轮调整期。临近年底，受到原材料价格继续上涨、通货膨胀预期上升的影响，市场再度步入上升通道中，整体走势保持良好。

一、国内生产与库存情况

1.2009年国内冷轧板卷生产情况

2009年1-12月份国内冷轧产量达到3828.18万吨，较2008年增加了424.67万吨。12月份国内冷轧产量为390.35万吨,环比增加6.4%,同比增加67.33%;日均产量为12.59万吨,环比增加2.9%。随着市场需求逐步回升，相对应的产量同步增加，年底冷轧产量更是再创历史新高。预计这种高产量的态势还将延续至2010年的上半年，资源供给压力也会逐步攀升，预计2010下半年钢厂产量将开始回落。

2. 国内冷轧薄板库存情况

2009年国内冷轧市场库存先低后高，在钢厂产量大幅增加的前提下，市场资源也出现一定幅度的上升。同时钢厂大幅上调后期出厂价格后，使市场囤货炒作的氛围浓厚，惜售、封盘等现象的增多直接导致库存的上升，高库存现象将成为钢市常态，如图1所示：

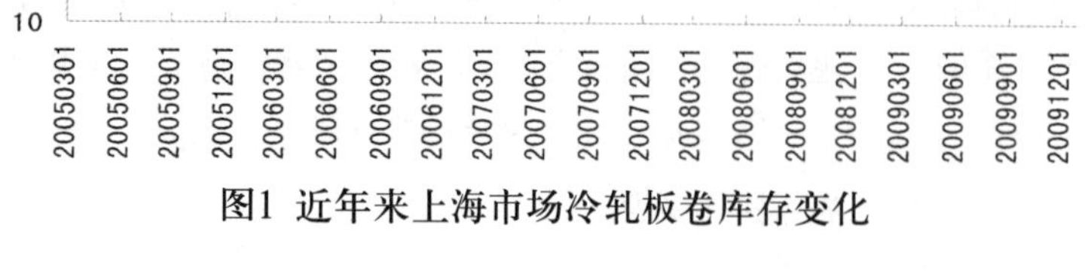

图1 近年来上海市场冷轧板卷库存变化

二、冷轧板卷进出口情况分析

1. 冷轧板卷进出口情况

2009年12月份国内冷轧共进口34.84万吨，同比增加111.7%，环比减少9.95%；共出口14.71万吨，环比增加5.37%；净进口20.13万吨，环比减少18.6%。随着国际市场价格的走强，进口资源优势开始降低。同时年底国内外采购订单略有减少，也是国内冷轧进出口总量回落的首要因素。2009年我国冷轧板卷出口75.231万吨，进口439.62万吨，国内强劲的需求与国外疲态表现形成鲜明的对比，见图2。

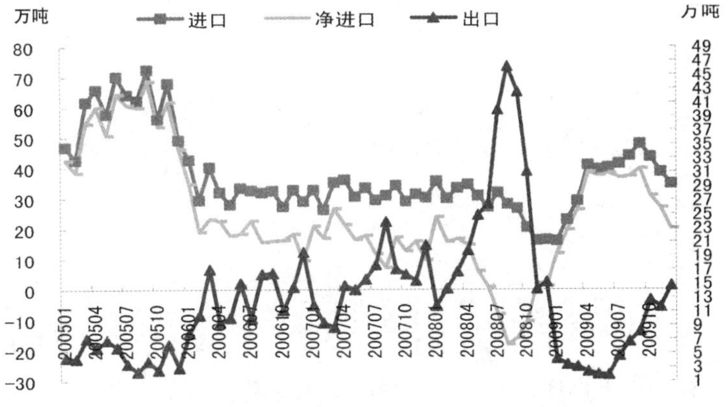

图2 近年冷轧板卷进出口变化

2．冷轧板卷出口价格走势

随着年底国内各大钢厂大幅上调2010年1月份的出厂价格，带动现货价格大幅攀升，从而进一步推升对外的出口报价；而周边日本、韩国等钢厂也受益于汽车、家电等行业需求的提振，对外出口资源报价大幅拉升。全年来看，国内冷轧板卷出口价格呈现逐步复苏的态势，但由于海外远期市场价格一直低于国内现货价格，导致对外资源流出量始终保持在低位，对现货市场的影响有限，见图3。

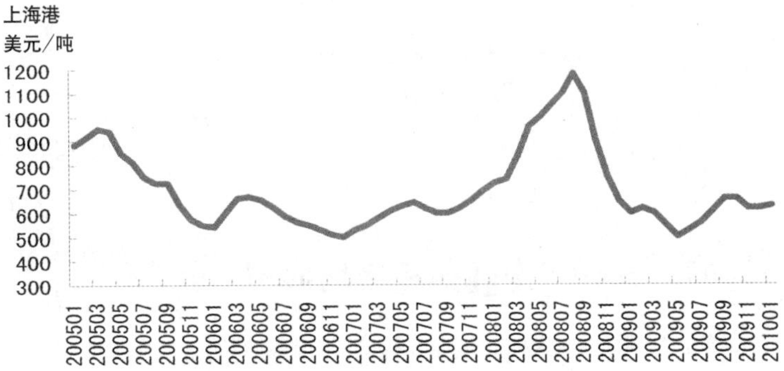

图3 近年冷轧板卷出口价格走势

三、国际、国内冷轧板卷市场分析

1．国际市场价格走势

2009年年初受到金融危机的影响，国际市场价格全面回落。随着各国推出经济刺激方案，市场需求开始恢复，价格也进入上升通道。对于2010年来说，全球经济复苏的步伐依然缓慢，其间影响钢市的不确定因素较多，但整体运行的情况将好于2009年，如图4所示。

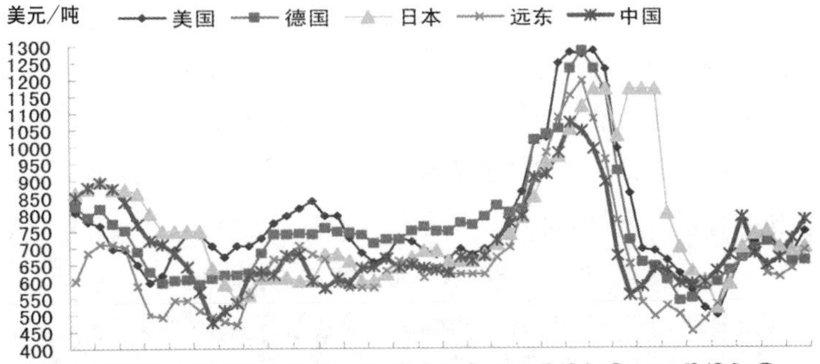

注：1.上表国际市场价格数据来自于CRU；2.美国为钢厂出厂价，日本及远东均为出口价，德国为国内交易价，中国为上海交易价。

图4 中国冷轧价格与国际市场对比

2.国内市场价格走势

尽管2009年热轧市场表现不佳，但是冷轧市场在汽车、家电刺激消费政策的影响下，全年表现可谓一枝独秀，价格呈现阶段式走高。截至本年度末，全国23个主要城市3.0mm热卷平均价格为3998元/吨，较上年末价格回落28元/吨；1.0mm冷板平均价格为5453元/吨，较上年末上涨940元/吨。国内

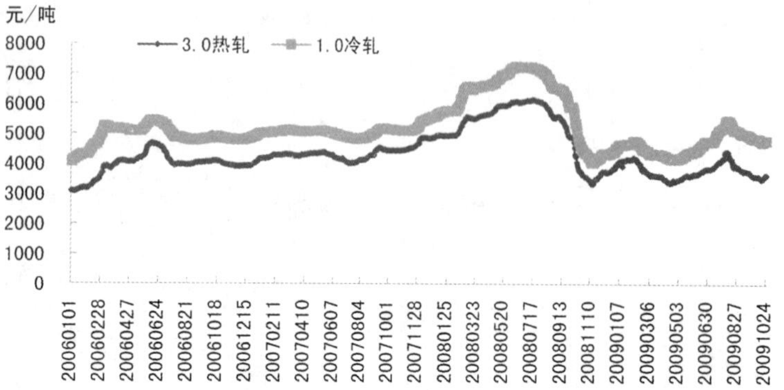

注：以上价格来自Mysteel全国23个主要城市平均价格。

图5 近年冷、热轧国内平均价格走势

市场通过刺激自身需求来避免外围经济萧条所带来的负面影响，经济复苏全球领先，预计2010年这种态势还将延续，如图5所示。

四、2010年冷轧薄板市场展望

总体来看，2009年全国冷轧市场震荡运行，呈现“W”型走势，全年低点出现在上半年，高点则出现在下半年，整体保持震荡上行的态势，基本与国内经济复苏的运行轨迹相吻合。而2009年出口总量大幅萎缩、国内产量大幅攀升，市场高库存的情况已经成为常态，市场在资金面充裕、内需大幅增加的背景下，价格始终保持在相对高位运行。尽管2010年国家会继续保持经济刺激方案的力度，但是从年底中央经济工作会议的侧重点来看，2010年“调结构，防通胀”的目标已经确立，预计2010年冷轧市场会先扬后抑，上下震荡空间依然会很大。

1. 资源成本

随着市场价格全面走高，钢厂上调2009年12月份的出厂价格，其中宝钢出台12月份冷轧价格政策，与11月份价格持平，取消优惠；现1.0mmSPCC表列价为5076元/吨（不含税）。随后武钢也出台了12月份冷轧价格政策，在11月的基础上上调300元/吨，现1.0mm冷卷的表列价在4800元/吨（不含税）。紧接着鞍钢出台最新的价格政策，对冷轧上调300元/吨，现1.0mm冷卷价为4440元/吨（不含税）。目前，主流市场价格已经全面超越钢厂12月份的期货价格，预计后期钢厂政策仍有上调的空间。

2. 资源供给

受到相关政策面的扶植，家电、汽车行业产销两旺，导致国内冷轧市场表观消费量大幅提升，净进口量迅速攀升，国内产量则是屡创历史新高，其中8月份总产量达到347.42万吨，预计年产量将达到3700万吨的水平。而2010年由于鼓励、刺激内需方案不变，关联需求仍可保持在高位。同时随着海外市场需求的逐步复苏，预计2010年国内出口量将上升，但全年国内冷轧市场仍将在高供给的情况下运行。

3. 相关下游行业

2009年10月汽车销量创年内次高，车企效益明显好转。据中国汽车工业协会统计，10月汽车产销分别完成125.80万辆和122.63万辆，比上年同期分别增长79.79%和72.48%。2009年1–10月国内汽车市场的平均增速高达40%左右，全年销量跃居全球第一大市场。另外，在“家电下乡”、“以旧换新”政策带动、房地产回暖和节假日消费旺季的双重因素推动下，2009年10月份空调与上年同期相比增长36.2%，比9月份增长8.8个百分点；冰箱同比增长21.9%。下游需求面表现依然强势。不过，由于消费类产品存在一定的周期，2010年这种高增长的可持续性还有待进一步观察。□

2009年涂镀产品市场概况及分析

概述：2008年金融危机以来，国内涂镀产品深受影响，一方面价格曾一度回落到谷底，一方面原先表现火爆的出口也无奈地哑火，甚至镀锌板卷的价格长期低于附加值相对较低的普冷。2009年，在国家扩张型财政政策的拉动下，部分下游行业开始复苏，其中汽车产销量双双达到历史最高的1360万辆，“家电下乡”也带来了不俗的成绩。随着需求迅速回暖，出口缓步复苏，成本及相关薄板品种给予有力的支撑，涂镀产品演绎了一波典型的震荡上扬走势。2010年1～3月份国内板材价格继续震荡上行，成本动力日益显现，后期资金面之松紧以及出口形势将决定行情继续上行的幅度。

一、国内涂镀产品产量

2005-2007年，国内建筑、家电等行业高速发展，不但长流程工厂迅速扩张涂镀生产线，民营企业也把握住了发展带来的机遇。然而，许多产线一窝蜂投产的同时，金融危机的爆发充分暴露了涂镀行业产能过剩的隐患。据钢协统计，2009年中国镀锌产品产量仅1942.89万吨，彩涂产量刚好突破500万吨，远远低于2007年以前的增速。

由于同质化竞争日趋激烈，在有限的终端需求下，大部分涂镀生产线的利润被严重挤压，也迫使许多长流程工厂放慢了发展涂镀生产能力的进度。而相比冷、热轧薄板的高产和高利润，价格长期与冷轧板卷倒挂的涂镀产品对大型生产企业而言已然成为鸡肋，2009年我国涂镀板卷产量依然不到钢材总产量的5%。预计2010年我国镀锌板卷产量有望突破2500万吨，彩涂板卷产量有望突破600万吨，但民营产品所占的比例将明显提高。

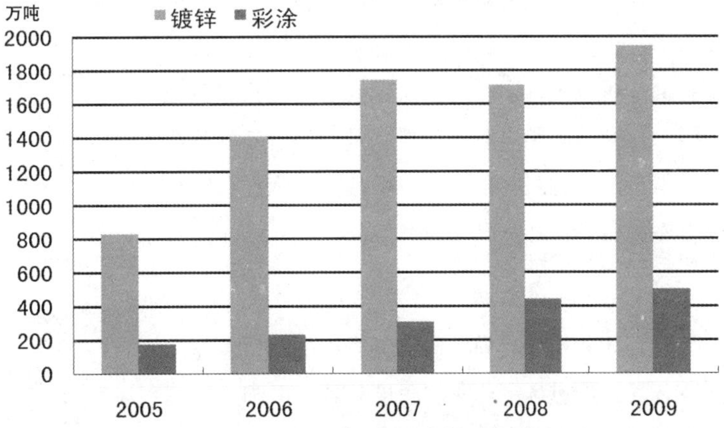

图1 2005～2009年中国涂镀卷板产量

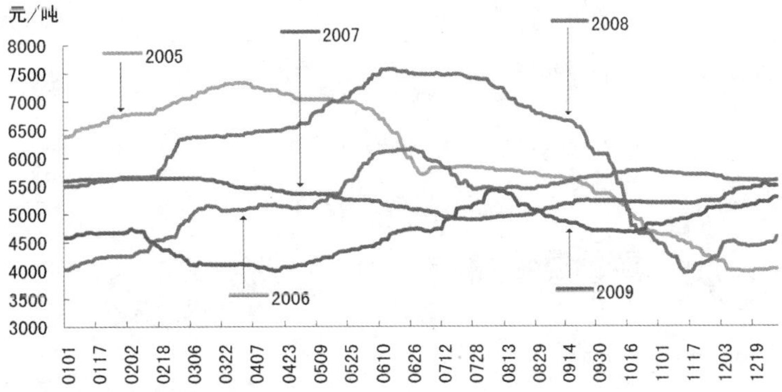

数据来源：www.Mysteel.com

图2 2005～2009年上海、北京、广州1.0mm镀锌卷板价格走势

二、2009年中国涂镀市场分析

2009年镀锌价格整体震荡上行，最高价位5400-5500元/吨，最低价位跌破4000元/吨，波动幅度约1500元/吨。反观2008年，镀锌曾一度击破历史最高位7500元/吨，下半年又一路猛跌至4000元/吨以下，全年波动幅度超过3500元/吨。

三、影响国内涂镀行情的因素

1. 出口情况

(1) 中国涂镀卷板出口受到金融危机的严重抑制

以彩涂板卷为例，2008年我国彩涂板出口量较2007年几乎翻番，而出口的价格却也很高。2009年以来，国际需求的大幅衰减使国内许多彩涂生产线失去了开机的动力，目前这种情况正在好转。2008年金融危机以来，国外对自身钢铁工业的保护意识很强，加之国际需求萎缩，导致国内外价差十分接近，国家制定的13%出口退税率成为了保证涂镀板卷对外贸易的巨大补贴。

(2) 中国涂镀卷板的出口量并不算大

和日本相比，目前我国涂镀卷板的出口量还是比较有限，从市场占有率的角度来看，中国产涂镀卷板后期的出口量仍将有较大空间。

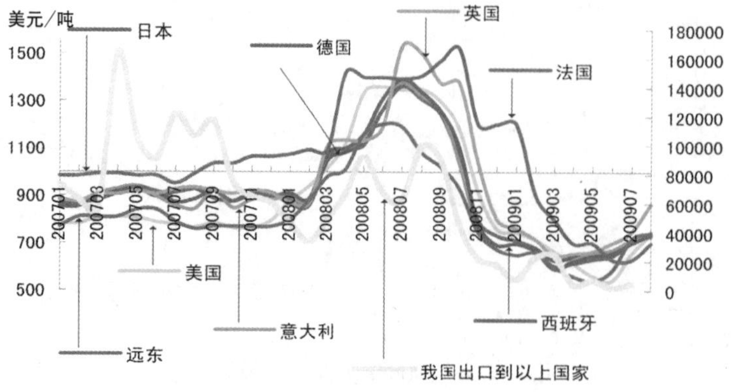

图3 国内外镀锌卷板价差对比

表1 中国彩涂和镀锌产品出口情况 单位：万吨

年度	镀锌出口量	彩涂出口量
2005年	76.06	9.15
2006年	288.50	50.84
2007年	385.01	127.72
2008年	289.99	255.24
2009年	144.25	131.14

表2 镀锌产量和出口量之间的比例 单位：万吨

年度	镀锌产量	镀锌出口量	出口所占比例
2005年	919.46	76.06	8%
2006年	1408.71	288.50	20%
2007年	1872.12	385.01	21%
2008年	1709.34	289.99	17%
2009年	1942.89	144.25	7%

表3 彩涂产量和出口量之间的比例 单位：万吨

年度	彩涂产量	彩涂出口量	出口所占比例
2005年	185.42	9.15	5%
2006年	232.62	50.84	22%
2007年	297.8	127.72	43%
2008年	441.8	255.24	58%
2009年	501.17	131.14	26%

表4 日本镀锌出口情况 单位：万吨

年度	镀锌产量	镀锌出口量	出口所占比例
2006年	1415	488	34%
2007年	1511	519	34%

表5 中国镀锌产品出口情况分析 单位：万吨

年度	镀锌总出口	电镀锌出口	所占比例	热镀锌出口	所占比例
2005年	76.05	3.30	4%	72.75	96%
2006年	288.50	16.94	6%	271.56	94%
2007年	385.01	14.75	4%	370.26	96%
2008年	289.99	12.23	4%	277.76	96%
2009年	144.25	9.98	7%	134.26	93%

(3) 中国涂镀卷板的出口结构依然失衡

出口结构依然不均衡，电镀锌和热轧镀锌的出口量极低，且国内新投建的生产线屈指可数。而这些产品的国际需求相对旺盛，产品的利润更高。

2.生产能力变化

(1)设计产能惊人，区域发展不平衡

到2009年，镀锌设计产能超过4000万吨，彩涂接近2500万吨，其中以华东及华北地区最为集中。分地区来看，华东地区镀锌生产线从2005年以前的42条发展到目前的90条，生产能力高达1657万吨；华北地区镀锌生产线从2005年以前的26条发展到目前的40条，生产能力高达969万吨；其他地区镀锌的总生产能力不过1200万吨左右。彩涂方面，华东地区彩涂生产线从2005年以前的91条发展到目前的154条，生产能力高达1415万吨；华北地区彩涂生产线从2005年以前的28条发展到目前的40条，生产能力高达413.5万吨；其他地区彩涂的总生产能力不过600万吨左右。

(2)民营生产线崛起较快，占据半壁江山

从图4可以看出，截至2009年，国内长流程工厂镀锌生产能力与民营企业基本相当，但细分产品来看，国有工厂更偏重于生产厚规格产品，民营及合资企业则基本占据了整个薄板市场。反观彩涂，则完全是我国的民营生产企业占主导地位。

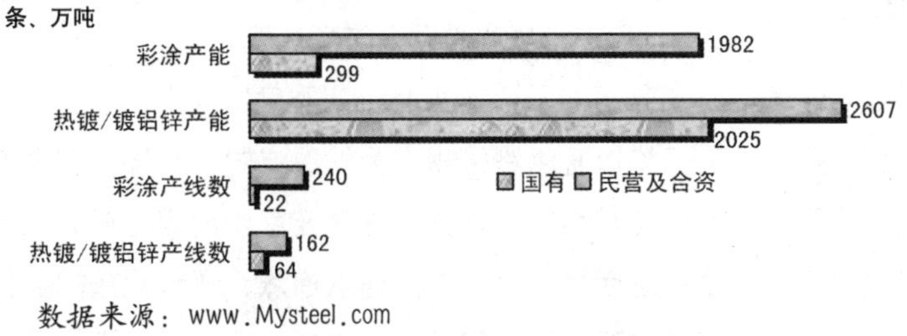

数据来源：www.Mysteel.com

图4　中国涂镀生产线国有及民营对比

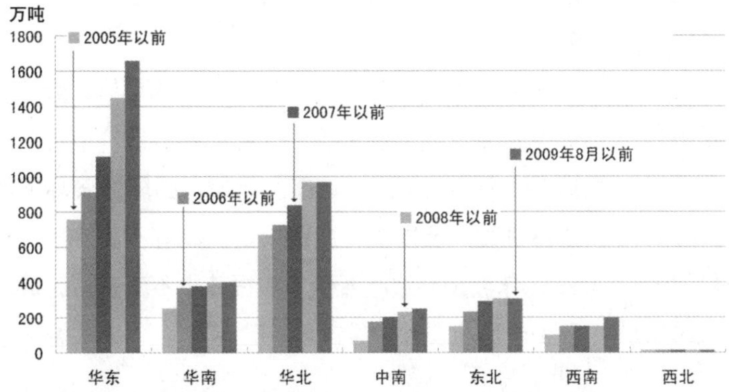

数据来源：www.Mysteel.com

图5　中国镀锌生产线区域分布及发展

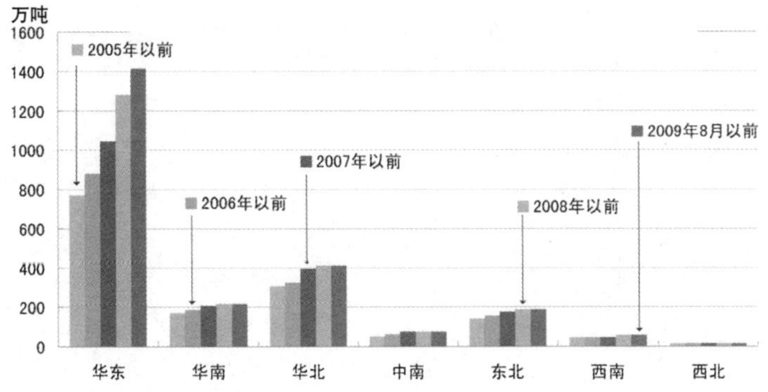

数据来源：www.Mysteel.com

图6　中国彩涂生产线区域分布及发展

3.锌锭等生产原料价格的变化

据国际铅锌研究小组（ILZSG）公布的最新研究数据显示，2009年全球锌市场供应过剩44.5万吨，为1993年来的最高值。而2008年过剩量为21.9万吨。2009年全球锌精矿产量为1140万吨，同比下降2.9%。2010年3月份以来，国内正密切关注两会决策对市场的影响，处于寻找方向的阶段，走势出现了一些反复；但对于即将到来的传统旺季，持看好态度的人还是居多。而外盘仍然受经济层面的影响而波动，美元走势是主导因素。如果中国的实体需求能如期恢复，将大大提振国内外的市场信心，且在二季度有望实现2500美元以上的高位。预计在需求旺季真正来临之前，市场会延续当前整理的状态为以后蓄势，未来的波动区间或在2200-3000美元之间。

四、2010年涂镀卷板市场展望

第一，从宏观面来看：2010年国家将进一步巩固4万亿投资所带来的成

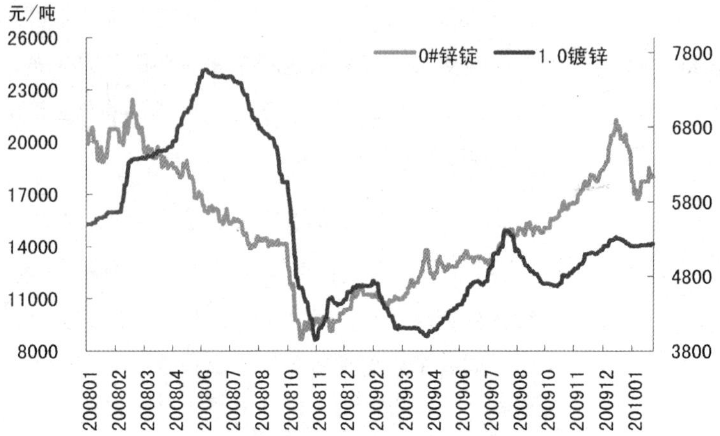

图7 锌锭与镀锌价格走势对比

果，对于内需的拉动不会松懈。由于今年投入的大部分工程明年将继续占用资金，因此只能通过微调积极宽松的货币政策及财政政策才能保证新开工项目的顺利完工。

第二，从供需基本面来看：截至2009年底，国内镀锌（含镀铝锌）产能规模将一举突破4600万吨，彩涂产能将达到2400万吨，产能过剩的老问题仍在继续扩大。即便国家继续在政策及资金上支持建筑及轻工制造行业，但2010年国内涂镀市场供多求少仍是不争的事实。

第三，从国际环境来看：目前国外钢市正处于逐步恢复阶段，加之四季度以来大部分出口型生产企业接单量较前期明显增加，考虑到出口退税增长后企业利润有所保证，预计后期国内企业的出口热情将有所保持甚至增强。

第四，从成本方面来看：2009年上游热轧板卷价格越来越受其金融衍生品属性影响，从各界对明年国内通胀压力的猜测来看，2010年大宗原材料价格继续上涨的可能性较大。此外，锌锭、煤焦、原油等价格正处于上行通道，预计2010年初期可能处于成本推动型市场环境。

第五，从心态来看：四季度以来大部分长流程工厂均以直供终端用户为发展方向，大部分流通商的协议量均受到削减，这使商家纷纷担心资源的后续性。而且，今年钢厂遇涨追涨、遇跌观望的操作模式使贸易商更乐于通过市场操作形成利润，这也就奠定了后期价格将始终处于频繁波动中运行的基础。

综上所述，笔者认为2010年国内镀锌、彩涂市场基本面不会发生本质性改变，春节前价格可能呈振荡上行兼有1-2次调整。此外，国际经济环境的复苏进度，及国内下游需求量仍具有不确定性，故2010年我国涂镀板卷价格在振荡中不乏压力，成本及资金面将交互主导市场。□

2009年中厚板产品市场概况及分析

概述：2009年原本低迷压抑的市场，由于充足流动性的作用，演绎了一波意外的行情，但终究没有逃脱产能过剩的制约，市场仍处微利的状态运行。展望2010年，中厚板产能过剩的压力将有增无减，故而，业者当抓住原材料这个要素、同时密切关注国家货币政策的调整来把握市场行情的走势，如果价格脱离成本支撑就应当避免追高，控制库存风险；与此同时应抓住需求复苏的机会，做好前期老客户的联络和新客户的开发。作为钢厂，应当合理安排生产，积极开拓海外市场，价格政策上避免大起大落，确保市场的健康平稳发展。

一、中厚板产量增长速度低于粗钢和钢材平均增速

2009年，受金融危机影响，国内中厚板需求和出口均大幅减少，我国中厚板虽然新增许多产能，但产量总体却不增反减，只有特厚板保持了小幅增长。2009年1-12月，国内中厚板累计产量5837万吨，比上年减少123万吨，占国内中厚板产能的比例不到60%，见表1及图1。

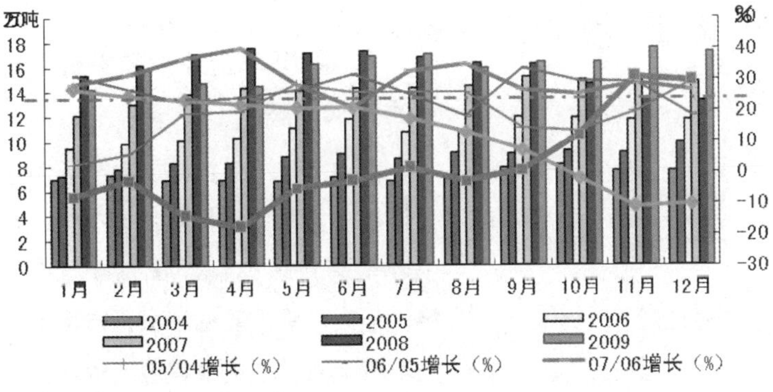

数据来源：www.Mysteel.com

图1　2004年1月～2009年12月中厚板月均产量对比

二、中厚板出口总量减少

1. 2009年中厚板进口变化不大，年底时增速有回落迹象

2009年中厚板进口量不到120万吨，与2008年进口127万吨中厚板相比，还略有减少。跟2008年一样，最后一个季度的进口同比也增速有所下降。

2. 因国际需求低迷，2009年中厚板产品出口锐减

2009年全年出口中厚板325万

表1　2009年中厚板及相关品种产量统计表

单位：万吨

产品	2009年12月	2008年12月	增减	同比（%）	2009年累计	2008年累计	增减	同比（%）
粗钢	4766.43	3765.14	1001.29	26.59	56784.2	50031.15	6753.09	13.5
钢材	6463.87	4917.67	1546.2	31.44	69243.7	58434.01	10809.7	18.5
特厚板	50.69	35.82	14.87	41.5	474.56	438.92	35.64	8.1
厚钢板	175.99	148.63	27.36	18.4	1874.86	1936.58	-61.72	-3.2
中板	307.1	260.81	46.29	17.7	3487.58	3583.94	-96.36	-2.7

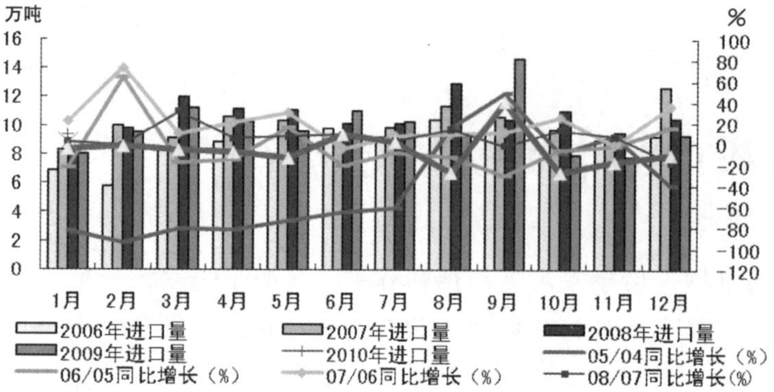

数据来源：www.Mysteel.com

图2 2006年1月～2009年12月进口比较

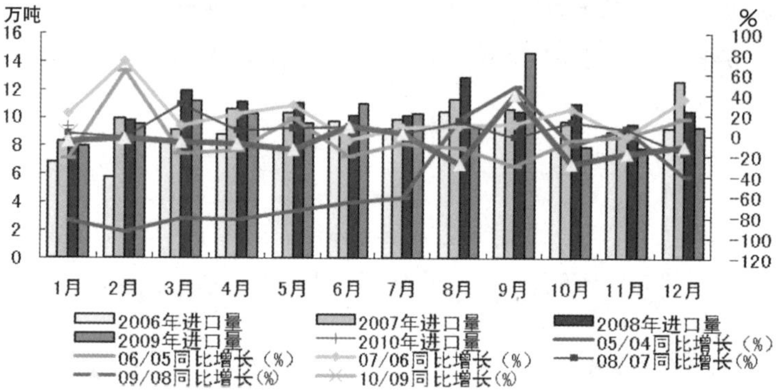

数据来源：www.Mysteel.com

图3 2006年1月～2008年12月出口比较

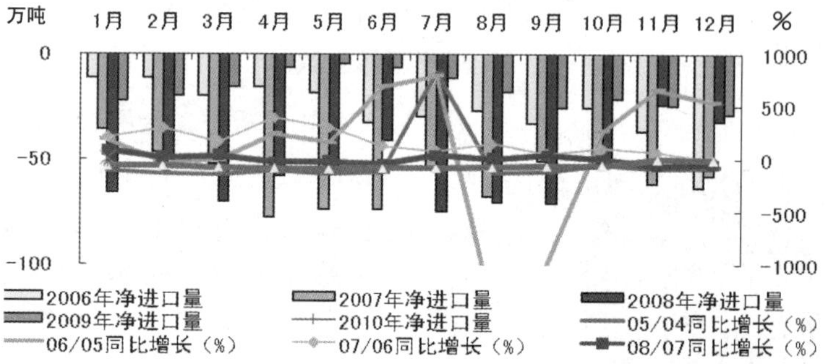

数据来源：www.Mysteel.com

图4 2004年1月～2008年12月净进口量比较

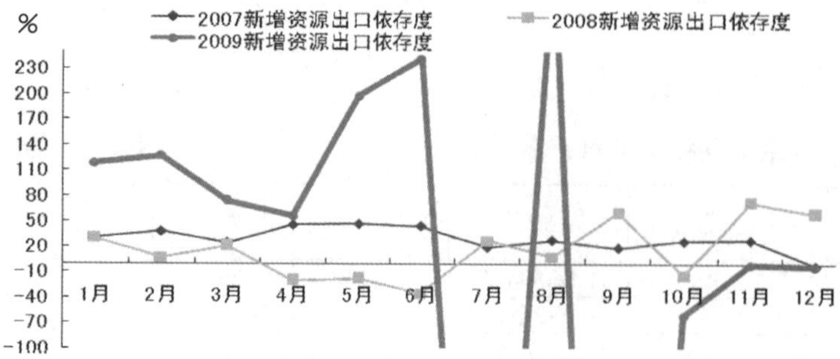

数据来源：www.Mysteel.com

图5 中厚板新增资源出口依存度

吨，跟2008年出口中厚板795万吨相比，减少470万吨，同比下降65%。

3．2009年国内中厚板净出口同幅下降

受国际市场需求变化影响，2009年2季度国内中厚板净出口达到最低水平后，出现回升，但总体水平仍明显低于上年同期。2009年净出口206万吨，较2008年同期净出口668万吨相比，减少了462万吨，同比下降69%，见图4。

4．2009年新增资源出口依存度振幅太大，几无规律可言

2009年由于出口和产量变化太大，出口占新增资源的比例很没有规律，已没有代表性可言，见图5。

三、2009年国内中厚板价格走势呈现出W型

1．2009年全球中厚板价格总体维持低迷态势

2009年，各主要国际市场中厚板价格一直都保持相对低迷态势，年中欧美等市场有钢厂曾力挺出厂价格，但由于需求萎靡不振，市场价格仍难有上涨，形成窄幅波动的局面。2009年1-12月主要市场中厚板价格变化，见图6。

2．2009年MyspiC中板指数走出一个不完全对称的W型

MyspiC指数显示，2009上半年的数据图呈现出大幅上扬的态势，三季度到高点后再度回落到低点，画出

一个W态势，见图7。

3．2009年中厚板价格依然没有摆脱大起大落的形态

2009年春节后，由于库存压力和需求低迷，市场价格一路走低。5月份之后，随着库存消化，铁矿石价格落定，资本市场流动充裕性显现，市场心态踏实后稳步向好，价格也在资本市场和钢厂价格的推动下迅速窜高。到8月初，国内23个主要监测市场20mm中板平均价格达4300元/吨，随后急速下跌，一路走低到11月份，再现回升迹象。

总体看，2009年行情表现出明显的四阶段特征。其一，1-4月份为中厚板价格的下跌探底阶段，主要压力是尖锐的供求矛盾；其二，5-8月份为中厚板价格的回暖拉涨阶段，主要动力为货币流动性；其三，8-11月份为中厚板价格下跌走低阶段，主要因素是需求不足前提下过高价格的非理性修正；其四，11月份后期中厚板市场价格企稳回升，主要因素是成本支撑下的信心恢复，见图8。

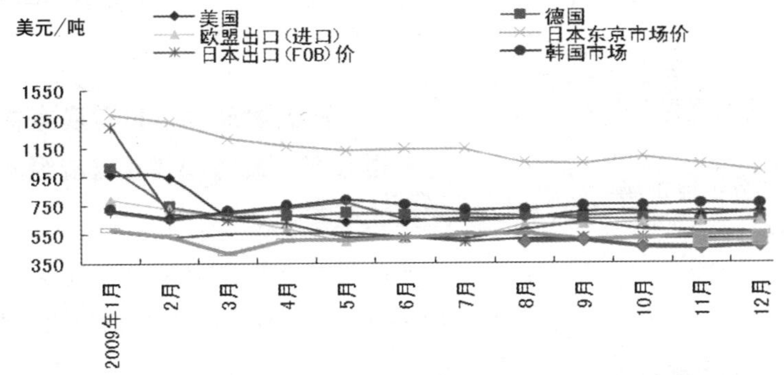

数据来源：www.Mysteel.com

注：1）中国价格按照国内23个价格汇总城市平均价格测算；2）国内市场价格换算汇率为及时汇率，12月份1美元=7.414元人民币。

图6 2009年1月-12月部分国际市场中厚板价格变化情况

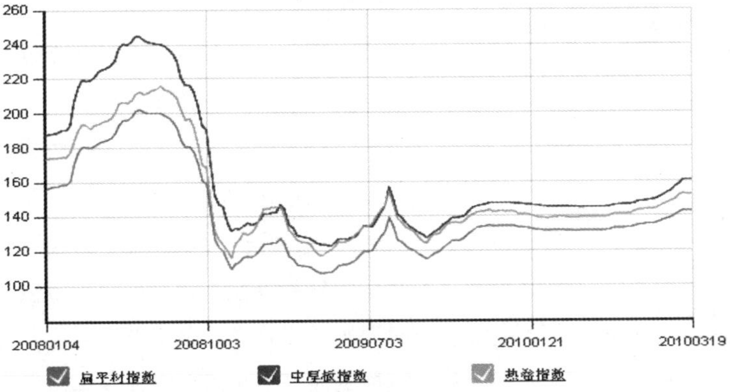

数据来源：www.Mysteel.com

图7 MyspiC指数价格变化

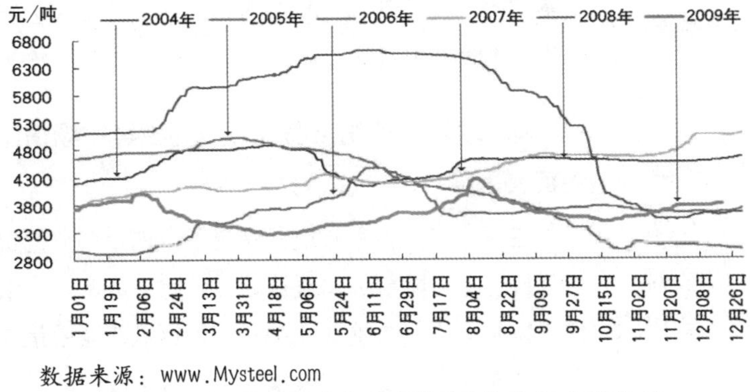

数据来源：www.Mysteel.com

图8 2004～2008年全年中厚板平均价格走势比较

4．2009年中厚板库存跟价格负相关关系较为明显

2009年春节之后，国内中厚板库存创下历史新高，达到148万吨，之后随着库存的减少，市场价格也探底回升，到8月份价格下跌后，市场库存再度趋涨到140万吨。值得一提的是，即便库存最低的时候也处在2008年的库存高位水平120万吨，背后的支持当是资金，见图9。

5．2009年中厚板表观消费量保持较好增长

根据统计，2009年1-12月份累计表观消费量5643万吨，比2008年同期增加了341万吨，增幅6%，见图10。

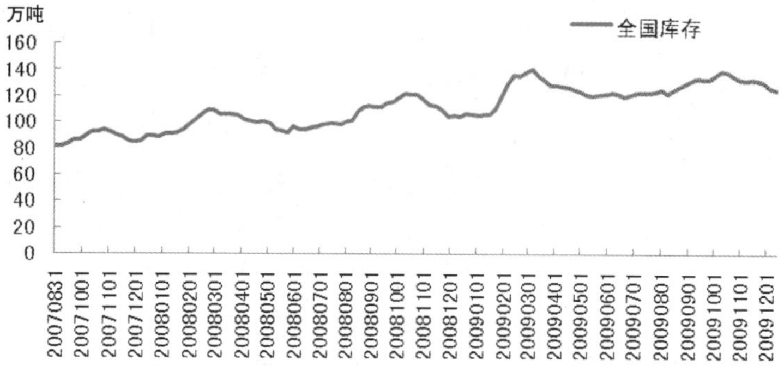

数据来源：www.Mysteel.com

图9 2007年8月以来我的钢铁网部分主要市场中厚板库存统计比较

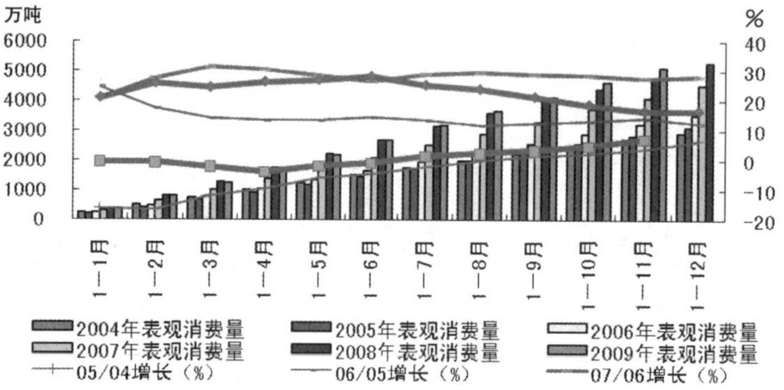

数据来源：www.Mysteel.com

图10 2004年～2009年月度中厚板表观消费量比较

四、2010年中厚板市场展望

展望2010年的总体行情，仍离不开以下几个方面的影响：宏观经济表现及政策调整、原材料成本因素、钢厂资源释放情况、主要行业需求及出口形势变化等。

可以认为，在宏观政策取向基本确定的前提下，原材料因素或将成为2010年评估市场价格涨跌合理性的重要方面——2010年的行业格局跟上年比并没有大的变化，产能过剩的压力注定行业的薄利特征一时还无法改变。因此，正常的价格应该是紧贴着成本线运行的。在这个基础上，多头方不确定性因素当关注国际汇率变化及由此而带来的国际大宗商品价格的上涨，如果出现，可能会提高国内钢铁市场价格上涨的预期；空头方不确定性因素当关注资金收紧及由此而带来的高库存崩溃风险，如果这样，价格必将出现击破成本的支撑。

事实上，市场频繁波动的背后既有外部环境因素的影响，也有市场基本面的影响，还有人为制造的小道消息的干扰。

1．积极财政政策和适度宽松的货币政策，成为2010年宏观经济政策的基本定位

这预示着伴随经济的常态化，2009年的非常化刺激政策将趋向常态化。

正如温总理所说，中国经济在2009年已率先企稳回升，但未来也有很多不确定因素，这正是中国经济2010年的复杂性所在。而且正因为这个复杂性，2010年的积极财政政策的基调不会变，但货币调控要比去年更加适度——既要保持经济的快速增长，又要防止通货膨胀！为保证能够支持我们的经济增长稳步回升，2010年的政府工作报告确定的货币信贷目标是适度宽松的货币供应量，很难说何时退出或者是先于美国退出、后于美国退出。从决策层的表态中可以看出，今年适度宽松的货币政策调控目标是“保持经济持续平稳较快增长”和“管控通胀预期”。由于政策的目标和总量是明确的，故而在市场分析中不妨把政策面因素当作一个常量来对待。

2．原材料价格上涨或将成为主导市场情绪的首要因素

在一个产业产能过剩的情况下，这个产业的价格运行注定将贴着成本线波动，因此，成本的高低将成为业者关注的重点，2010年的钢铁产业就是这样，中厚板尤其如此。遗憾的是，对于我国的钢铁工业来说，两大基础原材料——铁矿石和焦炭对外

部的依赖性都太大。尤其是铁矿石，据工信部的统计，2009年对外依存度已达70%。焦炭方面，虽然国内炼焦能力过剩，但焦煤却不足，相当比例焦煤同样需要进口。关注原材料的行情变化，除了供需基本面之外，另外还要关注国际汇率变化及主要经济体通胀的影响。不过，就目前的情况看，各主要经济体对通胀的防范意识还是很强的。

3．国内中厚板产能过剩压力很大，2009年达产率仅在六成左右，但库存已创历史新高，2010年这个矛盾将进一步突出

一如前面提到的，2009年中厚板轧机产能增加，产量下降，供大于求矛盾突出。据中钢协理事扩大会议的报告，受钢材直接出口和通过机电设备间接出口减少的影响，2009年我国中厚板轧机生产的厚板和中板分别减产3.2%和2.7%，只有特厚板增长8.1%。根据中钢协的调查，2009年前10个月我国中厚板轧机新增能力1603万吨，调查预计2009年12月至2010年底还将有3263万吨/年新增能力投入，按这个数据测算，中厚板产能将达到1.2亿吨。不过，正如2009年初的调查，如果2009年在建的几条生产线能够全部投产，就将超过1个亿，而事实上由于行情的问题，2009年拟建及在建的项目中有许多都推迟了投产，一些论证阶段的项目甚至取消。2009年的实际产量也只有5837万吨，占全部产能的比例也就在六成左右。

需要提出的是，尽管达产率仅有60%，但2010年春节过后，市场库存已创出历史新高，据对全国主要市场中厚板仓库数据的监测，2010年3月初已到155万吨，比上年的最高水平148万吨还要高。在2010年继续有新产能正式投产的情况下，市场供应过剩的压力可以想象，这个压力注定市场价格脱离成本的支撑如果出现也绝非常态。

4．国内需求在不断复苏，出口形势也将有所改善，或在一定程度上缓解供应过剩的压力

据工信部统计，规模以上工业生产增速由2008年6月份的16%一路下滑到2009年1-2月的3.8%之后止跌回升，3月份增速达到8.3%，11月、12月分别达到19.2%和18.5%，2010年1-2月增速达到20.7%，呈现明显的“V”字形运行轨迹。2009年，规模以上工业增加值增长11%，其中轻、重工业分别增长9.7%和11.5%，2010年1-2月分别增长14.5%和23.7%。另据统计，今年1-2月全国造船完工量918万载重吨，同比增长168%，占世界市场份额46.1%，其中出口船舶占总量的82%，数据还显示，新承接船舶订单量572万载重吨，约为去年同期订单量的8.7倍，虽然尚未恢复正常水平，但增速是惊人的……由此可以判断，国内需求正在不断复苏。

与此同时，随着国外需求的逐步改善，我国厚板出口报价也一直在涨，到2010年3月中旬成交价格已普遍在615-625美元/吨，考虑到9%出口退税，这个出口价格是高于同期国内市场价格的。

在中厚板产能过剩的情况下，业者当抓住原材料这个要素、同时密切关注国家货币政策的调整，来把握市场行情的走势，价格脱离成本支撑后避免盲目追高，控制库存风险；同时要抓住需求复苏的机会，做好前期老客户的联络和新客户的开发。钢厂应当合理安排生产，积极开拓海外市场，价格政策上避免大起大落，确保市场健康平稳发展。□

2009年带钢产品市场概况及分析

概述：2009年热轧带钢市场继续大幅震荡，其波动幅度毫不逊于2008年。基于国家投巨资拉动内需，商家对后期市场十分看好，价格持续上涨。由于对市场过度乐观，而忽略了需求释放需要一个缓慢的过程。2月初，市场成交低迷凸显，带钢价格一路下滑，至月末累计跌幅500元/吨以上。在经过3、4两月低位调整后，下游需求逐渐放大，市场信心逐渐恢复。从5月份开始，带钢价格经过连续3个月上涨，在8月初创2009年最高价4400元/吨，累计上涨幅度高达1000元/吨。钢材价格暴涨，钢企利润丰厚，不断刺激钢铁产能释放，市场库存持续增加；而需求疲软，市场心态开始波动，抛货套利频现，钢材价格终将难逃暴涨之后的暴跌。8月上旬价格冲高后开始回落，在不到一个月时间，带钢累计跌幅超过800元/吨。虽然经过随后的三个月低位调整，加上对明年钢铁原料成本上涨的预期，钢材价格再次缓慢回升，但钢企的高开工率和市场的高库存，给后期钢材价格继续走高带来一定的风险。

一、2009年热轧窄带钢资源供应分析

1. 热轧窄带钢生产

2009年全年热轧窄带钢累计产量达4574.76万吨，较去年增加990.84万吨，同比增长27.6%。2009年带钢产量的高速增长，全年产量创历史新高，其中河北地区全年累计产量为2924.9万吨，同比增长34.1%；天津地区全年产量为516.53万吨，同比增长42.3%。两地区全年产量达3441.43万吨，占全国产量的75.2%。

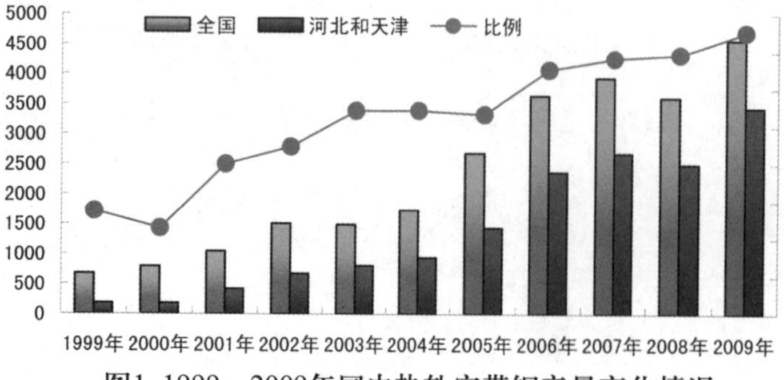

图1 1999～2009年国内热轧窄带钢产量变化情况

2009年4月份开始，热轧带钢单月日均产量保持高位，各月日均产量均在12万吨以上，明显高于往年。其中12月份带钢单月产量创历史新高，产量高达453.32万吨，环比增长14.5%，同比增长41.7%；日均产量为14.6万吨，较11月日均产量增加约1.4万吨，单月日均产量达到了历史次高。

2009年全年焊管累计生产了3102.99万吨，同比增长了22.10%；热轧窄带钢全年累计生产了4574.76万吨，同比下降27.60%；焊管产量占带钢产量的67.83%。

2. 热轧窄带钢进出口变化

2009年热轧窄带进口9.36万吨，较去年全年的12.85万吨，同比下降27.16%；热轧带钢累计出口13.92万吨，较2008年同期减少20.89万吨，同比降60.0%。由此可见，受国际金融危机影响，国内热轧带钢作为一种低附加值钢铁产品，出口量下降幅度

表1 2009年热轧窄带各月产量

单位：万吨

月份	2009年当月产量	2008年当月产量	增减	同比（%）	2009年累计	2008年累计	增减	同比（%）
1月	254.18	299.43	-45.25	-15.11	254.18	299.43	-45.25	-15.11
2月	291.78	302.87	-11.09	-3.70	545.96	573.68	-27.72	-4.80
3月	310.21	327.95	-17.74	-5.40	890.32	899.34	-9.02	-1.00
4月	359.75	312.99	46.76	14.90	1235.62	1213.72	21.90	1.80
5月	404.01	337.51	66.50	19.70	1638.13	1562.98	75.15	4.80
6月	450.43	330.28	120.15	36.40	2088.47	1892.78	195.69	10.30
7月	442.00	282.10	159.90	56.70	2523.40	2173.50	349.90	16.10
8月	419.92	209.72	210.20	100.20	2946.31	2383.46	562.85	23.60
9月	358.83	224.69	134.14	59.70	3289.92	2566.40	723.52	28.20
10月	374.91	240.33	134.58	56.00	3664.74	2807.15	857.59	30.60
11月	395.98	323.77	72.21	22.30	4074.66	3222.53	852.13	26.40
12月	453.32	319.93	133.39	41.70	4574.76	3583.92	990.84	27.60

明显，其中11月、12月的进出口量基本持平，见图3。

3. 热轧窄带钢的资源供应量

2009国内热轧窄带的表观消费量为4510.71万吨，2008年同期的表观消费量为3585.82万吨，同比增长25.79%。

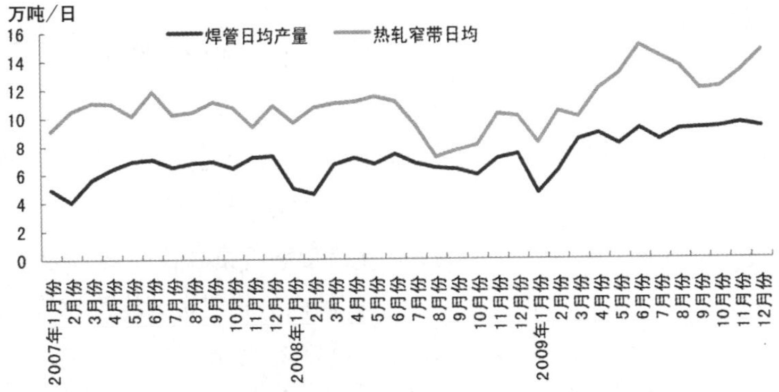

图2 2007～2009年焊管与带钢日均产量及比值变化

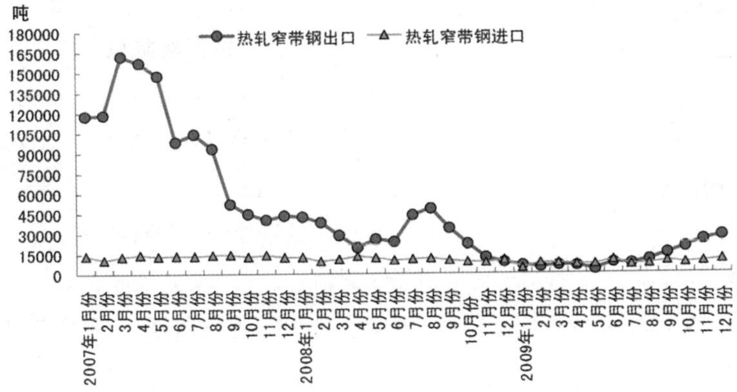

图3 2007～2009年热轧窄带进出口比较

二、冷轧窄带钢的资源供应情况

1. 冷轧窄带钢生产

2009年全年冷轧窄带钢累计产量674.47万吨，较去年增加114.35万吨，同比增长20.4%。从单月生产情况来看，其中6、11、12月单月生产量均在70万吨以上，明显高于其他月份产量。

2. 冷轧窄带钢进出口变化

2009年全年冷轧带钢累计进口259758吨，同比降24.28%；累计出口154226吨，较去年增加13630吨，同比增8.84%。从2009年各月出口来看，出口量逐步增加，但较2007年相比出口总量依然较小。

三、2009年带钢市场回顾

2009年热轧带钢市场走势来看，其价格波动较为频繁。随着2008年末带钢价格开始触底反弹，当迈入2009年，带钢价格回升至相对高点4000元

表2　2009年冷轧窄带各月产量

单位：万吨

月份	2009年当月产量	2008年当月产量	增减	同比（%）	2009年累计	2008年累计	增减	同比（%）
1月份	31.30	48.56	−17.26	−35.54	31.30	48.56	−17.26	−35.54
2月份	37.14	35.91	1.23	3.40	68.44	78.52	−10.08	−12.80
3月份	49.30	53.72	−4.42	−8.20	119.20	134.29	−15.09	−11.20
4月份	56.05	58.50	−2.45	−4.20	175.67	194.29	−18.62	−9.60
5月份	56.16	53.92	2.24	4.20	231.83	246.29	−14.46	−5.90
6月份	73.86	49.89	23.97	48.00	305.62	294.38	11.24	3.80
7月份	54.50	45.10	9.40	20.90	351.60	339.40	12.20	3.60
8月份	56.00	46.51	9.49	20.40	408.09	386.16	21.93	5.70
9月份	59.81	46.63	13.18	28.30	468.18	433.13	35.05	8.10
10月份	59.45	39.29	20.16	51.30	527.68	472.41	55.27	11.70
11月份	73.31	40.46	32.85	81.20	600.48	512.93	87.55	17.10
12月份	71.32	45.00	26.32	58.50	674.47	560.12	114.35	20.40

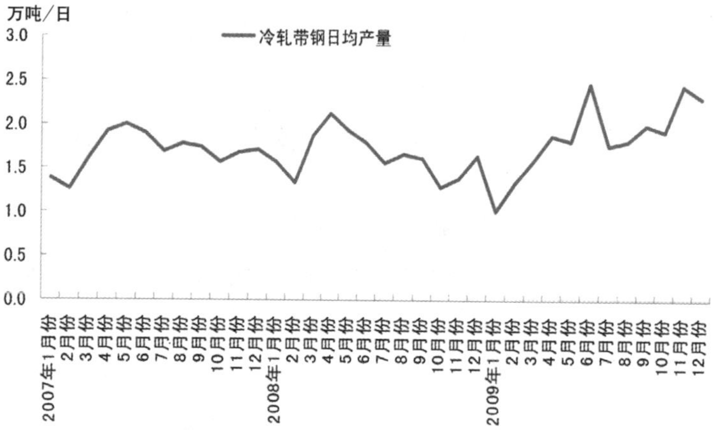

图4　2007～2009年冷轧窄带单月日均产量变化情况

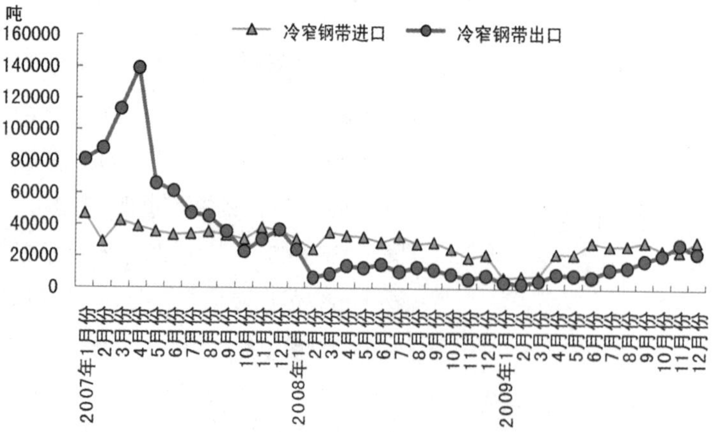

图5　2007～2009年冷轧窄带单月日均产量变化情况

/吨。春节过后，由于市场需求低迷，商家心态波动，价格急剧下跌，直至4月末止跌企稳，而后连续三个月拉涨至2009年新高4300元/吨。在市场成交开始低迷，商家心态波动，抛货套利频现，期货和电子盘高位逼空等的共同作用下，钢材价格迅速下滑，累计幅度接近千元，至此带钢市场进入了漫长的低位盘整的轨道。

就2009年热轧带钢具体走势来看，大致可分为四个阶段：

第一阶段（1–4月中旬）：2009年春节过后，热轧带钢市场继续小幅上扬，在不到一周时间上涨100元/吨后，但市场成交低迷，此时钢厂开工率较高，产量相对往年保持较高水平。从2月6日开始带钢价格高位回落，截至2月26日，国内热轧窄带钢均价3473元/吨，较月初回落400元/吨以上，带钢价格重新回到了2008年12月初的水平。

第二阶段（4月下旬–8月上旬）：4月下旬开始，带钢市场触底反弹，随即便进入了持续上涨的通道。截至8月5日，带钢价格涨至2009年新高4400元/吨，累计上涨超过千元。由于市场带钢价格连续、快速拉涨，导致成交渐弱，商家对后期市场缺乏信心，操作更加谨慎，其价格略有回落，带钢均价在3800元/吨徘徊。7月中旬开始，国内大型钢企再度大幅上调8月份钢材价格，在市场建筑钢材、热卷价格大幅上涨的带动下，带钢市场逐渐转好，其价格继续攀高。

第三阶段（8月中旬–10月中旬）：市场带钢价格的不断攀高，抑制了市场部分需求，终因成交清淡，部分商家开始暗降，市场“抛货套现”逐渐成为主流，钢材价格便进入了快速回落的通道中。截至10月中旬，带钢价格回落至3400元/吨左右，累计跌幅超过800元/吨。

第四阶段（10月下旬–12月末）：经历了10月份的震荡寻底之后，在国内宏观经济面向好趋势更加明朗，而对于下年铁矿石、焦炭等钢铁原料价格上涨预期，钢材价格开始震荡上行。尽管市场需求并没有明显好转，钢厂依然保持较高开工率，市场高位库存消化依然缓慢，但依然不能阻挡价格上涨的欲望。截至12月底，市场带钢价格已累计上涨450元/吨以上，南方市场带钢价格保持在3900元/吨左右，北方市场在3700元/吨。在市场需求没有明显变化情况下，仅对于后期原料价格上涨预期，至少带钢价格回暖能否持续，商家也没有足够的信心。

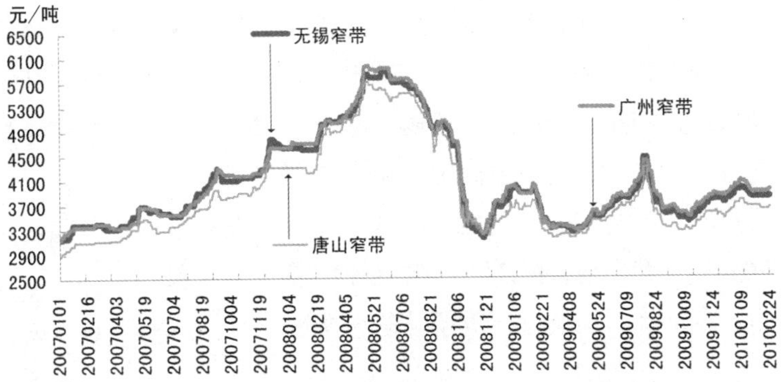

图6 2007～2009年热轧窄带价格走势

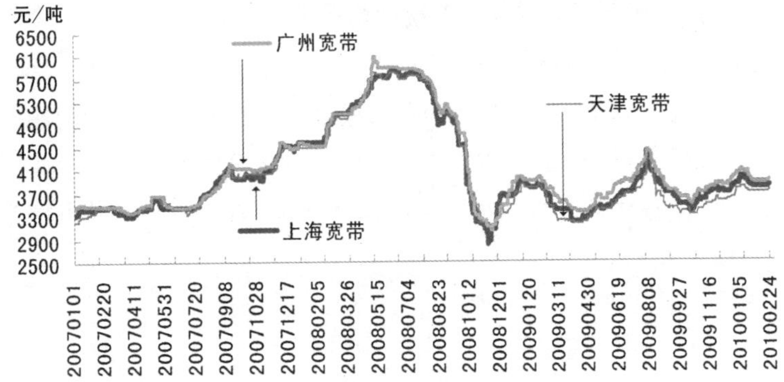

图7 2007～2009年中宽带价格走势

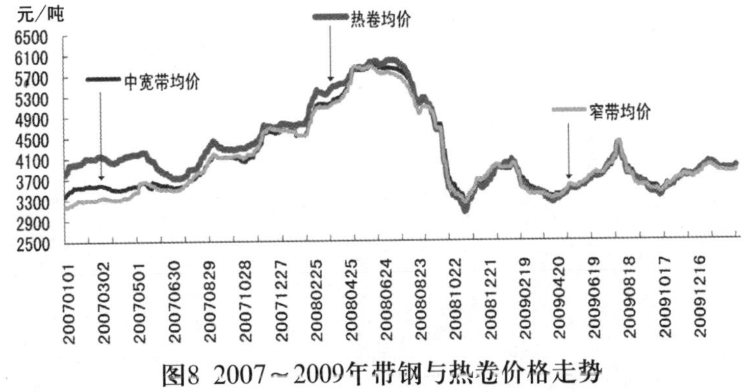

图8 2007～2009年带钢与热卷价格走势

四、后期带钢市场走势分析

2009年的热轧带钢市场波动频频，市场经历了快速拉涨和急速下跌，期间涨跌幅度超过千元。而相对往年，2009年影响钢材市场因素更加复杂，需求拉动、大型钢厂调价、期货和电子盘炒作等，使得钢材具备了一些金融属性。就整体而言，2009年带钢市场的表现依然突出，市场价格紧跟热卷，产量增长更是高达30%以上。对于后期市场运行情况，以下几个方面应值得我们关注：

1．铁矿石、焦炭、海运费等价格上涨预期

10月下旬，在青岛举办第九届中国钢铁原材料国际研讨会上，有消息传出，三大矿业巨头要求2010年铁矿石价格将上涨30%-35%。再加上随着煤、电、运费等价格的上涨，对后期钢铁生产成本上升预期越来越强。

2．建材、热卷市场库存保持高位

从市场库存来看，建筑钢材和热卷市场库存依

然保持高位，消化缓慢。截止12月31日，全国主要城市的螺纹钢库存总量为455万吨以上，比上年同期增加272万吨，增加非常明显。线材库存在108万吨以上，较上年同期增加40多万吨。热卷市场库存接近383万吨，同比增加253万吨左右。虽然对于2010年钢材市场有着较好期待，但钢厂高开工率和市场高库存，将给钢材市场带来较大隐患。

3. 热轧带钢生产和下游需求情况

从2009年10月钢材生产统计情况来看，1-10月份热轧带钢累计生产3665万吨，同比增长高达30%。2009年前十个月带钢产量已经超越了2006年和2008年全年产量，2009年全年带钢产量更是达到历史最高水平4574万吨，较上年增加990万吨。

2009年热轧带钢产能大幅释放离不开下游强劲需求，其中包括焊接钢管和冷轧带钢。2009年焊接钢管和冷轧带钢全年累计产量分别为3103万吨和674万吨，同比增长均在20%以上，两者总产量占热轧带钢总产量约83%。这主要基于2009年巨大的基础建设投资，拉动了市场对焊接钢管、冷轧带钢的需求。而对于后期来说，基础建设以及其他相关行业对带钢的需求也不会突然停止，市场依然可期。

综上情况来看，在2009年带钢市场经历大涨大跌之后，带钢企业和贸易商操作趋于理性，市场带钢价格窄幅波动，整体将趋于平稳，但对后期钢铁成本上涨和市场需求保持良好的预期，市场带钢价格底部将被抬高。□

2009年型材产品市场概况及分析

概述：2009年，在经历金融风暴侵袭后，世界经济开始复苏，国内型材产量稳中有升，生产和销售体系也变得更加庞大、复杂，产品出口形势开始好转。虽然三季度出现了一轮“过山车”的走势，但整体表现还是相对稳定的。进入2010年后，原材料价格不断攀升，通胀预期愈发强烈，市场价格春节前后弱势震荡之后，在钢厂提价的推动下强势上扬。预测后期型材市场将受到成本、库存和需求等多方因素影响，各品种的表现尚难以断言。

一、2009年国内型材产量

2009年国内型材产量的增长总体还是较快的。

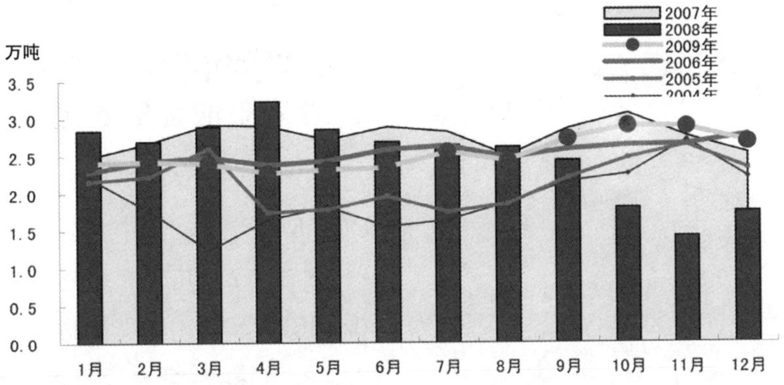

资料来源：我的钢铁网

图1 2005～2009年全国大型型材日均产量

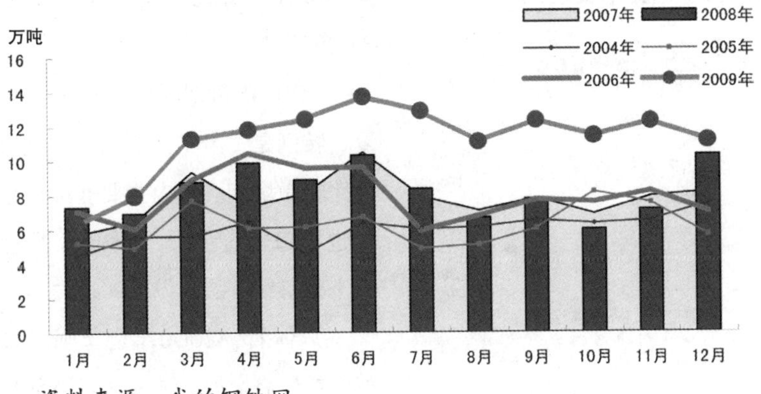

资料来源：我的钢铁网

图2 2004～2009年全国中小型材日均产量

全年大型型材产量947.06万吨，较2008年的887.44万吨，增加59.62万吨，增长6.7%。中小型型材产量4118.89万吨，较2008年的3093.19万吨，增加1025.70万吨，增长33.2%。

从大型材的日均产量对比来看，2009年上半年水平低于上年，但下半年水平上升，好于上年，尤其是第四季度尤为显著。而小型材的日产水平则明显不同，2009年单月水平均好于上年同期，因此，小型材生产比上年提升较快。

具体到品种和地区：大型材产量开始有分散趋势，安徽、山东的主要产区份额开始降低，西南地区增长较快，而中小型材除了河北地区份额有所变动，其余产地变化不大。目前大型材产量最多的仍是山东35%、安徽25%、河北22%，占整体比重的82%。内蒙古占5.5%，其余各省产量占比均低于内蒙古的比例。

小型材河北产区仍以29%的份

额继续占据第一位，天津紧随其后，占16%，上海占8%，山东占7%，其余各省产量占比均低于7%。

相比之下，华东、华南的型钢生产量仍较少，也没有新增产线。大型材产地较为集中，2009年大型型钢各生产区变化不一，山东、安徽地区减少较多，西南地区增长较多。

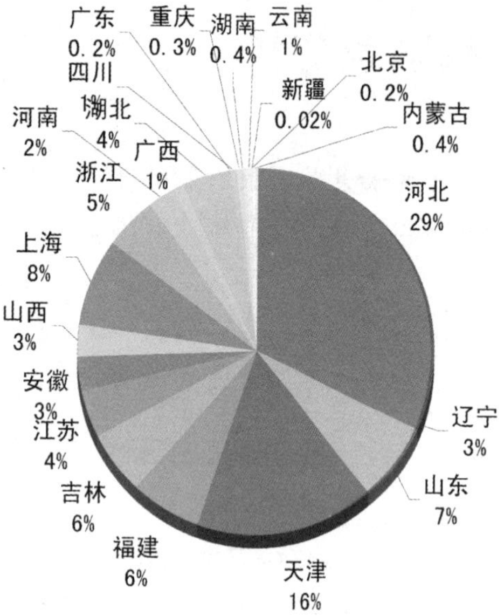

资料来源：我的钢铁网

图3 2009年中小型材产量部分主要产区份额

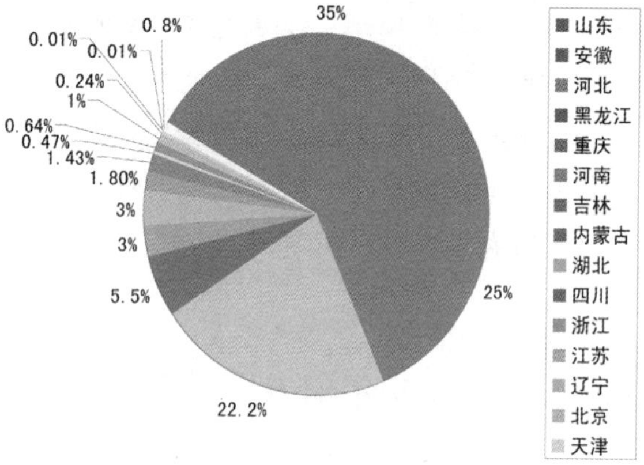

资料来源：我的钢铁网

图6 2009年大型材产量部分主要产区份额

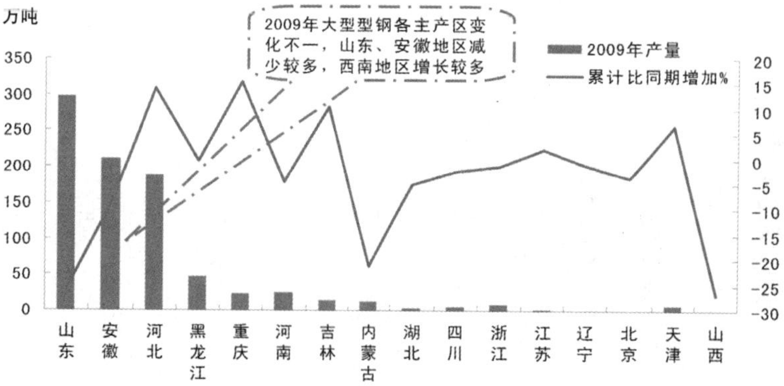

资料来源：我的钢铁网

图4 2009年大型型钢主要产区产量及同比增长情况

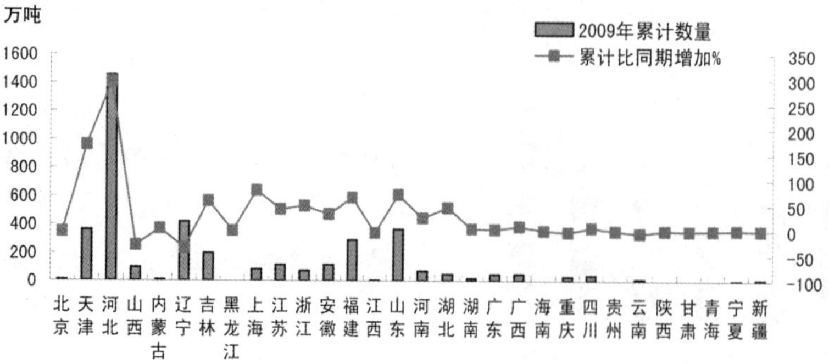

资料来源：我的钢铁网

图5 2009年中小型材主要产区产量及同比增长情况

二、2009年型材进出口及表观消费量变化

2009年的型材出口总量为236.7543万吨，其中角型材出口118.3787万吨，大型材出口104.6531万吨，中小型材出口13.7225万吨。全年进口75.8873万吨，角型材进口37.9437万吨，大型材34.8449万吨，中小型材3.0987万吨。

2009年角型材出口在逐渐恢复，特别是下半年恢复明显。进口同比略微增加。国内主要省市角型材进出口情况见图7、图8；角型材进出口细分品种见图9、图10。

总体看，2009年全年国内表观消费量略增加，国家的经济刺激政策使得国内型材需求增加，主要

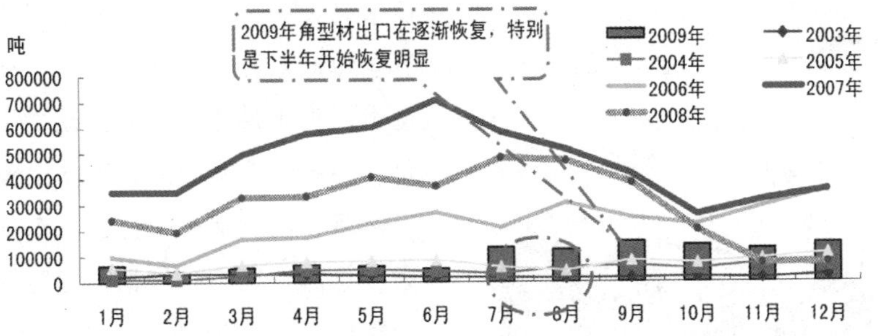

资料来源：我的钢铁网

图7 2003～2009年全国主要省市角型材出口情况

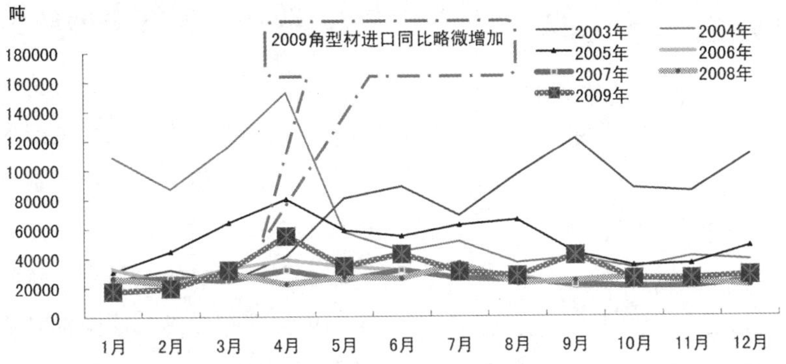

资料来源：我的钢铁网

图8 2003～2009年全国主要省市角型材进口情况

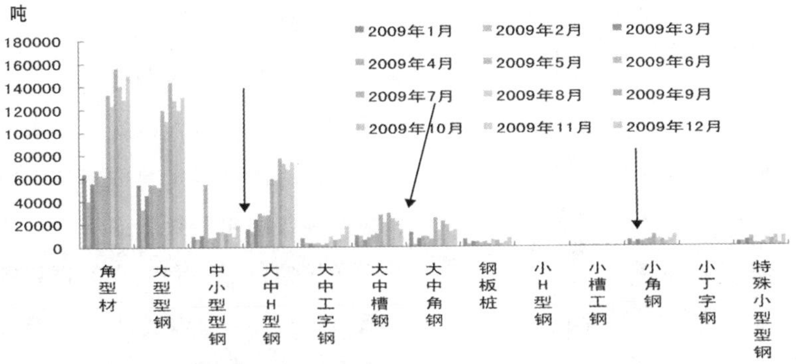

资料来源：我的钢铁网

图9 2009年月度角型材出口细分品种详解

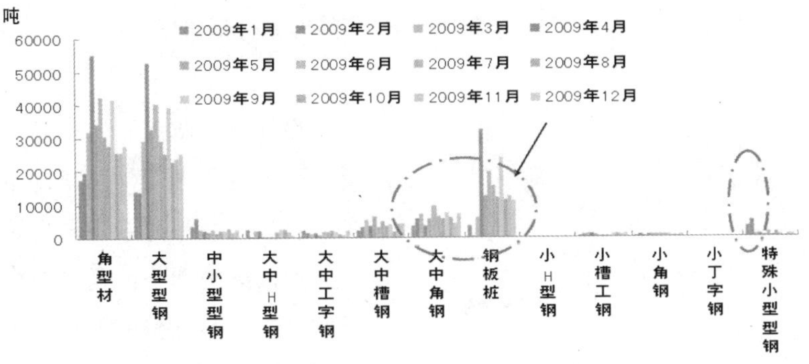

资料来源：我的钢铁网

图10 2009年月度角型材进口细分品种详解

是以大型型钢为主。在GDP及固定资产投资增长继续保持稳健势头的情况下，钢结构等工程建设技术的更新及材料工艺的替代等积极因素还将继续推动型材的消费。

三、2009年国际长材指数变化

2009年国际长材指数总体保持低位运行的态势，1～4月震荡下行，随后基本平稳，下半年略有回升。整体表现波澜不惊，也与世界经济缓慢恢复的大形势基本吻合。

总体看，2009年亚洲、独联体和中东等地区型材价格起伏较小，欧盟、日本、美国价格起伏较大，这也与各国经济复苏程度和钢材需求强度相关。2010年以来，国际市场逐渐回暖，资源投放量和价格都出现回升，将成为推动国际长材指数增长的主要力量。

四、2009年国内型材市场走势

2009年国内型材市场的走势大致如下：年初持续平稳，2月初价格略有上升，紧接着急剧下跌，在3月中旬跌至全年最低点。随后市场开始一轮“过山车”：6-7月价格涨势迅猛，8月初价格达到全年的最高点，8月中下旬

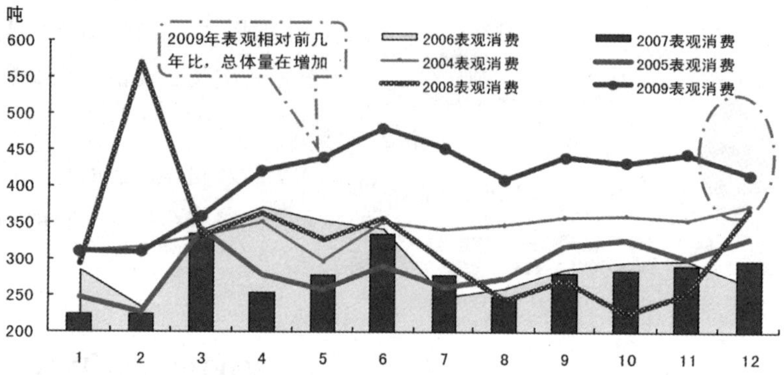

资料来源：我的钢铁网

图11 2005～2009年月度型材表观消费量变化情况

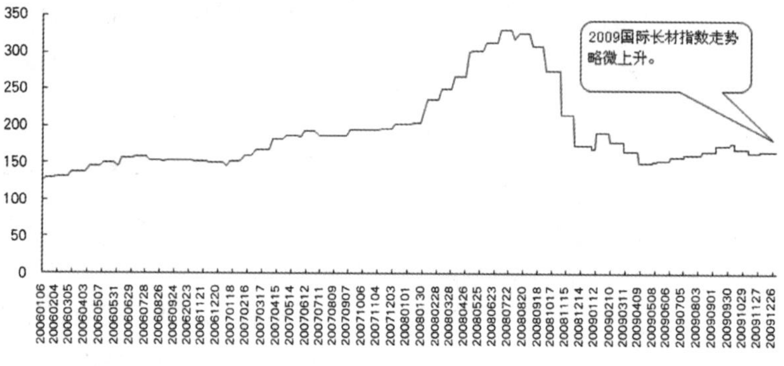

资料来源：我的钢铁网

图12 2006–2009国际价格指数月指数走势

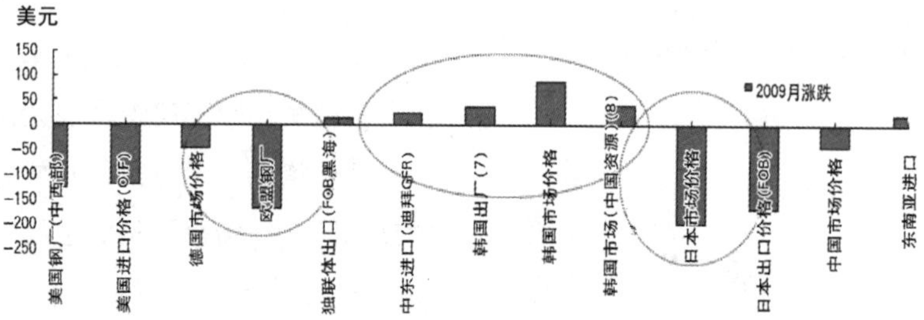

资料来源：我的钢铁网

图13 国际市场型材价格年度涨跌图示

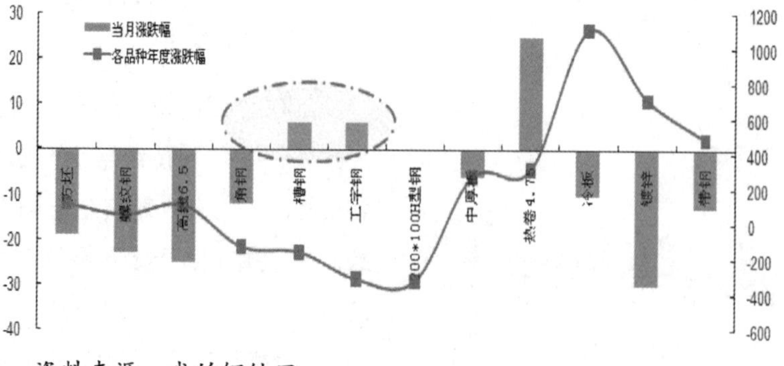

资料来源：我的钢铁网

图14 2008年～2009年各品种代表规格涨跌比较

价格调头直下，到9月下旬价格接近全年低点。10月份到年底，市场虽然稳中带涨，但明显动力不足，但由于成本较高，基本上没有回落，价格上有阻力、下有支撑，总体呈现出一种相对稳定的态势。

五、2010年型材市场展望

进入2010年，铁矿石价格的大幅上涨的预期使型材生产企业开始考虑提价。在经历了春节前后的挣扎之后，钢材价格开始一波上涨，型材的表现也比较强势。虽然库存过高和成交相对清淡等因素难以支撑价格持续上涨，但从目前形势来看，型材的涨势还将延续。

对于后期的型材市场，不管是钢厂还是贸易商都喜忧参半，高成本、高产能、高库存、高价格的现象仍将持续，即便高价位市场销售良好，利润空间也将压缩，一旦库存消化跟不上生产进度，价格风险将被放大。关注全年的基本情况，最好能从以下几方面综合来分析市场：

第一，国家经济政策

积极的财政政策和适度宽松的货币政策是退出还是延续，国家是继续加大刺激力度还是将更多精力投入结构调整，这些都将对于型材市场乃至整个钢铁行业产生深远影响。从目前公布的一系列措施来看，政府更愿意在保

表1 国际主要市场型材价格涨跌情况一览表

单位：美元/吨

地区	美国钢厂（中西部）	美国进口价格（CIF）	德国市场价格	欧盟钢厂	独联体出口（FOB黑海）	中东进口（迪拜CFR）	韩国出厂	韩国市场价格	韩国市场（中国资源）	日本市场价格	日本出口价格（FOB）	中国市场价格	东南亚进口
1月22日	926	788	685	710	465	540	713	618	588	1044	750	604	580
7月28日	750	590	626	585	425	565	701	615	561	817	600	578	550
2009年涨跌	-176	-198	-59	-125	-40	25	-12	-3	-27	-227	-150	-26	-30

资料来源：我的钢铁网

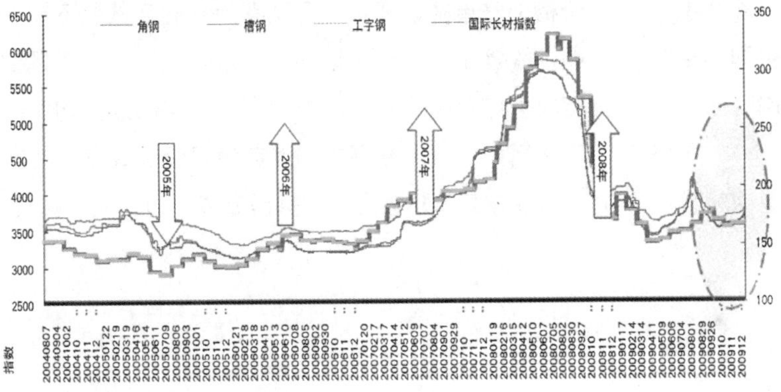

资料来源：我的钢铁网

图15 2004～2009年国内型材各主要品种价格与国际长材指数走势

增长和调结构之间寻求平衡，财政货币政策也不可能快速退出，因此政策面的利好依旧存在，2010年型材市场的大体走势应好于2009年。

第二，原材料、能源价格的上涨，仍将是推动型材价格上涨的动力之一

值得担忧的是，目前正在热炒的铁矿石谈判的涨幅争议已由原来的50%提高到90%，即便最终三大矿能折中考虑，未来钢材成本大幅上行已基本确定，钢企会想方设法把成本转移到下游，价格上行也将成为后期钢材市场的大体趋势。事实上，从春节后矿价上涨引爆的这波行情来看，也印证了这一点。当前联合钢铁企业无一例外都在上调出厂价格，调坯企业表现更敏感。

第三，国内型材市场的基本情况。

目前库存水平仍较高，市场成交量在近期的价格波动中略有下滑，贸易商谨慎乐观。春节过后，型材产品出口形势渐好，价量齐升，对于缓解供需矛盾有一定帮助。型材市场整体表现良好，后期走势值得期待。

第四，国际经济恢复势头良好，钢材需求保持旺盛

欧美日韩的型材产品价格都高于国内，差距还在加大，因此未来我国型材产品出口仍会不断改善。即便贸易摩擦频现，其他国家资源投放量增加，世界经济回暖基础不牢固等因素会增加我国型材出口的不确定性，但事实上主导钢厂最近的出口订单仍在增加，业内人士也相对乐观。

第五，运费

由于能源价格上涨，运输费用上涨不可避免。后期国内各区域市场的资源流动成本会进一步提高，从而会进一步加大区域间价格的差距。后期东北、华北及华东等部分资源释放较为集中的地区，运费上可能仍会保持相对较低的局面，西北、华南等地的产品价格会因运费的增加而拉大与华东、华中和华北地区的差异。

第六，型材产量增长

2009年型材产量的增长是较快的，2010年很可能仍将延续这一态势，但也不排除因为成本过高，钢厂资源投放量会出现阶段性减少的可能性。尽管武钢、长治等原有大厂型材线会恢复生产，同时全国各地也有新上一些生产线，但武钢主要以生产高附加值产品为主，不会谋求普通类资源量的大幅增加，而长治资源多数集中北方，而且生产进度

受市场变化影响很大，产量远不如其他钢厂稳定。简言之，2010年我国型材产品投放量增长仍不容忽视。

第七，工程建设的技术更新、替代材料及工艺发展

2010年政府提出经济增长与结构调整并重，因此工程建设的技术更新，替代材料及工艺发展更值得业者关注。事实上，从2004年以来，国内型材表观消费量已是逐年下降的。而与此同时，冷弯型钢以及焊接类型材的应用在迅猛扩大，其中国内冷弯型钢产量在2003年是400多万吨，2006年到800万吨，2007年估计达1000万吨，2008年和2009年仍在缓慢增加。许多工程应用中，热轧H型钢替代工槽，冷弯型钢及焊接型钢替代热轧H型钢，似乎已成为一种技术进步的标志，这也为型材产品未来发展提供了参考。

综合以上几方面，近期型材市场的利好因素还是比较多的。尽管伴随着价格的上行，风险也在加大，但在线螺、热卷等品种价格连续冲高后，型材的涨势才刚刚开始。近日市场传闻国内几大主导钢厂将相继提高出厂价，市场又将开始一波涨势。但价格上涨单纯以成本上升预期为基础显然是不牢固的，等铁矿石谈判尘埃落地，市场大涨之后还是要解决去库存的问题，研究中长期走势必须密切关注基本面的变化。若需求和库存情况没有改善，短期内快速推高风险较大，商家需谨慎。□

2009年无缝管产品市场概况及分析

概述：金融危机在年初对实体经济的影响仍然在继续，无缝钢管在2009年的价格运行中仍然保持着相对的低位运行。而由于双反政策的影响，我国出口美国市场数量较大的无缝管生产企业遇到了前所未有的困难。无缝管产能过剩的问题依然没法得到有效解决，产能和生产线仍然在全国各地新增。整个钢铁大盘，在经历了低位调整后，市场在逐步的恢复，无缝管行业也面临着新的机遇和挑战。

一、2009年国内无缝管生产情况

2009年我国无缝管产量震荡上行。全年无缝管产量为2178.6万吨，比2008年增加63.36万吨，同比增幅为3.0%。

2009年无缝管日均产量7.39万吨。日均产量较2008年有明显提高，这也反映出钢厂生产积极性较高，产能过剩较为明显，而以往年底的检修期随着生产的进行而向后推迟。

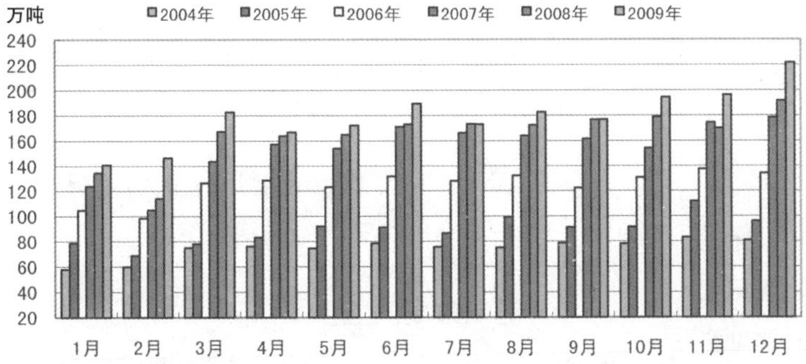

资料来源：我的钢铁

图1 2004年～2009年无缝管分月产量对比

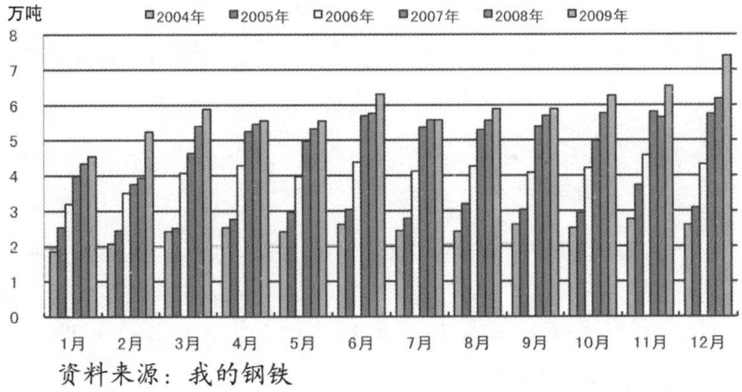

资料来源：我的钢铁

图2 2004年～2009年无缝管分月日均产量对比

二、2009年无缝管进出口情况

2009年1-12月无缝管累计出口量在317.32万吨，比较2008年1063.74万吨的出口量，2009年出口量明显缩水，其中具体无缝管出口各品种中，石油天然气钻探无缝管出口数量为150.03万吨，占出口总量的47.3%，居首位；其次为天然气无缝管118.03万吨，占出口总量的37.2%；其他无缝管出口为43.37万吨，占出口量的13.7%；锅炉管出口5.62万吨，占1.8%；地质钻套无缝管出口0.27万吨，占0.1%。

2009年1-12月无缝管累计进口34.94万吨，比较2008年106.3万吨的进口量，2009年进口量也明显减少了，其中具体无缝管进口品种中，

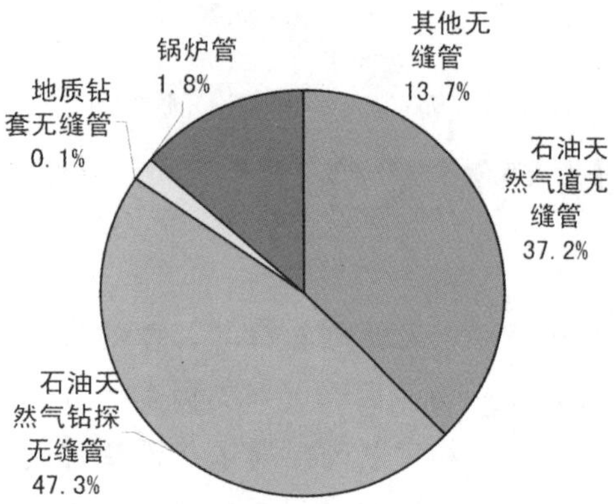

资料来源：我的钢铁

图3 2009年无缝管各品种出口比重

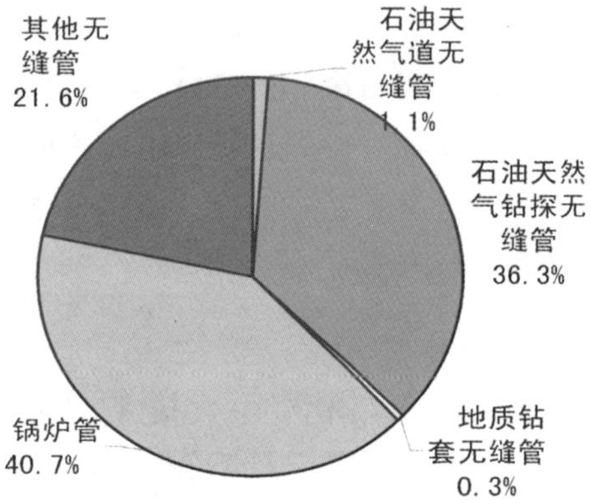

资料来源：我的钢铁

图4 2009年无缝管各品种进口比重

锅炉管进口量为14.22万吨，占无缝管进口量的40.7%，居首位；其次石油天然气钻探无缝管量为12.67万吨，占无缝管进口总量的36.3%，；其他无缝管进口量为7.56万吨，占21.6%；石油天然气道无缝管量为0.38万吨，占1.1%；地质钻探无缝管量为0.12万吨，占0.3%。

从图5可以看出，2009年以来，由于受到金融危机和双反的影响，我国无缝管无论是进口数量还是出口数量都处于低位运行。未来，我国无缝管国际贸易的形势更加严峻。

三、2009年无缝管市场回顾

2009年全年，无缝管市场价格都是在低位运行，产能的持续走高，说明了还有新的管厂在不断开工，增加新的生产线，但产能在不断增加的同时，进出口情况仍然得不到改善，所以表观消费量有了一个明显的上升。国际市场的进出口的低迷，产量不断地增高，后期情况仍然不容乐观。

从图6中我们可以清晰地看出，2009年无缝管市场主要经历了一个暴涨暴跌的阶段，市场在年初时候受到整个宏观环境的影响，价格在低位运行，而在下半年开始阶段，到10月的连续4个月中，市场经历了一次过山车式的行情，幅度基本上都在1000元左右的空间震荡。

四、2009年无缝管市场展望

1. 管材比明显回落

2009年1-12月份钢材产量为69243.7万吨，同比增幅为18.5%。，2009年1-12月份钢管产量为5196.89万吨，占钢材产量的7.5%。较2008年比重有明显上涨。

2009年1-12月份无缝钢管产量为2143.08万吨，日均产量为5.88万吨，仍然处于高位。

2. 影响市场的因素

(1) 铁矿石、石油、焦炭等原材料价格高

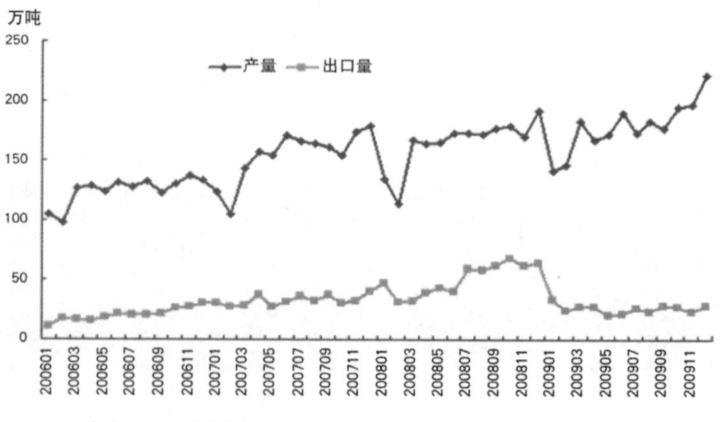

资料来源：我的钢铁

图5 2005年1月～2009年12月无缝管进出口数量走势

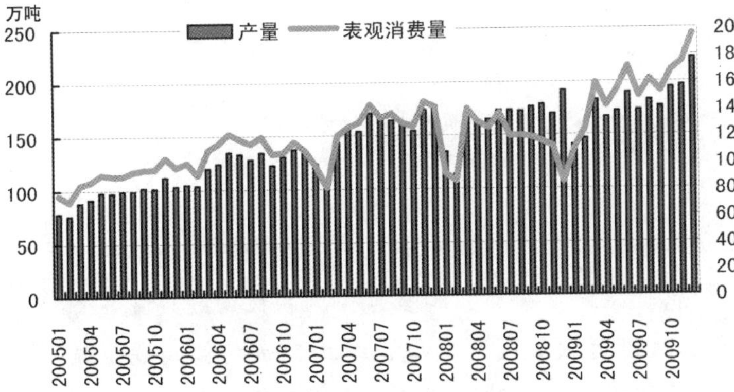

资料来源：我的钢铁

图6 2005年1月–2009年12月无缝管产量与表观消费量比较

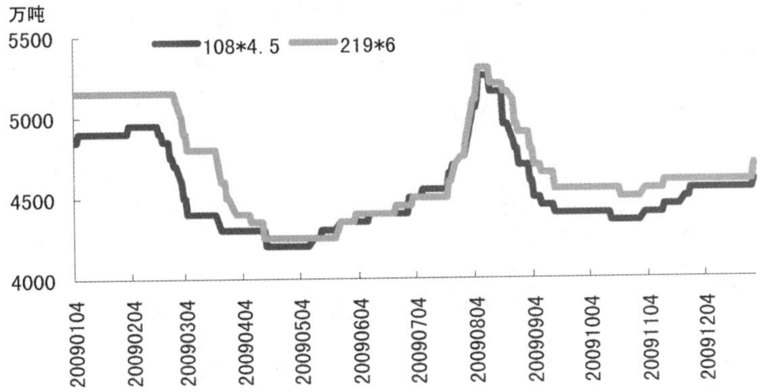

资料来源：我的钢铁

图7 2009年无缝管代表规格

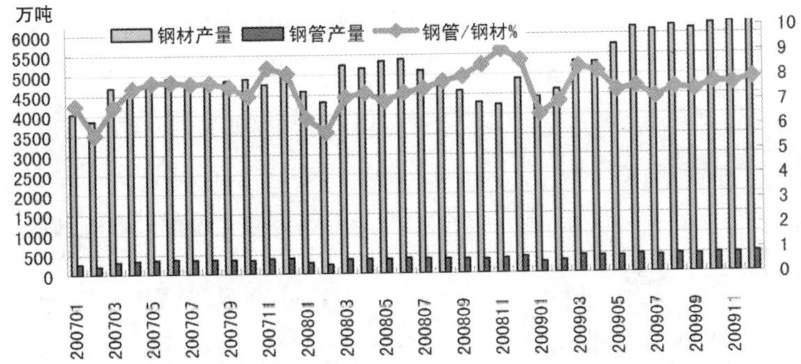

资料来源：我的钢铁

图8 2007–2009年钢材、钢管产量及管材比

成本的成本推动

由于原材料价格的高涨，使得钢厂成本的不断上涨，而对于一年一度的铁矿石谈判无疑又是一场拉锯战，钢厂希望通过控制成本来保证利润，所以在铁矿石谈判中掌握主动的意愿仍然较为强烈。

(2)国际因素

经济因素：金融危机对实体的影响依然对钢材市场有所影响，国际市场需求量仍然较为有限，而另一方面，由于产能过剩和价格因素的影响，国外市场在今年认定了我国无缝管市场构成倾销和补贴，对我国无缝管生产企业征收反倾销反补贴税，这使得我国无缝管出口遭受到了严重的考验，欧美市场的出口量基本处于停滞状态，不少国内生产企业开始有针对性地开发中东和非洲市场。未来我国无缝管市场的出口形势仍然较为严峻。

(3) 国内政策

国内整体钢材市场在逐步恢复，市场需求量也在逐步增加，目前国家出台的宏观政策也将市场导入良性循环的轨道中，下游用户也受到国家拉动内需政策的影响，在逐步放量采购。温家宝总理的政府工作报告中，仍然将今年国内生产总值增长保持在8%左右。目前我国钢铁业产能过剩是一个不争的事实，面对这样的情形，我们需要根据仔细分析，在国家宏观调控政策的作用下，积极对内需项目的落实。

2010年的无缝管产量还在继续保持增长的态势，由于出口范围的缩小，钢厂成本的推高，内销仍然有不小的压力，钢厂可能会在保持成本合理上涨的同时，专心于利润率的提高，而市场综合各种因素的刺激，可能会比较2009年水平相比，钢材价格可能会有一个明显的提高。□

2009年结构钢产品市场分析

概述：2009年，结构钢市场是不平静的一年，价格跌宕起伏。年初因国内经济复苏前景不确定，致使钢铁市场处于价格低位震荡盘整。时至夏季，积极财政政策、宽松货币政策以及国家大规模投资等积极性的政策效果显现，结构钢市场格局逐步转暖。加之上期所螺纹钢期货行情的“推波助澜”，结构钢价格出现难得一见的大幅上涨行情，短短一个多月内价格涨幅度近1500元/吨。后又因短期涨幅过大，市场价格重新跌回到底部，整体演绎了惊心动魄的“过山车”行情。2010年结构钢市场将受全球经济逐步转好、通货膨胀预期强烈、钢材生产成本抬高等影响，价格重心逐步上移。但由于整体供大于求格局确立，结构钢价格方面难有大表现，但下游需求量仍可期。

一、2009年结构钢市场运行情况

1. 优钢钢厂结构钢产量保持加速增长态势

2009年，累计45号碳结钢产量为839.3322万吨，较2008年多产123.4443万吨，增幅为17.24%。7月开始每月产量由前期的负增长转为正增长，且增速逐月加快。

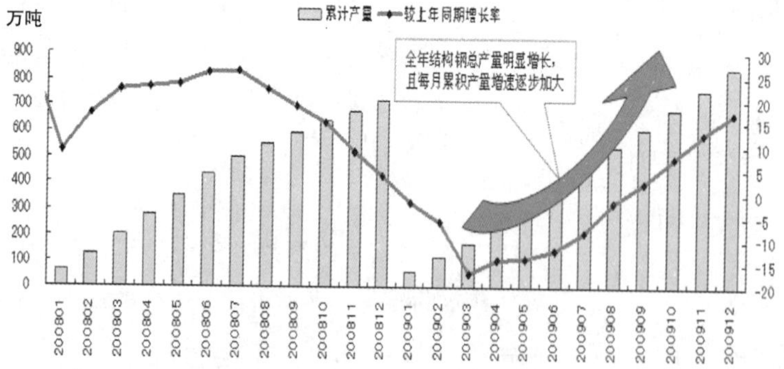

注：以上45号碳结钢统计钢厂为：石钢、首特、杭钢、南钢、淮钢、莱芜、湘钢、新余、鄂钢、承德钢厂、通钢、苏南特钢、巨能、建龙、雪浪、苏钢、西宁、中天、长力、凌源、本钢。

资料来源：优钢市场预警组织

图1 2008–2009年45号碳结钢产量累计情况

2. 钢厂产销控制良好，库存适中，出厂价格整体变化平缓，个别月份波幅巨大

主要优钢钢厂对于生产、销售控制良好，45号碳结钢和40Cr合结钢全年产销率分别为99.44%和98.91%，钢厂厂内库存继续保持在合理水平。

2009年钢厂出厂价格除8月份外全年变化平缓，45号碳结钢和40Cr合结钢全年振幅分别为678元/吨和511元/吨，2008年45号碳结钢和40Cr合结钢波动幅度近2800元/吨。

3. 钢厂生产品种调整不明显

2009年，45号碳结钢和40Cr合结钢产量在全国棒材（包含全部材质）产量中所占比率变化并不明显，钢厂在“普转优”的步伐有所放缓。

4. 市场跌宕起伏，但盘整是市场主线

第一阶段：1月–2月中旬（春节前），市场因前期大幅下跌出现适度反弹，价格从3660元/吨涨至4120元

/吨，涨幅460元/吨左右。

第二阶段：2月中旬－6月中旬，市场销售价格回落后长期处于底部盘整。

第三阶段：6月末–10月上旬，由于期货拉动、需求增加、钢厂涨价等原因，市场价格在8月10日前出现快速大涨。之后，市场出现大幅下跌。暴涨暴跌，期间波动幅度达1500元/吨左右。

第四阶段：10月底至年底，通货膨胀预期加强、钢厂成本上升、需求尚可等促使钢材市场出现了一轮缓慢上涨的阶段。

二、市场走势分析

1．下游企业逐步走出困境，汽车表现喜人

受到2008年金融危机影响，国内经济年初处于低速增长状态。但随着国家巨额的固定投资、宽松的货币政策、积极的财政政策及各行业振兴计划的实施，国内经济增速逐步恢复。全年国内生产总值（GDP）总值335353亿元，按可比价格计算，同比增长7.7%，比上半年加快0.6个百分点。分季度看，一季度增长 6.1%，二季度增长 7.9%，三季度增长8.9%，四季度GDP增速达到10.7%左右。

2010年机械工业面临的形势没有明显改变，整体保持小幅回升态势，工程机械和农业机械仍将是增长的主要子行业。同时，随着宏观经济的进一步回升，国内工业对电力、石油等能源需求会继续上升，从而有望带动

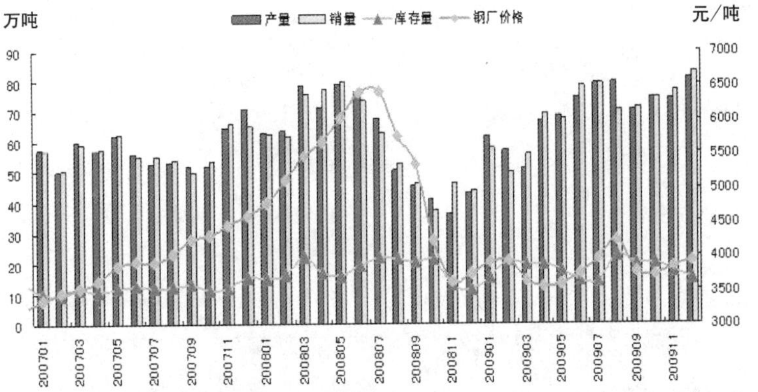

注：以上45号碳结钢统计钢厂为：石钢、首特、杭钢、南钢、淮钢、莱芜、湘钢、新余、鄂钢、承德钢厂、通钢、苏南特钢、巨能、建龙、雪浪、苏钢、西宁、中天、长力、凌源、本钢。

资料来源：优钢市场预警组织

图2 2007年–2009年12月份主要优钢钢厂碳结钢产销存趋势

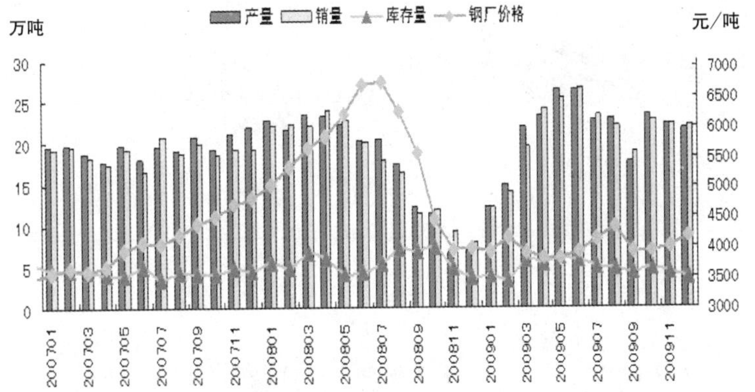

注：40Cr合结钢统计钢厂为：石钢、首特、杭钢、南钢、淮钢、莱芜、湘钢、鄂钢、新余、通钢、巨能、苏钢、长力、西宁、本钢、承德建龙、河南济源。

资料来源：优钢市场预警组织

图3 2007年–2009年12月份主要优钢钢厂40Cr合结钢产销存趋势

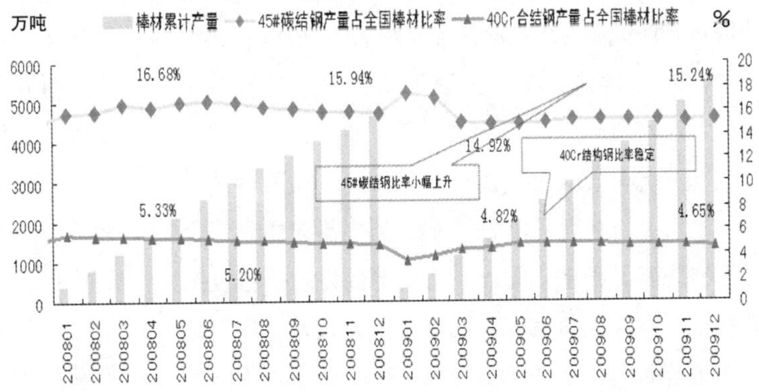

注：棒材为各品种(包括普圆、碳结圆钢、合结圆钢等)合计

资料来源：钢协、优钢市场预警组织

图4 45号、40Cr月累计产量占全国棒材比率

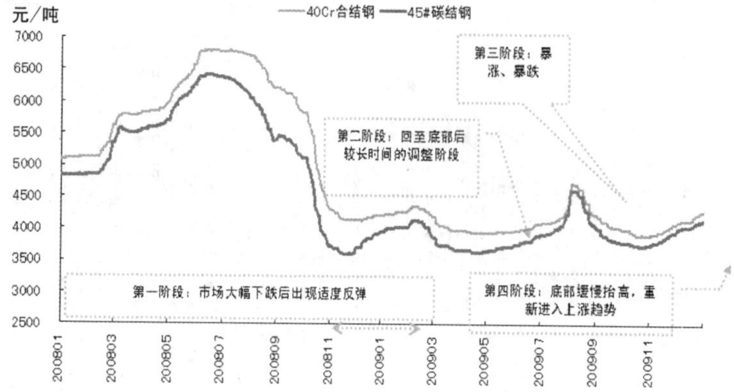

注：45号碳结钢取于全国部分主要城市Φ20mm规格市场销售价格（小批量现货现款交易状态）

资料来源：我的钢铁

图5 2009年碳、合结钢全国平均价格走势

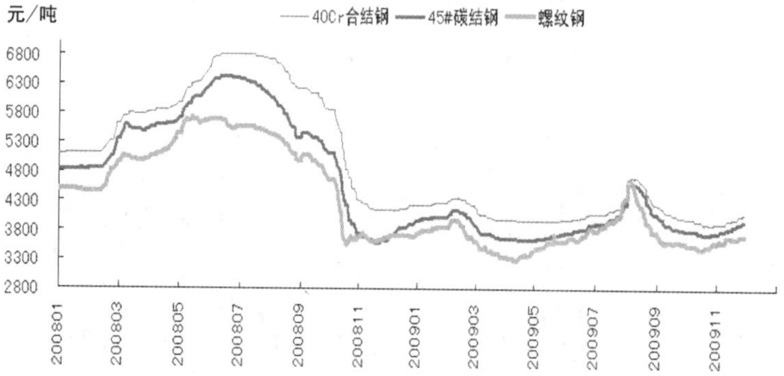

注：45号碳结钢、40Cr合结钢取于全国部分主要城市Φ20mm规格市场销售价格（小批量现货现款交易状态）；螺纹钢取于全国部分主要城市Φ20mm规格市场销售价格（小批量现货现款交易状态，理重与过盘均有）

资料来源：我的钢铁

图6 2009年碳、合结钢和螺纹钢平均价格比较

电力和石化机械增长的恢复；机床和紧固件行业的形势将有所改善，但未必能完全扭转下降态势。

受益于国内汽车购置税下调、汽车下乡等措施，2009年国内汽车产销增长回升速度快，增速甚至远超去年。预期2010年在国内收入水平继续上升、政策延续的情况下，汽车的国内需求依然能保持旺盛态势，而随着国际市场情况的好转，以及政策推动，汽车出口也有望在明年得到改善。在内外需求的拉动下，2010年国内汽车产销有望达到1500万辆，增长幅度在20%左右，其中小排量乘用车比例有望继续提升。

2. 2009年钢厂新增产能有限，但2010年产能将继续扩大

依据非官方数据统计，2009年国内除济源钢厂新上精品线正式投产、湘钢广东阳春棒材生产线年底试轧、长城特钢新棒材先正式投产、中天新上大棒材生产线外，未见其他钢厂新投优钢生产线。另，有部分普钢钢厂如山东富伦钢厂、江阴西城钢厂、唐山唐银钢厂、长治钢厂、柳钢等钢厂非定期生产碳结钢、合结钢产品，逐步丰富优钢供应渠道。

2010年部分钢厂将继续设备改造和投资新线以逐步扩大结构钢的产量，如鄂钢电炉扩量、新兴铸管全自动改造、武钢汉阳钢厂技改、西城钢厂扬州分厂、南金兆集团、西王钢铁、承德建龙钢厂新线项目等等。预计全年在汽车用钢发展较良好的品种环境下，不少普钢钢厂生产将向优钢品种发展。

3. 结构钢与螺纹钢走势的相关性更为密切

2009年结构钢的走势有别于往年，螺纹钢的走势对于结构钢的影响尤为密切。主要因为螺纹钢的整体需求增加，尤其上半年供不应求，导致部分优钢钢厂出现“优转普”，重新恢复螺纹钢的生产。

2009年年初，经济刺激政策带动固定投资明显增加，螺纹钢需求大幅增加售价也大幅上涨。同时，结构钢等工业材料需求不佳，导致螺纹钢销售价格一度高于45号结构钢售价。同样的状况在8月份前后也有出现。可见，螺纹钢与碳结钢的生产成本差别不大。

由于螺纹钢与结构钢生产的转化更为方便，

45号结构钢与螺纹钢的价差也在逐步缩小，如08年全国45号碳结钢与螺纹钢平均价差在409元/吨，而2009年平均价差缩小至211元/吨。螺纹钢价格走势较好，容易导致小规格结构钢资源出现紧缺现象。同样，结构钢与螺纹钢价差拉开后，结构钢资源的供应将很快会得到反映。

三、2010年展望

1. 钢厂品种调整迅速，优钢生产设备继续增加

虽2009年结构钢生产钢厂整体盈利水平较其他钢厂不算理想，但部分钢厂仍旧在投资上新项目和设备改造扩大产量，2010年结构钢产能将进一步得到提高，市场竞争格局将尤为激烈。

同时，钢厂对于各钢种的走势也更为关注，对于不同品种，如螺纹钢、管坯、碳结钢、合金钢、轴承钢、齿轮钢等之间调整更为迅速。2010年全国将扩大内需，如汽车用钢需求将稳步增长，如此则该部分钢种将得到良好的发展。

由于国际钢铁企业逐步恢复生产，国内与国际价差有限，如此优钢产品的出口形势也不容乐观。

2. 即使下游行业有所恢复，但总体供大于求的格局将压制钢价

虽然全球各主要经济体走出低谷，但随着货币流通性的逐步退出，“危机后时代”经济发展存在很多不确定性。

同时，据有关数据反映，国内2009年粗钢产能达6.4亿吨，产量达到5.67亿吨。2010年产能将达到7亿吨左右，钢铁供大于求的格局将给予市场很大的压力，钢材价格也将受到压制。

3. 成本重心明显上移

经济复苏，通货膨胀预期较强，加之全球钢铁产量的增长，2010年中国铁矿石谈判将更为艰难。国外矿石供应企业已经明确表示铁矿石价格大幅上涨。另，焦炭价格下降无空间，油价、水、电等消耗性资源价格也将逐步上调，2010年钢厂生产成本上升将是不可变的趋势，成本这条“防线”将逐步上移。

综上所述，可以认为2010年政府将会对流通性过剩所潜在的风险进行评估，政策取向并不十分明朗，经济整体发展存在较大不确定性；工业用材需求继续保持稳步增长，但增加总量有限；钢铁行业全面产能过剩是不争事实；钢厂生产成本上升，价格重心上移；结构钢市场2010年年初将会处于供需相对平衡，价格受成本推动逐步上涨。下半年走势将会受到供给增加影响，售价围绕成本线上下波动。□

2009年不锈钢市场概况及分析

受2008年金融危机的影响，2009年上半年不锈钢生产原料价格，包括镍价和铬同比上年均大幅下降。其中镍价基本上全年呈现震荡盘升态势，铬铁行情运行较为平稳，波动区间主要集中在6000—8000元/50基吨。由于金融危机带来了需求下降，因而2009年全球不锈钢产量也呈下滑态势，其中1—3季度同比下滑，其后产量开始回升。但是，在经济刺激措施政策的激励下，2009年中国的不锈钢生产和消费均好于世界其他地区。全年全国不锈钢粗钢产量为880.47万吨，同比增加186.15万吨，增长26.81%。同时，不锈钢材进口增长、出口下降，表观消费量也大幅增长。

一、原料

（一）镍

1. 行情回顾

2009年伦镍全年基本呈现震荡攀升的行情走势，市场在一季度变化相对比较平静，镍价主要围绕在10000美元上方进行着弱势震荡整理。市场的震荡攀升行情大多体现在2009年的二、三季度之中，也正是由于这一轮的上升行情，才奠定了市场走出金融危机的严重影响，开始走出低迷状况，行情有所复苏。至于今年四季度的行情，价格开始停滞上涨，整个四季度内市场基本以震荡消化二、三季度的市场涨幅为主。但是总体而言，今年伦镍的行情可以说是走出信心低谷，整体以震荡攀升格局为主。

但是尽管市场今年是以震荡上升的走势为主，不过我们还是发现行情上升，并不是由于市场需求回升所拉动的原料行情同步看涨。而真实的价格上涨因素，主要还是由于实体经济的投资环境恶化，带动原本该投入实体经济中的资金没能进入其自身的流通领域，转而进入虚拟经济体中进行投机增值。因此市场最终在流动性过剩的情况下，市场受到资金的投机炒作，进而刺激了国际大宗商品（原油、黄金、有色金属）价格的不断攀升，其中就包括了不锈钢的主要原料镍价的震荡上扬。可以说，2009年伦镍价格的上涨，基本属于资金推动性的上升，而受市场需求上升带动的权重相对较小。

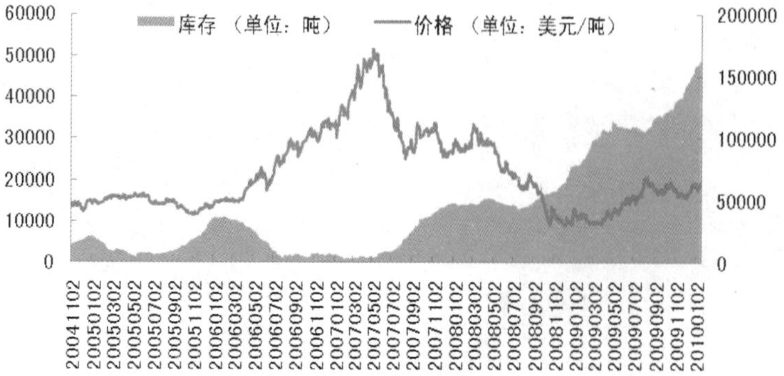

图1 LME镍价及库存走势

2. 预测

鉴于经济危机的产生可能会对市场经济的复苏起到一定的不利影响，因此我们认为美国理论上虽然有必要进行一定的美元加息行为，但是为了能使经济尽快走出危机，不排除可能仍会采取低利率政策，一方面通过低利率给市场提供大量的流动性刺激经济发展，又一方面也可能通过低利率政策，来不断减缓国际贸易的持续逆差现象。

同时我们结合市场各类上涨、下跌因素进行综合分析得出，不管市场情况如何变化，但是任何操作都需要资金去最终实现。也就是说，资金在这个市场里面所占的权重要相对大一些。因此明年市场在流动性依然较为充裕的情况下，相信资金不管是出于保值还是投机，都可能会推动行情的进一步上升。但是市场整体涨幅也不会过快过热，这主要还是由于镍铁这种替代产品在边上起着一定的牵制作用。

综上所述，镍价下一轮行情的上涨，仍然不是市场需求改善所推动，更多地还是投机资金拉升，以及市场通胀行为所引起的价格上升。

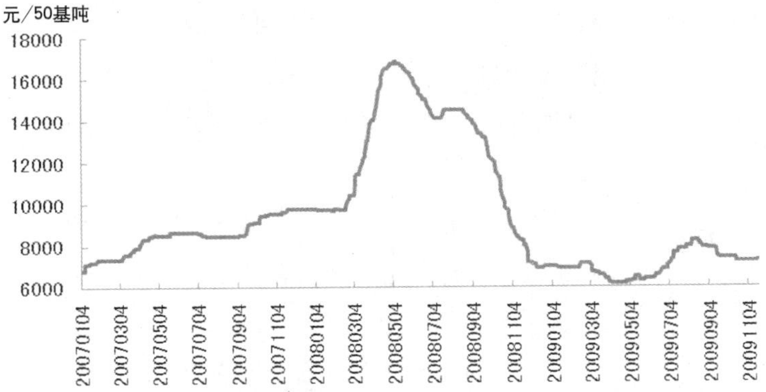

资料来源：Mysteel.com

图2 2007-2009年山西绛县高碳铬铁FeCr50C8.0价格走势

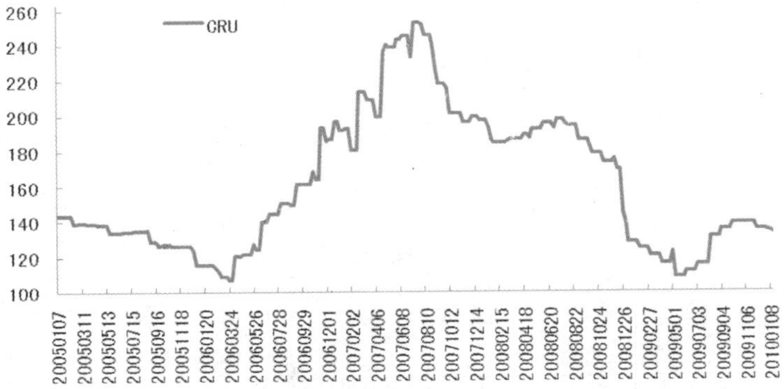

资料来源：CRU，Mybxg.com

图3 CRU国际不锈钢价格周指数

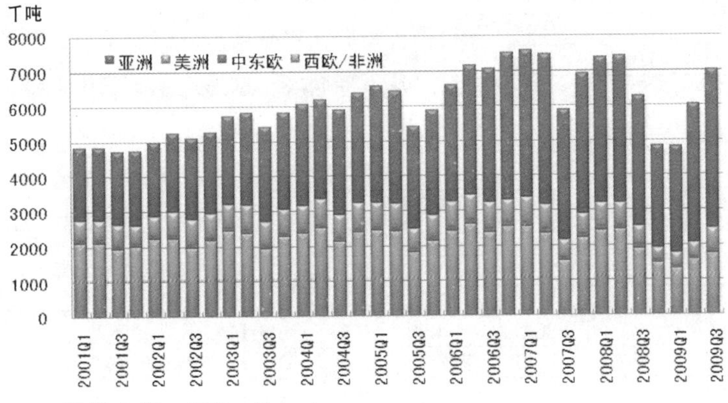

资料来源：CRU，Mybxg.com

图4 全球不锈钢粗钢产量

（二）铬

1．*回顾*

总体来说，2009年铬铁行情运行较为平稳，波动区间主要集中在6000-8000元/50基吨。在年初，由于国内铬铁市场受到低价进口铬铁的强力冲击，加上不锈钢行情萎靡不振，使得国内大部分生产企业减产、停产，国内市场一度被进口铬铁占据。进入二季度，随着国内不锈钢行情的大涨，以及进口铬铁的上涨，国内铬铁价格慢慢有了起色。随后随着钢厂采购的推波助澜，国内铬铁价格出现上涨高潮。三季度，随着不锈钢行情的回落，铬铁需求萎靡，但由于铬矿价格上涨的支撑，铬铁价格还算平稳。4季度后，由于电费、油费、运输费等因素的支撑，导致铬铁价格出现上涨。

2．*趋势*

受全球经济环境，尤其是国内经济环境的改善，且国内各大钢厂预计产量比今年都有所提升，预计今年整体上铬铁价格仍保持缓慢上升的趋势，尤其是上半年。但目前仍存在一些不确定因素：一是目前国内铬铁价格高于进口铬铁价格，国内市场仍有可能受到进口铬铁的冲击。二是目前国外商家在推铁惜矿的举动，以促进国内经济的复苏，达到增加就业率的目的。三是2010年的政策还存在诸多的不确定性，如美国金融监管等问题，任何风吹草动都影响投资者的信心，造成短期的恐慌性抛压，所以还需要保持谨慎乐观的态度。

二、国际不锈钢市场

据国际不锈钢论坛（ISSF）发布的初步数据显示，2009年1-3季度全球不锈钢产量约为1792.1万吨，较2008年同期下滑15%。但第3季度的数据同比增12.5%，为706.4万吨。分区域来看，除中国外，1-3季度亚洲其他国家和地区的不锈钢产量累计504.3万吨，同比下降23.2%。产量降幅显著的国家是印度和日本，中国台湾地区和韩国产量与上年相比较为平稳。1-3季度中国不锈钢产量为660万吨，同比增长19.1%。目前中国不锈钢产量占到全球的近37%，而2008年第3季度末中国的市场份额仅为26%。1-3季度西欧和非洲地区合计生产不锈钢460万吨，同比下降31.5%；美洲地区产量为150万吨，同比下降22.9%；中东欧地区产量仅为20万吨，同比下降38.2%。

表1 2009年1-3季度全球不锈钢粗钢产量统计

单位：1000吨

地区	全年		同比	1-3季度		同比
	2007年	2008年	（%）	2008年	2009年	（%）
西欧/非洲	8669	8272	-4.6	6773	4638	-31.5
中东欧	364	333	-8.6	283	175	-38.2
美洲	2604	2315	-11.1	1943	1497	-22.9
亚洲(除中国)	8994	8068	-10.3	6563	5043	-23.2
中国	7206	6943	-3.6	5513	6569	19.1
全球合计	27836	25930	-6.8	21074	17921	-15.0

资料来源：国际不锈钢论坛（ISSF）

表2 2009年第3季度全球不锈钢粗钢产量统计

单位：1000吨

地区	第1季度		季比	第2季度		季比	第3季度		季比
	2008年	2009年	（%）	2008年	2009年	（%）	2008年	2009年	（%）
西欧/非洲	2432	1314	-46.0	2433	1572	-35.4	1908	1752	-8.1
中东欧	96	50	-48.1	98	50	-49.1	89	75	-15.6
美洲	709	408	-42.4	685	438	-36.0	548	651	18.6
亚洲（除中国）	2167	1289	-40.5	2317	1670	-27.9	2079	2084	0.2
中国	1972	1769	-10.3	1889	2298	21.7	1653	2502	51.4
全球合计	7376	4830	-34.5	7421	6028	-18.8	6277	7064	12.5

资料来源：国际不锈钢论坛（ISSF）

表3 200、300、400系不锈钢所占市场份额变化

单位：1000吨

钢种	2008年	2009年		
		第1季度	第2季度	第3季度
铬锰（200系）	11.4	13.6	12.7	11.4
铬镍（300系）	60.5	60.7	63.1	61.1
铬系（400系）	28.1	25.7	24.2	27.6

全球不锈钢产量在2009年第3季度开始出现反弹迹象，大部分地区产量强劲回升。第3季度全球不锈钢产量同比增幅达到12.5%。

从品种上分，数据显示，奥氏体不锈钢的市场份额上升；由于全球汽车制造业的需求减少（使用大量的铬系不锈钢），铁素体不锈钢产量出现下降。

自2008年全球金融危机集中爆发以来，全球政府携手出台多项政策欲抵御此次风暴，但不得不承认，金融危机对于实体经济的影响较为严重，不锈钢行业受到整个经济面疲软的拖累，价格的下跌是最明显的体现。所幸的是，全球不锈钢市场已经度过了最困难的时期，但是由于不锈钢产能的严重过剩，生产商的盈利能力难以回到几年前的高水平。据ISSF估计，虽然2009年3季度全球不锈钢粗钢产量同比略有增加，但全年不锈钢产量可能下降15%，这是连续第三年下降，且降幅将超过2007年和2008年的幅度。展望不锈钢需求前景，不锈钢需求的涨幅将低于经济反弹幅度。

据ISSF预

测，2010年全球不锈钢需求有望出现5%的增长，但世界各地不锈钢需求回升增幅存在较大差异。中国和亚洲地区不锈钢需求将增长7%，而欧洲和北美需求将仅增长1%。2010年全球不锈钢粗钢产量将增长7%-10%。届时中国的产量份额将占全球总产量的40%。2009年3季度钢厂的接单量再次回落，不锈钢需求的短期回升已经结束。

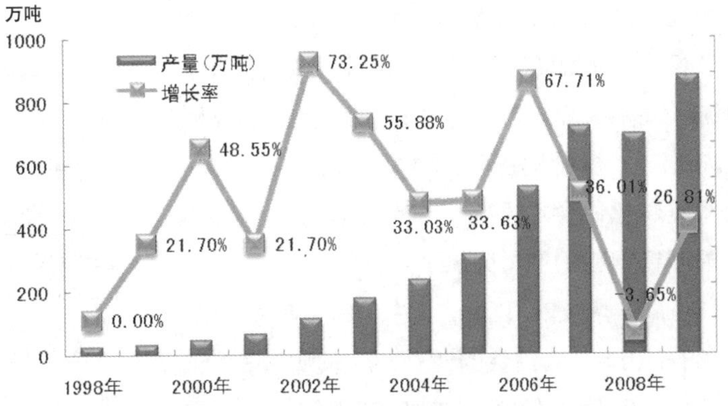

数据来源：特钢协会不锈钢分会

图6 1998-2009年我国不锈钢产量

有分析机构预计，到2013年全球不锈钢冷轧卷产能将从目前的2010万吨升至2850万吨，增长的840万吨中，610万吨来自中国。不锈钢产能扩张将使得不锈钢厂的冶炼和冷轧产能利用率低于60%，议价能力减弱。与此同时，不锈钢板坯产能还将快速增长。到2013年将增加830万吨，增至3710万吨，其中中国增加510万吨。尽管短期和中长期内中国国内不锈钢市场前景乐观，但预计到2011年中国将成为不锈钢净出口国。

随着产能增长，不锈钢行业必然面对持续加剧的结构风险，特别是欧洲不锈钢产业（至少到2011年欧洲不锈钢需求显著增长的可能性不大）需要整合。欧洲不锈钢市场空间有限，未来可能只能容纳3家规模较大的不锈钢企业，目前欧洲有4家；中国不锈钢不但可以自给自足，而且未来还可能成为净出口国。

2009年7月底有传闻称，安塞乐米塔尔公司寻求合资经营不锈钢业务的可能性，浦项钢铁公司和奥托昆普集团都是潜在的合作对象。基于欧洲现行的反垄断法，安塞乐米塔尔公司（占欧洲市场23%的份额）和奥托昆普集团（占18%的份额）的合并最有可能，奥托昆普生产的产品可以进入安塞乐米塔尔的销售网络。而蒂森克虏伯不锈钢公司已经拥有欧洲不锈钢市场36%的份额，规模过大。阿赛里诺克斯公司将整合一家更大的不锈钢集团，并扮演领头羊的角色。欧洲分析师认为，阿赛里诺克斯公司并不急于整合，一方面该公司生产效率最高，另一方面在世界各地拥有多家合资企业。尽管目前欧洲不锈钢产业的合并前景仍不明朗，但不锈钢价格上涨为合并创造了条件。

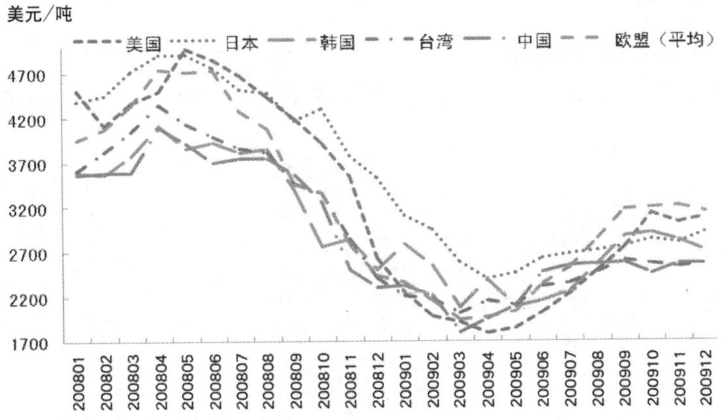

数据来源：MEPS，Mybxg.com

图5 2008-2009年全球304/2B冷卷协议价

三、国内不锈钢厂综述

2009年受国际金融危机的影响，除我国外，全球不锈钢产量和消费量继续萎缩。为了应对席卷全球的金融危机，我国采取了一系列增加投资、促进消费的政策措施，带动了不锈钢的需求，这是2009年我国不锈钢生产、消费迅速扭转2008年的下滑趋势，出现较大幅度增长的主要原因。

但是，2009年的大幅增长是在2008年不锈钢产量、表观消费量与2007年相比出现负增长情况下实现的。如果用2009年与2007年相比，全年产量递增是10.55%，表观消费量递增14.77%。

根据特钢协会不锈钢分会的数据统计，2009年全国不锈钢粗钢产量为880.47万吨，同比增加186.15万吨，增长26.81%。其中，Cr-Ni钢（300系）458.41万吨，占总量的52.06%，同比增长1.53个百分点；Cr钢（400系）255.62万吨，占总量的29.03%；同比增加了2.21个百分点；Cr-Mn钢（200系）166.44万吨，占总量的18.90%，同比降低了3.74个百分点。

2009年全国进口不锈钢129.77万吨，同比增加8.52万吨，增加7.03%；出口75.2万吨，同比减少30.46万吨，降低28.83%。总进口量仍然大于出口量54.57万吨，其中半制品（锭坯）净进口18.28万吨，热卷板净进口26.94万吨，冷卷板（宽）净进口13.43万吨，窄板净进口7.24万吨，长材净进口3.41万吨。管材（包括石油天然气管）和管件均实现净出口14.73万吨。国产不锈钢材满足国内市场程度进一步提高，自给率达到85.37%，比2008年提高了4.13个百分点。

表5 主要钢厂2009年进出口数据

单位：吨

钢厂	进口	出口
太钢	–	114210
宝钢	–	40057
广州联众	110440	35817
张家港浦项	35	–
青岛浦项	105520	–
宁波宝新	41611	34684
昆山大庚	33630	9081
上海克虏伯	–	619

2009年全国不锈钢表观消费量为822万吨，同比增加198万吨，增长31.73%。（数据来源：中国特钢企业协会不锈钢分会）

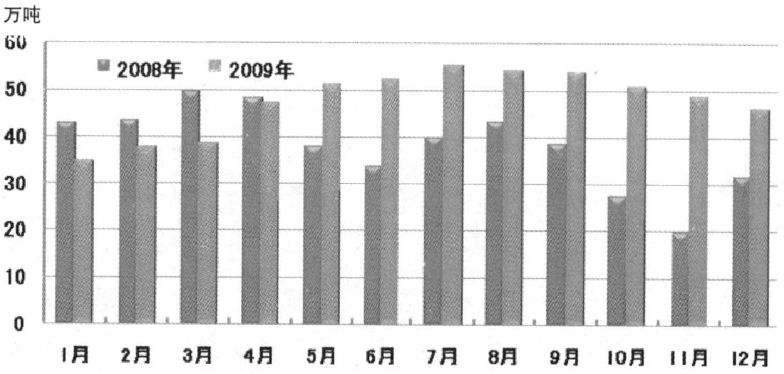

资料来源：Mybxg.com

图7 2008–2009年我国主要钢厂产量统计

（一）钢厂产量

据Mybxg.com统计，2009年我国主要不锈钢厂产量约为570.13万吨，较上年增长25.02%，其中，冷轧为276.62万吨，同比涨39.72%；热轧为293.51万吨，同比增13.74%。

表4 国内主要不锈钢厂产量及同比增减情况

时间	总量（万吨）	同比增减	冷轧（万吨）	同比增减	热轧（万吨）	同比增减
2009-01	34.58	-19.39%	16.85	-31.78%	17.73	-2.58%
2009-02	37.74	-13.04%	18.92	-25.80%	18.82	5.14%
2009-03	38.58	-22.37%	19.6	-31.23%	18.98	-10.47%
2009-04	47.11	-2.36%	22.89	-16.91%	24.22	17.00%
2009-05	51.1	34.79%	26.13	21.65%	24.97	51.98%
2009-06	52.29	56.09%	27.46	46.06%	24.83	68.91%
2009-07	55.11	37.95%	30.88	39.10%	24.23	36.51%
2009-08	54.203	25.56%	30.043	25.65%	24.16	25.44%
2009-09	53.767	39.11%	29.237	37.26%	24.53	41.38%
2009-10	50.74	85.86%	28.3	86.18%	22.44	85.45%
2009-11	48.74	147.44%	22.03	101.04%	26.71	205.61%
2009-12	46.17	46.11%	21.17	17.94%	25	83.15%

（二）钢厂进出口

1. 同以往相比，2009年山西太钢出口量大幅下滑，最高月份为10月的2.3万吨左右，与2007年单月最高时期的5万-6万吨相比，出口份额大大降低。

2. 自2008年12月开始，广州联众开始大量从台湾进口不锈钢坯及钢锭，并以300系为主。市场消息称，由于金融危机，导致联众母公司台湾烨联的利润受到较大影响，其2008年4季度营收下跌近50%，为保证其销量，台湾烨联开始加大对广州联众的板坯供应量，以保证烨联的利润。据海关数据显示，2008年12月至2009年4月中，联众向台湾烨联共进口不锈钢板坯11.6万吨以上。

3. 联众12月份出口总量为14799吨，以“热轧不锈钢卷材，4.75mm≤厚≤10mm”和“其他未酸洗热轧不锈钢卷材，3mm≤厚＜4.75mm”为主。据海关数据显示，此批大部分为进料加工后进行出口销售的，主要为对台湾烨联进口的坯料进行加工，去除这部分，联众当月出口仅为555吨。

4. 青浦作为全年进口量第二的钢厂，主要是进口热轧不锈钢品用于加工成冷轧商品进行销售，主要来源地为韩国。

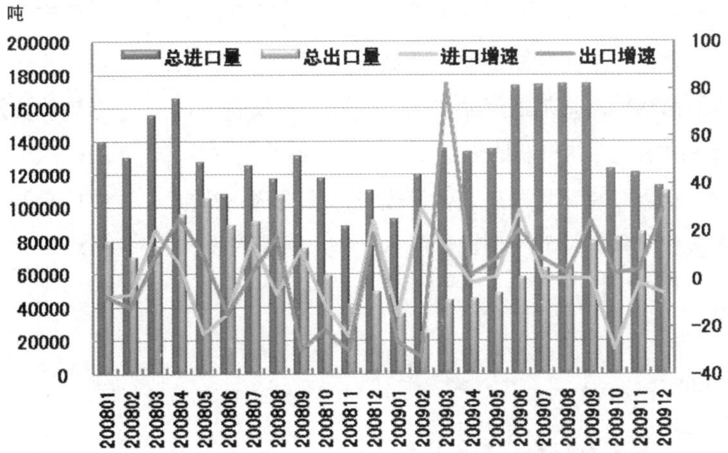

资料来源：海关数据，Mybxg.com

图8 2008–2009年我国不锈钢进出口量

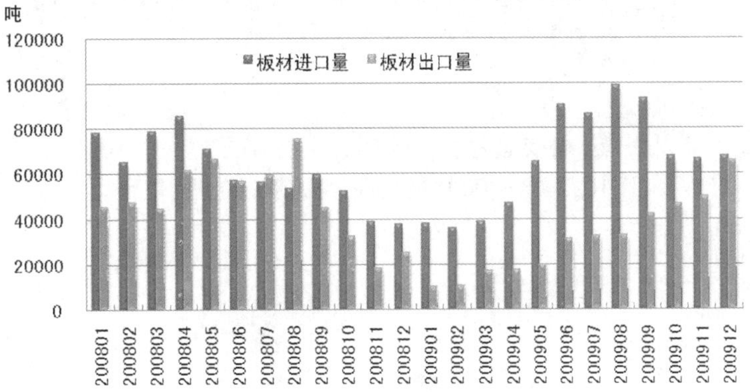

资料来源：海关数据，Mybxg.com

图9 2008–2009年我国不锈钢板材进出口量

四、进出口

为了缓解贸易摩擦，中国政府于2004年至2009年期间累计5次下调钢材出口退税率，不锈钢产品和半制成品的的出口退税率也由原来的15%降低到了5%，并且传闻2008年9月钢材的出口退税可能归零。因此，2008年8月我国不锈钢进出口量呈现涨跌互现的情况，不锈钢的出口量大幅上涨。但是，由于9月国内外经济形势的较大变化，需求清淡导致我国进口、出口双双下滑，进出口量均出现萎缩，据此，国家于2009年4月上调钢材的出口退税率，由原来的5%上调至13%，占不锈钢出口主力的板材（宽度≥600mm）和管材产品均在其中。2009年6月1日起，国家再次上调部分商品的出口退税率，包括了部分不锈钢的带材（宽度＜600mm）和管材产品。

表6 不锈钢出口退税调整表

品种	时间区间	退税率
不锈钢产品和半制成品	1999.7.1–2004.1.1	15%
不锈钢产品和半制成品	2004.1.1–2005.5.1	13%
不锈钢产品和半制成品	2005.5.1–2006.9.15	11%
不锈钢产品和半制成品	2006.9.15–2007.4.15	8%
不锈钢产品和半制成品	2007.4.15–2009.4.1	5%
不锈钢产品（宽度≥600mm）和半制成品	2009.4.1–至今	13%
不锈钢产品（宽度＜600mm）和半制成品	2009.6.1–至今	9%

目前工业生产逐步转好，销售收入增加，利润状况进一步改善，国家刺激经济的政策效应显现，但是外需不足仍是制约工业经济平稳回升的重要因素。尽管不锈钢的出口退税率达

到9%-13%，但距离17%的全部退还存在一定的差距，为此，中国钢铁工业协会建议，应该进一步提高不锈钢等高附加值产品的出口退税率，改变出口低迷的情况，这样有助于钢铁行业的良性发展。

自2009年4月以来，钢厂改变产品结构，造成市场资源紧张，而不锈钢价格的上涨，加上贸易商对后市的看好，致使许多贸易商将视线转向海外市场，不少贸易商批量订购以304、321、316L等规格热轧资源为主的进口资源，利用时间差来赚取利润。从5月份开始，这些进口资源也已陆续到货，进口量开始大幅上涨，6-9月四个月中，进口量每月均在17万吨以上。随着国外市场的复苏，我国不锈钢价格也重新回到国际钢材差价这一优势上来，再加上调整出口退税这一政策实施得当，我国不锈钢出口稳定上涨。

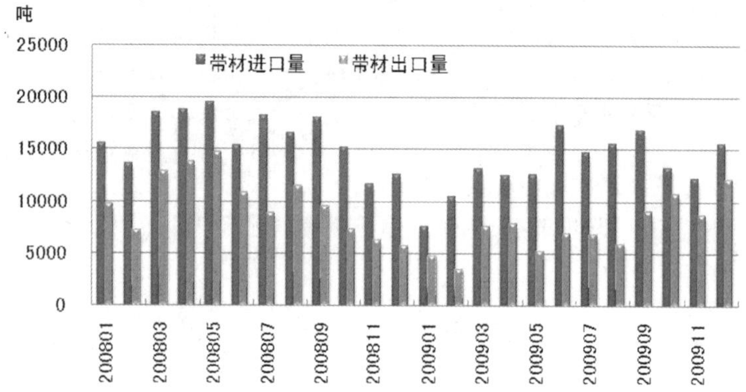

资料来源：海关数据，Mybxg.com

图10 2008-2009年我国不锈钢带材进出口量

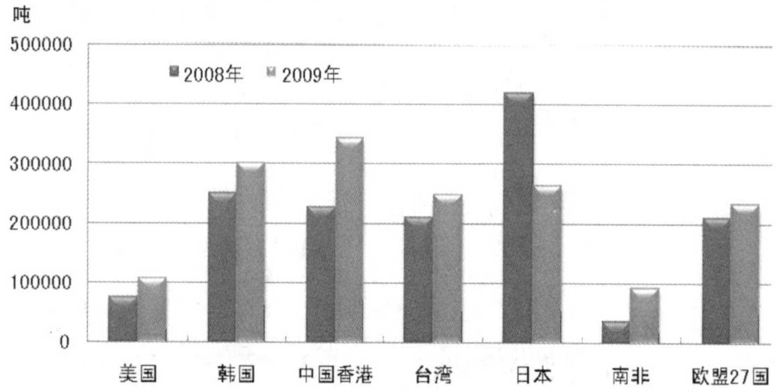

资料来源：海关数据，Mybxg.com

图11 2008、2009年我国不锈钢进口分国别对比

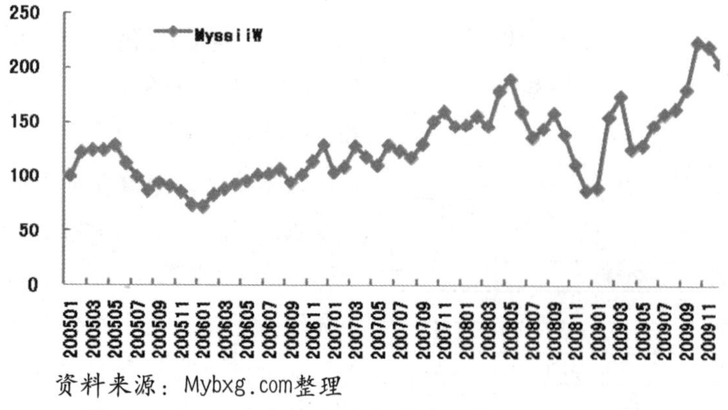

资料来源：Mybxg.com整理

图12 2005-2009年无锡市场库存指数MyssiiW指数

2009年全年，我国累计进口不锈钢166.56万吨（包括不锈钢废钢37万吨），较上年同期（151.32万吨）增加10.08%；共出口不锈钢73.51万吨，较上年同期（93.84万吨）减少21.66%。

2009年我国累计进口不锈钢板材79.58万吨，较2008年（74.12万吨）增加7.38%；全年累计出口不锈钢板材37.41万吨，较2008年（57.76万吨）减少35.22%。

2009年全年我国累计进口不锈钢带材16.17万吨，较2008年（19.37万吨）减少16.50%；全年出口不锈钢带材8.93万吨，较上年同期（11.85万吨）减少24.60%。

五、行情现状

（一）库存

由于经济危机的影响，2008年四季度起全球不锈钢厂开始大幅减产，因此经过此段时间的市场去库存化后，在2009年初市场库存一直保持低位状态，整个无锡市场库存大体维持在7万吨-8万吨的水平，冷热轧比例相当，仍以300系列的产品为主流。春节以后，各钢厂逐步恢复生产，不锈钢经销商大举备货，市场库存得到大量补给，一段时间处在16万吨左右的高位。冷轧系列的产品增加相对较多，就系列分析，300和400系列产品的市场占有率提高幅度较大，200系列的市场投放量变化不大。2009年2-3月份不锈钢市场处于历年来的最低谷，价格新低屡屡出现。3月底随着新一轮镍价上涨行情，不锈钢采购终于盼来了一丝暖意，价格开始触底反弹，市场库存开始得到适度的释放。

4-5月份无锡市场的库存量基本维持在12万吨左右，热轧库存相对较少，市场上贸易商惜售的心态较严重。此时200系的比例结构有所增加，进入5月份，国内部分钢厂因镍资源采购不足，相对减少了300系产品的生产量，而随着镍的有色金属原料价格的走高，300系产品的价格提高不少，200和300系的产品差价比较明显，200系做为某些300系的替代品种优势明显，生产的利润率相对较高，市场投放量也得到一定得补充。

6-8月份受经济环境的逐步回稳，不锈钢市场行情整体上行，市场库存处于一般水平。8月初，经销商于4、5月份从北美、南非等地进口的产品陆续抵达国内，此时的市场显性库存有所增加，一度达到16.4万吨左右。鉴于当时上行势头较猛的市场行情，此高位库存对当时的市场并没有产生较大的压力。随着市场行情的飞流直下，市场成交情况一度惨淡，钢厂结算价和市场主流成交价格倒挂严重，贸易商采用保成交尽量避免到钢厂大量提货的销售策略，市场库存得到一定的消化，显性库存回归15万吨左右的理性常量。

进入“金九银十”的9月，以300系为主的进口资源再次大量到达市场，市场库存再次居于高位。据不完全统计，无锡市场库存总量在27万吨左右（含隐性库存），再次创下历史新高。不锈钢市场成交仍不见好转，钢厂方面为了维稳市场，大幅下调结算价，并暂时延长结算周期。LME镍价提振幅度不大，市场目前渐入回稳期。新一轮的去库存化问题亟待解决。

2009年第四季度，无锡地区显性库存多数时间处于历史高位。但此时的市场却出现了一个奇怪的现象，即市场库存有19万-20万吨之多，但是商家多数是可售资源有限，特别是11月份的市场“缺货呼声不断”。究其原因主要是市场库存结构比例失调，非流动库存比例增加，符合市场需求的库存比例较少等因素造成的。这个阶段，我们还发现外盘资源向国内市场的流通量呈逐月增加之势，其材质主要为高镍热轧资源，这些资源国内钢厂产量相

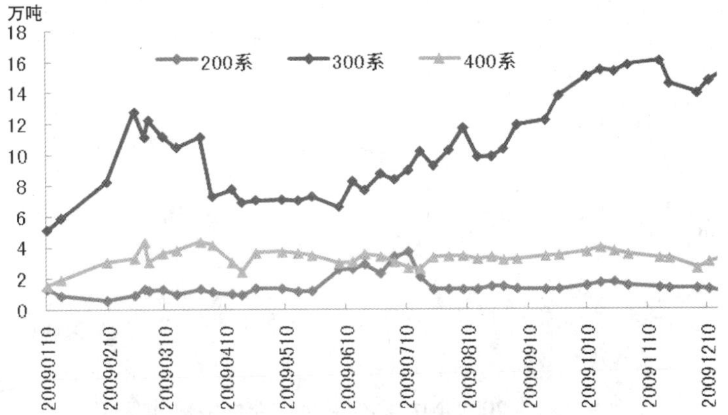

资料来源：Mybxg.com整理

图13 2009年无锡市场不锈钢产品分系列库存

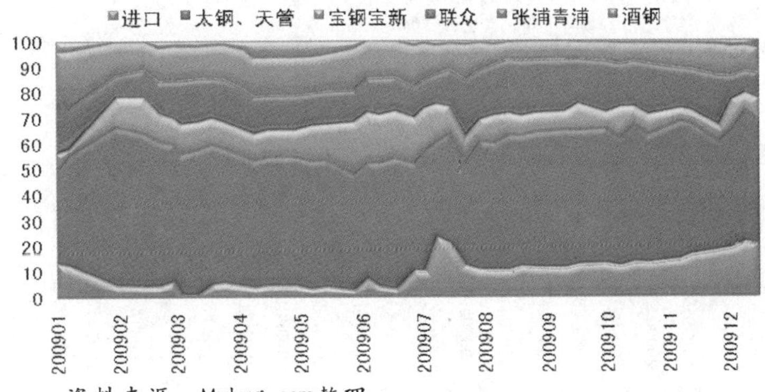

资料来源：Mybxg.com整理

图14 2009年无锡市场不锈钢产品分钢厂库存

对较低。11月份以后，贸易商家对后期市场信心渐足，逢低买盘促使外盘订单也逐渐增多。

纵观2009年无锡市场整体库存情况，我们可以总结如下：结构不均，进口增加，总量偏高，消化期长。图13和图14为2009年以来无锡市场库存情况。

（二）行情现状

• 1—3月延续下跌

受全球经济危机影响，全球不锈钢需求萎缩，虽然各国采取了不同程度的刺激措施，但由于其效应的滞后性等原因，这种现象改善并不明显，不锈钢成交疲软一直延续至2009年1季度。同时，在原料价格一路下跌，库存突破10万吨高位的影响下，行情一路走低。2月17日，LME镍价跌破每吨10000美元大关，报收9900美元。市场库存逐步增加，一度接近17万吨的库存高位。

• 4月暴涨暴跌

4月，随着拉动内需的效果逐步显现，部分经销商认为行情已经触底，对后市比较乐观。尤其清明节后，镍价出现连续上涨，加上钢厂控制投放量，配合提高周定价，市场资源紧缺，部分中小户乘机囤货，将价格一路拉高至19000元/吨，同时，在“买涨不买跌”的心理影响下，下游采购商认为此时价格处于相对低位，采购较为积极，市场上一片繁荣景象。貌似行情已经回暖，导致市场库存有了比较快的下降。而随后镍价出现震荡整理，贸易商对后市也较为悲观，认为可能还会超越前期的价格低点；采购商经过月初“过山车”的教训后，保持观望态度，基本停止采购，价格大幅回落。

• 5—7月稳步上调

5月起，不锈钢行情出现一轮和需求无关的资金推动型上涨。镍价的连续上涨和钢厂铬采购价的上调，加上市场资源紧张，导致需求疲软的情形下，不锈钢价格仍保持上涨态势。镍价从每吨11900美元上涨至13950美元，304市场价格从16200元/吨上涨至18600元/吨。

6月份，由于铁路运力紧张，导致钢厂资源滞留中转站等因素影响，市场资源紧张的局面并未得到有效缓解。市场成交依旧疲软，虽然镍价有所波动，但价格基本保持平稳。另外，前期订购的部分进口资源也陆续抵达市场，规格以耐热钢热轧为主，导致库存有小幅增加，但市场主流规格紧张局面迟迟得不到缓解，不锈钢价格依然保持上涨态势。至月末，304价格上涨至19800元/吨，直逼两万元大关。

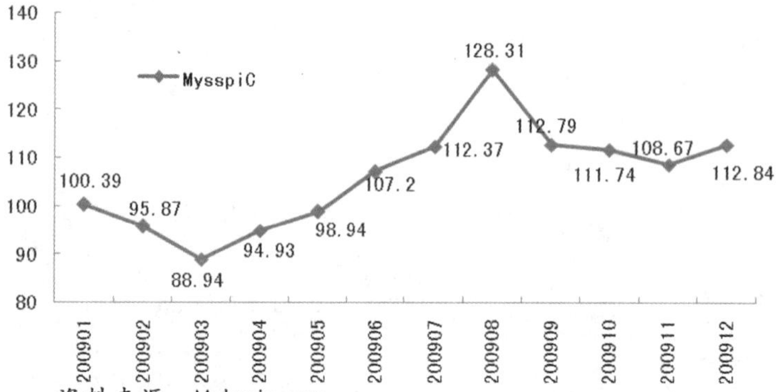

资料来源：Mybuxiu.com

图15 2009年中国不锈钢月价格指数

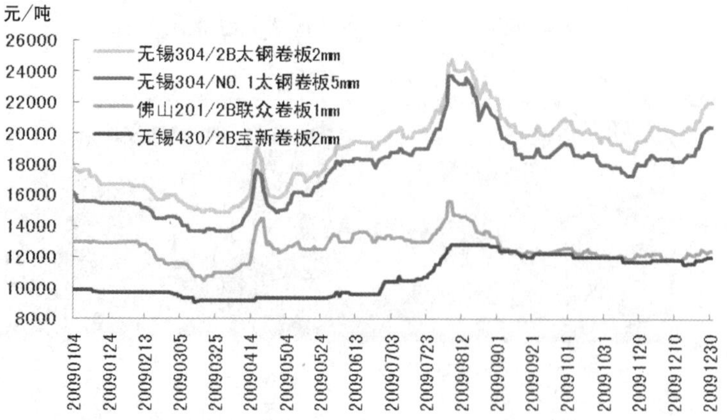

资料来源：Mybuxiu.com

图16 2009年201、304、430价格走势对比

7月份，原料价格持续上涨，受成本支撑，钢厂出厂价连续几周上调，市场价格跟涨一路走高。虽然有进口资源陆续抵达市场，但市场主流规格依然紧缺。市场传言钢厂将进一步削减市场投放量，许多贸易商称去钢厂订不上货，受此消息刺激，不锈钢价格出现疯涨至21800元/吨，贸易商惜售心理浓厚，部分商家甚至报封盘。对后市都很乐观，库存略有降低，在14万吨左右。

• 8月暴涨暴跌

8月上旬，由于大量热钱进入原料市场，镍价出现疯涨，一举突破每吨20000美元至20650美元。加上后期资源补充较为困难，商户对后市表现信心十足，部分商户甚至高价位囤货，不锈钢价格出现非理性调涨，304价格达到24800元/吨，为今年市场价格最高位。到8月中旬，市场出现恐慌性抛压，不锈钢行情出现了一轮资金抽空型下跌。宽松的货币及财政政策的支持下，我国经济逐步回暖，但何时退出成为决策者和投资者较为关注的问题，这种担忧也打压了镍市场，造成镍价的一路下滑至每吨18755美元，镍库存逐步攀上新高。不锈钢受镍价下跌和下游需求不旺的双重压力，价格已缺乏支撑，脱离供需基本面的虚高价位，显得相当脆弱。心态上，经销商对市场信心明显不足，看空氛围的浓重，部分经销商出现恐慌性抛货现象，逐步拉低了价格至月末的22300元/吨。至8月底，钢厂一直坚守出厂价，市场和钢厂价格维持大幅倒挂的局面，商户提货的积极性不高，但由于前期部分中小商户囤货，加上部分进口资源抵达，市场库存依然保持在高位。

• 9—10月承压下行

进入9月份，考虑到经销商的成本压力等，钢厂大幅下调出厂价，304冷轧价格下调1500元至21620元/吨。市场价格仍然承压下行，继续出现大幅倒挂。在成本高、成交持续疲软的情况下，商户提货积极性仍较为消极。在此情况下，钢厂转变销售策略，在市场行情逐步走低的情况下，实行双周定价，维持市场稳定的决心可见一斑。商户心态上，也想乘机拉低市场价格，而影响接下来的钢厂盘价，这一阶段市场成交较前期有所好转。但由于前期成交疲软积压的库存，加上进口资源的抵达，市场上大多中小户手中都有囤货，导致无锡市场库存高企。虽然国庆节间镍价出现较大涨幅，但其后随着美元的反弹，镍价上涨受到压制，出现回调的局面。由于需求疲弱，市场库存一直位居20万吨以上，贸易商对后市信心不足，采购商对后市观望。高位库存始终困扰着贸易商的心，不锈钢价格承压下行，304价格跌至19400元/吨。

• 11—12月震荡上行

11月上旬，市场价格延续前期的跌势，无锡市场304价格跌至18800元/吨。从中旬开始，镍价开始反弹，加上钢厂集中年度检修的利好消息支撑，市场库存走出20万吨的阴影，贸易商重拾对后市的信心，市场价格逐步走高。至11月底，304价格跃升至20000元/吨以上。镍价虽出现逐步反弹，但镍库存超越历史高位151254万吨至158010万吨，始终为投资者所担忧。但市场资源方面呈现利好支撑市场价格上行。首先，由于钢厂年度检修影响市场投放量；其次，虽然年底有还贷压力，但前期部分中小户囤积的高价位资源并没出现恐慌性抛货，成为市场非流通资源；再次，随着贸易商做电子盘的热情日益增加，越来越多的资源冻结在电子盘里。由于采购商年底前备货等惯例，虽然市场成交一般，但贸易商对后市信心十足，直至年底无锡市场304价格维持在22000元/吨左右。□

2009年钢坯产品市场概况及分析

概述：2009年春节过后，迎来了第一波上涨的行情，速度快，幅度大，但仅仅一个星期的涨势带来的是连续近两个月的一路下滑，无论是价格、需求都进入当时的低谷，3月初开始盘整，一个月的调整，使得一些商家以及调坯轧材企业开始大量收货，一方面是因为慢慢进入需求的旺季，另一方面宏观政策的拉动，需求的增加，也让钢材市场的价格开始有起色，价格一路上涨，起初还只是盘整上扬，到了7、8月的时候盲目上涨。没有需求的支撑，价格的虚涨必然是迎来价格大幅度的下跌，一直到9月中旬，下跌的局面才有所缓解，在接下来的几个月里，钢市一直保持着乐观的盘整态势运行。

一、国内钢坯生产情况分析

国家统计局数据显示，2009年我国粗钢产量为56784万吨，同比增长13.5%。其中12月份粗钢产量4766万吨，增长26.6%。2009年12月份粗钢日均产量为153.7万吨，较11月减少3.8万吨，这也是自2009年10月以来连续三个月下降。

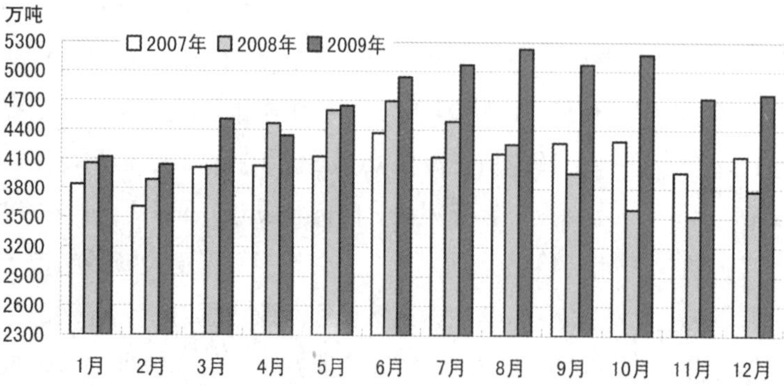

图1 2007年～2009年逐月粗钢产量对比

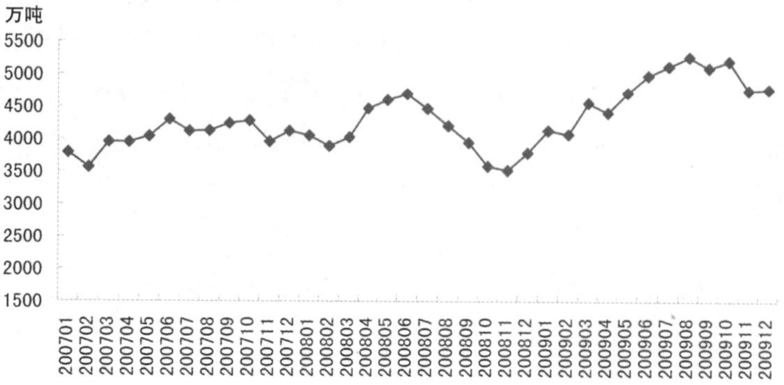

图2 2007年～2009年粗钢表观消费量

该统计数据还显示，2009年欧盟27国粗钢产量为1.39亿吨，同比下降29.7%；独联体粗钢产量为9736万吨，同比下降14.7%；北美粗钢产量为8225万吨，同比下降33.9%；亚洲粗钢产量为6.756亿吨，同比增长3.8%。2009年中国粗钢产量5.678亿吨，同比增长13.5%，占全球总产量的46.6%，所占比重比2008年提高8.9个百分点。

根据世界钢协公布的数据，2009年中国粗钢产量为5.68亿吨，同比增长13.5%，继续稳坐头把交椅，其产量约占全球的46.6%，比2008年提高8.8个百分点。第二产量大国为日本，产量为0.875亿吨，同比下降26.3%。第三到第十依次为俄罗斯、美国、印度、韩国、德国、乌克兰、巴西和土耳其。

二、钢坯进出口情况分析

2009年，我国钢坯总出口量仅4万吨左右，同比增长96.9%；进口钢坯458.5万吨，同比增长1537.5%。2009年全年我国钢坯进口量较出口量高455万吨，进口比重较大。

2009年钢坯出口量减少而进口量增加的最大原因是：国际钢材市场处于缓慢复苏阶段，国内钢坯价格在国际市场优势减小，而在2008年经济危机的影响下，国内钢坯市场整年都在小心谨慎中运行，特别是钢厂不再像从前那样留有大量库存，并且一些生产企业在下半年的时候开始转型，钢坯的流通量在减少，一些地区可流通的资源相较以前越来越紧张，所以出现了与2008年截然相反的局面。

国际市场在复苏，但短期内在国内保持着订单生产的局面下，钢坯的出口量想有大幅度的增加难度较大，2010年仍会维持2009年进口量大于出口量的情形。

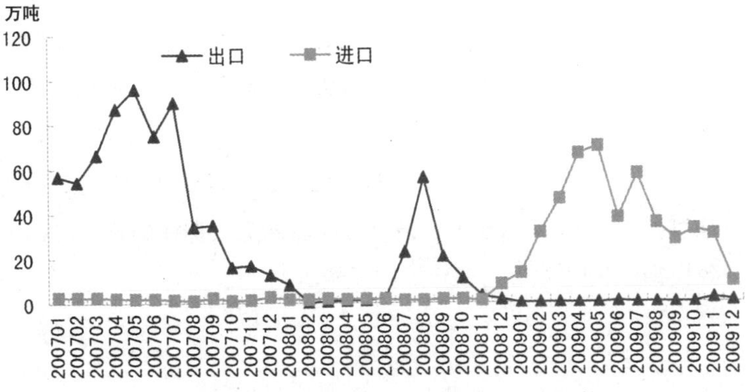

图3 2007年～2009年钢坯进出口量趋势

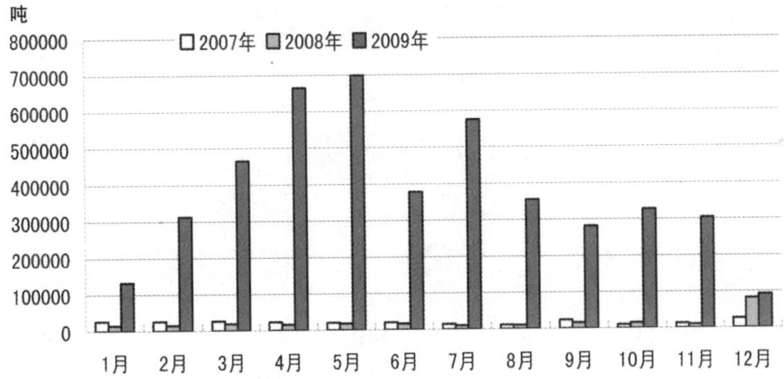

图4 2007年～2009年钢坯进口量月度对比

三、国内钢坯价格走势分析

2009年是钢材市场在经济危机后复苏修整的一年，虽然整年都在茫然、看不清市场走势中度过，但国内的钢材市场在全球经济危机中坚强地挺了过来，比任何一个国家都要恢复得快，并且宏观政策有利于经济的复苏和拉动内需。

春节过后，迎来了第一波上涨的行情，速度快，幅度大，但仅仅一个星期的涨势带来的是连续近两个月的一路下滑，无论是价格，需求都进入当时的低谷，3月初开始盘整，一个月的调整，使得一些商家以及调坯轧材企业开始大量收货，一方面是因为慢慢进入需求的旺季，另一方面宏观政策的拉动，需求的增加，也让钢材市场的价格开始有起色，价格一路上涨，起初还只是盘整上扬，到了7、8月的时候可用盲目上涨来形容了，没有需求的支撑，加之天气的炎热、需求的减少再次向钢市宣告，价格的虚涨必然是迎来价格大幅度的下跌，一直到9月中旬，下跌的局面才有所缓解，在接下来的几个月里，钢市一直保持着乐观的盘整态势运行。

从市场的价格来看，需求看似并不好，但从数据看，表现出来的又是另一面。就钢坯而言，2009年的出口量几乎没有，并且有大量的进口，可见国内的需求量很大，当然这是在政策的指引下所产生的必然效果。只是在这种积极的影响下，需要的是更谨慎的操作，而不能盲目的跟从，目前单单建筑钢材的库存量就非常大，消化仍需时日。

2010年经济依然会是一个正增长的局势，相对于钢市来说，自信、谨慎非常重要。

钢坯主要产地河北地区价格走势见图5：

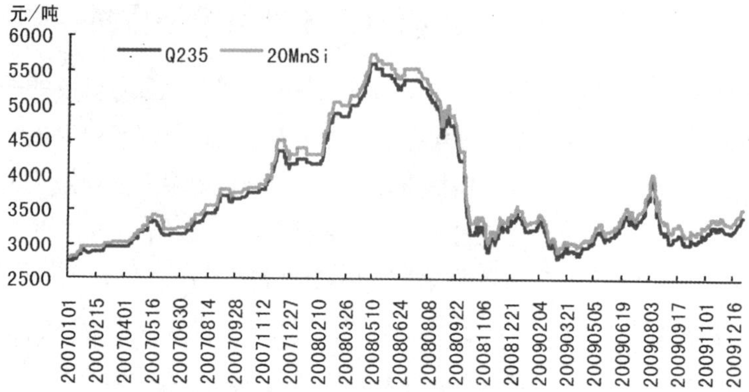

图5 2007年−2009年河北地区方坯价格走势

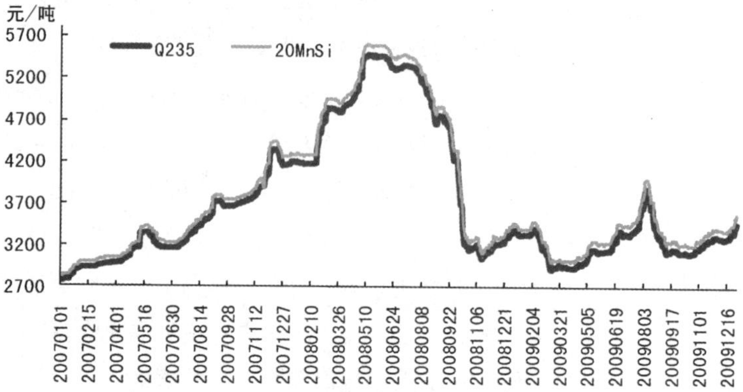

图6 2007年−2009年全国方坯平均价格走势

四、未来市场预测

一部分地区钢坯生产企业在钢坯成本越来越高的形势下，在2009年进行了转型，大大缩减了钢坯的流通量，而这种转型仍在进行中。能够长期有富裕量对外出售中间产品钢坯的钢厂的减少，致使钢坯的价格会比较尴尬，2010年原料的价格会始终紧随着钢坯、成品材的脚步。所以，在2010年里大的趋势是向好的，但是市场是胶着的，从成本到利润变得透明化，市场仍需要需求的支撑。

利好因素：

1. 影响坯料最重要的矿石价格上涨幅度较大，焦炭也没有明显的回落，对于坯料市场是一个有利支撑。

2. 较多生产企业因为成本的挤压，自己上了轧机，在这一波转型后，钢坯的流通资源减少，相对而言减掉了钢坯会有大量库存的问题。

3. 国际市场经济缓慢恢复，对后期钢材出口会有一定的利好帮助。

利空因素：

1. 虽然需求在拉动，但成品材的库存量相对较大，一直呈上涨的态势，供需不平衡，消化需要时日。

2. 钢坯进口量在增加，一方面可见国内市场的缺口比较大，另一方面后期进口钢坯的资源对国内钢坯会产生一定的竞争压力。□

2009年生铁产品市场概况及分析

概述：2009年生铁市场不温不火，生铁产量增速明显放大，总产量及日均产量更是不断再创新高，9月份全国日均产量达到159.73万吨，创出历史最高水平。展望2010年国内生铁市场走势，钢厂产能过剩和市场需求疲软仍是目前难以解决的焦点问题和主要矛盾，钢市是否能保持良好走势，还要看产能释放情况、社会库存消化情况及下游终端需求如何，这就奠定了整个钢铁后市仍然存在太多的风险和不稳定因素，同时矿石、焦炭等原料市场也还存在着一些不确定影响。因此，下游钢材走势是否能继续保持畅销、需求是否进一步改善及生产成本是否再度增加，将共同决定着生铁行情的后期发展。

一、国内国际生铁产量情况

1. 2009年全球高炉生铁产量比2008年同比下降3.59%

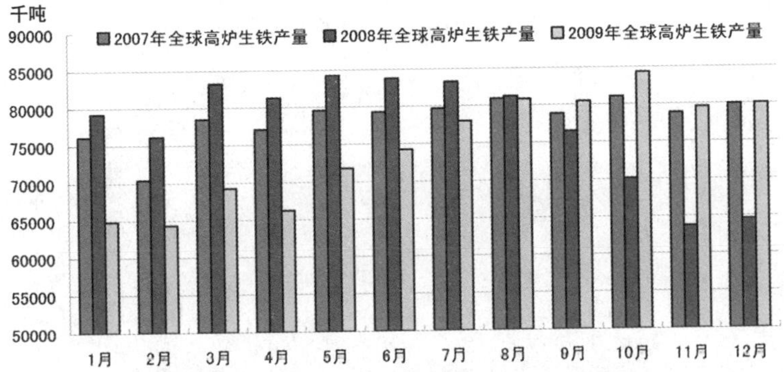

图1 2007年～2009年全球高炉生铁生产统计

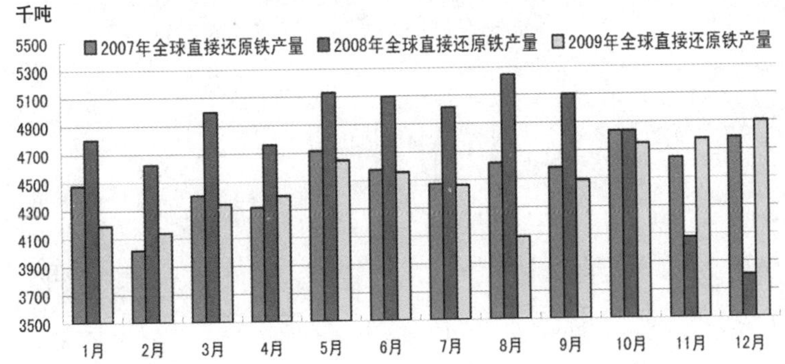

图2 2007年～2009年全球直接还原铁生产统计

世界钢铁协会公布的统计数据显示：2009年全球40个主要生铁生产国共产生铁8.936亿吨，较上年同比下降3.59%（2008年为9.268亿吨）。其中中国为5.437亿吨，较上年同比增长15.9%，中国仍是世界生铁主要生产国家。2009年全球生产直接还原铁5374.1万吨，较上年同比下降6.5%。

2.2009年全国生铁总产量比2008年同比增长15.9%

统计数据显示：2009年全国累计生产生铁5.437亿吨，较上年同比增长15.9%（2008年为4.693亿吨）。其中河北地区为1.308亿吨，占全国产量的24.06%；山西地区为3127.45万吨，占全国产量的5.7%；辽宁地区为5061.29万吨，占全国产量的9.31%；江苏地区为4590.16万吨，占全国产量的8.4%；山东地区为5273.22万吨，占全国产量的9.7%。2009年生铁日均产量一路攀升，到9月份达到历史最高值159.73万吨。

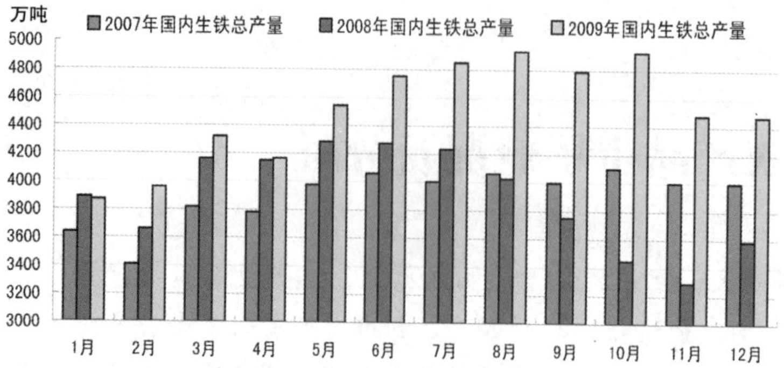

图3 2007年～2009年国内生铁总产量统计

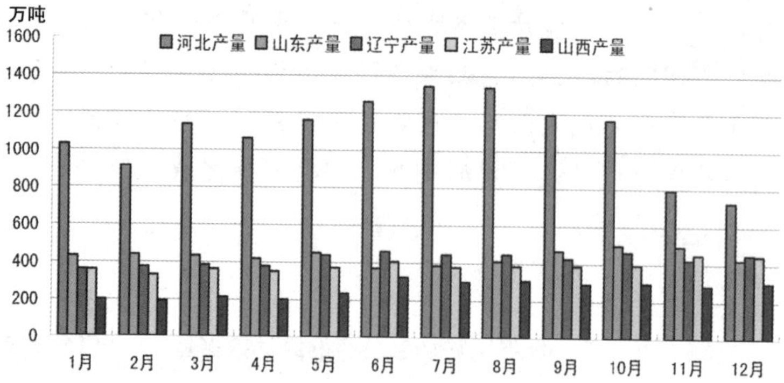

图4 2009年国内主要地区产量统计

少。

2009年全年累计进口生铁362万吨吨，较上年的36万吨同比增长916.2%。资源分别来自乌克兰、乌拉圭、伊朗、俄罗斯联邦、南非、印度、中国台湾省、墨西哥、巴西、意大利、新西兰、日本、比利时、泰国、澳大利亚、阿根廷、韩国及亚洲其他国家地区。其中大部分资源来自乌克兰、俄罗斯联邦、巴西、日本及朝鲜，占总进口量的90%，剩下其余国家和地区进口量较少。江苏累计进口1,297,205.523吨，占总量的35.87%；广东累计进口606,886.567吨，占总量的16.78%；天津累计进口254,686.633吨，占总量的7%；山东累计进口263,634.768吨，占总量的7.3%；河北累计进口227,296.925吨，占总量

二、国内生铁进出口情况分析

据国家海关统计数据显示：2009年我国共出口生铁237,460.568吨，较2008年同期的250828.796吨相比，同比下降了5.33%。资源出口至日本、韩国、吉布提、泰国、缅甸、越南、马来西亚、中国香港、哈萨克斯坦、印度尼西亚、孟加拉国、德国及中国台湾省。其中89.1%的出口量出口至日本，另外除越南及韩国量相对较大，共计10.36%，剩余其他国家或地区出口量均较少。吉林地区累计出口16,967.115吨，占总量的7.15%；辽宁地区累计出口1,939.630吨，占总量的0.8%；山东地区累计出口86,771.640吨，占总量的36.54%；江苏地区累计出口131,099.600吨，占总量的55.21%；其余省市出口生铁较

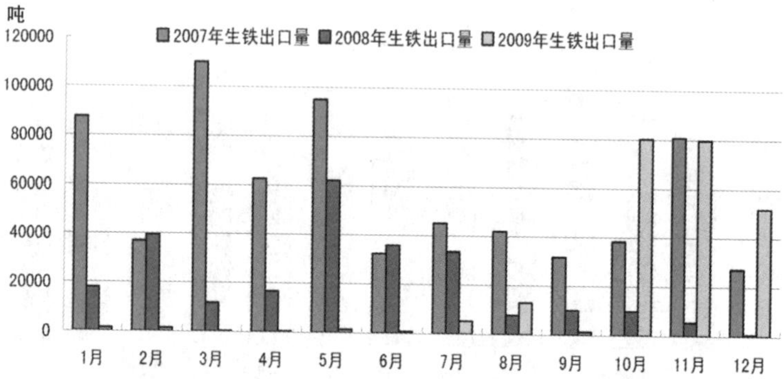

图5 2007年～2009年国内生铁出口量统计

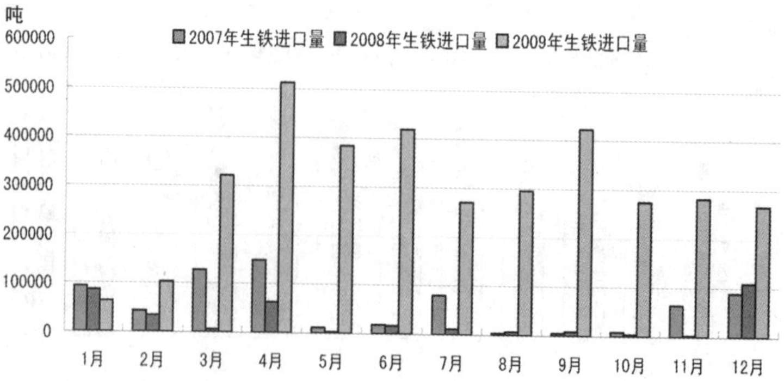

图6 2007年～2009年国内生铁进口量统计

6.29%；福建累计进口471,727.998吨，占总量的13.04%；辽宁累计进口107,172.241吨，占总量的3%；其余地区进口量相对较少。

三、生铁价格走势分析

回顾整个国内生铁走势来看，2009年则可分为4个发展阶段：

第一阶段（1月-5月中旬）——春节后好景不长，生铁市场遭遇降价风潮

2009年春节过后，国内生铁价格大起大落，自年前的持续小幅上涨到元宵节过后的高峰，各地区价格均有一定回升。但好景不长，仅仅维持了不到两周的时间，随着钢材市场的严重下挫,生铁市场也同样遭遇了降价风潮。在中下旬短短十几天的时间内，市场价格普遍大幅跌落，需求骤然萎缩,钢厂采购意愿不强,采购价不断压低,生铁由需求旺盛直转到无人问津的状态。而生铁的低迷走势在3、4月份也得到了延续，钢材市场长时间的萧条，钢厂频频下调采购价格或者停止采购导致需求不断萎缩，这一系列的不利因素让铁厂不堪重负、苦不堪言、信心倍受打击，使得部分铁厂被迫重新停产。虽然4月份中下旬钢材市场出现一定回升，但在大多数钢厂依旧停购、大量进口低价生铁资源流向国内、生产成本居高不下的多种因素影响下，生铁市场逆其道而行之，其走势仍是呈逆势下行态势。

第二阶段（5月下旬—8月上旬）——生铁市场在持续了近三个月的下跌后终于迎来了曙光，价格出现一定幅度的上涨

自5月份中下旬开始，生铁市场在上下游行情的带动下，整体走势出现好转，炼钢生铁在持续了近三个月的下跌后终于迎来了曙光，价格出现一定幅度的上涨。在钢材市场连连攀升、钢厂产能释放明显、生铁需求有所放大的综合因素下，价格也是明显上涨，市面可供应资源偏紧，铁厂惜售心理明显，钢厂采购价格同步上调。6、7月份生铁市场延续良好走势，钢市淡季不淡，行情依旧火爆，钢厂纷纷加足马力生产，加上原料价格的走高，带动生铁市场继续全面上涨，市面可供应资源十分紧缺，钢厂大幅上调采购价格。

第三阶段（8月下旬-11月上旬）——钢市突然逆转，生铁需求骤降，价格急跌

8月份生铁市场先扬后抑，上旬铁价继续攀高，但至中旬开始，8月份钢材市场突然出现逆转，钢材及钢坯价格不断深跌，市场如此快速的疯涨疯跌，下游采购方、贸易商还有厂家均表示难以接受，钢厂纷纷大幅下调采购或者停止进货，以观望后市，生铁需求骤降，生铁价格在经过了前期的疯狂上涨后又在短短不到一个月的时间跌回到接近原点的位置。9月份生铁市场持续弱势低位运行，各地区价格均有一定程度的下滑，市场观望气氛浓厚，整体成交较为清淡。直到月底，部分生铁市场个别地区价格出现小幅试探性上涨，客户也有所增加，资源稍显紧张，情况有所好转。10月份生铁市场依旧未走出疲软态势，至月底，由于钢市的拉升上行，使持续弱势的生铁市场开始渐稳，询盘明显增加，但成交依然不太如人意。

第四阶段（11月中旬开始 - 12月）——生铁市场逐渐好转，资源偏紧，钢厂上调采购价格

在钢市表现良好、矿石及焦炭价格上扬、下游需求旺盛、可供应资源偏紧的多重因素影响下，导致生铁市场11月份中旬开始出现好转，客户询盘十分活跃，供需不平衡局面明显。至12月底，铁厂更是不断上拉出厂报价，迫于采购压力，钢厂不得不大幅上调采购价格，各地区铁价均有不同程度的上涨。

四、未来市场预测

2009年生铁市场不温不火。春节后好景不长，便遭遇降价风潮，生铁由需求旺盛直转到无人问津的状态。直至5月中下旬开始，在上下游行情的带

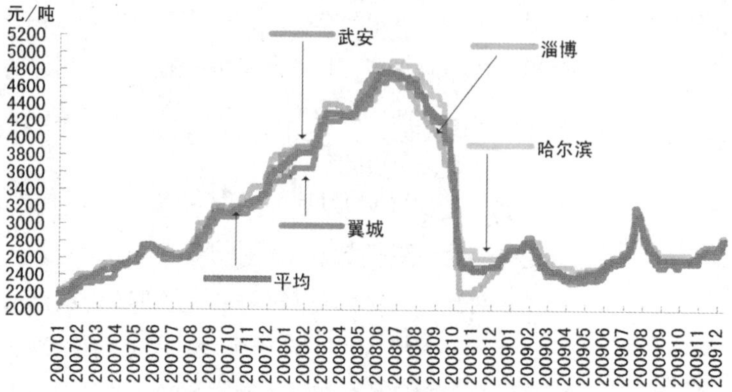

图7 2007年～2009年国内主要地区生铁价格走势

动下，整体走势出现好转，生铁在持续了近三个月的下跌后终于迎来了曙光，价格出现上涨，良好势头保持到8月。而到8月份钢市突然出现逆转，下游需求骤降，生铁价格在经过了前期的疯狂上涨后又在短短不到一个月的时间跌回到接近原点的位置。

此后，低迷的行情一直延续到11月份上旬才逐渐开始好转，生铁可供应资源偏紧，钢厂纷纷大幅上调采购价格。

展望2010年国内生铁市场走势，因钢厂产能过剩和市场需求疲软仍是目前难以解决的焦点问题和主要矛盾，钢市是否能保持良好走势，还要看产能释放情况、社会库存消化情况及下游终端需求如何，这就奠定了整个钢铁后市仍然存在太多的风险和不稳定因素，同时矿石、焦炭等原料市场也还存在着一些不确定影响。因此，下游钢材走势是否能继续保持良好、需求是否进一步改善及生产成本是否再度增加将共同决定着生铁行情的后期发展。□

2009年铁矿石市场回顾与2010年展望

概述：2009年1—11月份国内钢材市场价格大体呈现W型走势，最低点出现在4月10号左右，指数为119.6，最高点出现在8月7号左右，指数为160.9。整个2009年钢材市场与2008年比价格幅度波动不大，但是由于钢材期货的引进，以及期货对市场影响的力度渐渐地加大，使得市场的波动频率变得越来越快。国产铁矿石的市场除个别时间外，其余时间基本与钢材市场的走势是相同的，产量方面小幅增加，但是整体市场的开工率还是没有达到预期，钢厂方面采购也非常谨慎，库存量一般都在中等偏下水平，买卖双方大多数时间都在观望、博弈。出于上述几点原因，2009年国产矿市场整体市场走势比较平稳。而2009年进口矿市场引人瞩目：从国外矿山业绩下滑而出售资产或强强联手到中国企业收购外企喜忧参半、而中国与三大矿山的铁矿石谈判首度针锋相对，随后“间谍案”使媒体纷纷将目光投向了进口铁矿石的背后、中钢协调查铁矿石进口乱象欲取消进口商资质等等事件均对市场产生冲击。从2009年进口矿的数量和价格齐上涨，可以看出今年市场对于进口矿的需求热情还是有增无减。总体而言，2009年铁矿石市场所呈现的局面是整体比较平稳，阶段性调整比较大。

一、2009年铁矿石重大事件概述

力拓向淡水河谷出售巴西铁矿石业务：2月1日，力拓公司已重新启动了之前暂停的资产出售计划，宣布以16亿美元将其阿根廷的碳酸钾项目和巴西克鲁巴的铁矿石业务出售给淡水河谷公司。

鞍钢7.4亿购澳矿企36.28%将成第一大股东：9日从鞍钢集团公司获悉,澳大利亚金达必公司股东大会日前通过了向鞍钢定向增发公司股份的议案。鞍钢将持有金达必36.28%的股权,从而成为第一大股东。

中钢收购澳矿企默奇森5.85%股权：3月6日澳大利亚铁矿石企业默奇森公司公布，中国中钢集团已经取得其5.85%的股权，成为重要股东之一。

华菱再次注资FMG股权增至17.4%：3月9日澳大利亚证券交易所（ASX）3月9日发布声明称，澳大利亚矿商FMG集团（Fortescue Metals Group）已通过出售股份的方式，从中国华菱钢铁集团那里额外筹得资金8680万澳元（合5600万美元）。

中国五矿17亿美元抄底澳第三大矿：澳大利亚第三大矿业公司OZMineralsLtd.发布公告称，五矿集团旗下的五矿有色金属股份公司（下称“五矿有色”）将出资26亿澳元(约合17亿美元)，收购该公司100%的股权。

力拓哈默斯利公司与新日铁达成2009年铁矿石合同价格协议。5月26日，力拓哈默斯利公司发表公告：与日本新日铁公司已经达成2009年新财年度铁矿石合同价格，从2009年4月1日开始执行新的价格。Yandi粉97美分/干公吨度，PB块112美分/干公吨度，与2008年相比分别下降32.94%、32.94%和44.46%。

中钢协拒绝铁矿石降价33%新谈判计划可能推出。5月31日，中钢协对澳大利亚力拓公司与日本新日铁公司达成的铁矿石降价协议亮明态度：中国钢铁企业不能接受这个价格，不予跟进。中钢协一位负责人在接受记者采访时表示，这个结论是中钢协与中国钢厂在第一时间达成的共识；针对下一步的铁矿石价格谈判，中方已经有新的谈判计划。

力拓与中国台湾两钢厂达成铁矿石降价33%协议。6月1日，国际矿业巨头力拓宣布，大多数亚洲客户已接受了铁矿石谈判的“首发价格”，力拓在与新日铁、韩国浦项达成一致价格协议，其中粉矿的降幅约为33%，块矿的降幅约为44%；目前，力拓与中国台湾企业中国钢铁（CSC）、中龙钢铁（Dragon）达成同样降幅。

力拓毁约中铝195亿美元注资或联手必和必拓。6月4日，曾有希望创造近年来中国最大海外并购案的中铝注资力拓一事，最终未能实现。撕毁这一协议的，是全球三大铁矿石巨头之一的力拓。据澳大利亚媒体报道，中铝已经得到了力拓的通知，力拓将撤回对中铝向其注资195亿美元交易的推荐，而将用150亿美元的配股方案取而代之。

力拓表示其已与必和必拓签署协议以共同经营皮尔巴拉地区铁矿石业务。综合外电6月5日报道，力拓(RioTintoLtd.)5日表示其已与必和必拓(BHPB)就合资经营双方在西澳大利亚州皮尔巴拉地区铁矿石业务达成非约束性协议。必和必拓将向力拓支付58亿美元以实现双方股权对等。

巴西淡水河谷公司与新日铁以及浦项制铁达成2009年铁矿石价格协议。6月10日，巴西淡水河谷公司宣布已经与日本新日铁以及韩国浦项制铁公司达成2009年铁矿石长期价格协议，在新的协议价格下，东南部粉矿(SSF)价格为0.8543美元/干公吨度，卡拉加斯粉矿(SFCJ)价格为0.8987美元/干公吨度，粉矿比2008年下降28.2%；东南部块矿价格为0.9942美元/干公吨度，南部块矿为1.0094美元/干公吨度，块矿比2008年下降44.47%；球团矿价格为1.1043美元/干公吨度，比2008年下降48.3%。

中方速查铁矿石进口乱象，欲取消约30家进口商资质。7月15日有消息称，商务部会同中国钢铁工业协会、五矿进出口商会正在调查进口商有无投机采购的问题，将重新审核铁矿石进口许可证，其中很有可能将取消30家左右的铁矿石进口资质，几乎全部为贸易商。显然，“力拓间谍案”的主角胡士泰被上海市国家安全局拘留后，中国在铁矿石问题上采取了第二步实质性行动，不仅“对外彻查泄露国家机密”，而且开始“对内严查内鬼”。业内人士分析称，这表明了中国政府确保铁矿石谈判合理合法开展的决心。

必和必拓：和部分客户达成铁矿石新价格协议。7月30日，必和必拓官网今日表示，其铁矿石总产量23%的出售达成价格协议（即力拓与日韩价格），47%在进行谈判中，剩下30%是以季度谈判价、现货价、指数价等方式销售。

关于2009年度中国进口铁矿石价格谈判结果的公报。8月17日，中钢协发布：以宝钢为代表的中国钢铁企业与澳大利亚FMG公司经过充分交流和认真商讨，以合作互利为共识，对2009年度中国钢铁企业进口铁矿石价格达成双方都能接受的谈判结果。粉矿干基离岸价每吨度94美分，块矿干基离岸价每吨度100美分。粉矿比2008年降35.02%，块矿比2008年降50.42%。有效期自2009年7月1日至12月31日。

中钢协9月25日报道与三大矿商的2009年铁矿石谈判依然未果，有消息称，中钢协已经在着手准备明年的谈判，而谈判策略已经有了新的变化。据悉，中钢协将从两点上增加谈判筹码:严格执行铁矿石全国统一价格和代理制。

澳大利亚外国投资审查委员会（FIRB）在10月29日批准宝钢集团有限公司收购最多不超过19.99%澳大利亚综合矿业公司Aquila股权的申请，以及一名宝钢在Aquila公司董事会的席位。根据宝钢与Aquila达成的协议，宝钢将以2.85亿澳元收购Aquila15%的股权，宝钢副总经理戴志浩将进入Aquila董事会。

重钢矿投7日与宬隆及其全资子公司亚洲钢铁签署框架协议，以不超过2.8亿澳元的对价投资亚洲钢铁，获得其增发的60%的股权，从而开发其拥有的澳大利亚伊斯坦鑫山磁铁矿等项目。

二、1-10月国内钢铁产量继续增加

2009年1-10月国内钢厂继续着大量生产的步伐，成品材产量也呈现上涨趋势。全国市场生产情况跟去年同期比呈现增加态势，国内钢材产能持续处于高位，但国内矿山复产依旧没有达到预期程度，产量出现小幅上升，但市场需求与去年比有所增加，就目前钢材产能来说，国产矿的产能还是略显不足。国内粗钢产量47247.38万吨，较上年同月增加4470.84万吨，同比上升10.50%,增速上升6.6个百分点；前年同比增加3.9个百分点。生铁产量45533.27万吨，同比增加5516.55万吨，上升13.80%，而上年同期增速为2.50%，增速上升11.3个百分点；前年同比增速2.5个百分点。钢材产量56540.41万吨，同比增加7538.75万吨，上升15.40%,较上年同期增速上升约9.5个百分点；前年同比增速为18.80个百分点。具体产量见表1。

表1 1-10月份全国主要冶金产品产量对比表

单位：万吨，%

品种名称	2009年1-10月	2008年1-10月	同比	2007年1-10月	2008年同比
粗钢	47247.38	42776.54	10.50	41126.41	3.90
生铁	45533.27	40016.72	13.80	38977.69	2.50
钢材	56540.41	49002.06	15.40	46078.52	5.90
铁矿石原矿量	70266.42	66661.97	5.40	55087.62	18.80

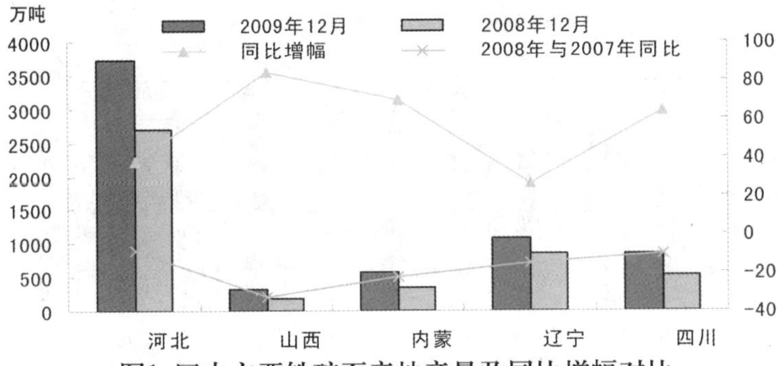

图1 国内主要铁矿石产地产量及同比增幅对比

三、1-10月份国内铁矿石产量有所上升，钢厂对国产矿采购量维持稳定

2009年1-10月份全国铁矿石原矿产量70266.42万吨，同比增加3604.45万吨，增幅上升5.40%，增速较上年同期下降13.4个百分点。据统计，1-10月份河北省原矿产量28468.38万吨，较上年同期减少746.12万吨，同比下降2.60%，上年同期增速为24%，较上年同期增速下降26.6%。1-10月份山西地区铁矿产量2541.25万吨，较上年同期减少768.76万吨，同比下降23.20%，上年同期增速为30%，较上年同期增速下降53.2个百分点。1-10月份内蒙古产量5963.71万吨，较上年增加134.07万吨，同比上升2.30%，去年同期增速为12.3%，增速下降10个百分点；1-10月份辽宁铁矿石原矿产量10876.70万吨，较上年增加1318.82万吨，同比增加13.80%，上年同期增速为9.10%，增速上升4.7个百分点；1-10月份四川铁矿石产量6666.42万吨，较上年增加1964.11万吨，同比增长41.8%，上年同期增速为28.1%，增速上升13.7个百分点。具体产量对比见图1。

四、1-11月份国内铁矿石市场大体呈现W型走势

2009年1-10月国内铁矿石市场整体呈现W型走势。4月第三周出现最低点，指数为84.9，8月第二周出现最高点，指数是118.8，目前指数是108.8。从全年来看处于回暖震荡趋势。11月国产铁精粉市场在钢材价格和外矿双重影响下，在这个月价格呈现上升态势，市场询盘量有所增加，总体成交量较上月比有一定程度的好转。就这次市场上升来看，主要还是因为钢材市场的震荡上行和外矿拉涨影响。整体的大的环境有所好转，出

口量也有所增加，中国商品在国际市场后期所面临的竞争压力有所减轻。钢厂产能过剩依然是未来市场所面临的一个巨大压力，在经历过10月份钢厂粗钢产能维持高位以后，11月份大多数钢厂的产能依然没有明显的减少，但由于检修的力度加大，产能有所下降，可是与下游市场需求的来比，依然是高位。另外，近期原材料市场价格有所拉涨，但钢厂整体盈利的态势依旧，而且钢厂的压力也略有减轻。钢厂方面虽然对国产矿采购近期有所增加，但是矿价并没有大幅的上调，在这样的买家市场中，矿山的出货平稳运行，贸易市场与前期比有所好转，矿山更看好12月份后市。铁精粉价格具体走势见图2。

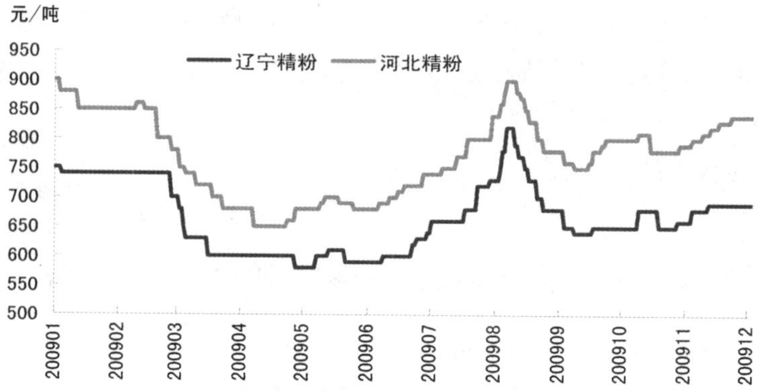

图2 国内部分地区铁精粉价格走势

五、2009年国内进口矿情况概述

2009年铁矿石市场引人瞩目：从国外矿山业绩下滑而出售资产或强强联手到中国企业收购外企喜忧参半、而中国与三大矿山的铁矿石谈判首度针锋相对，随后“间谍案”使媒体纷纷将目光投向了进口铁矿石的背后、中钢协调查铁矿石进口乱象欲取消进口商资质等等事件均对市场产生冲击。而2009年进口矿量价齐升，说明了今年市场对于进口矿的热情不降反升。

2010年铁矿石市场何去何从。我们认为在供应面最应该关注三大矿山2010年的扩产状况；以及中国企业去海外投资新兴矿山、需求面最应该关2010年出台的钢铁行业的兼并重组计划、产业振兴计划的后续以及2010年经济是否能否带动钢铁行业的继续前进。我们认为在经济越来越向好的情况下，2010年的进口矿市场依然会继续回暖。当然不排除经济的二次探底也会使矿石市场再次出现下跌。

1. 2009年铁矿石进口量

2009年前十个月累计进口矿总量为5.14亿吨，同比上年增加9.68%。其中澳大利亚矿2.16亿吨吨；巴西1.15亿吨；印度矿进口8800万吨。其中9月份进口量达到6400万吨，创历年来新高。回顾2009年进口铁矿石量仅仅1月份比上年下降，其他月份均同比上年有大幅上升，主要原因是内需的复苏相当迅速，钢厂对于进口铁矿石的需求因为价格的骤然下降而陡增。而上半年中小钢厂超量进口的现货矿也起到很大的影响，预计2009年铁矿石进口

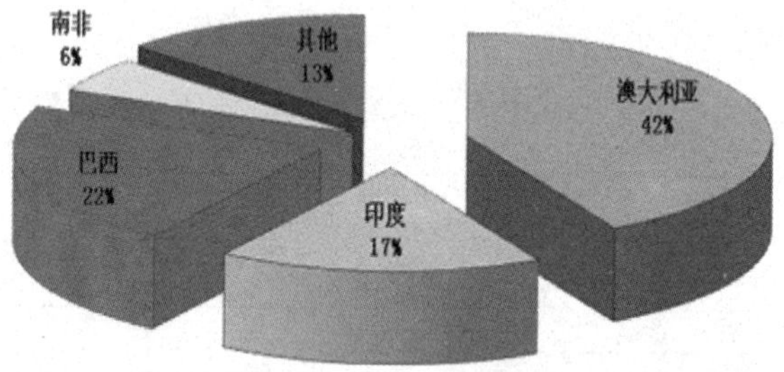

图3 2009年1-10月份份国内进口矿分布情况

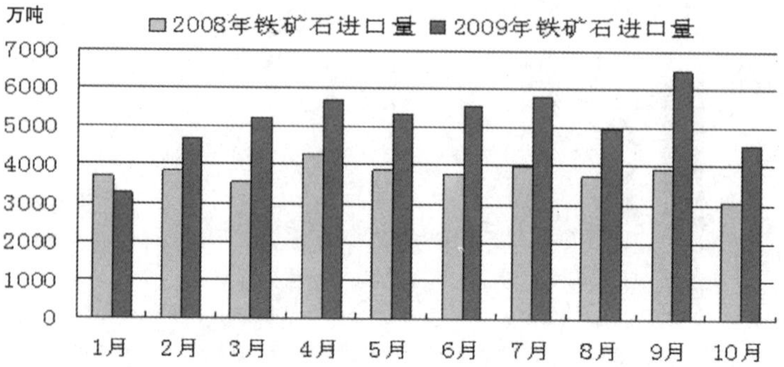

图4 2008-2009进口矿数量对比

量超6亿吨将毫无悬念。

2. 进口矿价格分析

经历了上年的“过山车”行情，2009年的进口矿价格总体呈上涨的走势。Mysteel观测到1月现货行情平均价格为655元/吨，至11月均价达到780元/吨，上涨19.08%；1月期货平均价格为81美元/吨，至11月均价到达100美元/吨，上涨23.45%。数据显示，今年矿价仅在3、4、8月份出现短暂回调。3、4月份是因为三大矿山向国内以远低于2008年长协价销售现货矿，致使印度矿失去原本长协的补充矿的地位被迫降价销售；而8月份的下跌是因为钢材价格的一轮暴跌所致。2009年的钢厂与贸易商吸取2008年的教训，不敢大量囤货，价格出现回调也不敢立刻逢低吸纳。除去这3个月，矿价均为上涨，究其原因还是钢厂对于进口矿的需求大增，大部分钢厂对于2009年的进口矿配比都有了较大地增加，再加上海运市场不时推波助澜。而矿山方面2009年的产量均未大幅增加，且上半年三大矿山都有不同程度的减产，下半年国内又未与其达成协议，矿山将原先发往中国的量都转向了欧美以及日韩；印度方面从5月底开始西岸封港。在钢厂不减产的情况下，就需要花费更多来购买铁矿石。

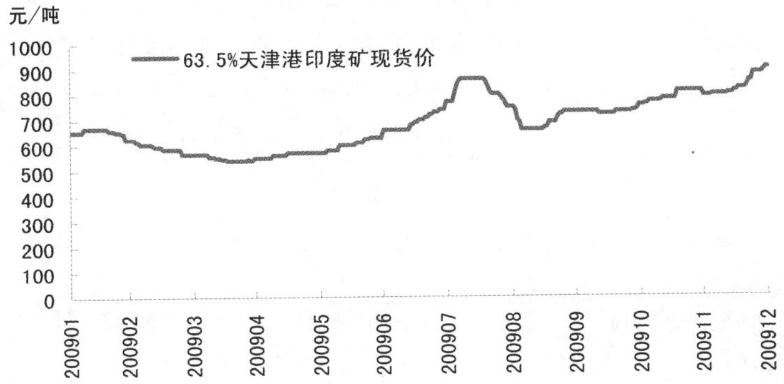

图5 进口矿现货价格走势

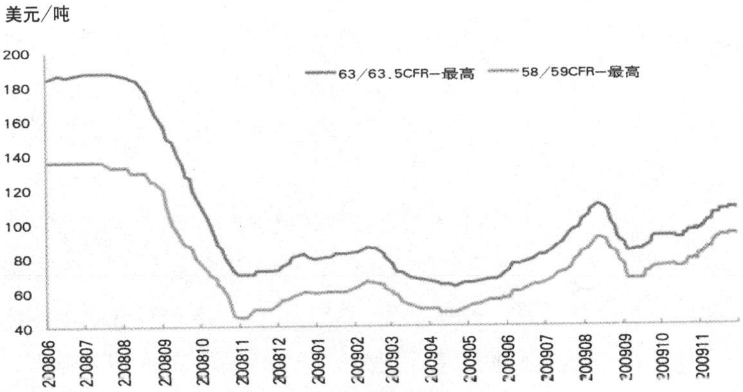

图6 进口矿期货价格走势

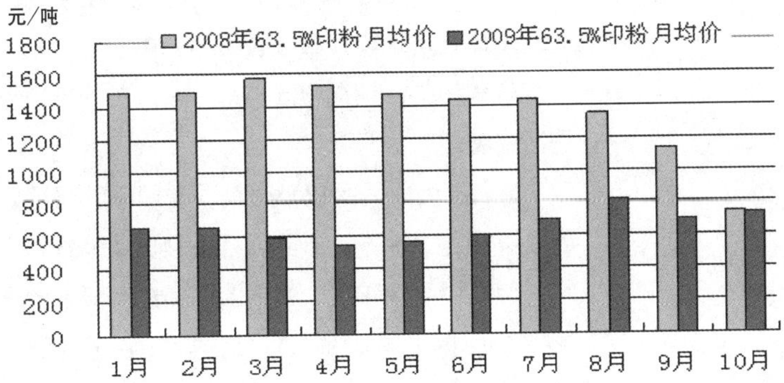

图7 2008–2009进口矿现货价格对比

3. 进口矿库存分析

进口矿港口库存整体比年初时的数量略高。Mysteel于1月4日统计的港口铁矿石库存为6015万吨，印度矿为1317万吨，至11月27日总量为6564万吨，印度矿为1230万吨。总库存增加9.12%，印度矿减少6.6%，另外至11月底全国主要港口中澳洲矿数量为2250万吨，巴西矿数量为1865万吨。港口库存居高不下有几大原因：一是钢厂2009年增加了进口矿配比，在上文中已提到单月进口量和去年大幅增加；二是各大钢厂仍然留有为数不少的2008年高价矿留在港口。

4. 航运干散货市场分析

总体看来，2009年的干散货市场受到中国的需求增长影响有所复苏，但是未来堪忧。由于干散货除了铁矿石，还包括大豆、煤炭等，而2009年世界整体对于干散货的需求并没有恢复到经济危机以前。因此2009年的海运市场波澜不惊，中途出现几次阶段性的上涨。而这些上涨都是有原因的，最主要的原因：一是中国的港口压港影响到了海峡型船的整体供应。2月份太平洋航线的运费上涨就是因为国内港口的拥挤而造成的，其中曹妃甸港还创纪录地压港达40天，全中国排队的海峡型船达到100条左右。二是三大矿山为铁矿石谈判造势：三大矿山每年都会在谈判的前夕去租用海峡型船，2009年也一样，在5、6月份普遍认为谈判快结束前夕，海运费出现一轮上涨。因此海运市场与铁矿石市场的联动性越来越紧密，伴随着运费的上涨，国内必须以更高昂的价格接受铁矿石现货。因此对于钢厂来说，与三大矿山签订长期COA合同也不失为明智之举。

截止至11月27日，BDI指数为3974，较年初上涨3201；好望角型船由巴西至中国41.596美元/吨，较1月2日上涨32.492美元，西澳至中国运费为16.705美元/吨，较年初上涨11.05美元。

由于海运费可以炒作，在上涨的时候投机炒家会在其中兴风作浪，下跌时其撤出非常迅速，因此未来的干散货市场依然存在着阶段性以及波动性。

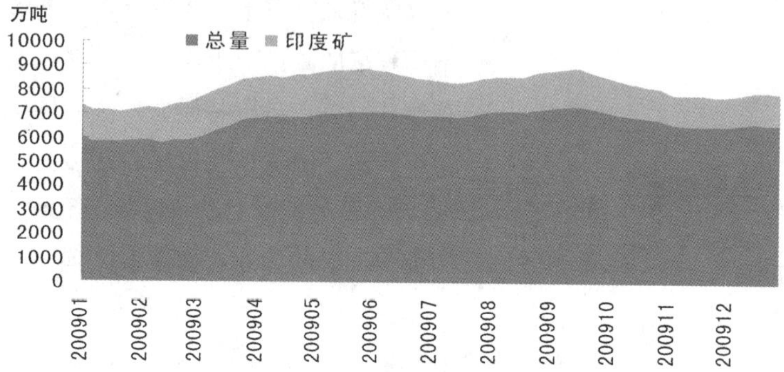

图8 中国主要港口库存统计

图9 澳洲、巴西至国内海运费走势

图10 Baltic Dry Index走势

四、2010年国内铁矿石市场展望

1．利好因素

1）到目前为止，国际经济整体形势大部分已经走出最困难的时候，呈现渐渐回暖态势，但各个行业的整体回升还需加以时日巩固。据世界钢协统计，2009年1-10月份全球66个主要产钢国和地区粗钢产量为982143千吨，同比下降13.5%，10月份同比增加13.1%，回暖动力有所增强。其中，1-10月份亚洲和独联体粗钢产量分别为640679千吨和79848千吨，同比分别上升0.2%、下降22.2%。国际钢材市场有所好转，中国出口的形势也有一定程度的好转，整体经济环境在回暖过程中，由于各个国家的竞争和保护，使得中国未来一段时日的出口还是面临着较大的压力。

2）扩大内需的积极政策。受国家积极的财政政策和各个地方政府的项目工程拉动消费的影响，使得中国今年国内粗钢的消耗量有显著的增加，这使得中国钢材市场情形明显好于国际市场。

3）国际相关反应。2010年对于铁矿石市场需求，预测价格会有所上涨，尽管各个地方预测的幅度不同，但大体上趋势基本一致，就是要比2009年价格有所上涨。

2．利空因素

1）国内钢材市场产能过大。2009年中国拉动内需以来，钢厂产能持续增加，屡创历史新高，截止到目前为止，依然处于高位，产能过剩问题到底能够持续多久，就目前形势来看，还没有停止的意思，产能过大一直是困扰市场的一个隐患。

2）国际市场对中国钢材出口的态度。由于中国市场回暖速度领先于其他地区，其他国家处于保护本国利益对中国相关钢材产品出口的反倾销依然是2010年所面临的一个难题。

总之，结合上述观点，2010年铁矿石市场的整体走势应该好于2009年，但是在走出低谷，面向上涨方面还存在着诸多问题。□

2009年焦炭市场焦炭产品市场概况及分析

概述：2009年的钢材市场整体处于弱势阴跌的状态，只有在2月初、5月份以及7、8月份，钢材市场才有昙花一现的大涨局面，但是在短暂上涨之后又进入下滑轨道。另外，全球通货膨胀、经济萎靡、全球钢铁产能过剩、中国钢材出口受阻等各种因素的存在，使得2009年的焦炭市场一直是“山重水复仍无路，未有柳暗花明时”。2009年初，钢厂为保证节后生产的正常进行加强采购力度，焦炭每吨价格大涨100元左右，2月下旬弱势信号就开始凸现，二级冶金焦价格跌至1400—1450元/吨左右，直至5月份，各地焦炭价格才有30元/吨左右的上调，7、8月份由于钢市的短暂回暖，焦化企业也终于抓住一丝上涨的契机，焦炭主流价格涨至每吨1700元左右，此后，由于精煤价格支撑以及运输因素的制约，焦炭价格才得以在稳中小幅上涨，总体来讲，2009年的焦炭市场呈现的是弱势运行的态势。

一、2009年1–12月份焦炭累计产量3.5亿吨

2009年全球所有国家粗钢产量累计12.197亿吨，同比下降8%。欧盟27国粗钢产量为1.39亿吨，同比下降29.7%；独联体粗钢产量为9736万吨，同比下降14.7%；北美粗钢产量为8225万吨，同比下降33.9%；亚洲粗钢产量为6.756亿吨，同比增长3.8%。2009年中国粗钢产量5.678亿吨，同比增长13.5%，占全球总产量的46.6%，所占比重比08年提高8.9个百分点。

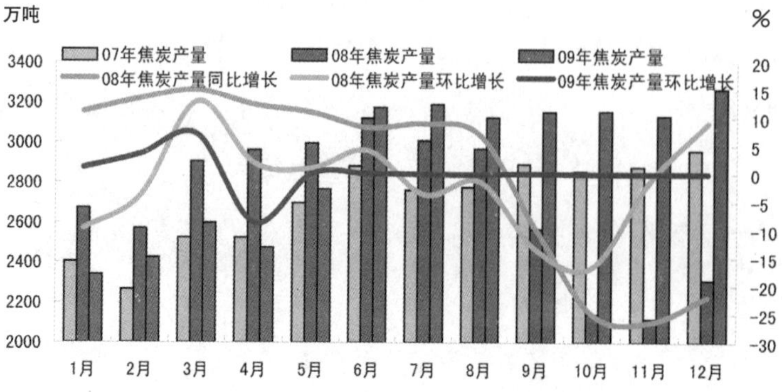

图1 2008–2009年焦炭月产量对比

2009年1–12月份，中国焦炭累计产量达到3.5亿吨，同比增长6%。2009年，金融危机蔓延全球，钢材市场一直震荡运行，价格起伏不定，但是2009年全年粗钢产量依旧高达5.6亿万吨，焦炭需求依然强劲，因此焦炭产量与去年相比也是有增无减，同比增长6%。

二、2009年焦炭出口56.5万吨同比下降95%

2009年全年中国焦炭出口量为56.5万吨，同比下降95%。焦炭出口量大幅下降，除国际市场需求萎缩外，中国目前执行的40%的焦炭出口高关税也是主要原因，焦炭出口几乎没有利润可言。预计随着国际经济形势的缓慢复苏，国际钢材市场的好转，将会略微吸引中国焦炭的出口。

中国焦炭出口锐减的主要原因：

受全球金融危机影响，欧盟、

美国、日本和韩国等中国焦炭的传统需求国，从2008年下半年以来纷纷缩减钢铁产量。欧洲钢铁联合会预计2009年欧洲钢铁消费与2008年相比将下降33%，作为炼钢重要原料的焦炭的需求也随之逐步萎缩。此外，焦炭行业已于2007年被纳入国家节能减排重点行业，焦炭属于典型的“两高一资”产品，为了调整出口结构，国家经过多次的关税上调，至2008年8月20日焦炭出口暂定税率由25%进一步提高至40%，并一直维持至今，由于高关税的限制作用，焦炭出口已无利润空间，抑制了企业出口积极性。

三、2009年焦炭市场整体弱势运行价格起伏不定

2009年焦炭市场基本处于弱势运行态势，价格起伏不定，春节前夕由于钢厂急于备货，焦炭价格飞涨至1800元/吨左右，但好景不长，钢材价格骤降，钢厂对焦炭价格打压，焦炭价格在3月份跌至1450元/吨左右。5月份，钢材市场运行乐观，各品种价格均有100-200元左右的上涨，小钢厂加大生产力度，焦炭消耗逐渐加快，焦炭价格也持续上涨，二级冶金焦主流价格达到1600-1650，准一级冶金焦1720元/吨左右，均为到厂价。6月份，钢材各品种行情继续纷纷上扬，各钢厂也不断调高钢材出厂价格，钢铁、焦化企业的焦炭库存明显下降，焦炭供应较为紧张，而炼焦煤价格依然居高不下、部分煤种严重短缺，因此山西焦协出台指导意见，建议焦炭价格上调60元/吨左右，于是整个6月份，各地焦炭行情基本都上涨60-70元/吨，二级冶金焦主流价格1700元/吨左右，准一级冶金焦1800元/吨左右，均为到厂价。7月份，钢材市场又上演了一出“暴涨”大戏，各品种价格纷纷上涨，建材尤为显著，钢产量持续增加拉动对焦炭、焦煤需求量的增加，炼焦煤市场供给仍呈现货紧价扬的走势，因此出现了焦炭市场价格不断被推高的走势，下游钢铁企业随市场变化对焦炭采购价格做了及时调整，在6月采购价格基础上基本都上调了60元/吨。8月中下旬，钢材价格在经历了暴涨之后开始大幅回落，焦炭价格又开始纷纷回落。12月份，各地精煤价格上行，焦炭价格普涨80-100元/吨，二级冶金焦出厂含税主流价格在1600-1650元/吨左右。

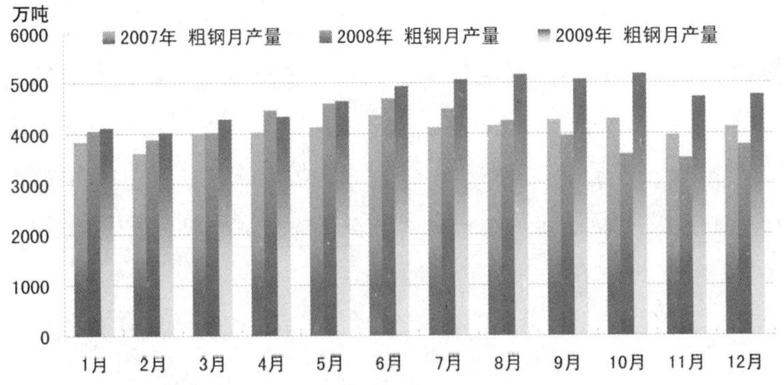

图2 2007–2009年粗钢月产量对比

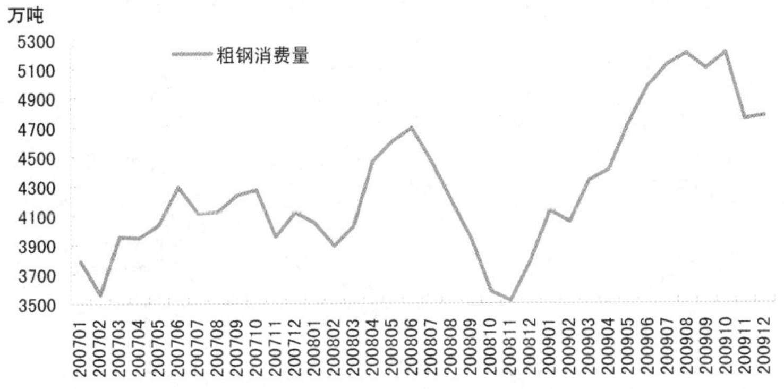

图3 2007–2009年粗钢月表观消费量对比

北方：北方一直是焦炭市场的敏感地带，因为有焦炭大省山西和钢铁大省河北的存在，市场变动最快，反应最灵敏。2月初，北方各地区焦炭市场均春意浓浓，焦炭价格继续节前的涨势，上涨幅度均为100-200元/吨，二级冶金焦临汾地区1800元/吨，唐山地区为1900元/吨，焦炭企业频繁上调焦炭出厂报价的主要原因是作为焦炭原料的炼焦煤供应偏紧，使得焦炭产量跟不上钢厂的消耗。然而，2月下旬

至3月份，焦炭市场进入下滑轨道，焦炭价格飞流直下，一度跌至1450元/吨左右，之后，随着钢材市场的起起伏伏，北方焦炭价格也忽涨忽跌，11月份由于煤价的上涨以及运输影响，北方焦炭价格普涨80元/吨左右，现山西二级冶金焦1580-1600元/吨，出厂含税价；河北二级冶金焦1680-1700元/吨，到厂价；东北二级冶金焦1550-1600元/吨，出厂含税价。

华东：华东焦炭市场在2009年也不可避免地经历了弱势和起伏不定的局面，而且反应也相当之快。2月初，华东地区焦炭市场运行相当乐观，焦炭价格居全国首位，二级冶金焦指导价格为1900元/吨，然而2月中下旬，焦炭市场弱势信号首先在华东地区突现，焦炭价格开始大幅回落，在3月份逐步跌至1450元/吨左右，后期钢市时好时坏，华东焦炭市场也紧跟钢材市场的步伐，但是由于资源有限以及钢厂消费较多，华东地区焦炭价格一直处于全国高位，12月份华东二级冶金焦1750元/吨左右，出厂含税价；一级冶金焦1850元/吨，销售状况乐观，后期仍有望探涨。

中西部：中西部地区焦炭市场由于精煤资源丰富，原料成本压力较小，焦炭价格一直处于低位，2月初，在全国其他地区焦炭价格如火如荼的上演上涨大戏的时候，中西部焦炭价格也上涨50-100元/吨左右，云贵二级冶金焦达到1650元/吨，河南达到1900元/吨，出厂含税价。而在钢市恶化，焦炭价格纷纷跳水之时，中西焦炭市场也不可能独善其身，云贵焦炭价格一度跌至1300元/吨左右，之后很长一段时间持续徘徊在1400元/吨左右。12月份，钢市企稳，精煤价格由于资源紧缺大幅上调，支撑各地焦炭价格不断走高，现贵州二级冶金焦1550元/吨左右，河南二级冶金焦1700-1750元/吨左右，均为出厂含税价，成交顺畅。

四、2010年焦炭市场预测

从市场形势观察，长期来看，2009年中国粗钢产量已达5.67亿吨，产量高幅增长，产能严重过剩；而焦炭全年产量将达3.5亿吨左右，同上年基本持平，钢材市场价格的波动，将会使明年的焦炭价格低位徘徊，淘汰落后和结构调整将加快进行。尽管目前的焦炭后市已无价可降，但是国内煤价仍处高位，随着海运费的增加以及国际煤价的上涨，国内外炼焦煤差价缩小,进口焦煤不会大幅度增加，国内煤价将高位坚挺，焦化企业成本增加，多数焦化企业仍将处亏损边沿生产经营。因此焦化行业仍应坚持减产限产，才能在逆境中求生。2010年钢材市场的走势也仍将是焦炭市场命运的决定性因素。□

2009年废钢铁产品市场概况及分析

概述：2009年是不平凡的一年，走过危机，我国钢铁工业持续发展，粗钢产量达到5.68亿吨，相比2008年增加约6700万吨，废钢需求也稳步增加。由于2009年全球各国都力图摆脱经济下滑的泥潭，各种经济和政策措施及时和有力，得益于此，国际经济复苏渐趋明朗。经过了2009年的波澜起伏，随着宏观经济的稳步上升，可以预计2010年市场环境将会更好，但同时也充满了诸多的不确定性，市场复杂性不言而喻。不过供求关系仍是市场的主线，2010年我国废钢资源供应紧缺的形势不会改变，进口矿价格大幅上涨的预期和国际废钢价格的行情演变都将对我国废钢市场产生重要影响。预计2010年国内废钢市场将相对稳健、合理地运行，行业发展前景良好。

一、废钢铁国内产量情况

1．2009年我国废钢铁资源供需状况

(1) 2009年我国废钢铁市场的需求状况

2009年我国粗钢产量稳步增长，其中7-10月连续四个月月产量超过5000万吨。据统计，1-12月份，我国粗钢产量为56784.2万吨，比去年同期增长6753.09万吨，同比增长13.5%，按2008年废钢铁平均单耗144kg/吨钢测算，2009年炼钢用废钢铁需求总量为8200万吨左右。

(2) 2009年我国废钢铁资源供应状况

2009年我国粗钢产量为5.68亿吨，根据2008年全国钢厂平均自产废钢率为5.7%同比测算，钢厂自产废钢量约3200万吨；2009年钢厂社会废钢采购量约4600万吨，以上两项合计国内废钢产生量约7800万吨左右。2009年我国废钢进口量为1369万吨，是2008年的3.8倍（2008年我国共进口废钢359万吨），可谓爆发式增长。

(3) 2009年我国废钢铁市场资源平衡情况

2009年我国粗钢产量稳步增长，其中7-10月连续四个月月产量超过5000万吨。据国家统计局相关统计，1-12月份，我国粗钢产量为56784.2万吨，按2008年废钢铁平均单耗144kg/吨钢测算，2009年炼钢用废钢铁需求总量为8200万吨左右。国内废钢资源量为7800万吨，进口量为1369万吨，废钢铁的表观供应量为9169万吨。考虑到废次材的销售、设备制造业、铸造业，小五金行业对废钢的应用，以及小钢厂对废钢资源的消耗，预计我国废钢缺口仍在600万吨左右。

2．2009年我国生铁资源供需状况

生铁市场经历了2008年的快涨猛跌，2009年反应相对理智，产量方面，则随着粗钢的增长而稳步增长。据国家统计局生产统计数据：2009年全年我国生铁、粗钢产量累计分别为54374.8万吨、56784.2万吨，较去年同期分别增长15.9%、13.5%，可见生铁的增长大于粗钢的增长。

根据mysteel市场跟踪显示，生铁市场自2008年11月份开始回暖，价格由1月初的2600元/吨(以主导市场山东为例)，攀升至2月份2750元/吨的高点，之后下滑，4月底5月初回落至2320元/吨，之后持

续攀升至8月中旬3100元/吨的高位，此后随着钢材价格的下跌而回落，总体呈现区间波动的价格走势。

二、废钢铁进出口分析

1．2009年国际废钢铁市场震荡盘升

自2008年下半年开始，美国次贷危机引发的全球经济危机愈演愈烈，经济环境持续恶化，市场需求急剧下降，钢铁行业遭受重创，价格连续低迷下挫，钢厂的减产和出口需求的降低迫使废钢价格随之下跌，10月底跌至谷底，此后，随着全球各国央行和政府携手推出力度空前的金融和财政刺激计划，世界各主要经济体逐渐复苏，废钢价格也触底反弹。2009年国际废钢市场总体呈现震荡盘升的运行态势，其间由于经济复苏的不稳固和反复性，废钢市场行情波动起伏，但得益于全球经济复苏前景渐趋明朗，国际废钢价格攀升之势有望延续。

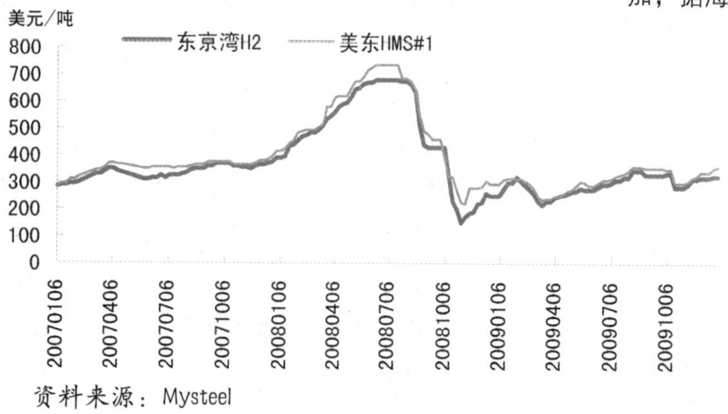

资料来源：Mysteel

图1 2007～2009年我国废钢铁进口价格走势

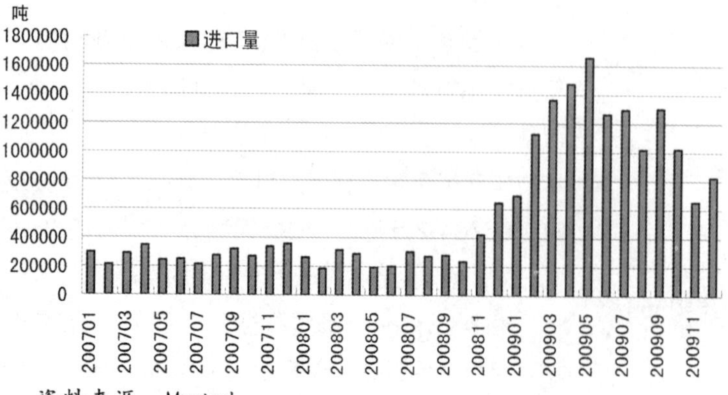

资料来源：Mysteel

图2 2007～2009年我国废钢铁进口量统计

以我国进口美国HMS1号(CIF)价格为例，年初行情持续攀升，1月底曾涨至315美元/吨，之后骤然下滑，3月底达到今年以来240美元/吨的最低点，之后又稳步上涨，8月中旬达到360美元/吨的高点，之后表现相对稳健，不过10月又骤然下跌，回落至300美元/吨，然11月份开始又趋于向上，12月底回升至360美元/吨。由上可见，2009年国际废钢市场表现为震荡盘升的运行态势。

2．2009年我国废钢铁进口量爆发式增长

自2005年下半年开始，我国进口废钢数量持续萎缩，呈现逐年递减的现象，2008年由于国际废钢价格的深幅下跌，临近年底我国废钢进口出现复苏的迹象，进口量增加明显。2009年进口量则大幅增加，据海关统计数据，2009年我国进口废钢共计约1369万吨，是2008年的3.8倍（2008年我国共进口废钢359万吨），创下近年来的最高，可谓爆发式增长，也在一定程度上弥补我国废钢资源的缺口。这主要得益于2008年下半年，受国际金融危机影响，国际废钢价格大幅跳水，为我国废钢进口提供了良好的契机，国内钢厂和贸易商抓住机遇，瞄准行情，果断决策，从日本、美国、欧洲等国家以及香港地区进口废钢，使得进口废钢量大幅上涨，创下近年来的历史最高。不过，自2009年11月份以来，随着国际经济的回暖，钢厂开工率提升，国际废钢价格也持续攀高，导致我国进口废钢操作可能性下降，复苏的进口废钢市场可能难以持续，预计未来中国进口废钢量将趋于下降，2010年进口废钢对我国废钢资源缺口补充减弱。

三、废钢铁价格走势分析

从我国废钢与螺纹钢近几年的价格对比来看，废钢和螺纹钢的市场走势基本一致，分析废钢市场须关注和考察螺纹钢市场的发展变化。如图3所示，2009年螺纹钢市场可谓跌宕起伏，波动较为频繁，走出“W”形运行曲线，废钢市场总体走势大体如是。根据mysteel市场跟踪数据，2009年1月初废钢、螺纹钢价格分别为2370元/吨和3550元/吨，升至2月份高点时这组数据分别为2770元/吨和3790元/吨，各自上涨了400元/吨和240元/吨，此后下滑至2340元/吨和3240元/吨，8月份各自反弹至2920元/吨和4450元/吨的高点。从这些数据分析可见，废钢价格的上涨和下滑直接受到钢材市场的影响，2009年由于市场影响因素复杂且不确定性较大，行情可预见难度加大。

综上所述，2009年我国废钢市场在国内资源总体仍供应紧张，国际废钢价格震荡盘升，进口废钢量大幅增长，生铁和钢材价格波动较为频繁等因素的影响下，经历了“W”型的行情演变，预期在2010年宏观经济更为稳定的情况下，总体表现市场也将运行更为合理和成熟。

四、2010年废钢铁市场预测

1. 2010年我国废钢铁资源的供需状况

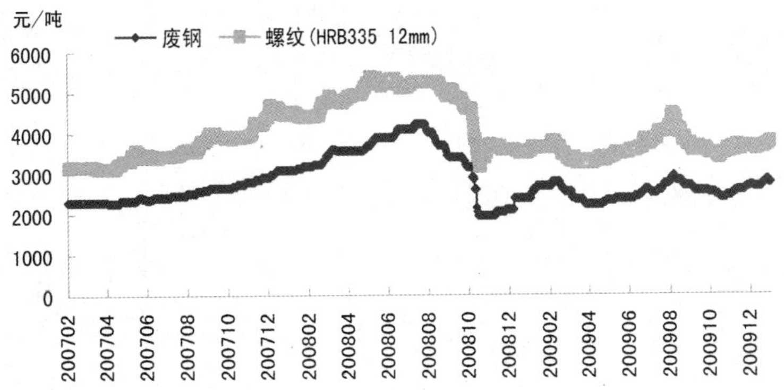

资料来源：Mysteel

图3 2007～2009年废钢、螺纹钢走势对比

(1) 2010年我国废钢铁市场的需求状况

近年来随着我国工业化、城市化进程的演进，钢铁行业发展快速，粗钢产量大幅增加，废钢资源供不应求，每年缺口都达到1000万吨左右。按照相关机构统计，2009年上半年我国炼钢用废钢平均单耗水平为135kg/吨钢，比2008年全年144kg/吨钢的单耗水平有所下降，下半年，随着国家4万亿投资效果的呈现以及宏观经济的稳步向好，三、四季度钢材市场总体表现较好，钢厂生产和废钢需求都相对正常，预计炼钢用废钢单耗水平不会有大的变化。

考虑到2010年钢铁生产受宏观形势影响，以及资源、能源、环境制约，国际市场贸易保护主义影响加深，以及社会库存的不确定性等因素，相关机构预计2010年中国粗钢产量将突破6亿吨，若以粗钢年产量6.3亿吨，炼钢用废钢单耗水平为135kg/吨钢计算，2010年炼钢用废钢需求在8500万吨左右。再加上设备制造业、铸造业，小五金行业对废钢的应用，以及小钢厂对废钢资源的消耗，我国废钢需求总量预计达到9500万吨左右。

(2) 2010年我国废钢铁资源的供应状况

按照2000年以来我国废钢年平均递增量测算，预计2010年钢厂社会废钢采购量约4800万吨；据统计，2009年上半年钢厂自产废钢在1300万吨左右，低于去年同期，如此计算，钢厂自产废钢占粗钢产量的4.92%，按全年粗钢产量为5.68亿吨来测算，2009年钢企自产废钢总量约为2800万吨左右，年底检修可能会增加废钢的产生量，照此推算，2010年粗钢总产量以6.3亿吨计算的话，钢企自产废钢在3100万吨左右。

综上所述，按照我国废钢资源供需情况的测算，2010年国内废钢市场资源缺口仍在1000万吨以上，这将有赖于进口废钢的补充，但考虑到国际经济回暖上涨，废钢需求量增加，价格将持续攀高，2010年进口废钢量将下降，资源供应紧张仍将对废钢价格形成稳健的支撑。

2．2010年废钢铁市场的发展趋势

2009年是新世纪以来我国经济发展最为困难的一年，经过了跌宕起伏，宏观经济稳步上升，但2010年将是最为复杂的一年，发展环境虽然有可能好于去年，但是面临的形势则是极为复杂，各种积极变化和不利影响此长彼消，短期问题和长期矛盾相互交织，国内因素和国际因素相互影响，经济社会发展中“两难”问题增多，市场存在诸多不确定和风险因素。但总体而言，供求关系仍是市场的主线。2010年我国废钢资源供应紧缺的形势预计不会改变，进口矿价格大幅上涨的预期和国际废钢价格的行情演变都将对我国废钢市场产生重要影响。

目前来看，世界经济有望恢复性增长，国际金融市场渐趋稳定，经济全球化深入发展的大趋势没有改变，世界经济格局大变革、大调整孕育着新的发展机遇。我国经济稳定发展的趋势仍较明朗，国家新一轮宏观调控政策将以“稳增长、促内需、调结构”和“防通胀”为宏观调控的基本取向，2010年国内生产总值力争增长8％左右，可以推断，我国经济将继续呈现积极向好态势。综合以上分析，预计2010年国内废钢市场将相对稳健、合理地运行，行业发展前景良好。□

2009年铁合金产品市场概况及分析

概述：2009年全年铁合金累计总产量达2209.36万吨，同比增长20.4%；出口144.32万吨，同比减少158.31万吨，金额为230463.7万美元；进口量为260.1万吨，同比增加128.61万吨，金额为496940.3万美元。从2009年全年走势来看，年初各合金品种均延续2008年末趋弱走势，金融危机余波暂未消除，各合金品种持续疲软，而下半年随着国家适度宽松货币政策的执行及金融危机的逐步缓解，各合金品种才出现回暖走势，但出口市场却一直未有起色，较之2008年出口额大幅下降，但进口量却大幅增加，铁合金进口量超越了出口量，国内合金出现了供大于求的局面。

一、铁合金国内产量情况

2009年生产粗钢56784万吨，同比猛增6745万吨，增幅13.46%。2009年铁合金产量爆增319.83万吨（增幅16.8%），铁合金产量年增长幅度高出粗钢年增长幅度3.37%。铁合金产量大幅超过需求，呈现严重过剩。如果认为2008年钢铁与铁合金之间关系发展较为正常。可以用2008年吨钢的铁合金消耗量32.5 kg计算2009年粗钢生产需求的铁合金数量：1848.89万吨。据海关统计数据整理结果，2009年铁合金净进口数量为112.4万吨。2009年供应市场的铁合金数量，与净进口量之和为2332.7万吨。市场供应量超过需求的铁合金数量为：2332.7-1848.89=483.71万吨。2009年铁合金市场供应量超过需求约480余万吨，这就是2009年中国铁合金市场始终处于疲软和价格下行走势的真正原因。2009年上半年铁合金企业设备开工率约为50%-60%。6、7月份，企业设备开工率提高到60%-70%，8月份曾一度达到80%-90%，但9月份又有所回落。由于市场竞争激烈，不少铁合金企业生产经营处于无利或亏损状态，被迫减产或停产，造成这种状态出现的根本

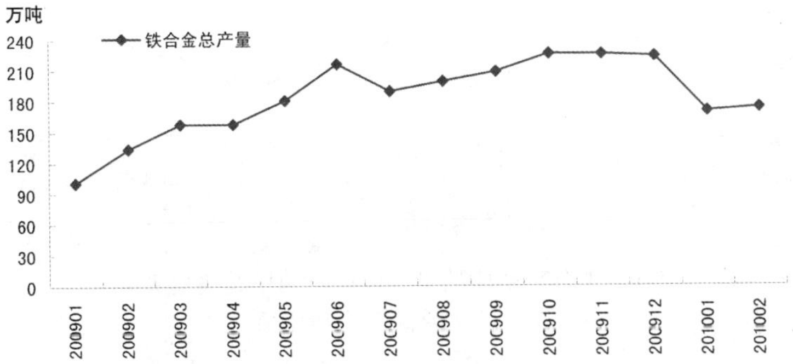

图1　2009年-2010年2月国内铁合金产量

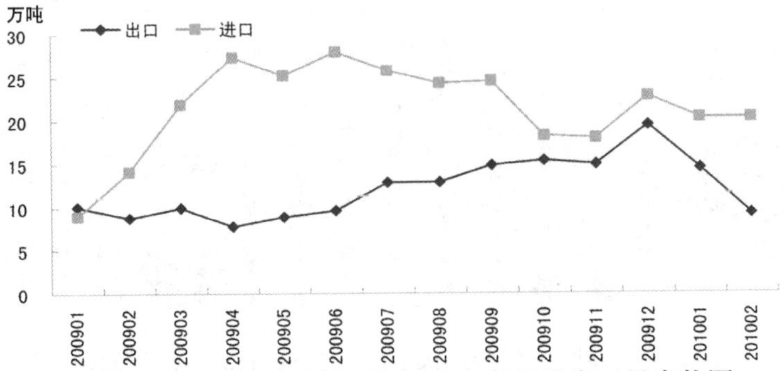

图2　2009年-2010年2月国内铁合金产品进出口量走势图

原因是铁合金行业的产量严重过剩。

二、铁合金进出口情况分析

2009年我国铁合金出口数量累计为144.32万吨，同比上年的302.6万吨减少52.3%，出口总金额为230463.7万美元，同比上年的593012.51万美元减少61.1%；进口数量累计为260.1万吨，同比上年的131.49万吨增加97.8%，进口总金额为496940.3万美元；同比上年的269278.94万美元增加84.5%。

受2008年金融危机的影响，2009年全球经济处于缓慢复苏阶段，而中国在4万亿投资的带动下，经济恢复好于其他国家，国内钢厂开工率较高，而国际市场比较低迷，故出口市场比较低迷，而进口市场则比较活跃。2009年我国铁合金共出口144.32万吨，同比上年的302.63万吨下跌52.3%，出口累计金额为230463.74万美元；铁合金共进口260.09万吨，同比上年的131.49万吨增长97.8%，进口累计金额为496940.28万美元。

出口市场：受国际金融危机影响，2009年全球粗钢产量同比下降，从而直接影响了我国铁合金的出口量，另外出口限制政策抑制了企业出口积极性，而且内需市场的活跃也分流了出口不畅的压力。2009年铁合金出口市场呈现以下特点：①出口量震荡上扬。2009年我国铁合金出口量从1月份的8.98万吨，一路震荡上扬，从4月份开始，我国铁合金出口量连续9个月环比增长，12月份出口量创下年内单月最高纪录，达到19.45万吨，同比增加42.39%，环比增长30%。②主要出口市场为日本、韩国和中国台湾省。2009年我国对日本出口铁合金51.95万吨，下降54.46%；对韩国出口31.52万吨，下降17.13%；对我国台湾省出口8.08万吨，下降51.41%。对上述3个市场的出口占同期我国铁合金出口总量的63.93%。③2009年我国出口硅铁44.7万吨，下降65.1%，占同期我国铁合金出口总量的30.97%；出口铬铁22.5万吨，下降48.6%；出口硅锰11.5万吨，下降84.5%。

进口市场：因我国4万亿投资计划的推动，国内对钢材的需求较好，钢厂生产积极性比较高，再加上国际部分合金品种价格明显低于国内，故进口产品冲击国内市场，其中铬铁首当其冲。2009年我国铬铁共进口217.59万吨，占我国铁合金进口总量的83.66%，同比增加94.24%，进口金额为179334.98万美元；其中高碳铬铁累计进口216.36万吨。2009年主要从哈萨克斯坦、印度和南非分别进口铬铁62.8、33.97和96.07万吨。2009年全年共进口铬矿为675.57万吨，其中南非铬矿262.63

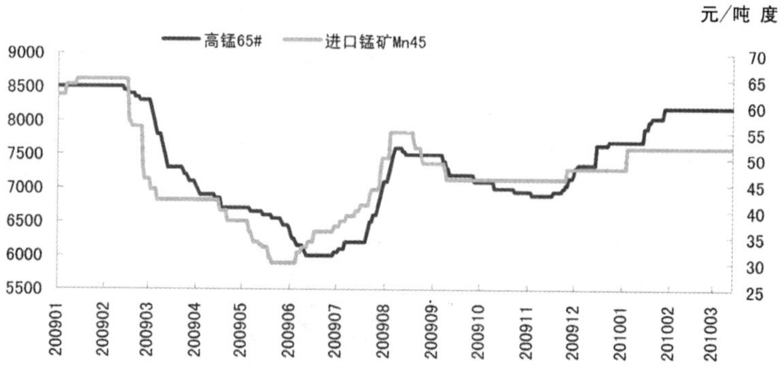

图3 2009年–2010年3月进口巴西中粒度锰矿和国内高碳锰铁价格走势

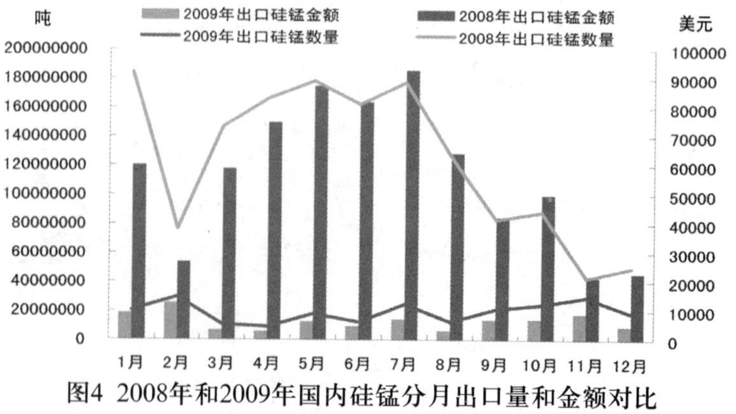

图4 2008年和2009年国内硅锰分月出口量和金额对比

万吨，土耳其矿128.26万吨，阿曼矿48.17万吨。锰矿进口总量为961.76万吨，其中澳大利亚锰矿294.05万吨，南非矿229.19万吨，加蓬矿97.63万吨。镍矿累计进口1642.09万吨，其中印尼镍矿714万吨，菲律宾镍矿871.95万吨。镍铁累计进口22.81万吨。铌铁累计进口量为18322.279吨，其中巴西产铌铁11843.559吨，新加坡铌铁5263.386吨。

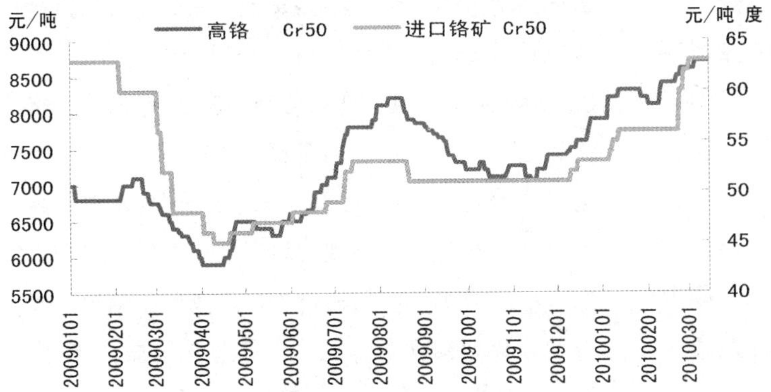

图5 2009年–2010.3月进口印度铬矿和国内高碳铬铁价格走势

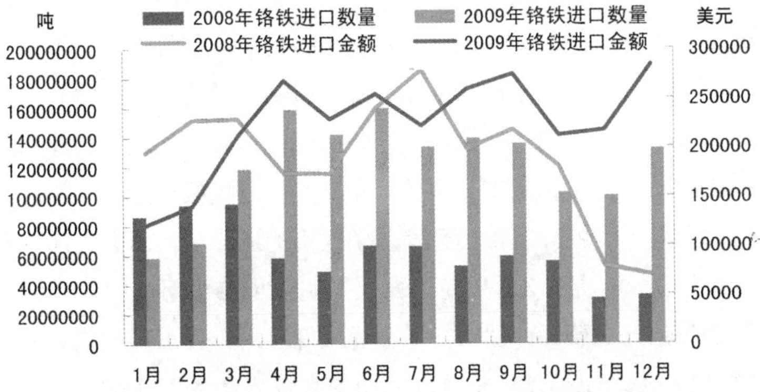

图6 2008、2009年国内铬铁分月进口量和金额对比

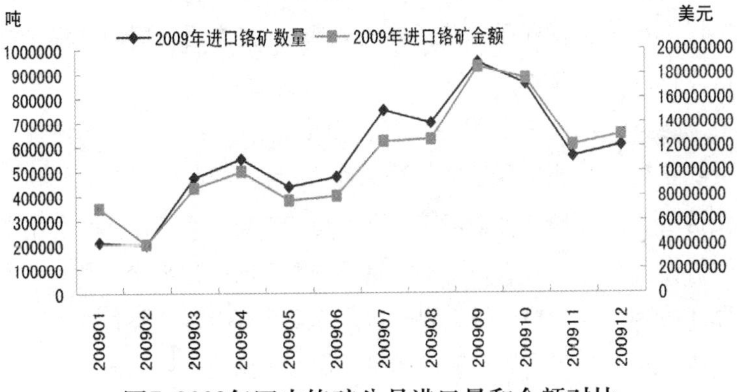

图7 2009年国内铬矿分月进口量和金额对比

三、铁合金价格走势分析

钼铁市场：2009年国内钼价低位运行，但是主要产品走势大起大落。国内钼产品价格呈现“W”型。年初钼产品价格承接2008年大跌态势，受大量进口氧化钼原料冲击，国内钼产品价格持续下行，至2009年春节前后，市场止跌平稳。其后市场受一些传统季节性购买因素影响，小幅波动。至4月中旬，60计价钼铁国内市场价格达到历史最低9.4万元/吨，45%钼精矿为1500元/吨度。4月以后，国外市场率先上涨，拉动国内钼价上行，至6月中下旬攀升至11.8万元/吨左右。7月份，国外钼价已经高于国内价格，进口氧化钼缺乏竞争力，而此时国内大部分选厂减停产严重，市场陷入短期供不应求状态，大量炒家介入市场。至8月中下旬，60计价钼铁价格最高达到18.8万元/吨，而45%钼精矿达到2800元/吨度。钼铁日均涨幅在2000元/吨。8月以后，中国市场受钼精矿产量大增影响，原料价格得到平抑，国际、国内钼价随之回落，并步入缓慢下滑趋势。10月份以后市场调整还在进行中，但是幅度已经减小。12月份国内钼市场震荡上行。截至月底，60号钼铁报13.5万元–14万元/吨，45%以上钼精矿报1970–2000元/吨度。而后随着国际钼铁价格上涨，国内矿山抬高报价，钢厂逐渐入市采购，招标价格上涨，市场成交渐活跃，钼铁厂报价上扬，低价惜售。钼精矿原料方面，虽然库存积压较多，但是矿山惜售心

态浓厚，低价成交难，报价逐渐上扬；钼铁方面，多数厂家现货资源尚可，虽然成交情况并不理想，但是在原料涨价和对后市看涨的预期下，钼铁厂也较惜售；钢厂方面，12月钢厂采购数量尚可，采购价格从月初的12.2万元/吨到月底的13.5万元/吨。国际市场，欧洲桶装氧化钼现货价格从11-11.6美元/磅涨至11.8-12.3美元/磅；65%-70%钼铁从26.5-27.5美元/千克钼涨至29-30.5美元/千克钼。

硅铁市场：经过了2008年大涨大落的市场行情后，2009年国内硅铁市场价格始终保持在5000-6000元/吨的合理幅度中，最高涨点为2009年8月中旬的6000-6200元/吨，主要原因是下游金属镁市场需求旺盛所致，加上内蒙古大部分硅铁企业都处关闭状态，市场现货紧俏，此外，钢厂市场当时的走势还属不错。而到了9、10月份，国内硅铁市场逐渐走低，失去了下游需求的有力支撑后，市场行情一路下滑到5400元/吨，11月份，随着电费上涨文件的出台，又使得国内硅铁市场重回上升通道，短短一周，市场价格就上涨了近300元/吨，到了5700元/吨。12月份国内硅铁市场先稳后大幅上涨，中旬甘肃优惠电价取消，电费上涨0.1元/度，青海地区电费上涨0.02元/度，因此12月国内硅铁市场价格上涨速度较快，到了月末市场才稍显稳定。截至12月底，西北地区FeSi75-A市场主流价格在6100-6400元/吨，FeSi75-C出厂价格在5900-6200元/吨，12月75-A硅铁价格较11月底上涨了500-600元/吨，各地报价较为混乱。12月底国内大部分硅铁外销企业75-A出口报价在1250-1270美金/吨（FOB），外销市场价格较11月末上涨50-70美金/吨，外销价格随着内销市场走势而升，询盘虽多但需求冷清。11月各地电费已普涨2分，12月中旬甘肃电价又突涨0.1元/度，使得不少当地硅铁厂家措手不及，甘肃地区报价全面暂停，其余地区市场观望氛围浓厚，内蒙古市场也开始蠢蠢欲动，整体来看2009年国内硅铁市场，大体走势稳中有涨，硅铁大厂和中小企业两级分化局面仍存在，整年产量继续增加，钢厂、贸易商、铸造厂、镁厂等各类下游市场走势不容忽视。

锰系市场：纵观2009年，国内锰系合金生产企业效益并不乐观，高昂的进口锰矿价格、精明的钢厂采价、并不支持的政策导向，尤如三座大山压着锰系企业，较多厂家只能在夹缝中求生存，可谓缝缝补补又一年，较多锰系企业还是生存了下来，但也有不少企业被淘汰。锰系合金价格自2008年的最高点滑落下来后，2009年就一直处于低位徘徊，年末国内硅锰（FeMn65Si17）市场主流报价在8250-8500元/吨，基本回到了2009年初的价格，高碳锰铁（65号）和中碳锰铁（FeMn78C2.0）市场价格分别在8100元/吨和10300元/吨左右。纵观2009年国内锰系的表现，均在低位区间内徘徊，年初市场延续2008年底的走势，市场开工情况一般，各地市场成交稍有起色，而春节长假后，BHP公布了二季度中国锰矿市场的价格，在2008年的基础上下调了60%-65%，市场一片哗然，随后，港口进口锰矿商家逐步调整报价，非主流矿大幅下跌，且由于较多硅锰厂家矿石储备较足，加之后期走势不明，硅锰厂家开始抛售硅锰现货，较多企业完全以销定产，不惜减少产量，以降低风险，刚有起色的硅锰市场又陷入了跌价的泥潭中，而雪上加霜的是，3月中旬，发改委叫停地方优惠电价，类似内蒙等前期执行电费优惠均取消，锰系厂家成本又有所上涨，3月中后期国内较多锰系厂家难以支撑，纷纷选择关停，而大厂只亏本供应老客户，市场又刮起了一阵关停的风暴，5月左右，国内硅锰价格基本跌至谷底，较之年初有2000元/吨左右的下调，随着时间的推移，由于关停企业多，市场现货逐步出现了紧张的局面，7月开始，由于锰矿价格低廉，且钢厂需求还不错，市场锰系厂家逐步有所重新开工，但仍满足不了钢厂的大量需求，锰系市场价格一度出现千余元的上涨，但好景不长，随着市场开工厂家的增多，供大于求的矛盾又开始显现，锰系市场价格在达到了全年的最高点后，又开始了新一轮的下跌，随后国外矿山提高了对华的报价，加之国内西南地区进入了枯水期，各家电费成本又出现了上扬，市场价格又重新缓步走高，但终究由于钢材行情一般，钢厂采购价不高，年末仍维持疲软运行。

铬铁市场：2009年的铬铁合金市场整体小幅上扬，但其中也不乏起起伏伏、跌跌撞撞。由于2008年的金融危机爆发影响，国际市场的铬铁需求有所下降，全球的高碳铬铁供应商所积压的大量库存无处出售，资金压力着实增加。为了缓解资金压力，大量的进口铬铁降低销售价格涌入国内，因为我国是铬矿资源缺乏国，97%的铬矿依赖进口，对于急于回拢资金的国外商家没有任何招架之力，不少国内生产厂家万般无奈之下在2009年后选择停产待销来减少亏损。4月份价格降至低点。进入4月后半期，全球各国开始实施对于金融危机的应对政策，在各国政府的扶持下，个别市场铬铁需求开始缓慢恢复，国外供货商又开始应对国际市场，开始安排生产计划。而国内供货商受到的压力也相对开始减少，不少厂家开始复产，价格也开始上调。但好景不长，因为对于国际市场需求恢复的错误估计，使得全球市场供需情况再次出现供过于求的局面，而中国政府的大力支持加上适度宽松的货币政策，众多的数据显示我国是从金融危机中恢复最快的国家，因此在年前又有大批的进口铬铁涌入国内市场。迫使年前国内的高碳铬铁再次下调。这也是为何2009年进口铬铁数量多出100万吨左右的主要原因。整个2009年中低微碳铬铁市场成交也不景气，价格只能随着原料高碳铬铁的价格起起伏伏。

四、未来市场预测

钼铁市场：预测2010年世界范围内特钢、不锈产品的需求会获得一个大力的提高，钼市场有望获得一个大的发展。但目前国际国内市场上钼产品库存量较大，对于价格上涨构成了一定的阻碍。随着铜价、不锈钢等密切关联产品市场的不确定性，钼铁、钼精矿、氧化钼等钼初级产品价格也可能出现大起大落的情况。

硅铁市场：2009年国内硅铁市场价格受到电价调整的影响一路小涨，但整年的价格水平仍维持在75-C5800-5900元/吨出厂含税自然块，钢厂定价也始终在6300-6500元/吨到厂的水平上。2009年国外需求不明显，外销出口市场并不景气。预计2010年硅铁市场走势，仍离不开电费等成本的制约，离不开终端需求的影响，这两大因素是明年市场变化的关键，2010年市场我们仍理性看好，预测整体发展趋稳，2010年国内外两个市场的消耗数量和平均价格水平比2009年将会明显提高。特别是从第二季度开始，随着欧美等国钢铁产能复产率的进一步提高，对中国硅铁的依赖程度随之加大，中国硅铁的价格可能会在下半年有所上调。另一方面，我们也应看到，国家对高能耗企业的制约，倡导低碳、节能，各方面政策的不断收紧，硅铁作为高能耗产业之一，未来发展也将受到较大的挑战。

锰系合金：2010年，较多合金企业表现出了期待，又略显谨慎地表达了各自的观点，先从进口锰矿方面来看，虽BHP对华1季度价格基本维持稳定，但由于铁矿石谈判如火如荼展开，海运费持续走高，使得外盘锰矿价格持续上扬，同样，国外矿商也表示出看好中国市场的发展潜力，对于锰矿需求量巨大，单从2009年全年硅锰产量就可以看出，较之2008年全年产量就有200万吨的增加，所以国外各锰矿产地不会轻易在价格上有所让步，2010年的锰系合金价格同样受锰矿成本牵制。其次从钢厂方面来看，2009我国粗钢产量达到5.678亿吨，而铁合金产量则达到了2209万吨，超过2008年的产量20.4%，钢材在2010年的价格可能不会出现前几年的大涨大跌，由于社会钢材库存高，国家可能出政策淘汰落后炼铁产能，锰系合金的供大于求局面仍难解决，且价格方面可能会继续严加控制，因从今年来看，铁矿石、焦炭等也是困扰钢厂利润的主要方面，钢厂也只能从控制其他原料来入手。最后从政策导向来看，由于铁合金企业是高污染、高耗能企业，国家并不支持，但考虑到税收及就业情况，政府只能从环保及电费来调控合金企业的发展及生存，由于2010年1季度，西南干旱严重，拉电险闸影响正常生产，加之环保政策及电费调控将更加严格，从侧面增加了合金企业生存的难度。所以，可以预见的是，2010年，合金企业的发展与生存将面临更加严峻的考验，但同时也充满着机遇与发展，但由于锰系企业的分散性，绝对的话语权很难回到锰系生产企业的手中，2010年很可能继续受到钢厂的压力及进口锰矿的牵制。

铬铁市场：就年前年后市场来看，国际市场复苏情况较为乐观，国际市场铬铁需求有了明显的增加，加上欧美市场以及亚洲市场的不锈钢厂家铬铁储存量有限，在年后进口铬铁的外盘报价有了不少的上调，上调幅度将近30美分。此价格带动了我国铬铁市场的价格上扬，加上国内钢厂看好后市，采购价格的上调，国内市场也走出了不错的涨势。虽然国际市场4月迎来2季度的采购价格，报价会保持坚挺，但从下游不锈钢市场的情况来看，不锈钢的终端消耗并不乐观，各地市场的库存都有明显的增加，若后期无法带动不锈钢的内需消耗，不少民营不锈钢企业在5月份面对高原料价格以及不锈钢库存的双重压力可能会压产或者减产。其次，虽然目前不少铬铁生产厂家手上铬铁库存较少，但是大量铬铁库存捏在贸易商手中，整体的库存依然供过于求。5月国内南方地区丰水期将至，加上不锈钢企业的需求减少，铬系合金市场将受到一定的冲击，将会出现一波调整走势。而从国际市场的恢复情况来看，国内市场受到原料等各方面的因素影响，市场将走出和2008年相近的趋势，整体价格会上扬，但是幅度有限。□

第四篇

国内钢铁、贸易相关政策法规

中华人民共和国商务部公告

2008年第108号

根据《2009年焦炭出口配额申报条件和申报程序》（商务部公告2008年第76号），现公布2009年焦炭出口企业名单（见附件）。

中华人民共和国商务部

二〇〇八年十二月九日

附件：

2009年焦炭出口企业名单

一、一般贸易出口企业

（一）贸易企业

1. 中国中化集团公司
2. 中国中钢集团公司
3. 中国五矿集团公司
4. 中煤焦化控股有限责任公司
5. 山西明迈特实业贸易有限公司
6. 山西大典商贸有限公司
7. 山西中巴贸易有限公司
8. 宝钢资源有限公司
9. 山西大晋国际（集团）股份有限公司
10. 山西三联正丰国际贸易有限公司
11. 山西中瑞贸易有限责任公司
12. 山西远翔煤焦有限公司
13. 北京中亚富利国际贸易有限公司
14. 山西安泰国际贸易有限公司
15. 北京五矿利国国际贸易有限公司
16. 天津洲丽煤焦化工有限责任公司
17. 天津俊安煤焦化工有限公司

（二）生产企业

1. 山西省天利实业有限公司
2. 山西省晋康进出口有限公司
3. 孝义市金晖煤焦有限公司
4. 山西大土河国际贸易有限公司
5. 青岛焦化制气有限公司
6. 孝义市金岩电力煤化工有限公司
7. 山西鑫升焦化集团有限公司
8. 山西通洲贸易有限公司
9. 山西焦化股份有限公司
10. 山西焦炭集团国际贸易有限公司
11. 旭阳控股有限公司
12. 山西亚鑫煤焦化有限公司
13. 太原市梗阳实业集团有限公司
14. 山西太兴集团有限公司
15. 山西茂胜煤化集团有限公司
16. 上海焦化有限公司

（三）西部推荐企业

1. 新疆国际实业股份有限公司

2. 陕西富邦进出口实业有限公司
3. 新疆大黄山鸿基焦化有限责任公司
4. 宁夏恒昌顺贸易有限公司

二、边境贸易出口企业

1. 河口昆钢进出口有限公司
2. 西双版纳对外经济贸易有限公司
3. 延边天池工贸有限责任公司
4. 延边海华进出口贸易有限公司
5. 丹东鸿祥实业发展有限公司
6. 丹东中威工贸有限公司
7. 广西粤强进出口有限公司
8. 广西龙州县边境贸易总公司
9. 新疆阿拉山口欣克有限责任公司
10. 新疆国际实业股份有限公司
11. 新疆大黄山鸿基焦化有限责任公司
12. 五家渠欣垦商贸有限责任公司

国务院关税税则委员会关于2009年关税实施方案的通知

税委会[2008]40号

海关总署：

《2009年关税实施方案》已经国务院关税税则委员会第三次全体会议审议通过，并报国务院批准，自2009年1月1日起实施。

特此通知。

二OO八年十二月十五日

附件：

2009年关税实施方案

一、进口关税调整

（一）根据我国加入世界贸易组织承诺的关税减让义务，对进口关税作如下调整：

1.降低“进口税则”中鲜草莓等5个税目的最惠国税率（见附表一），其余税目的最惠国税率维持不变。调整后，2009年关税总水平为9.8%。

2.对9个非全税目信息技术产品继续实行海关核查管理，税目税率不变。

3.对小麦等8类45个税目的商品实施关税配额管理，税目和税率不变。对配额外进口的一定数量棉花实施滑准税。对尿素、复合肥、磷酸氢二铵三种化肥实施1%的暂定配额税率（见附表二）。

4.对冻鸡等55种商品实施从量税、复合税。其中，调整了11个胶片税目的从量税税率（见附表三）。

（二）对冷冻的格陵兰庸鲽鱼等部分进口商品实施暂定税率（见附表四）。

（三）根据我国与有关国家或地区签署的贸易或关税优惠协定，对有关国家或地区实施协定税率（见附表五）：

1.对原产于韩国、印度、斯里兰卡、孟加拉和老挝的1751个税目商品继续实施“亚太贸易协定”协定税率；

2.对原产于文莱、印度尼西亚、马来西亚、新加坡、泰国、菲律宾、越南、缅甸、老挝和柬埔寨的部分税目商品继续实施中国-东盟自由贸易协定税率；

3.对原产于智利的6978个税目商品继续实施中国-智利自由贸易协定税率；

4.对原产于巴基斯坦的6191个税目商品继续实施中国-巴基斯坦自由贸易协定税率；

5.对原产于新西兰的6989个税目商品继续实施中国-新西兰自由贸易协定税率；

6.对原产于新加坡的2739个税目商品开始实施中国-新加坡自由贸易协定税率；

7.对原产于中国香港且已制定原产地优惠标准的1539个税目商品实施零关税；

8.对原产于中国澳门且已制定原产地优惠标准的681个税目商品实施零关税。

(四)根据我国与有关国家或地区签署的贸易或关税优惠协定，继续对老挝等东南亚4国、埃塞俄比亚等非洲31国、阿富汗等6国，共41个联合国认定的最不发达国家的部分税目商品实施特惠税率（见附表六）。

(五)普通税率维持不变。

二、出口关税调整

(一)“出口税则”的出口税率维持不变；

(二)对鳗鱼苗等部分出口商品实施暂定税率，对部分化肥及其原料等继续征收特别出口关税（见附表七）。其中，凡2009年1月1日以前征收出口关税的产品，征税所涵盖的贸易方式范围维持不变。

三、税则税目调整

对部分税则税目进行调整（见附表八），调整后，我国进出口税则（2009年版）税目总数为7868个。

注：附表一、二、三、四、七、八附后，其余附表暂略。

附表一：进口商品最惠国税率调整表（略）

附表二：关税配额商品进口税率表（略）

附表三：进口商品从量税及复合税税率表（略）

附表四：进口商品暂定税率表（有删节）

附表七：出口商品税率表（有删节）

附表八：进出口税则税目调整表（有删节）

附表四：进口商品暂定税率表（有删节）

序号	EX①	税则号列	商品名称	2009年最惠国税率（%）	2009年暂定税率（%）
37		27011100	未制成型的无烟煤，不论是否粉化	3	0
38		27011210	炼焦煤	3	0
39		27011290	其他烟煤	6	0
40		27011900	未制成型的其他煤，不论是否粉化	5	0
41		27012000	煤砖、煤球及类似用煤制固体燃料	5	0
42		27040010	煤制焦炭及半焦炭不论是否成型	5	0
44		27050000	煤气、水煤气、炉煤气及类似气体，石油气及其他烃类气除外	5	1
45		27060000	从煤、褐煤、或泥煤蒸馏所得的焦油及矿物焦油，不论是否脱水或部分蒸馏，包括再造焦油	6	1
280		72024100	铬铁，含碳量>4%	2	1
281		72024900	铬铁，含碳量≤4%	2	1
282		72026000	镍铁	2	1
283		72029300	铌铁	2	1
284	ex	72031000	热压铁块	2	0
285		72041000	铸铁废碎料	2	0
286		72043000	镀锡钢铁废碎料	2	0
287		72044100	机械加工中产生的钢铁废料	2	0
288		72091810	厚度<0.3毫米冷轧卷材，宽≥600毫米	6	3
289		72251100	取向性硅电钢宽板	3	1
290	ex	72269990	铁镍合金带材（生产集成电路框架用），宽度小于600毫米	7	4
291		73044110	冷轧的不锈钢制无缝锅炉管（冷拔或冷轧的，包括内螺纹）	10	5
292		73044910	非冷轧（拔）不锈钢制无缝锅炉管（包括内螺纹）	10	5

注①："ex"表示应税商品范围以"商品名称"描述为准，其余以税号为准。

附表七：出口商品税率表（有删节）

序号	EX①	税则号列	商品名称（简称）	出口税率(%)	2009年暂定税率(%)	2009年特别关税税率(%)
58		26011110	平均粒径小于0.8毫米的未煅烧铁矿砂及其精矿；但焙烧黄铁矿除外	10		
59		26011120	平均粒径不小于0.8毫米，但不大于6.3毫米的未煅烧铁矿砂及其精矿；但焙烧黄铁矿除外	10		
60		26011190	平均粒径大于6.3毫米的未烧结铁矿砂及其精矿，但焙烧黄铁矿除外	10		
61		26011200	已烧结铁矿砂及其精矿	10		
88		26180010	冶炼钢铁产生的锰渣	10		
89		26180090	冶炼钢铁产生的其他粒状熔渣(熔渣砂)	10		
90		26190000	冶炼钢铁产生的熔渣、浮渣、氧化皮及其他废料	10		
91		26201100	含硬锌的矿灰及残渣	10		
101		27011100	未制成型的无烟煤，不论是否粉化	10		

附表七续一：出口商品税率表（有删节）

序号	EX①	税则号列	商品名称（简称）	出口税率(%)	2009年暂定税率(%)	2009年特别关税税率(%)
102		27011210	未制成型的炼焦烟煤，不论是否粉化	10		
103		27011290	未制成型的其他烟煤，不论是否粉化	10		
104		27011900	未制成型的其他煤，不论是否粉化	10		
105		27012000	煤砖、煤球及类似用煤制固体燃料	10		
106		27021000	褐煤	10		
107		27022000	制成型的褐煤	10		
108		27030000	泥煤(包括肥料用泥煤)不论是否成型	10		
109		27040010	煤制焦炭及半焦炭不论是否成型	40		
110	ex	27060000	从煤、褐煤、或泥煤蒸馏所得的焦油及矿物焦油，不论是否脱水或部分蒸馏，包括再造焦油（含蒽油≥50%及沥青≥40%的“炭黑油”除外）	15		
223		72011000	非合金生铁，含磷量小于或等于0.5%	20	25	
224		72012000	非合金生铁，含磷量大于0.5%	20	25	
225		72015000	合金生铁	20	25	
226		72021100	锰铁含碳量>2%	20		
227		72021900	锰铁含碳量≤2%	20		
228		72022100	硅铁含硅量>55%	25		
229		72022900	硅铁含硅量≤55%	25		
230		72023000	硅锰铁	20		
231		72024100	铬铁含碳量>4%	40	20	
232		72024900	铬铁含碳量≤4%	40	20	
233		72025000	硅铬铁		20	
234		72026000	镍铁		20	
235		72027000	钼铁		20	
236		72028010	钨铁		20	
237		72028020	硅钨铁		20	
238		72029100	钛铁及硅钛铁		20	
239		72029290	其他钒铁		20	
240		72029300	铌铁		20	
241		72029900	其他铁合金		20	
242		72031000	直接从铁矿还原的铁产品		20	
243		72039000	其他铁，海绵铁产品纯度＞99.94%		25	
244		72041000	铸铁废碎料	40		
245		72042100	不锈钢废碎料	40		
246		72042900	其他合金钢废碎料	40		
247		72043000	镀锡钢铁废碎料	40		
248		72044100	机械加工中产生的废料	40		
249		72044900	其他钢铁废碎料	40		
250		72045000	供再熔的碎料钢铁锭	40		
251		72051000	生铁、镜铁及钢铁颗粒		25	
252		72052900	生铁、镜铁及其他钢铁粉末		25	

附表七续二：出口商品税率表（有删节）

序号	EX①	税则号列	商品名称（简称）	出口税率(%)	2009年暂定税率(%)	2009年特别关税税率(%)
253		72061000	铁及非合金钢锭		25	
254		72069000	其他初级形状的铁及非合金钢		25	
255		72071100	宽度<厚度两倍的矩形截面钢坯C<0.25%		25	
256		72071200	其他矩形截面钢坯,C,0.25%		25	
257		72071900	其他含碳量<0.25%的钢坯		25	
258		72072000	含碳量≥0.25%的钢坯		25	
259		72131000	带有轧制花纹的热轧盘条		15	
260		72132000	其他易切削钢制热轧盘条		15	
261		72139100	直径<14mm圆截面的其他热轧盘条		15	
262		72139900	其他热轧盘条		15	
263		72142000	热加工带有轧制花纹的条、杆		15	
264		72143000	热加工易切削钢的条、杆		15	
265		72149100	热加工其他矩形截面的条杆		15	
266		72149900	热加工其他条、杆		15	
267		72151000	冷加工其他易切削钢制条、杆		15	
268		72155000	冷加工或冷成形的其他条、杆		15	
269		72159000	铁及非合金钢的其他条、杆		15	
270		72161010	截面高度<80mm的H型钢		10	
271		72161020	截面高度低于80毫米的工字钢		10	
272		72161090	截面高度<80mmU型钢		10	
273		72162100	热加工截面高度<80mm角钢		10	
274		72162200	热加工截面高度<80mm丁字钢		10	
275		72165010	热加工乙字钢		10	
276		72165090	热加工其他角材、型材及异型材		15	
277		72169900	其他角材、型材及异型材		15	
278		72171000	未镀或涂层的铁或非合金钢丝		5	
279		72179000	其他铁丝或非合金钢丝		5	
280		72181000	不锈钢锭及其他初级形状产品		15	
281		72189100	矩形截面的不锈钢半制成品		15	
282		72189900	其他不锈钢半制成品		15	
283		72191312	厚度在3毫米及以上，但小于4.75毫米的未经酸洗的按重量计含锰量在5.5%以上的铬锰系不锈钢卷板		10	
284		72191322	厚度在3毫米及以上，但小于4.75毫米的经酸洗的按重量计含锰量在5.5%以上的铬锰系不锈钢卷板		10	
285		72191412	厚度小于3毫米的未经酸洗的按重量计含锰量在5.5%以上的铬锰系不锈钢卷板		10	
286		72191422	厚度小于3毫米的经酸洗的按重量计含锰量在5.5%以上的铬锰系不锈钢卷板		10	
287		72241000	合金钢锭及其他初级形状合金钢		15	
288		72249010	单重≥10吨的粗铸锻件坯		15	
289		72249090	其他合金钢坯		15	

附表八：进出口税则税目调整表（有删节）

调整前				调整后				子目注释	备注
税号	货品名称	最惠国税率(%)	普通税率(%)	税号	货品名称	最惠国税率(%)	普通税率(%)		
72.05	生铁、镜铁及钢铁的颗粒和粉末:			72.05	生铁、镜铁及钢铁的颗粒和粉末:				
	——粉末:				——粉末:				
7205.2100	——合金钢的	2	17		——合金钢的:				
7205.2900	——其他	2	17	7205.2900	——其他	2	17		
72.20	不锈钢平板轧材，宽度小于600毫米:			72.20	不锈钢平板轧材，宽度小于600毫米:				
	——除冷轧外未经进一步加工:				——除冷轧外未经进一步加工:				
7220.2010	——宽度小于300毫米	10	20						删税项目
				7220.2020	——厚度在0.35毫米及以下	10	20		增列税目
				7220.2030	——厚度在0.35毫米以上但小于3毫米	10	20		增列税目
				7220.2040	——厚度在3毫米及以上	10	20		增列税目
7220.2090	——其他	10	20						删税项目
73.06	其他钢铁管及空心异型材（例如，辊缝、焊、铆及类似方法接合的）:			73.06	其他钢铁管及空心异型材（例如，辊缝、焊、铆及类似方法接合的）:				
7306.3000	——铁或非合金钢的其他圆形截面焊缝管	3	30		——铁或非合金钢的其他圆形截面焊缝管:				
					——外径不超过10毫米的:				
				7306.3011	——壁厚在0.7毫米及以下	3	30		增列税目
				7306.3019	——其他	3	30		增列税目
				7306.3090	——其他	3	30		

关于再生资源增值税政策的通知

财税[2008]157号

各省、自治区、直辖市、计划单列市财政厅（局）、国家税务局，财政部驻各省、自治区、直辖市、计划单列市财政监察专员办事处，新疆生产建设兵团财务局：

为了促进再生资源的回收利用，促进再生资源回收行业的健康有序发展，节约资源，保护环境，促进税收公平和税制规范，经国务院批准，决定调整再生资源回收与利用的增值税政策，现通知如下：

一、取消“废旧物资回收经营单位销售其收购的废旧物资免征增值税”和“生产企业增值税一般纳税人购入废旧物资回收经营单位销售的废旧物资，可按废旧物资回收经营单位开具的由税务机关监制的普通发票上注明的金额，按10%计算抵扣进项税额”的政策。

二、单位和个人销售再生资源，应当依照《中华人民共和国增值税暂行条例》（以下简称增值税条例）、《中华人民共和国增值税暂行条例实施细则》及财政部、国家税务总局的相关规定缴纳增值税。但个人（不含个体工商户）销售自己使用过的废旧物品免征增值税。增值税一般纳税人购进再生资源，应当凭取得的增值税条例及其细则规定的扣税凭证抵扣进项税额，原印有“废旧物资”字样的专用发票停止使用，不再作为增值税扣税凭证抵扣进项税额。

三、在2008年12月31日前，各地主管税务机关应注销企业在防伪税控系统中“废旧物资经营单位”的档案信息，收缴企业尚未开具的专用发票，重新核定企业增值税专用发票的最高开票限额和最大购票数量，做好增值税专用发票的发售工作。

四、在2010年底以前，对符合条件的增值税一般纳税人销售再生资源缴纳的增值税实行先征后退政策。

（一）适用退税政策的纳税人范围。

适用退税政策的增值税一般纳税人应当同时满足以下条件：

1.按照《再生资源回收管理办法》（商务部令2007年第8号）第七条、第八条规定应当向有关部门备案的，已经按照有关规定备案；

2.有固定的再生资源仓储、整理、加工场地；

3.通过金融机构结算的再生资源销售额占全部再生资源销售额的比重不低于80%。

4.自2007年1月1日起，未因违反《中华人民共和国反洗钱法》、《中华人民共和国环境保护法》、《中华人民共和国税收征收管理法》、《中华人民共和国发票管理办法》或者《再生资源回收管理办法》受到刑事处罚或者县级以上工商、商务、环保、税务、公安机关相应的行政处罚（警告和罚款除外）。

（二）退税比例。

对符合退税条件的纳税人2009年销售再生资源实现的增值税，按70%的比例退回给纳税人；对其2010年销售再生资源实现的增值税，按50%的比例退回给纳税人。

（三）纳税人申请退税时，除按有关规定提交的相关资料外，应提交下列资料：

1.按照《再生资源回收管理办法》第七条、第八条规定应当向有关部门备案的，商务主管部门核发的备案登记证明的复印件；

2.再生资源仓储、整理、加工场地的土地使用证和房屋产权证或者其租赁合同的复印件；

3.通过金融机构结算的再生资源销售额及全部再生资源销售额的有关数据及资料。为保护纳税人的商业秘密，不要求纳税人提交其与客户通过银行交易的详细记录，对于有疑问的，可到纳税人机构所在地等场所进行现场核实。

4.自2007年1月1日起，未因违反《中华人民共和国反洗钱法》、《中华人民共和国环境保护法》、《中华人民共和国税收征收管理法》、《中华人民共和国发票管理办法》或者《再生资源回收管理办法》受到刑事处罚或者县级以上工商、商务、环保、税务、公安机关相应的行政处罚（警告和罚款除外）的书面申明。

（四）退税业务由财政部驻当地财政监察专员办事处及负责初审和复审的财政部门按照本通知及相关规定办理。

1.退税申请办理时限。（1）纳税人一般按季申请退税，申请退税金额较大的，也可以按月申请，具体时限由财政部驻当地财政监察专员办事处确定；（2）负责初审的财政机关应当在收到退税申请之日起10个工作日内，同时向负责复审和终审的财政机关提交初审意见；（3）负责复审的财政机关应当在收到初审意见之日起5个工作日内向负责终审的财政机关提交复审意见；（4）负责终审的财政机关是财政部驻当地财政监察专员办事处，其应当在收到复审意见之日的10个工作日内完成终审并办理妥当有关退税手续。

2.负责初审的财政机关对于纳税人第一次申请退税的，应当在上报初审意见前派人到现场审核有关条件的满足情况；有特殊原因不能做到的，应在提交初审意见后2个月内派人到现场审核有关条件的满足情况，发现有不满足条件的，及时通知负责复审或者终审的财政机关。

3.负责初审、复审的财政机关应当定期（自收到纳税人第一次退税申请之日起至少每12个月一次）向同级公安、商务、环保和税务部门及人民银行对纳税人申明的内容进行核实，对经查实的与申明不符的问题要严肃处理。凡问题在初次申请退税之日前发生的，应当追缴纳税人此前骗取的退税款，根据《财政违法行为处罚处分条例》的相关规定进行处罚，并取消其以后申请享受本通知规定退税政策的资格；凡问题在初次申请退税之日后发生的，取消其刑事处罚和行政处罚生效之日起申请享受本通知规定退税政策的资格。

五、报废船舶拆解和报废机动车拆解企业，适用本通知的各项规定。

六、本通知所称再生资源，是指《再生资源回收管理办法》（商务部令2007年第8号）第二条所称的再生资源，即在社会生产和生活消费过程中产生的，已经失去原有全部或部分使用价值，经过回收、加工处理，能够使其重新获得使用价值的各种废弃物。上述加工处理，仅指清洗、挑选、整理等简单加工。

七、各级国家税务机关要加强与财政、公安、商务、环保、人民银行等部门的信息沟通，加强对重点行业的纳税评估，采取有效措施，强化对再生资源的产生、回收经营、加工处理等各个环节的税收管理，堵塞偷逃税收的漏洞，保证增值税链条机制的正常运行。

八、本通知自2009年1月1日起执行。《财政部国家税务总局关于废旧物资回收经营业务有关增值税政策的通知》（财税[2001] 78号）、《国家税务总局关于加强废旧物资回收经营单位和使用废旧物资生产企业增值税征收管理的通知》（国税发[2004]60号）、《国家税务总局关于中国再生资源开发公司废旧物资回收经营业务中有关税收问题的通知》（国税函[2004]736号）、《国家税务总局关于中国再生资源开发公司废旧物资回收经营业务有关增值税问题的批复》（国税函[2006]1227号）、《国家税务总局关于加强海关进口增值税专用缴款书和废旧物资发票管理有关问题的通知》（国税函[2004]128号）关于废旧物资发票管理的规定、《国家税务总局关于加强废旧物资增值税管理有关问题的通知》（国税函[2005]544号）、《国家税务总局关于废旧物资回收经营企业使用增值税防伪税控一机多票系统开具增值税专用发票有关问题的通知》（国税发[2007]43号）同时废止。

财政部 国家税务总局

二〇〇八年十二月九日

关于再生资源增值税政策的通知

财税[2008]156号

各省、自治区、直辖市、计划单列市财政厅（局）、国家税务局，财政部驻各省、自治区、直辖市、计划单列市财政监察专员办事处，新疆生产建设兵团财务局：

为了进一步推动资源综合利用工作，促进节能减排，经国务院批准，决定调整和完善部分资源综合利用产品的增值税政策。同时，为了规范对资源综合利用产品的认定管理，需对现行相关政策进行整合。现将有关资源综合利用及其他产品增值税政策统一明确如下：

一、对销售下列自产货物实行免征增值税政策：

（一）再生水。再生水是指对污水处理厂出水、工业排水（矿井水）、生活污水、垃圾处理厂渗透（滤）液等水源进行回收，经适当处理后达到一定水质标准，并在一定范围内重复利用的水资源。再生水应当符合水利部《再生水水质标准》（SL368—2006）的有关规定。

（二）以废旧轮胎为全部生产原料生产的胶粉。胶粉应当符合GB/T19208—2008规定的性能指标。

（三）翻新轮胎。翻新轮胎应当符合GB7037—2007、GB14646—2007或者HG/T3979—2007规定的性能指标，并且翻新轮胎的胎体100%来自废旧轮胎。

（四）生产原料中掺兑废渣比例不低于30%的特定建材产品。

特定建材产品，是指砖（不含烧结普通砖）、砌块、陶粒、墙板、管材、混凝土、砂浆、道路井盖、道路护栏、防火材料、耐火材料、保温材料、矿（岩）棉。

二、对污水处理劳务免征增值税。污水处理是指将污水加工处理后符合GB18918—2002有关规定的水质标准的业务。

三、对销售下列自产货物实行增值税即征即退的政策：

（一）以工业废气为原料生产的高纯度二氧化碳产品。高纯度二氧化碳产品，应当符合GB10621—2006的有关规定。

（二）以垃圾为燃料生产的电力或者热力。垃圾用量占发电燃料的比重不低于80%，并且生产排放达到GB13223—2003第1时段标准或者GB18485—2001的有关规定。

所称垃圾，是指城市生活垃圾、农作物秸秆、树皮废渣、污泥、医疗垃圾。

（三）以煤炭开采过程中伴生的舍弃物油母页岩为原料生产的页岩油。

（四）以废旧沥青混凝土为原料生产的再生沥青混凝土。废旧沥青混凝土用量占生产原料的比重不低于30%。

（五）采用旋窑法工艺生产并且生产原料中掺兑废渣比例不低于30%的水泥（包括水泥熟料）。

1.对经生料烧制和熟料研磨工艺生产水泥产品的企业，掺兑废渣比例计算公式为：

掺兑废渣比例=（生料烧制阶段掺兑废渣数量+熟料研磨阶段掺兑废渣数量）÷（生料数量+生料烧制和熟料研磨阶段掺兑废渣数量+其他材料数量）×100%

2.对外购熟料经研磨工艺生产水泥产品的企业，掺兑废渣比例计算公式为：

掺兑废渣比例=熟料研磨过程中掺兑废渣数量÷（熟料数量+熟料研磨过程中掺兑废渣数量+其他材料数量）×100%

四、销售下列自产货物实现的增值税实行即征即退50%的政策：

（一）以退役军用发射药为原料生产的涂料硝化棉粉。退役军用发射药在生产原料中的比重不低于90%。

（二）对燃煤发电厂及各类工业企业产生的烟气、高硫天然气进行脱硫生产的副产品。副产品，是指石膏（其二水硫酸钙含量不低于85%）、硫酸（其浓度不低于15%）、硫酸铵（其总氮含量不低于18%）和硫磺。

（三）以废弃酒糟和酿酒底锅水为原料生产的蒸汽、活性炭、白炭黑、乳酸、乳酸钙、沼气。废弃酒糟和酿酒底锅水在生产原料中所占的比重不低于80%。

（四）以煤矸石、煤泥、石煤、油母页岩为燃料生产的电力和热力。煤矸石、煤泥、石煤、油母页岩用量占发电燃料的比重不低于60%。

（五）利用风力生产的电力。

（六）部分新型墙体材料产品。具体范围按本通知附件1《享受增值税优惠政策的新型墙体材料目录》执行。

五、对销售自产的综合利用生物柴油实行增值税先征后退政策。

综合利用生物柴油，是指以废弃的动物油和植物油为原料生产的柴油。废弃的动物油和植物油用量占生产原料的比重不低于70%。

六、对增值税一般纳税人生产的黏土实心砖、瓦，一律按适用税率征收增值税，不得采取简易办法征收增值税。2008年7月1日起，以立窑法工艺生产的水泥（包括水泥熟料），一律不得享受本通知规定的增值税即征即退政策。

七、申请享受本通知第一条、第三条、第四条第一项至第四项、第五条规定的资源综合利用产品增值税优惠政策的纳税人，应当按照《国家发展改革委 财政部 国家税务总局关于印发<国家鼓励的资源综合利用认定管理办法>的通知》（发改环资[2006]1864号）的有关规定，申请并取得《资源综合利用认定证书》，否则不得申请享受增值税优惠政策。

八、本通知规定的增值税免税和即征即退政策由税务机关，增值税先征后退政策由财政部驻各地财政监察专员办事处及相关财政机关分别按照现行有关规定办理。

九、本通知所称废渣，是指采矿选矿废渣、冶炼废渣、化工废渣和其他废渣。废渣的具体范围，按附件2《享受增值税优惠政策的废渣目录》执行。

本通知所称废渣掺兑比例和利用原材料占生产原料的比重，一律以重量比例计算，不得以体积计算。

十、本通知第一条、第二条规定的政策自2009年1月1日起执行，第三条至第五条规定的政策自2008年7月1日起执行，《财政部 国家税务总局关于对部分资源产品免征增值税的通知》（财税字[1995]44号）、《财政部 国家税务总局关于继续对部分资源综合利用产品等实行增值税优惠政策的通知》（财税字[1996]20号）、《财政部 国家税务总局关于部分资源综合利用及其他产品增值税政策问题的通知》（财税[2001]198号）、《财政部 国家税务总局关于部分资源综合利用产品增值税政策的补充通知》（财税[2004]25号）、《国家税务总局关于建材产品征收增值税问题的批复》（国税函[2003]1151号）、《国家税务总局对利用废渣生产的水泥熟料享受资源综合利用产品增值税政策的批复》（国税函[2003]1164号）、《国家税务总局关于企业利用废渣生产的水泥中废渣比例计算办法的批复》（国税函[2004]45号）、《国家税务总局关于明确资源综合利用建材产品和废渣范围的通知》（国税函[2007]446号）、《国家税务总局关于利用废液（渣）生产白银增值税问题的批复》（国税函[2008]116号）相应废止。

附件：1. 享受增值税优惠政策的新型墙体材料目录 (略)

2. 享受增值税优惠政策的废渣目录

财政部 国家税务总局

二〇〇八年十二月九日

附件2

享受增值税优惠政策的废渣目录

本通知所述废渣，是指采矿选矿废渣、冶炼废渣、化工废渣和其他废渣。

一、采矿选矿废渣，是指在矿产资源开采加工过程中产生的废石、煤矸石、碎屑、粉末、粉尘和污泥。

二、冶炼废渣，是指转炉渣、电炉渣、铁合金炉渣、氧化铝赤泥和有色金属灰渣，但不包括高炉水渣。

三、化工废渣，是指硫铁矿渣、硫铁矿煅烧渣、硫酸渣、硫石膏、磷石膏、磷矿煅烧渣、含氰废渣、电石渣、磷肥渣、硫磺渣、碱渣、含钡废渣、铬渣、盐泥、总溶剂渣、黄磷渣、柠檬酸渣、脱硫石膏、氟石膏和废石膏模。

四、其他废渣，是指粉煤灰、江河（湖、海、渠）道淤泥、淤沙、建筑垃圾、城镇污水处理厂处理污水产生的污泥。

商务部发布《2009年进口许可证管理货物分级发证目录》

根据《货物进口许可证管理办法》（商务部令2004年第27号）、《重点旧机电产品进口管理办法》（商务部、海关总署、质检总局令2008年第5号）和《2009年进口许可证管理货物目录》（商务部、海关总署、质检总局公告2008年第99号）,现发布《2009年进口许可证管理货物分级发证目录》(见附件)，并就有关问题公告如下：

一、2009年实行进口许可证管理的货物共2种，为消耗臭氧层物质、重点旧机电产品，总计83个8位HS编码（含154个10位HS编码），由商务部配额许可证事务局（以下简称许可证局）和商务部授权的地方商务主管部门（以下简称地方发证机构）负责签发相应货物的进口许可证。

（一）许可证局负责签发重点旧机电产品的进口许可证。

（二）地方发证机构负责签发消耗臭氧层物质的进口许可证。

二、在京中央管理企业的进口许可证由许可证局签发。

三、发证机构应严格按照《货物进口许可证管理办法》、《重点旧机电产品进口管理办法》、《2009年进口许可证管理货物目录》和《进口许可证签发工作规范》（商配发〔2007〕360号）等有关规定签发进口许可证。

本目录自2009年1月1日起执行。《2008年发证机构发证目录（进口）》同时废止。

附件：2009年进口许可证管理货物分级发证目录

中华人民共和国商务部

二〇〇八年十二月十日

附件

2009年进口许可证管理货物分级发证目录（有删节）

货物种类	海关商品编码	货物名称及备注	单位
三、金属冶炼设备	8454100000	金属冶炼及铸造用转炉	台
	8454209000	其他金属冶炼及铸造用锭模及浇包	台
	8454309000	其他金属冶炼及铸造用铸造机	台

关于金属矿、非金属矿采选产品增值税税率的通知

财税[2008]171号

各省、自治区、直辖市、计划单列市财政厅(局)、国家税务局，新疆生产建设兵团财务局：

根据国务院的决定，现将金属矿、非金属矿采选产品增值税税率问题通知如下：

一、金属矿采选产品、非金属矿采选产品增值税税率由13%恢复到17%。

二、食用盐仍适用13%的增值税税率，其具体范围是指符合《食用盐》（GB5461-2000）和《食用盐卫生标准》（GB2721-2003）两项国家标准的食用盐。

三、本通知所称金属矿采选产品，包括黑色和有色金属矿采选产品；非金属矿采选产品，包括除金属矿采选产品以外的非金属矿采选产品、煤炭和盐。

四、本通知自2009年1月1日起执行，《财政部国家税务总局关于调整金属矿、非金属矿采选产品增值税税率的通知》[（94）财税字第22号]、《财政部国家税务总局关于调整工业盐和食用盐增值税税率的通知》（财税[2007]101号）和《国家税务总局关于有色金属焙烧矿增值税适用税率问题的通知》（国税函[1994]621号）同时废止。

财政部国家税务总局

二OO八年十二月十九日

关于全国实施增值税转型改革若干问题的通知

财税[2008]170号

各省、自治区、直辖市、计划单列市财政厅(局)、国家税务局，新疆生产建设兵团财务局：

为推进增值税制度完善，促进国民经济平稳较快发展，国务院决定，自2009年1月1日起，在全国实施增值税转型改革。为保证改革实施到位，现将有关问题通知如下：

一、自2009年1月1日起，增值税一般纳税人（以下简称纳税人）购进（包括接受捐赠、实物投资，下同）或者自制（包括改扩建、安装，下同）固定资产发生的进项税额（以下简称固定资产进项税额），可根

据《中华人民共和国增值税暂行条例》（国务院令第538号，以下简称条例）和《中华人民共和国增值税暂行条例实施细则》（财政部国家税务总局令第50号，以下简称细则）的有关规定，凭增值税专用发票、海关进口增值税专用缴款书和运输费用结算单据（以下简称增值税扣税凭证）从销项税额中抵扣，其进项税额应当记入“应交税金—应交增值税(进项税额)”科目。

二、纳税人允许抵扣的固定资产进项税额，是指纳税人2009年1月1日以后（含1月1日，下同）实际发生，并取得2009年1月1日以后开具的增值税扣税凭证上注明的或者依据增值税扣税凭证计算的增值税税额。

三、东北老工业基地、中部六省老工业基地城市、内蒙古自治区东部地区已纳入扩大增值税抵扣范围试点的纳税人，2009年1月1日以后发生的固定资产进项税额，不再采取退税方式，其2008年12月31日以前（含12月31日，下同）发生的待抵扣固定资产进项税额期末余额，应于2009年1月份一次性转入“应交税金—应交增值税(进项税额)”科目。

四、自2009年1月1日起，纳税人销售自己使用过的固定资产（以下简称已使用过的固定资产），应区分不同情形征收增值税：

（一）销售自己使用过的2009年1月1日以后购进或者自制的固定资产，按照适用税率征收增值税；

（二）2008年12月31日以前未纳入扩大增值税抵扣范围试点的纳税人，销售自己使用过的2008年12月31日以前购进或者自制的固定资产，按照4%征收率减半征收增值税；

（三）2008年12月31日以前已纳入扩大增值税抵扣范围试点的纳税人，销售自己使用过的在本地区扩大增值税抵扣范围试点以前购进或者自制的固定资产，按照4%征收率减半征收增值税；销售自己使用过的在本地区扩大增值税抵扣范围试点以后购进或者自制的固定资产，按照适用税率征收增值税。

本通知所称已使用过的固定资产，是指纳税人根据财务会计制度已经计提折旧的固定资产。

五、纳税人已抵扣进项税额的固定资产发生条例第十条（一）至（三）项所列情形的，应在当月按下列公式计算不得抵扣的进项税额：

不得抵扣的进项税额=固定资产净值×适用税率

本通知所称固定资产净值，是指纳税人按照财务会计制度计提折旧后计算的固定资产净值。

六、纳税人发生细则第四条规定固定资产视同销售行为，对已使用过的固定资产无法确定销售额的，以固定资产净值为销售额。

七、自2009年1月1日起，进口设备增值税免税政策和外商投资企业采购国产设备增值税退税政策停止执行。具体办法，财政部、国家税务总局另行发文明确。

八、本通知自2009年1月1日起执行。《财政部国家税务总局关于印发〈东北地区扩大增值税抵扣范围若干问题的规定〉的通知》（财税[2004]156号）、《财政部国家税务总局关于印发〈2004年东北地区扩大增值税抵扣范围暂行办法〉的通知》（财税[2004]168号）、《财政部国家税务总局关于进一步落实东北地区扩大增值税抵扣范围政策的紧急通知》（财税[2004]226号）、《财政部国家税务总局关于东北地区军品和高新技术产品生产企业实施扩大增值税抵扣范围有关问题的通知》（财税[2004]227号）、《国家税务总局关于开展扩大增值税抵扣范围企业认定工作的通知》（国税函[2004]143号）、《财政部国家税务总局关于2005年东北地区扩大增值税抵扣范围有关问题的通知》（财税[2005]28号）、《财政部国家税务总局关于2005年东北地区扩大增值税抵扣范围固定资产进项税额退税问题的通知》（财税[2005]176号）、《财政部国家税务总局关于东北地区军品和高新技术产品生产企业实施扩大增值税抵扣范围有关问题的通知》（财税[2006]15号)、《财政部国家税务总局关于2006年东北地区固定资产进项税额退税问题的通知》(财税[2006]156号)、《财政部国家税务总局关于印发〈中部地区扩大增值税抵扣范围暂行办法〉的通知》(财税[2007]75号)、《财政部国家税务总局关于扩大增值税抵扣范围地区2007年固定资产抵扣(退税)有关问题的补充通知》(财税[2007]128号)、《国家税务总局关于印发〈扩大增值税抵扣范围暂行管理办法〉的通知》(国税发[2007]62号)、《财政部国家税务总局关于印发〈内蒙古东部地区扩大增值税抵扣范围暂行办法〉的通知》(财税[2008]94号)、《财政部国家税务总局关于印发〈汶川地震受灾严重地区扩大增值税抵扣范围暂行办法〉的通知》(财税[2008]108号)、《财政部国家税务总局关于2008年东北中部和蒙东地区扩大增值税抵扣范围固定资产进项税额退税问题的通知》(财税[2008]141号)同时废止。

财政部国家税务总局

二OO八年十二月十九日

商务部关于下达2009年第一批一般贸易焦炭出口配额的通知

根据《中华人民共和国货物进出口条例》的有关规定，现下达2009年第一批一般贸易焦炭出口配额，为了加大配额分配的透明度，现将配额分配结果和计算公式上网公布，接受公众监督。

联系单位：外贸司工业品出口处

电话：010-65197407/65197729

传真：010-65197434

邮箱：wm_gongyepin@mofcom.gov.cn

附件：1. 2009年第一批一般贸易焦炭出口配额安排表

2. 配额分配公式说明（略）

商务部

二OO八年十二月二十六日

附件1

2009年第一批一般贸易焦炭出口配额安排表

序号	公司名称	配额数量（万吨）
	合计	578
1	中国五矿集团公司	40
2	中国中化集团公司	44
3	中国中钢集团公司	33
4	中煤焦化控股有限责任公司	26
5	山西明迈特实业贸易有限公司	19
6	山西大典商贸有限公司	17
7	山西中巴贸易有限公司	15
8	山西大晋国际（集团）股份有限公司	21
9	山西远翔煤焦有限公司	8
10	山西安泰国际贸易有限公司	10
11	北京中亚富利国际贸易有限公司	9
12	新疆国际实业股份有限公司	8
13	山西中瑞贸易有限责任公司	8
14	北京五矿利国国际贸易有限公司	12
15	宝钢资源有限公司	11
16	山西省晋康进出口有限公司	9
17	山西亚鑫煤焦化有限公司	11
18	山西大土河国际贸易有限公司	36
19	孝义市金岩电力煤化工有限公司	27

序号	公司名称	配额数量（万吨）
	合计	578
20	青岛焦化制气有限公司	13
21	孝义市金晖煤焦有限公司	21
22	山西鑫升焦化集团有限公司	18
23	山西通洲贸易有限公司	24
24	旭阳控股有限公司	21
25	山西焦化股份有限公司	15
26	山西太兴集团有限公司	15
27	山西茂胜煤化集团有限公司	10
28	太原市梗阳实业集团有限公司	10
29	山西焦炭集团国际贸易有限公司	24
30	山西省天利实业有限公司	14
31	上海焦化有限公司	11
32	天津俊安煤焦化工有限公司	7
33	天津洲丽煤焦化工有限责任公司	3
34	陕西富邦进出口实业有限公司	2
35	宁夏恒昌顺贸易有限公司	2
36	贵州华能焦化制气股份有限公司	2
37	新疆大黄山鸿基焦化有限责任公司	2

关于提高部分机电产品出口退税率的通知

财税[2008]177号

各省、自治区、直辖市、计划单列市财政厅（局）、国家税务局，新疆生产建设兵团财务局：

经国务院批准，从2009年1月1日起，提高部分技术含量和附加值高的机电产品出口退税率。具体规定如下：

一、将航空惯性导航仪、陀螺仪、离子射线检测仪、核反应堆、工业机器人等产品的出口退税率由13%、14%提高到17%。

二、将摩托车、缝纫机、电导体等产品的出口退税率由11%、13%提高到14%。具体产品清单见附件。

三、具体执行时间，以“出口货物报关单（出口退税专用）”海关注明的出口日期为准。

特此通知。

财政部国家税务总局

二OO八年十二月二十九日

附件：提高出口退税率的产品清单（略）

商务部、海关总署公告
《2009年出口许可证管理货物目录》

根据《中华人民共和国对外贸易法》和《中华人民共和国货物进出口管理条例》，现发布《2009年出口许可证管理货物目录》（见附件1），并就有关问题公告如下：

一、2009年实行出口许可证管理的50种货物，分别实行出口配额许可证、出口配额招标和出口许可证管理。

（一）实行出口配额许可证管理的货物是：玉米、大米、小麦、玉米粉、大米粉、小麦粉、棉花、锯材、活牛（对港澳）、活猪（对港澳）、活鸡（对港澳）、煤炭、焦炭、原油、成品油、稀土、锑及锑制品、钨及钨制品、锌矿砂、锡及锡制品、白银、铟及铟制品、钼、磷矿石。

（二）实行出口配额招标的货物是：蔺草及蔺草制品、碳化硅、氟石块（粉）、滑石块（粉）、轻（重）烧镁、矾土、甘草及甘草制品。

（三）实行出口许可证管理的货物是：活牛（对港澳以外市场）、活猪（对港澳以外市场）、活鸡（对港澳以外市场）、冰鲜牛肉、冻牛肉、冰鲜猪肉、冻猪肉、冰鲜鸡肉、冻鸡肉、消耗臭氧层物质、石蜡、锌及锌基合金、部分金属及制品、铂金（以加工贸易方式出口）、汽车（包括成套散件）及其底盘、摩托车（含全地形车）及其发动机和车架、天然砂（含标准砂）、钼制品、柠檬酸、维生素C、青霉素工业盐、硫酸二钠。

二、除对港澳出口的活牛、活猪、活鸡实行全球许可证下的国别（地区）配额许可证管理，其他出口许可证管理货物目录所列出口货物均实行全球出口许可证管理。除对港、澳、台出口天然砂实行出口许可证管理外，其他地区禁止出口；对标准砂实行全球出口许可证管理。

三、对玉米、大米、煤炭、原油、成品油、棉花、锑及锑制品、钨及钨制品、白银实行国营贸易管理。

四、实行出口配额招标的货物，无论何种贸易方式，各授权发证机构均凭商务部下发的中标企业名单及其中标数量和招标办公室出具的《申领配额招标货物出口许可证证明书》签发出口许可证。

五、以加工贸易方式出口下列货物，按以下规定办理：

（一）以加工贸易方式出口属出口配额许可证管理的货物[但本条第（二）、（三）、（四）、（五）款规定的除外]，发证机构凭出口配额、《加工贸易业务批准证》及出口合同（正本复印件）核发出口许可证。

（二）进口用于生产铂金的原料加工复出口铂金（铂或白金），发证机构凭经营企业注册地商务主管部门的《加工贸易业务批准证》、海关加工贸易进口报关单、出口合同（正本复印件）核发出口许可证。

（三）进口原油加工复出口石蜡，进口含白银货物（银粉、未锻造银等及银的半制成品除外）加工复出口白银，以加工贸易方式出口锌及锌基合金，发证机构凭经营企业注册地省级商务主管部门的《加工贸易业务批准证》、海关加工贸易进口报关单、出口合同（正本复印件）核发出口许可证。其中，白银《加工贸易业务批准证》凭商务部批件核发，发证部门加验商务部批件。

（四）以加工贸易方式出口甘草及甘草制品，发证机构凭经营企业注册地省级商务主管部门的《加工贸易业务批准证》、中国医药保健品进出口商会的《申领加工贸易货物出口许可证证明书》、海关加工贸易进口报关单和出口合同（正本复印件）核发出口许可证。

（五）进口原油加工复出口成品油，免领成品油出口许可证。关于加工贸易项下润滑油（脂）、润滑油基础油出口，按2008年商务部、发展改革委、海关总署第30号公告的有关规定执行。

（六）本条第（一）、（二）、（三）、（四）款所述出口许可证的有效期，按《加工贸易业务批准证》核定的出口期限核发,但不得超过当年12月31日。如《加工贸易业务批准证》核定的出口期限超过当年12月31日，经营者应在原出口许可证有效期内向发证机构换发新一年出口许可证，发证机构收回原证，在发证系统中对原证进行注销，扣除已使用的数量后，按《加工贸易业务批准证》核定的出口期限重新签发新一年度出口许可证，并在备注栏中注明原证证号。

六、根据国务院《关于边境贸易有关问题的通知》（国发[1996]2号）精神，边境小额贸易企业凡出口配额招标的货物、消耗臭氧层物质、汽车（包括成套散件）及其底盘、摩托车（含全地形车）及其发动机和车架，仍按现行有关规定，在商务部授权的发证机构办理出口许可证。边境小额贸易企业出口边境小额贸易出口许可证管理货物（附件2第1－28种），由商务部授权的边境省、自治区商务主管部门根据商务部下达的边境小额贸易出口配额签发出口许可证。边境小额贸易企业出口除本条所述以外的其余列入《2009年出口许可证管理货物目录》的货物，一律免领出口许可证。

七、为保证进出口许可证联网核销的实施，对不实行“一批一证”管理的货物，发证机构在签发出口许可证时必须在许可证“备注”栏内填注“非一批一证”。

实行“非一批一证”管理的货物为：

（一）外商投资企业出口货物；

（二）加工贸易方式出口货物；

（三）补偿贸易项下出口货物；

（四）大米、玉米、小麦、活牛、活猪、活鸡、牛肉、猪肉、鸡肉、原油、成品油、煤炭、汽车（包括成套散件）及其底盘。

“非一批一证”的出口许可证，可在同一口岸多次报关，但不得超过十二次。当十二次报关后，出口许可证虽有余额，海关停止接受报关。

八、消耗臭氧层物质的货样广告品须凭出口许可证出口。

九、企业以一般贸易、加工贸易、边境贸易和捐赠贸易方式出口汽车产品须申请出口许可证；企业以工程承包方式出口汽车产品应申领出口许可证，但不受出口资质管理限制。

十、我国政府在对外援助项下提供的本目录产品不纳入配额和许可证管理。

十一、凡列入禁止出口、出口配额许可证、出口许可证管理货物目录的商品，因添加、混合其它成份、或仅简单加工导致商品编号改变的，须按照原海关商品编号的管理方式进行管理。

十二、凡申报出口的商品成份中含有（添加或混合）禁止出口、出口配额许可证、出口许可证管理的商品（贵金属超过2%、其它超过10%）的，须按含有禁止出口、出口配额许可证、出口许可证管理商品的管理方式进行管理。如已有管理规定对此问题进行明确的，仍按相关管理规定执行。

十三、自2009年1月1日起，取消蚕茧和部分蚕丝出口配额许可证管理。

本目录自2009年1月1日起执行。《2008年出口许可证管理货物目录》同时废止。

附件：1. 2009年出口许可证管理货物目录（略）

2. 2009年边境小额贸易出口许可证管理货物目录（略）

二OO八年十二月十日

关于在当前形势下进一步做好产业政策工作的通知

工信部产业[2009]64号

各省、自治区、直辖市、计划单列市及新疆生产建设兵团经委、经贸委等工业主管部门：

当前，国际金融危机对工业的影响仍在持续蔓延和深化，工业增长下滑的趋势还没有根本扭转，保持工业平稳较快增长的任务十分艰巨。为贯彻落实中央出台的各项政策措施，按照“保发展、扩内需、调结构、上效益”的根本要求，现就当前进一步做好产业政策工作通知如下：

一、把确保工业发展作为产业政策工作的重中之重。在当前应对国际金融危机、保持经济平稳较快增长的关键时期，充分发挥产业政策作用，确保工业平稳较快增长，调整优化工业结构，具有十分重要的意义。要正确认识和把握当前面临的形势，提高思想认识，增强忧患意识，认真贯彻落实中央提出的各项政策措施，根据本地实际，制定完善相关政策措施和办法，妥善应对金融危机的冲击。要紧紧抓住机遇，加强产业政策引导，加快推进结构调整和优化升级，推动工业经济整体素质和竞争力跃上一个新的台阶。

二、加强调查研究和行业分析。密切关注国内外经济形势和工业行业发展变化，认真分析国际金融危机对工业发展的影响和趋势，及时发现工业、通信业运行中出现的新情况、新问题。强化政策研究，探索新形势下产业政策发挥作用的特点和规律，提出针对性的政策措施，有效解决行业发展中出现的突出矛盾和问题。加强信息分析和引导服务，及时反映行业发展动态，为各级政府决策和企业投资提供参考依据。

三、切实帮助企业解决困难。深入基层，深入企业，第一时间掌握金融危机对本地企业造成的影响，了解企业在生产经营、转型升级、自主创新等发展中遇到的困难和问题，广泛征求企业对政府政策的意见和建议。要制定出台有效政策措施，引导企业坚定信心，不怕困难，勇于创新，加强管理，不断提高自身素质。要增强服务意识，创造宽松的环境，千方百计帮助企业开拓市场、改善经营管理，协调解决生产要素保障困难，帮助企业早日走出困境，保护和发展好重点行业、重点企业、重要品牌和重要市场份额。

四、大力推进企业技术改造。抓住当前原材料和设备价格下跌的机会，把推进企业技术改造作为促进工业平稳较快增长的重要抓手。引导企业把技术改造同结构调整、产业升级和兼并重组结合起来，围绕增加品种、改进质量、节能降耗、保护环境、提高效益，鼓励企业广泛应用新技术、新工艺、新材料、新设备。充分利用国家技术改造贴息政策，根据产业政策要求明确支持重点，加强组织管理，提高资金使用效益，增强工业发展后劲。

五、加快推动企业兼并重组。根据国际国内市场和资源实际情况，鼓励和引导企业之间以资产为纽带、以市场为导向，打破地区、行业和所有制界限，进行兼并、收购和联合。鼓励行业龙头企业、技术领先企业和优势企业兼并落后企业和困难企业，鼓励优势企业强强联合，鼓励关联企业、上下游企业联合重组。重点推动钢铁、电解铝、汽车、水泥、纺织等行业的兼并重组，提高行业集中度，增强自主创新能力，使优势企业在危机中取得新的更大发展。

六、进一步加大落后生产能力淘汰力度。坚持“区别对待、扶优限劣”的基本原则，坚决关闭淘汰一批高耗能、高污染、低水平的落后企业、工艺装备和产品。要按照国务院“十一五”淘汰落后目标，落实中央财政淘汰落后产能专项资金，将淘汰落后任务层层分解、彻底落实到企业。要鼓励发展循环经济，抓好清洁生产工作，推动节能减排，着力解决钢铁、有色、建材、化工等重点行业产能过剩、整体素质不高的问题。

七、积极推进产业集聚和转移。进一步规范发展工业园区，加强公共服务平台建设，积极引导企业入园，推进产业集聚，实现集约使用土地、节约利用资源和集中治理污染。东部地区要抓住当前经济调整的有利时机，加快产业结构升级步伐，把已不具有比较优势的产业逐步向中西部地区转移；中西部地区要立足区位、资源等优势，积极有序、科学合理地承接产业转移，重点防止落后产能转移和地区间恶性竞争。

各地工业主管部门要认真总结应对金融危机的经验，加强交流与合作，及时将工作进展情况、存在的问题和政策建议报工业和信息化部。

二〇〇九年二月十三日

海关总署公告2009年第13号

为稳步推进加工贸易转型升级，改善加工贸易发展环境，积极支持扩大内需，经国务院批准，现就加工贸易保税货物内销征收缓税利息适用利息率调整的有关问题公告如下：

一、缓税利息的利息率

加工贸易保税货物内销征收缓税利息适用的利息率暂由参照一年期贷款基准利率调整为参照中国人民银行公布的活期存款利率（以下简称“活期存款利率”）执行。

二、缓税利息的征收及计算公式

加工贸易缓税利息应根据填发海关税款缴款书时海关总署公布的最新缓税利息率按日征收。缓税利息计算公式如下：

应征缓税利息=应征税额×计息期限×缓税利息率／360

本公告自发布之日起执行。《海关总署、财政部、商务部、人民银行、税务总局关于调整加工贸易商品内销征收缓税利息率有关问题的公告》（海关总署、财政部、商务部、人民银行、税务总局2006年第52号公告）同时废止。

特此公告。

二〇〇九年三月六日

中华人民共和国商务部令

商务部令2009年第5号

境外投资管理办法

第一章 总则

第一条 为促进和规范境外投资，根据《国务院对确需保留的行政审批项目设定行政许可的决定》，制定本办法。

第二条 本办法所称境外投资，是指在我国依法设立的企业（以下简称企业）通过新设、并购等方式在境外设立非金融企业或取得既有非金融企业的所有权、控制权、经营管理权等权益的行为。

第三条 企业开展境外投资应当认真了解并遵守境内外相关法律法规、规章和政策，遵循"互利共赢"原则。

第四条 商务部负责对境外投资实施管理和监督，省、自治区、直辖市、计划单列市及新疆生产建设兵团商务主管部门（以下简称省级商务主管部门）负责对本行政区域内境外投资实施管理和监督。

第二章 核准

第五条 商务部和省级商务主管部门对企业境外投资实行核准。商务部建立"境外投资管理系统"（以下简称"系统"）。对予以核准的企业，颁发《企业境外投资证书》（以下简称《证书》，样式见附件一）。《证书》由商务部统一印制，实行统一编码管理。

第六条 企业开展以下情形境外投资应当按本办法第十二条的规定提交申请材料，并按本办法第十三条的规定报商务部核准：

（一）在与我国未建交国家的境外投资；

（二）特定国家或地区的境外投资（具体名单由商务部会同外交部等有关部门确定）；

（三）中方投资额1亿美元及以上的境外投资；

（四）涉及多国（地区）利益的境外投资；

（五）设立境外特殊目的公司。

第七条 地方企业开展以下情形的境外投资应当按照本办法第十二条要求提交申请材料，并按第十四条的规定报省级商务主管部门核准：

（一）中方投资额1000万美元及以上、1亿美元以下的境外投资；

（二）能源、矿产类境外投资；

（三）需在国内招商的境外投资。

第八条 企业开展本办法第六条、第七条规定情形以外的境外投资，须提交《境外投资申请表》（以下简称申请表，样式见附件二），并按第十六条规定办理核准。

第九条 企业境外投资有以下情形之一的，商务部和省级商务主管部门不予核准：

（一）危害我国国家主权、安全和社会公共利益，或违反我国法律法规；

（二）损害我与有关国家（地区）关系；

（三）可能违反我国对外缔结的国际条约；

（四）涉及我国禁止出口的技术和货物。

境外投资经济技术可行性由企业自行负责。

第十条　商务部核准第六条规定的境外投资应当征求我驻外使（领）馆（经商处室）意见。涉及中央企业的，由商务部征求意见；涉及地方企业的，由省级商务主管部门征求意见。

省级商务主管部门核准第七条第二款规定的境外投资应当征求驻外使（领）馆（经商处室）意见；其他情形的境外投资核准，省级商务主管部门可视情征求驻外使（领）馆（经商处室）意见。

第十一条　商务部和省级商务主管部门征求意见时应当向驻外使（领）馆（经商处室）提供投资事项基本情况等相关信息。

驻外使（领）馆（经商处室）主要从东道国安全状况、对双边政治和经贸关系影响等方面提出意见，并自收到征求意见函之日起10个工作日内予以回复。

第十二条　企业开展本办法第六条、第七条规定情形的境外投资须提交以下材料：

（一）申请书，主要内容包括境外企业的名称、注册资本、投资金额、经营范围、经营期限、投资资金来源情况的说明、投资的具体内容、股权结构、投资环境分析评价以及对不涉及本办法第九条所列情形的说明等；

（二）企业营业执照复印件；

（三）境外企业章程及相关协议或者合同；

（四）国家有关部门的核准或备案文件；

（五）并购类境外投资须提交《境外并购事项前期报告表》（样式见附件三）；

（六）主管部门要求的其他文件。

第十三条　企业开展第六条规定的境外投资，中央企业向商务部提出申请，地方企业通过所在地省级商务主管部门向商务部提出申请。

收到申请后，省级商务主管部门应当于10个工作日内（不含征求驻外使（领）馆（经商处室）的时间）对企业申报材料真实性及是否涉及本办法第九条所列情形进行初审，同意后将初审意见和全部申请材料报送商务部。

商务部收到省级商务主管部门或中央企业的申请后，于5个工作日内决定是否受理。申请材料不齐全或者不符合法定形式的，应当在5个工作日内一次告之申请人；受理后，应当于15个工作日内（不含征求驻外使（领）馆（经商处室）的时间）做出是否予以核准的决定。

第十四条　企业开展第七条规定的境外投资，向省级商务主管部门提出申请。

收到申请后，省级商务主管部门应当于5个工作日内决定是否受理。申请材料不齐全或者不符合法定形式的，应当在5个工作日内一次告之申请人；受理后，应当于15个工作日内（不含征求驻外使（领）馆（经商处室）意见的时间）做出是否予以核准的决定。

第十五条　对予以核准的第六条、第七条规定的境外投资，商务部和省级商务主管部门应当出具书面核准决定并颁发《证书》；不予核准的，应当书面通知申请企业并说明理由，告知其享有依法申请行政复议或者提起行政诉讼的权利。

第十六条　企业开展第八条规定的境外投资按以下程序办理核准：

中央企业总部通过"系统"按要求填写打印申请表，报商务部核准。地方企业通过"系统"按要求填写打印申请表，报省级商务主管部门核准。

商务部和省级商务主管部门收到申请表后，于3个工作日内进行审查，申请表填写完整且符合法定形式的即予颁发《证书》。

第十七条　两个以上企业共同投资设立境外企业，应当由相对最大股东在征求其他投资方书面同意后负责办理核准手续。商务部或相对最大股东所在地省级商务主管部门应将相关核准文件抄送其他投资方所在地省级商务主管部门。

第十八条　商务部或省级商务主管部门核准矿产资源勘查开发类境外投资应当征求国内有关商会、协会的意见，以作为核准时的参考。

第三章 变更和终止

第十九条　核准后，原境外投资申请事项发生变更，企业应参照第二章的规定向原核准机关申请办理变更核准手续。企业之间转让境外企业股份，由受让方负责申请办理变更手续，商务部或受让方所在地省级商务主管部门应当把相关核准文件抄送其他股东所在地省级商务主管部门。

第二十条　企业终止经核准的境外投资应向原核准机关备案，交回《证书》。原核准机关出具备案函，企业据此向外汇管理等部门办理相关手续。企业及其所属境外企业应当按当地法律办理注销手续。

终止是指原经核准的境外企业不再存续或我国企业均不再拥有原经核准的境外企业的股权等任何权益。

第四章 境外投资行为规范

第二十一条　企业应当客观评估自身条件、能力和东道国（地区）投资环境，积极稳妥开展境外投资。境内外法律法规和规章对资格资质有要求的，应当取得相关证明文件。

第二十二条　企业对其投资设立的境外企业冠名应当符合境内外法律法规和政策规定。未按国家有关规定获得批准的企业，其境外企业名称不得冠以"中国"、"中华"、"国家"等字样。境外企业外文名称可在申请核准前在东道国(地区)进行预先注册。

第二十三条　企业应当落实各项人员和财产安全防范措施，建立突发事件预警机制和应急预案，并接受驻外使（领）馆在突发事件防范、人员安全保护等方面的指导。

在境外发生突发事件时，企业应当及时、妥善处理，并立即向驻外使（领）馆和国内有关主管部门报告。

第二十四条　企业应当要求境外企业中方负责人当面或以信函、传真、电子邮件等书面方式及时向驻外使（领）馆（经商处室）报到登记。

第二十五条　企业应向原核准机关报告境外投资业务情况和统计资料，确保报送情况和数据真实准确。

第二十六条　企业应当在其对外签署的与境外投资相关的合同或协议生效前，取得有关政府主管部门的核准。

第五章 管理和服务

第二十七条　商务部负责对省级商务主管部门及中央企业总部的境外投资管理情况进行检查和指导。

第二十八条　商务部会同有关部门建立健全境外投资引导、促进和服务体系，强化公共服务。

商务部发布《对外投资合作国别（地区）指南》，帮助企业了解东道国（地区）投资环境。

商务部会同有关部门发布《对外投资国别产业导向目录》，引导企业有针对性地到东道国（地区）开展境外投资。

商务部通过政府间多双边经贸或投资合作机制等协助企业解决困难和问题。

商务部建立对外投资与合作信息服务系统，为企业开展境外投资提供统计、投资机会、投资障碍、预警等信息服务。

第二十九条　企业境外投资获得核准后，持《证书》办理外汇、银行、海关、外事等相关手续，并享受国家有关政策支持。

第三十条　企业自领取《证书》之日起2年内，未在东道国（地区）完成有关法律手续或未办理本办法第二十九条所列境内有关部门手续，原核准文件和《证书》自动失效，《证书》应交回原核准机关。如需再开展境外投资，须按本办法规定重新办理核准。

第三十一条　《证书》不得伪造、涂改、出租、转借或以任何形式转让。已变更、失效或注销的《证书》应当交回发证机关。

第六章　罚则

第三十二条　企业提供虚假申请材料或不如实填报申请表的，商务部和省级商务主管部门不予受理或不予核准，并给予警告，且可在一年内不受理该企业任何境外投资核准申请；企业以提供虚假材料等不正当手段取得境外投资核准的，商务部及省级商务主管部门应当撤销相关文件，并可在三年内不受理该企业任何境外投资核准申请。

第三十三条　违反本办法规定的企业三年内不得享受国家有关境外投资政策支持。

第三十四条　省级商务主管部门未按本办法规定进行核准和履行管理监督职责的，商务部责令改正并提出批评。

第三十五条　商务主管部门有关工作人员不依本办法规定履行职责，或者滥用职权的，依法给予行政处分。

第七章　附则

第三十六条　省级商务主管部门可依照本规定制定相应的管理办法。

第三十七条　本办法所称特殊目的公司系指企业为实现其实际拥有的境内公司权益在境外上市而直接或间接控制的境外公司。

第三十八条　事业单位法人开展境外投资、企业在境外设立非企业法人适用本办法。企业赴香港、澳门及台湾地区投资参照本办法执行。

第三十九条　企业控股的境外企业的境外再投资，在完成法律手续后一个月内，应当由企业报商务主管部门备案。企业为地方企业的，须通过"系统"填报相关信息，打印备案表（样式见附件四）并加盖本企业公章后向省级商务主管部门备案；企业为中央企业的，中央企业总部通过"系统"填报相关信息，打印备案表并加盖公章后向商务部备案。企业递交备案表后即完成备案。

第四十条　本办法由商务部负责解释。

第四十一条　本办法自2009年5月1日起施行。《关于境外投资开办企业核准事项的规定》（商务部2004年16号令）和《商务部、国务院港澳办关于印发〈关于内地企业赴香港、澳门特别行政区投资开办企业核准事项的规定〉的通知》（商合发[2004]452号）同时废止。此前有关规定与本办法不符的，以本办法为准。

关于公布实施《上海期货交易所钢材交割商品注册管理规定》的通知

上期交金钢字［2009］67号

各会员单位：

为加强对钢材期货交割商品的管理，根据《上海期货交易所交易规则》及其有关规定，本所特制定《上海期货交易所钢材交割商品注册管理规定》，于发文之日起实施。

特此通知。

附件：上海期货交易所钢材交割商品注册管理规定

二○○九年三月十七日

附件

上海期货交易所钢材交割商品注册管理规定

第一章　总　则

第一条 为了加强对期货交割商品的管理，维护期货交易各方的合法权益，根据《上海期货交易所交易规则》及其有关规定，制定本办法。

第二条 交易所、会员、客户、注册生产企业、质量检验机构，必须遵守本办法。

第二章　商品注册

第三条 申请注册的条件

（一）申请注册企业必须是国内相关商品的生产企业。

（二）申请注册商品的年产量达到规定要求,商品质量符合现行的国家或国际标准，生产工艺符合国家的产业政策。交易所可根据市场情况，随时调整申请注册商品的年产量等控制指标。

（三）申请注册商品在现货市场上占有相当份额，企业有相当的知名度和信誉度。

（四）申请注册商品有国家有关部门颁发的商标注册证。

（五）本交易所一家以上（含一家）会员的推荐。

（六）交易所要求的其他条件。

第四条 申请商品注册的企业必须提供以下资料：

（一）企业注册申请报告；

（二）承诺书（见附件一）；

（三）《上海期货交易所螺纹钢注册登记表》或《上海期货交易所线材注册登记表》（见附件二、附件三）；

（四）企业营业执照、税务登记证复印件；

（五）商标注册证复印件；

（六）企业股东及股份情况；

（七）立项批复、生产许可证、环保验收合格文件；

（八）商品质量管理措施文件：

1. 主要质量管理文件 （质量手册、程序文件、作业指导书目录清单）；

2. 内控标准；

3. 主要原副材料检验项目；

4. 成品质量检验项目（检验能力）；

5. 主要检验设备（名称、型号、数量）。

（九）权威质量检验机构签发的最近一期的商品质量分析报告；

（十）企业近三个月的商品质量分析报告；

（十一）企业最近签发的产品质量证明书复印件（质量证明书上应有生产日期，该日期与实物标牌上的日期必须保持一致）；

（十二）生产工艺流程图（两种以上生产工艺的，应分别说明）；

（十三）相关生产设备介绍（规格、参数、数量等）；

（十四）反映申请注册商品的外观、标识和包装情况的实物彩照若干；

（十五）反映企业主要生产设备设施、生产厂房的彩照若干（两个以上生产地址的，应分别说明）；

（十六）经审计的上一年度的企业财务会计报告；

（十七）本所一家以上（含一家）会员单位的商品注册推荐书（推荐会员有责任确保申请资料的准确性、完整性，以及申请者的可靠性及能力）；

（十八）在其他交易所或市场的注册资料；

（十九）交易所要求的其他文件。

第五条 审批程序

（一）交易所预审

交易所对申请注册企业提供的书面资料进行预审。预审合格的，才有资格进行质量监测检查。

（二）质量监测检查

（1）按照《上海期货交易所钢材注册质量监测检查提纲》的要求（见附件四，暂定），由本所指定的质量检验机构及相关人员到申请注册企业实地检查。

(2)质量监测检查主要内容为质量管理体系、商品的物理化学性能、商品的表面质量、尺寸、外形、包装、重量、计量以及工艺流程等方面的情况。

(3)质量检验机构应做好详细的检查记录，并提供完整的质检报告。

(三)交易所审批

交易所将根据注册申报资料、商品质量监测检查情况，决定是否给予商品注册。一旦注册批准，交易所将函告申请注册企业、全体会员、指定交割仓库。

第六条 申请注册者应承担的费用:

(一)商品注册费

螺纹钢: 10万元(人民币)

线材: 10万元(人民币)

螺纹钢+线材: 15万元(人民币)

(二)商品质量监测检查费

螺纹钢: 3万元(人民币)

线材: 2万元(人民币)

螺纹钢+线材: 4万元(人民币)

交易所可根据实际情况，调整有关费用。商品注册费必须在注册批复前交纳。

第三章　日常抽检和年度抽检

第七条 为保证交割商品的质量，交易所对注册牌号商品实行日常抽检和年度抽检。

(一)日常抽检。交易所随时对存放在各指定交割仓库内的交割商品质量进行抽检。

(二)年度抽检。交易所委托指定质量检验机构对注册商品每年进行一次质量抽检。

(三)抽检费用由注册企业承担。

(四)交易所将根据抽检、年检情况，向有关企业发出整改通知。整改情况将作为注册商品调整的依据之一。

第四章 注册资格的暂停、取消及其他

第八条 注册商品发生以下情况的，交易所可分别采取暂停、取消注册资格的处理。

(一)企业分立、合并、更名、变更公司形式;

(二)商品注册商标转让;

(三)企业解散、破产;

(四)商品抽检、年检不合格，整改后商品质量仍未达标;

(五)用户质量投诉较多，商品质量检验结果不合格;

(六)生产经营不正常，年产量未达到交易所公布的要求并且未向交易所说明情况;

(七)企业未按规定向交易所通报生产、经营方面的重大变动;

(八)交易所认定的其他情况。

发生上述(一)、(二)情况的，须重新办理注册手续。

第九条 交割过程中发生交割商品质量纠纷时，注册生产企业应配合交易所妥善处理。如果交割商品的

质量问题确实是由注册生产企业造成的，注册生产企业应承担赔偿责任。

第五章　附　则

第十条 本办法解释权属于上海期货交易所。

附件：一、承诺书（略）
　　二、上海期货交易所螺纹钢注册登记表（略）
　　三、上海期货交易所线材注册登记表（略）
　　四、上海期货交易所钢材注册质量监测检查提纲（略）

关于印发上海期货交易所螺纹钢和线材期货标准合约及相关实施细则的通知

上期交法律字［2009］66号

各会员单位、指定交割仓库：

《上海期货交易所螺纹钢期货标准合约》和《上海期货交易所线材期货标准合约》已经中国证监会（证监函［2009］43号）批准。《上海期货交易所风险控制管理办法》、《上海期货交易所交割细则》、《上海期货交易所标准仓单管理办法》和《上海期货交易所套期保值交易管理办法》等实施细则的修订案以及《上海期货交易所指定钢材厂库交割办法（试行）》，已经上海期货交易所第二届理事会审议通过并报中国证监会，现予印发，自相关合约正式挂牌上市之日起开始实施。

特此通知。

附件：1. 上海期货交易所螺纹钢期货标准合约（略）
　　2. 上海期货交易所线材期货标准合约（略）
　　3.《上海期货交易所风险控制管理办法》修订案（略）
　　4.《上海期货交易所交割细则》修订案（略）
　　5.《上海期货交易所标准仓单管理办法》修订案（略）
　　6.《上海期货交易所套期保值交易管理办法》修订案（略）
　　7. 上海期货交易所指定钢材厂库交割办法（试行）（略）

二〇〇九年三月十七日

钢铁产业调整和振兴规划

钢铁产业是国民经济的重要支柱产业，涉及面广、产业关联度高、消费拉动大，在经济建设、社会发展、财政税收、国防建设以及稳定就业等方面发挥着重要作用。

为应对国际金融危机的影响，落实党中央、国务院保增长、扩内需、调结构的总体要求，确保钢铁产业平稳运行，加快结构调整，推动产业升级，特编制本规划，作为钢铁产业综合性应对措施的行动方案。规划期为2009-2011年。

一、钢铁产业现状及面临的形势

我国是钢铁生产和消费大国，粗钢产量连续13年居世界第一。进入21世纪以来，我国钢铁产业快速发展，粗钢产量年均增长21.1%。2008年，粗钢产量达到5亿吨，占全球产量的38%，国内粗钢表观消费量4.53亿吨，直接出口折合粗钢6000万吨，占世界钢铁贸易量的15%。2007年，规模以上钢铁企业完成工业增加值9936亿元，占全国GDP的4%，实现利润2436亿元，占工业企业利润总额的9%，直接从事钢铁生产的就业人数358万。钢铁产品基本满足国内需要，部分关键品种达到国际先进水平。钢铁产业有力支撑和带动了相关产业的发展，促进了社会就业，对保障国民经济又好又快发展做出了重要贡献。

但是，钢铁产业长期粗放发展积累的矛盾日益突出。一是盲目投资严重，产能总量过剩。截至2008年底，我国粗钢产能达到6.6亿吨，超出实际需求约1亿吨。二是创新能力不强，先进生产技术、高端产品研发和应用还主要依靠引进和模仿，一些高档关键品种钢材仍需大量进口，消费结构处于中低档水平。三是产业布局不合理，大部分钢铁企业分布在内陆地区的大中型城市，受到环境容量、水资源、运输条件、能源供应等因素的严重制约。四是产业集中度低，粗钢生产企业平均规模不足100万吨，排名前5位的企业钢产量仅占全国总量的28.5%。五是资源控制力弱，国内铁矿资源禀赋低，自给率不足50%。六是流通秩序混乱。钢铁产品经销商超过15万家，投机经营倾向较重。

2008年下半年以来，随着国际金融危机的扩散和蔓延，我国钢铁产业受到严重冲击，出现了产需陡势下滑、价格急剧下跌、企业经营困难、全行业亏损的局面，钢铁产业稳定发展面临着前所未有的挑战。应当看到，钢铁产业在经历了长期粗放型扩张后，必然要进行一次大的调整。现阶段，我国城镇化、工业化任务依然繁重，内需潜力巨大，钢铁产业发展的基本面没有改变。必须抓住机遇，制定实施钢铁产业结构调整和振兴规划，促进钢铁产业平稳运行、健康发展。

二、指导思想、基本原则及目标

（一）指导思想

全面贯彻党的十七大精神，以邓小平理论和“三个代表”重要思想为指导，深入贯彻落实科学发展观，按照保增长、扩内需、调结构的总体要求，统筹国内外两个市场，以控制总量、淘汰落后、企业重组、技术改造、优化布局为重点，着力推动钢铁产业结构调整和优化升级，切实增强企业素质和国际竞争力，加快钢铁产业由大到强的转变。

（二）基本原则

1.应对危机与振兴产业相结合。立足当前，着眼长远，既要着力解决钢铁产业当前面临的主要困难，保先进生产力，保重点骨干企业，保关键品种，保市场稳定，促进产业平稳发展，又要利用市场倒逼机制，充分利用各种有利因素，加快钢铁产业结构优化升级，不断增强产业发展后劲。

2.控制总量与优化布局相结合。按照沿海、沿江、内陆科学合理布局和与资源环境相适应的要求，结合淘汰落后、企业重组和城市钢厂搬迁，在控制总量的前提下，调整优化产业布局。

3.自主创新与技术改造相结合。培育企业原始创新、集成创新和引进消化吸收再创新能力，着力突破制约产业转型升级的关键技术，加大技术改造力度，提高工艺装备水平，提升产品档次和质量。

4.企业重组与体制创新相结合。通过体制创新，努力消除影响企业重组的财税利益分配、资产划拨、债务核定和处置等体制性障碍，为推动钢铁企业集团化发展和实现跨地区、跨所有制、跨行业的兼并重组创造良好的环境。

5.内需为主与全球配置相结合。坚持充分利用两个市场、两种资源，以满足国内市场需求为主，优化直接出口，扩大间接出口，在努力加强地质勘查和合理开发利用国内铁矿资源的同时，抓住机遇，积极实施"走出去"战略。

（三）规划目标

力争在2009年遏制钢铁产业下滑势头，保持总体稳定。到2011年，钢铁产业粗放发展方式得到明显转变，技术水平、创新能力再上新台阶，综合竞争力显著提高，支柱产业地位得到巩固和加强，步入良性发展的轨道。

1.总量恢复到合理水平。2009年我国粗钢产量4.6亿吨，同比下降8%；表观消费量维持在4.3亿吨左右，同比下降5%。到2011年，粗钢产量5亿吨左右，表观消费量4.5亿吨左右，工业增加值占GDP的比重维持在4%的水平。

2.淘汰落后产能有新突破。按期淘汰300立方米及以下高炉产能和20吨及以下转炉、电炉产能。提高淘汰落后产能的标准，力争三年内再淘汰落后炼铁能力7200万吨、炼钢能力2500万吨。

3.联合重组取得重大进展。形成若干个具有较强自主创新能力和国际竞争力的特大型企业，国内排名前5位钢铁企业的产能占全国产能的比例达到45%以上，沿海沿江钢铁企业产能占全国产能的比例达到40%以上，产业布局明显优化，重点中心城市钢铁企业污染明显减少。

4.技术进步得到较大提升。加强技术改造，加快技术进步，降低生产成本，提高产品质量，优化品种结构。重点大中型钢铁企业60%以上产品实物质量达到国际先进水平，百万千瓦火电及核电用特厚钢板和高压锅炉管、25万千伏安以上变压器用高磁感低铁损取向硅钢等产品生产实现自主化，关键钢材品种自给率达到90%以上，400MPa及以上热轧带肋钢筋使用比例达到60%以上。

5.自主创新能力进一步增强。通过引进消化吸收和创新，提高技术装备水平，一般装备基本实现本地化、自主化，大型装备本地化率92%以上。力争在关键工艺技术、节能减排技术，以及高端产品研发、生产和应用技术等方面取得新突破。

6.节能减排取得明显成效。重点大中型企业吨钢综合能耗不超过620千克标准煤，吨钢耗用新水量低于5

吨，吨钢烟粉尘排放量低于1.0千克，吨钢二氧化碳排放量低于1.8千克，二次能源基本实现100%回收利用，冶金渣近100%综合利用，污染物排放浓度和排放总量双达标。

三、产业调整和振兴的重点任务

按照上述指导思想、基本原则和规划目标，当前和今后一个时期，要着力做好以下八个方面工作。

（一）保持国内市场稳定，改善出口环境

积极落实国家扩大内需措施，稳定建筑用钢市场，保障重点工程用钢。通过调整和振兴相关产业，努力稳定和扩大汽车、造船、装备制造等产业需求，以及保障性住房等房地产建设、新农村建设、地震灾后重建和公路、铁路、机场等重大基础设施建设的用钢需求。建筑用钢占国内消费量的比重稳定在50%左右。

改善钢铁产品进出口环境，实施适度灵活的出口税收政策，稳定国际市场份额，鼓励钢材间接出口。组织协会和企业积极应对反倾销、反补贴等贸易摩擦，争取良好的国际贸易环境。

（二）严格控制钢铁总量，加快淘汰落后

严格控制新增产能，不再核准和支持单纯新建、扩建产能的钢铁项目，所有项目必须以淘汰落后为前提。2010年年底前，淘汰300立方米及以下高炉产能5340万吨，20吨及以下转炉、电炉产能320万吨；2011年底前再淘汰400立方米及以下高炉、30吨及以下转炉和电炉，相应淘汰落后炼铁能力7200万吨、炼钢能力2500万吨。实施淘汰落后、建设钢铁大厂的地区和其它有条件的地区，要将淘汰落后产能标准提高到1000立方米以下高炉及相应的炼钢产能。

（三）促进企业重组，提高产业集中度

进一步发挥宝钢、鞍本、武钢等大型企业集团的带动作用，推动鞍本集团、广东钢铁集团、广西钢铁集团、河北钢铁集团和山东钢铁集团完成集团内产供销、人财物统一管理的实质性重组；推进鞍本与攀钢、东北特钢，宝钢与包钢、宁波钢铁等跨地区的重组，推进天津钢管与天铁、天钢、天津冶金公司，太钢与省内钢铁企业等区域内的重组。力争到2011年，全国形成宝钢集团、鞍本集团、武钢集团等几个产能在5000万吨以上、具有较强国际竞争力的特大型钢铁企业；形成若干个产能在1000万吨～3000万吨级的大型钢铁企业。

（四）加大技术改造力度，推动技术进步

实施钢铁产业技术进步与技术改造专项，对符合国家产业政策的大型骨干企业，对实施跨区域、跨所有制、跨行业重组的龙头企业，对实施跨区域、跨所有制、跨行业重组的龙头企业，以及国防军工、航天航空关键材料生产企业，给予重点支持；对发展高速铁路用钢、高磁感取向硅钢、高强度机械用钢等关键钢材品种，推广高强度钢筋使用和节材技术，发展高温高压干熄焦、烧结余热利用、烟气脱硫等循环经济和节能减排工艺技术，以及提升开发利用低品位、难选冶铁矿等技术，给予重点支持。

（五）优化钢铁产业布局，统筹协调发展

在减少或不增加产能的前提下，加快调整钢铁产业布局。一是建设沿海钢铁基地。按期完成首钢搬迁工程，建成曹妃甸钢铁精品基地。结合广州钢铁搬迁，推动宝钢与广东钢铁企业、武钢与广西钢铁企业兼并重组，通过淘汰或减少现有产能，适时建设湛江、防城港沿海钢铁精品基地。按照首钢在曹妃甸减少产能、发展循环经济的模式，结合济钢、莱钢、青钢压缩产能和搬迁，对山东省内钢铁企业实施重组和淘汰落后

产能，推动日照钢铁精品基地建设。结合杭钢搬迁、以及宝钢跨地区重组和淘汰落后、压缩产能，论证宁波钢铁续建项目。二是推进城市钢厂搬迁，引导产业有序转移和集聚发展，减少城市环境污染。组织实施好北京、广州、杭州、合肥等城市钢厂搬迁项目，统筹研究推进抚顺、青岛、重庆、石家庄等城市钢厂搬迁。三是抓紧实施《汶川地震灾后重建生产力布局和产业调整专项规划》确定的钢铁项目建设。

（六）调整钢材品种结构，提高产品质量

重点发展高速铁路用钢、高强度轿车用钢、高档电力用钢和工模具钢、特殊大锻材等关键钢材品种，支持有条件的企业、科研单位开展百万千瓦火电及核电用特厚钢板和高压锅炉管、25万千伏安以上变压器用高磁感低铁损取向硅钢等技术进行攻关。提高认证标准，加强政策引导，促进钢材实物质量达到国际先进水平。修改相关设计规范，淘汰强度335MPa及以下热轧带肋钢筋，加快推广使用强度400MPa及以上钢筋，促进建筑钢材的升级换代。

（七）保持进口铁矿石资源稳定，整顿市场秩序

行业协（商）会通过行业协调，加强自律，规范进口铁矿石市场秩序。探索、推行代理制。抓住当前市场全面疲软时机，协调国内用户与铁矿石供应商，建立互惠互利的进口矿定价机制和长期稳定的合作关系。规范钢材销售制度，建立产销风险共担机制，发挥流通环节对稳定钢材市场的调节功能。

（八）开发国内外两种资源，保障产业安全

加大国内铁矿资源的勘探力度，合理配置与开发国内铁矿资源，增加资源储备。鼓励大型钢铁企业开展铁矿勘探开发，适度开发利用低品位矿和尾矿，加强对共生矿、伴生矿产资源的研究、开发和综合利用。积极推进河北司家营、山西袁家村等大型铁矿资源开发，提高国产铁矿石自给率；支持邯钢中关、唐钢石人沟、通钢塔东、武钢恩施等现有矿山的深部开采，提高资源综合利用水平；鼓励四川攀西、河北承德地区钒钛资源综合利用；整合开发安徽霍丘地区和山东苍山等地区的铁矿资源。

鼓励有条件的大型企业到国外独资或合资办矿，组织实施好已经开展前期工作的境外矿产资源项目。鼓励沿海钢铁企业充分利用区位和运输优势，尽可能利用国外铁矿石、煤炭等资源。

四、政策措施

(一)调整部分产品的进出口税率

继续坚持控制“两高一资”低附加值产品出口的政策导向下，认真落实提高部分钢铁产品出口退税率的措施，适时适当提高技术含量高、附加值高的钢材产品的出口退税率。加快出口退税进度，确保及时足额退税。

（二）实施公平贸易政策

研究国产钢材和进口钢材公平税负政策，制订具体措施，为国内钢铁企业创造公平竞争的市场环境。

（三）加大技术进步及技术改造投入

在中央预算内基本建设投资中列支专项资金，以贷款贴息形式支持钢铁企业开展技术改造（不包括节能技术改造）、技术研发和技术引进，推动钢铁产业技术进步，调整品种结构，提升钢材质量。加大节能技术改造财政奖励支持力度，鼓励、引导钢铁企业积极推进节能技术改造。

（四）完善落后产能退出机制

加大淘汰落后产能的财政奖励力度，支持钢铁企业在淘汰落后产能过程中妥善解决职工安置、企业转产、债务化解等问题，促进社会和谐稳定。严格实行节能减排、淘汰落后问责制，比照《国务院批转节能减排统计监测及考核实施方案和办法的通知》（国发［2007］36号）规定，对未完成节能减排、淘汰落后任务的地区暂停项目的核准和审批。工业和信息化部会同有关部门，加强对淘汰落后产能工作的监督检查，定期向国土资源、金融、环保、工商、质检等部门通报淘汰落后企业名单。地方各级人民政府要对限期淘汰的落后装备实施严格监管，防止擅自扩容改造或异地转移。对擅自扩容改造或异地转移落后装备的，金融机构不提供任何形式的信贷支持，国土资源管理部门不予办理用地手续。

（五）完善企业重组政策

制定鼓励钢铁企业兼并重组的政策措施，妥善解决富余人员安置、企业资产划转、债务核定与处置、财税利益分配等问题，对大型企业跨省（区、市）重组后的改扩建等项目优先予以核准。落实好鼓励钢铁企业重组的税收政策。适时研究制定钢铁企业兼并重组条例。

（六）适时修订钢铁产业政策

调整更新《产业结构调整指导目录》，修订完善《钢铁产业发展政策》。一是提高吨钢综合能耗、吨钢耗新水以及炼铁、炼钢淘汰落后标准；二是修改国内钢铁产业集中度指标的考核范围和比重；三是增加节能减排指标，包括化学需氧量（COD）排放、二氧化硫排放、烟粉尘排放、可燃气体回收利用率、固体废弃物综合利用率等环保指标；四是明确资源配置的具体要求，储量5000万吨以上铁矿资源，优先依法配置给国内大中型钢铁企业。五是提高矿产资源开发准入门槛。

（七）提高建筑工程用钢标准

尽快完善建筑领域工程建设标准体系，结合提高抗震标准，研究出台扩大工业厂房、公共建筑、商业设施等建筑物钢结构使用比例的规定，修改提高地震多发地区建筑物、重点工程、建筑物基础工程等用钢标准及设计规范。

（八）实现钢铁与相关产业协调发展

完善装备、汽车、造船、家电等相关产业发展政策，带动钢铁产品消费和产业升级。加强钢铁新技术、新产品研发，适应和促进上下游及相关产业升级和产品换代。鼓励和支持钢铁企业与相关领域用钢企业开展合作，实现协调发展。

（九）继续实施有保有压的融资政策

加大对钢铁重点骨干企业的金融支持力度，对符合环保、土地法律法规以及投资管理规定的项目，以及实施并购、重组、走出去、技术进步的企业，在发行股票、企业债券、公司债、中期票据、短期融资券以及银行贷款、吸收私募股权投资等方面给予支持。防范大型骨干企业资金断链风险，必要时给予贷款贴息支持。对违法违规建设、越权审批的项目和产能落后企业，继续实施融资限制等措施。

（十）积极实施"走出去"战略

进一步简化项目审批程序，完善信贷、外汇、财税、人员出入境等政策措施。提高境外资源开发企业准入条件。支持符合准入条件的重点骨干企业到境外开展资源勘探、开发、技术合作和对外并购。进一步加强境外资产的经营管理，切实防范和化解境外资产风险。扩大冶金设备出口信贷规模，带动设备物资出口。完善出口信用保险政策，支持钢铁企业建立境外营销网络，稳定高端产品出口份额。充分利用境外矿产资源权益投资专项资金、对外经济技术合作专项资金和国外矿产资源风险勘探专项资金，支持企业实施“走出去”战略，增强资源保障能力。

（十一）建立产业信息披露制度

建立部门联合发布信息制度，适时向社会发布产业政策导向及项目核准、生产销售库存、产能利用、淘汰落后、企业重组、污染排放、银行贷款情况等信息，切实加强信息共享，为企业投资决策、银行贷款、土地预审等提供信息指导。

（十二）发挥行业协(商)会作用

充分发挥行业协（商）会的桥梁和纽带作用，支持企业联合对外谈判，由钢铁协会组织用矿企业统一对外谈判，建立新的双赢定价机制。由钢铁协会会同相关商会协调企业，积极应对国际贸易中的反补贴、反倾销诉讼，维护市场秩序和公平竞争环境。行业协（商）会要及时反映行业问题和企业诉求，为企业提供信息服务，引导企业落实国家产业政策，加强行业自律，提高行业整体素质。

五、规划实施

各地区要按照《规划》确定的目标、任务和政策措施，结合当地实际抓紧制订具体落实方案，确保取得实效。各省（区、市）要将具体工作方案和实施过程中出现的新情况、新问题及时报送国家发展改革委。

国务院各有关部门要按照《规划》分工，加强沟通协商，密切配合，尽快制定具体实施办法，明确政策措施的实施范围和执行期限，并加强指导和监督检查。有关部门要认真开展实施《规划》的中后期后评价工作，及时提出评价意见。

关于公布螺纹钢和线材期货升贴水及仓储费用的通知

上期交金钢字［2009］109号

各会员单位、各指定交割仓库（螺纹钢和线材）：

根据《上海期货交易所螺纹钢期货标准合约》、《上海期货交易所线材期货标准合约》和《上海期货交易所交割细则》有关规定，对螺纹钢和线材期货升贴水及仓储费用作如下规定：

一、升贴水

1. 地区升贴水

天津地区螺纹钢和线材交割贴水130元/吨；

2. 牌号升贴水

牌号为HRB335或HRBF335的螺纹钢替代交割贴水130元/吨。

二、仓储费用

收费项目		收费标准
仓储租金	货场	0.15元/吨*天
进库费用	1.专用线	18元/吨
	2.码头	15元/吨
	3.自送	15元/吨
出库费用	1.专用线	18元/吨
	2.码头	15元/吨
	3.自提	15元/吨

上海期货交易所将根据市场发展情况调整升贴水标准以及仓储费用，并另行发文通知。

上述规定自发文之日起实施。

特此通知。

二○○九年三月二十三日

关于螺纹钢和线材期货上市交易有关事项的通知

上期交金钢字［2009］83号

各会员单位：

中国证监会（证监函［2009］43号）已批准同意在上海期货交易所上市螺纹钢和线材期货合约。为确保螺纹钢和线材期货合约上市后的平稳运行，现就螺纹钢和线材期货合约上市交易有关事项通知如下：

一、挂盘上市时间

螺纹钢和线材期货合约自2009年3月27日起开始交易。

二、挂盘合约月份

螺纹钢和线材期货挂盘合约月份为2009年9月份至2010年3月份合约。

三、挂盘基准价

螺纹钢和线材期货合约的挂盘基准价由上海期货交易所在合约挂盘上市前一工作日公布。

四、交易保证金和涨跌停板

螺纹钢和线材期货合约上市交易最低保证金暂定为合约价值的8%（如有调整交易所将另行公告）。挂盘当日涨跌停板幅度为正常涨跌停板的二倍（即不超过挂盘基准价的±10%）。

五、依据上期交法律字[2009]17号文发布实施的《上海期货交易所结算细则》第三十八条关于当日无成交合约结算价确定的新规定适用于螺纹钢和线材期货品种各合约，自其正式挂盘上市之日起开始实施。

六、持仓公布

当某一螺纹钢期货合约持仓量达到20万手、某一线材期货合约持仓量达到12万手时，交易所将公布该月份合约及交割月份合约前20名会员的成交量及多空持仓量排名。

七、相关费用

1. 交易手续费

自上市之日起至2009年12月31日止，螺纹钢和线材期货合约交易手续费暂定为万分之一。

交易所对交易中同一客户当天开平仓的，免收平仓手续费；对交易六个月后合约的，交易手续费按所执行的标准减半收取。

2. 交割手续费：1元/吨

二〇〇九年三月二十三日

附件：上海期货交易所螺纹钢和线材指定交割仓库

附件：

上海期货交易所螺纹钢和线材指定交割仓库

序号	指定交割仓库名称	存放地址	铁路到站（码头）	联系人	联系电话
1	上海五钢物流有限责任公司	上海市宝杨路2035号	铁路：上海杨行站上钢五厂专用线 码头：五钢码头	邱玉昌	021－26032028 F：021－26032028
2	上海中农吴泾农资有限公司	上海市闵行区吴泾通海路275号	铁路：闵行站农资专用线 码头：农资码头	严烈欣 刘银宏	021－64504018 F：021－64502880
3	上海铁路闵行钢铁发展有限公司	上海市闵行区昆阳路1658号	上海铁路局闵行站机械化段专用线	苏　新	021－51161339 F：021－51161339
4	浙江物产物流投资有限公司	浙江省杭州市余杭区良渚镇古运河路12号	铁路：勾庄站物产物流专用线 码头：浙江物产杭州码头	孙金丹	0571－89005688 F：0571－89005668
5	浙江康运仓储有限公司	浙江省杭州市拱康路98号（铁路康桥货场内）	铁路：杭州北站康桥货场专用线	李　明	0571－88027012 F：0571–88027132
		浙江省杭州市崇贤镇长路兜22－1号	码头：杭州港崇贤港区（内河水运）	金　哲	0571－88013253 F：0571－88293234
		浙江省宁波市江北区白沙路353号	码头：宁波港股份有限公司宁波港埠分公司（海运）	阮雪东	0574－27690096 F：0574－27690096
6	镇江惠龙长江港务有限公司	江苏省镇江市金桥大道88号	码头：惠龙港	端木晓燕	0511－85898888 F：0511－85112222
7	上海期晟储运管理有限公司	江苏省靖江市经济开发区新港园区六助港路1号	码头：靖江盈利港务有限公司	龚荣德 吴晓波	0523－84835065 F：0523－84835092
8	中储发展股份有限公司	无锡市新区城南路32－1号	铁路：周泾巷 专用线：中储发展股份有限公司无锡物流中心专用线 码头：无锡新区新港码头	黄海粟	0510－85368888 F：0510－85360317
		天津市北辰区顺义道	铁路：（京局）南仓－中储南仓分公司专用线	穆祥恩 杨丰磊	022－86563338 022－86563374 F：022－86563366
9	天津开发区泰达公共保税仓有限公司	天津经济技术开发区渤海路39号	铁路：塘沽站海泰专用线	马　忠	022－66206861 F：022－66206863

关于螺纹钢交割商品补充规定的通知

上期交金钢字［2009］84号

各会员单位：

根据现货市场贸易特点及用户需求，经研究决定，对螺纹钢交割商品作如下补充规定：

客户在进行某一螺纹钢期货合约卖出交割时，交割商品公称直径分布应当符合下列要求：

1. 交割数量≤6000吨，可以是同一公称直径。

2. 6000吨<交割数量≤9000吨，至少是两个公称直径，并且每一公称直径交割数量不得高于其总交割数量的60%。

3. 9000吨<交割数量≤18000吨，至少是三个公称直径，并且每一公称直径交割数量不得高于其总交割数量的40%。

4. 交割数量>18000吨，至少是四个公称直径，且每一公称直径交割数量不得高于其总交割数量的30%。

同一客户从交易所买入再卖出交割的商品除外。

二〇〇九年三月二十三日

附件：关于公布螺纹钢和线材期货升贴水及仓储费用的通知（略）

关于同意中国检验认证集团检验有限公司等单位成为指定的钢材质量检验机构的通知

上期交金钢字［2009］96号

各会员单位、各指定交割仓库（螺纹钢和线材）：

经研究决定，同意中国检验认证集团检验有限公司、上海中储材料检验有限公司、通标标准技术服务有限公司成为我所指定的钢材质量检验机构。

上海期货交易所将视情况进一步增加指定的钢材质量检验机构。

特此通知。

附件:上海期货交易所指定钢材质量检验机构

二〇〇九年三月二十三日

上海期货交易所2009年3月23日印发

附件：

上海期货交易所指定钢材质量检验机构

序号	单位名称	联系人	电话
1	中国检验认证集团检验有限公司	黄德珠	010-884603175 13488874887
		郭庭林	010-84603176 13810151545
		石　峰	021-33927450 13061676510
		毛士君	13321831157
2	上海中储材料检验有限公司	朱宝珠	021-64184239 13311671069
		宋益华	021-64174564 13585515287
3	通标标准技术服务有限公司	徐　军	021-61402530 13801807392
		沈　军	021-61402636 13901803220

关于提高轻纺钢铁等商品出口退税率的通知

财税[2009]43号

各省、自治区、直辖市、计划单列市财政厅(局)、国家税务局，新疆生产建设兵团财务局：

经国务院批准，决定提高部分商品的出口退税率。具体明确如下：

一、CRT彩电、部分电视机零件、光缆、不间断供电电源（UPS）、有衬背的精炼铜制印刷电路用覆铜板等商品的出口退税率提高到17%。

二、将纺织品、服装的出口退税率提高到16%。

三、将六氟铝酸钠等化工制品、香水等香化洗涤、聚氯乙烯等塑料、部分橡胶及其制品、毛皮衣服等皮革制品、信封等纸制品、日用陶瓷、显像管玻壳等玻璃制品、精密焊钢管等钢材、单晶硅片、直径大于等于30cm的单晶硅棒、铝型材等有色金属材、部分凿岩工具、金属家具等商品的出口退税率提高到13%。

四、将甲醇、部分塑料及其制品、木制相框等木制品、车辆后视镜等玻璃制品等商品的出口退税率提高到11%。

五、将碳酸钠等化工制品、建筑陶瓷、卫生陶瓷、锁具等小五金、铜板带材、部分搪瓷制品、部分钢铁制品、仿真首饰等商品的出口退税率提高到9%。

六、将商品次氯酸钙及其他钙的次氯酸盐、硫酸锌的出口退税率提高到5%。

具体商品清单见附件。

本通知自2009年4月1日起执行。具体执行时间，以“出口货物报关单（出口退税专用）”海关注明的出口日期为准。

特此通知。

财政部国家税务总局

二OO九年三月二十七日

附件:提高出口退税率的商品清单（有删节）

附件：

涉及钢铁产品调整（有删节）

章	商品代码	商品名称	提高到（%）
72章	7209159000-7210900000	其他厚度≥3mm的冷轧卷材等	13
	7219110000	厚度＞10mm热轧不锈钢卷板〔除热轧外未经进一步加工宽度≥600mm〕	13
	7219120000	4.75mm≤厚≤10mm热轧不锈钢卷板〔除热轧外未经进一步加工宽度≥600mm〕	13
	7219131900	3mm≤厚＜4.75mm未经酸洗的其他热轧不锈钢卷板〔除热轧外未经进一步加工宽度≥600mm〕	13
	7219132900	3mm≤厚＜4.75mm经酸洗的其他热轧不锈钢卷板〔除热轧外未经进一步加工宽度≥600mm〕	13
	7219141900	厚度＜3mm未经酸洗的其他热轧不锈钢卷板〔除热轧外未经进一步加工宽度≥600mm〕	13
	7219142900-7219900000	厚度＜3mm经酸洗的其他热轧不锈钢卷板等	13
	7221000000	不锈钢热轧条、杆〔不规则盘卷的不锈钢热轧条杆〕	13
	7225110000	取向性硅电钢宽板〔宽≥600mm〕	13
	7225190000	其他硅电钢宽板〔宽≥600mm〕	13
	7225400000	宽≥600mm热轧其他合金钢材〔除热轧外未经进一步加工〕	13
	7225500000	宽度≥600mm冷轧其他合金钢板材〔除冷轧外未经进一步加工〕	13
	7226110000	取向性硅电钢窄板〔宽<600mm〕	13
	7226190000	其他硅电钢窄板〔宽<600mm〕	13
	7228100000	其他高速钢的条、杆	13
72章	7228300000	其他合金钢热加工条、杆〔除热轧,热拉拔或热挤压外未经进一步加工的〕	13
	7228400000	其他合金钢锻造条、杆〔除锻造外未经进一步加工的〕	13
	7228500000	其他合金钢冷成形或冷加工条、杆〔除冷成形或冷加工外未进一步加工〕	13
	7228800000	其他合金钢空心钻钢〔包括非合金钢〕	13
	7229901000	高速钢丝	13
73章	7304419000	冷轧的不锈钢制的其他无缝管〔冷拔或冷轧的〕	13
	7304491000	非冷轧(拔)不锈钢制无缝锅炉管〔包括内螺纹〕	13
	7306301100	其他铁或非合金钢圆形截面焊缝管外径≤10毫米,壁厚≤0.7毫米〔细焊缝管指外径不超过406.4mm〕	13
	7315111000	自行车滚子链	9
	7316000000	钢铁锚、多爪锚及其零件	9
	7321110000	可使用气体燃料的家用炉灶	9
	7321129000	其他使用液体燃料的家用炉灶	9
	7321190000	其他炊事器具及加热板,包括使用固体燃料的	9
	7323910000-7324900000	餐桌、厨房等家用铸铁制器具等	9

工信部印发遏制钢铁行业产量过快增长紧急通报

各省、自治区、直辖市、新疆生产建设兵团工业主管部门，中国钢铁工业协会、中国五矿商会，有关中央企业：

今年以来，随着国家一系列扩大投资、刺激内需政策的出台，钢铁行业出现了回暖迹象。在这种情况下，一些企业不顾市场需求，盲目扩大生产，致使供需关系严重失衡，钢材价格大幅度下滑。为贯彻落实党中央、国务院扩内需、保增长、调结构的总体要求，保持钢铁行业的平稳增长，现就有关情况和事项通报如下：

一、钢铁工业运行的基本情况

(一)钢铁生产增长过快。今年1–3月全国粗钢产量12744万吨，同比增长1.4%，其中2月下旬日产钢151万吨，接近于去年6月份日产156万吨的历史最高水平，相当于年产钢5.5亿吨水平；3月份全国日均产钢145.5万吨，比去年11月上旬日产107万吨的最低水平相比，增长了36%，同时也高于去年全国日产137万吨的平均水平。与此同时，国外主要钢铁企业则呈现大幅度减产的态势。1–3月，全球除中国以外的65个主要产钢国钢产量1.36亿吨，同比下降37.3%，我国1–3月钢产量已占全球的48.3%。

(二)钢材出口持续下滑。1–3月我国累计出口钢材514万吨，同比下降54.9%，其中3月出口167万吨，同比下降59.8%。1–3月净出口钢材钢坯折合粗钢112万吨，同比下降85.3%，折算相当于全年净出口粗钢452万吨，比2008年净出口减少4300万吨。3月份，我国钢材钢坯折合粗钢出现3年来的首次净进口。

(三)市场价格先涨后跌。国内钢材价格综合指数从去年11月最低的101.5点逐步回升，今年2月初达到109点。随后钢材价格一路下滑，4月17日下降到95点，已跌破1994年水平，比今年最高点下降12.8%，其中12mm螺纹钢、2.75mm热轧卷价格分别比今年最高价位下降660元／吨和733元／吨，分别下降16.3%和17.6%。

(四)亏损局面尚未扭转。1–2月累计，全国钢铁工业由去年同期盈利255亿元转为亏损7.7亿元。其中，重点大中型钢铁企业自去年10月以来连续5个月出现亏损，1–2月累计亏损15.1亿元，亏损面37.1%，500万吨以上企业亏损面达50%。

二、面临的形势和问题

当前，在钢铁行业面临前所未有严峻形势的同时，多年来发展中积累的一些矛盾和问题也凸显出来，主要是：

(一)钢铁总量严重过剩，板材问题尤为突出。2008年我国粗钢生产能力已超过6亿吨，产量5亿吨，粗钢表观消费量4.52亿吨，同比增长2.89%，净出口钢坯钢材折合粗钢0.48亿吨。综合考虑刺激内需政策作用和钢材间接出口减少的影响，预计2009年粗钢表观消费4.62亿吨，比去年增加约1000万吨；净出口按今年1–2

月平均数据测算，则减少4000万吨。按此计算，2009年产量只需保持4.7亿吨就能保持供需平衡，产能与国内消费和出口的实际需求相比过剩约25%-30%。

从品种结构看，近几年我国每年新增粗钢能力5000万吨左右，其中90%对应品种为板材。2008年底，我国热轧板带材产能达到2.68亿吨(含应淘汰的热轧窄带钢产能约3600万吨)，产量1.95亿吨，产能过剩约7300万吨。首钢曹妃甸、鞍钢鲅鱼圈等重大项目建成后，由于市场需求萎缩、价格低迷，迟迟不能正常投产。

经分析，近几年钢材市场的大起大落，板材表现明显逊色于长材，说明板材产能已超出现阶段经济发展需求。

(二)落后产能比重较高，恢复生产存在盲目性。据2005年统计，属于淘汰类的落后炼铁产能1.14亿吨、炼钢产能5678万吨。经过几年的努力，一半左右的落后炼铁产能和大部分的落后炼钢产能已被淘汰。按照国务院新近颁布的《钢铁产业调整和振兴规划》，到2011年底前，要在继续淘汰剩余的落后炼铁产能5340万吨、炼钢产能320万吨的基础上，进一步提高标准，再淘汰落后炼铁产能7200万吨、炼钢产能2500万吨。

目前，各地的中小钢厂，借助其成本优势，生产恢复较快，增产存在较大盲目性。主要原因：一是由于前期高价原料库存较少，二是低端产品市场的拉动，三是经营机制相对灵活，四是环保标准执行力度不够，承担社会责任较少。已建成的大型生产装置，也在筹划试车投产，产能将进一步增加。

(三)进口铁矿石增加过猛，容易引发经营风险。去年，由于对钢铁行业供需关系盲目乐观，企业在高价位时大量进口铁矿石，造成钢材价格与成本严重倒挂，成为大型钢铁企业亏损的重要原因。

今年以来，钢材市场稍有好转，一些企业和贸易商受惯性思维影响，在抄底、投机心理的作用下，大量进口铁矿石。3月当月我国生产生铁4321万吨，同比增长3.9%，进口铁矿石5208万吨，同比增长46.2%，远超出铁矿石的实际需求。过量进口铁矿石，加大企业资金压力，存在较大经营风险。

三、控总量，调结构，促质量效益型发展

钢材是建筑、机械等行业的基础原材料。在下游行业尚未完全复苏的情况下，钢铁行业必须把控制总量作为当前的首要任务。同时，要抓住有利时机，集中力量进行结构调整，实现钢铁行业的质量效益型发展。为此，需要抓好以下几项工作：

(一)坚决遏制产量过快增长。各地工业主管部门要与有关部门密切配合，责令列入淘汰类的落后炼铁、炼钢、轧钢生产线停止生产，已经停产的严禁死灰复燃；进一步加大银企衔接工作力度，对落后钢铁企业、不顾市场需求盲目扩大生产的钢铁企业，要商请当地商业银行减少或停止贷款。钢铁协会要组织钢铁生产企业对热轧板、冷轧板、中厚板等产能严重过剩的品种实行自律性限产措施。钢铁企业要加强产需衔接，按照市场需求组织生产，坚持没有合同不生产，低于成本不生产，不付货款不发货，努力实现企业产销率100%，货款回收率100%。大中型钢铁企业要带头停产部分不符合准入条件的产能，新建产能投产前要认真做好市场分析。钢铁协会要按照我部《关于开展重点调度企业日报和旬月报统计监测工作的紧急通知》(工信部运行〔2008〕366号)、《关于进一步加强重点调度联系企业运行监测统计工作的通知》(工信部运行〔2009〕86号)要求，进一步健全完善统计监测制度，运用电子信息技术改造现有统计监测手段，及时汇总掌握生产、库存、销售等方面的动态信息，为政府部门和钢铁企业决策提供服务。

(二)主动调整品种结构。最近，国家出台了4万亿元的投资计划，轻工、石化、汽车、装备、船舶、物

流等行业的调整和振兴规划也陆续公布。钢铁企业要加强对这些政策措施的学习研究，了解分析实施扩大投资政策和相关行业振兴规划对钢材品种、质量、性能等方面的新需求，增强调整品种结构的主动性和前瞻性，围绕国家投资和相关行业发展重点，加大市场开拓力度，积极研发、生产适销对路产品，满足相关产业升级和重点建设工程的需要。

(三)加快淘汰落后产能。严格执行《大气污染法》、《安全生产法》、《节约能源法》、《清洁生产促进法》等法律法规，依法关停落后产能。严格执行差别电价政策，对20吨及以下转炉电炉等淘汰类，2005年8月以后建设的120吨以下转炉、70吨以下电炉、1000立方米以下高炉等限制类生产能力继续实施淘汰类、限制类差别电价。用好中央财政淘汰落后奖励资金，落实地方配套资金，妥善解决淘汰落后引起的人员安置等善后问题，保持社会稳定。各地工业主管部门要按照《钢铁产业调整和振兴规划》的要求，会同发展改革、财政、国土资源、环保等部门进一步细化措施，落实责任，明确淘汰落后产能的企业和装置名单，力争提前完成已与国家发展改革委签订责任书的落后钢铁企业(装备)淘汰任务，其他未签订责任书的属于淘汰类的炼铁、炼钢、轧钢能力也要按期全部淘汰。

(四)严禁违规建设扩能项目。按照现行投资管理规定，新增生产能力的炼铁、炼钢、轧钢项目应由国家有关主管部门核准，未经国家有关主管部门核准的项目均属违规项目。各地要严格执行投资管理规定，禁止越权审批新建钢铁项目，正在违规施工的也要停止建设。

(五)加强技术改造和企业管理。钢铁企业要坚持走内涵式发展道路，利用当前投资成本较低的有利时机，把技术改造作为投资的重点，积极采用烧结余热利用等节能降耗技术、低品位难选冶铁矿等资源综合利用技术，发展高强度机械用钢等高端钢材品种，淘汰改造企业内部的落后工艺装备。要进一步加强成本管理、资金管理、质量管理和营销管理，继续深入开展对标挖潜活动，不断改善技术经济指标。通过技术改造和加强管理，降低生产成本，优化品种结构，提高品种质量，培育新的效益增长点，提高综合竞争力。

(六)规范钢材和进口铁矿石贸易秩序。钢铁企业要严格遵守《价格法》和《反不正当竞争法》，杜绝低价倾销和保值销售等恶性竞争行为。支持钢铁企业和上游企业、下游用户、贸易商之间建立长期稳定、互利共赢的合作关系。具有进口铁矿石资质的企业要根据国内钢铁生产的实际需求，正确把握进口铁矿石的数量和节奏，避免盲目大量进口。钢铁协会和五矿商会要研究进一步减少进口铁矿石中间贸易商数量的措施，加强对进口铁矿石数量、流向的过程性监控，防止流入不符合产业政策的企业，认真推行进口铁矿石代理制，制止大量囤积铁矿石、转手高价倒卖的行为。对扰乱钢材和进口铁矿石贸易秩序的企业，钢铁协会和五矿商会要采取必要的自律措施，维护公平竞争的市场环境。

中华人民共和国工业和信息化部

二OO九年四月二十四日

国务院关于调整固定资产投资项目资本金比例的通知

国发〔2009〕27号

各省、自治区、直辖市人民政府，国务院各部委、各直属机构：

固定资产投资项目资本金制度既是宏观调控手段，也是风险约束机制。该制度自1996年建立以来，对改善宏观调控、促进结构调整、控制企业投资风险、保障金融机构稳健经营、防范金融风险发挥了积极作用。为应对国际金融危机，扩大国内需求，有保有压，促进结构调整，有效防范金融风险，保持国民经济平稳较快增长，国务院决定对固定资产投资项目资本金比例进行适当调整。现就有关事项通知如下：

一、各行业固定资产投资项目的最低资本金比例按以下规定执行：

钢铁、电解铝项目，最低资本金比例为40%。

水泥项目，最低资本金比例为35%。

煤炭、电石、铁合金、烧碱、焦炭、黄磷、玉米深加工、机场、港口、沿海及内河航运项目，最低资本金比例为30%。

铁路、公路、城市轨道交通、化肥(钾肥除外)项目，最低资本金比例为25%。

保障性住房和普通商品住房项目的最低资本金比例为20%，其他房地产开发项目的最低资本金比例为30%。

其他项目的最低资本金比例为20%。

二、经国务院批准，对个别情况特殊的国家重大建设项目，可以适当降低最低资本金比例要求。属于国家支持的中小企业自主创新、高新技术投资项目，最低资本金比例可以适当降低。外商投资项目按现行有关法规执行。

三、金融机构在提供信贷支持和服务时，要坚持独立审贷，切实防范金融风险。要根据借款主体和项目实际情况，参照国家规定的资本金比例要求，对资本金的真实性、投资收益和贷款风险进行全面审查和评估，自主决定是否发放贷款以及具体的贷款数量和比例。

四、自本通知发布之日起，凡尚未审批可行性研究报告、核准项目申请报告、办理备案手续的投资项目，以及金融机构尚未贷款的投资项目，均按照本通知执行。已经办理相关手续但尚未开工建设的投资项目，参照本通知执行。

五、国家将根据经济形势发展和宏观调控需要，适时调整固定资产投资项目最低资本金比例。

六、本通知自发布之日起执行。

二〇〇九年五月二十五日

关于进一步提高部分商品出口退税率的通知

财税[2009]88号

各省、自治区、直辖市、计划单列市财政厅（局）、国家税务局，新疆生产建设兵团财务局：

经国务院批准，提高部分商品的出口退税率。现就有关事宜通知如下：

一、电视用发送设备、缝纫机等商品的出口退税率提高到17%。

二、罐头、果汁、桑丝等农业深加工产品，电动齿轮泵、半挂车等机电产品，光学元件等仪器仪表，胰岛素制剂等药品，箱包，鞋帽，伞，毛发制品，玩具，家具等商品的出口退税率提高到15%。

三、部分塑料、陶瓷、玻璃制品，部分水产品，车削工具等商品的出口退税率提高到13%。

四、合金钢异型材等钢材、钢铁结构体等钢铁制品、剪刀等商品的出口退税率提高到9%。

五、玉米淀粉、酒精的出口退税率提高到5%。

具体商品清单见附件。

六、本通知自2009年6月1日起执行。具体执行时间，以“出口货物报关单（出口退税专用）”海关注明的出口日期为准。

特此通知。

附件：提高出口退税率的商品清单（有删节）

财政部 国家税务总局

二OO九年六月三日

附件：

提高出口退税率的商品清单（有删节）

章	商品代码	商品名称	提高到(%)
72章	7208100000-7209151000	轧有花纹的热轧卷材等	9
	7211130000-7212600000	未轧花纹的四面轧制的热轧非卷材等	9
	7214100000	铁或非合金钢的锻造条、杆〔除热加工外未进一步加工〕	9
	7216310000-7216402000	截面高度≥80mm槽型钢等	9
	7216610000-7216910000	平板轧材制的角材、型材及异型材等	9
	7217200000-7217309000	镀或涂锌的铁或非合金钢丝等	9
	7220110000-7220900000	热轧不锈钢带材厚度≥4.75mm等	9
	7225300000	宽度≥600mm热轧其他合金钢卷材〔除热轧外未经进一步加工〕	9
	7225910000-7225999000	电镀锌的其他合金钢宽平板轧材等	9
	7226200000-7227900000	宽度＜600mm的高速钢平板轧材等	9
	7228200000	其他硅锰钢的条、杆	9
	7228600000-7228709000	其他合金钢条、杆等	9
	7229200000	硅锰钢丝	9
	7229909000	其他合金钢丝	9

提高出口退税率的商品清单（有删节）

续上表

章	商品代码	商品名称	提高到(%)
73章	7301100000-7303009000	钢铁板桩等	9
	7304311000-7304411000	冷轧的钢铁制无缝锅炉管等	9
	7304499000-7304900000	非冷轧的不锈钢制其他无缝管等	9
	7305310000-7305900000	纵向焊接的其他粗钢铁管等	9
	7306301900-7308900000	其他铁或非合金钢圆形截面焊缝管外径≤10毫米,壁厚＞0.7毫米等	9
	7310290000	其他容积＜50升的盛物容器〔容积＜50升的钢铁柜、桶、罐、听及类似容器〕	9
	7311009000	其他装压缩或液化气的容器〔指非零售包装用〕	13
	7315119000	其他滚子链〔自行车链、摩托车链除外〕	13
	7315810000-7315890000	日字环节链等	13
	7321890000	其他器具,包括使用固体燃料的	9
	7321900000	非电热家用器具零件	9
	7326209000	非工业用钢铁丝制品	9
	7326909000	其他非工业用钢铁制品	9

商务部公告补充2009年铁合金符合出口许可申领条件的企业

根据商务部2008年第56号公告和第118号公告要求，经审核，现就2009年铁合金符合出口许可申领条件的补充企业名单及有关问题公告如下：

一、自本公告发布之日起，本公告附件1所列企业可根据《货物出口许可证管理办法》（商务部令2008年第11号），向所在地商务部授权的省级（省、自治区、直辖市、计划单列市及新疆生产建设兵团）发证机构申领相应类别铁合金出口许可证。

二、根据《国务院关于支持汶川地震灾后恢复重建政策措施的意见》（国发[2008]21号）精神，经四川、陕西和甘肃等省地市级人民政府认定，并经省级商务主管部门按照铁合金出口许可申领条件申报程序推荐的地震受灾企业，申请2009年度铁合金出口许可，暂不要求其符合铁合金出口许可申领条件。

三、根据《境外投资管理办法》（商务部令2009年第5号）有关规定，对经商务部批准在境外投资的“走出去”企业，确需向其境外投资项目定向供应铁合金产品的，按照铁合金出口许可申领条件申报程序，经商务部审核认定后，赋予其定向出口相应类别的铁合金出口许可。

四、因企业经营情况变更，撤销商务部2008年118号公告公布的辽宁双益硅业有限公司B类铁合金边贸出口许可。

五、商务部负责本公告的解释。

附件：1. 2009年铁合金符合出口许可申领条件的补充企业名单

2. 铁合金出口许可申领条件管理商品目录

附件1

2009年铁合金符合出口许可申领条件的补充企业名单

序号	企业名称	备注
一、A类(海关商品编码详见附件2)		
一般贸易（12家）		
1	巴彦淖尔市亨泰冶金有限公司	A
2	廊坊鑫达铁合金有限公司	A
3	平罗县永亨冶炼有限公司	A
4	平罗县万顺冶金化工有限公司	A
5	青海省新机五金矿产有限公司	A
6	中钢集团广东有限公司	A
7	陕西富群进出口有限公司	A
8	银川海德威尔电矿有限公司	A
9	银川市滨河磨料磨具有限责任公司	A
10	上海晋通锰业有限公司	A
11	石嘴山市至诚远冶金有限公司	A
12	宁夏聚合硅合金有限公司	A
西部推荐（1家）		
13	延吉市大亨贸易有限公司	A
灾区企业（2家）		
14	四川喜德县良在特殊合金厂	A
15	四川荥经建寅冶金有限责任公司	A
边境贸易（1家）		
16	丹东鸿祥实业发展有限公司	A
境外投资（1家）		
17	广东省五金矿产进出口集团公司	只能申领定向出口圣力（越南）特钢有限公司的A类出口许可证
二、B类(海关商品编码详见附件2)		
一般贸易（32家）		
18	江西海丰新材料有限公司	B
19	徐州金石彭源稀土材料厂	B
20	常州市武进倍耐特种合金有限公司	B
21	嘉峪关三威铁合金冶炼有限公司	B
22	安阳市鑫屹合金有限责任公司	B
23	安帝铁合金（天津）有限公司	B
24	麦格昆磁（天津）有限公司	B
25	东乡县东深塑胶电子有限公司	B
26	安帝铁合金（内蒙古）有限公司	B
27	黎城晋能化工有限责任公司	B
28	哈尔滨科德威冶金新材料有限责任公司	B
29	注射合金（天津）有限公司	B
30	北海山青贸易有限公司	B
31	重庆天铸行进出口贸易有限公司	B
32	中国原子能工业有限公司	B
33	阿鲁（北京）国际贸易有限公司	B
34	江苏迈特瑞奥贸易有限责任公司	B
35	河北驰田工贸有限公司	B
36	河北通产进出口有限公司	B
37	阳泉市双龙盛国际贸易有限公司	B
38	阳泉市晨辉贸易有限公司	B

续上表 **2009年铁合金符合出口许可申领条件的补充企业名单**

序号	企业名称	备注
39	北京嘉和汇成贸易有限公司	B
40	成都凯睿恒实业有限公司	B
41	上海东矿国际贸易有限公司	B
42	贵州厚生化工有限公司	B
43	天津中硕矿产贸易有限公司	B
44	深圳市恒惟星实业发展有限公司	B
45	深圳市德文实业发展有限公司	B
46	湛江维英冶金进出口有限公司	B
47	上海亮辰行国际贸易有限公司	B
48	上海禅悦贸易有限公司	B
49	湖南省花垣县通华锰合金冶炼厂	B
灾区企业（1家）		
50	攀枝花市金江冶金化工厂	B
边境贸易（1家）		
51	丹东中联石油化工有限公司	B

附件2

铁合金出口许可申领条件管理商品目录

货物分类	海关商品编码	货物名称
A类	7202210000	硅铁（含硅量55%以上）
	7202290000	硅铁（含硅量55%及以下）
	7202110000	锰铁,按重量计含碳量在2%以上
	7202190000	锰铁,按重量计含碳量不超过2%
	7202300000	硅锰铁
	7202410000	铬铁,按重量计含碳量在4%以上
	7202490000	铬铁,按重量计含碳量不超过4%
	7202500000	硅铬铁
	7202600000	镍铁
	7202801000	钨铁
	7202802000	硅钨铁
	7202910000	钛铁及硅钛铁
	7202921000	钒铁,按重量计含钒量在75%及以上
	7202929000	其他钒铁
	7202930010	铁钽铌合金（钽含量<10%）
	7202930090	其他铌铁
	7202990000	其他铁合金
B类	7202290000	硅铁（含硅量55%及以下）
	7202410000	铬铁,按重量计含碳量在4%以上
	7202490000	铬铁,按重量计含碳量不超过4%
	7202500000	硅铬铁
	7202600000	镍铁
	7202801000	钨铁
	7202802000	硅钨铁
	7202910000	钛铁及硅钛铁
	7202921000	钒铁,按重量计含钒量在75%及以上

续上表 **铁合金出口许可申领条件管理商品目录**

货物分类	海关商品编码	货物名称
B类	7202929000	其他钒铁
	7202930010	铁钽铌合金（钽含量<10%）
	7202930090	其他铌铁
	7202990000	其他铁合金

注：A类产品范围包括B类产品范围。

国务院关税税则委员会
关于调整部分产品出口关税的通知

税委会【2009】6号

海关总署：

经国务院关税税则委员会第四次全体会议审议通过，并经国务院批准，自2009年7月1日起，对部分产品的出口关税（包括暂定关税和特别关税）进行调整，现将有关事项通知如下：

一、取消部分产品的出口暂定关税，主要包括小麦、大米、大豆及其制粉，硫酸，钢丝等，共计31项产品。

二、取消部分化肥及化肥原料的特别出口关税，主要包括黄磷、磷矿石、合成氨、磷酸、氯化铵、重过磷酸钙、二元复合肥等，共计27项产品。同时，对黄磷继续征收20%的出口关税，对其他磷、磷矿石继续征收10%-35%的出口暂定关税，对合成氨、磷酸、氯化铵、重过磷酸钙、二元复合肥等化肥产品（包括工业用化肥）统一征收10%的出口暂定关税。

三、调整尿素、磷酸一铵、磷酸二铵等3项化肥产品征收出口关税的淡、旺季时段，将尿素的淡季出口税率适用时间延长一个月，磷酸一铵、二铵的淡季出口税率适用时间延长一个半月。

四、降低部分产品的出口暂定关税，主要包括微细目滑石粉，中小型型钢，氟化工品，钨、钼、铟等有色金属及其中间品，共计29项产品。

具体详见附件。

附件：部分产品出口关税调整表（有删节）

二OO九年六月十九日

附件

部分产品出口关税调整表

序号	EX①	税则号列	商品名称（简称）	出口税率(%)	调整前		调整后	
					暂定税率(%)	特别关税税率(%)	暂定税率(%)	特别关税税率(%)
76	ex	72051000	生铁、镜铁及钢铁颗粒(不带球弧面的棱角形颗粒数量大于80%的棱角钢砂除外)		25		25	
	ex	72051000	棱角钢砂(不带球弧面的棱角形颗粒数量大于80%)		25		取消	
77		72161010	截面高度＜80mm的H型钢		10		5	
78		72161020	截面高度低于80毫米的工字钢		10		5	
79		72161090	截面高度＜80mmU型钢		10		5	
80		72162100	热加工截面高度＜80mm角钢		10		5	
81		72162200	热加工截面高度＜80mm丁字钢		10		5	
82		72165010	热加工乙字钢		10		5	
83		72165090	热加工其他角材、型材及异型材		15		5	
84		72169900	其他角材、型材及异型材		15		5	
85		72171000	未镀或涂层的铁或非合金钢丝		5		取消	
86		72179000	其他铁丝或非合金钢丝		5			
87		81021000	钼粉		10		5	
88		81029400	未锻轧钼		15		5	
89	ex	81129230	未锻轧铟；铟废碎料		15		5	
90	ex	81129230	铟粉末		10		5	

注 ①："ex"表示应税商品范围以"商品名称"描述为准，其余以税号为准。

②：出口价格包括海关认可的货物货价、货物运至中华人民共和国境内输出地点装载前的运输及其相关费用、保险费。淡季当出口价格高于基准价格时，税率计算结果四舍五入保留3位小数。

关于进一步加强原材料工业管理工作的指导意见

工信部原[2009]294号

各省、自治区、直辖市、计划单列市、新疆生产建设兵团工业主管部门，有关中央企业，行业协会：

原材料工业是国民经济重要基础产业。为建立和完善原材料工业管理体制，加强行业管理，正确履行职责，转变发展方式，积极应对国际金融危机冲击，促进原材料工业持续健康发展，走中国特色新型工业化道路，特提出如下意见：

一、充分认识加强行业管理的重要性和紧迫性。经过几十年的努力，我国建立了完整的原材料工业体系，产业规模巨大，大多数产品产量位居世界第一，基本满足了国民经济和社会发展需要。但是，原材料工业大而不强，行业发展中存在的问题仍很突出。主要是：产能盲目扩张、严重过剩，生产力布局分散、集中度低；产业、产品结构不尽合理，存在大量落后生产能力；能源、资源消耗大，资源对外依存度高，环境污染严重；行业管理体系不健全，管理职能分散、缺位，管理手段弱化，一些行业秩序比较混乱。在工业管理体制改革之后，实施有效的行业管理，积极应对国际金融危机带来的挑战，对深入贯彻落实科学发展观，转变发展方式，促进原材料工业调整和振兴，加快走中国特色新型工业化道路，具有重要意义。各级政府工业主管部门要充分认识新形势下原材料工业管理的重要性，正确履行职能，切实抓好行业管理。

二、明确原材料工业管理范围和主要职责。原材料工业包括石化、化工、钢铁、有色、建材、黄金、稀土等七大行业。管理职能主要包括具有行业全局性和行业特殊性的工作，如原材料产业政策、资源开发、投资建设、生产运行、进出口调节、节能减排、科技进步、安全生产、履行《禁止化学武器公约》等方面的管理。上述行业管理职能，主要由各级政府工业主管部门履行。

三、原材料工业管理的总体要求。以科学发展观统领原材料工业发展的各项工作，坚持控制产能总量，转变发展方式，促使原材料工业发展由主要依靠产能盲目扩张带动向主要依靠优化结构、提高质量和增加附加值转变，由主要依靠增加矿产资源消耗向主要依靠提高资源利用效率、技术进步和管理创新转变。把应对国际金融危机、振兴原材料工业作为当前的首要任务；把结构调整、促进原材料工业由大变强作为原材料工业管理工作的主线；把技术改造、淘汰落后产能、节能减排、提高产业集中度作为结构调整的工作重点；把规划、政策和标准等作为行业管理的主要抓手，按照建设服务型政府的要求，转变职能和工作作风，牢固树立工业与信息化工作的大局意识，不干预企业，不走老路，充分发挥市场配置资源的基础性作用，加快推动原材料工业走新型工业化道路。

四、加强原材料工业经济运行监测和协调，促进原材料工业平稳健康运行。各级工业管理部门要认真落实国务院关于扩内需、保增长、调结构、上水平的各项重大举措，积极应对国际金融危机对原材料工业的冲击，全面实施石化、钢铁、有色金属调整和振兴规划，切实落实各项具体政策。要加强对全行业经济运行的监控，建立健全原材料工业经济技术信息网络，深入调查研究，及时收集、整理、分析、上报行业经济技术信息，掌握企业生产经营、投资、进出口和技术发展等真实状况，准确把握行业发展态势和突出问题，及时提出对策建议。定期分析行业经济运行状况，发布原材料工业经济技术和市场信息，提供信息咨询服务，指导推动行业平稳运行。

五、做好行业发展战略和规划研究，统筹规划原材料工业发展。要以科学发展观为指导，结合我国工业化、城镇化的历史进程和原材料工业发展现状、问题和特征，深入探索原材料工业走新型工业化道路的发展模式，提出与经济、社会、资源、环境相协调的总体发展战略。要加强原材料工业规划的编制、实施和评估修订，按照“控制总量、优化结构、合理布局”的要求，在对“十一五”规划评估的基础上，组织制定原材料工业中长期发展规划，提出行业长远发展方针、目标、布局和主要任务。要因地制宜，突出重点，编制乙烯、化肥、农药、氯碱、钢铁、铝、铜、铅、锌、稀有金属、水泥、平板玻璃等重要产品专项规划。对已编制实施的规划要适时进行评估修订。

六、认真研究行业发展政策，促进原材料工业结构优化升级。要加强原材料工业产业政策的研究制定和执行，引导企业加快开发高技术含量、高附加价值产品，大力发展节能、环保新产品，加快研制开发经济建设和国防急需的新材料。积极研究提出关税调控政策，鼓励高附加值、深加工产品出口，同时，严格控制“两高一资”和涉及国家战略安全的稀有金属产品出口。制定和完善行业准入条件，建立健全落后产能退出机制，采取多种措施，加快淘汰落后生产能力。淘汰落后是当前行业管理的重要任务，要下决心关闭不符合准入条件的生产厂矿。地方各级工业管理部门要从实际出发，制定区域内淘汰落后产能工作计划和具体政策，在地方人民政府领导下，组织实施。

七、继续做好原材料工业技术改造工作，促进内涵集约式发展。以质量品种、节能降耗、综合利用、环境保护、安全生产为重点，加快推进原材料工业技术改造。要制定和实施原材料工业技术改造专项，增加政府和企业投入，推进自主创新，促进产学研用相结合，大力开发影响行业技术进步的共性技术和关键技术，加快用高新技术和先进适用技术改造传统产业，积极推广节能、降耗、环保、安全生产新技术和新工艺，开发新材料，提高行业整体素质，改变原材料工业技术面貌。

八、大力开展原材料工业节能减排和资源节约工作，发展循环经济。要采取有效措施，推进重点产品、重点区域和重点企业节能减排。研究制定原材料工业节能减排指标和考核体系。按照减量化、资源化和再利用原则，搞好循环经济示范工程建设，大力推进原材料工业发展循环经济，提高资源综合利用水平，保护环境，促进原材料工业可持续发展。要加强金属、非金属矿产资源开发管理，规范矿产开发秩序，保护生态环境，保护和合理开发矿产资源，严格控制稀有金属开发强度，减少开采量。

九、加强支农工作，提高农资保障能力。要按照“以工促农、以城带乡”的要求，做好化肥、农药等支农产品的发展规划，及时修订产品技术标准，加快产品结构调整和升级，发展优质、高效农资产品，淘汰低效、高毒农药。积极研究扶持政策，合理调控市场价格，严厉打击假冒伪劣等坑农、害农行为，保障化肥、农药、柴油等农用物资的稳定供应，保障支农企业的持续健康发展。

十、加快修订和完善原材料工业技术标准体系，提高原材料工业产品质量。要适应原材料工业结构调整和产业升级的要求，对现有技术标准体系进行清理，废除和修订过时的技术标准。按照国际标准与国内标准、国家标准与行业标准相衔接的要求，加快制定有利于新产品、新技术、新工艺开发以及符合节能、环保、安全生产需要的技术标准。强化产品质量监督管理，促进企业加强全面质量管理，树立品牌意识，加快原材料工业产品升级换代，实现产品质量和效益的统一。

十一、深化企业改革，加快企业兼并重组步伐。以改革促发展，尽快消除制约企业兼并重组的体制和政策障碍，大力推进钢铁、有色、水泥、平板玻璃、稀土、黄金、化肥、农药、氯碱企业跨地区、跨所有制改革重组，促进上下游产业一体化发展，提高产业集中度，发展规模经济，支持非公有制经济发展。深化企业改革，建立现代企业制度，完善法人治理结构。积极引导企业加强技术研发、产品质量、人力资源、市场营销等方面的管理，结合原材料工业特点，重点推进节能、环保、安全、优质、高效现代化企业建设。

十二、加强固定资产投资管理，控制原材料工业产能盲目扩张。要严格执行国家行业发展规划和产业政策，坚持控制总量，大力调整原材料工业结构，上大与压小相结合，合理调整项目布局，推进工业园区和产业基地建设。积极配合相关部门做好项目土地预审、环境影响评价、节能评估、城市规划、水土保持评估等前置性审查工作。严格按照规定程序和权限审批、核准和备案项目。

十三、加强原材料工业利用外资管理，统筹协调对外资源开发工作。加强原材料工业产业安全研究。严格执行国家利用外资产业政策，鼓励引进国外先进技术和管理经验，加强对原材料行业和稀有战略资源开发的监控，保障国家产业安全和经济安全。积极推进原材料工业实施走出去战略，统筹利用国内外矿产资源，加强进口矿产资源的组织协调，提高价格调控能力。

十四、完善原材料工业法律法规，坚持依法行政。要建立健全原材料工业法律法规、规章制度，抓紧制定一批适用性、操作性较强的规章和规程，使原材料工业资源开发、投资建设、生产经营以及技术管理等各个环节都有法可依，有章可循，为行业管理和产业发展提供法制保障。要严格执法，按照《农药管理条例》《监控化学品管理条例》《办理开采黄金矿产批准书管理规定》等法规要求，做好相关行政许可工作。积极配合有关部门，做好涉及原材料工业法律法规的实施和修订工作。

十五、加快信息化步伐，促进原材料工业“两化”融合。积极应用信息技术改造提升原材料工业，促进企业研发设计、生产、流通和管理信息化。重点推进原材料工业生产工艺流程信息技术改造，开发利用生产和工艺信息资源，研究和推广在线检测、集散控制技术，提升生产流程自动化和智能化水平，优化物料配置，节能降耗，提高生产精确度，实现精益生产；推广实时监测、故障诊断、预警和控制技术，提升环保和安全检测水平，实现清洁文明生产；推广企业资源计划和供应链管理系统，建立物流管理平台，使物料采购、产品销售、库存数据与财务数据紧密衔接，优化企业资源配置，提高企业效益。

十六、切实加强原材料工业安全生产管理，实现安全发展。按照“安全第一、预防为主”的安全生产方针，积极配合安全生产监管部门，有针对性地提出石化、化工、冶金等行业安全生产措施。督促企业加快采用能够实现产业本质安全的工艺系统、技术装备、监控设施，严格执行安全规程和规范，修订和制定安全管理制度，搞好安全管理人员的培训和考核。协助有关部门进行安全生产监督检查，做好安全生产协调服务工作，总结推广安全生产先进经验。

十七、认真履行国际义务，扎实做好履行《禁止化学武器公约》工作。建立健全各级履约机构，加强履约相关部门的工作协调，继续做好宣布、接受国际核查、防扩散工作；按照《监控化学品管理条例》规定和“控制总量、调整结构”的原则，依法加强对监控化学品设施建设、生产、使用和储运等活动的管理，促进监控化学品产业优化升级；加强宣传培训工作，强化企业履约主体意识，完善基础管理和自律制度建设；充分运用现代网络信息技术，提升履约信息化水平；加强履约国际交流，推进化工技术装备的国际合作。

十八、充分调动各方面力量，发挥行业协会和中介组织作用。原材料工业的社团组织，包括各个行业协会、学会、研究会以及咨询公司等中介机构，是沟通政府部门与原材料工业企业的桥梁和纽带。要结合各自特点，发挥组织优势，围绕行业管理搞好调查研究，及时提出行业政策建议，加强与企业的联系，组织开展信息咨询服务、指导协调、交流合作、行业自律等活动。继续办好各类内部报刊，提高质量，搞好舆论导向和舆论监督。

十九、明确职责，建立统一高效的原材料工业管理体系。工业和信息化部作为国家管理原材料工业的政府机构，按照国务院机构改革方案和部门职能分工，对原材料行业管理负总责。省（自治区、直辖市）、市（地）、县（区）工业管理部门，按照国家发展原材料工业的方针政策和规划、法规，以及工业和信息化部的总体要求，在地方人民政府的领导下，对本地区原材料工业实施行业管理。要建立行业管理责任制度，实行逐级负责，一级抓一级。要加强与政府综合管理部门、其他行业管理部门和监管部门的协调配合，对涉及原材料工业发展的事项，主动协调，积极配合，促进发展。要锐意进取，勇于开拓，创新工作方式，通过积极努力，形成高效运作的行业管理工作机制，确保原材料工业持续健康协调发展。

三部委联合下发鼓励进口技术和产品目录

各省、自治区、直辖市、计划单列市发展改革委、财政厅(局)、商务主管部门、新疆生产建设兵团发展改革委、财务局、商务局：

为积极扩大先进技术、关键设备及元器件和重要资源性产品、原材料进口，根据国务院工作安排，制定《鼓励进口技术和产品目录(2009年版)》。现就有关事项通知如下：

《鼓励进口技术和产品目录(2009年版)》分为四个部分：

第一部分是鼓励引进的先进技术。主要指国内尚未掌握的先进技术，国家批准或核准的重点建设工程引进的先进技术。引进技术是指买断或许可方式进口国外先进专有技术或专利，或通过合作开发，获得自主知识产权和掌握先进专有技术的行为。对引进此类先进技术，给予贴息支持。

第二部分是鼓励进口的重要装备。指目前国内尚不能自行研发制造，国民经济各领域急需的重要设备，以及为生产国家鼓励发展的重大技术装备所需进口国内尚不能生产的关键零部件。对此类产品进口，给予贴息支持。

第三部分是鼓励发展的重点行业。主要是从《产业结构调整指导目录(2005年本)》鼓励类目录，以及《国务院关于加快振兴装备制造业的若干意见》、重点产业调整和振兴规划确定重点支持发展的领域范围内选择的重点行业。对符合国家产业政策和专项规划的投资类项目项下进口生产性设备、零部件(不予免税产品目录中产品除外)给予贴息支持。因涉及到设备、零部件较多，此部分设备和零部件进口贴息，参照鼓励类投资项目进口设备减免税管理方式进行。

第四部分是资源性产品、原材料。鼓励进口资源性产品和原材料，对其进口给予贴息支持。

本通知自发布之日起实施，国家发展改革委、财政部、商务部《关于发布鼓励进口技术和产品目录的通知》(发改工业〔2007〕2515号)同时废止。国家发展改革委会同财政部、商务部将根据情况需要，适时对目录进行调整。

国家发展改革委

财政部

商务部

二OO九年七月二十二日

鼓励进口技术和产品目录(2009年版)（有删节）

一、鼓励引进的先进技术	
序号	技 术 名 称
A2	渗碳淬火高精度硬齿面齿轮装置加工制造技术
A3	强力液压支架高强度钢板焊接工艺与质量检验技术
A5	采掘装备自动化技术与工况检测系统
A106	非高炉炼铁技术
A107	冶金矿山选矿分级设备的设计制造技术
A108	纯净钢冶炼技术
A109	高强度汽车板、高牌号取向硅钢等关键钢材品种制造技术
A110	钢铁厂烧结脱硫技术
A111	焦炉煤气深加工利用技术
A112	炉渣余热回收利用技术
A113	冶金低中温余热回收利用技术

二、鼓励进口的重要装备		
序号	商品编码	商 品 名 称
B19	84552110　84552210	冷、热连轧板带轧机：板宽>2200mm热连轧机；板宽>2000mm冷连轧机
B22	84119990	高炉煤气、燃气联合循环发电关键设备
B27	84542010	炉外精炼设备

工信部：关于促进工业企业加强管理降本增效的若干意见

为应对国际金融危机，2008年下半年以来，党中央、国务院陆续出台了一系列政策措施，形成了一揽子计划，目前已取得积极成效，经济运行企稳向好的势头日趋显现。但由于外部经济环境并未明显好转，国内经济存在着一些深层次矛盾，我国工业企业仍面临严重困难，其中库存积压严重、流动资金紧张、成本费用上升、盈利水平下滑、生产经营困难等问题比较突出。为促进企业提高管理水平，降低成本费用，提高经济效益，保持工业经济平稳较快增长，现就企业加强管理、降本增效工作提出以下意见：

一、充分认识加强管理、降本增效的重要意义。降低成本、提高效益是企业经营管理的重要目标。应对国际金融危机，保持工业经济平稳较快增长，重点在工业、难点在企业。由于管理水平相对落后、经济效益下滑，企业的综合竞争力和抵御市场风险能力受到严重影响。眼睛向内、苦练内功，狠抓成本管理，向管理要效益，对于应对国际金融危机，确保工业经济平稳较快增长，具有重要的现实意义。应充分利用好产业调整和振兴规划以及各项财税金融政策措施，将加强管理、降本增效放在生产经营战略的突出位置，树立现代成本管理理念，抓好成本核算与分析等基础性工作，推进全员、全过程、全方位成本管理与控制，提高经济运行质量和效益，增强核心竞争力。

二、强化全面预算管理，严格控制成本费用。全面推进预算管理工作，将生产经营各个环节纳入预算控制范围，切实做好预算的编制、执行、分析、评估和考核工作，严格控制无预算资金支出。按照各项费用的开支范围、标准和用途做好预算工作，严格履行申请、审核、审批、支付程序。严格控制非生产性开支，压缩办公费、会议费、招待费等管理费用，杜绝奢侈浪费，大力压缩和控制楼、堂、馆、所等非生产性工程项目建设预算。

三、充分利用国家政策，增强产品竞争力。国家已出台一系列稳定出口、扩大内需的政策措施。在及时分析国内外市场变化和趋势的基础上，适时调整经营战略和销售策略，用好各项优惠政策。积极利用提高出口退税政策、扩大人民币国际使用范围以及增大信贷担保等扶持出口政策，扩大出口份额，降低汇兑风险。充分利用“家电下乡”、“汽车下乡”、“农机补贴”、“家电、汽车以旧换新”等政策提高产品竞争力、开拓国内市场，不断改善企业经济效益。

四、强化资金资产管理，防范资本投资风险。注重资金管理，优化资本结构，提高资产运作质量。高度重视应收账款监控和收缴工作，谨慎采用赊销手段，严格执行信用制度，规避经营风险，保障资金安全。加强资金集中管理，努力缩短资金循环周期，加速资金周转，提高资金利用率，降低财务费用。利用好国家适度宽松的货币政策，确定安全合理的资产负债边界，严格控制资本性支出规模。认真分析市场需求，做好生产和销售的有效衔接，避免过早、过量投入。抓住有利时机，按照市场化原则，积极稳妥地推进并购重组，注意和防范资本投资风险。兼并企业重在资源整合，优化业务流程，发挥好规模和协同效应。

五、加大集约采购力度，严格控制采购成本。整合供应链、开展集中采购是降本增效的重要手段。加强横向联合和纵向供应链整合，统筹资金资源，努力做到大宗物资集中采购，严格执行招投标制度，抓好比价采购、网上采购，降低采购成本。同时密切关注国内外相关原材料、产品市场价格走向，确定原材料合理库存，规避市场风险。对于市场成熟的零配件加工业务，充分利用外协生产企业的专业化、规模化，确保产品质量和生产周期，降低产品成本。

六、加强销售管理，降低库存成本。利用好一系列扩内需、保增长的政策措施，开发品种、提高质量、创建品牌、改善服务，采取有效措施开拓市场，促进销售。外向型企业在积极稳定和扩大国际市场份额的同时，要加大国内市场宣传和推广力度，构建国内销售网络，扩大国内市场占有率。加快物流管理体系建设，充分利用物资配送平台，实行即时销售即时配送，提高产销率，控制销售费用，降低库存成本。

七、切实抓好技术改造，降低工程项目成本。紧密结合产业调整和振兴规划，广泛采用新工艺、新技术、新设备和新材料，重点在品种质量、节能降耗、环境保护、装备水平和安全生产等薄弱环节加大改造力度。抓住机遇，增加技术改造配套投入，针对制约企业降低成本的关键环节，优化技术改造方案，集中力量攻关，改造传统生产工艺，淘汰落后产能和设备。强化工程项目成本管理，控制工程采购成本，严格执行工程核算，确定合理工期，节省工程费用，抓好试车投产，切实做到少投入、早产出、多产出。

八、加强信息技术应用，有效改善经营管理。利用先进的信息管理系统，实现生产经营各环节的有效管控，降低生产经营成本，提高效率和效益。推进研发设计的信息化，加快推广应用计算机辅助设计、个性化定制等技术，促进工业产品的更新换代；推进生产过程自动化水平，优化生产流程，减少生产过程资源无效占用和浪费；推进管理信息化，应用企业资源计划、业务流程管理等信息系统，实现资源整合优化、有效利用；加强物流系统信息化建设，充分利用电子商务平台，降低各项费用支出。

九、健全激励约束机制，完善成本控制体系。坚持效益优先原则，实施目标成本管理，针对成本控制的各个环节，落实控制指标和具体要求，向内层层分解到生产经营的各个环节，责任落实到人，并与其切身利益挂钩，建立健全成本控制的激励和约束机制，严格兑现奖惩。开展各环节目标成本分析，进行成本差异调查分析，及时纠正偏差，不断完善成本控制体系。

十、营造良好政策环境，大力提供公共服务。政府部门应积极搭建公共服务平台，为企业加强管理、降本增效提供政策咨询和信息服务。推动落实产业调整和振兴规划，指导企业用好相关政策。地方工业和信息化主管部门要加强本地区工业经济运行的监测和预警，配合相关部门制定落实本地区的各项优惠政策，分类指导、帮助企业解决降本增效工作中遇到的实际困难。配合相关部门，清理和规范各项涉企行政事业收费，减轻企业税费负担。对降本增效成绩突出的企业，给予表彰和鼓励。

十一、发挥行业协会作用，提升企业管理水平。行业协会应深入调查研究本行业企业成本管理情况，分类提出有针对性、指导性、可操作性的目标和措施建议，开展成本、效益对标；向行业内企业发布市场价格变动、物资采购等信息；监测并及时向政府部门反馈本行业经济运行中存在的问题；加强本行业成本管理先进典型经验的宣传、推广、交流，不断提升企业成本管理水平。

二OO九年九月十三日

国务院批转关于抑制产能过剩和重复建设的通知

国务院批转发展改革委等部门
关于抑制部分行业产能过剩和重复建设
引导产业健康发展若干意见的通知

国发〔2009〕38号

各省、自治区、直辖市人民政府，国务院各部委、各直属机构：

国务院同意发展改革委等部门《关于抑制部分行业产能过剩和重复建设引导产业健康发展的若干意见》，现转发给你们，请认真贯彻执行。

为应对国际金融危机的冲击和影响，党中央、国务院审时度势，及时制定和实施了扩大内需、促进经济增长的一揽子计划。按照“保增长、扩内需、调结构”的总体要求，出台了钢铁等十个重点产业调整和振兴规划，在推动结构调整方面提出了控制总量、淘汰落后、兼并重组、技术改造、自主创新等一系列对策措施，各地也相继出台了一些扶持产业发展的政策措施。目前，政策效应已初步显现，企业生产经营困难情况有所缓解，产业发展总体向好。但从当前产业发展状况看，结构调整虽取得一定进展，但总体进展不快，各地区、各行业也不平衡。不少领域产能过剩、重复建设问题仍很突出，有的甚至还在加剧。特别需要关注的是，不仅钢铁、水泥等产能过剩的传统产业仍在盲目扩张，风电设备、多晶硅等新兴产业也出现了重复建设倾向，一些地区违法、违规审批，未批先建、边批边建现象又有所抬头。

对于部分行业出现的产能过剩和重复建设，如不及时加以调控和引导，任其发展，市场恶性竞争难以避免，经济效益难以提高，并将导致企业倒闭或开工不足、人员下岗失业、银行不良资产大量增加等一系列问题，不仅严重影响国家扩大内需一揽子计划的实施效果和来之不易的企稳向好的形势，而且将错失利用国际金融危机形成的市场形势推动结构调整的历史机遇。

各地区、各部门要根据本通知精神，切实把思想和行动统一到党中央、国务院的决策部署上来，认真贯彻落实科学发展观，进一步增强大局意识、责任意识和忧患意识，在保增长中更加注重推进结构调整，坚持产业政策导向，严格执行环境监管、用地管理、金融政策和项目投资管理有关规定，将坚决抑制部分行业产能过剩和重复建设作为结构调整的重点工作抓紧抓好。要大力发展符合市场需求的高新技术产业和服务业，把握好调整的方向、力度和节奏，切实转变经济发展方式，提高经济发展的质量和效益，促进经济社会全面协调可持续发展。

国务院

二〇〇九年九月二十六日

关于抑制部分行业产能过剩和重复建设引导产业健康发展的若干意见

发展改革委　工业和信息化部 监察部 财政部
国土资源部 环境保护部 人民银行
质检总局 银监会 证监会

为切实将党中央、国务院应对国际金融危机的一揽子计划落到实处，巩固和发展当前经济企稳向好的势头，加快推动结构调整，坚决抑制部分行业的产能过剩和重复建设，引导新兴产业有序发展，现提出以下意见：

一、部分行业产能过剩和重复建设问题需引起高度重视

为应对国际金融危机的冲击和影响，党中央、国务院审时度势，及时制定和实施了扩大内需、促进经济增长的一揽子计划。按照“保增长、扩内需、调结构”的总体要求，出台了钢铁等十个重点产业调整和振兴规划，在推动结构调整方面提出了控制总量、淘汰落后、兼并重组、技术改造、自主创新等一系列对策措施，各地也相继出台了一些扶持产业发展的政策措施。目前政策效应已初步显现，工业增速稳中趋升，企业生产经营困难情况有所缓解，产业发展总体向好。

但从当前产业发展状况看，结构调整虽取得一定进展，但总体进展不快，各地区、各行业也不平衡。不少领域产能过剩、重复建设问题仍很突出，有的甚至还在加剧。特别需要关注的是，不仅钢铁、水泥等产能过剩的传统产业仍在盲目扩张，风电设备、多晶硅等新兴产业也出现了重复建设倾向，一些地区违法、违规

审批，未批先建、边批边建现象又有所抬头。

（一）钢铁

2008年我国粗钢产能6.6亿吨，需求仅5亿吨左右，约四分之一的钢铁及制成品依赖国际市场。2009年上半年全行业完成投资1405.5亿元，目前在建项目粗钢产能5800万吨，多数为违规建设，如不及时加以控制，粗钢产能将超过7亿吨，产能过剩矛盾将进一步加剧。

（二）水泥

2008年我国水泥产能18.7亿吨,其中新型干法水泥11亿吨，特种水泥与粉磨站产能2.7亿吨，落后产能约5亿吨，当年水泥产量14亿吨。目前在建水泥生产线418条，产能6.2亿吨，另外还有已核准尚未开工的生产线147条，产能2.1亿吨。这些产能全部建成后，水泥产能将达到27亿吨，市场需求仅为16亿吨，产能将严重过剩。

（三）平板玻璃

2008年全国平板玻璃产能6.5亿重箱，产量5.74亿重箱，约占全球产量的50%，其中浮法玻璃产量为4.79亿重箱，占平板玻璃总量的80%。2009年上半年新投产13条生产线，新增产能4848万重箱，目前各地还有30余条在建和拟建浮法玻璃生产线，平板玻璃产能将超过8亿重箱，产能明显过剩。

（四）煤化工

近年来，一些煤炭资源产地片面追求经济发展速度，不顾生态环境、水资源承载能力和现代煤化工工艺技术仍处于示范阶段的现实，不注重能源转化效率和全生命周期能效评价，盲目发展煤化工。传统煤化工重复建设严重，产能过剩30%，在进口产品的冲击下，2009年上半年甲醇装置开工率只有40%左右。目前煤制油示范工程正处于试生产阶段，煤制烯烃等示范工程尚处于建设或前期工作阶段，但一些地区盲目规划现代煤化工项目，若不及时合理引导，势必出现“逢煤必化、遍地开花”的混乱局面。

（五）多晶硅

多晶硅是信息产业和光伏产业的基础材料，属于高耗能和高污染产品。从生产工业硅到太阳能电池全过程综合电耗约220万千瓦时/兆瓦。2008年我国多晶硅产能2万吨，产量4000吨左右，在建产能约8万吨，产能已明显过剩。我国光伏发电市场发展缓慢，国内太阳能电池98%用于出口，相当于大量输出国内紧缺的能源。

（六）风电设备

风电是国家鼓励发展的新兴产业。2008年底已安装风电机组11638台，总装机容量1217万千瓦。近年来风电产业快速发展，出现了风电设备投资一哄而上、重复引进和重复建设现象。目前，我国风电机组整机制造企业超过80家，还有许多企业准备进入风电装备制造业，2010年我国风电装备产能将超过2000万千瓦，而每年风电装机规模为1000万千瓦左右，若不及时调控和引导，产能过剩将不可避免。

此外，电解铝、造船、大豆压榨等行业产能过剩矛盾也十分突出，一些地区和企业还在规划新上项目。目前，全球范围内电解铝供过于求，我国电解铝产能为1800万吨，占全球42.9%，产能利用率仅为73.2%；我国造船能力为6600万载重吨，占全球的36%，而2008年国内消费量仅为1000万载重吨左右，70%以上产量靠出口；大型锻件存在着产能过剩的隐忧；化肥行业氮肥和磷肥自给有余，钾肥严重短缺，产业结构亟待进一步优化。

必须清醒地认识到，2008年第四季度以来我国工业生产经营出现的困难，一方面是国际金融危机冲击的外因影响，另一方面也有我国经济发展方式粗放的内因，不少行业重复建设、盲目扩张，在外需严重萎缩的情况下产能过剩矛盾加剧。当前我国经济回升的基础还不够稳固，应对国际金融危机取得的成果还是初步的、阶段性的。对于部分行业出现的产能过剩和重复建设，如不及时加以调控和引导，任其发展，市场恶性竞争难以避免，经济效益难以提高，并将导致企业倒闭或开工不足、人员下岗失业、银行不良资产大量增加等一系列问题，不仅严重影响国家扩大内需一揽子计划的实施效果和来之不易的企稳向好的形势，而且将错失利用国际金融危机形成的市场形势推动结构调整的历史机遇。因此，尽快抑制产能过剩和重复建设，把有限的要素资源引导和配置到优化存量、培育新的增长点上来，大力发展符合市场需求的高新技术产业和服务业，不仅对实现产业的良性发展，而且对转变发展方式，实现经济社会可持续发展具有重要的意义。

二、正确把握抑制产能过剩和重复建设的政策导向

当前，我国经济正处于企稳回升的关键时期，必须认真贯彻落实科学发展观，进一步统一思想，增强忧患意识，在保增长中更加注重推进结构调整，将坚决抑制部分行业产能过剩和重复建设作为结构调整的重点工作抓紧、抓实，抓出成效。抑制产能过剩和重复建设所涉及的行业具有很强的市场性和全球资源配置特点，既要充分发挥市场机制的作用，又要辅之必要的调控措施，注意把握好以下原则和产业政策导向：

（一）主要原则

一是控制增量和优化存量相结合。严格控制产能过剩行业盲目扩张和重复建设，推进企业兼并重组和联合重组，加快淘汰落后产能；结合实施“走出去”战略，支持有条件的企业转移产能，形成参与国际产业竞争的新格局；依靠技术进步，优化存量，调整产品结构，谋求有效益、有质量、可持续的发展。

二是分类指导和有保有压相结合。对钢铁、水泥等高耗能、高污染产业，要坚决控制总量、抑制产能过剩；鼓励发展高技术、高附加值、低消耗、低排放的新工艺和新产品，延长产业链，形成新的增长点。对多晶硅、风电设备等新兴产业，要集中有效资源，支持企业提高关键环节和关键部件自主创新能力，积极开展产业化示范，防止投资过热和重复建设，引导有序发展。

三是培育新兴产业和提升传统产业相结合。立足于新一轮国际竞争和可持续发展的需要，尽快培育一批科技含量高、发展潜力大、带动作用强的新兴产业，及时制定出台专项产业政策和规划，明确技术装备路线，建立和完善准入标准；抓紧改造提升传统产业，及时修订产业政策，提高准入标准，对结构调整给予明确产业政策引导。

四是市场引导和宏观调控相结合。加强行业产销形势的监测、分析和国内外市场需求的信息发布，发挥市场配置资源的基础性作用；综合运用法律、经济、技术、标准以及必要的行政手段，协调产业、环保、土地和金融政策，形成抑制产能过剩、引导产业健康发展的合力；同时，坚持深化改革，标本兼治，通过体制机制创新解决重复建设的深层次矛盾。

（二）产业政策导向

钢铁：充分利用当前市场倒逼机制，在减少或不增加产能的前提下，通过淘汰落后、联合重组和城市钢厂搬迁，加快结构调整和技术进步，推动钢铁工业实现由大到强的转变。不再核准和支持单纯新建、扩建产能的钢铁项目。严禁各地借等量淘汰落后产能之名，避开国家环保、土地和投资主管部门的监管、审批，自

行建设钢铁项目。重点支持有条件的大型钢铁企业发展百万千瓦火电及核电用特厚板和高压锅炉管、25万千伏安以上变压器用高磁感低铁损取向硅钢、高档工模具钢等关键品种。尽快完善建筑用钢标准及设计规范，加快淘汰强度335兆帕以下热轧带肋钢筋，推广强度400兆帕及以上钢筋，促进建筑钢材升级换代。2011年底前，坚决淘汰400立方米及以下高炉、30吨及以下转炉和电炉，碳钢企业吨钢综合能耗应低于620千克标准煤，吨钢耗用新水量低于5吨，吨钢烟粉尘排放量低于1.0千克，吨钢二氧化硫排放量低于1.8千克，二次能源基本实现100%回收利用。

水泥：严格控制新增水泥产能，执行等量淘汰落后产能的原则，对2009年9月30日前尚未开工水泥项目一律暂停建设并进行一次认真清理，对不符合上述原则的项目严禁开工建设。各省（区、市）必须尽快制定三年内彻底淘汰落后产能时间表。支持企业在现有生产线上进行余热发电、粉磨系统节能改造和处置工业废弃物、城市污泥及垃圾等。新项目水泥熟料烧成热耗要低于105公斤标煤/吨熟料，水泥综合电耗小于90千瓦时/吨水泥；石灰石储量服务年限必须满足30年以上；废气粉尘排放浓度小于50毫克/标准立方米。落后水泥产能比较多的省份，要加大对企业联合重组的支持力度，通过等量置换落后产能建设新线，推动淘汰落后工作。

平板玻璃：严格控制新增平板玻璃产能，遵循调整结构、淘汰落后、市场导向、合理布局的原则，发展高档用途及深加工玻璃。对现有在建项目和未开工项目进行认真清理，对所有拟建的玻璃项目，各地方一律不得备案。各省（区、市）要制定三年内彻底淘汰“平拉法”（含格法）落后平板玻璃产能时间表。新项目能源消耗应低于16.5公斤标煤/重箱；硅质原料的选矿回收率要达到80%以上；严格环保治理措施，二氧化硫排放低于500毫克/标准立方米、氮氧化物排放低于700毫克/标准立方米、颗粒物排放浓度低于50毫克/标准立方米。鼓励企业联合重组，在符合规划的前提下，支持大企业集团发展电子平板显示玻璃、光伏太阳能玻璃、低辐射镀膜等技术含量高的玻璃以及优质浮法玻璃项目。

煤化工：要严格执行煤化工产业政策，遏制传统煤化工盲目发展，今后三年停止审批单纯扩大产能的焦炭、电石项目。禁止建设不符合《焦化行业准入条件（2008年修订）》和《电石行业准入条件（2007年修订）》的焦化、电石项目。综合运用节能环保等标准提高准入门槛，加强清洁生产审核，实施差别电价等手段，加快淘汰落后产能。对焦炭和电石实施等量替代方式，淘汰不符合准入条件的落后产能。对合成氨和甲醇实施上大压小、产能置换等方式，降低成本、提高竞争力。稳步开展现代煤化工示范工程建设，今后三年原则上不再安排新的现代煤化工试点项目。

多晶硅：研究扩大光伏市场国内消费的政策，支持用国内多晶硅原料生产的太阳能电池以满足国内需求为主，兼顾国际市场。严格控制在能源短缺、电价较高的地区新建多晶硅项目，对缺乏配套综合利用、环保不达标的多晶硅项目不予核准或备案；鼓励多晶硅生产企业与下游太阳能电池生产企业加强联合与合作，延伸产业链。新建多晶硅项目规模必须大于3000吨/年，占地面积小于6公顷/千吨多晶硅，太阳能级多晶硅还原电耗小于60千瓦时/千克，还原尾气中四氯化硅、氯化氢、氢气回收利用率不低于98.5%、99%、99%；引导、支持多晶硅企业以多种方式实现多晶硅—电厂—化工联营，支持节能环保太阳能级多晶硅技术开发，降低生产成本。到2011年前，淘汰综合电耗大于200千瓦时/千克的多晶硅产能。

风电设备：抓住大力发展风电等可再生能源的历史机遇，把我国的风电装备制造业培育成具有自主创新能力和国际竞争力的新兴产业。严格控制风电装备产能盲目扩张，鼓励优势企业做大做强，优化产业结构，维护市场秩序。原则上不再核准或备案建设新的整机制造厂；严禁风电项目招标中设立要求投资者使用本地风电装备、在当地投资建设风电装备制造项目的条款；建立和完善风电装备标准、产品检测和认证体系，禁止落后技术产品和非准入企业产品进入市场。依托优势企业和科研院所，加强风电技术路线和海上风电技术研究，重点支持自主研发2.5兆瓦及以上风电整机和轴承、控制系统等关键零部件及产业化示范，完善质量控制体系。积极推进风电装备产业大型化、国际化，培育具有国际竞争力的风电装备制造业。

此外，严格执行国家产业政策，今后三年原则上不再核准新建、扩建电解铝项目。现有重点骨干电解铝厂吨铝直流电耗要下降到12500千瓦时以下，吨铝外排氟化物量大幅减少，到2010年底淘汰落后小预焙槽电解铝产能80万吨。要严格执行船舶工业调整和振兴规划及船舶工业中长期发展规划，今后三年各级土地、海洋、环保、金融等相关部门不再受理新建船坞、船台项目的申请，暂停审批现有造船企业船坞、船台的扩建项目，要优化存量，引导企业利用现有造船设施发展海洋工程装备。

三、坚决抑制产能过剩和重复建设的对策措施

各地区、各部门要认真贯彻落实《中共中央国务院转发〈国家发展和改革委员会关于上半年经济形势和做好下半年经济工作的建议〉的通知》(中发〔2009〕8号)以及重点产业调整和振兴规划中关于坚决抑制产能过剩行业盲目重复建设的有关要求，把思想和行动统一到党中央、国务院的决策部署上来，把握好调整的方向、力度和节奏，切实转变经济发展方式，进一步增强大局意识、责任意识，各司其职，密切配合，采取措施坚决抑制产能过剩和重复建设势头。

（一）严格市场准入

相关行业管理部门要切实履行职责，抓紧制定、完善相关产业政策，尽快修订发布《产业结构调整指导目录》，进一步提高钢铁、水泥、平板玻璃、传统煤化工等产业的能源消耗、环境保护、资源综合利用等方面的准入门槛。加快编制或修订专项规划，对多晶硅、风电设备等新兴产业要及时建立和完善准入标准，避免盲目和无序建设。质量管理部门要切实负起监管责任，按照产业政策的要求和企业的质量保证能力，严格核发螺纹钢、线材、水泥等产品生产许可证，坚决查处无证生产。依法加强产品质量监督，加大处罚力度。建设主管部门要禁止落后水泥进入重点建设工程和建筑结构工程。

（二）强化环境监管

推进开展区域产业规划的环境影响评价。区域内的钢铁、水泥、平板玻璃、传统煤化工、多晶硅等高耗能、高污染项目环境影响评价文件必须在产业规划环评通过后才能受理和审批。未通过环境评价审批的项目一律不准开工建设。环保部门要切实负起监管责任，定期发布环保不达标的生产企业名单。对使用有毒、有害原料进行生产或者在生产中排放有毒、有害物质的企业限期完成清洁生产审核，对达不到排放标准或超过排污总量指标的生产企业实行限期治理，未完成限期治理任务的，依法予以关闭。对主要污染物排放超总量控制指标的地区，要暂停增加主要污染物排放项目的环评审批。

（三）依法依规供地用地

切实加强对各类建设项目用地监管。对不符合产业政策和供地政策、未达到现行《工业项目建设用地控制指标》或相关工程建设项目用地指标要求的项目，一律不批准用地；对未按规定履行审批或核准手续的项目，一律不得供应土地。国土资源部门要切实负起监管责任。对未经依法批准擅自占地开工建设的，要依法从重处理;对有关责任人要追究政纪法律责任，构成犯罪的，依法追究刑事责任。

（四）实行有保有控的金融政策

要加强宏观信贷政策指导和监管，引导和督促金融机构改进和完善信贷审核。对不符合重点产业调整和振兴规划以及相关产业政策要求，未按规定程序审批或核准的项目，金融机构一律不得发放贷款，已发放贷款的要采取适当方式予以纠正。严格发债、资本市场融资审核程序。对不符合重点产业调整和振兴规划以及相关产业政策要求，不按规定程序审批或核准的项目及项目发起人，一律不得通过企业债、项目债、短期融资券、中期票据、可转换债、首次公开发行股票、增资扩股等方式进行融资。人民银行、银监会、证监会、发展改革委要对违反规定的金融机构和有关单位予以严肃处理。

（五）严格项目审批管理

各级投资主管部门要进一步加强钢铁、水泥、平板玻璃、煤化工、多晶硅、风电设备等产能过剩行业项目审批管理，原则上不再批准扩大产能的项目，不得下放审批权限，严禁化整为零、违规审批。严格防止各级政府的财政性资金流向产能过剩行业的扩大产能项目。尽快修订完善政府投资项目核准目录，在新的核准目录出台前，上述产能过剩行业确有必要建设的项目，需报国家发展改革委组织论证和核准。

（六）做好企业兼并重组工作

产能过剩行业企业兼并和联合重组的任务十分紧迫和艰巨，结构调整、控制总量和淘汰落后产能均需要企业组织结构进行相应的调整。要抓紧建立科学规范、行之有效的工作程序，同时要扎实做好企业改组、改制中的思想政治工作，切实维护群众利益，保持社会稳定，防止国有资产流失。按照重点产业调整和振兴规划要求，尽快制定出台加快企业兼并重组的指导意见。

（七）建立信息发布制度

发展改革委会同有关部门，建立部门联合发布信息制度，加强行业产能及产能利用率的统一监测，适时向社会发布产业政策导向及产业规模、社会需求、生产销售库存、淘汰落后、企业重组、污染排放等信息。充分发挥行业协会作用，及时反映行业问题和企业诉求，为企业提供信息服务，引导企业和投资者落实国家产业政策和行业发展规划，加强行业自律，提高行业整体素质。

（八）实行问责制

地方各级人民政府不得强制企业投资低水平产能过剩行业。政府各有关部门及金融机构要认真履行职责，依法依纪把好土地关、环保关、信贷关、产业政策关和项目审批（核准）关，并加强政策研究、信息共享和工作协调，形成合力，有效抑制部分行业产能过剩和重复建设，引导产业健康发展，促进结构调整和发展方式转变。要按照《中共中央办公厅国务院办公厅印发〈关于实行党政领导干部问责的暂行规定〉的通知》（中办发〔2009〕25号）的有关要求，对违反国家土地、环保法律法规和信贷政策、产业政策规定，工作严重失职或失误造成重大损失或恶劣影响的行为要进行问责，严肃处理。

（九）深化体制改革

要着眼于推进产业结构调整以及解决长期困扰我国产业良性发展的深层次矛盾，进一步深化财税体制、投融资体制、价格体制、社会保障体制等方面的改革，完善干部考核制度，形成有力促进经济结构战略性调整，推动我国工业实现由大到强转变的体制环境。

环境保护部发布“进口废钢铁环境保护管理规定”

环境保护部公告部公告2009年第66号

关于发布《进口废钢铁环境保护管理规定（试行）》的公告

为进一步完善可用作原料的固体废物进口管理工作，促进冶金行业结构调整和节能减排，依据《中华人民共和国固体废物污染环境防治法》、国务院《关于落实科学发展观加强环境保护的决定》（国发〔2005〕39号）和《国务院批转发展改革委等部门关于抑制部分行业产能过剩和重复建设引导产业健康发展的若干意见》（国发〔2009〕38号）等有关规定，我部制定了《进口废钢铁环境保护管理规定（试行）》。现予以公布，自2010年1月1日起施行。原国家环境保护总局《关于进一步做好进口废钢铁审批和管理工作的通知》（环函〔2005〕158号）同时废止。

附件：进口废钢铁环境保护管理规定（试行）

二○○九年十二月十日

附件：

进口废钢铁环境保护管理规定（试行）

一、进口废钢铁的定义

本规定所称的进口废钢铁，是指列入《自动许可进口类可用作原料的固体废物目录》的“铸铁废碎料”、“其他合金钢废碎料”、“镀锡钢铁废碎料”、“机械加工中产生的钢铁废料（机械加工指车、刨、铣、磨、锯、锉、剪、冲加工）”、“未列明钢铁废碎料”和“供再熔的碎料钢铁锭”。

二、加工利用企业类型

以下类型之一的企业可以申请进口废钢铁加工利用：

（一）钢铁冶炼企业；

（二）进口废钢铁加工配送中心；

（三）进口废五金定点单位，即环境保护部核定的进口废五金电器、废电线电缆、废电机定点加工利用单位；

（四）外籍设备修理企业，即承担外籍船舶或者其他外籍机械设备修理业务，并产生无法退运出境废钢铁的企业；

（五）特钢铸件出口回收企业，即从事出口特殊成分钢铁铸造件的生产、加工业务，并对已出口产品的报废件、破碎件、边角余料等进行回收利用的企业。

三、一般规定

进口废钢铁加工利用企业应当符合以下规定:

（一）属于依法成立并具有增值税一般纳税人资格的企业法人;

（二）符合建设项目环境保护管理有关规定;

（三）建立了固体废物加工利用经营情况记录簿、日常环境监测等环境管理制度;

（四）有相关环境保护专业技术人员和管理人员;

（五）申请进口数量与加工利用能力相适应，进口口岸符合就近原则和国家有关口岸管理规定;

（六）委托其他企业代理进口的，所选择的进口企业必须具有进口废物原料国内收货人资格，且加工利用企业必须在进口企业所持《进口废物原料国内收货人登记证书》已登记的“国内加工利用企业”范围内;

（七）加工利用企业及其法定代表人或者所委托的进口企业及其法定代表人，近两年内没有隐瞒有关情况或者提供虚假材料申请固体废物进口许可证，或者买卖固体废物进口许可证，或者将所进口固体废物全部或者部分转让、提供或者委托给许可证载明的加工利用企业以外的单位或者个人的行为;

（八）近一年内没有以下违反环境保护法律、法规的行为:

1.超过国家或者地方规定的污染物排放标准排放污染物;

2.对进口固体废物加工利用后的残余物未进行无害化处置;

3.环境监测记录或者进口固体废物经营情况弄虚作假，或者不如实申报。

四、钢铁冶炼企业的特殊规定

钢铁冶炼企业进口废钢铁，除应符合本规定第三条所述的一般规定外，还应符合以下规定:

（一）生产工艺、设备和产品符合国家钢铁产业政策;

（二）具有加工利用进口废钢铁的设施、设备、场地及配套的污染防治设施和措施，并符合国家或者地方相关标准、规范或者政策的要求。

五、进口废钢铁加工配送中心的特殊规定

进口废钢铁加工配送中心进口废钢铁，除应符合本规定第三条所述的一般规定外，还应符合以下规定:

（一）有附一所列的废钢铁加工处理或者利用的设施、设备、场地及配套的污染防治设施和措施，并经所在地省级环境保护行政主管部门考核合格;

（二）自行进口废钢铁，不得由其他企业代理进口;

（三）近两年内没有将所进口废钢铁全部或者部分转让、提供或者委托给符合本规定的钢铁冶炼企业以外的单位或者个人的行为。

六、进口废五金定点单位的特殊规定

进口废五金定点单位进口废钢铁，除应符合本规定第三条所述的一般规定外，还应符合以下规定:

（一）具有环境保护部核定的进口废五金电器、废电线电缆、废电机（以下简称“废五金类废物”）定点加工利用单位资格，且当年已取得废五金类废物进口许可证;

（二）申请数量不超过当年进口废五金类废物批准量的10%，进口企业和口岸与废五金类废物进口许可证的进口企业和口岸一致;

（三）加工利用企业及其法定代表人或者所委托的进口企业及其法定代表人，近两年内没有将所进口废钢铁全部或者部分转让、提供或者委托给符合本规定的钢铁冶炼企业以外的单位或者个人的行为。

七、外籍设备修理企业的特殊规定

外籍设备修理企业进口废钢铁，除应符合本规定第三条所述的一般规定外，还应符合以下规定：

（一）最近一年内正常从事外籍船舶或者其他外籍机械设备修理的业务，并产生无法退运出境的废钢铁；

（二）仅限于向海关申报进口修理外籍设备产生的无法退运出境的废钢铁。

八、特钢铸件出口回收企业的特殊规定

特钢铸件出口回收企业进口废钢铁，除应符合本规定第三条所述的一般规定外，还应符合以下规定：

（一）最近一年内正常从事特殊成分钢铁铸造件出口的生产、加工业务；

（二）具有对已出口特殊成分钢铁铸造件产品的报废件、破碎件、边角余料等进行回收利用的设施、设备、场地及配套的污染防治设施和措施，并符合国家或者地方相关标准、规范或者政策的要求。

九、申请材料及相关证明材料要求

申请进口废钢铁，须按照进口自动许可类可用作原料的固体废物的申请程序提交《自动许可进口类可用作原料的固体废物申请书》（可从环境保护部固体废物管理中心网站http://ncswm.mep.gov.cn下载），并附必要的证明材料，包括：

（一）首次申请进口废钢铁的，提交下列证明材料：

1.加工利用企业年检有效的法人营业执照副本、组织机构代码证书副本、一般纳税人资格证书（或者加盖“增值税一般纳税人”字样的国税税务登记证）的复印件。

2.加工利用企业有关证明废钢铁加工处理、利用能力以及进口数量合理性的材料，如生产设备型号和规格、数量以及有关合理可信的说明和计算材料。其中：

（1）钢铁冶炼企业应提交有关符合国家钢铁产业政策（有关政策摘要见附二）的材料。

（2）进口废钢铁加工配送中心应提交与符合本规定的钢铁冶炼企业签订的供货合同，以及有关其加工配送废钢铁的设施、设备、场地及配套的污染防治设施和措施的证明材料，并附所在地省级环境保护行政主管部门出具的考核表（见附一）。

（3）进口废五金定点单位应提交与符合本规定的钢铁冶炼企业签订的供货合同。

（4）外籍设备修理企业应提交“最近一年内正常从事外籍船舶或者其他外籍机械设备修理的业务，并产生无法退运出境的废钢铁”的证明材料，可以是维修外籍设备的合同、维修时间、数量、重量以及所产生废钢铁数量的汇总清单等。

（5）特钢铸件出口回收企业应提交“最近一年内正常从事出口特殊成分钢铁铸造件的生产、加工业务”的证明材料，可以是已出口产品的《中华人民共和国出口货物报关单》及其汇总清单，以及与境外企业签订的已出口产品的报废件、破碎件、边角余料回收合同等。

3.加工利用企业（进口废五金定点单位除外）建设项目环境影响评价文件、环境影响评价批准文件、环境保护竣工验收文件（或者试运行批准文件）等的复印件。

4.加工利用企业有关经营情况记录簿、日常环境监测等制度样本。

经营情况记录簿应如实记载每批进口废钢铁所使用的许可证号、进口口岸、进口时间、进口重量；运输单位的名称和联系方式；加工处理或者利用废钢铁的数量、时间和最终流向；所产生不可利用固体废物的最

终流向等。有关废钢铁进口、运输、销售等合同、发票、付汇单据、加工利用企业与进口企业的资金往来单据，以及其他固体废物（包括可利用和不可利用固体废物）流向的有关合同及运输单据等原始凭证应作为经营情况记录簿的附件保存。

环境监测方案应确定监测指标和频率，以及应急监测预案。自行监测的，应当制定监测仪器的维护和标定方案，定期维护，标定并记录结果。委托监测的，应当提供委托合同和委托监测机构的监测资质证明文件。

5.加工利用企业有相关环境保护的专业技术人员和管理人员的证明材料。如相关专业技术和管理人员的学历和学位证书、职称证书复印件；相关专业技术和管理人员与申请单位签订的劳动合同等能证明劳动关系的证明材料，如合同聘用文本及聘期、合同期间社保证明等。

6.委托其他企业代理进口的，应提交进口企业年检有效的工商营业执照副本、《进口废物原料国内收货人登记证书》复印件，以及代理进口合同原件。

代理进口合同中，应当订明以下条款：

（1）所进口废物的种类、数量、价格和质量要求；

（2）所进口废物必须符合我国进口废物环境保护控制标准；以及对不符合环境保护控制标准废物退运责任的规定；

（3）不得将所进口废物全部或者部分转让、提供或者委托给许可证载明的加工利用企业之外的单位或者个人。

7.废物出口者签章的《进口废物原料境外供货企业注册证书》复印件。

8.利用设施所在地省级环境保护行政主管部门出具的对加工利用企业近一年内监督管理等情况的意见（见附三）。

9.其他证明符合本规定的文件和材料。

（二）非首次进口废钢铁的，提交下列证明材料：

1.加工利用企业年检有效的法人营业执照副本、组织机构代码证书副本、一般纳税人资格证书（或者加盖“增值税一般纳税人”字样的国税税务登记证）的复印件。

2.加工利用企业有关证明废钢铁进口数量合理性的材料，如生产设备型号和规格、数量以及有关合理可信的说明和计算材料。其中：

（1）进口废钢铁加工配送中心、进口废五金定点单位应提交与符合本规定的钢铁冶炼企业签订的供货合同。

（2）外籍设备修理企业应提交“最近一年内正常从事外籍船舶或者其他外籍机械设备修理的业务，并产生无法退运出境的废钢铁”的证明材料，可以是维修外籍设备的合同、维修时间、数量、重量以及所产生废钢铁数量的汇总清单等。

（3）特钢铸件出口回收企业应提交“最近一年内正常从事出口特殊成分钢铁铸造件的生产、加工业务”的证明材料，可以是已出口产品的《中华人民共和国出口货物报关单》及其汇总清单，以及与境外企业签订的已出口产品的报废件、破碎件、边角余料回收合同等。

3.委托其他企业代理进口的，应提交进口企业年检有效的工商营业执照副本、《进口废物原料国内收货人登记证书》复印件，以及代理进口合同原件。

代理进口合同中，应当订明以下条款：

（1）所进口废物的种类、数量、价格和质量要求；

（2）所进口废物必须符合我国进口废物环境保护控制标准；以及对不符合环境保护控制标准废物退运责任的规定；

（3）不得将所进口废物全部或者部分转让、提供或者委托给许可证载明的加工利用企业之外的单位或者个人。

4.废物出口者签章的《进口废物原料境外供货企业注册证书》复印件。

5.利用设施所在地省级环境保护行政主管部门出具的关于对加工利用企业近一年内监督管理等情况的意见（见附三）。

6.有关未买卖固体废物进口许可证的证明材料，如上批次废物进口资金流的证明材料。加工利用企业自行进口的，应提供付汇证明；委托其他企业进口的，应提供进口企业的付汇证明，以及加工利用企业与进口企业的资金往来证明等。

7.进口废钢铁加工配送中心、进口废五金定点单位应当提交有关未将所进口废钢铁全部或者部分转让、提供或者委托给符合本规定的钢铁冶炼企业以外的单位或者个人的证明材料，如上批次进口废钢铁买卖相关资金往来的材料。

8.其他证明符合本规定的文件和材料。

以上全部证明材料必须加盖企业公章。提交复印件的，须在复印件上签署“此复印件与原件相同”字样，并注明日期。

附一：（填写企业名称）（进口废钢铁加工配 送中心）环境保护考核表（试行）（略）

附二：国家钢铁产业政策摘要（略）

附三：环境保护厅（局）关于（填写企业名称）监督管理情况的意见（略）

工业和信息化部印发
《促进中部地区原材料工业结构调整和优化升级方案》的通知

工信部原[2009]664号

山西、安徽、江西、河南、湖北、湖南省工业主管部门，中国石化集团、中国化工集团、武钢集团、中铝集团、中国五矿集团、中国黄金集团、中国建材集团、中国中材集团：

根据《国家发展改革委关于印发2009年促进中部地区崛起工作要点的通知》（发改地区[2009]819号）

的相关要求，我部组织拟订了《促进中部地区原材料工业结构调整和优化升级方案》，现印发你们，请遵照执行。

二OO九年十二月十一日

抄送：国家发展改革委、国土资源部、环境保护部、人民银行、银监会、证监会、国家开发银行。

促进中部地区原材料工业结构调整和优化升级方案

中部地区是我国重要的原材料工业基地，原材料工业在中部六省经济社会发展格局中占有重要地位。为贯彻落实钢铁、石化、有色金属等重点产业调整和振兴规划，巩固和提升原材料工业基地地位，促进中部地区崛起战略实施，特提出本方案。方案实施期为2010-2011年。

一、现状与形势

中部地区矿产资源丰富，产业基础较好，经过多年发展，钢铁、有色、石化、化工、建材等原材料工业已成为中部地区的支柱产业。2008年，中部地区原材料工业增加值超过8000亿元，占中部地区工业增加值比重超过30%，形成了一批实力比较雄厚、布局比较合理、优势比较突出的原材料工业基地。

——优势明显的有色金属工业基地。中部地区铝矾土、铜、锑、镁、钨、稀土等矿产资源丰富，已形成与资源优势相匹配的产业基地。2008年中部地区十种有色金属产量1053.5万吨，占全国的41.8%。稀有金属和铜、铝、铅、锌、镁等冶炼和加工工业在全国占有十分重要的地位。

——独具特色的钢铁工业基地。钢铁是中部地区各省的支柱产业，总体规模较大。2008年粗钢产量10835万吨，占全国的21.7%。钢铁产品门类比较齐全，满足全国需求，部分产品在国际上具有较强竞争力。硅钢、不锈钢、球墨铸管、高速车轮轮毂等产品优势突出。

——基础较好的化学工业基地。中部地区煤、盐、磷等矿产资源储量较大，化学工业体系比较完整，化肥、农药及煤化工优势明显，石油化工、盐化工、氟化工、磷化工等行业具备一定的产业规模和技术基础。2008年化肥、农药、甲醇、硫酸、焦化等产品产量分别占全国的34.9%、29.3%、26.8%、28.9%和39.7%。

——快速发展的建材工业基地。中部地区非金属矿产资源丰富，建材工业发展迅速，已形成水泥、玻璃及深加工、建筑陶瓷、耐火材料、新型建材等门类较为齐全、技术装备比较先进的建材工业体系。2008年中部地区水泥产量占全国25.5%，新型干法水泥比重超过70%，比全国平均水平高7个百分点，玻璃深加工技术处于全国领先水平。

但是，由于多年粗放式发展，中部地区原材料工业也积累了一些深层次的矛盾和问题。主要表现在：产业集中度较低，企业规模偏小，产业布局不合理，如江西稀土冶炼企业平均规模不足2000吨，河南规模以上氮肥企业平均产量不足10万吨，湖北磷肥企业平均产量不足4万吨；落后产能比重较大，湖南新型干法水泥比重仅37%，远低于全国平均水平；技术装备水平不高，河南48条轧钢生产线中仅有4条达到国内先进水平；创新能力亟需增强，企业研发投入少，多数企业不具备自主研发能力；产业链条短，产品结构比较单一，高附加值产品少，多数产品位于价值链低端；节能减排压力大，山西每年仍有40亿立方米焦炉煤气直接燃烧排放；资源保障程度越来越低，中部地区油气资源贫乏，铁矿石自给率不足20%，安徽铜精矿90%以上依赖进口，河南铝土矿保有储量仅能维持企业6-7年正常生产需要。

受国际金融危机影响，这些深层次的、结构性矛盾进一步暴露，给中部地区原材料工业持续健康发展带来前所未有的挑战。必须充分认识加快原材料工业结构调整的重要性和紧迫性，要紧紧抓住当前有利的市场环境，加大结构调整力度，加快推动产业升级，为中部地区原材料工业在后金融危机时代赢得发展的先机和空间奠定坚实的基础。

二、指导思想、基本原则和目标

（一）指导思想

以科学发展观为指导，按照促进中部地区崛起战略和保增长、调结构的总体要求，深入贯彻落实产业调整和振兴规划，坚决抑制产能过剩和重复建设，加快转变原材料工业发展方式，以结构调整为主线，以技术改造、兼并重组、淘汰落后、节能减排降耗为重点，优化产业布局，加快产业升级步伐，不断提高中部地区原材料工业的整体素质和竞争力。

（二）基本原则

坚持市场导向与政府推动相结合。遵循市场经济规律，充分发挥市场机制对资源配置的基础性作用。加强组织协调、注重政策引导、改善市场环境，发挥政府部门在抑制产能扩张、整合社会资源、推动跨区域合作中的重要作用。

坚持兼并重组与体制创新相结合。扶优扶强，支持企业通过联合重组整合产业资源，提高产业集中度，优化资源配置。通过深化改革，加快构建有利于企业兼并重组的体制和机制。

坚持技术改造与淘汰落后相结合。充分发挥企业自主创新的主体功能，积极采用信息技术和先进适用技术改造提升传统产业，加大落后产能淘汰力度，大力开发新材料，培育新的增长点。

坚持发挥本地优势与区域产业互补相结合。根据各地区资源环境、产业基础和发展潜力，合理调整产业布局，加快整合上下游产业，充分发挥区域比较优势，推动产业集聚发展，提高中部地区原材料工业整体竞争力。

（三）调整目标

1.兼并重组取得重大进展。有色金属企业兼并重组取得新突破，重点培育1-2家具有国际竞争力、5-8家在国内领先的大型企业集团；钢铁冶炼企业数量得到较大幅度压缩，培育1家具有国际竞争力、2-3家在国内有较强竞争力的钢铁企业集团；建材企业跨地区兼并重组取得新进展，培育1家具有国际竞争力的综合性建材企业集团，初步形成8家以上年产能超千万吨的区域性水泥企业集团；化工行业兼并重组取得积极成效，年销售收入超百亿企业达到10家以上。

2.产品结构进一步优化。技术含量高、附加值高的金属和非金属深加工产品、精细化工产品比重进一步提高，为新能源、电子信息、装备、航空航天、国防军工等高新技术产业提供新材料的能力进一步增强。玻璃深加工率达到45%，中高档建筑陶瓷占陶瓷比例达到40%，高端石化产品自给率明显提高，高浓度化肥比重提高到80%。

3.落后产能按期淘汰。全面淘汰400立方米及以下高炉，30吨及以下的转炉和电炉，逐步淘汰160kA及以下铝电解槽，限期淘汰年产5万吨以下铅锌冶炼厂、年产1万吨以下金属镁等“小有色”企业，争取全面淘汰中部地区落后水泥和玻璃产能，逐步淘汰能耗高、污染重的8万吨以下合成氨装置。

4.技术进步明显加快。力争在关键工艺技术、节能减排技术，以及高端产品研发、生产和应用技术等方面取得新突破。重点大中型钢铁企业60%以上产品实物质量达到国际先进水平，采用富氧底吹等先进技术的铅冶炼能力达70%，无铬高档碱性耐火材料实现产业化，新型自主创新煤气化技术取得成功并推广应用。

5.产业布局更加合理。符合主体功能区定位、与资源禀赋、市场规模、环境承载能力等相协调的原材料工业布局进一步优化，沿江、沿主要交通干线和能源、资源产地的原材料工业基地进一步壮大，逐步形成一批具有区域特色、比较优势明显、竞争力强的产业集群。

6.节能减排取得积极成效。原材料工业单位增加值能耗比“十五”末明显下降，能源消耗达到国家限额标准，基本实现余热余能100%回收利用，硫利用率达到97%以上，废渣100%无害化处置，污染物排放浓度和排放总量双达标，重金属污染得到有效遏制，清洁生产水平显著提升。

三、主要任务

巩固中部地区原材料工业现有优势，进一步调整优化产业组织结构、产品结构、技术工艺装备结构和区域产业布局，形成若干由大型企业集团主导、产业链完整、技术水平高、配套设施完善、具有循环经济功能的产业基地，构筑符合国家区域战略定位、满足市场需求、优势互补的中部地区原材料工业新格局。

（一）扶优扶强，加快推进企业兼并重组

充分利用国际金融危机所带来的市场倒逼机制，引导企业联合重组或建立战略联盟，鼓励生产要素向武钢等大型企业集团集中，支持武钢集团积极开展区域内和跨区域的联合重组，努力打造成为具有较强国际竞争力的特大型钢铁企业，推动马钢、太钢、华菱等与省内外企业联合重组，形成具有较强实力的企业集团，推动安钢、新钢等与特大型钢铁企业集团跨区域重组，努力减少区内钢铁企业数量。

加快区域内外有色金属矿产、冶炼、加工资源的整合，充分发挥中铝、五矿、江铜、铜陵有色、湖南有色、豫光金铅、大冶有色等大型企业集团在整合中部地区有色金属产业中的主导作用，提高资源控制力，提高产业集中度。鼓励“煤、电、铝”企业联姻重组，实现一体化发展。大力推动镁、钨、锡、锑、钼、稀土、黄金等产业集约化发展，支持重点骨干企业横向并购，实现资源高效利用。

按照煤化一体化原则，依托山西晋煤、阳煤、太化、河南煤化、中平能化、淮化等骨干企业，加速整合省内外煤化工上下游产业，打造大型煤化工企业集团。依托宜化、兴发、洋丰、铜化、中盐、沙隆达等大型企业，推进磷、盐、农药等特色化工企业的兼并重组。积极发挥中石化、中国化工、中海油、中石油等战略投资者在中部地区化工产业重组中的引领作用。

进一步发挥海螺、中国建材、中材、华新、天瑞、三峡新材、长利玻璃等龙头企业的带动作用，推动水泥、玻璃、耐火材料、新型建材等行业的兼并联合重组，提高产业集中度。

（二）做精做深，调整和优化产品结构

以市场为导向，以产品为龙头，充分发挥中部地区原材料工业优势，严格控制初级资源类产品产能的盲目扩张，着力增加高技术含量、高附加值产品比重，不断优化产品结构。

钢铁工业：重点发展高磁感低铁损取向硅钢、高牌号不锈钢、高速车轮轮箍、高档汽车面板、高强级管线板、高附加值油井管、高压锅炉管、核电用管及特厚板等产品，不断开发市场适销的新产品。加快推广使用强度400MPa及以上钢筋，促进建筑钢材的升级换代。

有色金属工业：重点发展高精度高性能板带材、箔材等精深加工产品，大力发展合金制品和新材料，加快向产业链高端环节转移。合理控制稀有金属发展规模，提高深加工能力。加快构建覆盖全社会的有色金属

资源综合回收利用体系，发展再生有色金属产业。

化学工业：重点发展高附加值精细化工等产品，严格限制产能过剩的传统化工产品发展。延伸焦化、磷、氟、盐化工产业链。发展高浓度基础性肥料和高效复合肥，积极开发新型农药中间体和高效低毒低残留农药品种，提高农资保障能力。以满足中部地区市场需求为主，提高原油深加工能力，增加高品质石化产品生产。

建材工业：重点发展新型干法水泥、绿色耐火材料、超薄超厚超白优质浮法玻璃及LOW-E、ITO导电膜玻璃等深加工产品，全面提高建筑卫生陶瓷产品档次和技术含量，大力发展节能环保新型建材。

（三）加强技术改造，坚决淘汰落后产能

坚持用高新技术和先进适用技术改造提升原材料工业，大力开展节能减排降耗，推行清洁生产，淘汰落后产能，加快产业升级步伐。

支持关键钢材品种和有色金属新材料生产工艺技术研发，大力发展高温高压干熄焦、烧结余热利用、高炉余压发电、铜铅锌冶炼短流程工艺、烟气脱硫、高性能专用铜铝材生产工艺、吨铝直流电耗低于12500千瓦时的电解铝关键工艺、低品位和难选冶矿产高效利用、尾矿和赤泥综合利用、再生金属保持性能等技术；支持油品质量升级改造，煤焦油综合利用，氮肥原料路线和动力结构调整，磷肥资源优化配置，高效低毒低残留农药生产和废弃物处置能力建设；支持新型干法水泥企业推广应用纯低温余热发电、粉磨节能、利用水泥窑处置废弃物等技术，推进玻璃窑炉全氧燃烧技术产业化。

加快淘汰工艺技术落后、产品质量差、安全隐患大、能源资源消耗高、环境污染严重的落后产能。全面淘汰落后钢铁产能，重点企业和地区要加快淘汰1000立方米以下高炉及相应的炼钢产能；按期淘汰反射炉及鼓风炉、电炉炼铜产能、烧结锅炼铅产能、落后锌冶炼产能和落后小型预焙槽电解铝产能，逐步淘汰落后烧结机铅冶炼产能；淘汰12500千伏安以下电石炉、间歇蒸馏煤焦油加工装置、单套能力低于10万吨/年的焦油连续加工装置、酸洗法粗苯精制装置、高毒高风险农药以及小炼油、小合成氨、小二硫化碳等落后产能；全面淘汰不符合产业政策的落后水泥产能及“格法”、“小平拉”等落后玻璃产能。

（四）优化产业布局，促进产业集聚

积极推动生产要素合理流动和配置，统筹规划、突出重点、优势互补、合理布局，把促进产业集聚作为优化原材料工业布局的重要途径，推动产业规模化、集约化、园区化发展，进一步发挥中部地区原材料工业基地的整体优势。

结合钢铁企业兼并重组、淘汰落后和技术改造，在总量控制的基础上加快布局调整，重点发展武钢、马钢沿江沿海钢铁基地，推进合钢等城市钢厂搬迁改造，进一步巩固太钢、舞钢、华菱等特色钢铁基地地位，加快安钢、新钢等产业基地结构调整步伐。充分发挥中部地区能源和有色金属资源优势，进一步推动资源向优势企业和重点地区配置，建设中铝、鲁能晋北、新安等铝工业基地，发展江铜、铜陵、大冶有色铜工业基地，优化河南和湖南铅锌生产加工基地、赣南及湘中南钨锑稀土等稀有金属基地建设。

调整优化中部地区石油化工产业布局，加快建设武汉乙烯生产基地，有序建设山西和河南煤化工基地、湖北磷化工基地，进一步突出提升和壮大化肥产业，发展精细化工园区。支持河南、湖北、安徽形成大型、优质、高档浮法玻璃原片生产及深加工基地，促进河南、山西耐火材料加工园区集约化发展，抓住沿海产业转移机遇，利用原料优势，进一步发展江西、湖北陶瓷基地。

四、保障措施

（一）加强统筹协调，形成政策合力

各省级工业主管部门要加强对原材料工业的行业管理、政策引导和协调服务。根据《关于进一步加强原材料工业管理工作的指导意见》（工信部原[2009]294号），认真研究本地区原材料工业结构调整中存在的突出问题，及时提出有针对性的实施措施。加强与有关部门的沟通协调和配合，充分利用财税、投资、信贷、法规等手段，统筹做好各项政策措施衔接落实，适时开展实施效果评估工作。

（二）深化改革，消除制约结构调整的体制性障碍

探索企业兼并重组的有效途径和各种方式，妥善解决人员安置、资产划转、债务核定与处置、财税利益分配等关键问题，促进各种资源向优势企业配置。根据即将出台的国务院关于加快推进兼并重组的意见、加快钢铁企业联合重组指导意见等文件精神，抓紧研究制定区域内原材料行业联合重组规划。认真贯彻《国务院批转发展改革委等部门关于抑制部分行业产能过剩和重复建设引导产业健康发展若干意见的通知》（国发[2009]38号），结合有关行业调整和振兴规划的要求，建立和完善落后产能退出机制，严格实行节能减排、淘汰落后问责制，强化环保、能耗和电价、水价等制约手段，加快落后产能淘汰步伐。

（三）突出低碳经济理念，落实减排目标

坚决贯彻落实党中央、国务院确定的进一步转变增长方式，在2020年以前，大幅度减少单位GDP能耗的战略目标，以节能降耗、治污减排、综合利用、环境保护为重点，抓紧制定出台原材料行业贯彻落实的计划、指标和政策措施，将相关计划目标细化和落实到重点地区、重点行业和重点企业，把各项任务落到实处，确保中部地区各省“十二五”期间各项节能减排指标的完成。

（四）强化行业标准管理，严格市场准入

从更加关注民生、更加关注节能减排、更加关注技术进步和结构调整的大局出发，进一步修订完善准入条件，提高准入门槛。要以技术创新和质量品种为重点，抓紧修订完善钢铁、有色、建材、石化、化工和稀土行业标准。严格贯彻执行国家已经出台的行业准入条件，加强对生产企业执行准入条件情况进行监督检查，对符合准入条件的企业名单实施定期公布、动态管理，同时接受社会的支持和监督。

（五）加大资金支持力度，拓宽企业融资渠道

充分利用国家技术改造专项资金，加大地方配套资金投入，根据各地原材料工业特点，着力向重点产品、重点企业和重点产业基地倾斜。拓宽融资渠道，加强信贷资金与产业政策的协调配合，优先支持符合结构调整方向和重点的企业通过银行贷款、资本市场、引入战略投资者等方式筹集资金。扩大社会投资渠道，鼓励和引导民间资本广泛参与产业整合，推动结构调整工作。

（六）提高技术创新能力，加快技术进步

进一步发挥技术创新对促进结构调整和产业升级的引领和支撑作用。要强化企业创新主体地位，提升产业技术创新和新产品开发能力。依托重点原材料工业基地，建立产学研用一体化的协调机制，形成区域创新联盟，构建多层次多功能的创新平台。大力开发影响行业技术进步的共性技术和关键技术，加快高新技术和信息技术的应用和推广。

（七）开辟多元化资源渠道，提高资源保障能力

加强对中部地区重点矿产资源的保护，充分发挥稀有金属部际协调机制作用。合理规划资源开发规模，树立可持续发展理念。促进矿产资源能源优先向产业基地和重点企业配置，制止无照开采和违章经营。加大短缺资源的地质勘探力度，增加资源储量。积极树立“两种资源、两个市场”的一盘棋概念，进一步实施“走出去”战略，加大境外资源开发力度，鼓励有条件的企业拓展国际化经营，建立长期稳定的资源供应渠道。不断完善国内原材料资源和产品的收储制度。

（八）建立信息沟通平台，发挥信息引导作用

要积极会同有关部门和协会，建立信息联合发布制度，加强行业统计、市场行情、技术动态、产业预警等信息交流，为企业经营和行业管理提供有力支撑。要充分发挥行业协会和中介组织的桥梁和纽带作用，引导行业发展、加强行业自律、提供咨询服务。

中国人民银行银监会证监会保监会 关于进一步做好金融服务 支持重点产业调整振兴 和抑制部分行业产能过剩的指导意见

银发〔2009〕386号

中国人民银行上海总部，各分行、营业管理部、省会(首府)城市中心支行、副省级城市中心支行；各省(自治区、直辖市)银监局、证监局、保监局；各政策性银行、国有商业银行、股份制商业银行，中国邮政储蓄银行：

当前，我国经济正处在企稳回升和结构调整的关键时期。金融业要深入学习和实践科学发展观，按照中央经济工作会议的决策部署，继续贯彻实施适度宽松货币政策，保证重点产业调整振兴合理的资金需求，着力扩大内需、优化信贷结构，推动经济发展方式转变和经济结构调整，淘汰落后产能，提高经济发展质量和效益，保持国民经济平稳可持续发展。根据国务院关于汽车、钢铁、电子信息、物流、纺织、装备制造、有色金属、轻工、石化、船舶等重点产业(以下简称重点产业)调整振兴规划的总体要求和《国务院批转发展改革委等部门关于抑制部分行业产能过剩和重复建设引导产业健康发展若干意见的通知》(国发〔2009〕38号)的精神，现就进一步做好金融服务，支持重点产业调整振兴和抑制部分行业产能过剩提出如下指导意见：

一、严格执行国家宏观调控政策，着力调整和优化信贷结构

(一)人民银行各分支机构要密切跟踪宏观经济走势，按照国家产业政策和金融宏观调控的要求，紧密结合辖区实际，积极加强信贷政策宏观指导，更多运用市场化手段鼓励和引导金融机构不断调整和优化信贷结

构，把握好信贷投放的方向、力度和节奏，合理配置信贷资源。信贷政策指导要增强针对性、前瞻性和有效性。同时，对已经出台的信贷政策要加强导向效果评估，有效疏通政策传导渠道，提高政策导向效果。

(二)银监会各派出机构要根据国家产业政策和宏观调控要求，加强监管引导和风险提示，督促银行业金融机构完善信贷管理制度，加强信贷风险和投向管理，在有效防范信贷风险的基础上，发挥信贷引导和促进产业结构调整的作用。

(三)各银行业金融机构要积极配合国家产业政策和金融调控要求，信贷投放要体现“区别对待，有保有压”的原则，资产负债综合管理要更好地服务于促进经济科学发展。对于符合重点产业调整振兴规划要求、符合市场准入条件、符合银行信贷原则的企业和项目，要及时高效保证信贷资金供给。对于不符合产业政策、市场准入条件、技术标准、项目资本金缺位的项目，不得提供授信支持。对属于产能过剩的产业项目，要从严审查和审批贷款。

(四)对产业链中辐射拉动作用强的骨干重点产业企业，鼓励银行业金融机构采取银团贷款模式加大信贷支持。对符合条件的有竞争力的重点产业中小企业，鼓励中小银行业金融机构与国有大型银行差异化竞争，合理确定贷款的期限、利率和偿还方式。对基本面好、产品有市场、信用记录较好但暂时出现经营困难的企业的信贷需求，要按规定积极给予必要的信贷支持。

(五)对地区主导性重点产业的核心企业和关联中小企业，要综合考虑产业集群的周期性风险、组织协作网络、融资担保关系等，在科学把握贷款期限、规模和利率的同时，着力改进金融服务方式，不断提高对新兴产业集群金融支持的深度和广度。

二、加快推进金融产品和服务方式创新，努力改进和加强对重点产业和新兴产业的金融服务

(六)围绕落实重点产业调整振兴规划和市场需求，有针对性地创新金融产品和服务方式。鼓励有条件的金融机构适当增设产品研发中心，加强金融创新产品研发。鼓励银行业金融机构在国家现行法律允许、财产权益归属清晰、风险有效管理控制的前提下，因地制宜，灵活多样创新信用模式和扩大贷款抵押担保物范围，积极探索建立有效的信用风险分散转移机制。

(七)对轻工、纺织、装备制造等重点产业，可探索开展核定货值质押融资、买方付息票据贴现等业务。推动采取在建船舶、“海域使用权”抵押融资模式，对信誉良好的船东和船舶企业要及时开具付款和还款保函。发展适合物流企业融资、结算特点的物流保理和联网结算等业务，加快现代物流业发展。

(八)鼓励有条件的地方设立专项担保基金，促进成长型的中小电子信息企业以知识产权质押融资。探索发展创投企业、金融机构、中介机构组成的科技金融服务平台，对授信、担保、保险等业务开展集成创新，有效满足重点产业中科技型企业的融资需求。规范发展供应链融资、应收账款质押、存货质押、组合担保贷款等，满足重点产业和新兴行业中自主创新型中小企业“短、频、急、小”的资金需求。

(九)积极改进和完善对重点产业和新兴产业的金融服务方式，着力提高金融服务的质量和效率。对重点产业和新兴产业中发展势头良好的重点骨干企业给予积极支持。

(十)鼓励各银行业金融机构创新金融产品，支持重点产业企业创新、引进和吸收成长性好、成套性强、产业关联度高的关键技术和重大设备，推动国内企业自主创新和重大技术装备国产化。鼓励各银行业金融机构开办船舶出口买方信贷和保函等业务，为船舶出口、船舶出口企业技改研发提供多元化的金融支持。

(十一)合理发展消费信贷，积极稳妥推动消费金融公司试点工作。完善汽车消费信贷制度和业务流程，实现资信调查、信贷办理、车辆抵押、贷款担保、违约处置的汽车消费信贷全过程法制化、规范化。支持和促进符合条件的国内骨干汽车生产企业和新能源汽车生产企业建立汽车金融公司。积极开展汽车融资性租赁、购车储蓄等业务，促进汽车消费信贷模式的多元化。

(十二)对国家产业政策鼓励发展的新能源、节能环保、新材料、新医药、生物育种、信息网络、新能源汽车等战略性新兴产业，要积极研发适销对路的金融创新产品，优化信贷管理制度和业务流程，加大配套金融服务和支持，促进和推动战略性新兴产业的技术集成、产业集群、要素集约，支持培育新的经济增长点。

三、充分发挥资本市场的融资功能，多方面拓宽重点产业调整和振兴的融资渠道

(十三)进一步推动多层次、多元化直接融资体系建设。创新适合重点产业企业发展需要的债券产品，积极引导和支持重点产业中符合条件的企业发行公司债券、企业债券、短期融资券、中期票据等。支持汽车金融公司发行金融债券。建立和完善多元化、社会化的风险投资机制，支持和推动重点产业集群发展。依托产业基地、企业孵化器、孵化园区等产业集聚区扩大中小企业集合债发行规模。进一步完善新股发行体制，为符合条件的重点产业企业上市融资创造条件。积极推动创业板市场规范健康发展，支持重点产业和新兴产业中小企业拓宽融资新渠道。

(十四)积极引导民间资本参与重点产业调整和振兴。加快发展私募股权基金、风险投资等，鼓励有条件的境内上市公司实施境外并购，进一步发挥并购重组优化资源配置、促进产业结构调整和升级的基础作用。规范发展股权质押贷款。鼓励信托公司发挥功能优势，开展符合国家重点产业调整、振兴政策的金融产品和服务创新。扩大发行金融债券的财务公司范围，支持重点产业企业集团发展。引导商业银行进入金融租赁业，提高行业整体实力，充分发挥融资租赁对重点产业调整和振兴的积极作用。

(十五)充分发挥保险对重点产业调整振兴的风险保障作用。支持保险企业积极开发与重点产业特点相适应的个性化、差异化的保险产品。创新中小企业保险产品和承保模式，促进中小企业生产经营稳定。积极推进科技保险发展，探索建立使用国产首台首套装备的保险风险补偿机制。稳步发展住房、汽车等消费信贷保险，加强保险企业与银行的合作，促进消费增长。推动国内贸易信用保险发展，支持国内信用销售。

(十六)推动中国出口信用保险公司等保险企业积极配合国家产业和外经贸政策，通过提供中长期及短期出口信用保险、资信调查、发布行业及重大风险预警信息、商账追收等服务方式，在费率、限额、理赔等方面给予支持，帮助重点产业出口企业化解出口收汇等各类风险，支持企业扩大出口和开拓国际市场，促进对外贸易和投资。

四、推进企业兼并重组，支持重点产业实施“走出去”战略

(十七)加强和改进境内外并购金融服务。鼓励银行业金融机构在完善制度、风险可控的前提下开展境内外并购贷款，支持企业兼并重组。鼓励地方政府通过财政贴息、风险奖补、设立并购基金等方式，引导和支持金融机构积极参与企业并购重组业务。对重点产业企业在境外投资国家建设急需的能源、矿产等战略资源，开展境外资源勘探和开发，以及向境外转移过剩的生产能力和成熟技术，金融机构要做好信贷支持和外汇收支等配套金融服务。

(十八)积极支持有条件的企业利用资本市场开展兼并重组。进一步推进资本市场并购重组市场化改革，探索完善市场化定价机制，提高并购重组效率。不断丰富并购方式，鼓励上市公司以股权、现金和多种金融

工具组合作为并购重组支付方式。健全、完善股权投资退出机制，规范引导证券经营机构为上市公司并购重组提供中介服务，并提供融资支持。进一步修订完善上市公司并购重组规章及相关配套文件，简化行政许可程序，为上市公司并购重组提供支持和便利。进一步提高并购重组活动透明度，有效防范和打击内幕交易和市场操纵行为，为并购重组创造良好的市场环境。

(十九)完善境外直接投资外汇管理，改善跨国公司外汇资金集中管理，便利重点产业符合条件的企业参与国际竞争与合作。吸收更多非银行金融机构进入银行间外汇市场，进一步丰富和发展外汇市场产品，为重点产业企业规避汇率风险提供更多市场工具。支持重点产业企业建立境外营销网络，稳定高端产品出口份额。

(二十)加大境内企业开拓国际市场的金融支持。推动进出口收付汇核销制度改革，为重点产业中有竞争力的企业开展对外贸易提供进出口收付汇服务便利。进一步简化贸易信贷登记管理、程序和方式，便利重点产业企业出口和先进技术进口。鼓励金融机构灵活运用票据贴现、押汇贷款、对外担保等方式，缓解重点产业出口企业资金周转困难。进一步完善服务贸易外汇管理，支持物流等现代服务业的对外开放。灵活掌握出口收结汇联网政策，进一步提高船舶企业预收款结汇额度，为船舶出口外汇核销提供便利，保证造船企业正常资金需求。满足符合条件的电子信息企业引进先进技术和产品更新换代的外汇资金需求，通过进出口银行提供优惠利率进口信贷方式给予支持。

(二十一)积极探索扩大跨境贸易人民币结算试点。加紧推动跨境贸易人民币结算试点，完善相关配套措施，分散“走出去”企业的汇率风险，提高海外金融服务能力。进一步扩大跨境贸易人民币结算试点范围，增加试点企业数量。在全国范围内全面开展跨境贸易人民币结算，并在有效监管的基础上稳步推进跨境投融资的便利化。增加出口信贷资金投放，支持国内企业承揽国外重大工程，带动船舶、冶金设备、装备制造成套设备和施工机械出口。

五、加强信贷结构和信贷风险预警监测，有效抑制产能过剩和防范金融风险

(二十二)人民银行各分支机构和银监会各派出机构应加强沟通、协调和联动，加强辖区内信贷结构和信贷风险预警监测，对不符合重点产业调整和振兴规划以及相关产业政策要求，未按规定程序审批或核准的项目，尤其是国家明令限期淘汰的产能落后、违法违规审批、未批先建、边批边建等项目，银行业金融机构不提供任何形式的信贷支持，并要采取妥善有效措施保护银行信贷资产安全。

(二十三)严格发债、资本市场融资审核程序。对不符合重点产业调整振兴规划和国家已经明确为产能过剩的行业以及不符合市场准入条件的企业或项目，禁止通过新发企业债、短期融资券、中期票据、可转换债、股票或增资扩股等方式融资。

(二十四)各银行业金融机构要严把信贷关，在积极支持企业技术改造和淘汰落后产能的同时，禁止对国家已明确为严重产能过剩的产业中的企业和项目盲目发放贷款。进一步加大对节能减排和生态环保项目的金融支持，支持发展低碳经济。鼓励银行业金融机构开发多种形式的低碳金融创新产品，对符合国家节能减排和环保要求的企业和项目按照“绿色信贷”原则加大支持力度。探索建立和完善客户环保分类识别系统，支持发展循环经济，从严限制对高耗能、高污染和资源消耗型的企业和项目的融资支持。

(二十五)进一步加强防控信贷风险的制度和机制建设，发展和完善多层次信贷市场。鼓励银行业金融机构法人建立信贷结构和存贷期限错配情况按季监测报告制度，加强对重点产业金融服务状况的动态监测。进

一步建立和完善有效的信息互通机制和联合预警机制，积极改进和完善银行业金融机构风险拨备管理和资本充足管理，有效控制贷款风险。

(二十六)严格执行国家规定的贷款标准和贷款条件，以及固定资产投资项目最低资本金制度。及时加强对地方政府融资平台信贷资金运作的风险监测、风险提示和风险防范，对于出资不实、治理架构、内部控制、风险管理、资金管理运用制度不健全的融资平台，要严格限制贷款，有效提高对各种贷款特别是中长期贷款和政府背景贷款的信贷风险评估和管理能力。

请人民银行各分支机构会同当地银监会、证监会及保监会的派出机构将本意见迅速转发至辖区内各中资金融机构，并做好政策贯彻实施工作。

中国人民银行

银监会

证监会

保监会

二〇〇九年十二月二十二日

商务部公示2010年铁合金焦炭等出口许可企业补充名单

关于2010年铁合金、柠檬酸（盐）、焦炭出口许可企业补充名单上网公示的通知

为加快推进出口商品管理方式改革创新，规范相关行业出口秩序，根据《中华人民共和国对外贸易法》、《中华人民共和国货物进出口管理条例》的有关规定，我们已于2009年12月17日至21日将《2010年铁合金和柠檬酸（盐）出口许可企业名单》及《2010年焦炭出口配额出口许可企业名单》上网公示。结合公示期间反馈情况，我们形成了《2010年铁合金、柠檬酸（盐）、焦炭出口许可企业补充名单》（下称《补充名单》），现予以公示，如对《补充名单》中的企业有异议，请于2009年12月24日17点前将书面意见送达商务部外贸司。12月17日至21日期间公示的企业名单已过公示期，我们将不再受理对《补充名单》企业以外的任何异议。

附件：2010年铁合金、柠檬酸（盐）、焦炭出口许可企业补充名单

商务部对外贸易司

二OO九年十二月二十三日

附件：

2010年铁合金、柠檬酸（盐）、焦炭出口许可企业补充名单

一、铁合金

（一）A类一般贸易

黔西南泰龙（集团）闽龙金属冶炼有限公司

宁夏贺兰山冶金有限公司

中国有色金属进出口江苏公司

云南冶金集团进出口物流股份有限公司(西部推荐)

广东省五金矿产进出口集团公司（只能申领定向出口圣力（越南）特钢有限公司的A类出口许可证）

广西华晟五矿贸易有限公司

湛江中物进出口有限公司

银川海德维尔电矿有限公司

中国五矿集团公司（中国矿产有限责任公司）

天津欧马国际贸易有限公司

（二）B类一般贸易

喜德县良在硅业有限公司

佛山市宏德三和合金有限公司

二、柠檬酸

中国江苏国际经济技术合作公司

无锡汇才国际贸易公司

上海化泰实业有限公司

三、焦炭

西双版纳对外经济贸易公司（边贸企业）

第五篇

国内钢铁产品生产统计

表1　2009年全国主要钢铁产品产量

单位：万吨

品种名称	2009年	2008年	增减	同比（%）
粗钢	56784.24	50031.15	6753.09	13.5
生铁	54374.82	46928.54	7446.28	15.9
钢材	69243.72	58434.01	10809.71	18.5
焦炭	34501.69	31214.79	3286.9	10.5
铁矿石原矿量	88017.14	80805.27	7211.87	8.9
铁合金	2209.36	1835.63	373.73	20.4
铁道用钢材	585.99	474.42	111.57	23.5
重轨	442.07	325.78	116.29	35.7
轻轨	89.56	87.37	2.19	2.5
大型型钢	947.06	887.44	59.62	6.7
中小型型钢	4118.89	3093.19	1025.7	33.2
棒材	5565.4	4769.93	7380.62	16.7
钢筋	12150.55	9560.04	2590.51	27.1
盘条(线材)	9585.74	7930.25	1655.49	20.9
特厚板	474.56	438.92	35.64	8.1
厚钢板	1874.86	1936.58	–61.72	–3.2
中板	3487.58	3583.94	–96.36	–2.7
热轧薄板	576.86	328.67	248.19	75.5
冷轧薄板	1641.14	1363.25	277.89	20.4
中厚宽钢带	8383.75	7407.77	975.98	13.2
热轧薄宽钢带	3033.63	2441.53	592.1	24.3
冷轧薄宽钢带	2187.04	1886.23	300.81	15.9
热轧窄钢带	4574.76	3583.92	990.84	27.6
冷轧窄钢带	674.47	560.12	114.35	20.4
镀层板(带)	2013.8	1773.96	239.84	13.5
涂层板(带)	504.15	458.75	45.4	9.9
电工钢板(带)	451.17	421.07	30.1	7.1
无缝钢管	2178.6	2115.24	63.36	3
焊接钢管	3102.99	2541.38	561.61	22.1
其他钢材	1130.76	877.39	253.37	28.9
外购国内钢材	2286.27	1982.78	303.49	15.3

表2 2009年各省市主要钢铁产品产量

单位：万吨

省市	粗钢				生铁			
	2009年	2008年	增减	同比（%）	2009年	2008年	增减	同比（%）
合计	56784.2	50031.15	6753.09	13.5	54374.82	46928.54	7446.28	15.9
北京					442.67	448.79	-6.12	-1.4
天津	2124.2	1706.31	417.89	24.5	1763.4	1471.19	292.21	19.9
河北	13536.27	11522.58	2013.69	17.5	13084.86	11195.07	1889.79	16.9
山西	2648.49	2346.04	302.45	12.9	3127.45	2738.26	389.19	14.2
内蒙古	1261.94	1225.26	36.68	3	1381.29	1248.43	132.86	10.6
辽宁	4782.98	4056.16	726.82	17.9	5061.29	4117.85	943.44	22.9
吉林	792.56	642.02	150.54	23.4	648.31	586.68	61.63	10.5
黑龙江	565.95	475.14	90.81	19.1	494.56	367.94	126.62	34.4
上海	2032.24	1974.84	57.4	2.9	1787.48	1714.59	72.89	4.3
江苏	5489.88	4861.35	628.53	12.9	4590.16	3860.47	729.69	18.9
浙江	1045.64	930.52	115.12	12.4	535.96	444.67	91.29	20.5
安徽	1759.69	1758.05	1.64	0.1	1661.63	1639.43	22.2	1.4
福建	765.04	631.46	133.58	21.2	552.9	516.02	36.88	7.1
江西	1620.88	1239.7	381.18	30.7	1446.96	1036.3	410.66	39.6
山东	4857.3	4457.68	399.62	9	5273.22	4617.98	655.24	14.2
河南	2328.99	2161.99	167	7.7	1944.63	1730.34	214.29	12.4
湖北	1985.3	1981.44	3.86	0.2	1956.7	1903.06	53.64	2.8
湖南	1436.55	1299.29	137.26	10.6	1380.49	1213.84	166.65	13.7
广东	1126.57	1070.02	56.55	5.3	755.86	694.65	61.21	8.8
广西	1000.01	776.83	223.18	28.7	967.72	688.19	279.53	40.6
海南	23.24	3.51	19.73	562.1	2.12	15.09	-12.97	-86
重庆	333.79	352.45	-18.66	-5.3	324.88	322.24	2.64	0.8
四川	1509.14	1369.58	139.56	10.2	1532.62	1392.51	140.11	10.1
贵州	343.1	345.63	-2.53	-0.7	374.82	330.79	44.03	13.3
云南	1049.05	906.38	142.67	15.7	1280.86	1150.03	130.83	11.4
陕西	522.5	303.66	218.84	72.1	512.48	301.96	210.52	69.7
甘肃	626.36	515.78	110.58	21.4	612.14	556.35	55.79	10
青海	126.72	115.07	11.65	10.1	109.54	92.28	17.26	18.7
宁夏					36.18	32.6	3.58	11
新疆	625.01	535.6	89.41	16.7	731.64	500.94	230.7	46.1

续表2　2009年各省市主要钢铁产品产量

单位：万吨

省市	钢材				焦炭			
	2009年	2008年	增减	同比（%）	2009年	2008年	增减	同比（%）
合计	69243.72	58434.01	10809.71	18.5	34501.69	31214.79	3286.9	10.5
北京	769.6	656.47	113.13	17.2	166.14	170.33	-4.19	-2.5
天津	4079.52	3126.4	953.12	30.5	314.57	290.04	24.53	8.5
河北	15134.47	11932.66	3201.81	26.8	4800.33	3873.65	926.68	23.9
山西	2288.4	1970.82	317.58	16.1	7649.35	8048.32	-398.97	-5
内蒙古	1294.87	995.56	299.31	30.1	1834.39	1370.81	463.58	33.8
辽宁	4937.32	4133.45	803.87	19.4	1876.5	1722.27	154.23	9
吉林	855.97	716.63	139.34	19.4	423.78	376.09	47.69	12.7
黑龙江	498.4	425.85	72.55	17	967.78	768.36	199.42	26
上海	2181.37	2187.93	-6.56	-0.3	660.79	705.78	-44.99	-6.4
江苏	7859.69	7250.03	609.66	8.4	1212.57	1075.87	136.7	12.7
浙江	2359.4	1833.54	525.86	28.7	229.69	165.93	63.76	38.4
安徽	2111.95	1899.79	212.16	11.2	772.94	747.61	25.33	3.4
福建	1341.89	1104.75	237.14	21.5	117.93	99.74	18.19	18.2
江西	1647.4	1275.81	371.59	29.1	626.06	492.18	133.88	27.2
山东	5854.31	5067.28	787.03	15.5	3184.6	2919.92	264.68	9.1
河南	2882.47	2519.76	362.71	14.4	2163.06	1846.69	316.37	17.1
湖北	2172.33	2155.72	16.61	0.8	838.1	778.46	59.64	7.7
湖南	1503.55	1303.02	200.53	15.4	542.57	445	97.57	21.9
广东	2285.51	1976.74	308.77	15.6	190.93	136.14	54.79	40.2
广西	1174.86	894.46	280.4	31.3	360.17	309.92	50.25	16.2
海南	10.68	9.23	1.45	15.7				
重庆	477.44	449.27	28.17	6.3	294.21	271.08	23.13	8.5
四川	1830.62	1597.22	233.4	14.6	1162	1021.59	140.41	13.7
贵州	337.62	337.52	0.1		781.21	813.97	-32.76	-4
云南	971.79	821.11	150.68	18.4	1371.98	1253.2	118.78	9.5
陕西	887.34	491.93	395.41	80.4	526	425.4	100.6	23.6
甘肃	644.54	583.63	60.91	10.4	244.69	241.47	3.22	1.3
青海	125.06	113.59	11.47	10.1	141.42	144.18	-2.76	-1.9
宁夏	38.01	33.18	4.83	14.6	273.87	115.96	157.91	136.2
新疆	687.34	570.66	116.68	20.4	774.06	584.83	189.23	32.4

续表2　2009年各省市主要钢铁产品产量

单位：万吨

省市	铁矿石				铁合金			
	2009年	2008年	增减	同比（%）	2009年	2008年	增减	同比（%）
合计	88017.14	80805.27	7211.87	8.9	2209.36	1835.63	373.73	20.4
北京	1955.22	1780.69	174.53	9.8	1.11	0.83	0.28	33.7
天津					0.81	0.64	0.17	26.6
河北	35789.47	36008.89	-219.42	-0.6	7.92	12.39	-4.47	-36.1
山西	3289.93	3654.93	-365	-10	93.25	94.24	-0.99	-1.1
内蒙古	7347.41	6588.7	758.71	11.5	332.44	301.82	30.62	10.1
辽宁	13080.02	11148.24	1931.78	17.3	77.03	65.09	11.94	18.3
吉林	1006.85	917.12	89.73	9.8	53.1	58.95	-5.85	-9.9
黑龙江	82.58	46.25	36.33	78.6		0.9	-0.9	
上海								
江苏	542.36	556.67	-14.31	-2.6	73.99	33.45	40.54	121.2
浙江	129.03	120.63	8.4	7	34.86	27.11	7.75	28.6
安徽	2594.97	2058.77	536.2	26	0.17	0.09	0.08	88.9
福建	1662.88	1581	81.88	5.2	18.54	15.27	3.27	21.4
江西	680.5	552.22	128.28	23.2	5.21	4.49	0.72	16
山东	1907.54	1725.86	181.68	10.5	60.63	36.35	24.28	66.8
河南	828.38	734.78	93.6	12.7	136.79	132.01	4.78	3.6
湖北	1288.54	1054.44	234.1	22.2	21.7	18.26	3.44	18.8
湖南	441.79	305.34	136.45	44.7	228.61	177.52	51.09	28.8
广东	1444.37	1506.93	-62.56	-4.2	1.88	2.31	-0.43	-18.6
广西	134.89	100.6	34.29	34.1	271.91	213.97	57.94	27.1
海南	487.32	457.83	29.49	6.4				
重庆	43.28	38.53	4.75	12.3	38.86	31.31	7.55	24.1
四川	8343.85	5709.33	2634.52	46.1	177.36	134.96	42.4	31.4
贵州	80.19	66.04	14.15	21.4	220.87	158.01	62.86	39.8
云南	1805.59	1512.55	293.04	19.4	64.97	58.19	6.78	11.7
陕西	368.2	301.87	66.33	22	22.82	27.75	-4.93	-17.8
甘肃	950.32	719.11	231.21	32.2	93.66	87.84	5.82	6.6
青海	34.89	43.2	-8.31	-19.2	79.62	61.07	18.55	30.4
宁夏					83.59	70.93	12.66	17.8
新疆	1668.43	1463.67	204.76	14	7.66	9.88	-2.22	-22.5

表3　2009年各省市钢材分品种产品产量

单位：万吨

省市	铁道用钢材				大型型钢			
	2009年	2008年	增减	同比（%）	2009年	2008年	增减	同比（%）
合计	585.99	474.42	111.57	23.5	947.06	887.44	59.62	6.7
北京					0.63	1.45	−0.82	−56.6
天津					16.09		16.09	
河北	102.71	104.68	−1.97	−1.9	221.16	177.42	43.74	24.7
山西								
内蒙古	130.07	95.98	34.09	35.5	13.81	32.5	−18.69	−57.5
辽宁	112.51	91.2	21.31	23.4	0.06	1.09	−1.03	−94.5
吉林					16.41	4.68	11.73	250.6
黑龙江	8.44	9.1	−0.66	−7.3	50.63	47.15	3.48	7.4
上海	1.53	1.89	−0.36	−19				
江苏					2.1	0.25	1.85	740
浙江	13.52	12.52	1	8	8.98	9.87	−0.89	-9
安徽	12.8	21.91	−9.11	−41.6	230.6	217.02	13.58	6.3
福建								
江西								
山东					324.64	332.62	−7.98	−2.4
河南	9.09	5.48	3.61	65.9	27.4	30.07	−2.67	−8.9
湖北	77.05	35.2	41.85	118.9	4.11	2.75	1.36	49.5
湖南	2.74	3.99	−1.25	−31.3	0.03	12.08	−12.05	−99.8
广东								
广西								
海南								
重庆	1.98	1.71	0.27	15.8	24.73	10.78	13.95	129.4
四川	112.7	90.26	22.44	24.9	5.68	7.71	−2.03	−26.3
贵州	0.85	0.49	0.36	73.5				
云南								
陕西								
甘肃								
青海								
宁夏								
新疆		0.01	−0.01					

续表3　2009年各省市钢材分品种产品产量

单位：万吨

省市	中小型型钢				棒材			
	2009年	2008年	增减	同比（%）	2009年	2008年	增减	同比（%）
合计	4,118.89	3,093.19	1,025.70	33.2	5,565.40	4,769.93	795.47	16.7
北京	7.46	11.97	-4.51	-37.7	122.91	113.6	9.31	8.2
天津	387.66	221.42	166.24	75.1	206.39	98.45	107.94	109.6
河北	1,502.22	1,184.50	317.72	26.8	772.03	555.81	216.22	38.9
山西	97.14	105.38	-8.24	-7.8	244.38	227.48	16.9	7.4
内蒙古	6.97	2.12	4.85	228.8	119.98	130.05	-10.07	-7.7
辽宁	456.21	396.5	59.71	15.1	266.91	237.21	29.7	12.5
吉林	212.47	138.83	73.64	53	51.17	62.59	-11.42	-18.2
黑龙江					140.71	148.21	-7.5	-5.1
上海	83.17	53.66	29.51	55	76.29	80.39	-4.1	-5.1
江苏	119.26	92.99	26.27	28.3	903.24	830.66	72.58	8.7
浙江	73.73	57.47	16.26	28.3	437.07	357.56	79.51	22.2
安徽	117.33	78.32	39.01	49.8	22.84	20.85	1.99	9.5
福建	317.97	217.25	100.72	46.4	65.94	55.69	10.25	18.4
江西	3.5	7.39	-3.89	-52.6	87.41	76.24	11.17	14.7
山东	400.04	291.67	108.37	37.2	799.29	704.4	94.89	13.5
河南	74.3	45.04	29.26	65	305.5	215.95	89.55	41.5
湖北	47.74	23.26	24.48	105.2	227.04	245.24	-18.2	-7.4
湖南	18.01	13.23	4.78	36.1	99.61	117.99	-18.38	-15.6
广东	45.56	33.48	12.08	36.1	107.23	64.86	42.37	65.3
广西	52.16	38.08	14.08	37	22.77	8.15	14.62	179.4
海南								
重庆	30.51	29.16	1.35	4.6	76.5	60.53	15.97	26.4
四川	39.91	30.53	9.38	30.7	121.31	123.86	-2.55	-2.1
贵州		0.33	-0.33		15.1	23.28	-8.18	-35.1
云南	12.42	9.65	2.77	28.7	155.9	95.72	60.18	62.9
陕西	0.9	0.78	0.12	15.4				
甘肃	0.12	1.17	-1.05	-89.7				
青海					99.15	89.9	9.25	10.3
宁夏								
新疆	12.13	9.01	3.12	34.6	18.73	25.26	-6.53	-25.9

续表3　2009年各省市钢材分品种产品产量

单位：万吨

省市	钢筋				盘条			
	2009年	2008年	增减	同比（%）	2009年	2008年	增减	同比（%）
合计	12,150.55	9,560.04	2,590.51	27.1	9,585.74	7,930.25	1,655.49	20.9
北京	185.86	117.21	68.65	58.6	227.56	227.74	−0.18	−0.1
天津	264	167.9	96.1	57.2	102.83	57.89	44.94	77.6
河北	1,343.39	1,183.87	159.52	13.5	1,929.05	1,488.39	440.66	29.6
山西	445.21	288.98	156.23	54.1	584.72	422.54	162.18	38.4
内蒙古	127.5	100.9	26.6	26.4	252.2	66.5	185.7	279.2
辽宁	455.81	288.34	167.47	58.1	504.84	401.67	103.17	25.7
吉林	99.96	26.18	73.78	281.8	60.44	65.45	−5.01	−7.7
黑龙江	155.21	103.74	51.47	49.6	29.15	27.57	1.58	5.7
上海	19.39	22.24	−2.85	−12.8	68.35	73.87	−5.52	−7.5
江苏	1,901.14	1,570.16	330.98	21.1	1,054.22	993.87	60.35	6.1
浙江	151.3	93.42	57.88	62	238.34	221.43	16.91	7.6
安徽	626.1	518.77	107.33	20.7	278.34	268.14	10.2	3.8
福建	410.99	332.83	78.16	23.5	197.26	191.35	5.91	3.1
江西	594.2	498.56	95.64	19.2	461.11	314.72	146.39	46.5
山东	1,127.89	925.34	202.55	21.9	649.46	620.14	29.32	4.7
河南	516.26	467.15	49.11	10.5	726.6	591.25	135.35	22.9
湖北	277.84	191.73	86.11	44.9	181.86	185.48	−3.62	−2
湖南	429.1	300.78	128.32	42.7	308.19	236.63	71.56	30.2
广东	508.98	419.62	89.36	21.3	372.94	313.07	59.87	19.1
广西	364.65	263	101.65	38.7	215.95	178.64	37.31	20.9
海南	5.59	4.22	1.37	32.5	0.2	0.55	−0.35	−63.6
重庆	48.05	47.98	0.07	0.1	100.65	100.82	−0.17	−0.2
四川	642.24	523.38	118.86	22.7	243.29	194.14	49.15	25.3
贵州	218.62	202.54	16.08	7.9	101.01	108.92	−7.91	−7.3
云南	354.2	323.53	30.67	9.5	284.6	249.49	35.11	14.1
陕西	490.41	274.73	215.68	78.5	70.35	23.27	47.08	202.3
甘肃	150.45	106.37	44.08	41.4	151.9	140.91	10.99	7.8
青海	8.84	4.11	4.73	115.1	11.22	9.32	1.9	20.4
宁夏	34.27	30.08	4.19	13.9	3.74	3.1	0.64	20.6
新疆	193.1	162.38	30.72	18.9	175.37	153.39	21.98	14.3

续表3 2009年各省市钢材分品种产品产量

单位：万吨

省市	特厚板				厚钢板			
	2009年	2008年	增减	同比（%）	2009年	2008年	增减	同比（%）
合计	474.56	438.92	35.64	8.1	1874.86	1936.58	-61.72	-3.2
北京	2.51	2.96	-0.45	-15.2	34.61	49.93	-15.32	-30.7
天津	38.44	30.02	8.42	28	81.53	108.66	-27.13	-25
河北	45.86	41.23	4.63	11.2	240.19	233.38	6.81	2.9
山西	5.21	4.32	0.89	20.6	64.84	93.49	-28.65	-30.6
内蒙古	5.2	1.13	4.07	360.2	71.62	72.71	-1.09	-1.5
辽宁	31.56	28.95	2.61	9	157.75	131.63	26.12	19.8
吉林								
黑龙江								
上海	20.24	20.11	0.13	0.6	106.63	90.39	16.24	18
江苏	65.56	28.46	37.1	130.4	262.39	261.81	0.58	0.2
浙江					1.21	0.8	0.41	51.3
安徽					34.48	32.04	2.44	7.6
福建	5.35	6.76	-1.41	-20.9	41.95	58.11	-16.16	-27.8
江西	13.23	15.44	-2.21	-14.3	83.15	67.07	16.08	24
山东	7.52	12.9	-5.38	-41.7	138.74	169.46	-30.72	-18.1
河南	121.93	148.2	-26.27	-17.7	200.3	203.45	-3.15	-1.5
湖北	18.99	19.38	-0.39	-2	42.16	50.14	-7.98	-15.9
湖南	45.97	49.36	-3.39	-6.9	88.86	76.93	11.93	15.5
广东	18.22	8.64	9.58	110.9	54.47	71.9	-17.43	-24.2
广西	18.82	12.14	6.68	55	81.56	76.68	4.88	6.4
海南								
重庆	0.08	0.22	-0.14	-63.6	29.45	37.51	-8.06	-21.5
四川	2.03	1.58	0.45	28.5	2.64	2.34	0.3	12.8
贵州								
云南								
陕西								
甘肃	7.83	7.12	0.71	10	46.72	48.15	-1.43	-3
青海								
宁夏								
新疆	0.01		0.01		9.61		9.61	

续表3　2009年各省市钢材分品种产品产量

单位：万吨

省市	中板				热轧薄板			
	2009年	2008年	增减	同比（%）	2009年	2008年	增减	同比（%）
合计	3,487.58	3,583.94	-96.36	-2.7	576.86	328.67	248.19	75.5
北京	24.89	57.37	-32.48	-56.6				
天津	112.2	116.43	-4.23	-3.6	38.85	44.32	-5.47	-12.3
河北	723.24	783.49	-60.25	-7.7	27.49	16.74	10.75	64.2
山西	120.51	130.16	-9.65	-7.4	0.43	1	-0.57	-57
内蒙古	57.59	35.94	21.65	60.2	0.09	0.03	0.06	200
辽宁	214.94	211.59	3.35	1.6	2.35	0.96	1.39	144.8
吉林								
黑龙江	0.19		0.19					
上海	158.15	151.43	6.72	4.4	3.44	5.16	-1.72	-33.3
江苏	646.03	727.06	-81.03	-11.1	39.35	32.4	6.95	21.5
浙江	5.28	5.72	-0.44	-7.7	280.57	107.71	172.86	160.5
安徽	81.31	99.23	-17.92	-18.1	76.05	8.88	67.17	756.4
福建	41.75	30.92	10.83	35				
江西	150.19	153.1	-2.91	-1.9	0.1	0.1		
山东	193.04	190.35	2.69	1.4	8.38	8.3	0.08	1
河南	328.46	278.28	50.18	18	10.67	11.24	-0.57	-5.1
湖北	161.55	168.65	-7.1	-4.2	11.5	10.6	0.9	8.5
湖南	87.48	86.93	0.55	0.6	1.94	2.35	-0.41	-17.4
广东	71.51	108.3	-36.79	-34	19.45	24.42	-4.97	-20.4
广西	47.2	48.98	-1.78	-3.6				
海南								
重庆	97.4	93.92	3.48	3.7	0.04	0.14	-0.1	-71.4
四川	26.55	24.39	2.16	8.9	56.16	51.48	4.68	9.1
贵州								
云南	11.21	20.15	-8.94	-44.4		1.89	-1.89	
陕西	66.36	13.44	52.92	393.8				
甘肃	45.5	42.63	2.87	6.7				
青海								
宁夏								
新疆	15.05	5.48	9.57	174.6		0.95	-0.95	

续表3　2009年各省市钢材分品种产品产量

单位：万吨

省市	冷轧薄板				中厚宽钢带			
	2009年	2008年	增减	同比（%）	2009年	2008年	增减	同比（%）
合计	1,641.14	1,363.25	277.89	20.4	8,383.75	7,407.77	975.98	13.2
北京	0.1		0.1					
天津	178.15	146.89	31.26	21.3	403.62	320.33	83.29	26
河北	62.83	54.66	8.17	14.9	2,332.00	1,732.63	599.37	34.6
山西	0.81	1.34	–0.53	–39.6	370.29	411.14	–40.85	-9.9
内蒙古	3.56	6.35	–2.79	–43.9	120.33	118.48	1.85	1.6
辽宁	138.19	118.99	19.2	16.1	1,345.37	1,132.41	212.96	18.8
吉林	7.69	5.29	2.4	45.4	131.94	116.81	15.13	13
黑龙江	0.17		0.17					
上海	52.62	56.66	–4.04	–7.1	443.07	514.57	–71.5	–13.9
江苏	274.65	261.65	13	5	614.8	581.89	32.91	5.7
浙江	231.53	185.22	46.31	25	7.03	8.31	–1.28	–15.4
安徽	13.97	13.21	0.76	5.8	257.44	301.33	–43.89	–14.6
福建	40.01	22.27	17.74	79.7	26.44	9.59	16.85	175.7
江西		1.23	–1.23		90.59		90.59	
山东	153.44	121.2	32.24	26.6	964.08	817.8	146.28	17.9
河南	24.02	19.82	4.2	21.2	99.3	157.65	–58.35	–37
湖北	68.27	70.65	–2.38	–3.4	259.24	309.8	–50.56	–16.3
湖南	17	6.96	10.04	144.3	115.16	88.23	26.93	30.5
广东	315.87	219.24	96.63	44.1	21.64	80.38	–58.74	–73.1
广西					299.65	224.84	74.81	33.3
海南	4.88	4.46	0.42	9.4				
重庆	15.4	17.55	–2.15	–12.3				
四川	30.54	18.35	12.19	66.4	147.2	147.16	0.04	
贵州								
云南	6.41	10.97	–4.56	–41.6	25.55	16.37	9.18	56.1
陕西	0.28	0.09	0.19	211.1				
甘肃					195.78	194.32	1.46	0.8
青海								
宁夏								
新疆	0.75	0.2	0.55	275	113.23	123.73	–10.5	-9

续表3　2009年各省市钢材分品种产品产量

单位：万吨

省市	热轧薄宽钢带				冷轧薄宽钢带			
	2009年	2008年	增减	同比（%）	2009年	2008年	增减	同比（%）
合计	3,033.63	2,441.53	592.1	24.3	2,187.04	1,886.23	300.81	15.9
北京					102.25	42.68	59.57	139.6
天津	152.61	152.04	0.57	0.4	144.84	55.26	89.58	162.1
河北	1,353.90	972.37	381.53	39.2	301.86	300.2	1.66	0.6
山西	174.82	141.3	33.52	23.7	83.67	61.26	22.41	36.6
内蒙古	6.77	1.69	5.08	300.6	103.81	93.59	10.22	10.9
辽宁	396.02	206.84	189.18	91.5	321.25	314.19	7.06	2.2
吉林	47.24	71.83	–24.59	–34.2				
黑龙江								
上海	149.63	234.67	–85.04	–36.2	337.1	312.91	24.19	7.7
江苏	244.66	225.92	18.74	8.3	90.01	75.48	14.53	19.3
浙江	10.96	9.15	1.81	19.8	47.71	37.67	10.04	26.7
安徽	4.61	8.66	–4.05	–46.8	149.39	131.92	17.47	13.2
福建	1.06	0.67	0.39	58.2	1.79	0.96	0.83	86.5
江西	34.44	3.06	31.38	1,025.50				
山东	36.34		36.34		102.86	102.88	-0.02	
河南	33	13.45	19.55	145.4	9.96	8.84	1.12	12.7
湖北	119.13	90.46	28.67	31.7	127.14	133.77	-6.63	-5
湖南	63.3	77.42	–14.12	–18.2	76.14	73.75	2.39	3.2
广东	103.19	121.38	–18.19	–15	71.01	62.22	8.79	14.1
广西					23.03	1.73	21.3	1,231.20
海南								
重庆					4.25	7.2	–2.95	–41
四川	25.4	29.11	–3.71	–12.7	51.08	48.75	2.33	4.8
贵州								
云南	36.98	38.81	–1.83	–4.7	3.63	9.69	–6.06	–62.5
陕西	2.53	4.39	–1.86	–42.4				
甘肃	14.64	30.74	–16.1	–52.4	21.3	3.37	17.93	532
青海								
宁夏								
新疆	22.4	7.57	14.83	195.9	12.96	7.91	5.05	63.8

续表3　2009年各省市钢材分品种产品产量

单位：万吨

省市	热轧窄钢带				冷轧窄钢带			
	2009年	2008年	增减	同比（%）	2009年	2008年	增减	同比（%）
合计	4574.76	3583.92	990.84	27.6	674.47	560.12	114.35	20.4
北京		5.8	-5.8		0.98	3.02	-2.04	-67.5
天津	516.53	362.91	153.62	42.3	28.52	7.09	21.43	302.3
河北	2924.9	2180.6	744.3	34.1	103.53	72.22	31.31	43.4
山西	25.37	7.11	18.26	256.8	0.1	0.18	-0.08	-44.4
内蒙古	55.66	54.42	1.24	2.3	3.4	3	0.4	13.3
辽宁	4.33	5.25	-0.92	-17.5	0.91	2	-1.09	-54.5
吉林	137.5	137.88	-0.38	-0.3	8.42	7.79	0.63	8.1
黑龙江	45.84	53.46	-7.62	-14.3	4.73	5.13	-0.4	-7.8
上海	0.19	0.08	0.11	137.5	22.02	10.19	11.83	116.1
江苏	181.43	162.11	19.32	11.9	109.29	102.04	7.25	7.1
浙江	160.86	119.23	41.63	34.9	97.6	88.15	9.45	10.7
安徽					18.05	18.26	-0.21	-1.2
福建	19.76	23.48	-3.72	-15.8	26.68	28.6	-1.92	-6.7
江西	9.37	11.83	-2.46	-20.8	21.35	13.69	7.66	56
山东	132.78	158.4	-25.62	-16.2	32.31	20.33	11.98	58.9
河南	91.15	92.36	-1.21	-1.3	98.21	99.74	-1.53	-1.5
湖北	48.36	48.86	-0.5	-1	4.72	5.2	-0.48	-9.2
湖南	26.35	41.91	-15.56	-37.1	11.29	3.26	8.03	246.3
广东	42.77	35.2	7.57	21.5	56.59	50.16	6.43	12.8
广西	0.26	0.13	0.13	100	0.47	0.46	0.01	2.2
海南								
重庆					9.59	6.51	3.08	47.3
四川	11.72	12.2	-0.48	-3.9	15.21	12.9	2.31	17.9
贵州								
云南	38.89	11.2	27.69	247.2	0.5	0.2	0.3	150
陕西	60.02	29.29	30.73	104.9				
甘肃		1.07	-1.07					
青海								
宁夏								
新疆	40.72	29.14	11.58	39.7				

续表3　2009年各省市钢材分品种产品产量

单位：万吨

省市	镀层板(带)				涂层板(带)			
	2009年	2008年	增减	同比（%）	2009年	2008年	增减	同比（%）
合计	2013.8	1773.96	239.84	13.5	504.15	458.75	45.4	9.9
北京	50.64	11.88	38.76	326.3	3.08	3.52	-0.44	-12.5
天津	113.64	89.65	23.99	26.8	45.38	44.97	0.41	0.9
河北	280.33	210.05	70.28	33.5	56.28	23.92	32.36	135.3
山西								
内蒙古	29.36	30.89	-1.53	-5				
辽宁	204.78	224.24	-19.46	-8.7	22.06	28.87	-6.81	-23.6
吉林								
黑龙江					0.23		0.23	
上海	302.21	262.78	39.43	15	50.07	53.29	-3.22	-6
江苏	216.91	229.82	-12.91	-5.6	115.86	132.04	-16.18	-12.3
浙江	140.73	117.92	22.81	19.3	35.57	31.82	3.75	11.8
安徽	90.22	70.4	19.82	28.2	7.2	11.69	-4.49	-38.4
福建	60.93	59.89	1.04	1.7	22.22	22.78	-0.56	-2.5
江西								
山东	146.01	101.98	44.03	43.2	62.36	43.45	18.91	43.5
河南	17.74	11.72	6.02	51.4	6.22	3.9	2.32	59.5
湖北	138.97	152.08	-13.11	-8.6	28.71	26.51	2.2	8.3
湖南	6.63	3.2	3.43	107.2				
广东	174.57	157.28	17.29	11	37.24	24.26	12.98	53.5
广西								
海南								
重庆	0.13	0.24	-0.11	-45.8	0.53	1.48	-0.95	-64.2
四川	32.91	35.59	-2.68	-7.5	0.53		0.53	
贵州								
云南	0.57	0.43	0.14	32.6	5.18	5.6	-0.42	-7.5
陕西								
甘肃								
青海								
宁夏								
新疆	6.52	3.92	2.6	66.3	5.43	0.65	4.78	735.4

续表3　2009年各省市钢材分品种产品产量

单位：万吨

省市	电工钢板(带)				无缝钢管			
	2009年	2008年	增减	同比（%）	2009年	2008年	增减	同比（%）
合计	451.17	421.07	30.1	7.1	2,178.60	2,115.24	63.36	3
北京								
天津	0.08		0.08		324.55	331.92	-7.37	-2.2
河北					98.7	78.87	19.83	25.1
山西	38.25	36.33	1.92	5.3	7.54	4.9	2.64	53.9
内蒙古					73.96	72.88	1.08	1.5
辽宁	67.34	77.07	-9.73	-12.6	105.4	113.27	-7.87	-6.9
吉林					34.88	45.56	-10.68	-23.4
黑龙江					48.54	17.92	30.62	170.9
上海	116.53	98.67	17.86	18.1	87.87	87.36	0.51	0.6
江苏	5.33	5.76	-0.43	-7.5	383.69	424.16	-40.47	-9.5
浙江	38.91	29.1	9.81	33.7	158.1	154.27	3.83	2.5
安徽	22.44	14.05	8.39	59.7	50.11	53.99	-3.88	-7.2
福建	0.17	0.3	-0.13	-43.3	1.99	1.61	0.38	23.6
江西	8.6	6.89	1.71	24.8	43.93	64.91	-20.98	-32.3
山东					304.03	233.23	70.8	30.4
河南					111.34	63.06	48.28	76.6
湖北	133.18	134.17	-0.99	-0.7	68.36	78.78	-10.42	-13.2
湖南					94.77	104.55	-9.78	-9.4
广东	15.26	10.73	4.53	42.2	21	19.6	1.4	7.1
广西					5.7	3.27	2.43	74.3
海南								
重庆	5.08	8	-2.92	-36.5	15.94	14.66	1.28	8.7
四川					107.5	116.74	-9.24	-7.9
贵州					1.72	1.73	-0.01	-0.6
云南								
陕西					20.76	15.99	4.77	29.8
甘肃								
青海					5.73	10.14	-4.41	-43.5
宁夏								
新疆					2.49	1.87	0.62	33.2

续表3　2009年各省市钢材分品种产品产量

单位：万吨

省市	焊接钢管				其他钢材			
	2009年	2008年	增减	同比（%）	2009年	2008年	增减	同比（%）
合计	3,102.99	2,541.38	561.61	22.1	1130.76	877.39	253.37	28.9
北京	1.55	1.76	-0.21	-11.9	4.57	5.58	-1.01	-18.1
天津	892.41	756.87	135.54	17.9	31.19	13.39	17.8	132.9
河北	700.92	528.35	172.57	32.7	11.89	9.26	2.63	28.4
山西	16.68	22.07	-5.39	-24.4	8.43	11.84	-3.41	-28.8
内蒙古	46.63	26.38	20.25	76.8	66.35	50.02	16.33	32.6
辽宁	116.63	102.06	14.57	14.3	12.1	19.11	-7.01	-36.7
吉林	47.85	33.74	14.11	41.8				
黑龙江	12.74	10.66	2.08	19.5	1.82	2.92	-1.1	-37.7
上海	68.7	43.44	25.26	58.1	14.16	14.13	0.03	0.2
江苏	184.11	179.1	5.01	2.8	445.67	332.4	113.27	34.1
浙江	176.84	155.71	21.13	13.6	43.56	30.53	13.03	42.7
安徽	15.49	5.65	9.84	174.2	3.19	5.47	-2.28	-41.7
福建	43.32	28.26	15.06	53.3	16.33	13.45	2.88	21.4
江西	5.07	5.6	-0.53	-9.5	41.16	35.98	5.18	14.4
山东	177.05	143.07	33.98	23.8	94.03	69.74	24.29	34.8
河南	53.12	38.35	14.77	38.5	17.93	14.76	3.17	21.5
湖北	51.51	49.94	1.57	3.1	74.87	123.1	-48.23	-39.2
湖南	8.26	1.37	6.89	502.9	2.72	2.09	0.63	30.1
广东	104.36	103.22	1.14	1.1	123.63	48.75	74.88	153.6
广西	17.5	18.31	-0.81	-4.4	25.15	20.04	5.11	25.5
海南								
重庆	10.37	9	1.37	15.2	6.75	1.85	4.9	264.9
四川	101.34	98.09	3.25	3.3	54.69	28.67	26.02	90.8
贵州					0.32	0.24	0.08	33.3
云南	28.94	22.11	6.83	30.9	6.83	5.3	1.53	28.9
陕西	154.24	111.93	42.31	37.8	21.5	18.02	3.48	19.3
甘肃	8.53	7.28	1.25	17.2	1.77	0.51	1.26	247.1
青海					0.13	0.12	0.01	8.3
宁夏								
新疆	58.83	39.06	19.77	50.6	0.02	0.12	-0.1	-83.3

表4　2009年各省市钢材生产中消耗的外购国内钢材产量

单位：万吨

省市	2009年	2008年	增减	同比（%）
合计	2,286.27	1,982.78	303.49	15.3
北京	37.32	36.33	0.99	2.7
天津	0.29	0.32	-0.03	-9.4
河北	301.9	214.5	87.4	40.7
山西				
内蒙古				
辽宁	120.74	129.43	-8.69	-6.7
吉林	31.48	34.48	-3	-8.7
黑龙江	21.79	16.48	5.31	32.2
上海	175.19	213.28	-38.09	-17.9
江苏	425.25	422.88	2.37	0.6
浙江	342.01	259.33	82.68	31.9
安徽	12.66	14.37	-1.71	-11.9
福建	10.43	14.63	-4.2	-28.7
江西	31.84	38.32	-6.48	-16.9
山东	32.37	10.16	22.21	218.6
河南	364.99	280.58	84.41	30.1
湖北	34.98	26.76	8.22	30.7
湖南	0.26		0.26	
广东	267.08	217.74	49.34	22.7
广西				
海南				
重庆	5.94	9.33	-3.39	-36.3
四川	1.57	0.89	0.68	76.4
贵州				
云南	3.71	2.72	0.99	36.4
陕西				
甘肃				
青海				
宁夏				
新疆	64.47	40.25	24.22	60.2

表5　2009年钢材产品营销统计数据汇总

单位：吨

产品名称	本年累计产量	本年累计销售量				
		销售合计	直供	分销	分支机构销售	出口
钢坯	221,351,679	25,395,299	15,787,345	5,040,715	1,828,840	148
其中:方坯	106,139,338	17,264,644	9,598,900	3,855,976	1,128,610	
板坯	102,247,673	6,366,871	4,762,479	915,148	679,311	
钢材合计	383,418,490	382,257,274	120,673,947	181,130,357	55,380,572	11,895,797
铁道用钢材	4,525,589	4,442,690	1,980,202	2,036,259	58,271	233,865
大型型钢	7,865,143	7,883,643	632,956	5,022,170	638,809	286,552
中小型型钢	6,253,886	6,250,721	2,388,431	2,933,883	536,005	127,175
棒材	32,054,990	32,060,325	15,991,914	10,220,391	3,304,088	641,417
钢筋	75,822,594	75,956,309	12,203,012	50,776,366	9,553,198	164,714
其中:光圆	2,369,074	2,365,025	498,868	1,008,049	621,672	1,416
带肋	66,383,144	66,508,521	11,041,221	44,280,003	8,075,767	87,531
盘条(线材)	56,395,294	56,280,613	16,125,684	28,189,298	8,471,462	1,158,627
其中:硬线材	9,214,401	9,099,627	4,206,114	3,825,337	340,069	168,356
特厚板	4,324,780	4,292,044	1,700,518	1,984,765	292,018	241,070
厚板	17,525,209	17,572,854	6,464,190	7,811,822	1,840,935	951,803
中板	26,857,360	26,862,605	8,756,360	13,160,548	2,880,219	1,615,683
其中:热轧中板	24,076,885	24,108,114	8,465,633	10,753,217	2,825,889	1,613,579
冷轧中板	167,239	167,613	51,826	59,354	54,329	2,104
热轧薄板	3,746,522	3,736,176	2,993,061	645,500	84,526	12,536
冷轧薄板	3,089,774	3,076,929	825,490	808,327	1,412,933	20,291
中厚宽钢带	65,697,136	65,057,919	18,709,941	30,298,815	12,479,795	2,839,661
热轧薄宽钢带	14,885,528	14,659,950	2,999,732	6,551,975	3,471,087	639,596
冷轧薄宽钢带	21,029,068	20,947,882	7,268,422	8,038,388	5,050,226	492,538
热轧窄钢带	19,009,064	18,917,992	11,626,767	5,929,819	773,721	3,095
冷轧窄钢带	255,159	262,509	101,717	85,614	63,564	3,254
镀层板(带)	9,140,153	9,055,748	2,911,804	2,334,113	2,944,724	829,218
其中:镀锌板(带)	7,754,398	7,701,860	2,373,784	1,769,503	2,867,302	655,383
镀锡板(带)	656,817	646,584	372,731	50,942	57,283	165,628
涂层板(带)	1,102,712	1,096,204	451,436	378,306	119,021	140,024
电工钢板带	4,174,568	4,161,590	2,689,082	573,862	746,883	148,932
其中:热轧电工钢板	804,354	804,082	491,251	303,745	6,339	116
轧电上钢板(带)	3,370,214	3,357,508	2,197,831	270,117	740,544	148,816
无缝钢管	8,190,093	8,188,065	3,019,829	2,847,666	602,365	1,281,005
其中:热轧无缝钢管	7,225,603	7,222,060	2,582,207	2,746,526	513,485	1,214,395
焊接钢管	1,015,117	1,037,630	477,227	456,384	26,974	49,512
其它钢材	458,749	456,874	356,166	46,087	29,750	15,230

续表5　2009年钢材产品营销统计数据汇总

单位：万吨

产品名称	本年累计自用量	盘盈盘亏	库存量	
			年初库存量	报告期末
钢坯	195,971,633	-24,489	3,011,320	2,974,167
其中:方坯	88,822,094	-15,307	1,165,559	1,203,332
板坯	95,939,171	-8,024	1,756,855	1,690,463
钢材合计	1,500,004	396,408	7,119,971	7,179,407
铁道用钢材	1,006	12,085	92,649	186,627
大型型钢	4,265	3,594	150,269	131,098
中小型型钢	15,534	-367	161,004	148,267
棒材	65,664	-1,810	889,340	816,531
钢筋	230,187	404,716	1,058,871	1,099,686
其中:光圆	3,086	12,155	30,497	43,615
带肋	224,531	392,561	963,946	1,006,600
盘条(线材)	348,570	55	898,321	664,388
其中:硬线材	207,425		186,970	94,318
特厚板	22,991	935	237,177	247,858
厚板	134,039	-584	742,719	560,451
中板	126,676	-106	806,262	673,861
其中:热轧中板	115,197	-223	792,984	645,961
冷轧中板	58	117	611	296
热轧薄板	3,490	1	52,068	58,924
冷轧薄板	649	-44	32,269	44,421
中厚宽钢带	491,790	781	816,075	964,285
热轧薄宽钢带	15,635	-25,023	261,611	446,532
冷轧薄宽钢带	24,605	4	263,929	320,513
热轧窄钢带	2,843	-1,246	129,173	218,442
冷轧窄钢带	851	-8	13,550	5,341
镀层板(带)	1,250	698	108,186	192,039
其中:镀锌板(带)	1,250	-7	92,062	143,343
镀锡板(带)			12,522	22,755
涂层板(带)	4,029	-4	20,685	23,160
电工钢板带			45,122	58,101
其中:热轧电工钢板			7,144	7,417
轧电工钢板(带)			37,978	50,684
无缝钢管	1,886	2,600	244,869	247,611
其中:热轧无缝钢管	1,567	2,824	180,841	185,641
焊接钢管	3,768	-110	58,424	32,033
其它钢材	275	240	37,399	39,240

第六篇

国内钢材进出口统计

表1　2009年我国钢铁产品出口企业排名（数量）

序号	出口商
1	宝山钢铁股份有限公司
2	鞍钢集团国际经济贸易公司
3	本钢集团国际经济贸易有限公司
4	江苏沙钢国际贸易有限公司
5	中国首钢国际贸易工程公司
6	湖南华菱湘潭钢铁有限公司
7	武钢集团国际经济贸易总公司
8	包钢集团国际经济贸易有限公司
9	山西太钢不锈钢股份有限公司
10	新华金属制品股份有限公司
11	济南钢铁股份有限公司
12	本溪北营钢铁集团进出口有限公司
13	青岛中货国际物流有限公司
14	江阴兴澄特种钢铁有限公司
15	江苏永钢集团有限公司
16	南京钢铁集团国际经济贸易有限公司
17	联合铁钢(中国)有限公司
18	唐山钢铁集团有限责任公司
19	马鞍山钢铁股份有限公司
20	石家庄钢铁有限责任公司

注：据海关数据72章统计

表2　2009年我国钢铁产品进口企业排名（数量）

序号	进口商
1	江苏沙钢国际贸易有限公司
2	江苏永恒钢铁实业有限公司
3	浙江物产国际贸易有限公司
4	五矿钢铁有限责任公司
5	宝山钢铁股份有限公司
6	联众(广州)不锈钢有限公司
7	江苏丰立集团有限公司
8	鞍钢集团国际经济贸易公司
9	太原钢铁(集团)国际经济贸易有限公司
10	上海市五金矿产进出口公司
11	天津钢管进出口有限公司
12	广州珠江钢铁有限责任公司
13	本钢集团国际经济贸易有限公司
14	中钢炉料公司
15	广州钢铁股份有限公司
16	韩华国际贸易(上海)有限公司
17	杭州热联进出口有限公司
18	江苏省对外经贸股份有限公司
19	江苏苏美达国际技术贸易有限公司
20	广州亚钢钢铁有限公司

注：据海关数据72章统计

表3 2009年中国大陆钢材进口分国别或地区统计汇总

序号	国别或地区	累计数量（吨）	累计金额（美元）
1	日本	5,438,899.24	6,295,424,402
2	韩国	3,991,416.89	3,630,260,933
3	中国香港	2,404,945.80	2,613,835,592
4	中国台湾省	1,809,720.95	1,443,223,470
5	俄罗斯联邦	1,430,421.80	726,650,085
6	哈萨克斯坦	509,763.31	216,695,134
7	德国	249,924.17	769,495,810
8	乌克兰	242,766.61	102,256,444
9	比利时	188,795.57	460,115,409
10	荷兰	179,875.18	749,290,462
11	美国	157,547.77	836,535,280
12	巴西	150,858.22	83,791,339
13	南非	132,480.59	179,305,797
14	英国	98,938.08	170,522,965
15	意大利	83,381.98	453,478,136
16	泰国	72,368.18	45,089,791
17	印度	57,538.98	48,972,933
18	罗马尼亚	56,964.38	24,314,808
19	法国	43,697.07	103,824,746
20	土耳其	39,341.44	29,877,815
21	瑞典	34,865.92	158,153,755
22	新加坡	34,380.42	121,986,650
23	新西兰	29,560.85	12,984,499
24	阿根廷	26,018.09	20,527,564
25	古巴	24,421.66	12,210,835
26	西班牙	23,167.20	75,263,684
27	马来西亚	19,276.46	22,967,074
28	奥地利	15,297.11	68,760,842
29	澳大利亚	11,708.15	19,865,324
30	阿拉伯联合酋长国	11,697.62	6,156,005

表4 2009年中国大陆钢材出口分国别或地区统计汇总

序号	国别或地区	累计数量（吨）	累计金额（美元）
1	韩国	5,564,668.67	3,965,984,747
2	越南	1,473,934.03	927,157,289
3	印度	1,182,777.19	1,013,266,935
4	美国	1,049,748.00	1,510,552,378
5	泰国	677,576.85	552,745,079
6	新加坡	657,970.83	580,686,155
7	印度尼西亚	635,435.31	522,075,898
8	伊朗	585,174.70	578,942,706
9	阿拉伯联合酋长国	570,845.58	467,556,648
10	阿尔及利亚	544,530.10	627,304,035
11	中国香港	517,591.12	526,035,980
12	巴西	513,418.97	413,591,064
13	沙特阿拉伯	475,864.03	422,295,622
14	菲律宾	434,629.59	295,354,311
15	马来西亚	428,464.47	341,974,062
16	哈萨克斯坦	424,272.80	786,145,838
17	日本	419,739.35	422,126,475
18	意大利	407,599.46	385,157,515
19	安哥拉	407,041.46	341,091,306
20	中国台湾省	386,841.86	358,043,103
21	澳大利亚	383,149.28	358,024,005
22	加拿大	309,083.11	368,481,625
23	比利时	294,696.18	302,512,318
24	尼日利亚	289,306.19	232,119,294
25	俄罗斯联邦	276,426.30	329,632,197
26	西班牙	264,722.70	222,122,385
27	乌兹别克斯坦	264,456.90	466,961,618
28	缅甸	244,199.66	204,628,286
29	土耳其	226,000.98	210,774,828
30	苏丹	186,298.98	205,954,115

表5　2009年中国大陆棒线材出口分国别或地区统计汇总

序号	国别或地区	累计数量（吨）	累计金额（美元）
1	韩国	819,135.37	475,242,725
2	泰国	223,464.79	129,997,848
3	越南	172,539.86	96,953,607
4	安哥拉	167,630.29	105,997,885
5	日本	156,211.32	83,970,908
6	印度尼西亚	85,049.89	50,594,567
7	马来西亚	73,935.59	45,995,357
8	印度	59,226.27	48,180,294
9	澳大利亚	56,256.81	38,036,594
10	缅甸	37,911.02	26,250,424
11	尼日利亚	34,120.41	21,767,808
12	菲律宾	32,632.87	25,486,538
13	中国台湾省	28,427.32	22,183,900
14	巴西	28,013.50	23,289,089
15	美国	26,906.39	44,513,300
16	斯里兰卡	23,715.44	15,686,481
17	智利	22,920.80	14,561,568
18	土耳其	22,826.25	17,456,459
19	埃塞俄比亚	19,721.56	14,029,097
20	刚果	19,617.33	12,719,642
21	赤道几内亚	17,652.10	10,896,808
22	秘鲁	15,861.98	8,160,684
23	中国香港	15,530.21	22,549,233
24	莫桑比克	14,169.88	8,742,711
25	伊朗	13,669.53	15,400,831
26	比利时	13,601.71	17,208,054
27	巴基斯坦	10,624.12	8,172,286
28	哥斯达黎加	10,323.33	6,158,570
29	赞比亚	9,288.88	5,609,550
30	加蓬	8,575.14	5,725,678

表6　2009年中国大陆板材出口分国别或地区统计汇总

序号	国别或地区	累计数量（吨）	累计金额（美元）
1	韩国	3,902,953.45	2,739,711,921
2	越南	1,048,785.69	612,089,036
3	印度	739,724.25	450,935,574
4	巴西	343,598.27	231,112,838
5	中国香港	302,879.43	307,496,320
6	意大利	300,952.59	228,104,300
7	泰国	283,860.82	216,541,633
8	中国台湾省	270,651.66	231,170,041
9	伊朗	268,643.54	193,565,956
10	新加坡	258,016.39	196,087,779
11	阿拉伯联合酋长国	238,959.09	155,212,822
12	比利时	227,419.00	178,485,190
13	美国	226,615.29	225,163,276
14	印度尼西亚	218,937.15	158,536,477
15	菲律宾	203,064.91	135,283,573
16	俄罗斯联邦	198,788.91	168,566,288
17	西班牙	177,951.77	116,943,933
18	土耳其	146,268.82	110,131,475
19	日本	138,441.54	90,332,507
20	澳大利亚	130,126.95	104,091,297
21	马来西亚	128,274.00	101,032,319
22	委内瑞拉	124,769.71	85,829,092
23	尼日利亚	110,579.70	75,141,828
24	沙特阿拉伯	106,300.83	76,496,527
25	南非	103,738.93	89,977,798
26	巴基斯坦	97,203.41	78,694,601
27	以色列	84,451.97	73,971,287
28	朝鲜	80,344.01	54,734,805
29	科威特	73,661.67	49,776,862
30	葡萄牙	61,739.36	39,864,746

表7　2009年中国大陆管材出口分国别或地区统计汇总

序号	国别或地区	累计数量（吨）	累计金额（美元）
1	阿尔及利亚	516,183.67	594,414,078
2	美国	502,179.61	761,781,486
3	哈萨克斯坦	352,545.79	703,585,000
4	印度	299,464.51	386,901,656
5	新加坡	251,540.46	248,940,812
6	加拿大	251,248.35	282,848,547
7	韩国	221,284.41	244,919,653
8	乌兹别克斯坦	211,989.52	419,505,729
9	伊朗	199,917.03	258,945,789
10	阿拉伯联合酋长国	178,049.74	179,461,054
11	印度尼西亚	176,192.40	176,451,562
12	澳大利亚	138,209.56	133,314,302
13	沙特阿拉伯	133,922.88	146,768,645
14	泰国	116,902.49	149,158,831
15	尼日利亚	106,060.13	106,753,082
16	利比亚	103,157.87	99,087,242
17	叙利亚	100,845.97	102,991,161
18	苏丹	96,868.91	112,862,253
19	安哥拉	96,743.16	76,812,200
20	中国香港	94,674.68	87,677,975
21	土库曼斯坦	92,689.07	171,028,867
22	越南	91,749.11	90,053,155
23	菲律宾	81,517.64	58,113,589
24	哥伦比亚	76,697.43	76,672,717
25	马来西亚	73,220.24	62,593,438
26	科威特	64,755.12	69,871,716
27	阿曼	63,341.54	106,663,905
28	西班牙	55,448.01	56,363,443
29	蒙古	54,727.70	66,515,573
30	缅甸	54,199.00	58,351,622

表8　2009年中国大陆其他钢材出口分国别或地区统计汇总

序号	国别或地区	累计数量（吨）	累计金额（美元）
1	美国	261,764.41	442,357,534
2	韩国	181,103.55	235,370,350
3	印度尼西亚	110,404.55	93,746,614
4	日本	100,823.29	218,549,174
5	阿拉伯联合酋长国	86,035.11	92,205,085
6	越南	72,974.55	63,927,263
7	沙特阿拉伯	71,184.62	69,448,136
8	马来西亚	65,547.75	73,672,511
9	伊朗	63,848.48	77,303,307
10	印度	54,725.22	79,690,539
11	巴西	54,284.07	63,040,617
12	菲律宾	50,144.58	41,517,966
13	意大利	49,813.05	83,909,641
14	澳大利亚	47,762.53	68,421,832
15	德国	45,832.49	105,011,365
16	新加坡	44,521.43	68,260,832
17	英国	38,006.55	64,921,464
18	泰国	37,905.94	43,637,224
19	南非	33,842.67	44,511,344
20	加拿大	33,770.08	51,521,370
21	中国台湾省	31,717.12	49,423,648
22	波兰	30,988.17	33,019,338
23	西班牙	29,928.03	45,664,939
24	中国香港	29,688.62	60,948,478
25	哈萨克斯坦	28,711.34	33,564,873
26	俄罗斯联邦	27,405.83	39,301,570
27	叙利亚	24,949.91	23,153,403
28	荷兰	23,314.79	52,907,007
29	巴基斯坦	18,721.56	25,219,524
30	埃及	18,116.82	22,427,493

表9　2009年中国大陆铁道用材出口分国别或地区统计汇总

序号	国别或地区	累计数量（吨）	累计金额（美元）
1	沙特阿拉伯	127,712.43	109,432,465
2	安哥拉	81,442.16	106,813,938
3	缅甸	47,170.02	40,121,494
4	巴西	42,014.60	35,805,338
5	苏丹	30,905.39	45,118,933
6	越南	30,445.10	30,749,367
7	新加坡	25,686.67	19,146,448
8	伊朗	21,104.81	22,050,759
9	美国	19,599.82	23,697,803
10	印度尼西亚	18,638.45	26,908,516
11	印度	18,522.72	39,140,192
12	韩国	18,318.05	20,007,996
13	马来西亚	15,291.78	20,697,652
14	泰国	14,326.75	11,986,642
15	坦桑尼亚	12,337.44	9,496,524
16	蒙古	10,183.15	9,870,846
17	加拿大	7,416.67	17,066,343
18	新西兰	5,797.88	7,017,621
19	英国	3,516.08	5,461,088
20	秘鲁	3,254.33	2,108,601
21	墨西哥	2,106.19	2,366,766
22	土耳其	1,887.37	3,004,505
23	南非	1,876.23	2,158,994
24	中国香港	1,798.39	1,723,224
25	朝鲜	1,748.20	1,223,879
26	哥伦比亚	1,363.72	859,031
27	德国	1,356.98	2,816,104
28	尼日利亚	824.922	1,122,345
29	厄瓜多尔	767.57	495,386
30	澳大利亚	714.77	6,778,915

表10　2009年中国大陆大型型钢出口分国别或地区统计汇总

序号	国别或地区	累计数量（吨）	累计金额（美元）
1	韩国	401,195.87	215,238,688
2	中国香港	70,819.54	43,352,889
3	新加坡	70,685.86	36,991,882
4	马来西亚	66,207.48	34,000,399
5	阿拉伯联合酋长国	54,843.92	29,365,361
6	越南	51,595.62	28,772,300
7	菲律宾	31,899.33	17,077,496
8	沙特阿拉伯	28,726.82	14,769,853
9	印度尼西亚	25,319.09	14,790,170
10	缅甸	22,610.20	15,088,935
11	尼日利亚	19,781.23	12,276,367
12	伊朗	17,167.60	10,937,120
13	苏丹	14,296.82	8,514,129
14	日本	13,658.49	7,780,837
15	美国	11,762.63	12,071,483
16	印度	9,990.56	7,436,781
17	澳大利亚	8,383.31	5,676,742
18	古巴	8,064.62	9,964,374
19	斯里兰卡	7,583.49	5,083,620
20	俄罗斯联邦	7,354.67	5,296,319
21	安哥拉	6,854.61	5,084,599
22	科威特	6,237.93	3,386,008
23	特立尼达和多巴哥	5,505.54	3,094,353
24	伊拉克	5,164.66	3,729,697
25	也门共和国	4,528.14	2,659,034
26	巴基斯坦	4,412.71	2,650,772
27	荷兰	4,323.72	4,146,904
28	孟加拉国	3,890.60	2,448,123
29	巴西	3,826.37	2,140,910
30	哈萨克斯坦	3,771.32	3,614,105

表11 2009年中国大陆中小型型钢出口分国别或地区统计汇总

序号	国别或地区	累计数量（吨）	累计金额（美元）
1	菲律宾	35,287.29	17,811,680
2	韩国	20,677.97	35,493,414
3	尼日利亚	8,534.83	5,196,838
4	马来西亚	5,987.62	3,982,386
5	越南	5,844.11	4,612,561
6	缅甸	5,349.32	4,072,499
7	古巴	4,527.36	4,693,135
8	阿拉伯联合酋长国	4,347.53	2,944,850
9	安哥拉	4,139.70	2,797,441
10	沙特阿拉伯	3,509.70	2,016,145
11	新加坡	3,473.61	3,828,956
12	中国香港	2,200.27	2,287,861
13	朝鲜	1,776.04	1,174,631
14	澳大利亚	1,695.35	1,704,323
15	苏丹	1,307.38	996,900
16	巴基斯坦	1,223.21	1,044,515
17	喀麦隆	1,186.63	685,697
18	印度	1,123.67	981,899
19	卡塔尔	1,010.10	1,074,200
20	美国	919.855	967,496
21	印度尼西亚	893.783	1,047,992
22	伊朗	823.718	738,944
23	科威特	760.524	470,367
24	巴布亚新几内亚	750.522	535,672
25	也门共和国	728.469	507,400
26	蒙古	716.324	574,439
27	秘鲁	703.246	384,701
28	土耳其	685.083	490,423
29	莫桑比克	631.989	352,075
30	加纳	607.449	416,830

表12 2009年中国大陆棒材出口分国别或地区统计汇总

序号	国别或地区	累计数量（吨）	累计金额（美元）
1	韩国	379,202.67	249,061,407
2	印度尼西亚	75,465.80	44,801,541
3	泰国	70,972.12	45,082,565
4	安哥拉	68,762.66	45,941,186
5	澳大利亚	54,123.78	36,728,813
6	印度	47,833.68	40,371,509
7	越南	35,862.09	25,426,497
8	马来西亚	32,824.65	23,290,577
9	智利	22,889.94	14,473,225
10	土耳其	22,577.19	17,295,603
11	中国台湾省	20,198.82	17,869,869
12	巴西	19,279.66	18,449,692
13	美国	16,681.66	37,711,147
14	中国香港	14,417.26	19,795,509
15	比利时	13,582.57	17,190,437
16	菲律宾	11,943.57	9,956,890
17	伊朗	11,666.17	14,142,654
18	日本	10,450.33	9,018,455
19	尼日利亚	8,779.17	5,567,395
20	阿拉伯联合酋长国	8,547.87	8,244,888
21	缅甸	7,382.58	6,331,437
22	斯里兰卡	7,275.42	4,187,143
23	加纳	7,016.68	3,981,399
24	埃及	6,220.61	4,370,071
25	意大利	5,686.25	8,950,642
26	哥伦比亚	5,599.70	4,045,075
27	中国澳门	5,056.03	2,660,756
28	赤道几内亚	4,675.70	2,671,552
29	突尼斯	4,338.92	2,646,531
30	新加坡	3,912.48	7,279,759

表13　2009年中国大陆钢筋出口分国别或地区统计汇总

序号	国别或地区	累计数量（吨）	累计金额（美元）
1	安哥拉	65,345.20	40,539,866
2	尼日利亚	23,028.92	14,851,949
3	缅甸	19,991.07	14,166,190
4	埃塞俄比亚	16,366.19	11,677,684
5	斯里兰卡	15,462.17	10,891,003
6	刚果	14,096.56	8,906,786
7	莫桑比克	11,507.63	6,861,620
8	赤道几内亚	10,475.33	6,647,239
9	哥斯达黎加	9,107.17	5,484,160
10	加蓬	8,325.59	5,556,206
11	赞比亚	7,538.79	4,475,918
12	尼日尔	6,757.02	4,252,129
13	马里	6,481.35	3,776,577
14	塞内加尔	5,513.84	3,387,731
15	利比亚	5,020.54	2,739,658
16	苏丹	4,564.84	3,180,709
17	乌兹别克斯坦	4,342.82	2,530,625
18	博茨瓦那	4,119.93	2,458,888
19	乍得	4,108.07	2,791,993
20	老挝	4,064.31	2,774,645
21	美国	3,058.85	1,728,252
22	纳米比亚	2,813.58	2,122,339
23	蒙古	2,781.69	1,741,212
24	吉布提	2,712.37	1,593,872
25	贝宁	2,564.98	1,476,002
26	喀麦隆	2,543.05	1,749,855
27	萨摩亚	2,371.33	1,424,510
28	巴布亚新几内亚	2,357.96	1,418,587
29	巴基斯坦	2,196.30	1,518,132
30	印度尼西亚	2,140.70	1,483,996

表14　2009年中国大陆线材出口分国别或地区统计汇总

序号	国别或地区	累计数量（吨）	累计金额（美元）
1	韩国	437,812.33	224,815,283
2	泰国	152,489.85	84,912,399
3	日本	145,739.99	74,940,369
4	越南	136,569.65	71,434,239
5	马来西亚	40,814.15	22,498,552
6	安哥拉	33,522.43	19,516,833
7	菲律宾	20,142.05	15,163,227
8	秘鲁	12,555.85	6,127,524
9	印度	11,392.58	7,808,785
10	缅甸	10,537.38	5,752,797
11	巴西	8,339.67	4,663,991
12	中国台湾省	8,228.50	4,314,031
13	印度尼西亚	7,443.39	4,309,030
14	美国	7,165.87	5,073,901
15	巴基斯坦	6,511.93	4,021,966
16	文莱	3,094.62	1,609,202
17	利比亚	2,888.52	1,527,273
18	赤道几内亚	2,501.07	1,578,017
19	莫桑比克	2,402.38	1,772,787
20	尼日利亚	2,312.32	1,348,464
21	刚果	2,021.30	1,190,460
22	伊朗	2,003.36	1,258,177
23	赞比亚	1,577.20	979,001
24	厄立特里亚	1,435.34	746,787
25	苏丹	1,326.63	999,419
26	老挝	1,176.56	793,464
27	中国香港	1,112.95	2,753,724
28	沙特阿拉伯	1,081.74	636,442
29	斯里兰卡	977.855	608,335
30	哥斯达黎加	967.5	476,436

表15 2009年中国大陆特厚板出口分国别或地区统计汇总

序号	国别或地区	累计数量（吨）	累计金额（美元）
1	韩国	92,454.03	57,803,521
2	比利时	26,635.86	33,477,382
3	中国台湾省	21,329.76	12,337,639
4	西班牙	12,817.93	7,892,276
5	印度	5,016.36	5,805,122
6	中国香港	4,705.18	3,145,200
7	泰国	4,514.28	2,895,625
8	巴西	3,914.22	2,793,974
9	越南	3,002.92	2,037,205
10	新加坡	2,781.82	2,415,649
11	荷兰	2,323.94	1,198,954
12	意大利	2,127.55	1,161,731
13	美国	2,065.90	1,225,781
14	澳大利亚	1,810.97	1,555,803
15	加拿大	1,785.36	1,944,863
16	罗马尼亚	1,642.30	1,165,873
17	朝鲜	1,506.35	779,167
18	马来西亚	1,356.78	1,010,331
19	印度尼西亚	1,270.12	931,590
20	土耳其	1,013.97	712,395
21	日本	650.741	355,487
22	智利	556.477	301,994
23	菲律宾	393.212	245,899
24	沙特阿拉伯	377.052	225,161
25	阿拉伯联合酋长国	368.228	215,852
26	南非	276.2	602,345
27	保加利亚	254.53	181,735
28	哥伦比亚	252.973	235,017
29	孟加拉国	180.864	128,233
30	叙利亚	168.183	127,819

表16 2009年中国大陆厚钢板出口分国别或地区统计汇总

序号	国别或地区	累计数量（吨）	累计金额（美元）
1	韩国	509,711.22	350,408,726
2	越南	41,073.75	22,769,182
3	西班牙	24,294.66	13,624,547
4	中国台湾省	20,414.16	8,242,800
5	阿拉伯联合酋长国	18,087.96	19,737,736
6	比利时	16,189.06	11,286,034
7	新加坡	14,474.74	7,706,861
8	巴西	14,248.72	9,281,040
9	日本	13,035.41	7,089,899
10	中国香港	12,972.66	7,399,365
11	委内瑞拉	11,866.14	14,216,532
12	朝鲜	11,407.64	6,305,449
13	丹麦	9,904.37	6,742,118
14	美国	8,248.77	4,606,455
15	意大利	8,182.42	4,491,472
16	印度	7,427.00	4,359,882
17	伊朗	7,132.40	4,634,019
18	智利	4,206.05	2,200,326
19	南非	4,012.55	2,032,066
20	荷兰	3,951.40	2,035,803
21	菲律宾	3,755.44	2,117,235
22	巴基斯坦	3,312.42	2,404,120
23	沙特阿拉伯	3,152.29	2,010,211
24	泰国	2,706.24	1,632,154
25	澳大利亚	2,476.30	1,552,724
26	罗马尼亚	2,465.71	1,539,531
27	印度尼西亚	2,315.58	1,978,873
28	英国	1,510.26	771,079
29	尼日利亚	1,297.23	707,117
30	古巴	1,074.99	831,205

表17 2009年中国大陆中板出口分国别或地区统计汇总

序号	国别或地区	累计数量（吨）	累计金额（美元）
1	韩国	1,256,464.79	919,963,069
2	越南	342,452.65	174,482,658
3	新加坡	89,804.74	49,519,332
4	印度	44,534.14	28,868,207
5	朝鲜	42,627.52	27,201,402
6	菲律宾	36,947.57	19,891,260
7	中国台湾省	33,969.76	17,991,906
8	巴西	29,733.93	20,470,656
9	阿拉伯联合酋长国	27,094.70	16,570,881
10	美国	20,364.61	25,266,194
11	印度尼西亚	19,626.01	14,292,357
12	西班牙	18,193.15	10,459,419
13	比利时	17,792.10	19,018,048
14	古巴	16,262.92	18,681,155
15	意大利	15,301.66	12,948,686
16	澳大利亚	14,683.60	14,183,127
17	苏丹	11,790.88	10,245,528
18	委内瑞拉	11,032.38	8,281,855
19	尼日利亚	10,900.29	7,387,210
20	泰国	10,557.52	14,908,506
21	中国香港	10,495.71	10,839,663
22	丹麦	10,274.70	9,404,460
23	智利	9,481.24	5,246,860
24	沙特阿拉伯	9,333.90	6,038,595
25	秘鲁	9,202.48	4,809,622
26	缅甸	7,659.83	6,012,510
27	乍得	7,156.49	5,117,353
28	斯里兰卡	6,778.58	4,410,450
29	罗马尼亚	5,904.70	3,656,777
30	日本	5,750.04	4,107,367

表18 2009年中国大陆热轧薄板出口分国别或地区统计汇总

序号	国别或地区	累计数量（吨）	累计金额（美元）
1	韩国	63,134.23	56,509,510.00
2	意大利	8,106.90	4,248,613
3	阿拉伯联合酋长国	5,290.33	3,314,418
4	越南	4,537.17	3,779,624
5	西班牙	4,340.86	2,175,796
6	新加坡	3,765.32	2,149,883
7	泰国	3,690.66	3,890,867
8	印度尼西亚	2,600.52	1,784,200
9	苏丹	2,335.76	1,753,409
10	菲律宾	2,006.22	1,061,025
11	安哥拉	1,933.65	1,325,277
12	中国台湾省	1,551.26	935,980
13	朝鲜	1,215.26	1,109,304
14	也门共和国	1,026.89	610,194
15	尼日利亚	930.913	562,756
16	民主刚果	908.842	632,305
17	马来西亚	813.341	754,667
18	巴西	794.427	1,010,580
19	南非	698.405	361,271
20	喀麦隆	628.917	386,506
21	古巴	583.81	398,178
22	缅甸	568.278	370,102
23	巴布亚新几内亚	525.324	335,766
24	斯里兰卡	518.102	319,348
25	澳大利亚	512.231	352,420
26	坦桑尼亚	466.686	300,141
27	伊朗	444.422	357,633
28	科特迪瓦共和国	442.175	253,026
29	马达加斯加	412.138	325,333
30	冈比亚	396.002	244,066

表19　2009年中国大陆冷轧薄板出口分国别或地区统计汇总

序号	国别或地区	累计数量（吨）	累计金额（美元）
1	韩国	42,440.91	82,866,234
2	中国香港	26,566.55	58,652,319
3	中国台湾省	17,615.52	38,531,509
4	美国	16,440.53	38,382,227
5	越南	15,198.46	23,647,628
6	巴基斯坦	10,392.64	14,234,855
7	土耳其	7,133.26	14,861,717
8	马来西亚	6,646.84	11,946,346
9	古巴	6,431.29	6,944,170
10	泰国	6,274.63	12,532,041
11	俄罗斯联邦	4,841.78	8,489,649
12	埃及	4,460.94	5,535,680
13	朝鲜	3,905.55	3,601,307
14	印度尼西亚	3,870.05	4,981,543
15	意大利	3,332.75	8,400,415
16	菲律宾	3,210.03	4,809,984
17	印度	3,164.83	5,705,795
18	新加坡	3,086.58	6,861,522
19	叙利亚	2,401.89	3,551,267
20	伊朗	2,138.04	4,994,423
21	安哥拉	2,024.32	1,363,184
22	阿拉伯联合酋长国	1,928.33	3,578,991
23	秘鲁	1,927.30	1,441,745
24	缅甸	1,782.49	1,680,120
25	巴西	1,477.29	3,314,145
26	沙特阿拉伯	1,294.59	2,731,491
27	喀麦隆	1,253.24	820,288
28	比利时	1,185.95	2,985,625
29	德国	1,160.39	3,038,622
30	爱沙尼亚	1,153.36	1,892,281

表20　2009年中国大陆中厚宽钢带出口分国别或地区统计汇总

序号	国别或地区	累计数量（吨）	累计金额（美元）
1	韩国	1,052,687.41	601,638,998
2	印度	388,153.73	213,046,567
3	越南	269,413.86	134,995,231
4	伊朗	103,268.00	64,172,905
5	委内瑞拉	100,943.26	62,181,048
6	意大利	95,461.57	61,466,506
7	土耳其	80,188.55	46,877,142
8	南非	70,354.70	63,170,851
9	科威特	67,492.28	44,301,881
10	泰国	67,100.04	37,416,007
11	日本	58,907.92	31,120,730
12	中国台湾省	56,958.95	75,946,950
13	阿拉伯联合酋长国	55,808.57	28,986,368
14	比利时	41,721.81	23,324,278
15	荷兰	28,724.50	15,411,878
16	沙特阿拉伯	26,069.10	12,983,971
17	葡萄牙	25,113.51	11,967,452
18	西班牙	22,380.69	11,767,983
19	印度尼西亚	19,350.35	12,107,446
20	菲律宾	17,052.87	8,467,898
21	巴西	13,980.03	7,366,943
22	新加坡	13,801.80	8,459,932
23	英国	13,578.09	6,785,383
24	澳大利亚	11,702.80	8,112,629
25	以色列	9,673.37	22,014,735
26	缅甸	8,490.72	4,241,180
27	阿曼	7,726.84	3,775,617
28	中国香港	6,551.47	14,086,433
29	尼日利亚	5,887.13	3,414,037
30	巴基斯坦	5,495.59	2,831,535

表21 2009年中国大陆热轧薄宽钢带出口分国别或地区统计汇总

序号	国别或地区	累计数量（吨）	累计金额（美元）
1	韩国	336,392.90	187,016,418
2	印度	126,798.06	65,577,769
3	越南	98,796.24	49,928,428
4	阿拉伯联合酋长国	73,507.56	38,022,153
5	中国台湾省	47,135.64	28,349,322
6	伊朗	26,769.22	13,855,110
7	巴西	25,249.97	14,700,272
8	意大利	23,281.59	12,000,258
9	泰国	22,226.38	11,913,339
10	沙特阿拉伯	11,606.95	6,585,548
11	葡萄牙	9,127.32	4,220,766
12	马来西亚	8,740.08	4,845,858
13	阿曼	7,362.04	3,637,341
14	菲律宾	6,364.30	3,069,599
15	西班牙	5,746.44	3,244,445
16	巴基斯坦	5,724.26	2,967,825
17	新加坡	5,185.56	3,081,669
18	南非	3,418.53	2,134,756
19	澳大利亚	3,272.93	2,119,415
20	印度尼西亚	3,216.12	2,341,228
21	英国	2,437.85	1,321,060
22	比利时	2,327.90	1,444,617
23	日本	2,292.97	1,239,309
24	哥伦比亚	1,410.44	888,265
25	中国香港	1,289.22	851,295
26	厄瓜多尔	1,246.51	636,607
27	希腊	973.335	458,938
28	科特迪瓦共和国	821.91	546,453
29	也门共和国	816.319	514,417
30	秘鲁	550.134	290,168

表22 2009年中国大陆冷轧薄宽带出口分国别或地区统计汇总

序号	国别或地区	累计数量（吨）	累计金额（美元）
1	越南	102,320.07	59,634,500
2	巴西	87,922.81	55,994,689
3	印度尼西亚	79,367.08	48,653,147
4	尼日利亚	60,195.30	39,100,508
5	韩国	38,296.74	23,003,342
6	泰国	34,492.53	20,757,772
7	印度	34,419.67	23,010,302
8	日本	32,044.50	20,377,817
9	马来西亚	31,866.01	19,233,534
10	中国香港	30,609.43	18,216,746
11	意大利	29,570.16	19,723,954
12	菲律宾	24,215.87	15,176,015
13	美国	22,568.00	13,542,573
14	巴基斯坦	21,036.96	13,172,124
15	中国台湾省	10,724.62	6,811,098
16	秘鲁	9,044.42	6,111,992
17	比利时	7,614.19	4,735,071
18	新加坡	6,662.96	4,729,118
19	毛里求斯	4,187.51	2,574,525
20	孟加拉国	3,931.97	2,734,367
21	阿拉伯联合酋长国	3,612.44	2,251,884
22	沙特阿拉伯	3,545.63	2,179,412
23	安哥拉	3,522.34	2,197,341
24	澳大利亚	3,458.85	2,323,918
25	古巴	3,439.29	3,468,277
26	西班牙	3,213.30	2,133,661
27	智利	3,196.51	1,973,992
28	苏丹	3,045.82	2,183,454
29	多米尼加共和国	2,972.24	1,848,749
30	缅甸	2,681.21	1,680,585

表23　2009年中国大陆热轧窄钢带出口分国别或地区统计汇总

序号	国别或地区	累计数量（吨）	累计金额（美元）
1	印度	33,106.05	18,992,023
2	越南	27,703.98	30,641,467
3	韩国	10,386.46	16,256,130
4	乌兹别克斯坦	6,054.96	3,633,768
5	菲律宾	5,448.85	2,739,032
6	澳大利亚	4,526.33	3,225,132
7	中国香港	3,853.42	6,351,061
8	马来西亚	3,351.90	3,207,025
9	沙特阿拉伯	3,221.76	2,207,927
10	苏丹	2,992.19	1,965,991
11	印度尼西亚	2,983.24	2,308,118
12	埃塞俄比亚	2,897.30	1,629,476
13	巴基斯坦	2,836.51	4,057,360
14	阿拉伯联合酋长国	2,563.18	1,588,479
15	土耳其	2,327.58	1,734,351
16	新加坡	2,092.52	1,814,236
17	泰国	1,740.86	2,840,882
18	尼日利亚	1,652.67	983,493
19	英国	1,602.74	1,038,670
20	安哥拉	1,500.94	935,551
21	比利时	1,254.59	1,013,351
22	埃及	1,174.55	1,474,059
23	日本	1,147.54	3,653,802
24	阿曼	982.831	615,920
25	牙买加	968.453	523,098
26	叙利亚	903.037	1,292,309
27	哈萨克斯坦	865.152	933,738
28	斯里兰卡	700.194	408,246
29	巴布亚新几内亚	617.207	432,034
30	中国台湾省	609.187	1,915,210

表24　2009年中国大陆冷轧窄钢带出口分国别或地区统计汇总

序号	国别或地区	累计数量（吨）	累计金额（美元）
1	越南	33,898.64	35,540,474
2	菲律宾	20,454.17	12,505,744
3	尼日利亚	17,124.77	10,177,865
4	韩国	14,523.17	20,408,893
5	印度	8,895.61	18,706,179
6	中国香港	8,146.33	26,012,313
7	印度尼西亚	6,051.40	4,622,055
8	泰国	5,590.04	6,631,918
9	巴基斯坦	5,244.16	7,070,392
10	肯尼亚	4,525.27	2,959,169
11	马来西亚	4,215.48	3,930,344
12	沙特阿拉伯	3,939.32	2,763,600
13	孟加拉国	3,712.77	4,529,141
14	阿拉伯联合酋长国	2,874.66	2,051,009
15	埃及	2,253.78	2,428,379
16	中国台湾省	2,250.45	2,913,876
17	新加坡	1,889.05	3,953,562
18	意大利	1,648.17	1,185,110
19	美国	1,559.31	2,450,593
20	巴西	1,558.72	2,327,542
21	澳大利亚	1,551.35	1,741,567
22	南非	1,376.76	2,253,322
23	伊朗	999.661	1,161,749
24	墨西哥	974.81	778,911
25	日本	940.581	1,910,195
26	土耳其	802.367	766,111
27	智利	750.978	495,397
28	秘鲁	563.255	391,124
29	叙利亚	562.646	460,465
30	比利时	561.637	644,370

表25　2009年中国大陆镀层板（带）出口分国别或地区统计汇总

序号	国别或地区	累计数量（吨）	累计金额（美元）
1	中国香港	154,486.21	125,687,198
2	美国	119,447.68	102,282,245
3	泰国	113,884.08	91,091,553
4	巴西	95,439.95	66,135,404
5	伊朗	95,050.45	76,576,046
6	韩国	92,295.00	57,088,204
7	澳大利亚	82,963.11	65,568,516
8	比利时	78,902.61	53,261,320
9	意大利	74,772.63	68,084,956
10	印度	67,808.02	51,495,975
11	菲律宾	63,500.36	49,712,582
12	印度尼西亚	61,310.44	51,209,217
13	越南	59,758.77	42,948,544
14	中国台湾省	57,690.73	36,547,752
15	新加坡	54,260.45	43,696,597
16	马来西亚	49,625.92	38,389,297
17	俄罗斯联邦	45,827.03	33,981,586
18	以色列	41,271.55	27,132,332
19	英国	38,385.63	27,059,444
20	阿拉伯联合酋长国	37,323.24	31,347,925
21	西班牙	35,777.77	25,597,748
22	沙特阿拉伯	32,262.03	28,105,813
23	巴基斯坦	31,184.55	22,859,750
24	吉尔吉斯斯坦	29,432.23	25,885,987
25	土耳其	29,091.84	20,741,995
26	乌兹别克斯坦	28,904.81	23,492,502
27	孟加拉国	25,859.43	20,733,365
28	缅甸	25,126.90	20,521,759
29	日本	22,194.10	17,380,619
30	智利	21,789.63	16,949,902

表26　2009年中国大陆彩涂板（带）出口分国别或地区统计汇总

序号	国别或地区	累计数量（吨）	累计金额（美元）
1	韩国	394005.7	366,351,193
2	俄罗斯联邦	145599.31	120,778,105
3	新加坡	58,011.07	59,951,203
4	越南	50,627.20	31,681,945
5	西班牙	50,535.05	38,245,280
6	巴西	41,960.57	27,559,050
7	比利时	33,213.80	27,265,923
8	以色列	32,215.51	23,861,901
9	伊朗	26,793.97	22,492,996
10	美国	26,388.18	25,076,453
11	意大利	23,794.14	18,303,983
12	克罗地亚	21,251.61	16,589,530
13	土耳其	20,353.26	16,770,286
14	波兰	19,790.72	16,566,461
15	菲律宾	19,663.71	15,424,630
16	安哥拉	19,030.72	18,087,486
17	希腊	18,940.47	15,037,897
18	乌克兰	18,333.83	15,667,344
19	葡萄牙	17,420.95	15,379,930
20	印度尼西亚	16,464.64	12,823,533
21	中国香港	16,058.30	16,232,034
22	马来西亚	12,971.00	8,856,634
23	缅甸	12,825.32	11,537,038
24	沙特阿拉伯	11,469.31	10,637,192
25	哈萨克斯坦	10,651.14	10,996,981
26	阿拉伯联合酋长国	10,499.89	7,547,126
27	加纳	9,150.33	8,796,006
28	孟加拉国	8,679.92	6,591,811
29	朝鲜	8,208.00	7,614,687
30	泰国	8,047.93	7,612,522

表27　2009年中国大陆电工钢板（带）出口分国别或地区统计汇总

序号	国别或地区	累计数量（吨）	累计金额（美元）
1	巴西	26,964.33	19,591,000
2	中国香港	26,774.09	19,792,624
3	意大利	15,221.41	15,709,778
4	印度	13,966.74	10,243,575
5	美国	6,437.06	5,055,186
6	泰国	3,035.64	2,418,447
7	墨西哥	2,598.90	2,198,067
8	马来西亚	2,331.28	1,910,368
9	新加坡	2,199.78	1,748,215
10	巴基斯坦	1,334.48	1,087,614
11	南非	1,092.12	2,254,097
12	伊朗	795.136	943,667
13	朝鲜	721.822	1,264,793
14	芬兰	638.148	556,929
15	尼日利亚	610	366,000
16	印度尼西亚	511.617	503,170
17	古巴	492.801	2,956,436
18	约旦	331.052	834,503
19	中国台湾省	326.695	508,129
20	哥伦比亚	290.15	302,132
21	埃及	237.085	219,490
22	斯洛文尼亚	217.752	195,915
23	阿根廷	202.439	271,223
24	日本	201.665	228,528
25	孟加拉国	198.404	135,871
26	韩国	160.889	397,683
27	缅甸	151.927	127,867
28	斯洛伐克	108.995	84,082
29	利比亚	105.814	83,593
30	乌克兰	90.378	82,862

表28　2009年中国大陆无缝管出口分国别或地区统计汇总

序号	国别或地区	累计数量（吨）	累计金额（美元）
1	美国	406,278.44	659,091,817
2	阿尔及利亚	364,930.01	451,598,670
3	印度	273,628.52	361,359,935
4	新加坡	173,250.25	187,814,576
5	韩国	166,227.88	202,509,142
6	伊朗	143,179.76	200,147,811
7	印度尼西亚	127,344.72	133,525,967
8	加拿大	94,621.98	148,671,946
9	泰国	92,361.07	120,277,410
10	阿拉伯联合酋长国	87,130.47	101,885,389
11	叙利亚	54,916.42	67,737,636
12	苏丹	50,380.10	64,714,818
13	越南	48,073.26	53,887,843
14	中国台湾省	47,964.68	47,397,528
15	哥伦比亚	47,796.17	51,260,158
16	土库曼斯坦	47,719.86	101,009,735
17	哈萨克斯坦	46,902.77	79,109,477
18	马来西亚	46,798.52	39,534,022
19	沙特阿拉伯	46,782.20	74,266,874
20	科威特	46,235.09	53,488,409
21	利比亚	44,916.76	51,583,503
22	蒙古	40,524.67	58,253,299
23	意大利	35,875.01	48,956,535
24	澳大利亚	34,728.29	41,843,729
25	尼日利亚	33,031.42	38,384,587
26	俄罗斯联邦	31,445.43	102,675,208
27	土耳其	30,631.43	39,914,852
28	埃及	29,976.28	37,561,167
29	乌兹别克斯坦	27,001.73	46,359,015
30	厄瓜多尔	26,500.46	38,814,912

表29　2009年中国大陆焊管出口分国别或地区统计汇总

序号	国别或地区	累计数量（吨）	累计金额（美元）
1	哈萨克斯坦	305,230.90	624,050,661
2	乌兹别克斯坦	184,974.43	373,110,755
3	加拿大	154,597.81	132,604,195
4	澳大利亚	99,123.04	88,188,066
5	安哥拉	91,749.35	72,043,761
6	阿拉伯联合酋长国	81,719.84	69,301,540
7	美国	77,332.46	87,910,994
8	阿尔及利亚	75,927.11	66,329,813
9	中国香港	65,851.57	55,404,197
10	新加坡	64,659.24	50,602,779
11	尼日利亚	63,516.45	61,671,589
12	菲律宾	60,447.37	41,074,419
13	伊朗	54,717.99	57,380,757
14	孟加拉国	47,139.92	45,799,202
15	印度尼西亚	46,763.33	41,349,145
16	阿曼	45,247.44	81,685,011
17	土库曼斯坦	44,914.97	69,944,437
18	智利	42,024.97	33,184,057
19	缅甸	42,017.45	37,617,317
20	韩国	39,453.34	31,498,922
21	委内瑞拉	36,959.14	40,018,005
22	苏丹	36,808.25	39,321,862
23	尼日尔	32,605.22	29,603,037
24	埃塞俄比亚	31,369.79	21,198,026
25	沙特阿拉伯	30,949.69	25,344,188
26	喀麦隆	30,049.48	21,862,567
27	墨西哥	28,338.52	20,216,381
28	哥伦比亚	27,134.18	24,041,660
29	印度	25,377.39	25,144,914
30	泰国	24,101.52	28,419,805

表30　2009年中国大陆棒线材进口分国别或地区统计汇总

序号	国别或地区	累计数量（吨）	累计金额（美元）
1	日本	342,663.18	423,184,426
2	韩国	164,997.98	163,522,746
3	中国香港	138,564.55	190,688,873
4	中国台湾省	110,697.20	131,237,437
5	英国	37,095.43	34,381,497
6	德国	24,141.54	52,783,759
7	美国	10,317.08	35,109,470
8	俄罗斯联邦	10,303.54	4,454,878
9	比利时	5,771.82	28,854,728
10	巴西	4,630.31	3,082,372
11	法国	2,909.43	9,670,679
12	意大利	2,660.62	9,562,799
13	荷兰	1,489.12	6,170,053
14	瑞典	1,415.10	8,769,131
15	加拿大	1,371.86	3,555,322
16	印度	1,091.80	1,743,653
17	新加坡	796.789	5,396,383
18	马来西亚	782.533	1,012,660
19	朝鲜	777.36	314,905
20	土耳其	518.318	554,447
21	斯洛文尼亚	267.972	1,009,126
22	奥地利	237.834	1,533,651
23	芬兰	231.334	632,346
24	菲律宾	67.54	44,361
25	哈萨克斯坦	61.5	14,760
26	丹麦	53.888	282,839
27	泰国	52.713	112,147
28	乌克兰	52.33	992,722
29	澳大利亚	51.873	291,904
30	保加利亚	50.13	66,103

表31　2009年中国大陆板材进口分国别或地区统计汇总

序号	国别或地区	累计数量（吨）	累计金额（美元）
1	日本	4,646,611.25	4,658,805,140
2	韩国	3,547,912.61	3,016,093,454
3	中国香港	2,106,091.24	2,159,663,051
4	中国台湾省	1,647,247.83	1,214,235,005
5	俄罗斯联邦	1,265,880.18	680,506,437
6	哈萨克斯坦	500,260.66	214,026,697
7	乌克兰	242,696.90	100,952,952
8	比利时	162,037.50	324,314,841
9	德国	148,656.71	280,851,853
10	巴西	145,920.89	79,612,138
11	南非	132,335.03	178,545,412
12	荷兰	103,099.96	167,871,812
13	美国	92,329.00	294,728,832
14	泰国	71,624.66	38,958,439
15	罗马尼亚	56,353.84	21,849,891
16	印度	54,405.29	35,964,176
17	土耳其	38,642.80	26,639,819
18	法国	38,099.01	64,356,068
19	意大利	35,568.48	47,474,585
20	瑞典	29,819.94	112,101,542
21	新西兰	29,557.62	12,926,289
22	古巴	24,421.66	12,210,835
23	新加坡	22,358.16	62,170,775
24	阿根廷	19,836.42	9,253,734
25	西班牙	17,770.77	22,425,382
26	马来西亚	17,238.63	15,950,139
27	英国	11,967.23	25,177,931
28	阿拉伯联合酋长国	10,786.99	4,331,164
29	沙特阿拉伯	8,406.91	3,666,233
30	澳大利亚	7,352.09	5,705,794

表32　2009年中国大陆其他钢材进口分国别或地区统计汇总

序号	国别或地区	累计数量（吨）	累计金额（美元）
1	韩国	89,820.68	211,512,967
2	中国香港	38,198.12	125,765,907
3	日本	36,208.45	190,440,850
4	中国台湾省	20,450.93	48,470,174
5	德国	6,181.69	117,870,570
6	意大利	4,064.97	84,679,039
7	美国	3,089.47	85,272,337
8	荷兰	1,462.97	21,294,861
9	比利时	1,244.42	14,696,291
10	挪威	987.659	12,078,305
11	英国	979.629	15,422,419
12	新加坡	775.753	19,862,317
13	印度	712.085	2,683,354
14	泰国	673.588	5,881,509
15	瑞典	671.42	11,381,291
16	法国	656.413	15,826,664
17	罗马尼亚	589.704	2,431,492
18	奥地利	526.336	27,743,636
19	加拿大	458.063	2,881,457
20	马来西亚	310.38	3,761,201
21	澳大利亚	269.376	2,193,360
22	巴西	248.557	769,530
23	土耳其	180.113	2,672,613
24	以色列	171.834	6,305,418
25	匈牙利	116.677	1,678,721
26	芬兰	111.055	1,956,861
27	南非	100.385	679,013
28	丹麦	82.462	2,209,177
29	捷克	81.282	310,878
30	波兰	76.556	375,503

表33　2009年中国大陆铁道用材进口分国别或地区统计汇总

序号	国别或地区	累计数量（吨）	累计金额（美元）
1	俄罗斯联邦	122,382.51	32,408,247
2	英国	39,337.04	13,507,110
3	德国	36,099.85	99,845,849
4	日本	22,634.50	107,988,280
5	比利时	11,191.63	25,366,054
6	哈萨克斯坦	9,441.15	2,653,677
7	美国	7,912.91	5,903,211
8	荷兰	6,681.20	14,289,556
9	韩国	6,148.40	2,847,787
10	意大利	5,361.66	56,845,203
11	立陶宛	4,032.72	1,252,614
12	爱沙尼亚	3,522.35	1,216,641
13	波兰	2,858.30	938,054
14	西班牙	1,793.10	7,511,744
15	丹麦	1,476.35	459,926
16	拉脱维亚	1,297.66	432,507
17	瑞典	677.06	284,472
18	朝鲜	586.4	146,600
19	澳大利亚	584.091	1,822,662
20	摩洛哥	263.51	89,862
21	奥地利	81.718	521,328
22	中国香港	70.31	201,566
23	捷克	49.665	260,934
24	新加坡	37.806	186,917
25	中国台湾省	17.804	37,661
26	加纳	14.44	4,707
27	法国	10.451	100,942
28	新西兰	0.665	1,054
29	瑞士	0.625	68,340
30	巴西	0.182	154,700

表34　2009年中国大陆大型型钢进口分国别或地区统计汇总

序号	国别或地区	累计数量（吨）	累计金额（美元）
1	日本	142,390.25	113,743,921
2	韩国	117,722.53	85,212,983
3	中国香港	75,200.53	39,017,339
4	德国	4,064.96	5,778,776
5	比利时	2,157.14	2,999,893
6	美国	1,537.85	2,268,991
7	澳大利亚	1,249.26	1,724,011
8	中国台湾省	704.102	866,891
9	马来西亚	678.843	543,280
10	英国	600.113	629,617
11	荷兰	573.731	739,951
12	瑞典	438.597	700,411
13	新加坡	289	844,935
14	阿拉伯联合酋长国	181.519	139,318
15	西班牙	105.416	156,815
16	印度	104.244	117,450
17	芬兰	91.201	153,117
18	意大利	88.561	141,367
19	加拿大	67.52	81,110
20	法国	51.33	77,743
21	俄罗斯联邦	40.5	12,150
22	斯洛文尼亚	38.76	47,516
23	中国澳门	26.2	34,584
24	挪威	18.648	348,400
25	波兰	18.158	15,846
26	泰国	8.13	51,425
27	奥地利	1.053	8,430
28	匈牙利	0.976	2,503
29	墨西哥	0.295	437
30	瑞士	0.012	400

表35 2009年中国大陆中小型型钢进口分国别或地区统计汇总

序号	国别或地区	累计数量（吨）	累计金额（美元）
1	日本	11,111.35	15,433,451
2	俄罗斯联邦	8,354.03	2,261,382
3	中国香港	7,282.63	8,471,781
4	德国	1,762.47	5,785,717
5	韩国	1,046.30	1,144,473
6	瑞典	430.323	2,784,764
7	美国	266.771	1,459,074
8	中国台湾省	169.305	671,542
9	意大利	103.497	1,304,058
10	英国	92.896	236,921
11	澳大利亚	85.842	125,929
12	比利时	56.002	398,538
13	法国	44.669	969,684
14	丹麦	42	35,432
15	新加坡	36.262	395,547
16	中国澳门	33.33	13,762
17	加拿大	25.988	376,834
18	荷兰	25.315	301,370
19	芬兰	12.159	26,725
20	西班牙	6.829	234,800

表36 2009年中国大陆棒材进口分国别或地区统计汇总

序号	国别或地区	累计数量（吨）	累计金额（美元）
1	日本	121,695.03	195,544,505
2	中国香港	68,143.78	135,218,770
3	韩国	28,537.86	40,897,090
4	中国台湾省	22,392.38	36,102,226
5	德国	17,686.80	44,814,358
6	俄罗斯联邦	10,138.64	4,282,187
7	美国	9,517.67	33,002,996
8	比利时	5,619.83	27,239,392
9	英国	3,889.03	12,764,907
10	法国	2,672.21	8,130,818
11	意大利	1,419.23	7,662,353
12	加拿大	1,160.74	3,053,106
13	荷兰	1,122.28	4,569,619
14	瑞典	966.903	4,721,133
15	马来西亚	782.533	1,012,660
16	朝鲜	777.36	314,905
17	新加坡	732.203	5,181,756
18	斯洛文尼亚	267.972	1,009,126
19	奥地利	237.834	1,533,651
20	芬兰	230.562	628,119
21	土耳其	219.198	388,537
22	印度	123.427	214,485
23	丹麦	53.888	282,839
24	乌克兰	52.33	992,722
25	澳大利亚	51.673	288,819
26	保加利亚	50.13	66,103
27	西班牙	48.435	72,108
28	瑞士	35.77	345,936
29	以色列	34.841	121,458
30	巴西	23.07	42,653

表37　2009年中国大陆钢筋进口分国别或地区统计汇总

序号	国别或地区	累计数量（吨）	累计金额（美元）
1	中国香港	35,292.41	21,572,744
2	中国台湾省	16,274.36	8,747,541
3	日本	4,051.44	4,455,127
4	韩国	307.674	194,572
5	菲律宾	67.529	44,351
6	加拿大	64.351	17,411
7	美国	62.051	88,731
8	哈萨克斯坦	61.5	14,760
9	比利时	54.4	854,091
10	越南	48.2	15,707
11	泰国	30.969	42,228
12	吉尔吉斯斯坦	28.778	29,116
13	新加坡	21.233	61,724
14	法国	9.783	25,894
15	德国	8.979	31,038
16	芬兰	0.772	4,227
17	瑞士	0.32	1,227
18	荷兰	0.162	1,241
19	墨西哥	0.11	435
20	巴哈马	0.04	218
21	埃及	0.013	144

表38　2009年中国大陆线材进口分国别或地区统计汇总

序号	国别或地区	累计数量（吨）	累计金额（美元）
1	日本	216,916.70	223,184,794
2	韩国	136,152.44	122,431,084
3	中国台湾省	72,030.47	86,387,670
4	中国香港	35,128.36	33,897,359
5	英国	33,206.40	21,616,590
6	德国	6,445.77	7,938,363
7	巴西	4,607.24	3,039,719
8	意大利	1,241.39	1,900,446
9	印度	968.377	1,529,168
10	美国	737.36	2,017,743
11	瑞典	448.2	4,047,998
12	荷兰	366.68	1,599,193
13	土耳其	299.12	165,910
14	法国	227.436	1,513,967
15	俄罗斯联邦	164.894	172,691
16	加拿大	146.77	484,805
17	比利时	97.589	761,245
18	新加坡	43.353	152,903
19	澳大利亚	0.2	3,085
20	爱尔兰	0.167	308
21	西班牙	0.07	514

表39　2009年中国大陆特厚板进口分国别或地区统计汇总

序号	国别或地区	累计数量（吨）	累计金额（美元）
1	比利时	15,833.71	43,448,951
2	日本	13,031.09	18,072,818
3	德国	10,235.80	31,223,364
4	中国香港	4,084.67	3,331,204
5	法国	3,844.05	12,044,116
6	韩国	3,549.17	3,426,090
7	巴西	2,049.41	7,382,428
8	罗马尼亚	1,895.16	671,097
9	美国	1,774.66	7,342,205
10	荷兰	431.738	718,516
11	新加坡	329.211	454,470
12	俄罗斯联邦	136.582	51,590
13	挪威	36.48	106,947
14	中国台湾省	27.14	37,836
15	印度尼西亚	21.577	29,365
16	芬兰	14.48	36,410
17	瑞典	14.132	24,944
18	英国	5.388	10,776
19	澳大利亚	4.31	9,418

表40　2009年中国大陆厚钢板进口分国别或地区统计汇总

序号	国别或地区	累计数量（吨）	累计金额（美元）
1	日本	149,232.95	151,838,953
2	韩国	129,997.19	114,071,603
3	罗马尼亚	15,977.97	5,657,958
4	香港	7,414.07	5,227,196
5	俄罗斯联邦	5,167.30	1,951,789
6	新加坡	1,301.01	1,799,610
7	比利时	685.573	1,200,121
8	中国台湾省	301.295	303,939
9	德国	297.623	419,775
10	瑞典	109.606	191,563
11	澳大利亚	71.338	135,778
12	荷兰	48.856	94,074
13	芬兰	33.304	37,720
14	奥地利	18.107	60,923
15	捷克	9.6	30,211
16	越南	1.4	2,520
17	美国	0.848	1,119

表41 2009年中国大陆中板进口分国别或地区统计汇总

序号	国别或地区	累计数量（吨）	累计金额（美元）
1	日本	554,374.86	646,235,167
2	中国香港	61,325.55	98,827,803
3	比利时	45,500.83	171,541,568
4	韩国	37,852.31	42,614,896
5	德国	31,270.30	83,751,110
6	罗马尼亚	26,651.17	9,561,610
7	瑞典	18,371.55	59,242,186
8	荷兰	9,604.24	24,670,865
9	俄罗斯联邦	7,249.26	2,750,126
10	中国台湾省	7,049.20	9,757,444
11	新加坡	4,400.03	14,630,301
12	美国	3,853.37	24,207,745
13	奥地利	2,553.83	4,085,046
14	哈萨克斯坦	2,231.84	859,996
15	南非	2,086.87	5,465,208
16	英国	1,809.45	4,582,084
17	法国	1,101.91	6,328,044
18	芬兰	944.337	3,003,718
19	西班牙	433.907	941,727
20	丹麦	331.645	403,726
21	印度	309.371	862,000
22	越南	282.338	464,439
23	意大利	207.005	946,979
24	澳大利亚	170.1	275,730
25	印度尼西亚	41.684	82,015
26	阿拉伯联合酋长国	39.225	63,143
27	墨西哥	27.924	35,813
28	马来西亚	15.166	60,597
29	爱沙尼亚	13.632	28,363
30	斯洛文尼亚	11.905	88,180

表42 2009年中国大陆热轧薄板进口分国别或地区统计汇总

序号	国别或地区	累计数量（吨）	累计金额（美元）
1	韩国	154,422.85	123,322,759
2	日本	94,435.58	80,513,132
3	中国香港	7,006.27	8,852,787
4	哈萨克斯坦	5,374.42	1,772,673
5	中国台湾省	5,298.94	2,285,836
6	比利时	2,248.61	4,252,872
7	俄罗斯联邦	895.82	338,369
8	美国	842.227	1,467,969
9	意大利	376.03	128,234
10	德国	152.054	374,063
11	荷兰	37.65	119,562
12	巴西	37.592	140,650
13	新加坡	36.319	77,330
14	英国	14.936	40,766
15	丹麦	9.985	149,775
16	越南	2.62	3,364
17	西班牙	2.585	10,965
18	澳大利亚	1.362	9,726
19	墨西哥	0.708	675
20	印度	0.649	2,885
21	加拿大	0.22	1,045
22	奥地利	0.142	680
23	法国	0.03	2,931

表43 2009年中国大陆冷轧薄板进口分国别或地区统计汇总

序号	国别或地区	累计数量（吨）	累计金额（美元）
1	中国香港	177,398.26	336,889,137
2	韩国	122,918.96	166,532,414
3	日本	99,966.77	191,153,523
4	中国台湾省	60,677.78	85,040,172
5	哈萨克斯坦	24,327.04	10,177,597
6	荷兰	9,040.23	19,648,755
7	俄罗斯联邦	8,193.67	3,816,082
8	罗马尼亚	6,748.57	3,353,612
9	西班牙	6,460.80	8,725,009
10	南非	4,052.14	6,210,662
11	德国	3,820.07	10,082,964
12	越南	2,605.14	4,427,035
13	美国	2,248.79	7,513,343
14	比利时	2,149.95	5,555,101
15	巴西	2,131.16	3,299,071
16	瑞典	1,535.92	6,631,829
17	意大利	1,287.25	2,011,252
18	墨西哥	895.597	969,574
19	印度	890.456	626,775
20	芬兰	857.07	2,398,442
21	泰国	565.177	961,903
22	英国	494.932	3,017,422
23	丹麦	397.394	961,700
24	新加坡	255.153	1,068,223
25	中国澳门	253.076	391,968
26	澳大利亚	104.505	81,134
27	爱沙尼亚	84.733	108,944
28	印度尼西亚	73.185	124,416
29	法国	65.727	361,902
30	马来西亚	43.127	154,905

表44 2009年中国大陆中厚宽钢带进口分国别或地区统计汇总

序号	国别或地区	累计数量（吨）	累计金额（美元）
1	日本	547,296.89	407,367,708
2	韩国	193,165.97	210,800,126
3	南非	80,605.96	145,100,460
4	哈萨克斯坦	55,555.59	20,558,741
5	中国香港	54,305.29	77,438,750
6	中国台湾省	44,630.53	33,674,573
7	美国	35,541.81	92,522,579
8	俄罗斯联邦	24,035.15	9,877,568
9	比利时	22,163.12	29,365,741
10	荷兰	20,538.46	37,003,796
11	乌克兰	14,613.62	6,160,482
12	意大利	14,113.38	20,003,936
13	巴西	11,380.91	4,874,722
14	德国	10,818.60	19,088,294
15	阿拉伯联合酋长国	10,627.18	4,176,902
16	印度	6,944.08	8,193,251
17	莫桑比克	6,880.89	6,320,008
18	马来西亚	4,290.90	2,257,579
19	芬兰	3,643.88	10,109,194
20	沙特阿拉伯	2,750.90	1,197,629
21	瑞典	2,578.74	11,948,654
22	西班牙	2,491.86	7,472,494
23	泰国	937.605	500,410
24	新加坡	673.338	2,219,348
25	新西兰	670.26	275,501
26	澳大利亚	364.945	533,472
27	罗马尼亚	184.44	84,217
28	法国	149.46	127,947
29	墨西哥	113.027	81,722
30	中国澳门	87.577	119,990

表45　2009年中国大陆热轧薄宽钢带进口分国别或地区统计汇总

序号	国别或地区	累计数量（吨）	累计金额（美元）
1	日本	620,556.51	338,223,893
2	俄罗斯联邦	569,197.70	245,068,828
3	韩国	499,253.01	238,187,370
4	中国台湾省	440,315.72	210,893,135
5	乌克兰	204,254.16	83,110,736
6	哈萨克斯坦	160,709.12	61,211,433
7	中国香港	159,736.38	79,750,234
8	巴西	54,328.50	25,075,889
9	泰国	47,376.18	21,572,733
10	南非	40,178.47	18,279,997
11	新西兰	26,038.06	11,140,768
12	古巴	24,421.66	12,210,835
13	阿根廷	19,836.42	9,253,734
14	法国	19,516.19	9,758,094
15	意大利	16,996.40	18,684,219
16	德国	15,853.60	7,517,618
17	印度	13,789.10	6,021,267
18	比利时	6,445.61	4,403,890
19	沙特阿拉伯	5,634.50	2,453,028
20	波兰	5,141.25	2,133,618
21	马来西亚	2,232.96	1,119,494
22	越南	1,633.40	732,805
23	荷兰	1,537.66	4,500,333
24	澳大利亚	841.043	407,848
25	芬兰	645.61	1,638,925
26	新加坡	117.777	71,659
27	瑞典	99.001	2,488,642
28	美国	41.476	88,642
29	西班牙	15.4	18,022
30	丹麦	7.55	63,443

表46　2009年中国大陆冷轧薄宽带进口分国别或地区统计汇总

序号	国别或地区	累计数量（吨）	累计金额（美元）
1	韩国	1,155,126.68	779,300,797
2	日本	962,719.56	678,286,823
3	俄罗斯联邦	609,743.04	301,949,323
4	中国香港	529,237.27	327,852,242
5	中国台湾省	492,378.39	331,517,121
6	哈萨克斯坦	236,108.49	107,575,631
7	巴西	74,536.93	36,057,665
8	土耳其	38,328.92	25,257,519
9	比利时	33,349.03	16,767,910
10	印度	29,405.37	16,121,014
11	德国	28,795.59	21,216,004
12	乌克兰	23,148.27	11,232,371
13	泰国	20,446.15	12,380,071
14	荷兰	18,697.70	10,730,266
15	新加坡	6,514.50	3,564,373
16	西班牙	5,754.31	2,904,895
17	罗马尼亚	4,704.65	2,146,929
18	英国	4,703.47	2,237,823
19	美国	3,782.45	2,094,870
20	澳大利亚	3,275.01	1,637,256
21	瑞典	2,749.40	3,886,193
22	马来西亚	2,377.95	1,075,867
23	越南	1,005.66	654,871
24	加拿大	495.446	198,773
25	新西兰	359.05	163,412
26	南非	340.549	215,624
27	危地马拉	328.49	107,503
28	法国	209.71	101,364
29	丹麦	3.034	10,880
30	匈牙利	2.241	10,401

表47　2009年中国大陆热轧窄钢带进口分国别或地区统计汇总

序号	国别或地区	累计数量（吨）	累计金额（美元）
1	中国香港	28,680.85	87,918,231
2	日本	24,217.11	86,353,292
3	中国台湾省	17,127.90	28,494,993
4	德国	9,751.14	22,613,509
5	韩国	5,276.24	13,316,387
6	新加坡	2,355.03	25,905,379
7	比利时	2,063.76	3,660,396
8	瑞典	1,072.74	12,016,763
9	越南	967.291	1,383,022
10	荷兰	958.812	3,308,659
11	美国	442.226	3,545,315
12	意大利	245.268	765,890
13	澳大利亚	205.168	1,188,446
14	法国	82.353	1,999,471
15	英国	63.686	406,732
16	加拿大	18.087	58,331
17	奥地利	12.048	106,704
18	芬兰	9.438	34,243
19	丹麦	9.298	8,833
20	马来西亚	8.899	57,200
21	墨西哥	6.864	98,414
22	泰国	6.86	11,453
23	西班牙	2.068	23,201
24	斯洛文尼亚	1.862	17,391
25	以色列	0.934	2,798
26	巴西	0.516	366
27	波兰	0.5	7,080
28	印度	0.268	4,768
29	挪威	0.122	422
30	中国澳门	0.084	418

表48　2009年中国大陆冷轧窄钢带进口分国别或地区统计汇总

序号	国别或地区	累计数量（吨）	累计金额（美元）
1	中国香港	127,190.51	319,284,015
2	中国台湾省	47,773.18	102,413,120
3	韩国	42,105.60	69,533,215
4	日本	22,792.52	98,407,015
5	荷兰	10,995.67	18,697,221
6	德国	9,497.23	33,233,206
7	美国	6,710.23	22,904,020
8	新加坡	4,914.33	10,574,155
9	西班牙	2,095.90	1,724,712
10	墨西哥	1,882.42	1,969,534
11	马来西亚	1,855.20	4,981,956
12	比利时	1,792.55	3,249,919
13	英国	1,702.25	7,135,110
14	瑞典	1,206.19	9,686,521
15	意大利	1,010.81	1,424,663
16	法国	951.03	9,976,149
17	南非	892.605	723,352
18	泰国	887.416	1,875,220
19	印度	766.324	2,041,105
20	巴西	684.287	643,210
21	中国澳门	233.779	2,075,754
22	加拿大	199.685	286,544
23	罗马尼亚	191.638	372,667
24	奥地利	112.656	991,382
25	越南	92.781	75,320
26	土耳其	77.95	85,820
27	丹麦	62.863	186,411
28	芬兰	48.938	112,152
29	印度尼西亚	48.769	118,139
30	卢森堡	10.866	34,476

表49　2009年中国大陆镀层板（带）进口分国别或地区统计汇总

序号	国别或地区	累计数量（吨）	累计金额（美元）
1	日本	1,229,075.19	1,139,249,979
2	中国香港	767,010.48	605,926,893
3	韩国	736,448.73	582,166,235
4	中国台湾省	423,581.26	322,603,008
5	荷兰	28,741.49	40,871,999
6	比利时	27,223.80	30,380,547
7	德国	25,485.44	46,583,614
8	哈萨克斯坦	15,954.16	11,870,626
9	马来西亚	6,142.57	5,259,888
10	美国	3,989.54	10,975,849
11	南非	3,924.83	2,358,869
12	新西兰	2,487.17	1,329,526
13	印度	2,299.21	2,090,165
14	澳大利亚	2,167.81	1,280,018
15	瑞典	1,772.01	3,809,333
16	英国	1,509.96	1,582,184
17	中国澳门	1,403.33	1,041,215
18	泰国	1,091.08	1,115,340
19	法国	969.104	1,814,119
20	俄罗斯联邦	859.585	589,695
21	新加坡	801.053	1,059,787
22	意大利	688.485	1,791,489
23	加拿大	250.749	163,801
24	西班牙	160.447	325,112
25	智利	160.125	108,885
26	墨西哥	157.843	162,127
27	丹麦	135.579	176,014
28	文莱	119.308	94,191
29	卢森堡	100.189	96,185
30	爱沙尼亚	60	36,799

表50　2009年中国大陆彩涂板（带）进口分国别或地区统计汇总

序号	国别或地区	累计数量（吨）	累计金额（美元）
1	韩国	261,393.47	290,259,985
2	日本	39,517.97	57,658,168
3	中国香港	28,512.04	44,648,860
4	中国台湾省	20,314.04	17,690,554
5	乌克兰	680.853	449,363
6	比利时	636.48	1,381,728
7	美国	612.643	1,756,357
8	荷兰	383.886	1,743,559
9	德国	373.827	795,457
10	西班牙	353.498	279,245
11	英国	202.908	436,460
12	澳大利亚	145.46	138,291
13	新加坡	134.812	212,098
14	瑞典	70.98	368,739
15	马来西亚	56.262	153,903
16	多米尼加共和国	45.708	72,882
17	法国	29.607	96,340
18	泰国	21.651	31,719
19	菲律宾	18.471	16,935
20	意大利	14.605	33,304
21	印度尼西亚	11.794	11,238
22	挪威	8.832	36,642
23	芬兰	1.5	2,875
24	加拿大	0.739	1,877
25	印度	0.465	946
26	巴西	0.178	1,783
27	立陶宛	0.1	1,178
28	南非	0.073	674
29	瑞士	0.012	310

表51　2009年中国大陆电工钢板（带）进口分国别或地区统计汇总

序号	国别或地区	累计数量（吨）	累计金额（美元）
1	日本	289,394.27	765,444,669
2	韩国	206,402.43	382,561,577
3	中国香港	154,189.61	163,715,699
4	中国台湾省	87,772.46	69,523,274
5	俄罗斯联邦	40,402.07	114,113,067
6	美国	32,488.73	120,308,819
7	法国	11,179.84	21,745,591
8	德国	2,305.44	3,952,875
9	荷兰	2,083.58	5,764,207
10	比利时	1,944.48	9,106,097
11	英国	1,460.24	5,728,574
12	波兰	1,231.31	3,511,879
13	巴西	751.107	2,068,326
14	捷克	690.14	1,864,772
15	意大利	629.251	1,684,529
16	新加坡	525.615	534,042
17	加拿大	303.083	859,458
18	泰国	292.541	509,590
19	南非	253.536	190,566
20	瑞典	239.663	1,806,175
21	土耳其	235.39	1,294,645
22	马来西亚	215.6	828,750
23	爱尔兰	202.981	795,963
24	阿拉伯联合酋长国	96.68	45,638
25	印度尼西亚	58.636	202,295
26	菲律宾	41.961	91,978
27	墨西哥	25.07	54,261
28	沙特阿拉伯	21	15,165
29	芬兰	5.152	27,280

表52　2009年中国大陆无缝管进口分国别或地区统计汇总

序号	国别或地区	累计数量（吨）	累计金额（美元）
1	日本	117,507.91	556,014,662
2	荷兰	61,122.92	516,677,456
3	美国	38,817.22	384,075,169
4	意大利	28,880.89	238,384,275
5	俄罗斯联邦	23,436.64	6,708,944
6	德国	19,137.34	149,362,096
7	韩国	9,410.15	44,710,606
8	英国	7,670.04	77,684,908
9	新加坡	7,597.30	25,734,245
10	阿根廷	6,165.87	11,201,320
11	中国香港	6,069.84	41,507,199
12	奥地利	4,789.67	11,077,793
13	比利时	4,767.69	50,966,766
14	西班牙	3,344.53	43,729,495
15	中国台湾省	1,594.94	6,285,706
16	法国	1,450.90	8,812,788
17	沙特阿拉伯	1,328.26	2,058,099
18	瑞典	970.149	17,813,321
19	印度尼西亚	752.507	1,021,618
20	印度	727.443	6,393,879
21	委内瑞拉	621.44	933,886
22	阿拉伯联合酋长国	570.415	1,217,688
23	白俄罗斯	553.039	497,734
24	墨西哥	417.679	519,291
25	加拿大	374.134	3,450,232
26	捷克	305.918	1,818,894
27	澳大利亚	254.475	2,661,509
28	科威特	185.672	317,479
29	埃及	102.263	191,377
30	乌拉圭	92.815	383,790

表53　2009年中国大陆焊管进口分国别或地区统计汇总

序号	国别或地区	累计数量（吨）	累计金额（美元）
1	日本	119,616.35	229,330,739
2	韩国	52,976.05	103,204,455
3	中国香港	32,474.26	47,869,057
4	中国台湾省	28,427.75	40,870,776
5	德国	9,772.14	56,935,665
6	奥地利	6,932.24	21,263,469
7	意大利	6,652.01	15,058,198
8	荷兰	5,413.79	21,898,224
9	美国	3,105.14	27,449,255
10	新加坡	2,428.08	7,210,921
11	澳大利亚	1,860.68	5,330,323
12	比利时	1,568.90	12,511,611
13	英国	1,193.91	3,462,111
14	印度	498.047	2,070,106
15	法国	474.6	4,006,397
16	瑞典	436.726	4,161,076
17	瑞士	343.46	1,096,652
18	马来西亚	197.31	1,380,318
19	芬兰	140.137	480,654
20	加拿大	132.082	337,992
21	阿拉伯联合酋长国	54.562	101,559
22	西班牙	51.85	178,123
23	巴西	45.884	150,454
24	阿尔及利亚	45.85	41,389
25	越南	41.485	71,210
26	吉尔吉斯斯坦	31.105	37,662
27	丹麦	29.9	545,412
28	以色列	20.93	470,121
29	阿根廷	15.658	70,156
30	波兰	9.87	51,312

表54　2009年我国从日本进口钢材统计汇总

品种	累计数量（吨）	累计金额（美元）
钢材	5,438,899.24	6,295,424,402
棒线材	342,663.18	423,184,426
角型材	153,501.59	129,177,372
板材	4,646,611.25	4,658,805,140
管材	237,280.27	785,828,334
铁道用材	22,634.50	107,988,280
其他钢材	36,208.45	190,440,850
特钢	766,600.33	1,741,650,554
铁道用材	22,634.50	107,988,280
大型型钢	142,390.25	113,743,921
中小型型钢	11,111.35	15,433,451
棒材	121,695.03	195,544,505
钢筋	4,051.44	4,455,127
线材	216,916.70	223,184,794
特厚板	13,031.09	18,072,818
厚钢板	149,232.95	151,838,953
中板	554,374.86	646,235,167
热轧薄板	94,435.58	80,513,132
冷轧薄板	99,966.77	191,153,523
中厚宽钢带	547,296.89	407,367,708
热轧薄宽钢带	620,556.51	338,223,893
冷轧薄宽带	962,719.56	678,286,823
热轧窄钢带	24,217.11	86,353,292
冷轧窄钢带	22,792.52	98,407,015
镀层板(带)	1,229,075.19	1,139,249,979
彩涂板(带)	39,517.97	57,658,168
电工钢板(带)	289,394.27	765,444,669
无缝管	117,507.91	556,014,662
焊管	119,616.35	229,330,739
铸铁管	156.018	482,933

表55　2009年我国从韩国进口钢材统计汇总

品种	累计数量（吨）	累计金额（美元）
钢材	3,991,416.89	3,630,260,933
棒线材	164,997.98	163,522,746
角型材	118,768.83	86,357,456
板材	3,547,912.61	3,016,093,454
管材	63,768.39	149,926,523
铁道用材	6,148.40	2,847,787
其他钢材	89,820.68	211,512,967
特钢	561,971.11	939,595,140
铁道用材	6,148.40	2,847,787
大型型钢	117,722.53	85,212,983
中小型型钢	1,046.30	1,144,473
棒材	28,537.86	40,897,090
钢筋	307.674	194,572
线材	136,152.44	122,431,084
特厚板	3,549.17	3,426,090
厚钢板	129,997.19	114,071,603
中板	37,852.31	42,614,896
热轧薄板	154,422.85	123,322,759
冷轧薄板	122,918.96	166,532,414
中厚宽钢带	193,165.97	210,800,126
热轧薄宽钢带	499,253.01	238,187,370
冷轧薄宽带	1,155,126.68	779,300,797
热轧窄钢带	5,276.24	13,316,387
冷轧窄钢带	42,105.60	69,533,215
镀层板(带)	736,448.73	582,166,235
彩涂板(带)	261,393.47	290,259,985
电工钢板(带)	206,402.43	382,561,577
无缝管	9,410.15	44,710,606
焊管	52,976.05	103,204,455
铸铁管	1,382.18	2,011,462

表56　2009年我国从中国台湾省进口钢材统计汇总

品种	累计数量（吨）	累计金额（美元）
钢材	1,809,720.95	1,443,223,470
棒线材	110,697.20	131,237,437
角型材	873.407	1,538,433
板材	1,647,247.83	1,214,235,005
管材	30,433.79	47,704,760
铁道用材	17.804	37,661
其他钢材	20,450.93	48,470,174
特钢	347,019.90	569,760,680
铁道用材	17.804	37,661
大型型钢	704.102	866,891
中小型型钢	169.305	671,542
棒材	22,392.38	36,102,226
钢筋	16,274.36	8,747,541
线材	72,030.47	86,387,670
特厚板	27.14	37,836
厚钢板	301.295	303,939
中板	7,049.20	9,757,444
热轧薄板	5,298.94	2,285,836
冷轧薄板	60,677.78	85,040,172
中厚宽钢带	44,630.53	33,674,573
热轧薄宽钢带	440,315.72	210,893,135
冷轧薄宽带	492,378.39	331,517,121
热轧窄钢带	17,127.90	28,494,993
冷轧窄钢带	47,773.18	102,413,120
镀层板(带)	423,581.26	322,603,008
彩涂板(带)	20,314.04	17,690,554
电工钢板(带)	87,772.46	69,523,274
无缝管	1,594.94	6,285,706
焊管	28,427.75	40,870,776
铸铁管	411.102	548,278

表57　2009年我国从德国进口钢材统计汇总

品种	累计数量（吨）	累计金额（美元）
钢材	249,924.17	769,495,810
棒线材	24,141.54	52,783,759
角型材	5,827.43	11,564,493
板材	148,656.71	280,851,853
管材	29,016.94	206,579,286
铁道用材	36,099.85	99,845,849
其他钢材	6,181.69	117,870,570
特钢	85,454.83	233,260,903
铁道用材	36,099.85	99,845,849
大型型钢	4,064.96	5,778,776
中小型型钢	1,762.47	5,785,717
棒材	17,686.80	44,814,358
钢筋	8.979	31,038
线材	6,445.77	7,938,363
特厚板	10,235.80	31,223,364
厚钢板	297.623	419,775
中板	31,270.30	83,751,110
热轧薄板	152.054	374,063
冷轧薄板	3,820.07	10,082,964
中厚宽钢带	10,818.60	19,088,294
热轧薄宽钢带	15,853.60	7,517,618
冷轧薄宽带	28,795.59	21,216,004
热轧窄钢带	9,751.14	22,613,509
冷轧窄钢带	9,497.23	33,233,206
镀层板(带)	25,485.44	46,583,614
彩涂板(带)	373.827	795,457
电工钢板(带)	2,305.44	3,952,875
无缝管	19,137.34	149,362,096
焊管	9,772.14	56,935,665
铸铁管	107.458	281,525

表58　2009年我国从美国进口钢材统计汇总

品种	累计数量（吨）	累计金额（美元）
钢材	157,547.77	836,535,280
棒线材	10,317.08	35,109,470
角型材	1,804.62	3,728,065
板材	92,329.00	294,728,832
管材	42,094.70	411,793,365
铁道用材	7,912.91	5,903,211
其他钢材	3,089.47	85,272,337
特钢	93,124.49	320,756,221
铁道用材	7,912.91	5,903,211
大型型钢	1,537.85	2,268,991
中小型型钢	266.771	1,459,074
棒材	9,517.67	33,002,996
钢筋	62.051	88,731
线材	737.36	2,017,743
特厚板	1,774.66	7,342,205
厚钢板	0.848	1,119
中板	3,853.37	24,207,745
热轧薄板	842.227	1,467,969
冷轧薄板	2,248.79	7,513,343
中厚宽钢带	35,541.81	92,522,579
热轧薄宽钢带	41.476	88,642
冷轧薄宽带	3,782.45	2,094,870
热轧窄钢带	442.226	3,545,315
冷轧窄钢带	6,710.23	22,904,020
镀层板(带)	3,989.54	10,975,849
彩涂板(带)	612.643	1,756,357
电工钢板(带)	32,488.73	120,308,819
无缝管	38,817.22	384,075,169
焊管	3,105.14	27,449,255
铸铁管	172.338	268,941

表59　2009年我国从欧盟27国进口钢材统计汇总

品种	累计数量（吨）	累计金额（美元）
钢材	1,004,981.35	3,082,055,730
棒线材	76,395.65	153,849,906
角型材	10,806.16	23,529,994
板材	620,862.04	1,101,343,306
管材	165,400.69	1,259,627,200
铁道用材	114,470.76	222,832,934
其他钢材	17,046.06	320,872,390
特钢	326,574.47	923,035,292
铁道用材	114,470.76	222,832,934
大型型钢	8,229.99	11,451,985
中小型型钢	2,576.16	12,078,009
棒材	34,287.85	113,554,791
钢筋	74.096	916,491
线材	42,033.70	39,378,624
特厚板	32,274.46	88,178,174
厚钢板	17,180.64	7,692,345
中板	138,805.72	369,175,206
热轧薄板	2,842.02	5,079,848
冷轧薄板	32,987.40	63,880,715
中厚宽钢带	76,681.93	135,204,273
热轧薄宽钢带	66,258.86	51,617,804
冷轧薄宽带	98,969.13	60,012,665
热轧窄钢带	14,273.02	44,970,175
冷轧窄钢带	29,680.02	86,856,864
镀层板(带)	86,869.39	127,548,320
彩涂板(带)	2,067.39	5,138,975
电工钢板(带)	21,972.08	55,987,942
无缝管	132,578.65	1,118,085,350
焊管	32,689.45	140,853,746
铸铁管	132.592	688,104

表60　2009年我国从独联体进口钢材统计汇总

品种	累计数量（吨）	累计金额（美元）
钢材	2,183,565.56	1,046,178,203
棒线材	10,446.24	5,491,835
角型材	8,394.53	2,273,532
板材	2,008,837.74	995,486,086
管材	24,038.73	7,561,693
铁道用材	131,823.66	35,061,924
其他钢材	24.656	303,133
特钢	326,537.91	237,037,825
铁道用材	131,823.66	35,061,924
大型型钢	40.5	12,150
中小型型钢	8,354.03	2,261,382
棒材	10,191.07	5,275,268
钢筋	90.278	43,876
线材	164.894	172,691
特厚板	136.582	51,590
厚钢板	5,167.30	1,951,789
中板	9,481.10	3,610,122
热轧薄板	6,270.24	2,111,042
冷轧薄板	32,520.71	13,993,679
中厚宽钢带	94,204.36	36,596,791
热轧薄宽钢带	934,160.98	389,390,997
冷轧薄宽带	868,999.80	420,757,325
热轧窄钢带		
冷轧窄钢带		
镀层板(带)	16,813.75	12,460,321
彩涂板(带)	680.853	449,363
电工钢板(带)	40,402.07	114,113,067
无缝管	24,007.45	7,519,510
焊管	31.287	42,183
铸铁管		

表61　2009年我国从东南亚进口钢材统计汇总

品种	累计数量（吨）	累计金额（美元）
钢材	134,122.67	200,649,372
棒线材	1,748.69	6,585,138
角型材	1,012.24	1,835,187
板材	118,326.11	125,746,688
管材	11,172.11	36,035,711
铁道用材	37.806	186,917
其他钢材	1,825.72	30,259,731
特钢	16,577.42	67,969,347
铁道用材	37.806	186,917
大型型钢	975.973	1,439,640
中小型型钢	36.262	395,547
棒材	1,537.40	6,268,225
钢筋	167.931	164,010
线材	43.353	152,903
特厚板	350.788	483,835
厚钢板	1,302.41	1,802,130
中板	4,739.22	15,237,352
热轧薄板	38.939	80,694
冷轧薄板	3,544.75	6,758,312
中厚宽钢带	5,940.11	5,059,864
热轧薄宽带	51,360.31	23,496,691
冷轧薄宽带	30,344.25	17,675,182
热轧窄钢带	3,338.16	27,358,921
冷轧窄钢带	7,800.81	17,638,611
镀层板(带)	8,189.02	7,562,548
彩涂板(带)	242.99	425,893
电工钢板(带)	1,134.35	2,166,655
无缝管	8,435.60	27,127,975
焊管	2,672.64	8,720,834
铸铁管	63.873	186,902

表62　2009年我国出口到韩国钢材统计汇总

品种	累计数量（吨）	累计金额（美元）
钢材	3,991,416.89	3,630,260,933
棒线材	164,997.98	163,522,746
角型材	118,768.83	86,357,456
板材	3,547,912.61	3,016,093,454
管材	63,768.39	149,926,523
铁道用材	6,148.40	2,847,787
其他钢材	89,820.68	211,512,967
特钢	561,971.11	939,595,140
铁道用材	6,148.40	2,847,787
大型型钢	117,722.53	85,212,983
中小型型钢	1,046.30	1,144,473
棒材	28,537.86	40,897,090
钢筋	307.674	194,572
线材	136,152.44	122,431,084
特厚板	3,549.17	3,426,090
厚钢板	129,997.19	114,071,603
中板	37,852.31	42,614,896
热轧薄板	154,422.85	123,322,759
冷轧薄板	122,918.96	166,532,414
中厚宽钢带	193,165.97	210,800,126
热轧薄宽钢带	499,253.01	238,187,370
冷轧薄宽带	1,155,126.68	779,300,797
热轧窄钢带	5,276.24	13,316,387
冷轧窄钢带	42,105.60	69,533,215
镀层板(带)	736,448.73	582,166,235
彩涂板(带)	261,393.47	290,259,985
电工钢板(带)	206,402.43	382,561,577
无缝管	9,410.15	44,710,606
焊管	52,976.05	103,204,455
铸铁管	1,382.18	2,011,462

表63 2009年我国出口到美国钢材统计汇总

品种	累计数量（吨）	累计金额（美元）
钢材	1,049,748.00	1,510,552,378
棒线材	26,906.39	44,513,300
角型材	12,682.48	13,038,979
板材	226,615.29	225,163,276
管材	502,179.61	761,781,486
铁道用材	19,599.82	23,697,803
其他钢材	261,764.41	442,357,534
特钢	85,707.97	147,653,446
铁道用材	19,599.82	23,697,803
大型型钢	11,762.63	12,071,483
中小型型钢	919.855	967,496
棒材	16,681.66	37,711,147
钢筋	3,058.85	1,728,252
线材	7,165.87	5,073,901
特厚板	2,065.90	1,225,781
厚钢板	8,248.77	4,606,455
中板	20,364.61	25,266,194
热轧薄板	82.579	151,990
冷轧薄板	16,440.53	38,382,227
中厚宽钢带	2,498.52	5,159,776
热轧薄宽钢带	280.388	805,524
冷轧薄宽带	22,568.00	13,542,573
热轧窄钢带	233.77	1,158,279
冷轧窄钢带	1,559.31	2,450,593
镀层板(带)	119,447.68	102,282,245
彩涂板(带)	26,388.18	25,076,453
电工钢板(带)	6,437.06	5,055,186
无缝管	406,278.44	659,091,817
焊管	77,332.46	87,910,994
铸铁管	18,568.71	14,778,675

表64 2009年我国出口到越南钢材统计汇总

品种	累计数量（吨）	累计金额（美元）
钢材	1,473,934.03	927,157,289
棒线材	172,539.86	96,953,607
角型材	57,439.73	33,384,861
板材	1,048,785.69	612,089,036
管材	91,749.11	90,053,155
铁道用材	30,445.10	30,749,367
其他钢材	72,974.55	63,927,263
特钢	484,584.56	297,921,028
铁道用材	30,445.10	30,749,367
大型型钢	51,595.62	28,772,300
中小型型钢	5,844.11	4,612,561
棒材	35,862.09	25,426,497
钢筋	108.117	92,871
线材	136,569.65	71,434,239
特厚板	3,002.92	2,037,205
厚钢板	41,073.75	22,769,182
中板	342,452.65	174,482,658
热轧薄板	4,537.17	3,779,624
冷轧薄板	15,198.46	23,647,628
中厚宽钢带	269,413.86	134,995,231
热轧薄宽钢带	98,796.24	49,928,428
冷轧薄宽带	102,320.07	59,634,500
热轧窄钢带	27,703.98	30,641,467
冷轧窄钢带	33,898.64	35,540,474
镀层板(带)	59,758.77	42,948,544
彩涂板(带)	50,627.20	31,681,945
电工钢板(带)	2	2,150
无缝管	48,073.26	53,887,843
焊管	23,248.98	21,200,833
铸铁管	20,426.87	14,964,479

表65　2009年我国出口到意大利钢材统计汇总

品种	累计数量（吨）	累计金额（美元）
钢材	407,599.46	385,157,515
棒线材	5,751.26	9,001,367
角型材	600.824	760,054
板材	300,952.59	228,104,300
管材	49,958.97	62,895,272
铁道用材	522.773	486,881
其他钢材	49,813.05	83,909,641
特钢	49,522.85	71,066,928
铁道用材	522.773	486,881
大型型钢	384.003	413,314
中小型型钢	216.821	346,740
棒材	5,686.25	8,950,642
钢筋		
线材	65.005	50,725
特厚板	2,127.55	1,161,731
厚钢板	8,182.42	4,491,472
中板	15,301.66	12,948,686
热轧薄板	8,106.90	4,248,613
冷轧薄板	3,332.75	8,400,415
中厚宽钢带	95,461.57	61,466,506
热轧薄宽钢带	23,281.59	12,000,258
冷轧薄宽带	29,570.16	19,723,954
热轧窄钢带	151.647	378,838
冷轧窄钢带	1,648.17	1,185,110
镀层板(带)	74,772.63	68,084,956
彩涂板(带)	23,794.14	18,303,983
电工钢板(带)	15,221.41	15,709,778
无缝管	35,875.01	48,956,535
焊管	13,313.40	13,187,404
铸铁管	770.558	751,333

表66　2009年我国出口到伊朗钢材统计汇总

品种	累计数量（吨）	累计金额（美元）
钢材	585,174.70	578,942,706
棒线材	13,669.53	15,400,831
角型材	17,991.32	11,676,064
板材	268,643.54	193,565,956
管材	199,917.03	258,945,789
铁道用材	21,104.81	22,050,759
其他钢材	63,848.48	77,303,307
特钢	74,559.88	61,600,860
铁道用材	21,104.81	22,050,759
大型型钢	17,167.60	10,937,120
中小型型钢	823.718	738,944
棒材	11,666.17	14,142,654
钢筋	0	0
线材	2,003.36	1,258,177
特厚板	104.725	79,992
厚钢板	7,132.40	4,634,019
中板	4,141.66	3,172,491
热轧薄板	444.422	357,633
冷轧薄板	2,138.04	4,994,423
中厚宽钢带	103,268.00	64,172,905
热轧薄宽钢带	26,769.22	13,855,110
冷轧薄宽带	501.065	454,384
热轧窄钢带	504.784	670,541
冷轧窄钢带	999.661	1,161,749
镀层板(带)	95,050.45	76,576,046
彩涂板(带)	26,793.97	22,492,996
电工钢板(带)	795.136	943,667
无缝管	143,179.76	200,147,811
焊管	54,717.99	57,380,757
铸铁管	2,019.27	1,417,221

表67 2009年我国出口到印度钢材统计汇总

品种	累计数量（吨）	累计金额（美元）
钢材	1,182,777.19	1,013,266,935
棒线材	59,226.27	48,180,294
角型材	11,114.23	8,418,680
板材	739,724.25	450,935,574
管材	299,464.51	386,901,656
铁道用材	18,522.72	39,140,192
其他钢材	54,725.22	79,690,539
特钢	276,350.27	207,695,772
铁道用材	18,522.72	39,140,192
大型型钢	9,990.56	7,436,781
中小型型钢	1,123.67	981,899
棒材	47,833.68	40,371,509
钢筋	0	0
线材	11,392.58	7,808,785
特厚板	5,016.36	5,805,122
厚钢板	7,427.00	4,359,882
中板	44,534.14	28,868,207
热轧薄板	265.164	335,217
冷轧薄板	3,164.83	5,705,795
中厚宽钢带	388,153.73	213,046,567
热轧薄宽钢带	126,798.06	65,577,769
冷轧薄宽带	34,419.67	23,010,302
热轧窄钢带	33,106.05	18,992,023
冷轧窄钢带	8,895.61	18,706,179
镀层板(带)	67,808.02	51,495,975
彩涂板(带)	6,168.87	4,788,961
电工钢板(带)	13,966.74	10,243,575
无缝管	273,628.52	361,359,935
焊管	25,377.39	25,144,914
铸铁管	458.601	396,807

表68 2009年我国出口到比利时钢材统计汇总

品种	累计数量（吨）	累计金额（美元）
钢材	294,696.18	302,512,318
棒线材	13,601.71	17,208,054
角型材	2,165.14	2,133,633
板材	227,419.00	178,485,190
管材	34,028.59	63,018,215
铁道用材	52.887	41,395
其他钢材	17,428.85	41,625,831
特钢	20,499.29	32,710,462
铁道用材	52.887	41,395
大型型钢	1,969.89	1,951,900
中小型型钢	195.248	181,733
棒材	13,582.57	17,190,437
钢筋	0	0
线材	19.14	17,617
特厚板	26,635.86	33,477,382
厚钢板	16,189.06	11,286,034
中板	17,792.10	19,018,048
热轧薄板	0	0
冷轧薄板	1,185.95	2,985,625
中厚宽钢带	41,721.81	23,324,278
热轧薄宽钢带	2,327.90	1,444,617
冷轧薄宽带	7,614.19	4,735,071
热轧窄钢带	1,254.59	1,013,351
冷轧窄钢带	561.637	644,370
镀层板(带)	78,902.61	53,261,320
彩涂板(带)	33,213.80	27,265,923
电工钢板(带)	19.51	29,171
无缝管	20,708.17	51,461,724
焊管	12,274.67	10,545,903
铸铁管	1,045.75	1,010,588

表69　2009年我国出口到西班牙钢材统计汇总

品种	累计数量（吨）	累计金额（美元）
钢材	264,722.70	222,122,385
棒线材	432.838	1,288,852
角型材	638.095	878,242
板材	177,951.77	116,943,933
管材	55,448.01	56,363,443
铁道用材	323.962	982,976
其他钢材	29,928.03	45,664,939
特钢	6,861.32	8,898,153
铁道用材	323.962	982,976
大型型钢	550.92	617,819
中小型型钢	87.175	260,423
棒材	386.738	1,241,313
钢筋	27.766	33,422
线材	18.334	14,117
特厚板	12,817.93	7,892,276
厚钢板	24,294.66	13,624,547
中板	18,193.15	10,459,419
热轧薄板	4,340.86	2,175,796
冷轧薄板	501.809	1,311,575
中厚宽钢带	22,380.69	11,767,983
热轧薄宽钢带	5,746.44	3,244,445
冷轧薄宽带	3,213.30	2,133,661
热轧窄钢带	96.42	433,446
冷轧窄钢带	53.238	54,611
镀层板(带)	35,777.77	25,597,748
彩涂板(带)	50,535.05	38,245,280
电工钢板(带)	0.464	3,146
无缝管	20,699.68	25,256,666
焊管	6,578.69	9,388,135
铸铁管	28,169.64	21,718,642

表70　2009年我国出口到新加坡钢材统计汇总

品种	累计数量（吨）	累计金额（美元）
钢材	657,970.83	580,686,155
棒线材	4,046.41	7,429,446
角型材	74,159.47	40,820,838
板材	258,016.39	196,087,779
管材	251,540.46	248,940,812
铁道用材	25,686.67	19,146,448
其他钢材	44,521.43	68,260,832
特钢	28,018.69	32,147,067
铁道用材	25,686.67	19,146,448
大型型钢	70,685.86	36,991,882
中小型型钢	3,473.61	3,828,956
棒材	3,912.48	7,279,759
钢筋	88.314	52,516
线材	45.622	97,171
特厚板	2,781.82	2,415,649
厚钢板	14,474.74	7,706,861
中板	89,804.74	49,519,332
热轧薄板	3,765.32	2,149,883
冷轧薄板	3,086.58	6,861,522
中厚宽钢带	13,801.80	8,459,932
热轧薄宽钢带	5,185.56	3,081,669
冷轧薄宽带	6,662.96	4,729,118
热轧窄钢带	2,092.52	1,814,236
冷轧窄钢带	1,889.05	3,953,562
镀层板(带)	54,260.45	43,696,597
彩涂板(带)	58,011.07	59,951,203
电工钢板(带)	2,199.78	1,748,215
无缝管	173,250.25	187,814,576
焊管	64,659.24	50,602,779
铸铁管	13,630.98	10,523,457

表71 2009年我国出口到中国香港钢材统计汇总

品种	累计数量（吨）	累计金额（美元）
钢材	517,591.12	526,035,980
棒线材	15,530.21	22,549,233
角型材	73,019.80	45,640,750
板材	302,879.43	307,496,320
管材	94,674.68	87,677,975
铁道用材	1,798.39	1,723,224
其他钢材	29,688.62	60,948,478
特钢	80,824.84	149,544,951
铁道用材	1,798.39	1,723,224
大型型钢	70,819.54	43,352,889
中小型型钢	2,200.27	2,287,861
棒材	14,417.26	19,795,509
钢筋	0	0
线材	1,112.95	2,753,724
特厚板	4,705.18	3,145,200
厚钢板	12,972.66	7,399,365
中板	10,495.71	10,839,663
热轧薄板	370.86	230,069
冷轧薄板	26,566.55	58,652,319
中厚宽钢带	6,551.47	14,086,433
热轧薄宽钢带	1,289.22	851,295
冷轧薄宽带	30,609.43	18,216,746
热轧窄钢带	3,853.42	6,351,061
冷轧窄钢带	8,146.33	26,012,313
镀层板(带)	154,486.21	125,687,198
彩涂板(带)	16,058.30	16,232,034
电工钢板(带)	26,774.09	19,792,624
无缝管	12,473.71	16,214,458
焊管	65,851.57	55,404,197
铸铁管	16,349.39	16,059,320

表72 2009年我国出口到东南亚钢材统计汇总

品种	累计数量（吨）	累计金额（美元）
钢材	4,586,977.53	3,450,315,931
棒线材	640,182.68	389,696,996
角型材	328,087.07	185,227,944
板材	2,214,825.82	1,476,059,981
管材	851,576.40	848,809,906
铁道用材	152,232.63	150,137,958
其他钢材	400,072.93	400,383,146
特钢	1,058,023.36	720,884,092
铁道用材	152,232.63	150,137,958
大型型钢	270,184.50	148,349,093
中小型型钢	57,902.57	36,878,851
棒材	239,070.83	162,774,760
钢筋	28,634.26	20,235,703
线材	372,477.59	206,686,533
特厚板	13,344.20	9,567,130
厚钢板	65,746.00	37,630,179
中板	510,340.75	283,317,231
热轧薄板	17,986.30	13,794,484
冷轧薄板	40,136.04	66,520,169
中厚宽钢带	398,568.28	208,463,965
热轧薄宽钢带	144,637.34	75,313,247
冷轧薄宽带	281,605.77	169,864,696
热轧窄钢带	43,868.69	43,933,987
冷轧窄钢带	72,626.53	67,612,316
镀层板(带)	436,972.49	343,497,663
彩涂板(带)	180,708.90	149,772,027
电工钢板(带)	8,284.54	6,772,887
无缝管	519,157.04	571,659,581
焊管	288,999.22	245,454,576
铸铁管	43,420.14	31,695,749

表73　2009年我国出口到中东钢材统计汇总

品种	累计数量（吨）	累计金额（美元）
钢材	2,548,053.60	2,615,200,572
棒线材	72,148.27	58,023,307
角型材	57,476.18	36,860,986
板材	756,902.50	586,385,043
管材	1,375,005.58	1,590,544,278
铁道用材	55,795.44	72,670,955
其他钢材	230,725.63	270,716,003
特钢	177,401.49	181,814,237
铁道用材	55,795.44	72,670,955
大型型钢	51,920.75	32,262,014
中小型型钢	5,555.43	4,598,972
棒材	53,927.10	46,890,148
钢筋	11,039.56	6,771,962
线材	7,181.61	4,361,197
特厚板	1,470.16	1,157,492
厚钢板	10,149.57	6,592,709
中板	32,697.68	31,278,822
热轧薄板	3,829.75	2,933,181
冷轧薄板	17,442.68	32,034,399
中厚宽钢带	269,733.50	182,166,128
热轧薄宽钢带	34,863.57	18,130,691
冷轧薄宽带	7,344.38	5,269,977
热轧窄钢带	9,328.34	8,194,876
冷轧窄钢带	6,439.94	6,426,138
镀层板(带)	240,293.46	191,222,224
彩涂板(带)	121,753.22	98,678,073
电工钢板(带)	1,556.26	2,300,333
无缝管	830,204.31	1,046,826,633
焊管	299,342.85	324,164,366
铸铁管	245,458.42	219,553,279

表74　2009年我国出口到欧盟27国钢材统计汇总

品种	累计数量（吨）	累计金额（美元）
钢材	1,642,560.58	1,726,816,984
棒线材	32,185.69	51,369,868
角型材	13,618.25	14,515,761
板材	1,040,238.05	772,073,084
管材	245,730.75	330,946,741
铁道用材	7,076.63	14,385,654
其他钢材	303,711.21	543,525,876
特钢	143,628.36	210,458,467
铁道用材	7,076.63	14,385,654
大型型钢	12,181.65	12,038,996
中小型型钢	1,436.59	2,476,765
棒材	31,315.88	48,749,431
钢筋	44.656	46,172
线材	825.152	2,574,265
特厚板	45,986.96	45,430,542
厚钢板	66,980.87	40,816,279
中板	81,290.34	68,284,369
热轧薄板	12,497.70	6,457,725
冷轧薄板	9,692.30	24,246,529
中厚宽钢带	234,624.08	134,990,008
热轧薄宽钢带	44,425.98	23,044,509
冷轧薄宽带	41,251.33	27,228,604
热轧窄钢带	4,357.09	5,658,321
冷轧窄钢带	4,541.05	5,970,947
镀层板(带)	290,479.91	222,427,731
彩涂板(带)	187,873.59	150,905,712
电工钢板(带)	16,236.86	16,611,808
无缝管	126,701.08	219,304,675
焊管	74,311.64	74,890,114
铸铁管	44,718.03	36,751,952

表75　2009年我国出口到独联体钢材统计汇总

品种	累计数量（吨）	累计金额（美元）	品种	累计数量（吨）	累计金额（美元）
钢材	1,213,475.76	1,919,854,870	厚钢板	984.619	1,697,827
棒线材	13,942.46	11,625,236	中板	10,196.83	16,545,802
角型材	16,609.98	13,575,541	热轧薄板	587.074	563,214
板材	378,890.26	340,204,088	冷轧薄板	6,925.53	11,535,061
管材	726,091.36	1,439,013,017	中厚宽钢带	299.72	372,779
铁道用材	1,035.10	1,403,974	热轧薄宽钢带	606.58	710,161
其他钢材	76,906.60	114,033,014	冷轧薄宽带	543.806	399,717
特钢	20,521.00	32,612,825	热轧窄钢带	7,092.67	4,831,850
铁道用材	1,035.10	1,403,974	冷轧窄钢带	845.618	992,560
大型型钢	14,886.27	11,975,757	镀层板(带)	164,986.76	143,655,813
中小型型钢	1,723.71	1,599,784	彩涂板(带)	185,659.81	158,771,089
棒材	3,326.14	3,754,527	无缝管	90.378	82,862
钢筋	8,310.61	5,999,042	焊管	162,697.22	345,054,481
线材	2,305.71	1,871,667	铸铁管	561,735.46	1,092,371,444
特厚板	70.884	45,353			

附　　录

附录1 中国钢铁贸易大事记

1月1日，财政部、国家税务总局昨日联合发布通知称，包括铝矿砂及其精矿在内的82类矿产品的进口环节增值税税率，由13%提高到17%。

1月4日，国内首台Φ5m×8.5m溢流型球磨机的研制成功，对提升我国大型磨机的技术装备制造水平，做强做大我国大型磨机的品牌具有非常重要的意义。

1月6日，欧盟外交官员表示，欧盟委员会（EC）将对来自中国和摩尔多瓦（Moldova）的进口线材征收临时关税。同时，欧盟还将继续调查以决定是否有必要征收永久关税。如果欧盟委员会裁决有必要征收永久关税，那其必须寻求欧盟27国政府的批准。

1月16日，钢材期货有望今年3月前后在上海期货交易所推出，首批上市品种为线材和螺纹钢。

1月22日，美国商务部表示，已设定针对中国制造商生产的不锈钢焊接钢管的惩罚性关税税率。美国商务部计划对这些主要用于输送液体和气体的不锈钢管产品征收10.5%-55.2%的反倾销关税，以及1.1%-299.2%不等的反补贴关税。

2月5日，中国首期四个战略石油储备基地已全部完工，并已于去年全面投用。今年，中国还将开建锦州等八个战略石油储备基地。

2月7日，西气东输二线东段工程正式在广东深圳开工建设。西气东输二线工程首次采用X80级钢材，是迄今世界上采用X80级钢材的最大管道工程。工程建设将带动国内机械、电子、冶金、建材、施工建设及天然气利用等相关产业发展，直接投资超过3000亿元。

2月7日，欧盟对原产于中国、土耳其和摩尔多瓦的线材作出反倾销初裁。

3月8日，美国USS公司、Maverick钢管公司等7家钢管厂和钢铁工人联合会请求美国商务部和国际贸易委员会，对中国石油钢管（OCTG）进行反倾销和反补贴调查。

3月11日，国家环境保护部负责人表示，今年已经叫停一批存在环境隐患的项目，涉及总投资一千多亿元。

3月17日，美国商务部基于不锈钢压力管反倾销反补贴合并调查的肯定性倾销和损害终裁，在《联邦纪事》发布对中国输美的不锈钢压力管产品所适用的反倾销税令。鉴此，美海关将依据该税令对进口的涉案产品征收反倾销税和反补贴税。

3月24日，美国《财富》杂志最新公布了2009年度“全球最受尊敬企业”排行榜，宝钢再度榜上有名。据了解，中国内地此次仅宝钢一家企业荣获了该称号。《财富》杂志同时推出了64个行业榜单，宝钢在全球金属行业排行榜中名列第二。

4月1日，包括钢材等六大产品出口退税作出调整。市场普遍预计，包括冷板、镀锌、合金钢等在内的高附加值产品出口退税可能上调至13%，而热卷出口可能继续维持零税率，即便调整，幅度也不会太大。而一些低附加值产品不会调整出口退税。

4月 8 日，金融危机不仅从金融业蔓延至汽车和房地产业，其上游的钢铁行业也受到极大影响。全球最大的钢铁企业安赛乐米塔尔集团内部人士透露，目前集团在整个欧洲地区的开工率不足一半，有些炼铁厂干脆全部停产。

4月8日，欧委会发布公告，对中国产无缝钢管征收临时反倾销税，商务部公平贸易局负责人日前发表谈话，对此表示高度关切。

4月9日，美国钢铁业周三提起一项针对中国的反倾销诉讼，称中国钢铁制造商去年不公平地向美国倾销部分型号的钢管，诉讼金额高达27亿美元。

4月19日，第105届中国出口商品交易会（广交会）一期闭幕。广交会副秘书长、新闻发言人慕新海20日介绍说，本届广交会一期累计出口成交额130.3亿美元，比第104届同期下降20.8%。本期到会境外采购商共计82520人，同比下降5.4%。

5月8日，英国杂志Metal Britain日前公布了2008年世界钢企粗钢产量排名。在前十名中，中国企业占据4席，分别是宝钢集团、河北钢铁集团、武汉钢铁和江苏沙钢集团。

5月15日，由国内两大煤钢巨头——山西焦煤集团与太钢集团联合组建的山西煤钢联能源开发有限公司在太原揭牌。

5月18日，中国钢铁工业协会秘书长单尚华表示，商务部正组织对俄罗斯出口我国的热轧板卷等产品进行反倾销调查工作。

5月19日，越南政府已批准了中国钢铁、日本住友金属工业(Sumitomo Metal Industries Ltd.,)和其他合作伙伴在越南兴建一座冷轧钢厂的计划。

6月1日，商务部发布公告，决定自即日起对原产于美国和俄罗斯的进口取向电工钢进行反倾销立案调查，同时决定自即日起对原产于美国的进口取向电工钢进行反补贴立案调查。

6月4日，商务部表示,今年部分轻工、石化、钢铁和有色金属等共79个商品被剔除出加工贸易禁止类目录,我国不再禁止这些产品在中国加工后出口，上述商品确不属高排放和高能耗,此解禁旨在保持外贸稳定发展。

6月17日，美商务部决定对我输美预应力混凝土用钢绞线产品发起反倾销反补贴合并调查。这是美国对我发起的第15起双反调查，也是今年继油井管案之后美国内产业对我提起的第2起双反调查。

6月22日，中国船舶工业集团公司、宝钢集团有限公司、中国海运（集团）总公司三大中央直属企业共同投资组建中船广州龙穴造船有限公司，联手打造华南地区最大的造船“航母”。

6月23日，欧洲钢铁联盟称，欧盟已决定对从中国进口的线材征收24%的反倾销关税。欧盟反倾销委员会18日决定征收反倾销关税。

7月1日，2009年世界500强榜单上，有3家来自中国内地的钢铁企业——宝钢集团、河北钢铁集团和江苏沙钢集团。

7月2日，中铝正式认购力拓配股，斥15亿美元维持9%股份。

7月10日，美国国际贸易委员会（ITC）的六名委员一致裁定，来自中国的混凝土钢绞线已经对美国相关产业造成损害。美国商务部已经于6月16日发起反倾销、反补贴调查，估计倾销幅度在140.16%到314.59%之间。

7月14日，日本钢铁巨头新日本制铁宣布从8月

2日开始重开大分制铁所的1号高炉。这将是该高炉自今年2月1日熄火以来首次开炉炼钢。

7月14日，美国商务部发布公告，对进口自中国的普碳定尺中厚板作出反规避初裁。

7月27日，欧盟外长会议决定对产自中国的线材征收高达24%的反倾销税，期限为5年。这项决定没有经过讨论便获得通过，而根据规定，征收反倾销税需要27个欧盟成员国的批准才能实施。

7月27日，国际钢铁统计局(ISSB)表示，今年上半年中国钢铁产品出口数量由去年同期的世界第一位跌至世界第七位，并且第二季度出现自2005年第四季度以来的首次钢铁季度净进口。

7月28日，欧盟反倾销委员会在布鲁塞尔投票表决，支持欧盟委员会对产自中国的无缝钢管征收为期5年的正式反倾销税的建议，以取代此前为期6个月的临时反倾销税。

8月5日，世界钢铁动态公司（WSD）公布了2009年“世界级钢铁公司”名单，共有32家公司入选，宝钢集团公司位列第三。此外，鞍本集团列第19位、马钢列第26位、武钢列第29位、沙钢列第31位，入选的中国钢铁企业占中国钢铁企业总发货量的25%左右。

8月12日，欧盟委员会宣布，对中国企业绕道韩国和马来西亚向欧盟出口钢索和钢缆以逃避欧盟反倾销税的情况展开调查。

8月17日，德国最大钢铁制造商蒂森－克虏伯集团14日公布财报说，该集团本财年第三季度（截至6月底）出现净亏损6.39亿欧元，远高于市场预计的4.64亿欧元。上年度同期，该集团曾盈利5.73亿欧元。

8月21日，国际钢铁协会(worldsteel)的统计数据表明，2009年7月份全球66个主要产钢国和地区粗钢产量为1.0386亿吨，同比下降11.1%，环比增长4.2%，自从去年9月份以来，粗钢产量首次突破一亿吨。

8月24日，加拿大边境服务署正式立案对原产于或出口自中国的石油管材发起反倾销反补贴合并调查。

9月1日,中国炼焦行业协会秘书长杨文彪表示,焦炭作为煤化工传统子行业,由于产能出现结构性过剩,将面临三年新项目“限批令”。

9月1日，中国国务院总理温家宝在中南海紫光阁会见世界银行行长佐利克时指出，我们将继续实行积极的财政政策和适度宽松的货币政策，全面落实并丰富完善应对国际金融危机的一揽子计划，努力实现经济社会发展的预期目标。

9月10日，美国商务部称，对从中国进口的石油用钢管征收临时反补贴税，税率为10.90%–30.69%。其中，中国浙江健力股份有限公司的反倾销税率最高，为30.69%，无锡无缝钢管公司为24.92%，江苏常宝钢管公司24.33%，天津钢管集团公司10.90%，其他厂家为21.33%。

9月11日，在通过现金选择权第三方身份介入攀钢集团旗下三家上市公司吸收合并的重组后,鞍钢集团对攀钢集团在集团层面的整合终于启动。目前鞍钢集团和攀钢集团在集团层面上的整合已经在进行当中,在集团层面整合完成后,两家公司还将在资本市场上进一步整合。

9月13日，商务部依照我国法律和世贸组织规则，对原产于美国的部分进口汽车产品和肉鸡产品启动了反倾销和反补贴立案审查程序。

9月17日，美国钢公司(USS)也请求美国商务部对原产于中国的碳钢和合金钢制无缝标准管和压力管进行反倾销和反补贴调查，要求政府对中国产品加征最多达90%的反倾销和反补贴关税。

9月24日，欧盟决定，对产自中国的无缝钢管和铝箔征收为期5年的正式反倾销税，税率分别高达39.2%和30%。

10月6日，欧盟裁定中国输欧无缝钢管对其产业构成损害威胁，决定征收17.7%-39.2%的最终反倾销税。中国商务部有关负责人对此表示遗憾与不满，并强调将坚决维护中国企业的正当权益。

10月7日，美国商务部宣布对从中国进口的无缝钢管发起反倾销和反补贴税调查。此举可能导致美国对此类产品设置新关税。

10月9日，欧盟日前决定，对产自中国的无缝钢管和铝箔征收为期5年的正式反倾销税，税率分别高达39.2%和30%。正式反倾销税适用于圆截面和外部直径不超过406.4毫米的无缝钢管，此外还涉及铝箔产品。正式反倾销税是在为期6个月的临时关税到期后实施的。

10月15日，澳大利亚海关近日就对华碳钢焊管（也称空心钢管）反倾销复审案发布公告,决定继续维持现行4%的反倾销税或相关企业做出的价格承诺。

10月29日，阿根廷工业和旅游部近日宣布对来自中国的不锈钢餐具和管道附件采取反倾销措施，同时对从中国进口的加热器进行反倾销调查。

11月2日，首钢宣布：由首钢控股51%的北京京西重工有限公司在底特律签约收购美国德尔福公司的减振制动部门。这标志着目前中国最大的汽车零部件海外并购案终成正果，京西重工这个汽车零部件新秀也得以借此跻身汽车底盘件的高端市场。

11月3日，阿根廷工业和旅游部宣布，将对从中国进口的钢管展开反倾销调查。

11月3日，美国国际贸易委员会近日投票通过了对中国无缝钢管进行反倾销反补贴调查，并且称，有合理迹象表明，美国的相关产业受到了进口自中国的无缝碳钢、合金钢标准管、管线管和压力管等威胁，这是批准该项调查的原因。

11月4日，武钢集团宣布，澳大利亚外商投资审查委员会(FIRB)正式批准武钢和澳大利亚南澳洲CXM公司合作铁矿项目。

11月5日，美国商务部对中国产品再次采取大的贸易行动，初步裁定对中国生产的石油钢管征收高额反倾销税，税率36.53%-99.14%。这也是继今年9月份美国商务部对中国石油钢管裁决征收反补贴税后的又一大贸易案。

11月6日，美国国际贸易委员会以6：0的投票结果初裁认定中国产紧固件没有对美国产业造成实质损害或实质损害威胁，美国国际贸易委员会因此终止对华紧固件反倾销反补贴合并调查。

11月9日，美对中国油井管加征最高99%反倾销税，涉案金额32亿美元，是迄今外国对中国“双反”最大案值的案件。

11月12日，据外电报道，中信泰富已经签订了初步协议，将其澳大利亚的40亿美元项目出产铁矿石的2/3出售给中国的钢厂。

11月23日，宝钢集团有限公司与澳洲上市公司Aquila资源有限公司在北京举行股权交接仪式，这是宝钢第一次在海外投资上市公司。

11月24日，美国商务部宣布将中国石油管进口平均反补贴税率由9月设定的21.3%下调至13.2%，范围在10.36%-15.78%之间，涉及此次调整的中国石油钢管总价约27亿美元。

11月24日,美国商务部（DOC）作出终裁决定,以中国油井管（OCTG）存在补贴为由,宣称将对相关产品实施10.36%至15.78%的反补贴关税制裁。该案涉及金额约27亿美元,是迄今为止美对华贸易制裁最大的一起案件,也是奥巴马政府上台后,第一起针对中国的“双反（反补贴、反倾销）”案件。

11月26日,加拿大边境服务署近日就对华石油管材反倾销反补贴案做出初裁,裁决称,自公告之日起,进口的上述产品将被征收与倾销和补贴幅度相当的临时反倾销税和反补贴税。

12月1日，武汉钢铁（集团）公司昨日在武汉与巴西EBX集团签署钢铁和矿山项目合作协议。根据协议，武钢集团投资4亿美元，认购EBX下属巴西矿业公司——MMX Mineracaoe Metalicos SA21.52%的股份，成为MMX第二大股东。借此，武钢集团将获得MMX的铁矿石。

12月4日，中国企业在澳大利亚最大的一宗收购案顺利再过一关。兖州煤业宣布，斥资逾200亿元人民币收购澳大利亚菲利克斯资源100%股权一事，已获得国家发改委批准。

12月8日，美商务部日前修改了前期油井管双反案初裁，以原裁定计算错误为由，大幅度调高一家强制应诉企业倾销税率，直接导致37家分别税率企业倾销初裁税率随之增高。

12月9日，中国在澳大利亚最大金额收购案获澳方公司股东菲利克斯(Felix)的高度赞同。Felix昨天公布消息，在当天举行的股东大会上，占92.61%表决权的股东对收购决议投了赞成票。

12月10日，商务部发布2009年第99号公告，公布了对原产于美国的进口取向电工钢反倾销和反补贴调查及对原产于俄罗斯的进口取向电工钢反倾销调查的初步裁定。美国公司的倾销幅度为10.7%—25%，从价补贴率为11.7%—12.0%；俄罗斯公司的倾销幅度为4.6%—25%。调查机关将根据进一步调查的结果，依法做出客观、公正的最终裁定。

12月15日，据国家财政部网站消息，自2010年1月1日起，中国将进一步调整进出口关税税则，主要涉及最惠国税率、年度暂定税率、协定税率、特惠税率以及税则税目等方面。调整后，2010年进出口税目总数将由2009年的7868个增至7923个，关税总水平为9.8%。

12月17日，据日本共同社报道，中国大型钢铁企业宝钢集团2009年粗钢产量预计将首次超过新日本制铁公司。此前，新日铁一直仅次于总部位于卢森堡的安赛乐米塔尔公司居世界第二，而如今曾经从新日铁引进技术的宝钢将跃升至第二。在作为基础产业的钢铁领域，中国企业一举取得优势，有可能成为“日中逆转”的一个象征性事例。

12月18日,首钢长治钢铁有限公司挂牌运营。新公司将坚持走清洁生产、循环经济道路，力争到2015年,销售收入达到200亿元以上,利税达到30亿元以上、钢产量达到600万吨以上、钢材产量达到580万吨,吨钢能耗降至620千克标煤,在“十二五”期间钢铁产业及上下游延伸产业计划总投资达到245亿元。

12月21日,从权威渠道获悉,在9月山东钢铁集团宣布重组日照钢铁之后,日照钢铁董事长杜双华一直在洽购石钢。目前,其已获得石钢所有股东的基本认可。

12月21日，世界贸易组织决定设立一个专家组，调查美国、欧盟和墨西哥三方指控中国限制原材料出口一案。

12月23日，商务部信息显示,美商务部日前公布对我输美预应力混凝土结构用钢绞线反倾销初裁，认定中国企业倾销幅度为37.72%-193.55%。此外，美国商务部还公布对我镁碳砖反补贴案的初裁结果，认为除两个需要继续调查的项目外,中国镁碳砖生产商与出口商仅获微量补贴,因此暂不对我镁碳砖征收反补贴税。

12月23日，经澳大利亚菲利克斯资源公司的股票登记机构Computershare确认，股权收购的交易对价已支付给菲利克斯公司全部原有股东，菲利克斯公司全部股份已过户至兖州煤业设于澳大利亚的全资下属公司澳思达煤矿有限公司名下。

12月23日，商务部发布2009年第115号公告，公布了碳钢紧固件反倾销调查的初裁决定，认定原产于欧盟的进口碳钢紧固件存在倾销，中国国内碳钢紧固件产业受到了实质损害，而且倾销与实质损害之间存在因果关系，并决定对该产品采取保证金形式的临时反倾销措施。

12月24日，宝钢自主集成具有世界一流水平的冷轧生产线在宝钢股份梅山钢铁公司投产。

12月26日，顺德一民营企业成功收购了世界排名前五的智利一铁矿，这是今年广东海外收购的最大个案之一，也是顺德近年来海外收购的第一大单。

12月26日，日新发展有限公司董事长李子豪宣布，全资收购智利铁矿的所有法律手续已在今年10月完成，储量达50亿吨的3个矿区的矿权已在掌握之中。

12月29日，美国商务部初步裁定，对从中国进口的钢格栅板征收反倾销税。

12月31日，美国国际贸易委员会（ITC）本周三投票表决认定，美国国内钢铁工业受到从中国进口石油钢管产品的损害，该结果为美国商务部11月24日的终裁结果扫清了道路。不久美国政府将公布对中国石油钢管征收10.36%-15.78%的反补贴税。

12月31日，太钢新建150万吨不锈钢工程是中国建筑业史上唯一单项工程连续荣获三项全国最高工程奖的项目，是今年冶金行业唯一获国优金奖的工程，是山西省历史上第一个国优金奖工程。

12月31日，记者昨日从宝钢集团获悉，宝钢与中国商飞于前日签订了钢材供货框架协议。宝钢对外宣称，这是双方进一步深化战略合作关系、加强材料采购、供应领域合作的一项实质性举措。

12月31日，经河北省工商行政管理局核准，河北津西钢铁集团将于12月31日正式挂牌成立。

附录2　钢铁贸易商名录

福建泉迎经贸有限公司

福建泉迎经贸有限公司成立于2009年3月19号，注册资本为500万元。公司设有金属部和化工部。金属部：经营螺纹钢、线材和钢坯等；化工部：经营丁苯胶、顺丁胶、扬巴EVA树脂和钙粉产品等。主要经营福建金盛钢铁厂、福建吴航钢铁制品有限公司、福建鑫海钢厂和福建三宝钢铁有限公司等公司的螺纹线材资源。

公司坚持“诚信为本，规范经营，携手共进，互利共赢”的原则，始终把客户的利益放在首位。倾力打造“品种齐、价格优、服务好”的企业形象，与广大新老客户精诚合作，共创未来。

联系方式：

业务经理：丁炎锟

地址：福建省厦门市湖里区海天路9号1510室（银都广场）

电话：0592-5658052

手机：13799233166　15905907590

传真：0592-5658053

上海梓轩钢铁有限公司/上海轩杰物资有限公司

上海梓轩钢铁有限公司位于上海的钢材贸易集中商业圈——大柏树地区，地理优势成就了信息优势。在逐渐形成以积极进取为核心的企业文化的激励下，公司与国内的众多钢厂建立了友好长期的业务合作关系，先后拓展了与太钢、张钢、酒钢、唐钢等钢厂的业务合作，帮助钢厂占领了上海市场，同时也促进了公司自身的壮大。公司与钢厂达成了理想的双赢的模式。

公司主要经营钢材的销售，以热轧板、冷轧板、型钢为主，以螺纹钢、线材、脚手架钢管为辅。业务区域涉及江、浙、沪一带，拥有长江精工钢结构有限公司以及下属的5个子公司。公司以优质的产品，合理的价格，巩固了一批长期、稳定的客户。

公司选择的产品是高附加值的，对加工企业客户坚持先定货再销售的原则，不受国家调控的左右，极大、有效地控制了风险，为公司的稳步发展奠定了扎实的基础。

联系方式：

经理：汤岳良

地址：上海市宝山区殷高西路518号1213室

电话：021-36327767　021-36327790

传真：021-36327765

厦门南冶贸易公司

厦门南冶贸易公司成立于2007年5月，是经厦门工商局批准注册的贸易服务型企业。公司主要以钢材销售为主，是一家专业钢铁贸易商，公司集销售、配送服务为一体，拥有完善的销售网络及一支年轻、高效的销售团队，以提供优质的产品完善的服务为宗旨，致力于建设一流的钢铁流通企业。

公司主要经营鞍钢冷轧品，是鞍钢常年协议用户。公司客户已遍及五金配件、机械制造、金属壳体制造等多行业领域。“专业经营、诚信经营、守法经营”使本公司赢得了广大客户的支持和信赖，销售量一直保持强劲增长势头。

我们与客户之间始终秉承“互惠互利、以商

会友、服务至上”的经营理念，不断完善我们的服务、网络、产品，致力于打造一个高效、一流的钢铁贸易平台。

联系方式：

经理：杨柳扬

地址：福建厦门市象屿象兴四路22号象屿大厦1C单元D号

邮编：361006

电话：0592-6026179

传真：0592-6023079

电子邮件：fjxmly@163.com

厦门尚卿贸易有限公司

厦门尚卿贸易有限公司成立于2005年，年营业额6亿元。

公司经营范围：普通碳素钢板，低合金钢板，优质碳素板，高强度结构钢船板，铁矿石开采、加工、销售，进口铁矿石贸易，铁合金（钼合金、镍合金）。

联系方式：

业务经理：曾章荣

地址：福建厦门市厦禾路银河大厦13D

电话：0592-3855911 0592-5823920

传真：0592-5823920

山东众业钢铁贸易有限公司

山东众业钢铁贸易有限公司（简称众业钢铁），由原济南众业钢铁贸易有限公司在2009年3月份变更而来。公司成立于2005年9月28日，注册资本500万元，在青岛、上海设有分公司 。2009年销售业务量为45210吨，销售收入为1.7亿元。

经营范围：批发、零售：金属材料、生铁、钢坯、铸造件、机械设备、电子产品、塑料制品、五金、交电；钢材切割、仓储（不含危险品）。

众业钢铁是一家现代化的钢铁服务商。公司在2008年7月上线了ERP系统，2009年8月“众业”牌商标正式得到国家工商局的批准，2009年10月企业形象识别系统CIS正式投入使用，12月进行了ISO9001质量管理体系咨询认证。这些成绩的取得都离不开公司核心价值理念“感受力量，挖掘价值”的支撑。

公司常年经销宝钢、首钢、济钢产品，专注于冷轧、镀锌、电镀锌产品的经营，常备库存3000余吨，并在济南成立加工配送中心。

众业钢铁下一个五年规划是向“品牌化”、“科技化”、“网络化”发展。品牌化——以注册“众业”品牌为契机，在今后5年大力推广众业品牌，争取成为山东省钢铁服务行业的著名商标；科技化——继续加大加工配送基础设备和实验检测设备的投入，让科技服务于品牌，让客户用得放心；网络化——在2010年成立上海公司，以占领信息制高点。同时要在天津、潍坊、烟台设立办事处，真正做到与客户零距离。到2014年公司要完成销售收入18.8亿元，业务量40万吨。

“锻造全新钢铁供应链，成为一流钢材保供商”是每一个众业人的愿景！

联系方式

联系人：陈经理

电话：0531—82509688

传真：0531—82509877

网址：//www.zhongyesteel.com

扬州市舜丰金属材料有限公司

扬州市舜丰金属材料有限公司是专门从事经营金属材料、建材、机电产品、装饰材料、化工原料（不含危险品）、家用电器、铁矿石、铁矿石粉等多种材料批发、零售、仓储的流通企业，是宝钢集团南通宝日制钢有限公司一级代理、江阴兴澄特种钢铁有限公司一级代理、江苏雨花钢铁有限公司一级代理、江苏沙钢集团淮钢特钢有限公司一级代理、江苏中天钢铁集团一级代理。舜丰公司依托优质充足的钢铁资源、科学的现代化管理、服务至上以人为本的企业精神，将以更优惠的价格、更灵活的经营、更优质的服务，满足各层次客户的需求。

公司成立于2002年，注册资金1000万元，总部位于江苏扬州，在常州、无锡设有分公司。2005年初通过ISO9001：2000质量管理体系论证，是扬州地区首家通过质量管理体系认证的流通企业。

公司2009年销售特种钢铁7万余吨，是苏北地区规模最大的特钢经销公司，销售建筑钢材8万余吨，在江苏地区市场份额不断扩大。公司坚持用企业文化提升企业核心竞争力，在发展中树立起良好的社会形象，奉行“创造价值，服务社会”的宗旨、“您的满意，我的追求”的服务理念，不断提升品牌形象，构筑企业的核心竞争力，实现创一流企业品牌的目标。

“以人为本”是舜丰公司用人的核心理念，公司历来把员工放在管理的主体位置，信任员工，尊重员工，依靠员工，最大程度激发员工的活力和创新精神，实现员工的全面和自由发展，使企业的目标和员工的发展目标达到一致。

联系方式：
地址：江苏省扬州市扬州大桥东南首
邮编：225002
电话：0514-87224548 87208238 87208836
传真：0514-87221062
电子邮件：info@sf-steel.com

浙江省衢州市东阁金属材料有限公司

东阁企业始建于上世纪80年代，前身为华埠钢材批发中心，凭着“驾长车，踏破贺兰山缺”的气势，由经营品种单一的销售公司成长为集钢材、水泥批发仓储、金属品研制、农业开发为一体的综合性企业组团。企业现下辖浙江东阁科技有限公司、衢州东阁金属材料有限公司、东福钢材市场服务有限公司、杭州万炉钢铁有限公司、华埠钢材批发中心等五家公司，现拥有营业面积26650平方米，目前是皖浙赣闽边界钢材批发的龙头企业。

公司依靠雄厚的实力、良好的信誉、完善的销售网络和周到的售后服务，与浙江元立集团、浙江胜达钢铁有限公司、浙江宇星钢厂、湖南湘安、安徽富鑫等钢厂建立了长期合作的关系。面对强势竞争对手和激烈的市场挑战，公司全体员工负重奋进，使得企业的经营业绩实现了连年递增的稳健态势。公司领导坚持“人才决定一切”的理念，通过引进高素质人才全面带动其他各项管理的同步提升，使得总体经营管理水平与国际接轨，向科学化、规范化迈进。在经营上，公司确立了“诚实、守信、协作、互利”的理念，力求做到整体有效运行，在保证质量的同时降低成本，实现可持续发展。我们相信，通过引进现代化的科学企业管理模式和采用严格过程控制，一定能提供更为优质的产品和服务，不断满足市场和客户的需求。

创行业最佳，铸百年东阁。东阁企业本着“创新创业，诚信为本”的合作精神，竭诚为每一位客户提供优质的产品和服务，努力实现客户和公司的双赢。

联系方式：
地址：浙江省衢州市衢化路868号
邮编：324000
电话：0570-3866008
传真：0570-3866058
电子邮件：zjqzdgjs@hotmail.com

迁安市顺康工贸有限责任公司

迁安市顺康工贸有限公司成立于2003年6月21日，总资产2亿元，年销售额20亿元，年销售铁精粉180万吨、进口铁矿石80万吨，员工人数220名，现在公司拥有铁精粉选厂2处，物流中心一处，吞吐量达千万吨，秦皇岛国际贸易公司一处。

公司主要从事铁精粉发运和铁精粉再选，进口铁粉、进口铁矿石、进口煤焦、生铁、钢材批发等业务，与唐钢、燕钢、轧一钢铁公司、津安、建源、荣信、京西钢铁有限公司有稳定的业务关系。

公司生产设备先进，检测手段齐全，技术力量雄厚。用一流的管理、一流的产品质量、一流的售后服务满足顾客的需求，是迁安市顺康工贸有限责任公司所有员工始终不断的追求。

联系方式：
地址：河北省迁安市杨店子镇常李庄工业园区
邮编：064402
电话：0315-7085829
手机：13483488477
传真：0315-7083998
电子邮件：chag88477@qq.com

哈尔滨德慧金属材料有限公司

哈尔滨德慧金属材料有限公司成立于2005年1月4日，公司注册资金为1000万元，在职员工100余人，以经营西钢、通钢、建龙、鞍钢等生产的建筑用钢材为主。经过几年的发展，公司销售额逐年递增，已跨入省内销售钢材建材行业的前三甲，销售覆盖黑龙江省、吉林省及辽宁省部分地区。企业有基础工程公司、驻外机构，总部设财务部、办公室、销售部。今天做好信誉和服务的质量，明天就会有广阔博大的市场回报，在每笔业务由始到终的全过程中，不论客户需求量大小，公司每位职员都会对每一道供货程序以严格、诚实、务实、细微、周到的服务心态来赢得客户。在发展过程中，公司的管理层始终严格遵守“信誉、服务、质量就是企业生命”的原则，使公司全体职员树立了公司高速运营良性循环的高层次管理理念，公司业务部在此管理理念的指导下又制定了销售竞争理念：“诚信、质优、微利”，由此赢得了广大客户的信赖！

联系方式：
地址：黑龙江省哈尔滨市道外区东棵街副57号
邮编：150000
电话：0451-82453266 82453277
传真：0451-84850555
电子邮件：hdhjs2008@163.com

扬州市凯通新港钢铁物流有限公司

扬州凯通新港钢铁物流有限公司是一家集钢铁贸易、加工、仓储、配送于一体的综合型企业。

公司注册资金2000万元；流动资金6000万元；实际固定资产投资2800万元。现有员工50名，年加工销售钢材逾12万吨，年销售额约3.5亿元。

目前公司业务专注于销售、加工各种规格热轧卷板和开平板等。经营品种包括：锰板、普板、船用板、角钢、槽钢、H型钢、不锈钢、汽车大梁板、圆钢（Q345、Q235、CCS、BV）等等。

现在公司已成为日钢、马钢、沙钢、南钢、江苏长达、河北敬业、唐山盛财等十多家国内大型钢铁企业扬州地区的一级代理商。

多年来，公司坚持贯彻“专业、高效、团结、服务”的准则，使凯通从一个小型贸易企业发展成为“又专、又强、又大”的大型综合型企业，成为苏中区域热轧钢贸行业可持续发展的龙头企业。

联系方式：
地址：江苏扬州市维扬区城北乡瓦窑村物港路东首
邮编：225115
电话：0514-85559800
传真：0514-85559787
电子邮件：yzkt@vip.sina.com

江西大洪钢铁贸易有限公司

江西大洪钢铁贸易有限公司是由“江西萍钢实业股份有限公司”及南昌地区有实力的钢材经销商共同投资组建而成。公司是萍钢“博升”钢材赣东北地区（含南昌、九江、鹰潭、抚州）总代理。萍钢是中南地区颇具竞争力的建筑钢材生产基地，年产能1000万吨，是建筑钢材产量全国前三强企业，也是江西省年销售收入过百亿的五强企业之一。“博升牌”钢材以其规模较大、规格齐全、质量优良、价格适中而享誉全国，并出口美国、欧盟及东南亚地区。

江西大洪钢铁贸易有限公司注册资金3000万元，2009年销售钢材50万吨，年销售收入20亿元，是江西钢材销售10强企业之一，也是“博升”钢材历年的“十佳经销商”。公司秉承萍钢人“事在人为，志在超越”的企业精神，推行科学实用的现代企业管理制度和“及时、贴心、专业”的服务理念，充分发挥企业营销品牌、资金、网络等各方面的优势，诚信经营、开拓创新，从2006年9月组建起，每年销售量、销售收入均以近50%的速度增长。在短短的4年间跻身于江西省范围内的大型钢贸企业之一，成为南昌钢材市场的璀璨新星。公司奉行“以人为本”的管理理念，汇聚了大批高素质人才，建立了“企业发展与员工成长统一、个人业绩与社会责任并行”的人才培养激励机制，充分尊重员工，依靠员工，最大程度激发员工的活力和创新精神，倡导企业和员工在成功之余不忘社会责任，在获取高效益中也树立起了良好的社会形象。企业法人代表总经理涂芳女士是南昌市工商联执委，企业是南昌市行业商会副会长单位、南昌市光彩事业理事单位、南昌市税务A级纳税单位等。

公司在2008年与萍钢合股组建了“江西省大博钢铁贸易有限公司”，与总部大洪形成以南昌、九江为轴心的辐射带，形成覆盖赣东北地区的完整的“博升”钢材销售网络。2009年经过新一轮的股权调整后，达到资源配置和经营力量的最佳组合。公司正以江西省打造鄱阳湖生态经济区、构建以南昌为核心的鄱阳湖城市群的重大举措为机遇，将销售区域扩展至景环鄱湖周边所有县市，并且正在启动跨行业扩张，预计不久的将来，一个崭新的大洪集团公司将屹立在赣鄱大地，为江西的经济发展作出自己突出的贡献。

联系方式：

地址：江西南昌市青山北路18号钢材交易大楼

邮编：330039

电话：0791-8601198　8625665

传真：0791-8625160

网址：//jxdh.mysteel.com.cn/

电子邮件：jiangxidahong@163.com

成都智明商贸有限公司

成都智明商贸有限公司成立于1999年，是一家以批发零售金属材料为主，兼营冶金炉料、建筑材料、五金交电等产品的商贸公司，是攀钢集团股份有限责任公司一级协议经销商，武钢、包钢、太钢等钢厂的直供代理商，公司长年经销以上钢厂各种材质及规格的热轧、冷轧、镀锌、酸洗、型材及建材产品，2008年被评为攀钢集团“优秀经销商”，并完成了年销售额4亿元的销售目标。

公司通过多年的经验积累，已打造出一个优秀的销售团队，分为采购部、热轧营销部、冷轧营销部、仓库管理部、售后服务部、综合业务部及财务部，营销网络集中于西南地区，分布于全国各个省市，拥有四川长虹电器股份有限公司、重庆海尔集团、重庆长安汽车有限公司、攀钢集团成都钢铁有限责任公司、德阳二重集团公司等优质客户群体。

公司凭借“团结、优质、高效、双赢”的现代经营理念、优秀的营销团队、完善的售后服务在市场经济浪潮中勇立前沿，我们期盼与您精诚合作，在瞬息万变的市场浪潮中共同发展。

联系方式：

热轧部：

电话：028-82987089　82987719

传真：028-82987104

冷轧部：

电话：028-82865060　82865081

传真：028-82865108

邮编：610031

宁波普丰贸易有限公司

宁波普丰贸易有限公司成立于2005年8月，位于宁波港务三区码头内，是一家集贸易、销售、配送于一体的专业线材贸易公司，年销售量在10万吨以上。

公司以打造线材销售平台为工作目标，把全部精力致力于几大钢厂的线材营销，用大市场、大物流、大规模、高效益的新颖特色经营模式，谦和互利、真诚信用、双赢便捷的服务宗旨，打造钢材营销品牌的意识。

公司始终以市场价格为导向，以信息网络为依托，面向钢厂，面向市场，面向客户，已建立了长期、稳定、可靠的进货渠道，营造了多层次、全方位的灵活机动的销售环境。公司与几家专业生产线材厂家建立了长期稳定的合作关系，货源充足，品种规格齐全，质量保证，价格合理，服务周到。

公司本着诚信为本，同创共赢的经营理念，服务于新老客户。我们的宗旨：以优质的材料、优惠的价格、优良的信誉、优异的服务立足市场，不为今天的利益失去明天的朋友！目前，公司已经占据线材类市场的一定份额。

展望未来，我们将不断发挥自己原有优势，积极开拓新的经济增长点，与各界朋友携手共创美好未来。

联系方式：

地址：浙江宁波江北白沙路353号102—103

邮编：315020

联系人：忻先生，孙小姐

电话：0574-87625789 87635789

传真：0574-87626255

电子邮件：pufengmaoyi@yahoo.cn

中国铁路物资厦门钢铁有限公司

中国铁路物资厦门钢铁有限公司（简称厦门公司）为中国铁路物资总公司的全资子公司。厦门公司以铁路产业综合服务为核心，以钢材贸易为重点，在福建省大力发展钢材贸易业务，并与首钢、武钢、通钢、马钢、宝钢、河北钢铁集团、山东钢铁集团以及津西钢铁等国内大型钢铁企业建立了长期稳定的战略合作伙伴关系，可为用户提供各类建材、板材、型钢、不锈钢、特殊钢等钢铁产品。

厦门公司一直以来坚持以创办中国一流的企业为目标。坚持“努力创新、科学管理、经营独到”的原则，以优质的服务、合理的价格，为投资经营者提供双赢的格局。目前公司已经建立了整套的经营管理模式和全面的供应业务，拥有了一批优秀的钢铁专业人才，具备专业市场研究能力和快速反应能力，能为不同客户提供采购、运输、仓储、加工配送等一体化服务。

厦门公司全体员工正进行不懈努力，通过观念创新、管理创新和体制创新，不断提高核心竞争力，服务社会，为客户创造价值，并秉承总公司以“坚持诚信、注重业绩、持续创新”的核心价值观为立商之本，使中国铁路物资厦门钢铁有限公司成为用户最值得信赖的合作伙伴。

联系方式：

地址：福建厦门市思明区塔埔东路167号16层01、02单元

电话：0592-6798888

传真：0592-5319287

福州交通实业发展有限责任公司

福州交通实业发展有限责任公司是福州市交通建设投资有限公司的全资子公司，是福州市政府、福州市交通建设投资有限公司为实现集团化运作、多元化经营而设立的，注册资金5000万元，成立于2009年2月，主要从事货物仓储服务；建材批发、代购代销；交通工程机械设备租赁；物业管理；承办设计、制作、代理、发布国内各类广告等业务。目前正重点推进福州市交通建设领域主要材料的甲供及贸易、代理和土地开发等业务，是立足于交通和重点建设项目、实现多元化经营和市场化运作、具有良好发展前景和行业优势的新兴国有企业。

联系方式：

地址：福建省福州市金山大道552号福州交建集团大厦6层

邮编：350002
电话：0591-88079621
传真：0591-88103861
电子邮件：fzjtfz@163.com

江阴泰亨钢铁贸易有限公司

江阴泰亨钢铁贸易有限公司成立于2003年，注册资金1000万元。公司总部位于江苏江阴市，是以经销钢铁产品为主的大型企业，主要经营产品有：低合金板、中厚板、船板、圆钢、各类型材等。

为了在激烈竞争的环境下开拓更加广阔的生存发展空间，江阴泰亨钢铁贸易有限公司建立了规范的现代企业制度，并将随着市场的发展逐步扩大其经营范围，以全面满足客户需求。几年来，公司秉承“诚信经营，德字为先，务实发展，走行天下”的经营宗旨，业务规模不断壮大。

现已建立了遍布全国的安全快捷的营销网络，与顾客形成了互惠互利、共谋发展的长期友好合作关系，深受顾客的好评。我们相信，在各界的支持下，在广大员工的共同努力下，泰亨钢贸的未来一定更加辉煌！

经营理念：赢得全球客户的尊重和信赖，赢心和盈利并重，人品与精品并存，全心全意为客户服务！

联系方式：
董事长：王伟　13961612688
总经理：时京宝　0510-86275710
地址：江苏江阴市果园路59-61号
销售一部：
联系人：吕品洁
电话：　0510-86265712
传真：0510-80680060
手机：15895381118
QQ：422373223
销售二部：
联系人：李海静
电话：0510-86275711
手机：13771267188
联系人：王良
电话：0510-86265709
手机：13606181898
QQ:1246769946
财务部：
电话：0510-86265719　13656167099

绍兴市楠源金属物资有限公司

绍兴市楠源金属物资有限公司创建于2004年，是一家专营钢材的大型物贸公司，以各级螺纹钢、带肋钢筋、圆钢、线材、调直线材等产品为主，下设采购部、财务部、综合办，拥有一个车队以及一个调直工厂。公司凭借雄厚的资金基础，优秀的产品质量，严格健全的管理制度以及稳健、果敢的领导层，在同领域中迅速崛起，已成为绍兴市规模较大、颇具影响力的钢材销售和配送服务企业。

公司凭借其良好的信誉，已成为安徽长江钢铁集团，武汉顺乐不锈钢有限公司，江苏联鑫钢铁有限公，安徽鸿泰钢铁有限公司，江阴新申港钢铁公司，江苏如皋钢铁公司等国内多家大型钢铁集团的特约经销商。

公司以科学管理为先导，积极销售为中心，组织创新为特色，坚持“以质量创品牌，以诚信树声誉，以服务赢客户，以管理出效益”的企业理念，不断开拓新的领域，积极提高市场竞争力，努力树立良好的企业形象。

楠源全体员工本着“精诚，守信，进取，求实，严谨，团结”的精神，期待与更多新老客户合作，一起共创美好的明天。

联系方式：
地址：浙江绍兴市火车东站钢材码头
邮编：312000
电话：0575-88659265　0575-88646228
传真：0575-88611390

华北地区

北 京

北京恒赫鑫商贸有限公司
地址：北京石景山区古城北路首特钢厂东门500米
电话：010-88910118

中国五矿集团公司
地址：中国北京海淀区三里河路5号
电话：010-68495888

北京首特华峰高碑店钢铁有限公司
地址：北京石景山区杨庄路西口
电话：010-68880832

北京京城鞍钢铁有限公司
地址：北京朝阳建国路88号现代城6号1605
电话：010-85804273

齐鲁特钢有限公司北京销售分公司
地址：北京朝阳区吉庆里14号楼佳汇国际中心405室
电话：13511079678

北京首钢钢材配送有限公司
地址：北京丰台区小郭庄西路46号
电话：010-52211536

北京顺峰中兴商贸有限责任公司
地址：北京石景山古城路首特钢院内
电话：010-88918085

北京宏达鑫源冀中贸易有限公司
地址：北京石景山区杨庄北区3号楼605
电话：13501356288

北京智恒达投资集团有限公司
地址：北京海淀区总部基地12区48号
电话：010-63703636

东方远致（香港）国际贸易有限公司
地址：北京朝阳区建国路93号万达广场8号楼2106-2107
电话：010-58205617

北京嘉华盛和科技发展有限公司
地址：北京丰台区白盆窑物流中心500号新办公楼一层
电话：010-83799916

北京市中瀚兴业商贸有限责任公司

地址：北京朝阳区广渠路21号金海国际2号综合楼9层905-909

电话：010-59693561

北京迈安德钢铁有限公司

地址：北京朝阳区王四营乡南花园村钢材市场

电话：010-51353535

北京宏阳永泰钢铁有限公司

地址：北京昌平区沙河镇沙阳路首线联合库1号

电话：010-86903700

北京市中建利源物资经营有限责任公司

地址：北京大兴区魏善庄工业园龙海路16号

电话：010-89202001

北京泽人合物资有限公司

地址：北京朝阳区化工路76号泽人合钢材市场

电话：010-67387003

北京正大通力钢管销售有限公司

地址：北京崇文区广渠门领行国际1-1-1101

电话：010-67192316

北京市山泰物资有限责任公司

地址：北京朝阳区王四营乡南花园村西钢材市场

电话：010-67372598

北京华夏燕赵贸易有限公司

地址：北京朝阳区广渠路6号（北京市百子湾储运库）8-408

电话：010-51673206

北京宝腾贸易有限公司

地址：北京八达岭高速路朱辛庄345站（华北电力大学）

电话：010-80795100

五矿钢铁北京有限公司

地址：北京西直门北大街60号首钢国际大厦1515、1516室

电话：010-82295385

天 津

天津市盈博钢管有限公司

地址：天津市静海县蔡公庄镇工业园区(距大邱庄八公里)

电话：022-68568307

天津森通物资有限公司

地址：天津市东丽区建工集团物资供应中心

电话：022-84260997

天津德诺炉料有限公司

地址：天津经济技术开发区黄海路18号博美园7号1101室

电话：022-66218636

天津市静海县东欣工贸有限公司
地址：天津市静海县大邱庄镇王虎庄工业园
电话：022-28899797

天津市昊天钢铁贸易有限公司
地址：天津市河北区中山路1号
电话：022-26271777

天津市丽兴京津钢铁贸易有限公司
地址：天津市河西区大沽南路857号
国华大厦南厅23-24
电话：022-28271819

天津东方华泰商贸有限公司
地址：天津市河东区六纬路与八号路交口
东润名邸小区3号楼4门-1701
电话：022-24387776

天津市博通华信科技发展有限公司
地址：天津市北辰区普济河道国泰恒通
钢材物流中心A区03
电话：022-26610116

天津市鼎天实业有限公司
地址：天津市双口工业园区永保路7号
电话：022-86876555

天津玉田远方钢铁贸易
地址：天津市北辰区顺义道储宝钢材H区210室
电话：022-26619450

天津齐力商贸有限公司
地址：天津市北辰区顺义道储宝钢材市场
D区227室
电话：022-26621212

天津市讯捷物资有限公司
地址：天津市北辰区顺义道储宝钢材
A区106室
电话：022-26615025

天津市瑞丰田商贸有限公司
地址：天津市北辰区顺义道储宝钢材交易市场
C2区301室
电话：022-26615132

天津市福晋钢铁贸易有限公司
地址：天津市北辰区顺义道储宝钢材市场
B区306室
电话：022-26622895

天津日照钢铁销售有限公司
地址：天津市北辰区顺义道储宝钢材
B区925室
电话：022-26349146

天津市江海世纪钢铁公司
地址：天津市北辰区顺义道储宝钢材
C区2厅536室
电话：022-26340569

天津市恒德钢铁贸易有限公司
地址：天津市河西区大沽南路857号国华大厦
1907室
电话：022-28265298

天津市君明物资有限公司
地址：天津市北辰区顺义道储宝钢材D区210室
电话：022-23643300

天津物产金属国际贸易有限公司
地址：天津市南开区长江道147号
电话：022-27023903

天津润德钢铁贸易有限公司
地址：天津市河西区围堤道53增1号丽晶国际大厦23层
电话：022-28276217

天津市万颖物资有限公司
地址：天津市东丽区外环线建工局仓库院内张贵庄立交桥下安达集团旁
电话：022-24970779

河　北

河北启信贸易集团有限公司
地址：河北省邯郸市复兴路342号邯钢经营大楼对面
电话：0310-4188518

武安市林永鑫经贸有限公司
地址：河北省武安市南环路矸石电厂对过
电话：0310-5681497

河北大鹏特钢集团有限公司
地址：河北省阜城县民营企业园富强东路656号
电话：0318-4636667

河北中远特钢物流有限公司
地址：河北省石家庄正定车站南大街8号
电话：0311-85951211

廊坊市中实商贸有限公司
地址：河北省廊坊市光明东道19号（钢材市场B区7号）
电话：0316-2028879

廊坊市正泰物资有限公司
地址：河北省廊坊市光明东道19号
电话：0316-2055590

河北友带贸易有限公司
地址：河北省邯郸市人民路219号国际商务中心16楼1615室
电话：0310-5306868

邯郸昌盛有限公司
地址：河北省邯郸市建设大街45号
电话：0310-4182298

河北隆润物资有限公司
地址：河北省邯郸市复兴路二钢开平厂院内
电话：0310-7045333

邯郸贵顺物资有限公司
地址：河北省邯郸市五仓街11号（启信钢材市场3-3号）
电话：0310-5767914

邯郸卓立精细板材有限公司
地址：河北省邯郸市成安高新技术开发区聚良大道16号
电话：0310-5231988

邯郸纵联板带有限公司
地址：河北省邯郸市铁三局第一材料厂院内
电话：0310-4022068

秦皇岛市鼎顺工贸有限公司
地址：河北省秦皇岛市海港区燕山大街276号
电话：0335-3814999

秦皇岛兆家宇工贸有限公司
地址：河北省秦皇岛市开发区珠江道27号
电话：0335-8073366

廊坊兴隆伟业商贸有限公司
地址：河北省廊坊市光明东道19号钢材市场B区16-2号
电话：0316-7665333

唐山市东坤商贸有限公司
地址：河北省唐山市丰润区唐丰路崔马庄（京沈高速唐山北出口南行3公里）
电话：0315-3116868

唐山瑞钢铁有限公司
地址：河北省唐山市丰南区小集镇工业区
电话：0315-8399981

衡水方正化工有限公司
地址：河北省衡水市桃城区中华南大街10号
电话：0318-6905515

邯郸中阳物资有限公司
地址：河北省邯郸市联纺西路阿里山大酒店
电话：0310-8081201

山　西

山西新金山特钢有限公司
地址：山西省襄汾县邓庄镇冶金工业园区
电话：0357-5506717

山西宏达钢铁集团有限公司
地址：山西省河津市宏达工业园区
电话：0359-5358666

山西乡镇企业焦炭供销有限责任公司
地址：山西省太原市新建路78号新闻大厦23层
电话：0351-8222235

内蒙古

内蒙古金邦钢铁有限公司
地址：内蒙古包头市阿尔丁大街1号
神华国际城B座2-16
电话：0472-6954448

东北地区

辽宁

鞍山兴东集团经贸有限公司
地址：辽宁省鞍山市铁东区二道街78号
兴东大厦8楼总台
电话：0412-2551888

本溪贵石选矿有限公司
地址：辽宁省本溪市贵石选矿厂
电话：15904145555

大连中全金属材料有限公司
地址：辽宁省大连市甘井子区革镇铺中革街
中革一库
电话：0411-88866866

大连斯科联合矿业有限公司
地址：辽宁省大连市沙河口区长兴街
137-139号C区501室
电话：0411-84541047-818

大连华亿钢材经销有限公司
地址：辽宁省大连经济技术开发区大黑山前
钢材市场东区9号
电话：0411-87637399

沈阳联印经贸有限公司
地址：辽宁省沈阳市铁西区北二西路53号
电话：024-25518883

吉林

长春市佳联物资经销有限公司
地址：吉林省长春市青岗路67号
电话：0431-87943599

吉林省东丰铁合金有限责任公司
地址：吉林省东丰县小北门外路1号
电话：0437-6222011

黑龙江

哈尔滨兴联通讯器材开发有限公司
地址：黑龙江省哈尔滨市南岗区长江路382号
电话：0451-55573377

黑龙江省三祥冶金材料有限公司
地址：黑龙江省哈尔滨市香坊区红旗大街1号
电话：0451-55146611

哈尔滨经纬钢铁经销有限责任公司
地址：黑龙江省哈尔滨市南岗开发区长江路157号盟科汇401室
电话：0451-87113777

华东地区

上　海

上海宇步企业发展有限公司
地址：上海市邯郸路98号无锡大厦17楼
电话：021-55390566

上海宝旺实业有限公司
地址：上海市杨浦区国宾路36号万达商业广场15楼
电话：021-33621111

上海业辉彩钢实业有限公司
地址：上海市松江区柳港工业区中强路2号
电话：021-57868888

上海承源企业发展（集团）有限公司
地址：上海市宝山区牡丹江路1588号四楼
电话：021-56113111

上海舜业钢铁加工有限公司
地址：上海市宝山区友谊路1588号招商大楼二楼
电话：021-51678250

上海赐宝金属物资有限公司
地址：上海市宝山区友谊路1588号钢领12号楼
电话：021-33799287

上海宝源钢实业发展有限公司
地址：上海市宝山区友谊路1588号钢领2号楼901-904
电话：021-33798702

上海洪城钢管有限公司
地址：上海市虹口区广纪路香山苑173号5楼
电话：021-55385689

上海创盈物资有限公司
地址：上海市宝山区盘古路689弄同济公寓74幢1001室
电话：021-56784550

上海昌敬实业有限公司
地址：上海市宝山区同济路525号
电话：021-66591032

上海卓迅贸易有限公司
地址：上海市中山北一路1250号沪办大厦1号楼410-1室
电话：021-65363125

上海帝增物资有限公司
地址：上海市中山北一路1230号柏树大厦1701室
电话：021-65169053

上海龙冶实业有限公司
地址：上海市宝山区双城路803弄(宝莲城)10号楼1504室
电话：021-61808766

上海中钢投资集团有限公司
地址：上海市浦东新区浦电路438号双鸽大厦21楼
电话：021-566039581

上海铭威金属制品有限公司
地址：上海市宝山区盘古路388弄5号201室
电话：021-66788877

上海思炜金属制品有限公司
地址：上海市牡丹江路1378号都新园4号楼1001室
电话：021-56113337

上海伊园实业有限公司
地址：上海市中山北一路1250号沪办5号楼3层
电话：021-65317747

上海林盛冶金科技有限公司
地址：上海市车站南路39号2110室
电话：021-61431395

上海海汇金属材料限公司
地址：上海市淞沪路98号平盛大厦14楼01室
电话：021-51086658

上海意翔贸易有限公司
地址：上海市宝山区友谊路160号622房间
电话：021-66790808

上海志邦钢铁有限公司
地址：上海市宝山区友谊路1508弄(晶钢生活馆) 4号楼901室
电话：021-33798538

温州市利民经贸有限公司
地址：上海市曲阳路851弄新沪办大厦8号楼2901、2908室
电话：021-51290347

上海平鹏（兰港）金属材料有限公司
地址：上海市五角场松沪路161号中环国际大厦23层
电话：13816111649

上海旭森钢业有限公司
地址：上海广纪路173号(香杉园)1701-1704室
电话：021-65363188

上海市宝钢商贸有限公司
地址：上海市宝林路46号4楼
电话：021-56121212-159

上海米蓝贸易有限公司
地址：上海市天目西路547号联通国际大厦1005
电话：021-63535126

上海商德集团有限公司
地址：上海市宝山区宝安公路455号
电话：021-36042525

上海宝闽进出口有限公司
地址：上海市逸仙路661号新海商务大厦16楼
电话：021-51251012

上海市五金矿产进出口公司
地址：上海市光复路757号五矿大厦11楼1103室
电话：021-63806600

上海东松国际贸易有限公司
地址：上海市宁波路1号申华金融大厦17楼
电话：021-63295805

上海久茂对外贸易有限公司
地址：上海市浦东新区世纪大道1600号浦项商务广场2303室
电话：021-68758329

中国远大集团浙江远大进出口有限公司
地址：上海市虹桥路2272商务大厦6楼O座
电话：021-61279500

上海国声金属材料有限公司
地址：上海市虹桥路1591号（虹桥迎宾馆内）18号办公楼
电话：021-62705225

南非麦钢国际（中国）有限公司
地址：上海市仙霞路317号远东国际广场B座1509室
电话：021-62351983

上海圣嘉(瑞特嘉)国际贸易有限公司
地址：上海市宝山区盘古路祥腾国际广场5号7楼
电话：021-56122706

奥钢联国际贸易中国有限公司上海代表处
地址：上海市茂名南路205号瑞金大厦1102室
电话：021-64722929

信宝资源有限公司
地址：上海市娄山关路55号新虹桥大厦201-204室
电话：021-62709396

上海华能进出口有限公司
地址：上海市斜土路1175号锦泰大厦16楼
电话：021-64188877

上海冠川钢铁有限公司
地址：上海市广灵四路24号甲10楼
电话：021-55380869

嘉吉投资中国有限公司(上海)
地址：上海市淮海中路300号香港新世界大厦55楼
电话：021-23060605

浦项(中国)投资有限公司
地址：上海市浦东新区世纪大道1600号浦项商务广场3206室
电话：021-68769966

上海鹿盛国际贸易有限公司
地址：上海宝山区永乐路115弄104号102室
电话：021-66593985

上海勋和进出口有限公司
地址：上海市虹口区黄浦路53号海湾大厦1308室
电话：021-53931180

合和国际货运代理（上海）有限公司
地址：上海市浦东新区张扬路838号华都大厦16楼A座
电话：021-68767800

烨贸（上海）国际贸易有限公司
地址：上海市上海浦东东方路989号503室
电话：021-58308884

上海五波钢结构材料有限公司
地址：上海市遵义南路8号景铭大厦13楼E座
电话：021-62786117

美国工商五金公司
地址：上海市黄浦区淮海中路222号力宝广场2212室
电话：021-53563355

上海海泰钢铁国际贸易有限公司
地址：上海市宝山区川路3900号(200941)
电话：021-56195566

上海奥盛钢铁有限公司
地址：上海市商城路518号17楼
电话：021-68888886

英国斯坦科有限公司上海代表处
地址：上海市浦东新区张扬路838号华都大厦25楼
电话：021-58305051

康力斯亚洲有限公司上海代表处
地址：上海市延安东路100号联谊大厦2401室
电话：021-63232655

万顺昌集团有限公司
地址：上海市延安西路889号太平洋企业中心3楼
电话：021-52402988

新加坡长天专业特钢（上海代表处）
地址：上海市梅园路228号家里不夜城企业广场1509座
电话：021-63812001

上海宝钢宝山钢材贸易有限公司
地址：上海市宝山区云天路248号
电话：021-36014688

上海上福丰实业发展有限公司
地址：上海殷高西路101号高景国际大厦202室
电话：021-66186883

上海月月潮国际贸易有限公司
地址：上海市宝山友谊路199号4楼E座
电话：021-66788057

中国铁路物资上海公司
地址：上海市会文路88号(中铁物资大厦)
电话：021-51220117

上海埃圣玛金属材料有限公司
地址：上海市宝山区盘古路388弄祥腾国际广场5号楼5F
电话：021-66797189

上海晋岗实业有限公司
地址：上海市汶水东路278号锦明大厦19楼
电话：021-65446113

中国铁路物资上海公司
地址：上海市会文路88号(中铁物资大厦)
电话：021-51220117

上海盛运金属材料有限公司
地址：上海市虹口区四平路188号2101室
电话：021-65079499

上海金渤海金属材料有限公司
地址：上海市曲阳路800号上海商务中心大厦2911室
电话：021-55890366

上海欧亚五金矿产发展有限公司
地址：上海市康桥路1558弄21号101
电话：021-38122361

上海鑫旺钢铁有限公司
地址：上海市凯旋路3500号华苑大厦1号楼12楼B座
电话：021-51521188

上海牛翔实业有限公司
地址：上海市中山北一路903号2338室
电话：021-65172975

顺事航运有限公司
地址：上海市浦东新区长柳路58号证大立方大厦1103号
电话：021-33927971

上海京廊物资有限公司
地址：上海市中山北一路903号3469室
电话：021-65362650

上海申鲁金属材料有限公司
地址：上海市曲阳路851弄沪办大厦7号楼401室
电话：021-51290099

上海春冶钢铁有限公司
地址：上海市嘉定区宝钱公路500号
电话：021-39978885

上海宝闽钢铁集团有限公司
地址：上海市逸仙路661号新海商务大厦(柏树钢市)13、16楼
电话：021-51251765

上海均和集团有限公司
地址：上海市逸仙路661号新海商务大厦17楼
电话：021-51035319

上海宁金钢铁有限公司
地址：上海松江区泗泾镇泗砖公司302号（松江钢材城）
电话：021-57629045

上海恒钢实业有限公司
地址：上海市虹口区广纪路173号香杉商务中心8楼
电话：021-51693888

上海西本钢铁贸易发展有限公司
地址：上海市虹口区东体育会路990号1楼
电话：4008896369

上海励宁企业发展有限公司
地址：上海市逸仙路661号新海商务大厦10楼
电话：021-55399926

上海卫良物资有限公司
地址：上海市欧阳路568号1楼
电话：021-65872330

上海九龙建材贸易有限公司
地址：上海市逸仙路661号新海商务大厦3楼
电话：021—51251635

上海顺朝企业发展有限公司
地址：上海市广灵四路24号甲开隆大厦12楼
电话：021-55391988

上海佳宁金属材料有限公司
地址：上海市中山北一路1230号A座505-506室
电话：021-65160488

晨华集团上海沪晨贸易有限公司
地址：上海虹口区中山北一路1230号A区1705室
电话：021-65605968

上海博源物资有限公司
地址：上海市杨浦（五角场）翔殷路1128号（沪东金融大厦）19楼
电话：021-55971617

上海步诺贸易有限公司
地址：上海市逸仙路889号8052室
电话：021-65363136

格瑞夫（上海）包装有限公司
地址：上海市淮海中路222号力宝广场3108室
电话：021-53965505

上海森旦工贸有限公司
地址：上海市盘古路689弄同济公寓42号101
电话：021-56605283

上海武创（武夷）金属材料有限公司
地址：上海市中山北一路1250号沪办大厦2号楼3108室
电话：021-51290118

上海棠潇金属材料有限公司
地址：上海市宝山区海江路667弄（白玉兰花园）1号202室
电话：021-56128374

上海天亨物资有限公司
地址：上海市五角场淞沪路98号平盛大厦7楼
电话：021-55230658

上海必烨钢铁有限公司
地址：上海市宝山区殷高西路101号（高境国际大厦）504室
电话：021-66188866

上海远瞻企业发展有限公司
地址：上海市中山北一路1250号沪办大厦1号楼807室
电话：021-65426774

上海浩龙金属材料有限公司
地址：上海市逸仙路300号元和投资大厦1601-1602室
电话：021-65369919

上海中梁贸易有限公司
地址：上海市徐家汇路679号3033
电话：021-64675006

上海璞盈贸易有限公司/南京越羊物资有限公司
地址：上海市牡丹江路1534号3098室
电话：021-56101830

上海鑫宇金属材料有限公司
地址：上海市曲阳路851弄沪办大厦8号楼1505室
电话：021-55890900

上海鹿骋金属材料有限公司
地址：上海市汶水东路365号
电话：021-65177070

上海钢锋金属材料有限公司
地址：上海市瑞金南路1号海兴广场6楼A座
电话：13788969672

上海源晟实业有限公司
地址：上海市中山北一路1230号柏树大厦A区1504-1506室
电话：021-55390799

上海融高金属材料有限公司
地址：上海市汶水东路278号景明大厦30楼
电话：021-55384900

上海赐金商贸有限公司
地址：上海市虹口区广灵四路24号11楼（开隆大厦）
电话：021-65424259

上海宏冶金属材料有限公司
地址：上海市逸仙路661号新海商务大厦5楼A座
电话：021-51251788

上海桥华物资有限公司
地址：上海市宝山区牡丹江路1288号宝莲府邸商务楼A4楼202室
电话：021-56123991

上海环宇金属材料有限公司
地址：上海宝山区盘古路388弄祥腾国际广场2号501-502室
电话：021-66796759

上海铭铁贸易有限公司
地址：上海市曲阳路789号茶恬园大楼512室
电话：021-65364936

上海金蒲实业有限公司
地址：上海市中山北一路1200号明道大厦5楼
电话：021-55388306

上海亨展物资有限公司
地址：上海市汶水东路278号11楼1101-1106室
电话：021-51259705

上海荣辉物资有限公司
地址：上海市逸仙路300号元和大厦1402-1403室
电话：021-61406118

上海宏运实业有限公司
地址：上海市虹口区甘河路8号明道大厦4楼A座
电话：021-55393631

上海鼎荣企业发展有限公司
地址：上海市福山路4 5 8号同盛大厦6楼C座（宝钢大厦对面）
电话：021-50581100

上海嘉塔贸易有限公司
地址：上海市中山北一路1230号1604-1605室
电话：021-65609792

上海鑫狮商贸合作公司
地址：上海市翔殷路1128号(五角场沪东金融大厦20层）
电话：021-55573386

上海鹿宝钢铁有限公司
地址：上海市宝山区牡丹江路1288号203室(宝莲府邸A4楼)
电话：021-56120666

上海渊德钢材贸易有限公司
地址：上海市宝山区漠河路342号2楼（西侧）
电话：021-66784688

上海钢欣工贸有限公司
地址：上海市宝山区盘古路388弄祥腾国际广场3号楼701室
电话：021-66797235

上海杨宁贸易有限公司
地址：上海市逸仙路889号管委会楼下5001室
电话：021-65311639

上海闽路润贸易有限公司
地址：上海市五角场国宾路36号万达商业广场B座11楼
电话：021-33621097

上海神浦钢铁有限公司
地址：上海市逸仙路889号2.3厅5楼3501室
电话：021-65428306

上海中琦贸易有限公司
地址：上海市高逸路103-105号
电话：021-65168316

上海华冶钢铁集团有限公司
地址：上海市宝山区锦乐路288号
电话：021-56391157

上海宝投物资有限公司
地址：上海市逸仙路300号（元和投资大厦）402-408室
电话：021-65605866

上海增裕商贸有限公司
地址：上海市宝山区双城路803弄7号楼2楼
电话：021-61808080

上海嘉洋钢铁有限公司
地址：上海市黄兴路2077号24楼
电话：021-51696333

上海博冠金属材料有限公司
地址：上海市逸仙路661号D-2193
电话：021-51251218

上海岑地物资有限公司
地址：上海市闵行区昆阳路1368号3012室
电话：021-51512312

上海宝冠钢铁有限公司
地址：上海市逸仙路661号新海商务大厦7楼713室
电话：021-51251880

上海溢通贸易有限公司
地址：上海市曲阳路851号沪办大厦8号楼2802室
电话：021-55891801

上海宝纯物资贸易有限公司
地址：上海市中山北一路1250号2号楼109室
电话：021-65176514-801

上海逢成电力物资有限公司
地址：上海市虹口区中山北一路1230号(柏树大厦)2107-2108室
电话：021-65612615

上海郑东金属材料有限公司
地址：上海市松江区泗泾镇泗砖公路103弄松江钢材城B幢205室
电话：021-67618085

江　苏

江苏华伟特种薄板有限公司
地址：江苏省张家港市凤凰镇韩国工业园
电话：0512-58423368

连云港源丰贸易有限公司
地址：江苏省连云港室连云区海滨大道阳光国际中心
电话：0518-82236993

张家港保税区勇乐贸易有限公司
地址：江苏省张家港市华芳金陵国际酒店601室
电话：0512-58798717

江苏省新资源材料科技有限公司
地址：江苏省南京市中山东路472号丝绸大厦4楼
电话：025-84799888

连云港中顺国际贸易有限公司
地址：江苏省连云港市连云区栖霞路99号
电话：0518-5620355

昆山抚大特殊钢有限公司
地址：江苏省昆山市华盛南路南侧
电话：0512-57065675

昆山一特工模材料有限公司
地址：江苏省昆山市张浦镇花苑路1220号
电话：0512-57454466

扬州市淮钢经贸有限公司
地址：江苏省扬州市运河南路13号
电话：0514-85308821

南京国旺物资贸易有限公司
地址：江苏省南京市水关桥46号1105室
电话：025-58788958

南京苏盐贸发实业有限公司
地址：江苏省南京市下关区四平路65号
电话：025-58759597

无锡市中富达钢铁有限公司
地址：江苏省无锡市滨湖区华庄镇新安312国道20号
电话：0510-88280778

盐城市乾生轻化物资有限责任公司
地址：江苏省盐城市通港路11-8号
电话：0515-88333958

江苏大经钢铁有限公司
地址：江苏省江阴市澄山路2号8002室
电话：0510-86298708

无锡万世隆钢铁有限公司
地址：江苏省无锡市广瑞路555号宝锡大厦21层
电话：0510-81888333

南京顺淮工贸有限公司
地址：江苏省南京下关区上元里42号顺美集团3楼（南趸一号东门对门）
电话：025-58722989

中储发展股份有限公司南京经销分公司
地址：江苏省南京市下关区河路道一号
电话：025-85505097

南京苏源新天贸易有限公司
地址：江苏省南京市草场门大街101号文荟大厦13楼A座
电话：025-86261227

扬州市黑色金属材料有限公司
地址：江苏省扬州市扬州大桥东南首500米(大运河东)
电话：0514-87200032

无锡市良工钢管有限公司
地址：江苏省无锡市惠山区经济技术开发区洛社配套区洛社路89号
电话：0510-82259801

无锡博林钢贸有限公司
地址：江苏省无锡市新区城南路32-6号
A 130-131室
电话：0510-85365551

无锡市奥联贸易有限公司
地址：江苏省无锡市锡沪路183号1817室
电话：0510-82445567

无锡市铁心物资贸易有限公司
地址：江苏省无锡市广瑞路58号
(宝锡大厦)2207室
电话：0510-82401842

无锡市新力物贸有限公司
地址：江苏省无锡市锡沪西路999号现代之星
837室
电话：0510-82411998

无锡市多盈金属材料有限公司
地址：江苏省无锡市锡沪西路999号
（现代之星）401室
电话：0510-82453013

南京民利金属材料有限公司
地址：江苏省南京市下关区燕江路201号银通
物资交易市场新二厅2108室
电话：025-85693793

南京俊景金属材料有限公司
地址：江苏省南京市下关中央门河路道1号
十厅B201室
电话：025-85632583

南京洲亚实业有限公司
地址：江苏省南京市下关中央门河路道1号
十厅D106室
电话：025-85616011

南京悦旺物资实业有限公司
地址：江苏省南京市下关中央门河路道1号
十厅C102室
电话：025-85524221

南京同华金属材料有限公司
地址：江苏省南京市中央北路上元里42号
电话：025-58787700

南京海莱工贸有限公司
地址：江苏省南京市下关区燕江路201号银通
物资交易市场新二厅2105室
电话：025-58708058

南京钢青贸易有限公司
地址：江苏省南京大厂区凤南路1号
1204-1205室
电话：025-57791178

南京宏拓贸易有限公司
地址：江苏省南京市中央门河路道1号六厅
601室
电话：025-85640242

南京北冶物资贸易有限公司
地址：江苏省南京市下关中央门河路道1号
十厅D105室
电话：025-85500460

南京东港联物资贸易有限公司
地址：江苏省南京市中央门河路道1号六厅607室
电话：025-85505937

南京苏马金属材料贸易有限公司
地址：江苏省南京市河路道1号
电话：025-85518518

南京安凯物资有限公司
地址：江苏省南京市下关区燕江路201号银通物资交易市场五厅5113室
电话：025-58721313

南京物贸物资配送有限公司
地址：江苏省南京市苜蓿园大街88号锦湖大厦北7楼CD座
电话：025-84855701

南京恒拓物资贸易发展有限公司
地址：江苏省南京市下关区燕江路201号银通物资交易市场六厅6321室
电话：025-58721593

南京海都物资有限公司
地址：江苏省南京市下关区燕江路201号银通物资交易市场五厅5116室
电话：025-58711116

南京天鑫达金属材料有限公司
地址：江苏省南京市下关区水关桥46号象库1厅1302室
电话：025-58715937

镇江金源金属材料有限责任公司
地址：江苏省镇江市丁卯桥钢材市场四区15号
电话：0511-88881158

南京卓群金属材料有限公司
地址：江苏省南京市大厂区凤南路1号1101-1102室
电话：025-86991988

南京延续贸易有限公司
地址：江苏省南京市下关区中央门外河路道1号南库十厅A座101室
电话：025-85510542

南京华凯物资有限公司
地址：江苏省南京市下关区河路道1号一厅中
电话：025-85532635

江苏省新千年贸易发展有限公司
地址：江苏省南京市燕江路201号银通物资交易市场3厅3323
电话：13851886527

南京钢腾金属材料有限公司
地址：江苏省南京下关区水关桥46号象库5厅5211室
电话：025-58721010

南京建基工贸实业有限公司
地址：江苏南京市下关区宝塔桥上元门8-4号
电话：025-58711906

南京奎鑫物资有限公司
地址：江苏南京市下关区幕府西路大庙村168号
电话：025-58711629

南京帮弟贸易有限公司
地址：江苏南京市下关区幕府西路大庙村168号
电话：025-58790862

南京上冶物资销售有限公司
地址：江苏省南京市水关桥46号象山钢材市场三厅3111室
电话：025-58721166

南京巨元钢铁物资有限公司
地址：江苏省南京市中央门外河路道1号八厅802室
电话：025-85511209

南京宝源金属材料有限公司
地址：江苏省南京市水关桥46号象山钢材市场三厅3212室
电话：025-58783953

南京海啸物资有限公司
地址：江苏省南京市中央门外河路道1号十厅C座508室
电话：025-85510760

南京长青钢铁有限公司
地址：江苏省南京市大厂区杨新路400号
电话：025-57793391

南京宇辉金属有限公司
地址：江苏省南京市大厂区
电话：13951861222

南京仁创物资有限公司
地址：江苏省南京市江宁开发区河定桥金坤商住楼一层
电话：025-84012004

南京斯帝尔金属实业发展有限公司
地址：江苏省南京市大厂区沿江工业开发区沿河北路
电话：025-58378635

张家港保税区鑫金泉钢铁有限公司
地址：江苏省张家港市新市河路花园浜二村46幢201-1室
电话：0512-58217219

江　西

南昌市德信材料有限公司
地址：江西省南昌市青山北路18号钢材市场
电话：0791-8600786

江西麦特瑞公司
地址：江西省南昌市二七北路185号
电话：0791-6371770

江西大洪贸易有限公司
地址：江西省南昌市青山北路13号李家庄钢市钢材交易大楼
电话：0791-8601198

江西巨华实业集团贸易有限公司
地址：江西省南昌市八一大道357号财富广场B座1308室
电话：0791-6216566

江西现代金属材料有限公司
地址：江西省南昌市青山北路李家庄钢材市场c区c1
电话：0791-8619156

南昌市恒茂物资有限公司
地址：江西省南昌市青山北路18号B区9号
电话：0791-8608021

南昌市恒通金属材料有限公司
地址：江西省南昌市青山北路18号李家庄钢市
电话：0791-8626929

南昌铁路新龙物资流通有限公司
地址：江西省南昌井冈山大道683号
电话：0791-7034814

浙 江

浙江京杭控股集团有限公司
地址：浙江省杭州市拱康路266号
电话：0571-88258044

浙江东昌钢铁有限公司
地址：浙江省杭州市石祥路264号城北钢材市场1号楼101室
电话：0571-88044787

杭州热联进出口有限公司
地址：浙江省杭州市庆春东路68号汽轮国际大厦A座16-17层
电话：0571-85097623

杭州盈都金属材料有限公司
地址：浙江省杭州市绍兴路168号和平大厦20F
电话：0571-85817685

宁波宝驰钢铁销售有限公司
地址：浙江省宁波市镇海区人民路7号5楼
电话：0574-87626951

宁波保税区甬海物资有限公司
地址：浙江省宁波市江北下白沙路1号港务三区(原消防队大楼)
电话：0574-87627158

中基宁波对外贸易股份有限公司
地址：浙江省杭州市拱墅区拱康路175号三里洋钢材市场A区035－036
电话：0571-88303705

杭州华清物资有限公司
地址：浙江省杭州市石祥路266号1号楼111-113室
电话：13305710808

杭州南疆特殊钢有限公司
地址：浙江省杭州市萧山萧绍路1128号华蔚大厦808室
电话：13903825488

浙江东杭控股集团有限公司
地址：浙江省杭州市杭海路1199号
电话：13601884232

宁波经济技术开发区腾源物资有限公司
地址：浙江省宁波鄞州下应街道凤起路现代物流中心内
电话：0574-88136444

杭州包杭实业投资集团有限公司
地址：浙江省杭州市环城北路22号(包杭大厦六楼)
电话：0571-28861120

浙江物产燃料集团钢材贸易有限公司
地址：浙江省杭州市东新路741号新世纪钢材市场内北门C3125
电话：0571-85386437

浙江乐盛控股集团
地址：浙江省杭州市绍兴路168号和平大厦15楼
电话：13588450187

嘉兴市汇友标准件进出口有限公司
地址：浙江省嘉兴市海盐县开发区海盛路12号
电话：0573-86127073

浙江金洲管道科技股份有限公司
地址：浙江省湖州市二里桥路57号
电话：0572-2065900

杭州家华钢铁贸易有限公司
地址：浙江省杭州市绍兴路168号和平大厦11楼
电话：0571-85085956

浙江金生钢铁贸易有限公司
地址：浙江省杭州市石祥路350号3区
电话：15868816988

杭州农兴贸易有限公司
地址：浙江省杭州市绍兴路168号和平大厦16楼B座
电话：0571-85817318

温州市龙湾区海城岩松废金属回收经营部
地址：浙江省温州市龙湾区海城街道罗梅大道1号对面
电话：0577-85225853

中捷环洲钢业股份有限公司
地址：浙江省玉环县汽摩工业园区
电话：0576-7297510

浙江建龙物产有限公司
地址：浙江省杭州市华浙广场白马大厦31层
电话：0571-85812702

宁波市成龙特殊钢有限公司
地址：浙江省宁波市镇海区镇宁东路625号
电话：0574-86303166

福 建

慈溪市联诚金属材料有限公司
地址：福建省慈溪市环城南路130号天九商务大厦
电话：0574-63893272

安 徽

安徽省徽商金属股份有限公司
地址：安徽省合肥市芜湖路258号
电话：0551-2886249

安徽省豫信钢铁销售有限公司
地址：安徽省合肥市界首路21号
电话：0551-5682166

合肥太鑫金属材料有限公司
地址：安徽省合肥市界首路21号
电话：0551-5624166

合肥金康物资有限公司
地址：安徽省合肥市界首路21号
电话：0551-5522366

合肥华元物资有限公司
地址：安徽省合肥市界首路21号
电话：0551-5612559

安徽省技术进出口股份有限公司
地址：安徽合肥长江西路459号
电话：0551-5101068

马鞍山市中环工业设备有限责任公司
地址：安徽省马鞍山市佳山区梨苑16栋9号
电话：0555-2266607

安徽福山特种钢有限公司
地址：安徽省肥东县西山驿镇
电话：13856997676

马鞍山润吉金属材料有限公司
地址：安徽省当涂电力库
电话：13905557662

山 东

济南三鼎物资有限公司
地址：山东济南市二环西路北段黄河水厂北邻
电话：0531-85666667

济南鲁中德诚物资有限公司
地址：山东省济南市历城区郭店镇曹家馆村西首钢远洋院内
电话：0531-88990001

济南宏岳经贸有限公司
地址：山东省济南市历城区董家镇(省道102济南收费站西临)
电话：0531-88991166

青岛中冶钢铁有限公司
地址：山东省青岛市重庆北路5号北部供电局南
电话：0532-66918418

莱芜金丰型钢股份有限公司
地址：山东省莱芜市钢城经济开发区鸣翔大街西首
电话：0634-6496988

潍坊市钢联金属材料有限公司
地址：山东省潍坊市潍城区仓南街15号
电话：0536-8902852

山东九羊实业股份有限公司
地址：山东省莱芜市莱城区羊里镇
电话：0634-6522621

青岛量子金能源发展有限公司
地址：山东省青岛市市南区汇泉路17号
电话：0532-83890135

泰安宏兴物资有限公司
地址：山东省泰安市泰山钢材大市场中路18号
电话：0538-8106659

济南金石物资有限公司
地址：山东省济南市西外环匡山钢材市场东2楼236房间
电话：0531-87105586

潍坊博林经贸有限公司
地址：山东省潍坊市潍城区仓东路3号平房113室
电话：0536-8910543

临沂志邦商贸有限公司
地址：山东省临沂市经济开发区芝麻墩办事处
电话：0539-6011115

济南江宇金属有限公司
地址：山东省济南市二环西路北首路西大魏钢材市场1-568室
电话：0531-85961543

济南旭新实业有限公司
地址：山东省济南市西外环匡山钢材市场74号
电话：0531-86787770

淄博市博山恒盛实业有限公司
地址：山东省淄博市博山经济开发区南域城路289号
电话：0533-4680979

潍坊万都经贸有限公司
地址：山东省潍坊市奎文区宝通东街198号
电话：0536-7662886

潍坊海舜经贸有限公司
地址：山东省潍坊市潍城区仓东路3号储运钢材市场
电话：0536-7996148

潍坊万兴经贸有限公司
地址：山东省潍坊市奎文区宝通东街198号
电话：0536-7991144

莱芜市新峰经贸有限公司
地址：山东省莱芜市钢城区永兴路11号
电话：0634-6896259

烟台金东钢铁销售有限公司
地址：山东省烟台市芝罘屯路20号
电话：0535-6243509

中南地区

河　南

河南省西保冶材集团有限公司
地址：河南省西峡县仲景路412号
电话：0377-69671209

沙钢集团安阳永兴钢铁有限公司
地址：河南省安阳县水冶镇文明路北侧
电话：0372-5863735

河南殷都富康冶金材料厂
地址：河南省安阳市安林路东段海工水泥厂北
电话：0372-3151009

安阳巨冶物资有限公司
地址：河南省安阳市殷都区钢花路铁佛寺新村
电话：0372-3655718

湖 北

武汉特安顺商贸有限公司
地址：湖北省武汉市汉阳区龙灯堤65号月湖景苑A栋3单元301室
电话：027-84808199

武汉龙发钢铁物资有限公司
地址：湖北省武汉市汉口北湖西路3-85＃万豪国际T3-1-30
电话：027-59418927

湖北联谊实业集团有限公司
地址：湖北省武汉市武昌区中北路1号楚天都市花园21-22层
电话：027-87312188

武汉万盟工贸集团有限公司
地址：湖北省武汉市徐东大街7号凯旋门广场A座21楼
电话：027-59801718

湖 南

泸溪县熙邦科技有限责任公司
地址：湖南省湘西土家族苗族自治州泸溪县武溪镇南正街
电话：13574315685

湖南南县炯龙球磨工厂
地址：湖南省南县炯龙球磨厂
电话：15307378980

娄底市孝崇铁合金有限公司
地址：湖南省娄底市孝崇铁合金厂
电话：13317383618

湖南博长钢铁贸易有限公司
地址：湖南省长沙市雨花区东二环一段56号（长沙重型机器厂招待所旁）
电话：0731-5359558

湖南萍钢工贸有限公司
地址：湖南省长沙市雨花区劳动东路174号福乐康城门面119号
电话：0731-4412835

广 东

广东省建材公司
地址：广东省广州市北较场横路12号物资大厦六楼607室
电话：020-83816881

英国五金太平洋有限公司
地址：广东省广州市先烈中路65号东山广场东楼1501
电话：020-87324480

韶关钢铁（香港）有限公司
地址：广东省韶关市曲江韶钢集团供应部
电话：0852-28588909

深圳兆恒特钢有限公司
地址：广东省深圳市深南东路5015号金丰城大厦A座17楼
电话：0755-82070177

深圳市新元特钢有限公司
地址：广东省深圳市福田保税区英达利科技数码A206
电话：0755-61691888

深圳市伟业贸易有限公司
地址：广东省深圳市福田区竹子林中国经贸大厦20楼A-E座
电话：0755-26831733

深圳市虎山实业有限公司
地址：广东省深圳市福田区车公庙泰然九路海松大厦A座2501
电话：0755-33050055

广东汇马贸易有限公司
地址：广东省广州市黄埔区鱼珠东路3号建材市场1区111号
电话：020-82288224

广　西

广西南宁海宝物资有限公司
地址：广西省南宁市秀安路15号虎邱城北钢材市场K23栋
电话：0771-3958123

广西贵港钢铁集团有限公司
地址：广西省贵港市南平中路
电话：0775-4282120

海　南

海南矿业联合有限公司
地址：海南省昌江县石碌镇
电话：0898-26609244

西南地区

重 庆

重庆钢铁（集团）有限责任公司
地址：重庆市大渡口区大堰三村1-2#
电话：023-68843319

重庆二轻工业供销总公司
地址：重庆市渝中区邹容路107号
电话：023-63834673

重庆双平物资贸易有限公司
地址：重庆市沙坪坝区双碑解放湾16-18底楼
电话：13908301232

重庆中湛商业有限公司
地址：重庆市沙坪坝区渝碚路222-2-7-1号
电话：023-65468832

四 川

攀枝花钢铁（集团）公司
地址：四川省攀枝花市
电话：0812-2231506

成都成实冶金有限责任公司
地址：四川省成都市二环路北四段3号
电话：028-83242811

成都泰昌金属有限责任公司
地址：四川省成都市郫县犀浦镇
电话：028-87819666

贵 州

贵州水城钢铁（集团）有限责任公司
地址：贵州省六盘水市钟山区
电话：0851-8923767

万山特区斯普台铁合金有限公司
地址：贵州省万山特区张家山工业园区
电话：0856-3520689

贵州双辉钢铁有限公司
地址：贵州省修文县龙场镇潮水村
电话：0851-2370303

云 南

昆明力拓经贸有限公司
地址：云南省昆明市北京路612-614号
电话：0871-3171008

云南恒益实业集团
地址：云南省昆明市丰宁小区
电话：0871-6289929

昆明钢铁集团有限责任公司
地址：云南省安宁市
电话：0871-8603325

西北地区

陕 西

洋县华新冶化有限公司
地址：陕西省汉中市洋县洋州镇南环路东段
电话：0916-8227617

五矿钢铁西安有限公司
地址：陕西省西安市高新四路一号高科广场801室
电话：029-88361946

陕西汉中钢铁集团有限公司
地址：陕西省勉县定军山镇
电话：0916-3318300

陕西东岭物资有限责任公司
地址：陕西省宝鸡市马营路
电话：0917-3452431

甘 肃

甘肃富祥物资有限公司
地址：甘肃省兰州市七里河区西津西路422号
电话：0931-2346688

五矿钢铁兰州有限公司
地址：甘肃省兰州市西津西路464号甘肃省木材总公司西区8幢
电话：0931-2319296

青 海

青海都兰兰天矿业有限公司
地址：青海省西宁市互助中路375号1单元401室
电话：13997273807

宁 夏

宁夏同基国际贸易有限公司
地址：宁夏银川市湖滨西街65号投资大厦10楼
电话：0951-7888891

宁夏东煌经贸有限公司
地址：宁夏银川新昌路187号中银大厦14层
电话：13895661062

新 疆

新疆双华钢铁有限公司
地址：新疆乌鲁木齐北京南路442号新发大厦16楼
电话：0991-3665097

主要钢厂介绍

首钢集团

网址：//www.shougang.com.cn

首钢始建于1919年，解放前30年累计产铁28.6万吨。解放后通过技术改造和建设，1958年建起了侧吹转炉，结束了首钢有铁无钢的历史，1964年建成了我国第一座30吨氧气顶吹转炉，在我国最早采用高炉喷吹煤技术，70年代末首钢二号高炉成为当时我国最先进的高炉。改革开放以来获得巨大发展，成为以钢铁业为主，兼营采矿、机械、电子、建筑、房地产、服务业、海外贸易等多种行业，跨地区、跨所有制、跨国经营的大型企业集团。首钢总公司为母公司，下属股份公司、新钢公司、迁钢公司、首秦公司、高新技术公司、机电公司、特钢公司、首建公司、房地产公司、实业公司、国际贸易工程公司等子公司，在香港有上市公司，在南美洲有秘鲁铁矿等海外企业。2007年集团销售收入1090亿元，实现利润43亿元，钢产量1540万吨，职工近8万人。在中国企业联合会按2006年数据评选的中国制造业500强中，首钢销售收入列第10位；在中国企业500强中首钢列第36位。

主要产品：中小型型钢、棒材、钢筋、线材、特厚板、中板、中厚宽钢带、热轧薄宽钢带、冷轧薄宽钢带、冷轧窄钢带、镀层板带、涂层板带。

天津钢管集团有限公司

网址：//www.tpco.com.cn

天津钢管集团股份有限公司是目前国内规模最大的石油套管生产基地，俗称天津“大无缝”。该项目是国家“八五”重点工程。1989年破土动工，1992年热试成功，1996年正式投产。原设计为年产钢坯60万吨，无缝钢管50万吨，其中石油套管35万吨。主要产品还有高中压锅炉管、高压气瓶管、液压支架管、管线管等专用管材。历经十几年艰苦奋斗，跻身于世界大型无缝钢管企业前列，改写了我国石油套管长期依赖进口的历史，成为我国参与国际竞争的行业主力军。天津“大无缝”2003年获“第九届国家级企业管理现代化创新成果一等奖”，2006年再次获得“第十三届国家级企业管理现代化创新成果一等奖”。连续五年获天津市“双优”企业称号。2004年获全国“五一”劳动奖状。

主要产品：冷轧薄宽钢带、涂层板带、无缝钢管、焊接钢管。

天津天钢集团有限公司

网址：//www.tgsteel.com

天钢是集烧结、炼铁、炼钢、连铸、轧钢生产工艺为一体的具有70年历史的大型钢铁企业。列2005中国企业500强排序第251位；中国制造业企业500强排序第127位。公司拥有世界先进水平的工艺技术装备，产品中34Mn5、37Mn5石油套管用钢质量达到国际石油套管API标准，达到国际先进水平；轨枕钢丝专用高线盘条达到国内领先水平，分别获天津市企业技术创新优秀项目一、二等奖。低碳钢热轧圆盘条、钢筋混凝土热轧带肋钢筋、碳素结构钢和低合金结构钢热轧厚钢板及钢带荣获2004年度全国冶金产品实物质量金杯奖。造船板获劳埃德船级社认证。

主要产品：棒材、钢筋、线材、特厚板、中板。

天津天铁冶金集团有限公司

网址：//www.tiantie.com

天津天铁冶金集团有限公司是520户国家重点企业之一，是全国冶金重点企业，始建于1969年8月5日。公司总部在天津市，母体在河北涉县，下设12个子公司,分别地处天津市和河北省。集团现有职工2.6万人，2009年共生产铁583万吨，同比增长35.3%；生产钢555万吨，同比增长24.7%；生产材550万吨，同比增长59.2%；营业收入605亿元，同比净增长100亿元；实现利润6.3亿元。在全国500强中列第111位。经过40年的发展壮大，天铁集团除母公司天津天铁冶金集团有限公司外，还下辖19个子公司，资产总额达到445亿元，形成了多种所有制并存、跨地区、跨行业、主业突出、多业并举的大型企业集团。企业通过了ISO9001国际质量体系认证、ISO14001国际环境体系认证和OHSAS18001职业健康安全管理体系认证；连续多年被评为工商银行“AAA”信用等级企业、“重合同守信用”单位，多项管理成果获国家管理创新成果奖，曾被国家质量监督检验检疫总局授予“全国质量管理先进企业”称号；先后获得全国“五一”劳动奖状、全国思想政治工作优秀企业、全国精神文明创建工作先进单位、全国劳动关系和谐企业、全国模范职工之家、全国文明单位 、天津市优秀企业等荣誉称号。

主要产品：冷轧薄板、热轧板卷、品种钢坯、精轧螺纹钢筋、涂层螺纹钢筋、优质高线、高强建材、特种方坯圆坯。

天津荣程联合钢铁集团有限公司

网址：//www.rockcheck.com

天津荣程联合钢铁集团有限公司（简称荣钢）是一家以钢铁为主业,涉足国际贸易、园林绿化、矿业投资、煤化工、综合利用等多领域的民营企业,集团总部坐落在天津市经济技术开发区。注册资金53967万元，占地6900亩。集团拥有员工6800余名，总资产97亿元。已形成了年生产烧结矿476万吨、铁342万吨、钢316万吨、材226万吨综合生产能力。2008年实现销售收入461亿元，利税12亿元，列中国企业500强中179位、制造业500强93位和天津市百强私营企业第1名。企业围绕市场需求，按照生产专业化、销售区域化和发展优特钢的思路，大力推进产品结构调整。已经通过了ISO9001质量管理体系，ISO14001环境管理体系，OHSAS18001职业健康与安全“三位一体”综合管理体系认证。

主要产品：中厚宽钢带。

唐山钢铁股份有限公司

网址：//www.tangsteel.com

河北钢铁集团唐山钢铁股份有限公司（以下简称唐钢）是国有控股上市公司，特大型钢铁企业，河北钢铁集团的骨干企业。现有股本总额36.26亿股，资产总额（含代管的原唐钢集团下属单位）836.77亿元。唐钢地处全国三大铁矿带之一的冀东地区，并处沿渤海湾京津冀经济隆起带，铁矿石、煤、电等资源丰富；铁路、公路和海上运输便利。唐钢钢铁主业具有1500万吨/年的生产能力，钢材产品主要为板、棒、线、型等4大类，共140多个品种、400多种规格，主要生产热轧薄板、冷轧薄板、镀锌板、彩涂板、中厚板、不锈钢板、棒材、线材、型材等钢材产品。唐钢已通过质量、环境、职业健康安全管理体系“三合一”整合认证。唐钢工艺装备实现了现代化和大型化，整体工艺装备达到国际先进水平，其中冷轧薄板工程是国家“十五”重点项目，汇集了多项世界各大冶金设备前沿技术，“唐钢超薄热带生产线技术集成与自主创新”项目获得了国家科技进步二等奖，1700mm热轧薄板生产线依靠自主集成，以实现对全线的技术支撑。

主要产品：铁道用钢材、大型型钢、棒材、钢筋、线材、特厚板、中板、中厚宽钢带、热轧薄宽钢带、冷轧薄宽钢带、热轧窄钢带、镀层板带。

宣化钢铁集团

网址：//www.xuangang.com.cn

宣化钢铁集团有限责任公司（企业前身为龙烟铁矿股份公司）创建于1919年3月，是国家重点大型钢铁企业。宣钢坐落在塞外历史文化古城宣化，东距北京150公里，厂区紧傍京包铁路和京张高速公路，交通发达，通讯便利，当地矿产资源丰富。公司下属矿山、烧结、焦化、炼铁、炼钢、轧钢、动力、运输等10个钢铁主体生产厂，12个辅线单位。主体生产设备有：炼铁高炉8座，氧气顶吹转炉6座，与炼钢配套的连铸机有6台,轧钢生产线13条，焦炉6座,制氧机6台，发电机组7台。企业已形成铁650万吨、钢600万吨、钢材650万吨的规模能力。2007年名列中国制造500强企业第178位，钢产量在全国钢铁行业名列21位，列中国最大500家企业集团第280位。2006-2007年被评为河北省“AAA级劳动关系和谐企业”、“明星企业”；连续两年荣获省委、市委授予“先进基层党组织”荣誉称号，连续三年荣获安康杯；2007年，荣获“全国模范劳动关系和谐企业”、“河北省诚信企业”、“河北省质量效益型先进企业”、“河北省清洁生产优秀单位”和国家重点钢铁企业环保协作组颁发的“钢铁企业环保治理先进单位”等荣誉称号。

主要产品：中小型型钢、棒材、钢筋、线材、热轧窄钢带、焊接钢管。

承德新新钒钛股份有限公司

网址：//www.cdft.com.cn

承德新新钒钛股份有限公司(简称承钢)坐落在人杰地灵的中外历史文化名城——承德，公司成立于1994年6月18日，由承德钢铁集团有限公司独家发起，以定向募集方式设立的股份有限公司。截至2008年一季度，公司拥有总资产144.30亿元，员工总数为13644人。目前，承钢已经形成了包括钢钒业、采选业、运输业、机械电子业、宾馆旅游业和进出口贸易等多元化产业，形成了以含钒低(微)合金钢产品和钒钛系列产品为主导产品的生产经营格局。

主要产品：含钒HRB500、HRB400、HRB335级螺纹钢筋，含钒低合金圆钢、带钢、高速线材、五氧化二钒（片剂、粉剂）、钒铁合金、高品位钛精矿等。

邯郸钢铁集团有限责任公司

网址：//www.hgjt.com.cn

河北钢铁集团邯郸钢铁集团有限责任公司（简称邯钢）位于我国历史文化名城、晋冀鲁豫四省交界区域中心城市、河北省重要工业基地——邯郸。邯钢于1958年建厂投产，历经半个多世纪的艰苦奋斗，已发展成为我国重要的优质板材生产基地，是河北钢铁集团的核心企业。进入新世纪以来，邯钢加快用高新技术和先进适用技术改造提升传统产业步伐，相继建成投产了年产250万吨薄板坯连铸连轧生产线、国内第一条热轧薄板酸洗镀锌生产线、年产130万吨冷轧薄板生产线，和以新区为代表的一大批具有国际一流水平的大型现代化装备，综合竞争实力发生了质的飞跃，产品结构实现了由普通建材为主向优质板材为主的转变。邯钢现有总资产618亿元，职工2.4万人，具备了年产千万吨钢的综合生产能力。曾先后荣获全国五一劳动奖状、全国优秀企业金马奖、全国先进基层党组织、全国文明单位、全国思想政治工作优秀企业、全国模范劳动关系和谐企业等荣誉称号。

主要产品：钢筋、线材、特厚板、中板、冷轧薄板、中厚宽钢带、热轧薄宽钢带、冷轧薄宽钢带、热轧窄钢带、镀层板带、涂层板带、焊接钢管。

舞阳钢铁有限责任公司

网址：//www.wygt.com.cn

舞阳钢铁公司是我国首家宽厚钢板生产科研基地。十里厂区依山傍水，风光如画。现有资产总额近百亿元，职工万余人。1970年,国家为满足国防军工用宽厚钢板的急需，兴建舞钢工程。1978年，我国自力更生研制的舞钢公司4200mm宽厚板轧机建成投产，一举结束了我国不能生产特宽特厚钢板的历史。舞钢产品大量应用于国家重大工程、重大技术装备项目和军工事业，做出了重大的贡献。为三峡工程供应钢板达12万吨，占同类产品工程总用量的80%以上，其中三峡24扇永久船闸闸门全部用舞钢产品制造。为北京2008奥运工程专项研制的110mm厚Q460E-Z35钢板，创国内唯一、世界第一，实现了“鸟巢”用钢全部“中国造”。在西气东输、西电东送、载人航天、军工装甲、国家战略石油储备等领域，舞钢均发挥了关键性的作用。

主要产品：特厚板、中板。

新兴铸管股份有限公司

网址：//www.xinxing-pipes.com

新兴铸管股份有限公司由新兴铸管集团有限公司独家发起募集设立,1997年发行上市，目前总股本117452万股。公司前身为始建于1971年的三线军队钢铁厂，目前发展成为一家跨地区、跨行业、集科工贸于一体的大型企业，是国家520家重点企业之一。公司先后荣获“全国质量效益型先进企业”、“全国环境保护先进企业”、“全国用户满意单位”、全国“五一”劳动奖状、“中国杰出管理贡献奖”、“十佳上市公司”、“中国企业新纪录优秀创造单位”、“中国铸造行业突出贡献奖”、“中国最佳投资回报上市公司”、“中国企业信息化500强”等荣誉称号。连续7年入选“中国最具发展潜力上市公司50强”，连续7年入选深证成指样本股。

主要产品：离心球墨铸铁管及配套管件、钢铁冶炼及压延加工、铸造制品等

石家庄钢铁有限责任公司

网址：//www.csggs.com

石家庄钢铁有限责任公司位于河北省省会石家庄市。泰富石钢始建于 1957年，目前已经具备年产260万吨钢的生产能力，并由普钢企业逐步转变为以生产汽车专用钢为主的特钢企业，是中国重点大中型钢铁联合企业和520户国家重点企业之一。石钢公司目前采用烧结、炼铁、炼钢、轧钢的长流程和电炉炼钢、轧钢的短流程来组织生产。炼钢装备居国内先进水平，60万吨棒材连轧生产线和优质汽车专用钢棒材连轧线居国际先进水平。公司的产品涉及优质碳素结构钢、合金结构钢、齿轮钢、弹簧钢和轴承钢等五大钢种，其中 45号钢、40Cr、20CrMo、20CrMnTi合金结构钢、20CrMoA抽油杆钢、20号优质碳素钢圆管坯获全国冶金产品实物质量“金杯奖”，石钢现已成为一汽、二汽 、中国重汽、日本丰田公司、美国卡特比勒等大型汽车厂商和机械制造商的原料供应企业，产品已销往世界各地。

主要产品：优质碳素结构钢、合金结构钢、齿轮钢、弹簧钢和轴承钢等。

邢台钢铁有限责任公司

网址：//www.xtsteel.com

邢台钢铁有限责任公司(简称邢钢)，是国内最大规模的高端线材专业化生产企业，全国五一劳动奖状获奖企业， 2008年“中国最佳诚信企业”和

"全国钢铁工业先进集体"。作为高端线材专业化生产企业，在全国长材生产企业中第一家配备了RH真空精炼炉，使用了铁水预脱硫、轻压下大方坯连铸机等高端技术,现可生产出70多个钢种600余个产品，形成了冷镦钢、预应力钢、焊接用钢、帘线钢、弹簧钢、轴承钢、机械结构用钢、硬线钢、锚链钢等十五大系列产品。邢钢是国内第一家可生产Φ5.5mm–Φ42mm全规格光面线材和盘卷螺纹的企业，成品精度可达±0.1mm。5条采用国际最先进轧钢技术的高速线材生产线，年生产能力300万吨，实现了线材生产的专业化，可充分满足用户多品种、多规格、小批量、多频次的需求。邢钢多次荣获全国线材产品质量过硬放心企业荣誉，已有低碳钢、中高碳钢、冷镦钢五大类12个品种获国家冶金实物产品金杯奖。邢钢品种钢轧制的各种优质线材，现已广泛应用于国民经济生活的各个领域。

主要产品：钢筋、线材。

唐山建龙实业有限公司

网址：//www.ejianlong.com

唐山建龙实业有限公司位于遵化市。公司起步于1998年底租赁原市钢铁厂，2000年3月整体买断，2000年9月通过增资扩股，与上海复星集团合作组成了有限责任公司，到2008年底，共拥有控股子公司17家，总资产319.81亿元，企业遍布河北、黑龙江、吉林、辽宁、山东、浙江、北京、湖北、四川等省市。钢铁产业目前共有唐山建龙、承德建龙、吉林钢铁、黑龙江建龙、抚顺新钢铁等五家控股子公司。2003年经国家人事部批准，设立了"博士后工作站"。2008年，建龙集团名列中国制造业企业排名第78位，中国企业500强第158位。2008年，集团控股企业实现销售收入407.9亿元，比上年增长26.99%；上缴税金27.83亿元，增长38.6%；实现利润26.4亿元。

主要产品：中小型型钢、棒材、钢筋、线材、中厚宽钢带、热轧窄钢带、冷轧窄钢带、焊接钢管。

抚顺新钢铁有限责任公司

抚顺新钢铁有限责任公司成立于2005年10月，是由始建于1958年的抚顺新抚钢有限责任公司经改制重组的一家民营控股的大型股份制钢铁企业。公司坐落于浑河南岸抚顺市西部工业区，北邻沈抚高速公路，厂区内设有25公里铁路线同南面国铁接轨，濒临大连港、营口港，交通十分便利。厂区占地1.15平方公里，资产总额43亿元，集烧结、炼铁、炼钢、制钎、制氧于一体，装备达到国内先进水平，是国家冶金行业大型企业之一。抚顺新钢铁目前具有年产铁240万吨、转炉钢260万吨、电炉钢40万吨，钢材260万吨的综合生产能力，主导产品螺纹钢筋、高速线材、窄带钢、优质型钢、圆钢、管坯等均按国际标准生产，1999年10月通过ISO9002质量体系认证。2001年螺纹钢获国家产品质量免检证书和全国冶金行业"金杯奖"；2002年，钎具钢获全国冶金行业"金杯奖"。产品远销美国、韩国、日本、新加坡等国际市场。

主要产品：中小型型钢、棒材、钢筋、线材。

河北津西钢铁股份有限公司

网址：//www.hbjx.com.cn

河北津西钢铁股份有限公司，位于河北省迁西县三屯营镇，始建于1986年。2002年12月，与香港嘉鑫有限公司合资，注册成立中外合资经营企业。2004年3月，在香港联交所成功上市，是河北省首家在香港上市的钢铁企业。企业如今拥有10000名员工、总资产130亿元，集钢铁冶炼、轧制为一体，年产钢铁材各600万吨，年销售收入200亿元，全国首家海外上市的民营大型钢铁联合企业。曾连续7年名列中国企业500强，是全国最大型钢生产基地。先后荣获"全国500家最佳经济效益企业”、“中国最具生命力企业”、“中国最具成长性企业”和“中国H型钢市场品牌信誉第一品牌”等多项荣誉称号。其型钢产品成功进入中国高速铁路、北京奥运会主会场鸟巢等多项国家重点建设工程，并远销日本、韩国及欧盟等24个国家和地区。

主要产品：大型型钢、中厚宽钢带、热轧窄钢带。

唐山国丰钢铁有限公司

网址：//www.gfgt.com

唐山国丰钢铁有限公司成立于1993年，是一家集制氧、烧结、炼铁、炼钢、轧钢为一体的大型钢铁联合企业，具备年产铁、钢、材各800万吨的综合生产能力，拥有总资产209亿元，职工15000人。在2009中国企业500强中名列第218位，在中国制造业500强中名列第111位，河北省百强民营企业第一名。公司现为中国钢铁工业协会会员、河北省冶金行业协会和全国工商联冶金业商会副会长单位。公司先后荣获“全国质量服务诚信示范企业”、“全国乡镇企业大型企业”、第二届“全国名优产品售后服务先进单位”、“全国乡镇企业创名牌重点企业”、“全国钢压延效益十佳企业”、“河北省五一奖状”、“河北省重点冶金企业”、“河北省首届诚信守法企业”、“河北省明星企业”、“河北省百强企业”等称号

主要产品：热轧卷板、热轧带钢、热轧带肋钢筋。

德龙钢铁有限公司

网址：//www.delongsteel.com

德龙钢铁有限公司是新加坡上市德龙控股有限公司的全资子公司，是一家拥有烧结、炼铁、炼钢、轧钢为一体的大型钢铁联合企业，系中国钢铁协会会员、河北省重点冶金企业。“十五”以来，德龙公司坚持以战略创新为先导，以技术创新为核心，以管理创新为基础，以文化创新为支撑，形成了年产钢材240万吨的生产能力，走出一条“突破、超越、领先”的高成长之路。公司已通过ISO9001：2000国际质量体系认证，并获得“全国行业质量示范企业”、“全国质量服务诚信示范企业”、“河北十大民营纳税企业”、“河北百强企业”，“2003-2005年河北民营钢铁最具影响力十大企业”等荣誉称号。

主要产品：中厚宽钢带。

河北敬业企业集团

网址：//www.hbjyjt.com

河北敬业集团坐落于革命老区平山县，毗邻革命圣地西柏坡，是一家以钢铁为主业，兼营化工、酒店的跨行业集团公司。现有员工11000名，总资产90亿元，已形成铁、钢、材各600万吨的规模。年产水杨酸10000吨，是全国最大的水杨酸生产基地。敬业集团连续5年被评为河北省百强企业、中国企业500强。2008年实现销售收入288亿元，上缴税收4.7亿元，在中国500强企业中名列206位、中国制造业105位，河北百强企业排第5名，石家庄市百强企业排名第一。集团已通过ISO9001质量管理体系认证、环境管理体系认证及职业健康安全管理体系认证。敬业集团坚持以市场为导向，不断优化产品结构，开发满足顾客个性化需求的新产品，生产品种有普碳板、低合金板、优质钢板、船板、压力容器板、锅炉板、欧标板、日标板及英标螺纹钢、抗震螺纹钢、碳素圆钢、建筑用圆钢等，已获得中国船级社认证、欧标CE认证、八国船级社认证，锅炉板系列、压力容器板系列认证，产品畅销国内并出口到30多个国家和地区。

主要产品：钢坯、螺纹钢、中厚板。

河北纵横钢铁集团

网址：//www.zonghengsteel.com

河北纵横钢铁集团是一家集焦化、烧结、炼

铁、炼钢、轧钢、制氧、余热余压余气发电、污水处理综合利用于一体的大型综合性钢铁联合企业集团。集团拥有沧州、邯郸两大钢铁生产基地，现有总资产200亿元以上，正式员工万余人，生产规模为年产铁、钢、材各500万吨以上，年销售收入200亿元以上，总体装备在全国民营钢铁位居一流水平，是目前全国规模最大的热轧产品和中宽带钢生产企业之一，是河北省政府确定重点扶持发展的大型钢铁联合企业集团。 是河北省政府确定的“十一五”期间重点项目。是中国建行“AAA级信用客户”、“中国制造业500强企业”、“中国外商投资500强企业”、“全国诚信守法企业”；也是“河北省百强企业”、“河北省质量诚信示范企业”、“河北省用户满意企业”，并荣获“河北省先进基层党组织”荣誉称号。现为河北省冶金行业协会副会长单位，中华全国工商业联合会冶金业商会副会长单位，中国钢铁工业协会团体会员单位。

主要产品：优质碳素结构钢、低合金高强度、结构钢、管线钢、低碳低硅冷轧料、普碳钢。

太原钢铁(集团)有限公司

网址：//www.tisco.com.cn

太原钢铁（集团）有限公司（简称太钢）地处山西省会，毗邻京津，属环渤海经济圈和京津都市圈。地理和资源禀赋，使太钢具有资源、能源和交通优势。太钢是集铁矿山采掘、钢铁生产、加工、配送和贸易为一体的特大型钢铁联合企业和全球产能最大、工艺技术装备水平最高、品种规格最全的不锈钢企业，综合实力跃居国内钢铁行业前列。企业致力于不锈钢、特殊钢和高等级碳素钢的研究开发和生产加工，拥有雄厚的研发实力和可靠的质量保障能力。太钢技术中心在全国575家国家认定的企业技术中心中排名第二。铁路行业用钢、双相钢、耐热钢、造币钢、车轴钢、纯铁、9%Ni钢等21个品种国内市场占有率第一，产品远销30多个国家和地区。先后获得“全国质量奖”，全国20家“最具社会责任感企业”、“全国企业文化建设优秀单位”、“全国模范劳动关系和谐企业”、“山西省模范企业”、“山西省五一劳动奖状”等荣誉，被中宣部和国务院国资委选树为全国九家国有企业改革发展典型之一。新中国成立六十周年之际，太钢退休职工李双良成为“时代领跑者——新中国成立以来最具影响的60名劳动模范”之一；太钢新建150万吨不锈钢工程荣获“2009年度国家优质工程金奖”，入选新中国成立60周年“百项经典暨精品工程”，新建150万吨不锈钢炼钢工程荣获2009年度中国建设工程“鲁班奖”。

主要产品：棒材、线材、特厚板、中板、冷轧薄板、中厚宽钢带、热轧薄宽钢带、冷轧薄宽钢带、电工钢板带、焊接钢管。

太钢集团新临钢钢铁有限公司

网址：//www.sxlg.com.cn

太钢集团临汾钢铁有限公司（简称临钢）是以中厚板为主导产品的大型钢铁联合企业，为山西省重点工业企业和临汾市营业额最大、上缴税金最多的企业，现有资产总额58.2亿元，职工1万余人。公司始建于1958年，曾是全国56家地方钢铁骨干企业之一。1998年10月，重组改制为“太钢集团临汾钢铁有限公司”和“山西新临钢钢铁有限公司”，初步建立了现代企业制度。其中，新临钢公司是全国72家重点钢铁企业之一。经过50年的建设发展，公司已成为集采矿、钢铁冶炼、钢材加工、国际贸易为一体，年产钢200万吨、板材180万吨的大型钢铁联合企业。其中，3300mm中厚板生产线、不锈钢热处理酸洗产线工艺技术达到国际先进水平。

主要产品：特厚板、中板。

首钢长治钢铁（集团）有限公司

网址：//www.changgang.com

长治钢铁（集团）有限公司（以下简称长钢）

创建于1947年，是太行革命根据地建设的第一个炼铁厂。公司位于风光绮丽秀美、文化底蕴深厚的华夏名城——山西省长治市，公司集采矿、采煤、炼焦、炼铁、炼钢、轧材、水泥制造、工程建设、锻压机械制造、房地产开发于一体，钢铁年生产能力 360 万吨。金融危机大背景下，顺应钢铁业整合重组的历史潮流，有着 60 多年发展史的长钢公司与有着 90 多年发展史的首钢总公司于2009年8月8日成功签约，首钢总公司控股长钢 90% 股份（其余 10% 股份由长治市国资公司持有），长钢更名为首钢长治钢铁有限公司，并于11月初完成工商变更。长钢多年被评为“AAA”、“重合同守信用”企业，被中华全国总工会授予“全国五一劳动奖状”。 产品包括钢铁产品、锻压机械、矿渣水泥三大系列。钢铁产品主要有 H 型钢、棒材、线材、热轧带肋钢筋、热轧左旋带肋钢筋、抗震钢筋、热轧无缝钢管。长钢的钢材钢质纯净、成份稳定，主导产品“上党”牌热轧带肋钢筋荣获国家冶金产品实物质量“金杯奖”、“国家免检产品”、“山西省标志性名牌产品”等荣誉称号，被毛主席纪念堂、北京奥运会场馆、青藏铁路、深圳湾跨海大桥、秦山核电站等重点建设工程采用。新开发的抗震钢筋通过了国家质检部门的严格检测；锻压机械设备素有“弯卷之冠，中国长锻”美誉；“长钢”牌矿渣硅酸盐水泥是国家免检产品。

主要产品：中小型型钢、棒材、钢筋、线材、无缝钢管。

海鑫钢铁集团有限公司

网址：//www.haixen.com.cn

海鑫集团地处山西省闻喜县东镇，集团自1987年投资40万元以炼焦起家，经过20年的跨越式发展，目前已成为以钢铁为主业，集资源、金融、儿童教育等行（产）业为一体的大型企业集团。拥有总资产120亿元、员工11680人，形成了年产560万吨铁、600万吨钢、260万吨材、260万吨板坯的综合生产能力。2008年工业总产值和销售收入双双突破120亿元，上缴税金6.4亿元。公司通过了ISO9001：2000质量体系认证和ISO14001：2004环境管理体系认证，并被授予“中国最具生命力企业”、“全国五一劳动奖状”等多项荣誉称号，已跻身中国企业500强、中国钢铁冶金行业50强行列，是山西省第二大钢铁企业。

主要产品：棒材、线材。

山西中阳钢铁有限公司

网址：//www.sxzygc.com.cn

山西中阳钢铁有限公司始建于1985年10月，位于山西省吕梁市中阳县城北郊区，占地3000余亩，现有职工10000余名。是集采煤、选煤、采矿、选矿、炼铁、炼钢、轧钢、发电为一体的国家级大型钢铁企业。目前具有年产500万吨原煤、120万吨铁精粉、150万吨焦、360万吨铁、360万吨钢、360万吨材的产业规模，拥有总资产100亿元，实现年产值120亿元。是蝉联四届的全省“工业企业30强”和“十大纳税户”，多次被评为“全国优秀乡镇企业”和“山西省模范单位”。

主要产品：钢筋、线材、热轧窄钢带、焊接钢管。

山西中宇钢铁有限公司

网址：//www.zygt.com.on

山西中宇钢铁有限公司是一家由民营资本投资38亿元筹建的集炼铁、炼钢、轧材于一体的钢铁联合生产企业。公司经过六年的发展建设，目前已形成了300万吨钢、200万吨铁、200万吨材的生产能力，与其匹配的26000m^3制氧厂、石灰厂、供水供电及办公、生活设施齐全，配套成龙。2005年公司晋级全国钢企百强、山西省百强企业，被省政府列入“十一五规划”重点扶持企业，划入经济发展的第二板块；被临汾市列入大企业、大集团首位，划入经济发展板块的第二方阵；先后被省体育局、临汾市、曲沃县授予“特殊贡献单位”、“纳税大户”等荣誉；主要产品线材，被临汾市授予“用户满意产品”。根据省政府“十一五规划”对中宇公司的要求，2008年将达到300万吨钢、300万吨铁、300万吨材的生产能力，实现年销售收入百亿元。

主要产品：线材。

包头钢铁(集团)有限责任公司

网址：//www.btsteel.com

包钢是我国重要的钢铁工业基地和全国最大的稀土生产、科研基地，是内蒙古自治区最大的工业企业，是自治区首家销售收入超过400亿元的企业。1954年建厂，1998年改制为公司制企业。公司总部位于内蒙古自治区包头市河西工业区，中心厂区占地面积36平方公里。现有在岗全民固定职工49415人。拥有“包钢股份”和“包钢稀土”两个上市公司。2008年，包钢经济总量和主要技术经济指标达到历史最好水平，销售收入首次突破400亿元大关，达到432.64亿元，同比增加100亿元以上，增长31.7%；钢产量达到983.9万吨，同比增加100万吨，增长11.32%；上缴税金达到37.96亿元，同比增加10亿元以上，增长38.8%，为地方经济社会发展做出了应有的贡献。2009年以来，包钢积极采取措施应对金融危机的挑战，保持了发展基本面的向好，钢产量首次突破了1000万吨。包钢已经进入我国千万吨级钢铁企业行列。拥有具备国际国内先进水平的冷轧和热轧薄板及宽厚板、无缝钢管、重轨及大型材、线棒生产线，是我国主要钢轨生产基地之一、品种规格较为齐全的无缝钢管生产基地之一、西北地区最大的板材生产基地。

主要产品：铁道用钢材、大型型钢、棒材、钢筋、线材、特厚板、中板、冷轧薄板、中厚宽钢带、热轧薄宽钢带、冷轧薄宽钢带、热轧窄钢带、冷轧窄钢带、镀层板带、无缝钢管、焊接钢管。

鞍山钢铁集团公司

网址：//www.ansteelgroup.com

鞍山钢铁集团公司（简称鞍钢）总部坐落在辽宁省鞍山市。鞍钢始建于1916年，前身是日伪时期的鞍山制铁所和昭和制钢所。1948年鞍钢成立，是新中国第一个恢复建设的大型钢铁联合企业和最早建成的钢铁生产基地，被誉为“中国钢铁工业的摇篮”、“共和国钢铁工业的长子”。目前钢铁主业已形成鞍山、鲅鱼圈、朝阳三大生产基地的发展格局，具有钢、铁、钢材2500万吨的综合生产能力，成为以汽车板、家电板、集装箱板、船板、重轨、石油管、管线钢、容器板、冷轧硅钢等为主导产品的精品钢材生产基地。能够生产16大类钢材品种，120个产品细类，600个钢牌号，42000个规格的钢材产品，广泛应用于国民经济各领域。全面通过ISO9002质量体系认证，船用钢通过9国船级社认证，石油管通过API认证，建筑材料通过英国劳氏公司CE标志认证书，钢铁主体通过ISO14000环境管理体系认证和OSHMS职业安全健康管理体系认证。钢材产品按国际先进水平标准组织生产有了可靠保证。

主要产品：铁道用钢材、大型型钢、棒材、线材、特厚板、中板、冷轧薄板、中厚宽钢带、热轧薄宽钢带、冷轧薄宽钢带、镀层板带、涂层板带、电工钢板带、无缝钢管。

本溪钢铁(集团)有限责任公司

网址：//www.bxsteel.com

本溪钢铁（集团）有限责任公司（简称本钢）始建于1905年，位于辽宁省东部的本溪市，距省会沈阳63公里。1994 年 11 月,经国务院批准,本钢被确定为全国百家现代企业制度试点单位；1996 年 7

月，正式组建为国有独资有限责任公司；1997 年 4 月，被国务院确定为全国 120 家大型企业集团试点单位；1997 年 6 月，成立本钢板材股份有限公司。本钢几经改造，已形成集采矿、选矿、炼铁、炼钢、轧钢、贸易、科研等一体化的配套齐全的特大型钢铁联合企业，是我国重要的军工、航天、航海等高科技产品的原料生产基地。产品远销美国、加拿大、欧盟、澳大利亚、韩国、埃及、伊朗、伊拉克、印度等 40 多个国家。本钢现有铁矿资源储量近 15 亿吨，目前已形成年产铁矿石 2000 多万吨能力；现有两大生产线：一是板材生产线，二是特殊钢生产线，现具有年产铁 1000 万吨、钢 1000 万吨、热轧材 1300 万吨，冷轧材 350 万吨的生产能力。目前，本钢已与宝钢、鞍钢、武钢等中国骨干企业并驾齐驱。2008 年，本钢在中国 500 强企业中列第 136 位，在中国制造业 500 强企业排序中列第 66 位，在辽宁省 100 强纳税企业中列第 3 位。

主要产品：铁道用钢材、棒材、特厚板、中板、冷轧薄板、中厚宽钢带、热轧薄宽钢带、冷轧薄宽钢带、镀层板带、涂层板带。

北台钢铁（集团）有限责任公司

网址：//www.chinabeitai.com

北台钢铁集团是以北台钢铁（集团）有限责任公司为核心企业，集本溪北营钢铁（集团）股份有限公司、辽宁北方煤化工(集团)股份有限公司、本溪北方机械重汽有限责任公司、本溪北台铸管股份有限公司等为一体的企业集团。集团总部位于辽宁省本溪市，距省会沈阳63公里，交通便利，环境优越。集团现已拥有资产总额400亿元，年营业收入480亿元，形成了年产生铁800万吨、钢坯850万吨、钢材1000万吨、化肥80万吨、重型汽车300台、球墨铸铁管50万吨的综合生产能力，在中国企业500强排序中位列第90位，在辽宁省百强企业排序中位列第4位。

主要产品：钢筋、线材、中厚宽钢带、热轧薄宽钢带、焊接钢管。

东北特殊钢集团有限责任公司

网址：//dtsteel.com

东北特殊钢集团有限责任公司（简称东北特钢集团）是由原大连钢铁集团、抚顺特钢集团、北满特钢集团于2004年9月重组而成的大型特殊钢生产企业。东北特钢集团总部设在中国美丽的海滨城市大连。除拥有大连特钢、抚顺特钢、北满特钢三大生产基地外，还在大连、抚顺、齐齐哈尔、山东、鞍山、上海、内蒙古等地设立：大连精密合金有限公司、大连特殊钢制品有限公司等5个全资子公司；东北特钢集团机电工程有限公司、山东鹰轮机械有限公司、上海特殊钢有限公司等11个控股子公司；大连钢丝制品有限公司、烟台优钢有限责任公司等7个参股子公司。集团注册资本364417万元，截止到2008年12月末，资产总额225亿元。以生产经营高质量档次、高附加值特殊钢为主营业务。是中国特殊钢行业龙头企业。2008年以营业收入191.54亿元列“中国企业500强”第285位。近年来，在我国发射成功的“神舟”系列宇宙飞船、“嫦娥”探月计划以及研制“歼十”战斗机、国产大飞机项目、新一代驱逐舰、核潜艇等领域，东北特钢都为其研制和提供了关键材料。东北特钢同时为发展我国核电事业、风力发电设备、高速铁路、轿车国产化、石油开采用钢更新换代等研制和提供了大量特殊钢新材料。东北特钢一直承担着国家黑色冶金新材料研制50%以上的科研课题。

主要产品：棒材、线材、中板、冷轧薄板、热轧窄钢带、冷轧窄钢带。

凌源钢铁集团有限责任公司

网址：//www.lgjt.com.cn

凌源钢铁集团有限责任公司(简称凌钢)始建于1966年，是集采矿、选矿、冶炼、轧材为一体的钢铁联合企业。凌钢集团下辖凌钢股份（上市公司）等12个子公司和7个直属分厂。总资产为100亿元，其中净资产59亿元，资产负债率 40.86%。企业实力和创效能力不断增强，从1988年开始，凌钢进入全国工业企业500强，2008年在中国制造业500强中排名中列第328位。凌钢是全国冶金系统首批通过ISO9002产品质量体系认证企业，曾被授予国家级守合同重信用企业、全国质量管理先进企业和中国优秀诚信企业，并荣获了全国五一劳动奖状和全国百户企业管理杰出贡献奖。公司党委连续多年被辽宁省委评为先进党委，两次被中央组织部评为全国先进基层党组织。凌钢三次被国家文明委评为全国精神文明建设先进单位。

主要产品：热轧中宽带钢、螺纹钢、中小型各类圆钢、中宽冷轧带钢、焊管。

通化钢铁集团有限责任公司

网址：//www.jltg.com.cn

通化钢铁集团股份有限公司（简称通钢集团），是吉林省大型钢铁联合企业，国务院振兴东北老工业基地重点支持的钢铁企业。通钢集团现具备年产钢600万吨的生产能力。总部位于美丽富庶的北国春城长春市。2009年，通钢集团在中国企业500强中排名第203位、中国制造业企业500强排名第104名、在入围的500强的65家钢企中排名第32位。通钢集团下辖通化钢铁、通钢矿业、磐石钢管、四平制品、通化网航、通钢国贸等6家子公司，分布于长春、吉林、四平、通化、白山等五个地区。1998年6月，顺利通过了中国方圆委ISO9002质量体系认证，正式获得中国方圆标志认证委员会质量认证中心颁发的ISO9002质量体系证书。2003年10月，通过了ISO9001：2000版质量管理体系认证。2005年3月被中国国家标准化管理委员会确认为AAAA级企业，2007年5月被中国产品质量协会评估认定为质量信誉AAA级企业。集团先后荣获全国“五一”劳动奖状、全国先进基层党组织、全国精神文明建设先进单位、全国国有企业创“四好”班子先进集体、全国思想政治工作优秀企业、全国重合同守信用企业、全国首批管理创新示范单位、全国质量管理先进企业、二十世纪最具影响的名牌企业等称号。

主要产品：大型型钢、中小型型钢、棒材、钢筋、线材、冷轧薄板、中厚宽钢带、热轧薄宽钢带、冷轧薄宽钢带、热轧窄钢带、冷轧窄钢带、无缝钢管、焊接钢管。

西林钢铁集团有限公司

网址：//www.xlsteel.com.cn

西林钢铁集团有限公司（简称西钢）是黑龙江省最大的钢铁联合企业，由一个核心企业、五个全资子公司和两个控股子公司组成，拥有3座矿山和2个钢材生产基地（西钢和阿钢）。西钢1966 年建厂，目前已经发展成为具备年产300万吨钢生产能力的省内最大钢铁联合企业。企业总资产76.45亿元，在职员工9423人。1998年西钢在省内率先通过了ISO9002质量体系认证，2004年再次通过ISO9001：2000质量管理体系认证。企业管理水平稳步提高，曾先后获得“全国质量效益型先进企业”、“全国用户满意企业”、“全国精神文明先进单位”、“全国五一劳动奖状”等诸多荣誉称号。2003年12月，西钢被黑龙江省企业管理协会、企业家协会和工业经济联合会联合授予“龙江钢铁的脊梁”荣誉称号。

主要产品：铁道用钢材、大型型钢、棒材、钢筋、线材。

宝钢集团有限公司

网址：//www.baosteel.com

宝钢集团有限公司（简称宝钢）是经国务院批准的国家授权投资机构和国家控股公司，目前是中国最具竞争力的钢铁联合企业。1978年12月23日，宝钢在上海动工兴建。1998年11月，宝钢与上钢、梅钢实现联合重组。2006年重组新疆八一钢厂。2008年与广钢、韶钢重组，成立广东钢铁，在淘汰落后产能的同时筹建湛江钢铁制造基地。2004年，宝钢成为最先加入“全球契约”的三家中国企业之一。2006年，宝钢加入“世界可持续发展工商理事会”（WBCSD），成为国内第二家加入WBCSD的企业，也是全球钢铁行业的首批WBCSD成员。另外，宝钢还是是中国冶金行业第一家通过ISO14001环境贯标认证的企业和中国冶金行业和上海市首家获得“国家环境友好企业”称号的企业。宝钢钢铁主业立足于生产高技术含量、高附加值钢铁精品，年产钢能力3000万吨左右，产品畅销国内外市场。目前已形成普碳钢、不锈钢、特钢三大产品系列，广泛应用于汽车、家电、石油化工、机械制造、能源交通、建筑装潢、金属制品、航天航空、核电、电子仪表等行业。宝钢产品在保持国内板材市场主导地位的同时，还出口至日本、韩国、欧美等四十多个国家和地区。2008年，宝钢营业收入2468.39亿元，利润总额238.13亿元，资产总额3524.97亿元，净资产2194.35亿元；宝钢从业人员总数为108914人；宝钢连续6年进入世界500强，列220位。

主要产品：铁道用钢材、中小型型钢、棒材、钢筋、线材、特厚板、中板、冷轧薄板、中厚宽钢带、热轧薄宽钢带、冷轧薄宽钢带、热轧窄钢带、冷轧窄钢带、镀层板带、涂层板带、电工钢板带、无缝钢管、焊接钢管。

宝钢集团新疆八一钢铁有限公司

网址：//www.81steel.com.cn

宝钢集团新疆八一钢铁有限公司（前身为新疆八一钢铁集团有限责任公司，简称八钢）位于新疆乌鲁木齐市，始建于1951年9月。2007年1月16日，宝钢集团和自治区人民政府签订增资重组八钢协议，增资30亿元重组八钢，4月28日，宝钢集团新疆八钢公司正式揭牌，八钢成为宝钢集团控股子公司。 八钢在职职工3.9万人，资产总额236亿元，目前具有年产钢400万吨的生产能力。2008年八钢累计产钢484万吨，同比增长19.8%；产材456万吨，同比增长17.83%。

主要产品：中小型型钢、棒材、钢筋、线材、冷轧薄板、中厚宽钢带、热轧薄宽钢带、冷轧薄宽钢带、热轧窄钢带、镀层板带、涂层板带。

南京钢铁集团有限公司

网址：//www.njsteel.com.cn

南京钢铁集团有限公司（简称南钢）的前身是南京钢铁厂，始建于1958年，是中国特大型、江苏省重点钢铁企业。1996年7月，南京钢铁厂改制为南京钢铁集团有限公司。并以南京钢铁集团有限公司为核心组建南京钢铁集团； 2000年9月，“南钢股份”在上海证券交易所成功发行上市。2003年4月，南京钢铁集团有限公司实施企业改制并进行资产重组，从国有独资公司转变为非国有控股公司。南京钢铁集团有限公司现拥有南京钢铁联合有限公司40%的股权。此外，旗下拥有2家全资及控股子公司，10家参股子公司。经营范围涉及钢铁、房地产、机械制造等行业。

主要产品：中小型型钢、棒材、钢筋、线材、中板、热轧窄钢带。

江苏沙钢集团有限公司

网址：//www.sha-steel.com

江苏沙钢集团有限公司（简称沙钢）是江苏省重点企业集团、国家特大型工业企业、全国最大的民营钢铁企业。集团总部位于江苏省张家港市。沙钢集团拥有总资产1320亿元，年生产能力：炼铁

2900万吨、炼钢3500万吨、轧材3330万吨。沙钢先后荣获“全国用户满意企业”、“中国质量服务信誉AAA级企业”、产品出口“免检企业”、“全国思想政治工作优秀企业”、“中国诚信企业”、“国家创新型企业”、“中国环境保护示范单位”、“江苏省高新技术企业”、“江苏省循环经济建设示范单位”等荣誉称号。主导产品宽厚板、热轧卷板、不锈钢热轧和冷轧板、高速线材、大盘卷线材、带肋钢筋、特钢大棒材已形成数十个系列和500多个品种2000多个规格，其中高速线材、带肋钢筋等产品荣获“实物质量达国际先进水平金杯奖”、“全国用户满意产品”等称号。带肋钢筋获得了CARES认证，优质高线荣获“中国名牌”产品和“出口免检”商品，优线生产总量和出口量连年名列全国第一，热轧板卷通过了欧盟CE认证，船板钢通过了九国船级社认证。“沙钢”牌商标为“中国驰名商标”，并以品牌价值95.69亿元荣列中国500最具价值品牌第67位。

2009年全年炼铁2214万吨、炼钢2639万吨、轧材2328万吨，实现销售收入1463亿元，利税73亿元，综合经济效益位居全国同行第二位。在最新公布的2009年中国企业500强中名列第35位，中国制造业500强中名列第11位，全国民企中名列第1位，并成功跻身世界500强，也是国内唯一一家上榜的民营企业。

主要产品：棒材、钢筋、线材、特厚板、中板、中厚宽钢带、热轧薄宽钢带、冷轧薄宽钢带、镀层板带、电工钢板带。

江苏沙钢集团淮钢特钢有限公司

网址：//www.huaigang.com

江苏沙钢集团淮钢特钢有限公司（简称淮钢）位于江苏省淮安市西南工业区，占地315万平方米(4500亩)。公司的前身——清江钢铁厂始建于1970年10月。2006年6－11月，江苏沙钢集团有限公司出资收购淮钢公司社会法人股，江阴万德贸易有限公司受让国有股权，随后公司进行了股权结构整合。2006年12月18日，江苏沙钢集团淮钢特钢有限公司正式挂牌。公司现有总资产153.05亿元，职工人数6000人，其中各类专业技术人员2500人。2009年公司产钢287.43万吨，同比增长6.37%；钢材267万吨，同比增长13.76%；铁275.4万吨，同比增长9.58%。2010年淮钢预计实现销售收入140亿元。目前，淮钢拥有一条从意大利引进的具有国际先进水平的70吨超高功率电炉－精炼炉－连铸－热送/热装－连轧“四位一体”的短流程优钢中小型棒型材生产线和一条国内先进水平的100吨转炉－LF钢包精炼炉－RH真空脱气炉－连铸－配套中、小型棒型材连轧生产线各一条；一条从意大利引进的可生产直径380mm－600mm的大圆坯生产线，及与之配套的直径90mm－250mm特钢大棒材生产线，年产弹簧钢、轴承钢、船用锚链钢、合金管坯钢、汽车用钢等优特钢、材300万吨。公司多次荣获“全国精神文明建设工作先进单位”、“全国五一劳动奖状”等荣誉称号。

主要产品：棒材、钢筋、电工钢板带。

江苏永钢集团有限公司

网址：//www.yong-gang.com

江苏永钢集团有限公司位于江苏省张家港市，创办于1984年，占地3500亩。经过二十多年的建设，企业已发展成集采矿、炼铁、炼钢和轧钢为一体的大型联合钢铁企业，年炼钢、轧钢能力各500万吨，拥有155亿元总资产，2009年销售收入260亿元，利税23.5亿元，名列全国企业500强第192位，中国制造业企业500强第97位。公司先后被国家银行系统、国家技监局、国家工商行政管理总局评定为“特级信用企业”、“完善计量检测体系合格企业”、“全面质量管理达标企业”、“全国重合同守信用企业”，并连年被资信评估公司评定为

“3A”级信用企业。公司是最早一批通过ISO9001质量体系认证的钢铁企业，主导产品“联峰”牌HRB335、HRB400级Φ6-40mm热轧带肋钢筋等产品先后获得“江苏省重点保护产品”、“国家免检产品”、“冶金产品实物质量金杯奖”、“中国驰名商标”等称号，相继被用于上海东方明珠电视塔、浙江秦山核电站、江阴长江大桥等国家和地方重点工程，并远销美国、意大利、日本等30多个国家和地区。

主要产品：钢筋、线材。

江苏沙钢集团鑫瑞特钢有限公司

网址：//www.jsxinrui.com.cn

江苏沙钢集团鑫瑞特钢有限公司位于常州市武进区湟里镇，公司创建于2002年，2007年9月与中国最大的民营钢铁企业——江苏沙钢集团进行战略合作，企业改名为“江苏 沙钢集团鑫瑞特钢有限公司”。现有员工 4000余人，其中大专毕业生和各类专业技术人员500多人，公司年生产能力：铁160万吨， 钢160万吨，钢坯30万吨。公司通过了ISO9001：2000质量管理体系认证、ISO14001：2004环境管理体系认证、OHSAS18001：1999职业健康安全管理体系认证。公司崇 尚绿色理念，坚持安全生产、文明生产，为市级“环保先进企业”、“安全生产企业”、“清洁生产合格企业”。公司先后获得“江苏省名优企业”、“常州市五星级企业”、“工业发展先进企业”、“投入先进企业”、“纳税 大户”等荣誉。

主要产品：中板、电工钢板带。

江阴兴澄特种钢铁有限公司

网址：//www.jyxc.com

江阴兴澄特种钢铁有限公司（简称兴澄特钢）是由香港中信泰富有限公司于一九九三年投资控股的合资企业，现为国家火炬计划重点高新技术企业，江苏省十佳节能减排示范企业， 4A级国家标准化良好行为企业，2008年列中国500强企业第261位、中国制造业第137位。公司现有三个厂区，其中地处江苏省江阴市经济开发区的滨江厂区占地4000亩，北临长江，自建5万吨级远洋码头两座。全公司4000多名员工，已具有年产铁水350万吨、特殊钢冶炼350万吨、轧材350万吨的生产能力，产品规格从ϕ5.5mm至ϕ800mm。2008年总资产161亿元，实现销售收入235亿元，上交税金11.2亿元，出口创汇4.67亿美元。2008年7月,兴澄特钢和湖北新冶钢、石家庄钢厂、铜陵新亚星焦化厂联合组成中信泰富特钢集团，通过优势整合，公司将建成全球最具竞争力的特钢企业。

主要产品：棒材、钢筋、线材。

江苏苏钢集团有限公司

网址：//www.sugang.com.cn

江苏苏钢集团有限公司（简称苏钢）占地 260万平方米，始建于 1957 年， 2003年7月北大方正集团公司与苏州市国资委签定了江苏苏钢集团有限公司国有股权转让协议。苏钢经过五十多年的建设和发展，目前已经形成年产100万吨特钢的生产规模。生产过程采用国际先进工艺。主要特钢产品覆盖汽车、石化、电站、机械、轴承生产等行业，主要产品获得国内外质量认证，远销欧洲、韩国、印度及中国台湾等地。

主要产品： 优特钢连铸坯、大棒材、高速线材、热轧螺纹钢、铸造生铁、冶金焦以及各类合金线材等。

江苏锡钢集团有限公司

网址：//www.xgco.com

江苏锡钢集团有限公司（简称锡钢）是湖南华菱钢铁集团有限责任公司的控股企业，是中国72家重点钢铁企业和18家重点特钢企业之一。公司下属有无锡华润制钢有限公司、无锡西姆莱斯钢管有限公司、无锡西姆莱斯特种钢管有限公司、江苏华菱锡钢特钢有限公司等企业。公司目前具有年产80万吨优特钢和90万吨优特钢材的生产能力，主要生产钢种有轴承钢、齿轮钢、弹簧钢、油井管用钢、合结钢、冷镦钢、锚链钢、合工钢等，产品规格系列包括棒材、线材、锻造用钢锭、无缝钢管、锻材及银亮材等。公司在同行中以产品规格较多、形成系列的特色著称。产品广泛用于汽车、铁路、机械、石化、能源等行业，产品畅销华东地区、部分出口美国、加拿大及欧亚海湾各国，具有良好的市场声誉。公司先后取得ISO9001：2000版质量认证证书、英国劳氏和美国ABS船级社认证、美国石油协会API认证证书。产品内在质量在中国特殊钢企业中名列前茅。

主要产品：棒材、线材、无缝钢管。

常州中天钢铁集团有限公司

网址：//www.zt.net.cn

常州中天钢铁集团有限公司坐落在常州三角洲中心地带，成立于2001年9月。目前集团拥有总资产超过180亿元、员工10000余名，是一家涵盖球团、烧结、炼铁、炼钢、轧钢、发电、焦化、制氧、物流、酒店、外贸、港口等多元产业的国家级钢铁企业联合集团。集团现已形成年产焦炭25万吨、球团矿100万吨、烧结矿500万吨、铁水400万吨、炼钢550万吨、轧材550万吨、发电12亿kWh的生产规模，位列全国钢铁行业第27位，全省第3位。2005年成为常州首家超百亿企业，首家五星级企业，已连续五年荣列中国企业500强，位居2009年中国500强第223位，中国制造业500强中第116位，中国民营企业第19位，江苏省百强企业第20位，省百强民营企业第5位，是《江苏省十一五钢铁工业调整和发展专项规划》《江苏省钢铁产业调整振兴规划》中重点支持的骨干企业。2009年，集团累计产钢突破500万吨，产销超过350亿元，同比增长超过35%。

主要产品：棒材、钢筋、线材。

江苏沙钢集团锡兴特钢有限公司

网址：//www.jsxixing.com

江苏沙钢集团锡兴特钢有限公司是江苏地方钢铁骨干企业，是中国钢铁工业协会会员单位，企业性质为有限责任公司，企业现有员工4264名。企业拥有高炉、转炉（电炉）、连铸、轧材组成的联合生产线，具有年产110万吨铁、160万吨钢、180万吨材的生产能力。企业通过了ISO9001：2000国际质量体系、ISO10012国家一级计量认证、美国ABS船级社船用钢坯工厂认可证、美国石油协会API认证，先后被评为全国500家最大工业企业，全国工业企业综合评价最优500家，江苏省技术进步先进企业，江苏省重合同守信用企业。2008年，公司实现销售收入73亿元，利税总额3.47亿元，上交税金2.32亿元，实现利润1.15亿元。

主要产品：优质碳素结构钢热轧带钢、碳素结构钢和低合金结构钢热轧带钢、碳素结构钢和优质碳素结构钢连铸坯、船用钢连铸坯、热轧带肋钢筋用连铸坯等。

杭州钢铁(集团)公司

网址：//www.hzsteel.com

杭州钢铁集团公司（简称杭钢集团）创建于1957年，位于浙江省杭州市。经过53年的发展，已经成为一家以钢铁为主业，房地产、贸易流通、环境保护、酒店餐饮、高等职业教育、科研设计、黄金开采冶炼等多元产业协调发展的大型企业集团。目前，杭钢集团拥有全资及控股子公司37家，其中杭州钢铁股份有限公司为上市公司。2009年，杭钢集团实现销售收入437.20亿元、利润13.77亿元。据国家统计局公布，2008年公司名列全国最大500家企业集团第72位。杭钢集团钢铁主业主要是杭州半山钢铁基地，目前已具备400万吨钢的年生产能力。“十五”以来，杭钢集团根据区域市场的需求，高度重视高技术含量、高附加值的钢铁产品研发工作，已累计开发新产品200余个，优特钢比超过80%。

主要产品：铁道用钢材、大型型钢、棒材、线材、热轧窄钢带、冷轧窄钢带。

马钢(集团)控股有限公司

网址：//www.magang.com.cn

马钢（集团）控股有限公司（简称马钢）是中国特大型钢铁联合企业和重要的钢材生产基地，安徽省最大的工业企业。马钢前身是成立于1953年的马鞍山铁厂。1958年，马鞍山钢铁公司成立。1993年，马钢进行股份制改制，分立为马鞍山马钢总公司和马鞍山钢铁股份有限公司。1998年，马鞍山马钢总公司改制为马钢（集团）控股有限公司。在50多年的发展历程中，马钢为中国钢铁工业发展作出了独特贡献：中国第一个火车车轮轮箍生产厂、第一套高速线材轧机、第一条热轧大H型钢生产线、钢铁行业第一只面向全球发行的股票都诞生在这里。马钢现拥有世界一流的冷热轧薄板、镀锌板、彩涂板、大小H型钢、高速线（棒）材、高速车轮等生产线，形成了独具特色的"板、型、线、轮"产品结构。产品出口到50多个国家和地区，其中H型钢、车轮产品为"中国名牌"产品。曾荣获全国"五一"劳动奖状、全国国有企业创建"四好"领导班子先进集体、"全国重合同、守信用企业"、国家技能人才培育突出贡献奖、全国模范劳动关系和谐企业、全国质量效益型先进企业等荣誉称号，集团公司党委荣获全国先进基层党组织称号。

主要产品：铁道用钢材、大型型钢、中小型型钢、棒材、钢筋、线材、中板、冷轧薄板、中厚宽钢带、热轧薄宽钢带、冷轧薄宽钢带、冷轧窄钢带、镀层板带、涂层板带、电工钢板带。

新余钢铁有限责任公司

网址：//www.xinsteel.com.cn

新余钢铁有限责任公司（简称新钢公司）位于江西省新余市，公司占地面积 30220 亩，资产总值 275 亿元，2008 年年底在册员工 36793 人。现有新钢股份（上市公司）1 家，直属单位 3 家，全资子公司和企业法人单位 18 家，还有控股参股企业 28 家。公司“袁河”、“山凤”商标是“江西省著名商标”，船板通过 9 国船级社工厂认可和欧盟 GE 认证，袁河牌船体结构用钢板和优质碳素结构钢热轧盘条获“中国名牌产品”称号，船板的产量、市场占有率 2007 年、2008 年连续两年位居全国第一名。2008 年实现工业增加值（现价）45 亿元，同比增长 12.5%；生产生铁 455 万吨、钢 532 万吨、钢材 465 万吨；销售收入突破 300 亿元，同比增长 32.53%；实现利税 21.8 亿元，其中利润 9.5 亿元。经济总量连续 8 年保持两位数的高速增长，实现了又好又快发展。2009 年 2 月，300 万吨薄板 工程 I 系列全面建成投产，II 系列正按计划有序推进。曾获全国“五一”劳动奖状、全国爱国拥军模范单位、全国为奥运会场馆建设做出贡献的钢铁企业和江西崛起十强企业、江西税利突出贡献企业、江西重点名牌产品生产企业等殊荣。

主要产品：棒材、钢筋、线材、特厚板、中板、热轧窄钢带、冷轧窄钢带、电工钢板带。

南昌长力钢铁股份有限公司

网址：//www.changli-steels.com

南昌长力钢铁股份有限公司位于南昌市青山湖区，占地面积280万余平方米。2006年，南昌钢铁有限责任公司以主要生产经营性资产认购自身绝对控股的子公司——江西长力汽车弹簧股份有限公司非公开发行股票，实现了整体上市。2007年，“江西长力汽车弹簧股份有限公司”更名为“南昌长力钢铁股份有限公司”。重组后的南昌长力钢铁股份有限公司形成炼焦、烧结、炼铁、炼钢、轧钢全流程生产工艺和配套设施齐全，且拥有弹簧扁钢和汽车零部件产品特色优势的钢铁联合企业。年产弹簧扁钢60万吨、汽车板簧 13.5万吨、稳定杆40万件、扭杆20万件、铁230万吨、钢300万吨、材(坯) 295万吨。形成了“长力牌”汽车弹簧和“海鸥牌”建筑钢材两大系列品牌优势。“长力牌”弹簧扁钢荣获江西省名牌产品、全国用户满意产品。“长力牌”汽车板簧系列产品，被中国质量管理协会用户委员会、中国汽车工业协会市场贸易委员会列为全国首批“推荐商品”；“海鸥牌”螺纹钢筋荣获江西省名牌产品、国家免检产品、全国用户满意产品。企业已通过QEO一体化贯标认证，ISO计量管理体系通过国家质监总局的审核认证。南钢是中国500强企业之一，荣获“全国用户满意企业”、“江西省先进企业”、“江西省工业十强企业”、“江西省质量效益型先进企业”等荣誉称号。

主要产品：中小型型钢、棒材、钢筋、热轧窄钢带、冷轧窄钢带。

萍乡钢铁有限责任公司

网址：//www.pxsteel.com

萍乡钢铁有限责任公司（简称 萍钢）位于江西萍乡。萍钢始建于1954年，是江西省最早建成的钢铁企业，注册地位于江西省南昌市城市新区红谷滩，拥有萍乡分公司、安源分公司、九江分公司三个分公司和宁波萍钢贸易有限公司、萍乡钢铁冶金建设有限公司、江苏萍钢工贸有限公司三个子公司，是具备年产800万吨钢生产能力的高成长性现代化钢铁联合企业，2009年萍钢股份实现销售收入228亿元，是全国企业500强和全国民营企业50强之一。先后荣获全国“五一”劳动奖状、全国质量管理先进企业、全国用户满意企业、中国最具竞争力民营企业、最有社会贡献民营企业、最有社会责任民营企业等多项荣誉，并通过了ISO9000质量体系、ISO14001环境管理体系及OHSAS18001职业安全健康管理体系三大体系认证并运行健康。萍钢股份主要生产“博升”品牌的螺纹钢筋、高速线材、小型材三大系列多规格产品，产品辐射十多个省、市、自治区，远销欧洲、北美洲、南美洲、非洲、亚洲的20多个国家和地区。“博升”牌产品获国家冶金产品实物质量“金杯奖”、“全国用户满意产品”、“全国质量免检产品”及“江西省用户满意产品”、“江西省重点保护产品”等多项荣誉称号。

主要产品：钢筋、线材。

福建三钢(集团)有限责任公司

网址：//www.fjsg.com.cn

福建省三钢（集团）有限责任公司前身为福建省三明钢铁厂，建于1958年。2000年4月，经福建省人民政府批准，改制设立福建省三钢（集团）有限责任公司。三钢集团已形成年产钢500万吨以上规模和以钢铁业为主、集多元产业并举的跨行业、跨地区、跨所有制的大型企业集团，是福建省最大的钢铁生产基地和化肥生产基地。目前，三钢集团有职工1.8万人。总资产173.6亿元，拥有全资及控股子公司11家（其中福建三钢闽光股份有限公司为上市公司），紧密型企业2家，委托管理企业2家，商贸公司1家。2009年，三钢集团累计产钢543.23万吨，同比增长7.22%；预计实现营业收入188.23亿元。公司在“2009中国企业500强”中位居第237位，在“2009中国制造业企业500强”中位列124位，在黑色冶金及压延加工业中名列第37位。近几年来，三钢先后获得全国五一劳动奖状、全国文明单位、全国先进基层党组织、全国模范劳动关系和谐企业、全国思想政治工作先进企业、全国厂务公开先进单位、全国工业重点行业效益十佳企业、全国产品质量和服务质量双十佳企业、全国质量管理先进企业、全国设备管理优秀单位等荣誉称号。

主要产品：钢筋、线材、特厚板、中板。

济南钢铁股份有限公司

网址：//www.jigang.com.cn

济南钢铁股份有限公司以发起方式于2000年12月29日设立。经中国证券监督管理委员会批准，公司于2008年10月24日向社会公众公开增发人民币普通股3.8亿股，于2008年11月12日在上海证券交易所上市。目前公司总股本为人民币31.2048亿股。公司拥有1750立方米高炉-120吨转炉-中厚板轧机国内一流、国际先进的现代化生产线。大力推进以“企业为主体、市场为导向、产学研联合”的开放式技术创新体系，坚持集成创新与自主创新相结合、全面提升自主创新能力，逐步确立了船板、锅炉容器板及低合金高强板三大品牌优势。2008年公司获得“中国钢铁工业清洁生产环境友好企业”荣誉称号。

主要产品：碳素结构热轧中厚板、A、B级船用板、高强度09MnNb耐海水腐蚀船用板、AH32、AH36高强度船用板、09CuPTiRE耐候性钢板、汽车制造用优质碳素热轧板、汽车大梁用热轧钢、锅炉板、压力容器板、花纹板、钢筋混凝土用热轧带肋钢筋、圆钢等。

山东石横特钢集团有限公司

网址：//www.sdstg.com

山东石横特钢集团有限公司是大型民营钢铁联合企业。地处山东省肥城市境内。公司注册资本10亿元人民币，公司目前具有年产铁210万吨，粗钢240万吨，钢材240万吨，焦炭100万吨的生产能力。2009年实现销售收入144亿元，实现利税11.8亿元，其中利润7.5亿元。公司位列2009中国企业500强第398名，2009中国制造业企业500强第225名，2009黑色冶金及压延加工业第55名，位列2006年度山东省100强企业、山东省工业100强企业、山东制造业100强第58名、第48名和第38名；入选 “中国最具价值民企百强诚信品牌”；位居“第六届中国大企业集团暨首届企业集团竞争力500强”第306位；被国务院授予“全国再就业先进企业”荣誉称号；荣获首届“山东省和谐劳动关系优秀企业”称号，为AAA级信用等级企业。多次被评为“山东省用户满意企业”，树脂锚杆用热轧钢筋被授予“2007年度山东名牌产品”称号，优质碳素钢热轧盘条获2009年度山东名牌产品称号。

主要产品：铁道用钢材、大型型钢、棒材、钢筋、线材。

莱芜钢铁集团有限公司

网址：//www.laigang.com

莱芜钢铁集团有限公司（简称莱钢）位于山东省莱芜市，始建于1970年1月。经过39年的建设发展，现已成为具有年产1300万吨钢以上综合生产能力的大型钢铁企业集团，2005年进入全国十大钢，列第六位。2007年列全国制造业500强第31位。截至2008年底拥有总资产643亿元，职工3.9万人，其中钢铁主业2万人，控股莱钢股份、鲁银投资两个上市公司和齐鲁证券等子公司14个，参股辅业改制单位10个。莱钢是全国规模最大、规格最全的H型钢精品生产基地，全国产销量最大的齿轮钢生产基地，全国规模最大的粉末冶金生产基地。莱钢是中国冶金行业首批通过ISO9002质量体系、ISO14001环境管理体系和OHSAS18001职业安全健康管理体系国家认证企业。莱钢先后被授予全国名优产品售后服务优秀企业、国家重合同守信用企业、全国质量管理先进企业、全国再就业先进企业、国家技能人才培育突出贡献奖、山东省管理创新优秀企业、山东省AAA级信誉企业等荣誉称号。2005年莱钢被国家发改委确定为国家第一批循环经济试点单位。

主要产品：大型型钢、中小型型钢、棒材、钢筋、中厚宽钢带、冷轧薄宽钢带、热轧窄钢带、冷轧窄钢带、无缝钢管。

青岛钢铁控股集团有限责任公司

网址：//www.qdsteel.com

青岛钢铁控股集团有限责任公司是青岛市十大企业集团之一，全国重点冶金企业，在全国500强企业中排在前列。企业先后通过ISO9001：2000、OHSAS18001：2001、ISO14001：1996标准认证，连续多年获全国质量效益型企业称号和中国讲诚信、守合同、重质量典范企业称号。

主要产品：棒材、钢筋、线材。

山东泰山钢铁集团有限责任公司

网址：//www.taishansteel.com.cn

山东泰山钢铁集团有限公司位于泰山脚下、素有“钢城煤都”之称的山东省莱芜市境内，与儒家的圣地、孔子的故乡——曲阜东西相望，是一家以钢铁生产和深加工为主导，集能源、机械、商贸、高科技于一体，跨行业、多元化经营的大型企业集团。公司现有员工10000多人，下设10个分厂，16个分公司，3座科研院所，1处省级技术中心和1处博士后科研工作站。目前已形成300万吨精品板带材、60万吨不锈钢板材的综合生产能力，投产以来不断对不锈钢精炼炉系统进行升级改造，完成后将达到80万吨生产能力。2008年实现销售收入203亿元，为莱芜市第一家销售收入过百亿的地方企业，是省纳税50强企业，2008年跻身中国企业500强、中国制造业企业500强。

主要产品：中厚宽钢带、冷轧薄宽钢带、热轧窄钢带、焊接钢管。

山东潍坊钢铁集团公司

网址：//www.weifangsteel.com

山东潍坊钢铁集团公司位于山东省潍坊市，始建于1995年，是中国钢铁工业协会和中国五矿商会的会员单位，是潍坊市十强重点企业之一、山东省100强企业之一、全国制造业500强之一、全国最大1000家企业集团之一。公司现有职工7000余人，固定资产60亿元，占地5000亩，配有自己的铁路专用线。集团全面贯彻ISO9001国际质量体系、ISO14001环境管理体系及OHSAS18001职业安全健康管理体系。先后荣获“国家大型企业”、“山东省明星企业”、“山东省AAA信誉企业”等称号，连年被评为潍坊市经济工作先进单位、环境保护先进单位。

主要产品：棒材、线材。

日照钢铁控股集团有限公司

网址：//rzgangtie.cn.gongchang.com

日照钢铁控股集团有限公司由河北京华创新集团、山东莱钢集团和香港誉进发展有限公司共同兴建，是一家集烧结、炼铁、炼钢、轧材于一体并配套齐全的特大型钢铁联合企业。公司坐落在日照市岚山区。下设日照钢铁有限公司、日照型钢有限公司、日照轧钢有限公司、日照新日气体有限公司四个子公司，目前已开发板带、螺纹、线材、型钢四大产品系列，员工8600多人，2007年生产能力达750万吨。2004年公司通过了IS09001质量认证、ISO14000环境管理体系认证；公司2005年获得了国家质检总局颁发的生产许可证，2006年12月国家质检总局在人民大会堂颁发奖牌，授予国家免检产品称号。

主要产品：大型型钢、钢筋、线材、中厚宽钢带。

安阳钢铁集团有限责任公司

网址：//www.angang.com.cn

安阳钢铁集团有限责任公司（以下简称安钢）

始建于1958年，改革开放30多年来，安钢创造了持续盈利无亏损的优良稳健业绩，目前已成为年产钢超过1000万吨、销售收入超过500亿元的现代化钢铁集团。近年来，安钢先后获得了全国实施卓越绩效模式先进企业、全国质量管理先进企业、全国优秀企业金马奖、国家标准化良好行为4A企业、河南省创新型企业、河南省突出贡献企业、河南省功勋企业、河南省对外开放先进单位、河南省思想政治工作先进单位等多项荣誉称号。

主要产品：大型型钢、中小型型钢、棒材、钢筋、线材、特厚板、中板、中厚宽钢带、热轧薄宽钢带、热轧窄钢带。

河南济源钢铁(集团)有限公司

网址：//www.hnjg.com

河南济源钢铁（集团）有限公司位于河南省济源市，始建于1958年，属中国大型钢铁骨干企业，中国企业500强，中国钢铁工业协会会员。名列河南省钢铁企业第2位。现有员工5000余人，总资产60亿元，年产值超百亿元。具备年产220万吨铁、260万吨钢、250万吨材的生产能力。从1998年3月起，公司通过了ISO9000质量管理体系认证。其主导产品连续四次荣获国家质量检验检疫总局颁发的“国家产品质量免检”证书，获得了中国钢铁工业协会颁发的“冶金行业产品实物质量金杯奖”。公司荣获“全国守合同重信用企业”称号，先后被黄河小浪底、长江三峡、西气东输、青藏铁路、华能沁北电厂、高速公路等国家大型重点工程指定为钢材供应商，产品畅销全国各地，出口美国、欧盟、日本、比利时、韩国、印度、西班牙、卢森堡、澳大利亚、新加坡等遍布亚非欧美、大洋洲20多个国家和台湾等地区。

主要产品：钢筋、线材。

武钢股份有限公司

网址：//www.wisco.com.cn

武钢是新中国成立后兴建的第一个特大型钢铁联合企业，于1955年开始建设，1958年9月13日建成投产。武钢是中央和国务院国资委直管的国有重要骨干企业。本部厂区坐落在湖北省武汉市东郊、长江南岸，占地面积21.17平方公里。武钢联合重组鄂钢、柳钢、昆钢后，已成为生产规模逾3000万吨的大型企业集团，居国内第三位。武钢冷轧硅钢片和船板钢获“中国名牌产品”称号，汽车板、桥梁用钢、管线钢、压力容器钢、集装箱用钢、帘线钢、耐火耐候钢、电工系列用钢等优质名牌产品在国内外市场享有广泛的声誉，“武钢牌”被评为全国驰名商标。近年来，武钢先后获得国家技术创新奖、全国质量管理奖、全国质量效益型先进企业、全国用户满意先进单位、全国企业管理杰出贡献奖、全国文明单位以及中央企业十大典型之一等荣誉称号。

主要产品：铁道用钢材、大型型钢、棒材、钢筋、线材、特厚板、中板、冷轧薄板、中厚宽钢带、热轧薄宽钢带、冷轧薄宽钢带、热轧窄钢带、冷轧窄钢带、镀层板带、涂层板带、电工钢板带。

武钢昆明钢铁股份有限公司

网址：//www.ynkg.com

昆钢始建于1939年2月，总部位于春城昆明西南近郊的安宁市境内，是全国特大型工业企业和中国企业500强之一，云南省最大的钢铁联合生产基地。现具备年产700万吨钢的综合生产能力，是集钢铁冶金、煤焦化工、矿业开发、重型装备制造、水泥建材、房地产、现代物流、工程设计、海外业务等为一体的特大型企业集团。2009年实现销售收入410亿元、利税28亿元，工业增加值57亿元。截至2009年末，有全资子公司20个、控股子公司8个、参股子公司2个，资产总额370亿元，在岗职工28000余人。1997年通过ISO9002标准质量体系认证，产品畅销省内外，并出口德国、日本、韩国、新加坡、越南、印尼、泰国、缅甸等国家。公司拥有国家级发明专利11项、实用新型专利34项、外观设计专利3项，一批科技成果分别获得省、市、行业协会等科技成果奖。

主要产品：中小型型钢、棒材、钢筋、线材、中板、冷轧薄板、中厚宽钢带、冷轧薄宽钢带、热轧窄钢带、冷轧窄钢带、镀层板带、涂层板带、焊接钢管。

武钢鄂城钢铁有限责任公司

网址：//www.ecsteel.com.cn

武汉钢铁集团鄂城钢铁有限责任公司（简称鄂钢）位于湖北省鄂州市。鄂钢始建于1958年3月，其前身是湖北省地方钢铁骨干企业——鄂城钢铁厂；2004年11月经国务院国资委批准，与武钢联合重组为武钢集团的控股子公司，并于2005年4月30日正式挂牌成立。多年来，鄂钢已经基本建成武钢集团在华中地区的精品建筑用钢生产基地、优质专用板材生产基地、高效钢材深加工基地。鄂钢拥有先进的技术装备,产品质量优良,并通过了ISO9001/ISO14001/OHSAS18001体系认证，经国家质量监督部门抽查审核，产品合格率始终保持100%。螺纹钢、高速线材、热轧带钢荣获湖北省名牌产品和国家冶金行业“金杯奖”，螺纹钢获国家免检证书，“鄂钢牌”入选中国品牌库。到2012年将达到钢500万吨的综合生产能力，基本实现工艺装备大型化、现代化，技术装备达到国内先进水平或国际一流水平，建成具有市场竞争力的国内一流钢铁企业。

主要产品：棒材、钢筋、线材、冷轧薄宽钢带、热轧窄钢带、冷轧窄钢带、镀层板带。

湖北新冶钢有限公司

网址：//www.xinyegang.com

湖北新冶钢有限公司（简称新冶钢）位于湖北省黄石市，是中国现存最早的钢铁企业之一，其前身大冶铁厂是清末汉冶萍煤铁厂矿有限公司的重要组成部分，具有悠久的历史，有中国“钢铁工业的摇篮”之称。1948年改称华中钢铁公司，1953年改为大冶钢厂，1995年改制后规范为冶钢集团有限公司，1997年大冶特钢A股在深交所上市。2004年，中信泰富投资有限公司出资收购了冶钢集团有限公司钢铁主业资产，组建了外商投资企业——湖北新冶钢有限公司。新冶钢是中国企业500强、中国制造业500强和全球华人企业500强之一，为湖北省百佳纳税企业。公司占地面积六千多亩，厂区内拥有100多公里的铁路，有停靠5000吨级轮船的200万吨码头一座。

主要产品：棒材、无缝钢管。

华菱集团湘潭钢铁集团有限公司

网址：//www.hnxg.com.cn

华菱集团湘潭钢铁集团有限公司（简称湘钢）位于湖南省湘潭市岳塘区，始建于1958年，是国内线、棒材和宽厚板专业生产优钢企业之一。占地面积约500公顷，形成年产钢600万吨的综合生产能力。湘钢拥有炼焦、烧结、炼铁、炼钢、轧材等一整套工艺装备。其中，进口高速线材轧机、宽厚板炼钢、精炼和轧机均达到国际先进水平。公司12种产品分别获国家、冶金行业、省优质产品称号。高线盘条被评为湖南省名牌产品，均已通过国家产品质量认证,产品行销全国及出口到美国、日本、欧洲、韩国。1999年通过ISO9002质量体系认证，2002年通过了ISO9001：2000转版认证。船用钢板先后通过了中国船级社和八国船级社工厂认证，锅炉、压力容器用钢板获得全国工业产品生产许可证。

主要产品：棒材、钢筋、线材、特厚板、中板。

华菱集团涟源钢铁集团有限公司

网址：//www.lysteel.com

华菱集团涟源钢铁集团有限公司（简称涟钢），位于湖南省娄底市，1958年建成投产，目前总资产256.8亿元，2008年实现销售收入216亿元。今日涟钢，已成为中南地区重要的板材生产基地，拥有从炼焦、烧结、冶炼到轧钢等一整套全流程工艺装备。“双菱”牌热轧带肋钢筋曾连续三届获得国家银质奖（最高奖），两次获得全国冶金产品实物质量“金杯奖”，热轧薄板获全国冶金产品实物质量“金杯奖”。公司先后荣获全国实施用户满意工程先进单位、全国质量效益型先进企业、全国五一劳动奖状、全国质量管理奖、全国模范职工之家等荣誉称号，2006年“双菱牌”商标被国家工商总局认定为“中国驰名商标”，2008年，公司被中央文明委授予“全国精神文明建设工作先进单位”，被人力资源和社会保障部、中国钢铁工业协会授予“全国钢铁工业先进集体”。

主要产品：大型型钢、棒材、钢筋、中板、冷轧薄板、中厚宽钢带、热轧薄宽钢带、冷轧薄宽钢带、热轧窄钢带、冷轧窄钢带、镀层板带。

华菱集团湖南衡阳钢管(集团)有限公司

网址：//www.hysteeltube.com

华菱集团湖南衡阳钢管（集团）有限公司（以下简称衡钢）始建于1958年，现有员工5800人，总资产110亿元。现拥有Φ50、Φ89、Φ219、Φ340、Φ720五条钢管生产线、两条管加工生产线、全水平连铸和弧形连铸两套圆管坯生产系统、一座1000m^{3}高炉炼铁系统，具备70万吨铁、130万吨钢、150万吨管的年生产能力，是全球无缝钢管生产机组最全、先进机型最多、产品规格最配套的企业。水平连铸圆管坯生产系统拥有12项全部自行攻关研发的专有核心技术，现已成为全球水平连铸工业化生产的标志性项目，被誉为“开水平连铸技术的先河”和“全国冶金工业的一面旗帜”。通过了ISO9001质量、ISO14001环境、OSHMS职业安全健康三大管理体系认证，并通过API、PED、TüV和ü等国际产品质量认证及英国、挪威等多国船舶用无缝钢管工厂认可，通过壳牌石油公司等数十个国际知名石油公司的第二方认可。先后荣获全国“五一”劳动奖状、全国设备管理先进单位、全国重合同守信用先进单位、全国国有企业十佳宣传典型等荣誉称号。

主要产品：无缝钢管。

冷水江钢铁总厂

网址：//zhongguo325.cn.gongchang.com

冷水江钢铁总厂创建于1958年，企业生产规模已达钢产量300万吨、材产量280万吨，现资产总值40亿元，年销售收入过100亿元。企业列中国企业500强、中国制造业500强、世界钢企业200强，钢筋混凝土用热轧带肋钢筋2007年获“湖南省名牌产品”称号。企业通过了ISO9001：2000质量管理体系认证，取得采用国际标准产品认可证书。

主要产品：碳素结构钢和低合金钢连铸方坯和板坯；热轧带肋钢筋HRB335、HRB335E、HRB400、HRB400E；热轧钢板钢带。

广州钢铁企业集团有限公司

网址：//gzzg.mysteel.com.cn

广州钢铁企业集团有限公司（简称广钢）是广州市国有资产管理体制改革后首批成立的授权国有资产经营管理的集团公司之一，是一个集资本、实业经营一体化，以钢铁冶金为主，工、科、贸、金多业并举的国有大型企业集团，是广东省50家龙头工业企业（集团）和广州市四大工业集团（公司）之一，是全国512家、广东省首批70家、广州市首批56家由政府重点支持发展的国有大型企业集团。

广钢企业集团已形成了三个主体企业（广州钢铁股份有限公司、珠江钢铁有限责任公司、广州有色金属集团有限公司）和九个支柱企业及多个专业公司的集团架构。1997年通过了ISO9002质量认证。"五羊牌"建筑钢材是广东省、广州市名牌产品，并获得全国冶金产品实物质量"金杯奖"，是大亚湾岭澳核电站二期工程唯一指定用材。

主要产品：钢筋、线材、热轧薄宽钢带、冷轧窄钢带、镀层板带、无缝钢管、焊接钢管。

广东韶关钢铁集团有限公司

网址：//www.sgis.com.cn

广东省韶关钢铁集团有限公司（简称韶钢）1966年建厂，历经40多年的发展，现已成为年产钢600万吨能力，集钢铁制造、物流、工贸为一体的大型国有企业集团；跻身世界钢铁企业100强，中国企业500强、广东企业50强；成为广东重要的钢铁生产基地、高新技术企业和中国重要的船板钢生产基地。2009年，面对全球金融危机，韶钢抓管理、练内功、调结构、强创新，积极应对，年产钢422.68万吨，铁418.54万吨，钢材405.57万吨，实现销售收入141亿元，总资产221亿元。“韶钢”钢材品牌获首届广东省优秀自主品牌称号，船板钢通过了中国、美国、德国、英国、挪威、法国、日本、韩国、意大利等九国船级社工厂认证；桥梁用结构钢板首批通过中国船级社产品认证；热轧螺纹钢筋、船板、Q345板获得了国家冶金产品实物质量金杯奖。

主要产品：钢筋、线材、特厚板、中板。

广西柳州钢铁(集团)公司

网址：//www.liuzhousteel.com

广西柳州钢铁（集团）公司(简称柳钢）始建于1958年，位于广西工业重镇柳州北郊，占地13平方公里。是以钢铁生产为主，实行多元化经营的大型钢铁联合企业。从1987年起连年位列中国企业500强，2008年列第142位，比2007年上升了18位。现在固定资产总值268亿元，在册职工约1.5万人，已具备铁、钢两个1200万吨以上、钢材1350万吨以上的综合生产能力，成为广西规模最大的钢铁企业，也是广西唯一以中厚板、棒材、高线、中型材、热轧带钢、冷轧带钢为主的、品种齐全的钢铁生产基地。通过BG/T19001质量管理体系认证，GB/T28001：2001职业健康安全管理体系认证，GB/T24001：2004环境管理体系认证，GB/T19022-2003测量管理体系认证。计量部门获得国家质量技术监督局颁发的企业完善计量检测体系合格证，质量检测中心通过中国实验室国家认可委认证。柳钢2009年获得中国质量协会和全国用户委员会颁发的“全国用户满意企业”荣誉称号，此外还连年荣获全国质量效益型先进企业、全国质量管理先进企业、柳州市安全生产先进单位等荣誉。

主要产品：中小型型钢、棒材、钢筋、线材、特厚板、中板、中厚宽钢带。

重庆钢铁(集团)有限责任公司

网址：//www.cqgtjt.com

重庆钢铁（集团）有限责任公司（简称重钢）地处中国重庆市，前身为1890年9月湖广总督张之洞创办的汉阳铁厂。新中国成立后，重钢曾先后更名为西南工业部一零一厂、西南钢铁公司、重庆钢铁公司、重庆钢铁（集团）公司，1995年6月，改制为重庆钢铁（集团）有限责任公司。重钢于1950年轧制生产出我国第一根铁路重轨，铺筑了新中国第一条铁路——成渝铁路。于1979年开始，在全国首家自销计划外钢材，冲破了长期实行的钢材统分体制。1988年，重钢成立进出口公司，获得冶金产品自主进出口权。重钢建成了我国第一条中厚钢板控轧控冷示范生产线，成为我国重要的中厚钢板生产基地之一。1995年被国务院确定为全国100家首批现代企业制度试点企业，1997年被列为国家120家企业集团试点单位，1998年被列为国家重点联系的512家国有大型企业之一。1999年建立国家博士后科研工作站。重钢实行母子公司管理体制，现有子公司28家，其中全资16家，控股12家。现有在册职工2.7万人，资产总额142亿元。2006年位列中国企业500强第262位。主导产品中的20g锅炉板和16MnR容器板系国家金牌产品，镀铅薄板、18号矿用槽帮钢、6.5号刮板钢系国家银牌产品，船体结构用钢板和锅炉压力容器用钢板获“中国名牌产品”称号，造船板获英国、德国、美国、挪威等9国船级社质量认证。重钢获得ISO9001质量和ISO14001环境体系认证。

主要产品：大型型钢、中小型型钢、棒材、钢筋、线材、特厚板、中板、冷轧薄宽钢带、冷轧窄钢带、镀层板带、涂层板带、电工钢板带、无缝钢管、焊接钢管。

重庆东华特殊钢有限责任公司

网址：//3496243.71ab.com

重庆东华特殊钢有限责任公司是在原“重庆特殊钢(集团)有限责任公司”优良资产基础上新组建而成的特钢企业。主要生产碳素结构钢、合金结构钢、不锈钢、高速工具钢、易切钢等特殊钢，产品被广泛应用于汽车、机械、工具、军工等领域。现有职工1700余人，年生产能力20万吨–30万吨特殊钢棒材、板材、锻材、冷材等。

主要产品：棒材、线材、中板。

攀钢集团有限公司

网址：//www.pzhsteel.com.cn

攀钢集团有限公司（简称攀钢）是国务院国有资产监督管理委员会直接管理的中央企业。攀钢的建设发展经历了三个重要阶段：1965 年至1980 年是攀钢进行艰苦卓绝的一期建设和创业，实现从无到有的重要历史时期。攀钢于 1965 年春开工建设，1970 年出铁、1971 年出钢、1974 年出钢材，1980 年主要产品产量和技术经济指标达到或超过设计水平，形成了150 万吨钢的综合生产能力。1981年至2000年是攀钢建设二期工程，规模迈上新台阶，品种结构实现调整，实现从“钢坯公司”到“钢材公司”战略性转变的重要历史时期。攀钢二期工程新建了四号高炉、板坯连铸、板材等三大主体系统，总体装备水平达到上世纪 80 年代末、90年代初国际先进水平，新增铁、钢、坯、材各100 万吨，后经挖潜达到年产 400 万吨钢的规模。2001 年至今是攀钢推动实现“材变精品”战略性转变，建设具有国际竞争力的现代化大型钢铁钒钛企业集团的重要时期。目前，攀钢已形成年产铁830万吨、钢940万吨、钢材890万吨、钒制品（以V_2O_5计）2万吨、钛精矿30万吨、钛白粉9.3万吨的综合生产能力。

主要产品：铁道用钢材、大型型钢、棒材、钢筋、线材、特厚板、中板、冷轧薄板、中厚宽钢带、热轧薄宽钢带、冷轧薄宽钢带、热轧窄钢带、冷轧窄钢带、镀层板带、涂层板带、无缝钢管、焊接钢管。

攀钢集团成都钢铁有限责任公司

网址：//www.csstco.com

攀钢集团成都钢铁有限公司是由原攀钢集团成都无缝钢管有限责任公司和原成都钢铁厂于2002年5月28日联合重组设立的钢铁联合企业，公司现位于四川省成都市青白江区。目前具备年产铁150万吨、钢180万吨、钢材212万吨的生产能力，是国内品种规格齐全、生产规模较大的无缝钢管生产企业和西南地区建筑钢材骨干生产企业之一。公司石油用管国内首家获API认证，船管获世界主要船级社认证；高压锅炉管、低中压锅炉管、高压化肥管、石油裂化管、不锈钢管、热轧带肋钢筋分别获国家工业产品生产许可证；热轧带肋钢筋获国家“免检产品”称号和冶金产品实物质量金杯奖。公司高压锅炉用无缝钢管荣获中国名牌产品；精环牌无缝钢管，成钢牌冷、热轧带肋钢筋，焊接用钢、低碳钢热轧圆盘条荣获“四川名牌产品”称号。

主要产品：棒材、钢筋、线材、无缝钢管。

攀钢集团四川长城特殊钢有限责任公司

网址：//www.cssc.com.cn

攀钢集团四川长城特殊钢有限责任公司，原名冶金工业部长城钢厂（简称攀长钢），位于四川江油市。公司始建于1965年，是我国重点特殊钢科研、生产基地，国家重点军工配套企业和四川省大型骨干企业。2004年与攀钢集团重组，形成资源、技术优势互补，普钢、特钢紧密结合的钢铁集团。目前公司已具备年产粗钢65万吨、成品材70万吨、年销售收入达35亿元的生产经营能力，可为用户提供12大类、350余个牌号、5000余个规格的高级优质特殊钢和金属制品，其中34个产品荣获国家、部、省级优质产品称号。初步形成了“特钢生产工艺优、专用设备配套全、科研开发实力强、产品技术含量高”的企业特色。

主要产品：棒材、线材、特厚板、中板、冷轧薄板、热轧窄钢带、冷轧窄钢带、无缝钢管、焊接钢管。

四川川威钢铁集团有限公司

网址：//www.chuanwei.com.cn

四川省川威集团有限公司是1998年5月由原威远钢铁厂改制组建而成的混合所有股份制企业，始建于1929年，原为四川军阀刘文辉的兵工厂，是四川冶金工业的鼻祖。解放前累计产铁不足五千吨，1949年至1997年累计产钢301万吨。2007年全集团实现销售收入140亿元、利税12亿元，就业17000余名，中国企业500强第308位，是四川省十大民营企业之一，是四川省首批着力培育的做大做强类的大企业大集团。钢铁产业具备年产钢300万吨、钢材310万吨、焦炭110万吨、金属制品60万吨的综合生产能力。产钢规模位居四川省第二位，具有热轧带肋钢筋、普通线材、焊接用钢盘条、热轧板、冷轧板、焊丝、焊管等几大产品系列，其中，热轧带肋钢筋、焊接用钢盘条是全国免检产品，获冶金实物质量最高荣誉金杯奖，焊丝获英国皇家船级社认证。

主要产品：钢筋、线材、中板、中厚宽钢带、冷轧薄宽钢带、焊接钢管。

四川达州钢铁集团有限责任公司

网址：//www.dasteel.cn

四川省达州钢铁集团有限责任公司始建于1958年，系国家大型企业，中国制造企业500强第335名，黑色冶金及压延加工业72名，四川省30户“迅速做强做大类”大企业大集团之一和首批循环经济试点企业。公司拥有资产总额42亿元，占地面积280万平方米，已形成年产铁200万吨、钢280万吨、钢材250万吨、冶金焦炭100万吨、煤化工产品10万吨,30万吨甲醇，20万吨二甲醚。集团通过了ISO9001：2000质量管理体系认证，建立了国家级完善计量检测体系。主导产品“巴山”牌钢筋混凝土用热轧带肋钢筋系四川名牌产品、全国用户满意产品称号，2001年获首批国家免检产品称号、2004年和2007年两次蝉联“国家免检产品”称号，产品畅销全国20多个省市。

主要产品：钢筋、线材。

首钢水城钢铁(集团)有限责任公司

网址：//www.shuigangjt.com

首钢水城钢铁(集团)有限责任公司（简称水钢）始建于1966年，经过43年的建设和发展，现已成为集采矿、冶金、煤焦化、机械加工、建筑安装、汽车运输、水泥、进出口贸易等产业为一体，拥有资产总额105亿元、在岗职工2.02万人，具备年产280万吨生铁、300万吨钢、300万吨钢材综合生产能力的大型钢铁联合企业，2008年排名“中国企业500强”424位，“中国制造业500强”244位。螺纹钢荣获国家免检产品质量证书，高速线材荣获全国冶金产品实物质量金杯奖，炼钢生铁、铸造生铁、普通线材、水泥等荣获贵州省名牌产品称号，工业萘、改质沥青荣获贵州省优质产品称号。企业于1999年通过ISO9000质量管理体系认证，并于2002年顺利通过第三方换证审核，获得了全国质量认证中心颁发的ISO9001：2000标准换版证书；相继荣获“全国五一劳动奖状”、“全国先进基层党组织”、“全国用户满意企业”、“全国质量管理优秀企业”、“全国群众体育先进集体”、“全国钢铁行业职工个人教育培训先进集体”和“贵州省企业文化建设先进单位”等荣誉称号。

主要产品：棒材、钢筋、线材。

贵阳特殊钢有限责任公司

网址：//www.gytsg.com

贵阳特殊钢有限责任公司（简称贵钢）是全国重点冶金企业、西部重要特钢企业，是全国最大的凿岩用钎钢钎具产品的科研与生产基地。贵钢年生产优质特殊钢50万吨、材46万吨。贵钢拥有世界先进水平的电炉炼钢生产线和国内先进水平的轧钢、锻钢、凿岩钎具、无缝钢管生产线，主要生产与基础设施工程及机械、汽车、军工等行业密切相关的特种钢材，其中钎钢品牌全国第一，国内市场占有率达80%以上。

主要产品：棒材、无缝钢管。

陕西略阳钢铁有限责任公司

网址：//www.luegang.com

陕西略阳钢铁有限责任公司是由略阳钢铁厂经营性资产改制成立，并由陕西东岭工贸集团股份公司控股的混合所有制企业，是陕西省大型重点钢铁联合企业、全国大型工业企业之一。公司位于陕西省略阳县境内，具备年产钢百万吨，销售收入30亿元以上的生产经营能力。公司控股方东岭集团在2007年中国企业500强中名列第312位，2005年在全国民营企业500强中名列第32位，在中国成长型企业100强中位列18名，公司通过了ISO9001国际质量标准体系认证，通过了GB/T28001-2001职业健康安全管理体系认证，“建友”牌热轧圆钢为陕西省名牌产品，“建友”牌为陕西省著名商标，铸造生铁曾获得陕西省省优产品称号，并多次被授予省免检产品，具有质量品牌优势。

主要产品：生铁、连铸坯、圆钢、螺纹钢。

陕西龙门钢铁（集团）有限责任公司

网址：//www.lm-steel.com

陕西龙门钢铁（集团）有限责任公司位于韩城市，现有职工9000余人，占地4800余亩，总资产86.5亿元，拥有龙钢公司、大西沟矿业公司等7个控股子公司，6个参股子公司。目前公司具有年产400万吨连铸坯、400万吨生铁、400万吨钢材的综合生产能力，是陕西省最大的钢铁联合企业和重点发展的大型企业集团，西北三大钢铁集团之一，荣获“三秦钢魂”称号。“禹龙”牌钢材被认定为“国家免检产品”、“全国用户满意产品”、“中国建材质量信得过知名品牌”，并荣获全国冶金产品实物质量“金杯奖”，畅销陕西及周边省区，出口日本、韩国及东南亚等国家。企业先后通过了ISO9001:2000质量管理体系、ISO14001：2004环境管理体系、GB/T28001:2001职业健康安全管理体系和ISO10012：2003测量管理四大体系认证和复审；相继被评为国家“守合同、重信用”企业、全国思想政治工作优秀企业、全国精神文明建设先进单位、全国模范职工之家、陕西省先进集体、陕西省十大利税工业企业、陕西省经济明星企业、陕西省质量效益型先进企业、陕西省发展循环经济清洁生产综合利用先进企业等。

主要产品：钢筋、线材、热轧窄钢带。

酒泉钢铁(集团)有限责任公司

网址：//www.jiugang.com

酒泉钢铁（集团）有限责任公司（以下简称酒钢）位于甘肃省嘉峪关市，始建于1958年。截至2008年年底，集团公司资产总额570亿元，员工总数3.78万人。下属二级单位50余个，其中控股分、子公司30余家。酒钢50年发展建设中形成的“铁山精神”，被列为全国冶金系统树立和推广的六种企业精神之一，并先后荣获全国五一劳动奖章、全国质量管理先进企业、全国重合同守信用企业、全国设备管理优秀企业、全国思想政治工作优秀企业、全国先进基层党组织、全国精神文明建设工作先进单位、全国文明单位、全国绿化模范单位、全国民族团结进步模范单位、全国群众体育工作先进单位、全国法制宣传教育先进单位，全国老龄工作先进单位、全国模范劳动和谐企业、甘肃省诚信企业示范单位、甘肃省节能降耗先进单位、甘肃省工业发展突出贡献企业、甘肃省国有资本保值增值优秀企业、甘肃省社会帮扶工作先进单位等荣誉称号。具有国家科技部和发改委批复的“国家认定企业技术中心”资质。列2009年中国企业500强第161位、中国制造业500强第80位。

主要产品：钢筋、线材、特厚板、中板、中厚宽钢带、热轧薄宽钢带、冷轧薄宽钢带。

西宁特殊钢股份有限公司

网址：//www.xntg.com

西宁特殊钢集团有限责任公司（简称西宁特钢）系经青海省经济体制改革委员会于1997年7月8日以青体改【1997】039号文批准，由西宁特殊钢集团有限责任公司为主要发起人，联合青海省创业集团有限公司、青海铝厂、兰州炭素有限公司、吉林炭素股份有限公司、包头钢铁设计研究院、吉林铁合金厂共同发起，采取社会募集方式设立的股份有限公司。截至2009年6月30日，公司总资产108.38亿元，净资产25.52亿元，均较上市初期有了较大的增长，通过十几年的发展，现已成为一家资源型百万吨精品特钢生产企业。公司旗下共有一家全资子公司、三家控股子公司，拥有铁矿、煤矿、钒矿、石灰石矿等资源。目前已形成年产铁100万吨、钢120万吨、钢材110万吨、焦煤120万吨、焦炭70万吨、采选铁矿360万吨、铁精粉120万吨的综合生产能力。

主要产品：棒材、钢筋、无缝钢管。

中山中粤马口铁工业有限公司

网址：//www.gdtp.com

中山中粤马口铁工业有限公司成立于1989年6月，是香港上市公司广南集团投资的外商独资企业。总投资11736.42万美元，注册资本6800万美元，拥有固定资产8.65亿元人民币。公司主产品电镀锡薄钢板（马口铁）和电镀铬薄钢板，是广泛应用于食品、轻工、化工行业的金属包装材料，产品严格按GB/T2520—2000标准和ISO11950：1995（E）的国际标准组织生产。1996年通过ISO9000质量体系认证，多次受到国家、省、市级政府及有关部门的表彰和奖励，电镀锡薄钢板和电镀铬薄钢板产品均获得广东省科技三等奖和广东省名牌产品称号，其中低铬马口铁和电镀铬薄钢板产品填补了国内生产空白，并分别获得国家发明专利。电镀铬薄钢板还被列为2001年度国家重点新产品。2006年，公司电镀锡薄钢板和电镀铬薄钢板产品双双获得“中国包装名牌产品”荣誉称号。2007年“GDTP”商标被认定为“广东省著名商标”。公司现拥有15万吨马口铁基板、近50万吨马口铁生产能力，马口铁产能居国内第二位。

主要产品：镀层板带。

鲁中冶金矿山公司

网址：//www.lumining.com

鲁中冶金矿业集团公司是国有大型地下黑色冶金矿山企业，隶属国务院国有资产监督管理委员会管理，党群关系以上海市管理为主。集团公司始建于1970年，地处山东省莱芜市。集团公司矿产资源丰富，在莱芜、烟台拥有3个矿区，铁矿资源总储量3.3亿吨，含铁品位在45.5%以上，矿石可选性好，是我国少有的富铁矿。集团公司现生产能力为年产铁矿石350万吨，成品矿150万吨，是山东省境内最大的钢铁原料生产基地。集团公司现有资产总值25亿元，在册职工7640余人，专业技术人员1200余人。集团公司多次被评为“市级守合同重信用”企业，被中国市场研究中心评为“质量、服务、信誉AAA级”企业，被山东省企业信誉评级委员会评为 “AAA特级信用”企业，被山东省工商行政管理局、山东省企业信用协会评为“省级守合同重信用企业”。

主要产品：钢筋。

营口中板厂

网址：//www.wkyg.com

五矿营口中板有限责任公司系辽宁省重点骨干企业，国内中厚板生产专业厂。公司的前身是于1970年建成的营口中板厂，是一家有30余年中厚板生产历史的地方骨干钢铁企业。2002年7月由营口中板厂、中国五矿集团公司、五矿发展公司及五家民营经销企业共同改制组建成为股份合作制企业。公司现有员工1769人，注册资本28.98亿元，占地263万平方米。中厚板年生产能力150万吨。2003年位列中国1000大工业企业排名中第731位、2004年被辽宁省经贸委确定为省85户重点工业企业之一；2005年公司列中国制造企业500强第299位，2006年列304位，2007年列294位。通过ISO9002质量体系认证，其生产的造船用板获英国劳氏船级社工厂的认可及CCS工厂认可。其16Mn低合金钢板、不锈钢合板、造船钢板和碳素结构钢板均获得首、部级优质产品称号，高级专用中厚板加工技术和操作技术，皆处国内领先地位。

主要产品：特厚板、中板。